智库 中社 年度报告 Annual Report

INSTITUTE OF ECONOMICS
CHINESE ACADEMY OF SOCIAL SCIENCES
中国社会科学院·经济研究所

中国经济报告

2020

大变局下的高质量发展

CHINA ECONOMIC REPORT 2020

High Quality Development in a Time
of Profound Changes

中国社会科学院经济研究所　著

中国社会科学出版社

图书在版编目(CIP)数据

中国经济报告 . 2020:大变局下的高质量发展/中国社会科学院经济研究所著. —北京:中国社会科学出版社,2020. 10
ISBN 978 - 7 - 5203 - 7387 - 6

Ⅰ. ①中… Ⅱ. ①中… Ⅲ. ①中国经济—经济发展—研究报告—2020 Ⅳ. ①F124

中国版本图书馆 CIP 数据核字(2020)第 190999 号

出 版 人	赵剑英
责任编辑	王 曦 刘晓红 车文娇
责任校对	李斯佳
责任印制	戴 宽

出 版	中国社会科学出版社
社 址	北京鼓楼西大街甲 158 号
邮 编	100720
网 址	http://www.csspw.cn
发 行 部	010 - 84083685
门 市 部	010 - 84029450
经 销	新华书店及其他书店

印刷装订	北京君升印刷有限公司
版 次	2020 年 10 月第 1 版
印 次	2020 年 10 月第 1 次印刷

开 本	710×1000 1/16
印 张	33
字 数	485 千字
定 价	199.00 元

凡购买中国社会科学出版社图书,如有质量问题请与本社营销中心联系调换
电话:010 - 84083683

主　　编：黄群慧

副 主 编：朱恒鹏　胡乐明　张晓晶（执行）

编　　委（依姓氏笔划排序）：

王　震　邓曲恒　刘学良　杜　创　杨虎涛

杨新铭　张　琦　陈昌兵　金成武　赵学军

胡怀国　胡家勇　袁富华　徐建生　高超群

郭冠清　黄英伟　常　欣　魏　众

执行编务：王砚峰

各章节作者

总　论　黄群慧　张晓晶　汤铎铎　刘学良　倪红福　杨耀武
第一章　张小溪　袁富华
第二章　倪红福　冀　承　杨耀武
第三章　楠　玉　袁富华
第四章　张　鹏　张自然
第五章　杨新铭
第六章　汤铎铎
第七章　张　磊
第八章　张　莹
第九章　吴延兵
第十章　王泽宇
第十一章　邓曲恒　孙婧芳　王　琼
第十二章　王　震　范建镝　李　铮
第十三章　朱凤梅　康　蕊
第十四章　郭冠清　林　盼　李连波
第十五章　武　鹏　张　弛
第十六章　赵学军　隋福民
第十七章　张　琦
第十八章　陈　健
第十九章　常　旭
第二十章　胡怀国

于变局中开新局

——世界百年未有之大变局下的中国经济新发展格局

（代　序）

谢伏瞻[*]

当今世界正在经历新一轮大发展大变革大调整，在国际金融危机影响、新工业革命的挑战和新冠肺炎疫情冲击等诸多因素作用下，全球经济面临不确定性和风险加剧，全球治理体系和国际秩序变革加速推进，世界经济格局正在发生深刻变化。中国特色社会主义进入新时代，我们党领导人民创造了世所罕见的经济快速发展奇迹和社会长期稳定的奇迹，中华民族迎来了从站起来、富起来到强起来的伟大飞跃，中国日益走近世界舞台的中央。正如习近平总书记指出："当前，我国处于近代以来最好的发展时期，世界处于百年未有之大变局，两者同步交织、相互激荡。"①

放眼全球，经济逐步陷入长期增长乏力困局。国际金融危机之后，世界几大发达经济体同时陷入了经济衰退的泥潭。尽管各国普遍采用了非常规货币政策并大幅度提高政府杠杆率以刺激经济，但复苏的进程仍较为缓慢。根据国际清算银行的统计，发达国家广义政府部门杠杆率从 2007 年年末的 71.7% 上升至 2019 年年末的 109.3%，其中美国广义政府部门的杠杆率从 2007 年年末的 60.7% 上升至 2019 年年末的 103.9%。②

　＊　中国社会科学院院长、党组书记，学部主席团主席。

　①　习近平：《习近平谈治国理政》（第三卷），外文出版社 2020 年版，第 428 页。

　②　数据取自国际清算银行（https：//www.bis.org）。

十余年间，广义政府杠杆率上升超过 40 个百分点，政府债务规模超过了 GDP 规模。几轮量化宽松后，美联储资产负债表中总资产的规模由 2007 年的 0.95 万亿美元扩张到 2019 年年末的 4.38 万亿美元；2020 年受新冠肺炎疫情影响，进一步扩张到三季度末的 7.14 万亿美元。① 天量的政府债务和货币投放没能如愿拉动美国经济的复苏，2009—2019 年美国实际 GDP 年均增长 2.3%，仍低于国际金融危机前的平均水平（1997—2007 年美国实际 GDP 年均增长 3.1%）。2020 年受新冠肺炎疫情的影响，美国经济增长受到更大的冲击，前两个季度的实际 GDP 同比增速分别为 0.32% 和 −9.14%，走出泥潭的前景黯淡。② 根据美国国会预算办公室的 2020 年 9 月的长期预算展望报告，如果基于当前的税收和支出法律，到 2050 年公众持有的联邦债务总额将达到 GDP 的 195%，新冠肺炎大流行给美国未来 30 年的长期财政前景蒙上了巨大阴影。③ 可以说，肇始于 2008 年的国际金融危机对西方资本主义发达国家造成了第二次世界大战以来最为严重的冲击，这些国家的经济增长潜力趋势性下移，世界经济陷入"低投资、低贸易、低资本流动、低通胀、低利率"的陷阱。基于对未来经济增长的黯淡预期，美国前财政部长萨默斯教授提出了所谓"长期停滞"假说，认为全球经济将长期陷入增长乏力的"新常态"。④ 尽管空前的逆周期调节政策措施被广泛采用，但政策的有效性日益下降。老一辈凯恩斯主义经济学家罗伯特·索洛教授在 2012 年曾发文反思传统凯恩斯主义的货币政策和财政政策有效性问题，并建议应慎重考虑财政乘数的效果。⑤ 总之，始于 2008 年国际金融危机的全球经济大调整不断深化，全球债务不断积累和贫富差距不断拉大，全球经济增长和经济治理模式已经越来越不可持续。新冠肺炎疫情的暴发使得这一全球经济调整趋势愈发明显，全球经济变局在不断深化

---

① 数据取自美国联邦储备局（https://www.federalreserve.gov）。

② 数据取自美国经济分析局（https://www.bea.gov）。

③ 数据取自美国国会预算办公室（https://www.cbo.gov）。

④ Summers, L. A., "Demand Side Secular Stagnation", *American Economic Review*: *Papers and Proceedings*, 2015, 105 (5): 60 – 65.

⑤ Solow, R., Fiscal policy, in Blanchard, O., Romer, D., Spence, M., Stiglitz, J., *In the Wake of the Crisis*, *Leading Economists Reassess Economic Policy*, The MIT Press, Cambridge, Massachusetts, 2012: 73 – 78.

演进：基于全球价值链的已有分工体系和利益格局已经无法持续，全球产业链和供应链正在经历重要的调整和重组；高杠杆、低利率和不平等的全球金融困局愈演愈烈，政府债务再创新高已成定局；金融危机和疫情冲击下贫富差距扩大趋势不仅没有得到逆转反而呈现继续扩大趋势，由此而引发的社会问题日益严重。

聚焦中国，经济持续快速发展大大提升了在国际上的地位。在新中国成立 70 多年、尤其是改革开放以来的 40 多年中，中国经济发展取得了辉煌的成绩，创造了"当惊世界殊"的发展成就。1952—2019 年，我国 GDP 从 679 亿元增长到 99 万亿元，年均增长 11.5%，创造了经济长期增长的奇迹。中国 GDP 占美国 GDP 的比例从 1995 年的 9.7% 上升至 2019 年的 66.3%，全球占比也从 1960 年的 4.4% 上升到 2019 年的 16.4%，经济总量稳居世界第二位。2019 年，我国人均 GDP 突破 1 万美元，全国居民人均收入也达到 4500 美元，由低收入国家成功跨入中等偏上收入国家行列。当前中国是世界上唯一拥有联合国产业分类中全部工业门类的国家，2019 年中国工业增加值达 4.5 万亿美元；其中制造业增加值为 3.9 万亿美元，是美国的 163.5%，已连续多年居世界第一。① 2020 年受新冠肺炎疫情的影响，美国经济出现了深度衰退，而中国成功统筹疫情防控与经济社会发展，经济全年仍有望保持一定程度的正增长。国际货币基金组织在 2020 年 6 月的《世界经济展望》报告中预计 2020 年和 2021 年两年，全球发达国家的经济增速分别为 -8.0% 和 4.8%，其中美国的经济增速为 -8.0% 和 4.5%，而中国经济增速将达到 1.0% 和 8.2%。中国是唯一在 2020 年还能保持经济正增长的大国。② 根据这一预测，中国 GDP 在 2020 年将达到美国的 73%，2021 年进一步提升到 75%。世界银行和国际货币基金组织都认为中国经济总量将在 2024 年超过美国，成为世界第一大经济体。后疫情时代各国都将在世界百年未有之大变局中重新定位。

---

① 数据取自中国国家统计局（http：//www.stats.gov.cn）和美国经济分析局（https：//www.bea.gov）。

② 数据取自国际货币基金组织《世界经济展望》报告，2020 年 6 月，https：//www.imf.org/en/Publications/WEO/Issues/2020/06/24/WEOUpdateJune2020.

于变局中开新局,在世界百年未有大变局中塑造中国经济新发展格局。习近平总书记明确指出:努力在危机中育新机、于变局中开新局。这个大变局,给中华民族伟大复兴带来了重大机遇,也必然会带来诸多风险和挑战,中国需要积极进行战略调整以抢抓机遇、迎接挑战,形成顺应世界百年未有之大变局的中国新发展格局。过去几十年中,中国经济积极融入全球经济体系,从设立经济特区和沿海开放城市,到加入世界贸易组织,中国成为全球化的积极参与者和推动者。通过全方位、多领域、深层次的开放,中国也有力推动了国内市场经济体制改革,促进了经济高速发展。但是,随着中国从高速增长转向高质量发展,市场和资源"两头在外"为主要特征的经济发展模式难以继续,中国经济发展之路很难再长久依靠外部的原材料供给和消费需求,传统外向型经济已经达到"边际效应"递减的阶段。而后金融危机时期和新冠肺炎疫情冲击下的保护主义上升、世界经济低迷、全球市场萎缩等全球大变局的关键"变量",更是强化了中国经济战略转型的必要性。"加快形成以国内大循环为主体、国内国际双循环相互促进的新发展格局",正是立足于深刻理解当前世界体系百年未有之大变局,基于中华民族伟大复兴的战略全局,在变局中开新局,提出的中国未来中长期发展要求和重大战略部署。新发展格局要求依靠国内大循环为主体、国内国际双循环相互促进来构建新时代中国特色社会主义经济发展新格局,并以此带动世界经济的发展,进而形成全球经济发展新格局、全球经济治理新框架和全球经济运行新秩序。这是一个具有"革命性"意义的"新局",新发展格局下中国的经济供给体系、经济需求体系、收入分配体系和宏观调控体系都将面临重大调整。

首先,从供给体系看,新发展格局要求中国突破全球价值链分工格局、进行产业基础再造以加快形成创新引领、协同发展、高效安全的现代化产业体系。具体而言,这需要在以下几方面着力:一要深化科技、教育和产业创新体制改革,加强和完善的创新体系建设,提升产业基础能力和产业链水平,努力打破长期以来低成本出口导向工业化战略形成的国际生产分工地位,再塑新优势,不断促进中国产业全球价值链地位攀升,逐步攻克"卡脖子"技术问题。二是深化金融供给侧结构性改革，切实解决"脱实向虚"结构失衡，畅通金融和实体经济之间的循环，着力加快建设实体经济、科技创新、现代金融、人力资源协同发展的产业体系。三是持续推进制造强国建设，实现制造业向智能化、高级化、绿色化和服务化方向转型升级，提高新产业、新业态、新模式在经济中的占比，加速新旧动能转换。四是重视经济安全，既要保证粮食和能源等大宗商品的稳定供给，又要保证产业链供应链的安全可控；五是积极探索生产要素市场化配置的体制机制，积极推进土地要素市场化配置、引导劳动力要素合理畅通有序流动、推进资本要素市场化配置、加快发展技术要素市场、加快培育数据要素市场、推动要素价格市场化改革；六是加快建设现代化流通体系，完善国内统一大市场，形成商品和资源有效集散、高效配置、价值增值、统一开放的交通运输市场，实现分工深化、交易扩大、供需互促、产销并进、效率提升的经济良性循环。

其次，从需求体系看，新发展格局要求以扩大内需为战略基点，构建和完善内需和外需互相促进的统一开放、竞争有序的市场体系和新型消费体系。这就需要积极推进以下改革并完善相关政策：一是围绕公平竞争建立市场体系高效运行的基础规则，保证市场主体之间公平竞争，充分发挥竞争政策的基础性作用，产业政策要以竞争政策为基础，营造各类所有制主体依法平等使用资源要素、公开公平公正参与竞争、同等受法律保护的市场环境。二是通过更大范围、更高水平的对外开放、加强知识产权保护、强化竞争政策作用等，积极融入新的多边贸易投资规则，持续放开市场准入，努力营造国际一流营商环境，使国外更加依赖中国的产品消费市场和要素供给市场，以实现国内国际互相促进"双循环"新发展格局。三是积极推进新型城镇化进程，在新型城镇化中加快消费转型升级、塑造现代化新型消费体系，多措并举大力促进消费数字化转型，促进网上购物等新型消费业态的发展和不断开发新的网络消费形态和服务场景。四是构建政府自身消费与社会性消费、公共消费与居民消费、公共消费与公共投资三方面平衡的消费体系，合理增加公共消费，重视增加在教育、医疗、社保和就业等方面的公共支出，提升民生公共服务的质量，从而为持续释放居民消费需求创造条件。五是持续扩大有效投资，重点是加快"两新一重"（新基建、新型城镇化和重大工程建设）的投资，围绕通信网络基础设施、智能交通基础设施、智慧能源基础设施、重大科技基础设施、科教基础设施、产业技术创新基础设施、新型消费基础设施，为建设现代化经济体系奠定现代化基础设施。六是为消费者营造放心消费、敢于消费的制度环境，积极推进消费领域的信用体系建设，提升市场监管效能，实现信息共融共享，降低维权成本，抑制房价和居民杠杆率的继续上涨。

再次，从收入分配体系看，与新发展格局相适应的是基于社会主义收入分配制度的科学合理公平公正的收入分配体系。收入分配已经成为当前诸多国内国际问题的潜在影响因素。近几十年来，全球主要发达国家的收入不平等现象都在不断恶化，这导致了消费需求不足、创新供给不足、金融体系不稳定性上升等后果，同时还引发一系列社会问题，包括一些国家的民族主义、民粹主义抬头，社会撕裂，等等。对于中国而言，中国收入分配领域存在的突出问题主要表现在：国内居民收入水平提升速度与经济增速并不匹配，居民收入差距较大，特别是城乡居民收入差距大，劳动报酬在初次分配中的比重还亟待提高。这些问题都是深化收入分配制度改革的重要任务，也是完善内需体系、畅通经济循环、形成新发展格局在收入分配领域的重要要求。为此，一是进一步提高劳动报酬在国民收入分配中的比例，通过财政改革降低生产税占比，通过大力发展民营企业增加就业和居民收入；二是坚持就业优先的政策导向，将"稳就业"作为政府头等重要的工作积极落实，积极拓展就业渠道，鼓励创新创业，切实提高居民就业水平和就业质量。三是加大再分配力度，健全以税收、社会保障、转移支付等为主要手段的再分配机制，大幅度提高基本公共服务水平和均等化水平。

最后，从宏观调控看，新发展格局要求建立财政金融外汇政策相协调、充分利用两个市场和两种资源的开放型宏观经济调控体系。围绕形成与新发展格局相适应的宏观调控体系，当前尤其需要重视以下两方面问题。一方面，通过金融供给侧结构性改革，推进人民币国际化，增强中国金融体系在国际竞争中的"实力"，避免与美元脱钩的风险。我国金融体系虽然也经历了几十年较快的发展过程，但金融体系结构和国际影响力均没有实现与我国经济实力相匹配的水平。在金融体系结构方面，资本市场和长期投资者发展不足，不能为企业发展提供长期稳定的资金来源。中国的保险和养老金市场发展不足，总规模尚不足美国的10%。在美国金融体系中，居民大量持有保险和养老金资产，保险和养老金再投资于资本市场，长期持有企业股票和债券，并根据市场收益率在股权和债权市场中均衡配置。这一体系具有自身稳定性，且为企业解决了长期低成本的资金来源。中国当前的金融体系结构存在缺陷，仍是以银行为主体，不能适应国内经济大循环的要求。在国际影响力方面，人民币在全球外汇交易、支付清算、外汇储备中都排在美元、欧元、英镑和日元之后，仅为全球第五大货币，只能在周边国家及"一带一路"沿线国家具有一定影响力，仍处于边缘地位。[①] 在全球金融基础设施、全球金融话语权、对他国金融体系的影响，以及国际金融产品定价权等方面，中国仍是"被动接受者"，对外影响较小。我们必须在"大变局"中发现新机遇，提高中国货币金融体系的质量和全球影响力。为此，我国要积极研究全球金融体系的运行逻辑，完善人民币汇率体系。同时，我们还应该以数字货币走在世界前列为契机，积极发展国际通用的电子货币体系，率先引导国际化的数字货币应用。另一方面，在宏观调控体系中应坚持以供给侧结构性改革为主线，保持定力，保持政策空间，降低逆周期调节政策的负面影响。国际金融危机爆发以来，各国纷纷采取非常规货币政策和极度宽松的财政政策来刺激经济，试图快速实现经济复苏。货币政策利率一降再降，甚至在某些央行已经达到负利率水平，财政当局大量发行国债，央行大量购买债券为经济注入流动性。非常规的宏观调控政策虽然在短期内部分恢复了通胀水平，但经济增长和就业依然乏力，菲利普斯曲线已然失效。[②] 大量非常规货币政策被滥用，已失去了逆周期调节的效果。大量的流动性和过低的利率不仅扩大了债务规模，同时催生了资本市场泡沫，再次引发系统性危机的风险很大。我国宏观经济调控始终保持着政策主动权和政策空间，没有实行非

---

① 数据取自国际清算银行（https：//www.bis.org）。

② Brainard, L., Bringing the Statement on Longer-Run Goals and Monetary Policy Strategy into Alignment with Longer-Run Changes in the Economy, September 1, 2020.

常规的逆周期调节政策。2015 年以来，我国供给侧结构性改革取得了显著成效，尤其是宏观杠杆率止住了 2008 年以来快速增长的势头，实现了杠杆率基本稳定的目标。过去几年的主动去杠杆为当前我们应对世纪性疫情冲击创造了大量的政策空间，2020 年上半年尽管宏观杠杆率大幅攀升，但仍低于几个主要发达国家水平，仍具有较大的政策操作空间。① 在构建国内循环为主、国内国际双循环相互促进的新发展格局的大战略下，我们应继续完善宏观调控框架，探索建立符合中国经济特点的宏观调控体系。

总之，面对世界百年未有之大变局，中国要"于变局中开新局"，加快形成国内循环为主体、国内国际双循环互相促进的新发展格局。这是把握百年未有之大变局、站在中华民族伟大复兴的战略全局的战略思考。即将到来"十四五"时期是中国全面建设社会主义现代化国家新征程的开局起步期，也是开"国内循环为主体、国内国际双循环互相促进的新发展格局"这个"新局"关键时期。"十四五"规划需要为如何开"新发展格局"这个"新局"进行科学筹划，这将对实现第二个百年目标——中华民族伟大复兴具有重大意义。

---

① 数据取自国家金融与发展实验室（http：//www. nifd. cn/）。

目　　录

中篇　问题与政策

下篇　历史与制度

总论　后疫情时期中国经济高质量发展

当今世界经济形势波谲云诡，自 2008 年国际金融危机爆发以来，世界经济正在经历深刻变化和调整。在新冠肺炎疫情冲击下，2020 年全球经济形势更是呈现出前所未有的复杂格局。正如习近平总书记 2017 年 12 月指出的，"放眼世界，我们面对的是百年未有之大变局"。面对全球大变局，中国即将步入"十四五"时期，将在全面建设小康社会基础上全面开启中国特色社会主义现代化建设新征程。一个是中华民族伟大复兴的战略全局，一个是世界百年未有之大变局，"十四五"时期的经济发展问题必须立足习近平总书记提出的"胸怀两个大局"来研究思考。

全球大流行的新冠肺炎疫情感染人数已超过 1500 万，流行时间已超过半年，现在国外形势依然严峻。这次新冠肺炎疫情已经对全球经济造成巨大的短期冲击，还将产生长远影响。国际货币基金组织首席经济学家吉塔·戈皮纳特指出，新冠肺炎疫情对全球经济的冲击导致了"自大萧条以来最严重的衰退"。[①] 国际货币基金组织对 2020 年的全球经济增长的预测，也从 4 月的 - 3% 再次大幅下调至 - 4.9%（IMF，2020）。亨利·基辛格认为，新冠肺炎疫情将永远改变世界秩序。因此，无论应对危机是多么艰难和必要，也要同时兼顾向后疫情时期过渡的紧迫任务。[②] 许多学者认为，此次疫情冲击更甚于 2008 年国际金融危机，

[①]　https：//voxeu. org/content/global-impact-covid – 19.

[②]　https：//www. wsj. com/articles/the-coronavirus-pandemic-will-forever-alter-the-world-order – 11585953005.

不单要失去很多就业岗位，更会导致地缘经济的历史性转折，后疫情时期人们将见证地缘经济的新场景。① 瘟疫在人类历史上一直扮演重要角色，甚至可以轻易改变人类历史进程。贾雷德·戴蒙德（2016）认为瘟疫是欧洲征服世界的三大直接因素之一。哈佛大学教授丹尼·罗德里克指出，未来几年全球经济有三大趋势：政府与市场关系将出现偏向政府的再平衡，全球化与国家自治将出现偏向国家自治的再平衡，全球经济增长速度将放缓。疫情冲击无一例外地增强了这三大趋势：加强了政府的作用、助长了逆全球化力量、沉重打击了全球经济增长。罗德里克强调，世界经济已经走上脆弱、不可持续的道路，新冠肺炎疫情让我们面临的挑战更加清晰。皮特森国际经济研究所（PIIE）的亚当·波森指出，此次新冠肺炎疫情将使世界经济先前已经存在的四个状况更加恶化，即长期停滞，富国和穷国的差距，对美元的过度依赖和不满，以及经济上的国家主义。② 因此，新冠肺炎疫情无疑是当今全球百年未有之大变局的一个极其重大"变局"因素。

面对如此重大的"变局"因素，我们认为全球都需要思考新冠肺炎疫情冲击后或者疫情常态化下"后疫情时期"的经济发展问题。本次新冠肺炎疫情之后之所以可以定义新的时期——"后疫情时期"——出于三个方面的考虑：其一，新冠肺炎疫情的冲击和影响力度之大还无法估计，受疫情影响全球经济将更加脆弱，可能会发生地缘政治和地缘经济的大转变，增强和加速了后金融危机时期的全球经济大变局。其二，即使疫情得到了一定的控制，疫情所带来的经济格局以及因抗疫所形成的政策格局，在未来一段时期将会持续存在，成为另外一种经济"新常态"。其三，由于疫情本身并未彻底消失（或因无法消灭将与我们共存），所以，疫情以后的许多经济活动与政策考量的特点仍将在相当长的时期带有疫情的烙印。

未来五年是中国开启全面建设社会主义现代化国家新征程的布局起步期。在后疫情时期的经济大变局下，中国经济将会受到怎样的影响？中国经济增长潜力如何？宏观经济政策空间还有多大？如何实现高质量

① http://global.chinadaily.com.cn/a/202004/28/WS5ea79706a310a8b241152420.html.

② http://foreignpolicy.com/2020/04/15/how-the-economy-will-look-after-the-coronavirus-pandemic/.

DVAR 几乎处于平稳阶段，全球生产分工几乎停滞，全球产业链重构现象明显。从图 0 - 1（b）可知，全球价值链在 1990—2007 年增长最为迅速，然而 2008 年国际金融危机后，全球价值链贸易占全球贸易的份额增长放缓。国际环境的不确定性、中美贸易摩擦、新冠肺炎疫情等外部冲击都有可能导致全球产业链中断，影响产业链安全，重塑全球产业链。

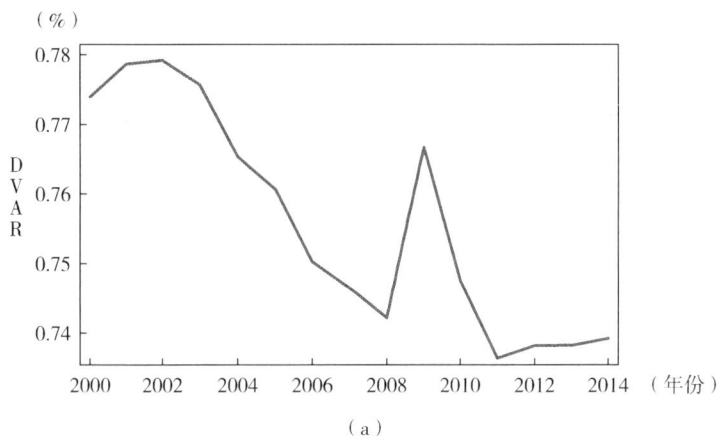

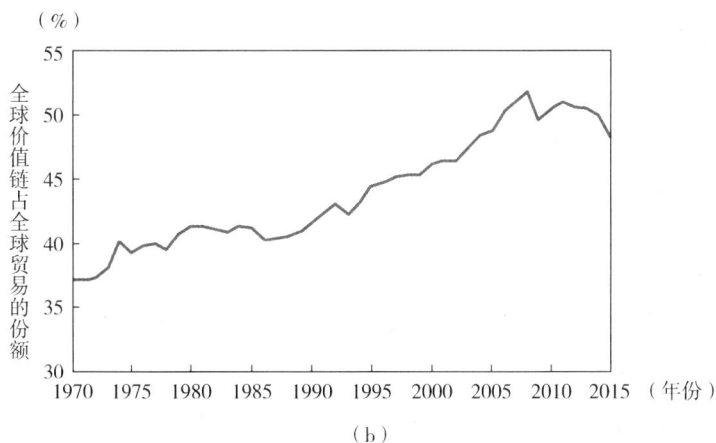

（a）

（b）

图 0 - 1　全球出口中的国内增加值率（DVAR）与全球价值链贸易占全球贸易的份额

资料来源：《2020　世界发展报告》工作组根据 Eora26 数据库和 Johnson 和 Noguera（2017）的数据计算的结果，以及笔者计算。

随着新一轮科技革命和产业变革的进一步发展，产业高度融合、产业边界逐渐模糊，新技术、新产品、新业态、新模式将不断涌现，科学技术发展和交易成本降低会重塑全球产业链。企业在发展过程中，由于行业技术发展变化、生产要素成本上升以及自身竞争力下降等因素，也会调整自身的生产布局，进而导致全球产业链调整和转移。中美贸易摩擦和新冠肺炎疫情对于全球产业链重构无疑会产生重要的影响，全球生产网络体系受到冲击。从全球产业链演变的历史逻辑可以展望未来，它有两个方向的转变：一是在纵向分工上趋于缩短，纵向分工的缩短会使产品生产缩回到单个跨国企业内部进行，一个企业内部可能包含了不同的工序和环节；二是在横向分工上趋于区域化集聚，向上分工的区域化集聚会使不同企业生产从分散在全球各地回缩到一个区域内集中生产，形成产业空间集聚化的趋势。Timmer（2013）、倪红福和夏杰长（2016）等相关研究也表明世界产品的价值链主要以美国、德国、日本和中国等为核心，边缘国家主动嵌入到这些核心价值链之中，并逐渐形成了北美、欧洲和亚洲的区域价值链。

在短期内，企业自主经营决定而形成的全球产业链和供应链体系，是难以发生逆转性的变化的，但是受贸易摩擦和新冠肺炎疫情的催化影响，会加剧国家间的结构性变化，各国更多地开始强调自主可控，选择转向"内循环经济模式"，涉及民生以及国家命脉的战略产业重要性提升，减少对他国的依赖，加快本国制造业的回流。在中长期内，全球产业链面临重构的巨大风险，产业链的迁移和重构将提速，并且全球产业链的布局逻辑也将发生改变。未来部分产业整合趋势加剧，将考虑产业纵向整合以缩短供应链条，产业链的全球布局可能会下降，本土化与区域化价值链加速形成。

从更长的历史视角看，美国主导了 20 世纪初至今百年的经济、贸易和金融发展。美国建国以来 200 多年的贸易政策，可以清晰地划分为三个阶段：一是税收阶段，1865 年之前关税是政府收入的重要来源；二是限制阶段，1865 年至 1932 年以高关税等贸易保护主义手段，有意识地保护和发展本国产业；三是互惠阶段，1932 年至今推行互惠贸易和全球化（道格拉斯·欧文，2019）。在前两个阶段，美国进口关税平均税率一直在 20% 以上，有时甚至高达 40%—50%。从第三个阶段开始，美国关税税率开始持续下降，从 20 世纪 30 年代的接近 20%，下降到 21 世纪初的接近 1%。美国不断降低关税的第三阶段，也是全球贸易大发展的阶段。如图 0－2 所示，全球出口占 GDP 的比重，从第二次世界大战后的 7%，上涨到 21 世纪初的超过 25%。与图 0－1 相似，2008 年国际金融危机后这一趋势被打断，全球贸易增长停滞甚至下降。特朗普政府上台后，美国执行了 80 多年的互惠贸易政策开始转变，2019 年美国关税税率明显提升，比上年增长一倍。新冠肺炎疫情增强了逆全球化和贸易保护主义，未来全球出口占比会继续下降，而全球关税税率可能会继续上升。

图 0－2 1949—2019 年全球出口占 GDP 比重和美国关税税率

资料来源：Wind 数据库和笔者计算。

（二）国际金融困局：超低（或负）利率与高杠杆

从金融和宏观经济治理方面看，国际金融危机爆发后，债务问题成为宏观经济研究的最核心议题。阿代尔·特纳（2016）将此概括为两个问题：如何转变信贷密集型经济增长模式？原先的信贷密集型增长模式所产生的存量债务积压应如何解决？伴随高债务、高杠杆的是低利率（Gourinchas & Rey，2019；Blanchard，2019）和收入、财富分配的不平等（Kumhof et al，2015；Auclert，2019；Bartscher et al.，2020）。全球经济陷入所谓"高低不平"的困局（汤铎铎，2020）。新冠肺炎疫情暴发后，截至 2020 年 5 月 20 日，国际货币基金组织（IMF）统计的全球财政刺激资金总额高达 9 万亿美元，[①] 全球债务再创新高已成定局。根据历史经验，严重疫情的宏观经济后遗症会持续数十年，利率水平会大幅下降（Jorda et al.，2020）。2020 年 6 月 10 日的美联储议息会议表明，美国至少要维持零利率到 2022 年。美联储主席鲍威尔还指出，虽然量化宽松会导致贫富分化加剧，但就业是更重要的目标。[②] 新冠肺炎疫情暴发之后，"高低不平"的全球经济困局愈发严峻，全球宏观经济治理进入未知领域，很多经济学家对此深表忧虑。Cecchetti（2020）对所谓货币政策新工具的有效性并不乐观；Cochrane（2020）认为政府举债有其限度，如果疫情持续时间较长的话，就有可能引发通胀和主权债务危机。从理论上看，长期持续的高杠杆贻害无穷。首先，高杠杆造成更低的波动性伴随更严重的尾部事件（Jordà et al.，2017），宽松的金融条件增加了未来增长的脆弱性（Adrian et al.，2019）。其次，这种极端环境会加剧收入分配和财富分配恶化（Auclert，2019；Bartscher et al.，2020）。疫情期间的量化宽松使得风险资产拥有者获益巨大，客观上进一步扩大了贫富差距，加剧了阶层对立。再次，资本从发展中国家流向发达国家，使得发达国家资源从可贸易部门分配到不可贸易部门，削减了创新投资，造成所谓"国际金融资源诅咒"（Benigno et al.，2020）。最后，通过所谓国际金融周期，金融风险会传导到其他国家（Rey，2015）。

2020 年 3 月，在新冠肺炎疫情出现明显的全球蔓延态势后，美联储在 3 日和 16 日连续两次大幅降息，迅速将联邦基金利率降至零水平附近［图 0-3（a）］。同时，美联储也无法再掩饰实际上已经开启的第四轮量化宽松（QE4），迅速将资产负债表规模从 2 月底的 4.2 万亿美元扩张至 5 月底的超过 7 万亿美元［图 0-3（b）］。至此，美联储货币政策正常化的企图宣告彻底失败。需要特别强调的是，新冠

---

① https：//blogs. imf. org/2020/05/20/tracking-the-9-trillion-global-fiscal-support-to-fight-covid-19/.

② https：//www. federalreserve. gov/monetarypolicy/fomccalendars. htm.

肺炎疫情只是加速了这一失败，早在新冠肺炎疫情暴发前，正常化进程就已经难以为继。美联储在 2019 年 8 月就开始连续三次降息，9月从缩表转为扩表。当时美联储虽然坚称这并非量化宽松，但是却被市场讥为"它的确像量化宽松的鸭子一样走路嘎嘎叫"（Mauldin，2020）。

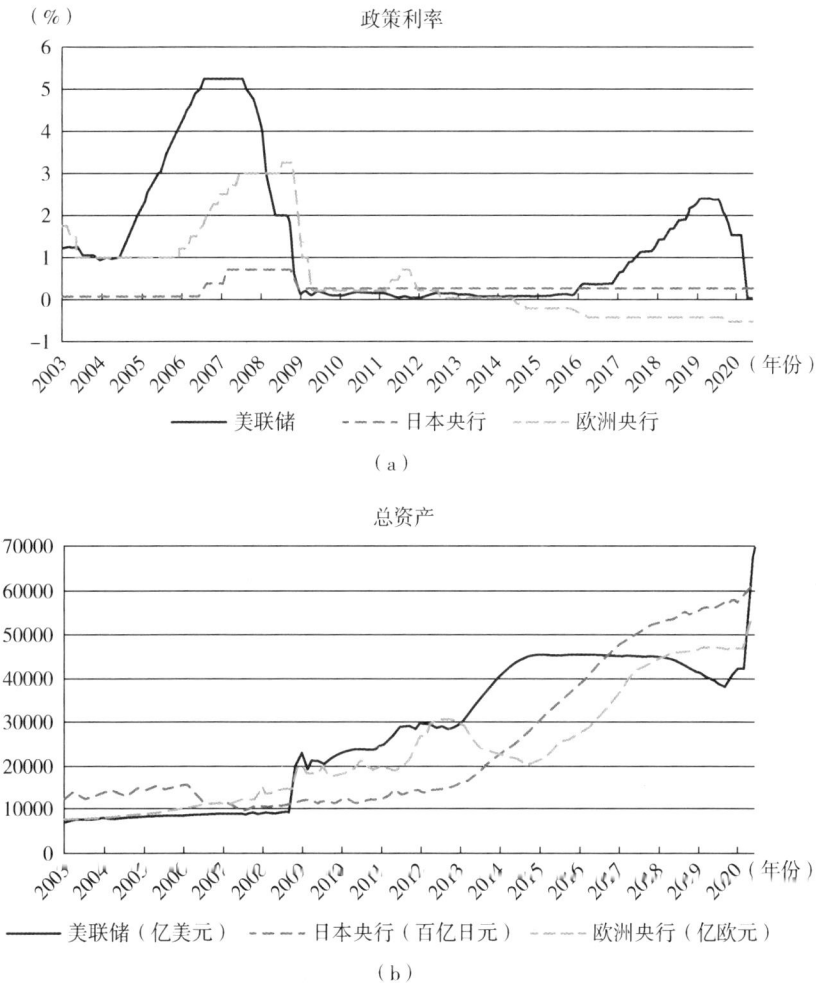

（a）

（b）

图 0-3　美国、日本、欧元区中央银行政策利率和总资产规模

资料来源：Wind 数据库、FRED 数据库、ECB 数据库。

美联储 2014 年年底停止扩表，2015 年年底首次加息，开启货币政策正常化进程的时候，日本央行和欧洲央行却因无力跟随而不为所动。同期，二者不但一直保持着零利率甚至负利率，还进行了明显扩表。这就干扰了美联储货币政策正常化进程。在美联储从 2015 年 12 月到 2018 年 12 月连续九次加息，累计加息 2.25 个百分点的同期，美国 10 年期国债利率只上升了不足 1 个百分点［见图 0 - 4（a）］。这导致美国的收益率曲线越来越平坦，被市场解读为即将出现经济衰退的标志，要求美联储降低短端利率。另外，美国总统特朗普由于施政需要，也持续施压美联储，要求放松货币政策。总之，无论是国内还是国外，政府还是市场，都不支持所谓货币政策正常化。

在全球高杠杆、低利率环境下，美联储货币政策正常化失败有其必然性。同样早在新冠肺炎疫情暴发前，前美联储主席 Bernanke（2020）就强调应该把量化宽松、前瞻指引和负利率等"非常规"（unconventional）或"非标准"（nonstandard）政策，作为中央银行标准工具包的一部分，改称为货币政策新工具。非常规政策的常态化，主要是因为低利率环境下货币政策遭遇零下限（zero lower bound，ZLB）［或有效下限（effective lower bound，ELB）］，缺乏政策空间。而量化宽松等新工具，可以在无法再降息的情况下产生宽松效果，扩充政策空间。Bernanke（2020）坦承旧的方法已经行不通，如果货币政策要继续发挥作用，那么政策制定者就必须采用新工具、策略和框架。

图 0 - 4（b）显示的是美国、日本和欧元区的政府债务/GDP，即政府部门杠杆率。为了应付 2008 年国际金融危机，三大经济体都实施了财政刺激，政府债务显著增长。而且，与货币政策无法正常化一样，此后三大经济体均无法有效推动财政整固，导致政府部门杠杆率居高不下。新冠肺炎疫情暴发后，财政整固彻底无望，三大经济体再次推出大规模财政刺激，政府部门杠杆率再创新高已成定局。

政府部门杠杆率持续走高和低利率密切相关。实际上，低利率在压缩货币政策空间的同时，增加了财政政策空间。Blanchard（2019）指出，在低利率环境下，政府债务不仅没有财政成本（不增加未来税收负担），而且福利成本也比想象的小（代际转移的净效应不确定）。Blanchard 和 Summers（2020）进一步指出，应该视低利率环境为一种机制变化（regime change），财政政策在未来必将发挥主要甚至主导作用，因此需要从根本上重新考虑相机抉择财政政策、自动稳定器和财政规则。

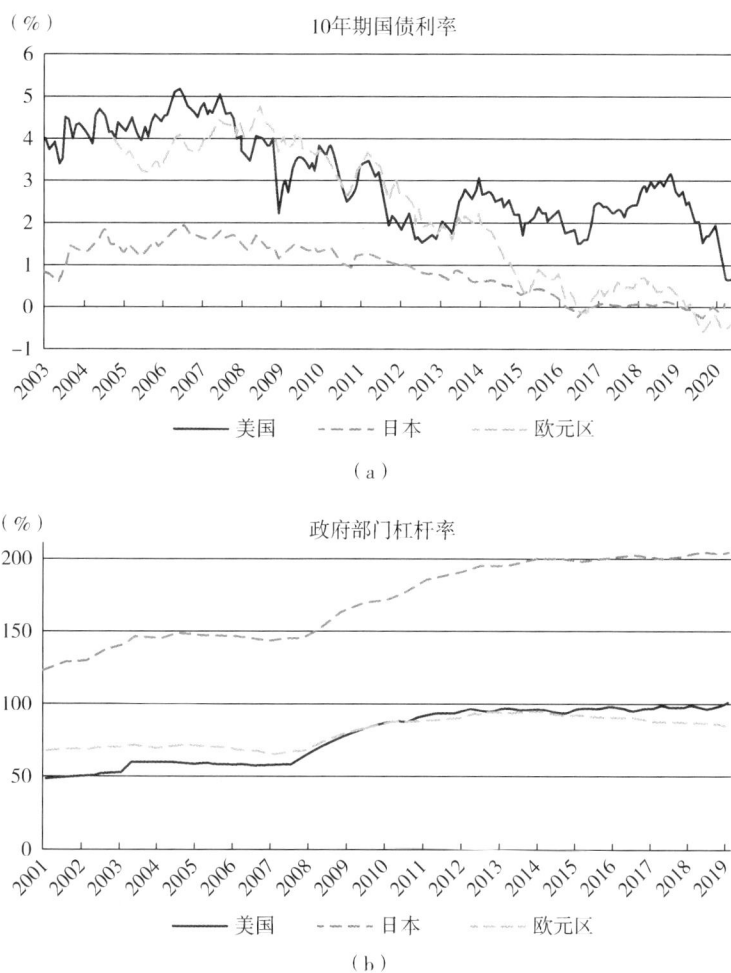

（a）

（b）

图 0 - 4 美国、日本、欧元区 10 年期国债利率和政府部门杠杆率

资料来源：Wind 数据库、BIS 数据库。

所谓"制度变化"，意味着低利率并非短期现象，而是一种长期的变革。从宏观经济政策层面看，至少表现出两大特征：一是货币政策正常化失败，非常规手段成为新工具；二是财政整固无法推进，政府债务居高不下。在发达经济体此前的宏观治理框架下，货币政策以利率为主要工具，财政政策主要是自动稳定器。经济衰退时实行扩张政策，在随后的经济繁荣中转为紧缩政策，并且同时恢复政策空间，为应对下一次衰退做好准备。然而，在2008年国际金融危机之后的所谓后危机时期，经济复苏进程缓慢，经济繁荣迟迟不能实现，在政策制定者还无法通过紧缩来恢复政策空间的时候，经济衰退已经再次来临。突然暴发的疫情使得这一困境更加突出，传统的货币政策和财政政策空间均已耗尽，发达经济体的宏观经济治理完全进入未知领域。

从更长的历史时期看，发达经济体目前的低利率、高杠杆与美国第二次世界大战前后的情形比较相似。如图0-5所示，1940年美联储总资产/GDP达到22.6%的高点，1946年美国政府债务/GDP达到118.9%的高点，其间利率水平虽然没有触及零，但是也一直处于低位。然而，当时是战时经济，随后的战后繁荣和高通胀，降低了政府债务，也拉高了利率水平。

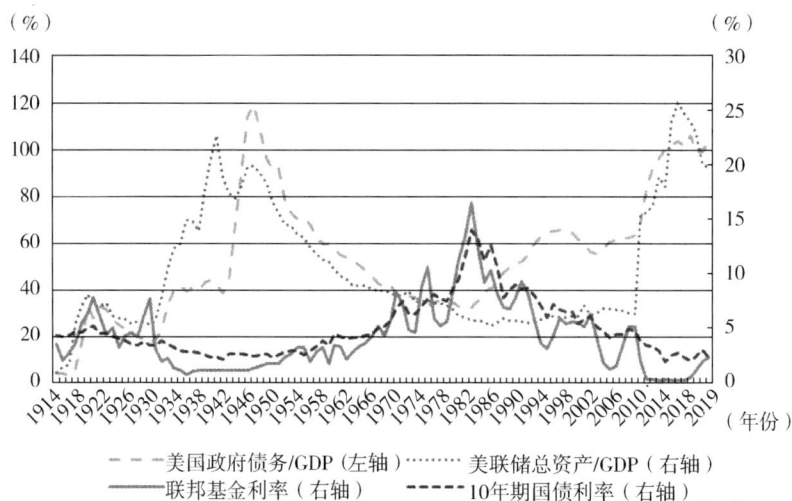

图0-5 美联储总资产、美国政府债务和美国利率水平等情况

资料来源：Jordà et al.（2017；2019），Bao et al.（2018），笔者计算。

图0-5是年度数据，截至2019年。如图0-3、图0-4所示，在2020年1月新冠肺炎疫情暴发后，各项数据进一步极端化。保守预测，

2020 年美联储总资产/GDP 会达到 40%，美国政府债务/GDP 会达到 120%，美国联邦基金利率和长期国债利率都有可能出现负值。这种极端环境蕴藏着巨大风险。

（三）技术创新方向：新冠肺炎疫情加剧"数字化生存"

灾难、战争和一些突如其来的社会经济环境巨变本身也是创新的发动机。因瘟疫造成劳动要素供给短缺、均衡供给价格提高的情况下，资本和创新要素将对经济增长发挥更重要的作用。当前全球正处于新一轮科技革命和产业变革的加速拓展期，数字化智能化技术不断促进新产业、新业态和新商业模式的发展，这一方面包括数字化智能化技术自身会激发新生一批新产业、新业态和新商业模式，另一方面数字化智能化技术与传统产业、业态和模式深度融合，从而催化出一批新产业、新业态和新商业模式。2019 年我国"三新"经济增加值为 161927 亿元，相当于 GDP 的 16.3%，比上年提高 0.2 个百分点；按现价计算的增速为 9.3%，比同期 GDP 现价增速高 1.5 个百分点。[①] 新冠肺炎疫情影响下"三新"经济占比会进一步提高。有研究预计，新冠肺炎疫情影响下，2020 年的数字经济增速将为 GDP 增速的 2.8—3 倍（孙克，2020）。虽然一直以来，关于从统计上看数字技术为什么还没有带来巨大的增长，或者说这一次新工业革命效果一直还没有像前三次工业革命在经济增长上取得"革命"效果，这些年一直是经济学界研究的一个重要论题，但数字化智能化技术正在逐步广泛地应用于经济社会的各个方面，经济社会因数字化智能化技术而发生的巨大变化几乎是每个人都深刻地感觉到的，不容置疑的是数字化智能化技术创新驱动下新工业革命正在加速深化拓展。

在新冠肺炎疫情冲击下，由于经济活动非聚集性的抗击疫情需要，经济社会各个方面都更加需要数字化智能化技术的普及和应用。表 0 - 1 为新冠肺炎疫情影响下，数字化智能化技术应用及其未来发展趋势。

[①] 《2019 年我国"三新"经济增加值相当于国内生产总值的比重为 16.3%》，http://www.stats.gov.cn/tjsj/zxfb/202007/t20200707_ 1772615.html，2020 年 7 月 7 日。

表 0 - 1 **新冠肺炎疫情期间数字化智能化技术创新的应用领域**

	新冠肺炎疫情期间应用	新冠肺炎疫情期间应用案例	未来发展可能
商务办公	新冠肺炎疫情迅速大幅度提升了远程协同商务办公的需求,云服务企业加速推进了在线办公服务	阿里巴巴集团的钉钉会议软件、字节跳动公司的协同飞书软件、腾讯集团的企业微信和腾讯会议等都迅速跟进进行各种业务推广。2020 年 2 月 3 日复工当天,利用钉钉远程办公的企业达上千万,在线办公人数近 2 亿人。腾讯在线服务超过 25 万家企业	新冠肺炎疫情期间推动了在线办公与生产协同,进一步加速了生产管理向数字化、网络化、智能化发展。随着新冠肺炎疫情管控的常态化,用户远程办公习惯逐步形成,这会进一步促进远程商务办公技术成熟,加大这方面技术的供给数量和质量
政府和社区治理	为了加强社会隔离管制和获取个人健康方面信息,大力推广人工智能技术在政府治理和社区管理方面应用	实行"健康码",实行人员健康核验、轨迹跟踪和新冠肺炎疫情警报。各大电信公司和网络企业通过其用户地理移动产生的数据,提供准确的人口流动路线图,进行人员地理流动识别	政府治理和社区管理更加智能化,进一步促进社会信用体系建设和完善。在法律框架下,以智能手机为主要媒介,通过获取移动轨迹、社交媒介、智能摄像、关联物品等数据转换为生物识别身份、行为、社交网络等信息,形成社会信用建设和法律监管的重要手段
生产性服务	新冠肺炎疫情期间互联网与教育、医疗、金融、交通等生产性服务领域深入融合,产生了大量的在线服务平台,创新了许多线上服务模式	在线医疗方面,2020 年 2 月已有 191 家公立医疗机构及 100 家企业互联网医院对新冠肺炎疫情提供在线义诊;在线教育方面,新冠肺炎疫情期间教育部与工信部开通国家中小学网络云平台,在线教育平台增加超过 100 个,腾讯课程"老师极速版"向全国用户提供 10 万份课程	未来将极大地促进生产性服务业的数字化、智能化水平的提高,在线医疗、在线教育、虚拟银行、智慧交通等各类商业模式和技术将不断发展,依靠技术创新、商业模式创新推进生产性服务业的效率提升
生活性服务	新冠肺炎疫情期间居家隔离管制措施催生了大量的"无接触服务"模式,"宅经济"迅速发展,互联网、人工智能和消费服务业深度融合	上海文旅局推出多家美术馆博物馆线上 VR 展厅,建设智慧展馆;美团、京东等电商平台"无接触配送"订单占比达到 80%,无人机配送、智能机器人等高智能方式开始试水;盒马生鲜、苏宁生鲜、叮咚买菜等线上订单大幅增长	未来生活性服务业的智能化水平会进一步提升,无人零售、无人餐饮、VR 娱乐等更多"零接触服务"商业模式可能会有更大发展机遇,外卖服务业地位更加巩固,线下企业将会创新各种线上服务模式

续表

	新冠肺炎 疫情期间应用	新冠肺炎疫情期间 应用案例	未来发展可能
生产制造	新冠肺炎疫情期间智能制造的意义进一步拓展，既是先进制造和高效率的方向，也是降低风险的有效方式，工业互联网、云制造平台、工业机器人得到更多应用	新冠肺炎疫情期间市场对于消毒机器人的订单需求已增长7—8倍；联想武汉生产基地利用5G传感与互联提高生产安全和质量；工信部在新冠肺炎疫情期间出台支持中小企业推进数字化转型和智能制造水平的措施	智能制造代表着制造业发展的方向，是新一轮科技和工业革命的核心技术，未来随着5G网络、人工智能、工业互联网、物联网、数据中心等新一代信息基础设施不断完善，智能制造将更加普及，将真正带来新一轮工业革命

资料来源：引自黄群慧（2020a）。

（四）社会分配格局：收入差距持续扩大

在人类历史上，瘟疫有时充当纠正甚至扭转原有历史趋势的力量。比如，沃尔特·沙伊德尔（2019）指出，瘟疫与战争、革命、国家崩溃并列，是暴力纠正收入和财富不平等的"四骑士"之一。瘟疫的纠正过程极其残酷，是通过人口大量死亡、改变劳动和资本的相对稀缺性来实现的。然而，就本次新冠肺炎疫情而言，目前观察到的是贫富差距继续扩大而不是缩小，也就是说，这种残酷的纠正机制尚未起效。这一方面源自本次新冠肺炎疫情本身具有的低死亡率特点，而现代医疗技术又进一步降低了死亡率；另一方面，在自动化和人工智能不断发展的今天，劳动和资本的相对稀缺性也很难扭转。对于瘟疫扭转不平等的机制和过程，杰弗里·萨克斯最近的研究可以加深我们的理解。他发现，疫情除了扩大贫富差距之外，其死亡率还和分配状况密切相关，即贫富差距越大死亡率越高。[①] 这意味着面对新冠肺炎疫情，贫富差距越大的社会越脆弱。同时，新冠肺炎疫情也会通过扩大贫富差距，加剧经济社会的脆弱性。

布鲁金斯学会最近针对新冠肺炎疫情的系列研究表明，新冠肺炎疫情冲击下美国家庭和企业出现明显的贫富和强弱分化。从家庭层面看，

---

① 　https：//www.marketwatch.com/story/income-and-wealth-inequality-in-the-us-has-fueled-covid-19-deaths－2020－06－29.

美国有 5000 万低工资劳工，其收入的 30%—50% 要用于支付房租，新冠肺炎疫情使这些家庭面临巨大危机。美国有 1800 万人未接入宽带网络，新冠肺炎疫情使这些家庭的工作、学习和生活愈加艰困。低收入人群和少数族裔的确诊率也明显高于平均水平。从企业层面看，新冠肺炎疫情使美国 290 万小微企业经营困难，但是，亚马逊、脸书、谷歌等科技巨头所受冲击并不大，甚至还借助其科技优势取得了更快发展。这些企业大都坐拥大量现金，已经准备好抓住新冠肺炎疫情后的投资机会。①

新冠肺炎疫情也将导致中国居民收入差距扩大。相关调研数据表明②：从 2020 年居民预期收入下降的幅度来看，年收入 3 万元以下的家庭，预期收入减少幅度超过 30% 的占比高达 47.0%；年收入在 3 万—5 万元的家庭，预期收入下降超过 30% 的比例为 29.6%；年收入在 5 万—10 万元、10 万—20 万元和 20 万元以上的家庭，预期收入下降超过 30% 的比例则相对较低，分别为 18.7%、15.6% 和 19.5%。

新冠肺炎疫情也是对政府治理能力的一次测试。如果政府能够迅速、有效地控制疫情，那么其治理的国家和地区就能顺利重启经济、家庭生活和企业生产逐步进入正轨。相反，如果政府控制疫情不力，那么相应的国家和地区就会遭受更大冲击，家庭和企业也将承受更大损失，继续扩大贫富差距，激化和恶化固有矛盾，导致风险和脆弱性上升。

二　中国经济的潜在增长率

在后危机时期全球经济变局不断加剧的同时，中国经济增长持续下滑，从 2007 年最高的 14.2%，一路下滑到 2019 年的 6.1%。受新冠肺炎疫情影响，2020 年第一季度更是断崖式下跌到 -6.8%，出现改革开放以来的首次负增长。在新冠肺炎疫情暴发之前，中国经济出

① https：//www. brookings. edu/research/how-covid-19-will-change-the-nations-long-term-economic-trends-brookings-metro/.
② 《甘犁：建议发放 7500 亿元现金补贴，户均补贴 2300 元》，新浪财经，2020 年 4 月 10 日，https：//finance. sina. com. cn/roll/2020 – 04 – 10/doc-iircuyvh6960500. shtml.

现所谓"保六"之争，即中国经济目前的潜在增长率到底是在6%之上还是之下。在全球经济大变局的背景下，在新冠肺炎疫情的强力冲击下，准确认知中国经济增长潜力，对于促进中国经济高质量发展，具有非常重要的政策意义。

（一）数据和参数

用增长核算法测算潜在产出，主要涉及三方面数据，即劳动、资本及其收入份额。就劳动而言，以往研究普遍忽视了非普查年份人口数据存在的明显质量问题。本书采取如下方式修正：以李扬等（2013）、刘学良（2014）建立的2010—2050年人口移算模型为基础，以1990年、2000年和2010年三次全国人口普查数据为基础，带入人口预测模型参数，然后将1991—2000年，2001—2010年和2011—2019年每年的细分年龄、性别的人口数据测算出来，这样就避免了非全国人口普查年份人口统计数据由于统计误差导致的数据异常波动问题。然后，基于预测模型得到的细分年龄、性别人口数，再计算历年的15—64岁劳动年龄人口，以及用2010年全国人口普查数据计算得到细分年龄、性别的劳动参与率（经济活动人口占比），再加权计算得到历年的总劳动量等数据。在此基础上，再利用2010年全国人口普查数据做基准，调整解决不同时期的数据衔接问题。

以上方法建立的人口结构序列就可以克服使用非全国人口普查数据带来的统计误差问题。图0-6是使用历年《中国统计年鉴》《中国人口和就业统计年鉴》中公布的15—64岁劳动年龄人口数量计算得到的劳动量增速和利用人口预测模型计算得到的15—64岁劳动年龄人口的历年增速。从图中看，统计年鉴数据存在较剧烈的波动，而人口预测模型的结果则波动较小。再看图0-7，实线是利用历年《中国人口和就业统计年鉴》中的细分年龄和性别人口数据，再根据当年人口抽样比例，计算得到每年细分年龄、性别的人口数据，然后再以分年龄、分性别的劳动参与率加权计算得到每年的劳动量，进而计算得到劳动量增速；虚线则是利用人口预测模型得到的细分年龄、性别人口数，再计算得到的劳动量增速，从图中看，人口预测模型的计算结果呈现波动更小、更稳定的特征。

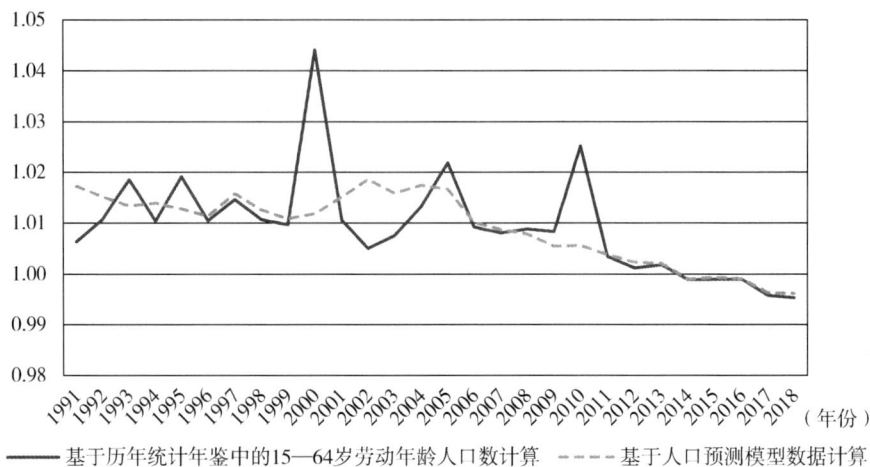

图 0 - 6 1991—2018 年我国 15—64 岁劳动年龄人口数增速

图 0 - 7 1991—2018 年我国经劳动参与率加权的劳动量增速

表 0 - 2 是前述的五种不同统计口径劳动和人口增速序列与 GDP 增速的相关性，相关系数最高的是我们基于人口预测模型计算得到的加权相关系数最高的是基于人口预测模型计算的加权劳动量，相关系数为 0. 6996。从后面的增长核算也可以看到，这一口径的劳动量序列拟合度最好。

表 0 - 2　衡量劳动的相关指标与 1991—2018 年 GDP 增速的相关系数

指标名称	与 GDP 增速的相关系数
基于官方数据计算的就业人数增速	0.3125
基于历年统计年鉴计算的 15—64 岁劳动年龄人口增速	0.3821
基于历年统计年鉴计算的加权劳动量增速	0.5227
基于人口预测模型计算的 15—64 岁劳动年龄人口增速	0.5345
基于人口预测模型计算的加权劳动量增速	0.6996

资料来源：笔者计算。

本书资本存量采用常用的永续盘存法估算。关键变量设定如下：（1）当期固定资产投资使用支出法 GDP 核算中的固定资本形成总额；（2）1990 年之前的固定资产投资价格指数使用王华（2017）的数据；（3）折旧率采用 5% 和 10% 两种设定；（4）基期资本存量也采用王华（2017）的设定，进而估算得到 1990 年的资本存量数据。本书的人口数据序列始自 1990 年，因此资本存量数据也从 1990 年开始，结果如图 0 - 8 所示。

本书采用两个数据来源计算资本收入份额：一是利用收入法 GDP 计算；二是利用资金流量表初次分配数据计算。两个方法计算得到的结果基本在 0.3—0.5，但结果有些许差别。对于两个方法均有数据的年份（1993—2017），我们采取两者的均值计算。1992 年及以前数据我们再用《中国国内生产总值核算历史资料　1952—1995》补齐。2017 年后缺乏有效数据，这里简单假设 2017 年以后结果与 2017 年一致。使用以上方法计算得到 1990—2018 年的资本收入份额，其均值为 42.6%。需注意，增长核算方法在进行计算时需要前后期的资本收入份额相同，但这一假定可能并不符合实际，资本收入份额是随时间变化的。因此，我们既采用资本收入份额的均值 42.6% 计算，又参考白重恩和张琼（2015），采用前后两期资本收入份额的算数平均值来进行增长核算。

（二）中国全要素生产率（TFP）和未来潜在增长

根据表 0 - 2、图 0 - 8、两种资本收入份额设定（可变和不可变），对中国经济增长进行分解。结果显示，10% 折旧率的资本存量、人口预测模型的加权劳动量和不变资本收入份额的增长核算与历史经济增长序列拟合最佳（R^2 为 0.2721），得到的 TFP 增长的波动最小（标准差为

（万亿元）

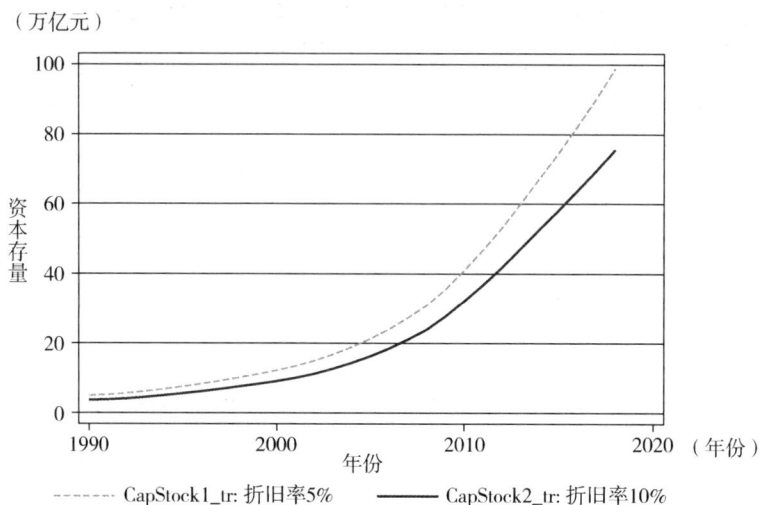

图 0 - 8 资本存量估算（1990 年价格）

0.018）。因此，后面的分析和预测统一用以上设定。计算得到的各历史时期 TFP 增长如表 0 - 3 所示，自 2007 年以来，我国 TFP 增长整体出现下滑势头，且在 2012 年降至 1.71% 的水平，2013 年后我国 TFP 增速逐渐恢复，其中 2016—2019 年我国 TFP 年均增速达到 2.86%，这表明我国经济增长的整体趋势虽然逐步下行，但增长中技术进步的成分占比越来越高。2016—2019 年 TFP 增长占同期 GDP 增长比例平均达到44.31%，是 1996 年至今以来的最高水平。

表 0 - 3 　　　　　　　　　不同历史时期 TFP 年均增长 　　　　　　　　单位：%

	1991—1995 年	1996—2000 年	2001—2005 年	2006—2010 年	2011—2015 年	2016—2019 年
TFP 年均增长	6.67	3.22	3.63	4.27	2.26	2.86
TFP 增长占同期 GDP 增长比例	57.69	38.89	38.79	39.84	29.57	44.31

以上面的讨论为基础，可以测算中国未来经济增长潜力。测算的各项指标中，劳动的测度指标为使用人口预测模型计算的加权劳动量，资

本存量的计算采用 10% 折旧率，TFP 增速采用前述计算得到的 2016—
2019 年的平均水平 2.86%。① 比较麻烦的指标是固定资本积累，这里我
们借鉴陆旸和蔡昉（2016）的设定，人口抚养比会影响固定资本形成
率，人口抚养比每上升 1 个百分点将导致固定资本形成率下降 0.185 个
百分点，这样得到 2020—2050 年的固定资本形成率，并采用永续盘存
法进一步推算资本存量的变动。同时，这里还涉及投资和 GDP 的价格
问题，在已有历史序列中，固定资本积累和 GDP 分别有不同的价格平
减指数，GDP 的通胀快于固定资产投资，1990—2019 年固定资产投资
的价格年均增长 2.93%，同期 GDP 的价格年均增长 3.46%。这里假设
2019 年后 GDP 和固定资产投资具有相同的价格增速以剔除通胀影响。②

　　基于以上参数设定，预测中国国未来潜在经济增速，如表 0 - 4 所
示。③ 随着我国的发展水平不断提高，未来我国的潜在经济增长水平将
进一步下滑。同时，2010—2019 年 10 年间，经济增速从 10.6% 降至
2019 年的 6.1%，下降超过 4 个百分点，而与过去十年间经济增速的快
速下滑不同，2020 年及以后，潜在经济增速的下行趋势明显放缓，到
下个 10 年末即 2029 年（亦是"十五五"规划期末），潜在经济增速将
进一步降至 4.82%，相比 2019 年降低约 1.3 个百分点。因此，潜在经
济增速下降在 2020 年后明显放缓。

表 0 - 4　　　　　　　　2020—2050 年我国潜在经济增速预测

年份	2020	2021	2022	2023	2024	2025	2026	2027	2028	2029	2030
潜在增速	5.93	5.75	5.55	5.37	5.26	5.19	5.09	5.04	4.93	4.82	4.73
年份	2031	2032	2033	2034	2035	2036	2037	2038	2039	2040	
潜在增速	4.66	4.53	4.46	4.41	4.33	4.24	4.06	3.89	3.84	3.76	
年份	2041	2042	2043	2044	2045	2046	2047	2048	2049	2050	
潜在增速	3.70	3.66	3.56	3.54	3.46	3.44	3.39	3.34	3.29	3.28	

----

　　① 已有文献一般认为我国未来 TFP 的年均增速在 2%—4%，并假设一个给定不变的 TFP 增
速进行外推。例如，李善同（2010）的研究假设 2008—2030 年 TFP 年均增长率保持在 2% 左右的
水平；陆旸和蔡昉（2013）假设 2011—2050 年的 TFP 年均增速为 2.5%。

　　② 只要两者相同即可，2019 年后具体通胀指数的数值没有实际影响。

　　③ 本书没有考虑新冠肺炎疫情等短期冲击对 2020 年的影响。

从两大生产要素看，资本存量增速和加权劳动量增速在未来也将长期处于下行趋势（如图 0－9 所示），但两者在 2020 年及以后的下行速度同样出现放慢迹象，其中，资本存量增速从 2010 年的 15.6% 降至 2019 年的 8%，下降超过 7 个百分点，而 2029 年的潜在增速将降至 5.4%，比 2019 年只降低 2.6 个百分点；加权劳动量增速从 2010 年的 0.90% 降至 2019 年的 -0.26%，下降 1.16 个百分点，而 2029 年的潜在增速将降至 -0.62%，相比 2019 年下降 0.36 个百分点，下降速度同样比过去十年有明显缩小。

总之，中国潜在经济增速下降的主要原因是资本和劳动要素投入的趋势性下降，这决定了中国经济高速增长阶段已经结束。但是，在资本和劳动要素投入下降趋缓的同时，通过稳定和提升全要素生产率，中国有望在较长时期内维持中高速增长。

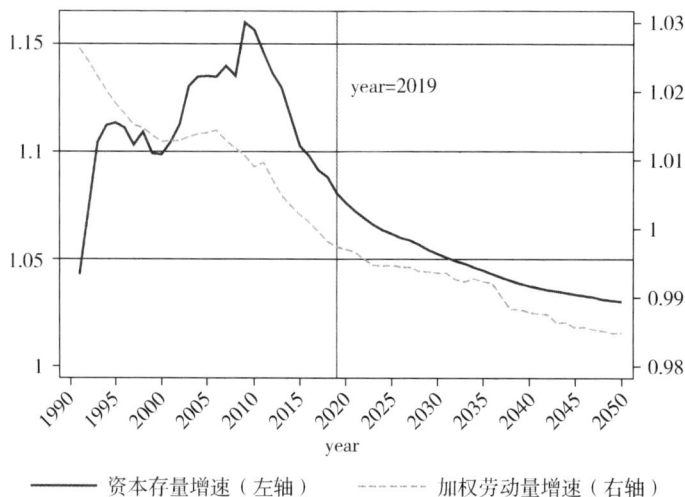

图 0－9　我国未来潜在资本存量增速和加权劳动量增速的预测

（三）潜在经济增长率与高质量发展

中国经济自国际金融危机以来的趋势性下滑，很大程度上反映了不同发展阶段之间的增速换挡，符合经济发展的普遍规律，这一点几乎没有争议。然而，在 2019 年经济增长从此前的接近 7% 进一步下滑到接近 6% 关口的时候，出现了所谓"保六"之争。这一争论的实质在于对增速换挡的程度和速度的不同认知，即在目前过程中，到底是潜在经济增长率已经下滑到6%以下，还是潜在经济增长率仍在6%以上甚至更高，只是周期性因素导致经济加速下滑。这一争论关键之处在于，两种认知的政策含义完全相反。

在后危机时期，以实体均衡、货币中性为基础的潜在产出框架，遭到菲利普斯曲线平坦化和低利率的挑战，开始从严谨的均衡论转向灵活、务实的可持续观点（汤铎铎，2020）。因此，目前阶段，在各种潜在增长率测算方法中，本书以生产函数为基础的增长核算相对可靠。本书的结果表明，未来中国经济潜在增速将由过去十年的快速换挡回落，向稳定在中高速增长转变。未来五年中国经济平均潜在增长率为5.6%，这和很多测算的结果基本一致（刘世锦，2019；中国经济增长前沿课题组，2019；徐忠、贾彦东，2019）。需要强调的是，中国全要素生产率2013年以来恢复了平稳增长，2016—2019年平均为2.86%，高于前五年平均的2.26%。

我们的测算表明，在新冠肺炎疫情暴发之前，中国经济并未明显偏离潜在产出水平。这和决策层的认识不断深化、政策不断调整密不可分。从"三期叠加"到新常态，再到供给侧结构性改革，再到认识到中国经济发展基本矛盾已经转变，最后提出从高速增长进入高质量发展，都体现了政策不断调整以迅速适应经济发展的不同阶段。同时，这种主动政策调整也有效化解了经济发展中不断积累的不平衡和风险，为这次应对新冠肺炎疫情留出了政策空间。中国经济所谓由高速增长阶段转向高质量发展阶段，意味着经济发展要从过去更多依靠要素投入向依靠技术进步转变，技术进步是高质量发展的重要内涵。但是，全要素生产率进步不会自动实现，需要通过创新提升科技水平，通过深化改革提升资源配置效率。

以上潜在经济增长率研究对于未来经济高质量发展至少有三方面的含义：

首先，历史经验上看，新冠肺炎疫情过后经济大体都会回复到潜在增长水平。而且，新冠肺炎疫情后的反弹，一般来说要快于金融危机冲击后的复苏。因此，中国经济有望很快恢复到5%—6%的增长水平。

其次，改革红利带来全要素生产率的提高。长期而言，全要素生产率是影响潜在经济增长的最重要因素。2007 年以来，我国 TFP 增长整体不断下滑，2013 年始 TFP 增速有所恢复。值得提出的是，2016—2019 年我国 TFP 年均增速达到 2.86%，超过 2011—2015 年 2.26% 的平均增速。并且，2016—2019 年 TFP 增长占同期 GDP 增长比例平均达到 44.31%，是 1996 年以来的最高水平。而这和 2015 年年底中央提出供给侧结构性改革的时间点是颇为吻合的。这显然不是巧合，恰恰印证了"改革红利"——供给侧结构性改革有助于全要素生产率的提高。

最后，提高全要素生产率是高质量发展的动力源泉。全要素生产率提高一般有两个来源，一个是技术进步，另一个是配置效率提高。在中国，这两者都很重要。比如改革开放以来的技术引进、模仿赶超与自主创新，对全要素生产率的提高起了很大作用；与此同时，配置效率的提高，即将资源从效率低的地方配置到效率高的地方，更是功不可没。中国改革开放的实践经验已经证实，技术效率提升和要素配置效率改善在经济高速增长阶段发挥了重要作用（蔡昉、王德文，1999；Chow & Lin，2002；王小鲁等，2009；范剑勇等，2014；盖庆恩等，2015）。王小鲁等（2009）发现，中国全要素生产率增长的来源在逐渐发生变化，外源性效率提高的因素在下降，技术进步和内源性效率提升的贡献在上升。蔡昉和王德文（1999）估计的劳动力从农业向非农产业转移，带来全要素生产率的提高，对经济增长的贡献率高达 21%。更新的研究则显示，1978—2015 年劳动力跨产业的重新配置贡献了劳动生产率提高的44.9%（蔡昉，2017）。就未来看，由于和技术前沿的差距在逐步缩小，加上中美脱钩的潜在风险，技术进步难度在不断加入；而配置效率，即通过深化供给侧的结构性改革，将资源配置到更高效率的地方，则有着更大的空间。这既包括通过竞争、创造性破坏，实现资源在不同行业、企业间的优化配置，还包括通过优势互补区域发展战略实现资源在空间上的优化配置。

三　后疫情时期中国经济高质量发展

后疫情时期的高质量发展，必须"胸怀两个大局"，针对技术进步和资源配置两个全要素生产率的源泉，紧紧围绕国际国内的经济社会格局变化，在变局中开新局。这具体体现在政策导向上，应积极推进创新驱动的高质量工业化战略、区域优势互补协调发展的新型城镇化战略、以畅通国内大循环为主体国际国内双循环相互促进的新发展战略、以稳增长与防风险的平衡为主线的宏观调控战略。

（一）创新驱动的高质量工业化战略

中国作为全世界唯一拥有联合国产业分类中全部工业门类的国家，未来要在追求供应链和产业链全球布局高效性与保持本国供应链和产业链安全性方面进行新的权衡。这不仅需要巩固自身制造业大国的优势地位，避免全产业链优势的减弱，还要加强自主创新能力，补足产业链短板。这意味着从工业化战略看，中国需要从成本驱动高速度工业化转向创新驱动高质量工业化。中国的工业化进程总体正从工业化后期步入后工业化，产业结构正面临从资本密集型主导向技术密集型主导转变，再加之新冠肺炎疫情下数字化智能化技术加速新一轮工业革命，大力实施创新驱动战略，建立工业化的创新驱动体系，十分必要。具体而言，应从以下几个方面着力。

一是积极推进新型工业化基础设施建设，尽快实现工业化基础设施从传统向新型的发展。传统工业化基础设施一般就是我们所理解的铁路、公路、机场、港口、电网、水利设施、城市设施等传统基础设施，基本上是基于上一轮工业革命的机械技术、电气技术等应用的结果。新型工业化基础设施就是新型基础设施，是在传统工业化基础上叠加了信息化、数字化、智能化、绿色化等要求，是新一轮科技和工业革命的信息技术、新能源技术等产生和应用的结果，新型基础设施既包括新一代智能化信息基础设施和新能源基础设施，也包括传统基础设施的信息化、数字化、智能化、绿色化改造后的设施。这意味着新型基础设施不仅包括所谓"新基建"的七大领域：5G基建、特高压（电力物联网）、高铁（轨道交通）、充电桩（新能源汽车）、数据中心（云计算）、人工智能、工业互联网，还应包括支撑正在深化拓展的新一轮科技和产业革命的各种基础设施——重大科技基础设施、科教基础设施、产业技术创新、智能城市基础设施等。新型工业化基础设施，是支撑未来现代化经济体系建设的基础，也是数字化生存的必需。虽然新型工业化基础设施十分必要，但要坚持供给侧结构性改革，投资与项目应更多的是尊重市场规律、让市场机制发生作用的结果（黄群慧，2020b）。

二是正确处理产业政策与竞争政策关系，充分发挥竞争政策在深化工业化进程中的基础性作用。中国总体上处于从工业化后期向后工业化过渡、开始高质量工业化深化时期，产业结构的日益完备、产业技术水平逐步向全球技术前沿靠近，长期以来与我国工业化初中期阶段相适应的选择性产业政策主导的政策体系越来越不适用了，产业政策资源应更多地导向科技服务体系建设，而竞争政策将越来越发挥基础性作用。从国际竞争规则看，中国要通过更大范围、更高水平的市场开放、加强知识产权保护、强化竞争政策等积极融入新的多边贸易投资规则。为了提供产业政策和竞争政策协调的组织保障，可以考虑组建国家竞争政策与产业发展委员会，负责管理竞争政策和产业政策的集中制定，各相关部委负责相关产业政策建议和具体实施。另外，还要通过确立竞争政策基础地位来培育和激发颠覆性技术创新。

三是深入实施产业基础再造工程，提高我国产业基础能力和产业链现代化水平。建立产业基础能力评估制度，准确把握和评估我国产业链、供应链和关键技术的现状，分析产业的创新链、供应链、产业链和价值链分布；借鉴日本"母工厂"制度建设工业基础能力再造的核心工厂，在生产制造层面围绕"工业四基"集成要素、优化流程、培育人才，从而在专业集成、久久为功下提高中国的工业基础能力；加强对共性技术基础研发体系的建设，可以考虑根据不同共性技术的特点，采取差异化的组织形式，这包括采用国家计划专项、设立国家工业基础研究院和国家工业技术研究院等公共科研院所、政府引导政产学研各方面组建联合研究体或产业技术联盟共同开发等。

（二）区域优势互补的新型城镇化战略

改革开放以来要素资源优化配置带来中国经济增长：首先是城乡之间要素流动，特别是从所谓传统部门到现代部门劳动力的流动，大大提高了劳动生产率，这是改革开放之初的增长动力源泉；20世纪90年代以来，特别是社会主义市场经济的确立以及外向型经济发展，要素资源更多转向可贸易部门，使得出口导向成为新的增长引擎；与以上两个过程同时发生的，则是要素资源从国有部门向非国有部门的转移，也带来效率的提高，这是市场化改革的成效。目前，我们在这三个方面都遭遇到一定的"瓶颈"：（1）农业劳动力转移不会有过去那样大的规模，而且现在是城乡一体化、乡村振兴，要素资源不再是单向的流动了；（2）2008 年国际金融危机以来，全球价值链贸易扩张受阻，加上逆全球化潮流以及中美之间的贸易战，外向型经济发展被强制调整；（3）2008年之前，总体上还是民营经济大发展时代，但 2008 年之后，这个形势有了较大变化，民营经济发展空间受到了制约。

现在看来，下个阶段一个重要的"结构性红利"，将出现在要素资源的空间优化配置上——聚焦城市群／都市圈，打造新的增长极。聚焦城市群／都市圈，一是可以拉动投资：城市群与智慧城市的基础设施建设，以及围绕城市群和都市圈的人口迁移及住房建设；二是可以促进消费：大城市带来的收入效应；三是可以提高生产率：规模效应和集聚效应。聚焦城市群／都市圈是新时代区域发展战略的新方向，强调了优势互补，特别是促进产业和人口向优势区域集中，形成以城市群／都市圈为主要形态的增长动力源，进而带动经济总体效率提升。这是对过去"平衡"发展战略的调整，体现了动态平衡的新发展思想。扩大内需必须基于这一重要的战略变化，释放增长新动能。近年来，中国已经逐步形成了京津冀、长三角、珠三角等一批重要的城市群，一些国家级中心城市的集聚效应增强，但部分大型、超大型城市的内部结构性矛盾开始显现，房价飙升、道路拥堵、空气污染、人口老年化严重。必须增强中心城市和城市群等发展优势区域的经济和人口承载能力，充分发挥其直接经济价值创造作用，带动总体经济效率的提升。

推动形成优势互补的区域经济布局，需要加快形成全国统一开放、竞争有序的商品和要素市场，着力破除妨碍生产要素自由流动的各类显性和隐性障碍，使市场在资源配置中起决定性作用，提高生产要素配置的效率。在资源向优势地区流动的过程中，要以集聚能力强的大型和特大型城市为中心，在其周边发展一批小镇或若干小城，相互连接后形成新的网络体系，使之成为产业和人口聚集的都市圈。这不仅可以增加内需，更是中国经济发展的中长期结构性动力所在。

（三）国内大循环为主体促进国际国内双循环战略

自 2020 年全国"两会"以来，习近平总书记已经多次在讲话中提到，逐步形成以国内大循环为主体、国内国际双循环相互促进的新发展格局。这是立足世界正经历百年未有之大变局、新一轮科技革命和产业变革蓬勃兴起的大背景，基于中华民族伟大复兴的战略全局、立足于中国现有基础条件提出的新发展战略。

改革开放以来尤其是加入 WTO 以后，中国积极参与了全球价值链分工，以要素低成本、出口导向型工业化战略实现了中国经济的高速增长，用几十年的时间走过了发达国家上百年的工业化进程。但是，中国这种低成本、出口导向的高速增长模式不可持续。近年来，核心技术缺失、产业基础薄弱、产业链现代化水平低、国内市场需求得不到有效满足等问题日益突出，严重制约我国经济从高速增长转向高质量发展。这表明中国经济发展战略重点需要从出口导向转向扩大内需。从国际环境看，世界百年未有之大变局的持续深化，新一轮科技与产业革命的加速拓展，再加上全球新冠肺炎疫情大流行的影响，中国产业链与供应链的安全和地位都受到了极大挑战，而促进形成国内大循环为主体、国内国际双循环相互促进新发展格局，正是应对这种挑战的要求。另外，从中国的发展看，新中国 70 年，特别是改革开放 40 多年，中国已积累了比较雄厚的物质基础，综合国力已居世界前列。2019 年我中国 GDP 总量已经接近 100 万亿元人民币，是世界第二大经济体、制造业第一大国、商品消费第二大国，已经形成了超大规模的大国经济基础。无论是从生产供给角度看，还是从消费需求看，中国已经具备了以国内经济循环为主体的基础条件，中国产业链、供应链和消费市场具有满足规模经济、集聚经济要求的条件，具备依靠国内经济循环为主的经济效率基础（黄群慧，2020c）。

以国内大循环为主体、国内国际双循环互相促进的发展战略，至少有以下三方面政策内涵，一是要改变激励出口的政策导向，把满足国内需要作为经济发展的出发点和落脚点，充分挖掘中国超大规模市场优势和内需潜力；二是提升产业基础能力和产业链现代化水平，加快关键核

心技术攻关，改变由出口导向战略形成的我国长期处于价值链中低端的
分工地位，提高满足内需的能力；三是改变外向型经济主导的发展格
局，形成国内国际双循环相互促进和平衡增长、经济增长的动力更加协
调的新发展格局。也就是说，国内经济循环为主体，并不意味着中国经
济不再重视国际经济循环，经济开始内卷化。而是通过供给侧结构性改
革，提高国内经济供给质量，挖掘中国消费潜力，进一步畅通国内经济
循环，使得国外产业更加依赖中国供应链和产业链，更加依赖中国的巨
大消费市场，在提高中国国内自我经济循环量的同时，促进更高水平的
对外开放，实现国内国际双循环。

中国经济已经进入经济新常态，国民经济循环的主要矛盾是供给与
需求不匹配、不协调和不平衡，国民经济循环不能高效畅通的矛盾主要
方面不在供给侧，因此必须深化供给侧结构性改革。具体的政策着力点
包括：一是深化科研和教育体制改革，提升产业基础能力和产业链水
平，攻克"卡脖子"技术问题，畅通产业链和创新链。二是深化垄断
行业国有企业改革，培育公平竞争环境，建设高标准市场体系，提高市
场运行效率，充分发挥竞争政策的基础性作用，畅通市场体系和供求循
环。三是深化金融体制机制改革，切实解决"脱实向虚"的结构失衡，
畅通金融和实体经济之间的循环。近年来，中国经济呈现出"脱实向
虚"的趋势，金融和实体经济失衡问题十分突出，成为阻碍中国国民
经济有效运行的重大结构性问题。一定要警惕以防范金融风险的借口来
保证利益集团的利益，重视金融的短期风险与实体经济长期风险的平
衡，下决心解决这个阻碍中国经济有效循环的长期经济结构失衡问题
（黄群慧，2020d）。

（四）稳增长与防风险的平衡战略

防止不发生系统性金融风险可以说是高质量发展的基本保障。2008
年国际金融危机以来，风险因素成为宏观政策考量中的重要维度。随着
中国宏观杠杆率的不断攀升（截至 2020 年第二季度，宏观杠杆率已经
攀升到 266.4%），外界对于中国可能爆发债务危机的担心，加上 2015
年的股灾、2019 年的包商银行接管事件等，无不凸显防范金融风险的
重要性和紧迫性。这也是为什么防范化解系统性风险处在中央提出的三

大攻坚战之首。底线思维与防化风险在政策议程中占据了突出位置，宏观政策框架已经由原来的通胀与就业的权衡取舍转变成增长与风险的权衡取舍。

世界银行的研究报告（World Bank，2020）认为，自 1970 年以来的 50 年间，全球债务积累经历了四波浪潮。前三波都引发了金融危机，而始于 2010 年的第四波债务浪潮叠加新冠肺炎疫情冲击下发达经济体无限量化宽松政策，"洪水滔天"或已不可避免。截至 2019 年年末，全球实体经济杠杆率为 243.2%。全球债务规模达 191.4 万亿美元。2020 年主要经济体财政扩张幅度达到 11 万亿美元，比上年增加 5 万亿美元。再加上发达经济体无限量化宽松政策，2020 年全球债务规模将会突破 200 万亿美元。2020 年 1 月中旬以来，十国集团央行的资产总规模增加了约 6 万亿美元，是 2007 年 12 月起两年内扩表规模的两倍以上，资产增幅几乎达到十国集团 GDP 的 15%。

在这样的背景下，强调稳增长与防风险的平衡显得尤为重要。

首先，从长期稳杠杆的角度，努力恢复经济增长是第一要务。疫情暴发以来，实体经济杠杆率由 2020 年第一季度攀升 13.9 个百分点到第二季度攀升 7.1 个百分点，增幅回落近一半。而同期，实体经济总债务、M2 和社会融资规模存量扩张速度不仅没有放慢，甚至还有所提高，这充分表明，引起第二季度杠杆率增幅趋缓的主因是经济增长率由负转正，或者说是杠杆率的分母因素发挥了更大的作用。如果下半年经济增长继续恢复，则杠杆率增幅趋缓是可期的，甚至可能出现季度性回落。所以说，未来宏观杠杆率的走势主要取决于经济增长而非债务扩张。

其次，警惕信贷与实体经济活动错配带来的问题和风险。面对百年不遇的新冠肺炎疫情冲击，政策当局要求信贷增长要明显高于往年，以体现对于纾困与恢复经济的大力支持，这完全在情理之中。事实上，主要发达经济体的无限量化宽松政策更是有过之而无不及。不过，因为新冠肺炎疫情冲击，很多信贷需求是用于纾困（比如给员工发工资，帮企业支持债务利息，甚至给僵尸企业"输血"或者其他短期的流动性需求），而不是用于商业活动的扩张，这就使得"明显高于往年的信贷增长"与"明显低于往年的实体经济活动"之间出现了明显的不匹配或者说错配。这从总体上会引致宏观杠杆率的大幅攀升，局部也会带来资金套利和资产价格较快攀升的风险。

最后，引入"在险增长"（Growth at Risk，或 GaR）指标，为宏观调控提供新的视角和参考基准。"在险增长"分析将金融风险与经济增长置于统一的框架中，从当期的风险概率分布及跨期的风险替代两个角度分析了金融环境（风险）对经济增长的影响。实证研究发现，宽松（收紧）政策虽然促进（抑制）短期经济增长，但会抑制（促进）长期经济增长潜力（张晓晶和刘磊，2020）。因此，在险增长实际上是从实证角度阐明了稳增长与防风险间的辩证关系，那种只顾当前增长（因而信贷大幅扩张）而不顾未来风险的做法是不可取的。

参考文献

阿代尔·特纳：《债务和魔鬼：货币、信贷和国际金融体系重建》，中信出版社 2016 年版。

白重恩、张琼：《中国生产率估计及其波动分解》，《世界经济》2015 年第 12 期。

蔡昉：《中国经济改革效应分析——劳动力重新配置的视角》，《经济研究》2017 年第 7 期。

蔡昉、王德文：《中国经济增长的可持续性与劳动贡献》，《经济研究》1999 年第 10 期。

戴翔：《新冠肺炎疫情下全球价值链重构的中国机遇及对策》，《经济纵横》2020 年第 6 期。

道格拉斯·欧文：《贸易的冲突：美国贸易政策 200 年》，余江、刁琳琳、陆殷莉译，中信出版集团 2019 年版。

范剑勇、冯猛、李方文：《产业集聚与企业全要素生产率》，《世界经济》2014 年第 5 期。

盖庆恩、朱喜、程名望、史清华：《要素市场扭曲、垄断势力与全要素生产率》，《经济研究》2015 年第 5 期。

黄群慧（2020a）：《新冠肺炎疫情对供给侧的影响与应对：长期与短期视角》，《经济纵横》2020 年第 5 期。

黄群慧（2020b）：《从高质量发展看新型基础设施建设》，《学习时报》2020 年 4 月 8 日。

黄群慧（2020c）：《从当前的经济形势看我国"双循环"新发展格局》，《学习时报》2020 年 7 月 9 日。

黄群慧（2020d）：《畅通国内大循环　构建新发展格局》，《光明日报》2020 年 7 月 28 日。

贾雷德·戴蒙德：《枪炮、病菌与钢铁——人类社会的命运（修订版）》，谢延光译，上海译文出版社 2016 年版。

李善同：《"十二五"时期至 2030 年我国经济增长前景展望》，《经济研究参考》2010
　　年第 43 期。

李扬、张晓晶等：《中国国家资产负债表 2013：理论、方法和风险评估》，中国社会科学
　　出版社 2013 年版。

刘学良：《中国养老保险的收支缺口和可持续性研究》，《中国工业经济》2014 年第 9 期。

刘世锦：《用刺激政策达到超过潜在增长率的增速是寅吃卯粮》，《新京报》2019 年 12
　　月 7 日。

刘志彪：《新冠肺炎疫情下经济全球化的新趋势与全球产业链集群重构》，《江苏社会
　　科学》2020 年第 4 期。

刘志彪、陈柳：《疫情冲击对全球产业链的影响、重组与中国的应对策略》，《南京社
　　会科学》2020 年第 5 期。

陆旸、蔡昉：《从人口红利到改革红利：基于中国潜在增长率的模拟》，《世界经济》
　　2016 年第 1 期。

陆旸、蔡昉：《调整人口政策对中国长期潜在增长率的影响》，《劳动经济研究》2013
　　年第 1 期。

倪红福：《推动产业参与全球价值链共建》，《社会科学报》2020 年 3 月 26 日。

倪红福、徐金海：《中国如何维护产业链供应链的稳定和竞争力》，《半月谈》2020 年 6
　　月 11 日。

倪红福、夏杰长：《中国区域在全球价值链中的作用及其变化》，《财贸经济》2016 年
　　第 10 期。

倪红福、冀承：《中国居民消费结构变迁及其趋势——基于中美投入产出表的分析》，
　　《消费经济》2020 年第 1 期。

孙克：《疫情对数字经济发展及宏观经济的影响如何？》，http：//www. smartcn. cn/
　　208052. html，2020 年 2 月 12 日。

汤铎铎：《反思潜在产出——2020 年中国宏观经济展望》，《经济学动态》2020 年第 5 期。

王小鲁、樊纲、刘鹏：《中国经济增长方式转换和增长可持续性》，《经济研究》2009
　　年第 1 期。

王华：《中国 GDP 数据修订与资本存量估算：1952—2015》，《经济科学》2017 年第 6 期。

沃尔特·沙伊德尔：《不平等社会——从石器时代到 21 世纪，人类如何应对不平等》，
　　中信出版集团 2019 年版。

徐忠、贾彦东：《中国潜在产出的综合测算及其政策含义》，《金融研究》2019 年第 3 期。

张晓晶、刘磊：《宏观分析新范式下的金融风险与经济增长：兼论新型冠状病毒肺炎疫
　　情冲击与在险增长》，《经济研究》2020 年第 6 期。

中国经济增长前沿课题组：《外部冲击、名义 GDP 收缩与增强经济体制韧性》，《中国经济增长报告（2018—2019）》，社会科学文献出版社 2019 年版。

中国社会科学院宏观经济研究中心课题组：《未来 15 年中国经济增长潜力与"十四五"时期经济社会发展主要目标及指标研究》，《中国工业经济》2020 年第 4 期。

《中华人民共和国政府和美利坚合众国政府经济贸易协议》（2020 - 01 - 16），http：//www. gov. cn/xinwen/2020 - 01/16/5469650/files/0637e57d99ea4f968454206af 8782dd7. pdf.

Adrian, T., et al., "Vulnerable Growth", *American Economic Review*, 2019, 109 (4)：1263 - 1289.

Altomonte, Carlo, et al., "Global Value Chains During the Great Trade Collapse：a Bullwhip Effect?", ECB Working Paper Series, 2012, No. 1412.

Auclert, A., "Monetary Policy and the Redistribution Channel", *American Economic Review*, 2019, 109 (6)：2333 - 2367.

Baldwin, R., "The Greater Trade Collapse of 2020：Learnings from the 2008 - 09 Great Trade Collapse", VoxEU. org, 07 April, 2020.

Baldwin, R., and R. Freeman, "Trade Conflict in the Age of Covid - 19", VoxEU. org, 22 May, 2020.

Bao, Cecilia, Justin Chen, Nicholas Fries, Andrew Gibson, Emma Paine, and Kurt Schuler, "The Federal Reserve System's Weekly Balance Sheet since 1914", *Studies in Applied Economics*, No. 115, 2018, pp. 1 - 16.

Bartscher, Alina K., Moritz Kuhn, Moritz Schularick, and Ulrike I. Steins, "Modigliani Meets Minsky：Inequality, Debt, and Financial Fragility in America, 1950 - 2016", Federal Reserve Bank of New York Staff Reports, No. 924, 2020.

Benigno, Gianluca, Luca Fornaro, and Martin Wolf, "The Global Financial Resource Curse", Federal Reserve Bank of New York Staff Reports, No. 915, 2020.

Bernanke, B., "The New Tools of Monetary Policy", *American Economic Review*, 2020, 110 (4)：943 - 983.

Blanchard, O., "Public Debt and Low Interest Rates", *American Economic Review*, 2019, 109 (4)：1197 - 1229.

Blanchard, Olivier and Lawrence Summers, "Automatic stabilizers in a low-rate environment", Policy Briefs PB20 - 2, *Peterson Institute for International Economics*, 2020.

Bonadio, B., Z, Huo, A. A. Levchenko, and N. Pandalai-Nayar, "The Role of Global Supply Chains in the COVID - 19 pandemic and beyond", VoxEU. org, 25 May, 2020.

Cecchetti, S. G., et al., "Monetary Policy in the Next Recession?" U. S. Monetary Policy

Forum，2020.

Chow, G. C. , and Lin, A. , "Accounting for Economic Growth in Taiwan and Mainland China: A Comparative Analysis", *Journal of Comparative Economics*, 2002, 30 (3): 507 – 530.

Cochrane, John, H. , "How the Fed Plans to Pay the Country's Bills", Review. Chicago-booth. Edu, 2020.

Gourinchas, P. and H. Rey, "Global Real Rates: A Secular Approach", *BIS Working Paper*, No. 793, 2019.

IMF, "A Crisis Like No Other, An Uncertain Recovery", *World Economic Outlook Update*, June 2020.

Jordàòscar, Katharina Knoll, Dmitry Kuvshinov, Moritz Schularick and Alan M. Taylor, "The Rate of Return on Everything, 1870 – 2015", *The Quarterly Journal of Economics*, Vol. 134 (3), 2019, pp. 1225 – 1298.

Jordà, ò. , et al. , "Macrofinancial History and the New Business Cycle Facts", *NBER Macroeconomics Annual*, 2017, 31: 213 – 263.

Jorda, Oscar, Sanjay R. Singh, and Alan M. Taylor, "Longer-Run Economic Consequences of Pandemics", Federal Reserve Bank of San Francisco Working Paper, 2020 – 09.

Kumhof, Michael, Romain Rancière, and Pablo Winant, "Inequality, Leverage, and Crises", *American Economic Review*, Vol. 105 (3), 2015, pp. 1217 – 1245.

Mauldin, John, "The Fed Has Quietly Started QE4", www. forbes. com, 2020.

Rey, Hélène, "Dilemma not Trilemma: The Global Financial Cycle and Monetary Policy Independence", *NBER Working Papers*, 21162, 2015.

Rodrik, Dani, "Making the Best of a Post-Pandemic World", Project Syndicate, May 12. www. project-syndicate. org/commentary/three-trends-shaping-post-pandemic-global-economy-by-dani-rodrik – 2020 – 05, 2020.

Timmer, M. P. , B. Los, R. Stehrer and G. J. de Vries, "Fragmentation, Incomes and Jobs: an Analysis of European Competitiveness", *Economic Policy*, Vol. 23 (76), 2013, pp. 613 – 661.

World bank, 2020, Global Waves of Deb: Causes and Consequences, Advance Edition, International Bank for Reconstruction and Development/The World Bank 1818 H Street NW, Washington DC 20433.

（执笔人：黄群慧、张晓晶、汤铎铎、刘学良、倪红福、杨耀武）

上　篇

趋势与结构

第一章　认识中国经济高质量发展

党的十九大报告指出，"我国经济已由高速增长阶段转向高质量发展阶段"。经济新常态下，需求结构正发生投资驱动向内需主导的转变，供给结构正发生工业化向服务化的升级，主要矛盾集中于人民日益增长的美好生活需要与不平衡不充分的发展。为了化解新旧动能转换过程中的风险与冲突，政策制定和实施应具有整体性、综合性与前瞻性，创新、协调、绿色、开放和共享的新发展理念为此提供了清晰的蓝图。高质量发展的目标是通过产品和服务的高质量供给，实现经济高质量与生活高质量的动态协调。生产高质量表现为全要素生产率的持续提升，生活高质量表现为共享机制的完善，因此新发展观的要义，就是通过效率促进分享，通过分享提升效率，实现创新发展和分享发展的良性循环。

第一节　经济高质量发展的逻辑与特征

一　经济高质量发展的国际背景和历史逻辑

当前，中国社会矛盾已经发生了变化，从"人民日益增长的物质文化需要同落后的社会生产之间的矛盾"转化为"人民日益增长的美好生活需要与不平衡不充分的发展之间的矛盾"[①]。发展阶段上，我国已开启经济服务化与城市化进程；经济趋势上，我国已步入质量优先的

---

① 习近平：《决胜全面建成小康社会　夺取新时代中国特色社会主义伟大胜利》，人民出版社 2017 年版，第 11—12 页。

新常态；增长方式上，我国正经历规模经济效率向全要素生产率的转变。这种根本变化，也对经济体系重塑提出了内生转化要求①，需要以更加综合的视角解决过去积累的失衡与发展不充分。具体地，高质量发展阶段需要解决前期高速非均衡发展所积累的结构失衡问题，主要包括：总供给和总需求、内需和外需、投资和消费、出口和进口、政府投资和民间投资、产业结构和金融结构、直接融资和间接融资等②，如果再考虑到城乡二元结构、区域发展差距，则结构问题更加复杂③。只有改变非均衡的经济增长结构，形成内生的经济发展机制，形成以空间再配置为基点的"结构均衡增长"，才能使中国实现可持续发展，进入发达国家行列④。

从发达国家的发展经验来看，无论是美国模式、欧洲模式还是日本模式，其高质量发展的关键在于从以生产供给为中心转向经济发展服务于社会发展，遵循着经济高质量—社会高质量—治理高质量的逻辑顺序。20 世纪 30—50 年代，美国福特主义的形成和扩散，导致垂直一体化规模经济及其对知识需求的增加，根本上强化了发达国家现代部门之间的联系，通过工业与服务业的协调促进生产率的提高⑤。20 世纪 80 年代之后，信息通信技术的发展，导致国际分工格局更加依赖于创新，呈现出美国以知识创新为主导、欧洲和日本以产品创新为支撑的新格局。为了把握知识经济机会、保证高效率实现，在比较政治经济学和福利国家理论的指导下，发达国家的政策日益聚焦于经济系统对社会发展的嵌入（福利制度和社会保护），因此，如何稳固知识中产阶层的扩大再生产成为经济高质量发展的重心。工业化向高度城市化的演进以及发达国家的转型，均围绕就业—福利关系展开和调整，并使得发达国家保持了效率与福利的动态平衡。

---

① 高培勇、杜创、刘霞辉、袁富华、汤铎铎：《高质量发展背景下的现代化经济体系建设：一个逻辑框架》，《经济研究》2019 年第 4 期。

② 张平、王宏淼：《中国转向"结构均衡增长"的战略要点和政策选择》，《国际经济评论》2010 年第 5 期。

③ 李扬、张晓晶：《"新常态"：经济发展的逻辑与前景》，《经济研究》2015 年第 5 期。

④ 张平、王宏淼：《中国新发展阶段的重大挑战》，《中国经贸导刊》2010 年第 20 期。

⑤ 约翰·肯尼斯·加尔布雷斯：《新工业国》，嵇飞译，上海人民出版社 2012 年版。

通过国际发展经验的比较，可以总结出五点历史逻辑：第一，工业化时期经济主要通过规模效应来增加产出以解决贫困问题，随着边际收益递减，当居民收入达到中等水平时，要想继续实现经济增长，迈入高收入水平国家行业，必须依靠高消费水平下的城市化。第二，发展中国家利用自己的后发优势，通过发展工业化来实现增长是一种普遍现象，但在工业化向城市化转型的发展过程中，服务业比重上升及产业结构与发达国家的趋同，即与发达国家产业结构平行而非互补，如果不及时进行产业结构升级，制造业比较优势不久将丧失殆尽，加之服务业本来就弱，"双重比较劣势"发生的可能性很大，最终导致经济陷入中等收入陷阱的泥淖。第三，突破这种被动局面的关键在于培育以创新和技术优势为核心的国际竞争力，实现服务业比重上升和制造业比重下降过程中的效率补偿。第四，由传统重化工业化向深加工度化演进的十字路口，协调管理作为一种创新形式内生于增长至关重要；而在生产集成化时期，工业部门内部、工业与服务业之间，城市生产与生活消费之间，将形成致密的纵横网格，此时为自主创新普遍的时期，不可能蛙跳实现。第五，不同于工业化时期以生产为中心的资源配置体制，城市化时期需要兼顾经济效率和社会发展，因此，制度设计应该有助于推动经济社会融合发展，突出社会再平衡的重要。

二　中国经济高质量发展的理论与现实逻辑

资本的循环过程始于生产，而消费只是作为一种附属品而存在。马克思在《资本论》中指出，"生产生产着消费"，"生产媒介着消费"，这反映出工业化阶段以生产为根本的特性。而在更高级的阶段，马克思提出了"自由人联合体"的设想，在《哥达纲领批判》中，马克思指出，消费资料在各个生产者中间的分配，那么这里通行的是商品等价物的交换中通行的同一原则，即一种形式的一定量劳动同另一种形式的同量劳动相交换，即按劳分配原则，社会主义发展的方向是实现人的解放以及社会的全面发展。

党的十八大报告提出全面建成小康社会，在此基础上，习近平新时代中国特色社会主义思想"坚持以人民为中心"。消费不再仅仅作为生产的附属品存在，而是上升到与生产同样重要的地位，成为资本循环的终点。这里所指的消费也不再是简单的为了"劳动再生产"而进行的基本生活消费，而是以知识消费为主的高级消费。这种消费模式的核心在于提升广义人力资本的积累，主要通过平民阶层教育的普及和受教育程度的提高，这也是知识生产部门扩展的主要路径。知识中产阶层的再生产将促进消费和生产，形成一个以人民为中心的良性新经济循环体系，最终实现创新、效率提升、价值创造与公平分享的高质量发展。

高质量发展的核心在于实现"知识消费—人力资本提高—创新效率补偿"的循环。中国大规模工业化过程采用的是加工制造业和出口拉动模式，这种增长路径导致了大量中低等教育水平的劳动力累积。随着工业化向城市化阶段转移，出现人力资本结构高级化需求与现阶段人力资本低度化的扭曲，人力资本升级问题迫在眉睫。第二次世界大战后，发达国家高质量发展的重要支撑力量是高技能劳动力，这部分人构成了中产阶层的主要部分。表1-1显示了2010年美英德法意五国中产及中产以上人口比重、收入水平和受教育年限。从数据中可以看出，人口受教育程度高、高收入人口比重大，是工业化后期经济社会发展的典型特征。从机制看，知识中产阶层的培育，源于居民生活、消费质量的提高。日韩的发展经验也显示了人力资本积累对于跨越式发展的重要性。在其工业化结束的十五至二十年时间中，日韩的高等教育得到了大量普及，预计到2025年，日本受过高等教育人口的比重将达到70%，而韩国也将有一半以上的人口接受过高等教育。

表1-1　　　2010年美英德法意五国的中产及中产以上人口比重、收入水平和受教育年限情况

	美国	英国	德国	法国	意大利
中产及中产以上人口比重（%）	74	81	82	83	78
中产及中产以上人口收入水平：（>万美元）	6.0	4.0	4.4	4.4	3.5
发达国家人口平均受教育年限（年）	13.2	12.2	12.4	10.7	9.6

资料来源：Barro-Lee.com。

从发展阶段转型的国际比较来看，现阶段中国正在步入以知识中产阶层培育为重心的关键时期。党的十九大报告指出："必须坚持以人民为中心的发展思想，不断促进人的全面发展、全体人民共同富裕。"从报告中可以看出，高质量发展的本质是"以人民为中心"，高质量发展的实质是人的发展。具体到产业层面，表现为人力资本的积累提高现代服务所包含的知识密集度，并通过溢出效应传导到工业部门，体现为制造品的技术知识含量也得到提高。创新在抵消资本效率递减的负向冲击的同时，不仅有助于提升资本质量、提高生产效率以产出更多的最终品来用于消费和贸易，而且有助于通用技术部门的结构升级。

三　中国经济高质量发展的特征

从经济与社会发展的关系来看，高质量发展包括相互促进的两个层面，即以效率促进分享，以分享提升效率，推动城市化可持续发展。这就要求资源配置方式从生产供给为中心转向提升要素质量，这是理解新发展观的关键。高质量发展的特征概括为以下几点：创新驱动效率提升、保持经济稳定运行、促进经济可持续发展、扩大高水平对外开放、推进深度城市化、加强经济社会融合。具体如下：

第一，鼓励创新驱动的效率提升。高质量发展的创新不仅仅包括技术创新，还包括服务业、商业模式、文化创意等更为广泛的创新，这些创新活动已经超过了传统的创新范畴，因此建立一个与创新活动相匹配的创新生态成为关键。通过创新生态建构的同时打破传统政府干预、金融系统分割等问题，逐步基于市场—中介推进资源配置效率的提升，并支持知识形成广义人力资本，逐步构建一个具有孵化、聚集和多角色网络创新的自我演进、互动共演、多元治理的创新驱动效率提升体系，推动经济高质量发展。

第二，保持经济稳定运行。经济转型发展的过程中蕴涵五类风险，包括：收入分配格局再调整导致的过快减速风险；过度无效投资导致的过快减速风险；经济杠杆率持续拉升导致的过快减速风险；产业结构服务化导致的过快减速风险；市场化和相对成本体系调整导致的过快减速风险。保持经济稳定运行的关键是重塑富有活力的国家生产系统，应对经济转型冲击，进而规避转型中的这五类风险。

第三，促进经济可持续发展。依赖高污染、高能耗的经济增长是不可持续的，高质量发展强调绿色、节能、环保的可持续发展。因此，高质量发展阶段重视生态环境的保护，重视对污染的治理，如处理工业化与城市化所带来的废水、废气、固体废弃物。高质量发展要求考虑经济资源和社会资源的承受能力，遵守客观规律，坚守科学的发展观，量力而行，保证经济平稳、可持续发展。

第四，扩大高水平对外开放。工业化动力衰竭导致经济增长减速、人口转型和经济服务化，在面临成本上升压力和资源刚性压力下制造业比较优势正在逐渐失去，过去坚持的技术外部依赖和加工贸易路线无法支撑未来中国经济的增长。党的十八大报告指出，"完善互利共赢、多元平衡、安全高效的开放型经济体系"，党的十八届三中全会提出"构建开放型经济新体制"，"培育参与和引领国际经济合作竞争的新优势"。只有通过开放构建新体制，形成新优势，才能突破现有全球价值链分工格局下的"低端锁定"，最终培养具有国际竞争力的新体系。

第五，推进深度城市化。党的十九大提出"中国特色社会主义进入新时代"，这是在世界新格局和中国发展阶段新特点基础上的判断，也标志着中国深度城市化发展的开端。深度城市化的发展目标是在城市化进程中实现以人为本、效率提升和社会包容发展。针对中国的经济条件、禀赋条件、制度条件和社会条件等，深度城市化阶段的关键在于促进知识消费的上升，如居民在科教文卫等方面的支出，这要求政府提供更多高质量的公共服务，注重公平和效率的平衡。

第六，加强经济社会融合。高质量本身是发展状况和治理状况的表现，需要通过治理结构的现代化来实现。不同于工业化时期以生产为中心的资源配置体制，城市化时期需要兼顾经济效率和社会发展，以充分体现"以人的发展为中心"的原则。因此，制度设计应该有助于推动经济社会融合发展，体现在三个相互关联的层次上：国家作为规则和政策的提供者，为市场提供制度规则、促进公平、建立信任；规范有序的市场为经济主体提供竞争平台，激励创新精神；经济主体参与生产和消费活动，分享发展成果，并以其诉求促进治理机制的进一步完善。

第二节　经济高质量发展的评价与比较

一　经济高质量发展评价指标设计

参考国际上相关的指标体系，根据"创新、协调、绿色、开放、共享"五大发展理念与高质量发展的六大特征，本书构建经济高质量发展评价的指标体系（表 1－2）。本指标体系的参照样本选自 OECD 发达国家。高质量发展评价体系共分为三级指标，一级指标包括：创新能力、增长质量、政府治理、可持续发展、开放质量、消费能力。每个一级指标包含若干二级指标。其中，创新能力包括创新效率和市场效率；增长质量包括增长效率、经济结构和经济稳定；政府治理包括公共服务和社会保障；可持续发展包括生态环境、产出能耗、城市排放、空气监测、环保投资与回收；开放质量包括贸易质量和投资质量；消费能力包括消费升级和消费促进。二级指标再下设相应的 60 个具体指标进行国际比较，以期通过完整的指标体系全面评估中国和 OECD 发达国家在高质量发展方面的差距，发现短板，力争缩小与 OECD 发达国家的差距。

表 1－2　　　　　　　　　经济高质量发展评价的指标体系

一级指标	二级指标	具体指标	指标解释
创新能力	创新效率	PCT 国际专利数量	2019 年 PCT 国际专利申请数量（按来源国统计）
		科技论文发表数量	科学和工程所有领域的文章（按来源国统计）
		互联网普及度	使用互联网人口占比
		研发强度	研发费用/GDP
		知识产权保护	国际知识产权保护指数

续表

一级指标	二级指标	具体指标	指标解释
创新能力	市场效率	货物市场效率	综合指标,包括地方竞争强度、反垄断的有效性、税收负担率、创业的时间、货物关税等
		劳动力市场效率	综合指标,包括工资的灵活性、劳资关系、吸引人才的容量等
		金融市场发展	综合指标,包括金融服务的可获得性、风险资本的可获得性、贷款的可获得性、银行的稳定性等
		技术成熟度	综合指标,包括前沿技术的可及性、企业层面的技术吸收能力、互联网使用人数、FDI 和技术转移等
		市场规模	综合指标,包括国内市场规模、国外市场规模、GDP、出口
		附加值率	产业的增加值/总产出
增长质量	增长效率	GDP 增长率	GDP 年度增长率
		资本回报率	资本回报/资本存量
		TFP 增长	TFP 增长率
		第一产业劳动生产率增长率	不变价格的第一产业劳动生产率增长率
		第二产业劳动生产率增长率	不变价格的第二产业劳动生产率增长率
		第三产业劳动生产率增长率	不变价格的第三产业劳动生产率增长率
	经济结构	GDP1	第一产业增加值占 GDP 的比重
		GDP2	第二产业增加值占 GDP 的比重
		GDP3	第三产业增加值占 GDP 的比重
		城市化率	非农人口占常住人口的比重
		资本化率	股市总市值/GDP
	经济稳定	城镇调查失业率*	城镇失业人口/城镇人口
		CPI 波动率*	CPI 指数同比增长率
		汇率波动率*	2019 年各货币兑美元月平均汇率的标准差
		房地产价格波动率*	2019 年房地产价格变动率
		居民负债水平*	家庭债务占 GDP 比重
		企业负债水平*	企业债务占 GDP 比重
		政府负债水平*	政府债务占 GDP 比重

续表

一级指标	二级指标	具体指标	指标解释
政府治理	公共服务	营商指数	主要包括开办企业、办理施工许可证、获得电力、登记财产、获得信贷、保护少数投资者、纳税、跨境贸易、执行合同、办理破产 10 个方面的内容，每个方面都从程序个数、所需时间长度、所需要成本等质量和成本效率方面设置若干个指标，最后根据这些指标计算出一个综合性指标
		产品市场监管指标*	OECD 产品市场数据库（PMR）是一套全面的、可在国际上进行比较的指标，衡量政策促进或抑制竞争可行的产品市场领域的竞争程度
		专业服务监管指标（含法律、会计等的规范）*	OECD 专业服务监管指标衡量专业服务和零售分销部门的监管条件。指标涵盖法律、会计、工程和建筑行业的入门和行为规范
		能源交通通信监管指标（ETCR）*	包括电信、电力、天然气、邮政、铁路、航空客运和公路货运七个部门的监管规定
		零售业监管指标*	包括进入门槛、运营限制和价格控制
	社会保障	公共服务满意度	公民对医疗体系的满意度和公民对教育体系的满意度的加权
		法治指数	法治指数考量对政府权力的制约、没有腐败、开放政府、基本权利、秩序与安全、监管执法、民事正义和刑事正义八个方面
		政府开放度指数	WJP 开放式政府指数使用四个维度来衡量政府开放度：宣传法律和政府数据、信息权、公民参与和投诉机制
		税收和转移支付对基尼系数下降的影响	税收和转移支付政策可以使得基尼系数下降的水平
可持续发展	生态环境	人均水资源量	水资源量/年底总人口数
	产出能耗	万元 GDP 能耗指标*	万元 GDP 能耗 = 能源消费总量/GDP；万元 GDP 能耗指标 = 1/万元 GDP 能耗；
	城市排放	城市人均垃圾生产量*	城市垃圾生产量/城市人口数
		CO_2/GDP*	CO_2 排放量和 GDP 的比值

续表

一级指标	二级指标	具体指标	指标解释
可持续发展	空气监测	PM2.5 集中度指标*	PM2.5 集中度为 PM2.5 年均浓度（微克/立方米）；PM2.5 集中度指标 = 1/PM2.5 集中度（微克/立方米）
		暴露在 PM2.5 > 35（微克/平方米）的人群比例*	暴露在 PM2.5 > 35（微克/平方米）的人数/总人口数
	环保投资与回收	环保科技占比	环保科技投资占全部科技投资的比例
开放质量	贸易质量	净出口波动率*	2019 年净出口的标准差
		净进口波动率*	2019 年净进口的标准差
		出口国内增加值率	出口产品中隐含的国内增加值的比重
		对外贸易依存度	外贸总额占 GDP 比重
		服务贸易比重	服务贸易占外贸总额比重
		中间品贸易比重	中间品贸易占外贸总额比重
	投资质量	国际投资年度指数	综合反映世界范围内主要国家国际投资状况与市场趋势的专业化的国际投资指数
		吸引外资业绩	FDI 占 GDP 比重
		对外投资业绩	OFDI 占 GDP 比重
消费能力	消费升级	（科教文卫）消费比重	科教文卫支出/财政支出
		大学教育人力资本比重	大专以上学历人员在就业人员中所占比重
	消费促进	初次收入分配中劳动收入比重	工资收入、奖金收入以及个体经营收入/（工资收入、奖金收入以及个体经营收入 + 企业盈利所得 + 政府税收）
		居民可支配收入增长速度	城市居民可支配收入与上年相比的增长率
		最低生活保障水平	城市居民最低生活保障金
		社会保障	社保缴费占财政收入的比重

注：加星号 * 的指标表示该指标为非正向指标。所有指标均正向标准化。

资料来源：WDI、ILO 数据库、WIOD、IMF Global Debt Database、WIPO statistics database、美国 National Science Board、Conference Board、GCI、OECD、World Economic Forum（WEF）、GCI（全球竞争力指数）、世界银行、WJP、SWIID、UNdata、Barro-Lee。

二 国际比较

鉴于数据可得性，本书将数据更新到 2019 年。综合来看，中国的 GDP 增长率、净出口波动率、吸引外资业绩、科技论文发表数量、市场规模和人均垃圾生产量六个指标位居世界第一。中国有 20% 的指标排名居前 10%，超过 30% 的指标与最前沿国家的差距在 50% 以内（含 50%）。但是，从各项指标来看仍有很大的进步空间。

（1）中国创新能力。如表 1 - 3，PCT 国际专利数量、科技论文发表数量和市场规模中国都处于国际最前沿（前 1%），互联网普及度、货物市场效率、劳动力市场效率、金融市场发展、技术成熟度和附加值率相对滞后，处于全球后 50% 行列。研发强度和知识产权保护处于中等靠前水平，但是与世界先进水平相比仍然有很大的提升空间，特别是研发强度，落后发达国家 57%。

表 1 - 3　　　　　　　2019 年中国创新能力的国际比较情况

指标	世界排名	差距（1 - 中国值/最前沿国家值）	国家或地区数（个）
PCT 国际专利数量	2	0.16	111
科技论文发表数量	1	0.00	50
互联网普及度	105	0.46	203
研发强度	15	0.57	36
知识产权保护	47	0.31	137
货物市场效率	27	0.15	36
劳动力市场效率	17	0.22	36
金融市场发展	23	0.25	36
技术成熟度	33	0.35	36
市场规模	1	0.00	36
附加值率	43	0.45	43

（2）中国增长质量状况。如表 1 - 4，增长效率的表现最优，其次是经济稳定，最有待提高的部分是经济结构。目前这种以工业和服务业

为产业主导、以城市化为空间载体、以市场化为体制基础的发展模式，
推动了中国经济的持续高速增长，但这种模式面临着越来越大的约束。
指标也反映了中国结构性减速的真实情况，随着工业化向城市化发展，
产业结构发生由第二产业主导向第三产业主导的变化，在这个过程中，
服务业劳动生产率增长速度低于工业劳动生产率增长速度，导致经济
整体增长率下降。此外，债务问题也要引起重视。从指标中可以看
出，居民负债水平和企业负债水平都已经居于前20%，而且与最前沿
国家值的差距高达99%。特别是企业负债水平，排在132个国家中的
第6位。

表1–4　　　　　　　　　2019年中国增长质量的国际比较情况

指标	世界排名	差距（1–中国值/最前沿国家值）	国家或地区数（个）
GDP 增长率	1	0.78	234
资本回报率	15	0.57	42
TFP 增长	11	0.67	122
第一产业劳动生产率增长率	13	0.76	210
第二产业劳动生产率增长率	10	0.83	210
第三产业劳动生产率增长率	23	0.82	210
GDP1	53	0.37	210
GDP2	17	0.35	210
GDP3	159	0.43	210
城市化率	133	0.41	260
资本化率	22	0.92	60
城镇调查失业率*	20	0.43	35
CPI 波动率*	62	0.66	108
汇率波动率*	56	1.00	196
房地产价格波动率*	21	1.00	63
居民负债水平*	29	0.99	133
企业负债水平*	6	0.99	133
政府负债水平*	45	0.79	88

注：带星号 * 的是负向指标，已正向标准化。

（3）中国政府治理状况。如表 1 – 5，政府治理是六个一级指标最弱的部分，可喜的是营商指数有了大幅上升，2019 年排名全球第 13 位。而其他指标，如公共服务满意度、法治指数、政府开放度指数、税收和转移支付对基尼系数下降的影响，及负向指标产品市场监管指标、专业服务监管指标、能源交通通信监管指标、零售业监管指标，都与发达国家存在很大差距，营商环境改善余地仍然很大。此外，推进法制建设、改善体制和监管环境等将有利于知识在一个开放的体系当中流动，形成一个充满活力的整体环境。

表 1 – 5　　　　　　　　2019 年中国政府治理的国际比较情况

指标	世界排名	差距（1 – 中国值/ 最前沿国家值）	国家或地区数 （个）
营商指数	31	0.25	199
产品市场监管指标*	2	0.68	47
专业服务监管指标（含法律、 会计等的规范）*	21	0.83	42
能源交通通信监管指标*	2	0.74	46
零售业监管指标*	33	0.87	47
公共服务满意度	32	0.29	45
法治指数	76	0.46	113
政府开放度指数	89	0.49	102
税收和转移支付对基尼系 数下降的影响	40	1.00	40

注：带星号 * 的是负向指标，已正向标准化。

（4）中国可持续发展状况。如前文所述，高质量发展是绿色发展，是可持续发展，而中国目前在可持续发展指标方面的表现并不乐观。如表 1 – 6 所示，除了人均水资源量之外的其他指标都处于全球后 20%，可持续发展能力偏弱正在成为中国经济高质量发展的短板，制约着中国的转型升级。因此，如何增强中国的可持续发展能力将成为经济高质量发展的关键着力点。

表 1－6　　　　　　　　2019 年中国可持续发展的国际比较情况

指标	世界排名	差距（1－中国值/最前沿国家值）	国家或地区数（个）
人均水资源量	29	1.00	36
万元 GDP 能耗指标*	2	0.69	36
城市人均垃圾生产量*	1	0.00	36
CO_2/GDP*	5	0.87	36
PM2.5 集中度指标*	5	0.94	36
暴露在 PM2.5 > 35（微克/平方米）的人群比例*	14	0.99	103
环保科技占比	25	0.53	36

注：带星号 * 的是负向指标，已正向标准化。

（5）中国开放质量状况。如表 1－7，出口和吸引外资是中国表现最亮眼的地方。党的十九大报告指出"我国社会主要矛盾已经转化为人民日益增长的美好生活需要和不平衡不充分的发展之间的矛盾"，因此，以高水平的对外开放，优化进出口结构、提高外资引进质量和对外投资水平，通过购买国际特色产品和优质服务，引进更多的先进技术和理念，实现更好满足人民日益增长美好生活的需要，是实现经济高质量发展的重要保障。净出口波动率和净进口波动率在所有国家中排名靠前，这与近年中美之间的贸易摩擦有关，尽快与美国解决争端，营造一个稳定的国际环境对于减少国际贸易风险意义重大。出口国内增加值比例居世界前 20%，并且与发达国家的差距只有 17%，但是中国外贸依存度高，服务贸易水平和中间品贸易水平与发达国家差距超过 50%。对外投资一直是中国的短板，与发达国家差距接近 50%，未来仍然是中国需要发力的着力点。

表 1－7　　　　　　　　2019 年中国开放质量的国际比较情况

指标	世界排名	差距（1－中国值/最前沿国家值）	国家或地区数（个）
净出口波动率*	1	0.00	105
净进口波动率*	3	0.17	105

续表

指标	世界排名	差距（1 - 中国值/最前沿国家值）	国家或地区数（个）
出口国内增加值率	7	0.17	43
对外贸易依存度	9	0.15	88
服务贸易比重	33	0.55	43
中间品贸易比重	27	0.73	43
国际投资年度指数	4	0.11	43
吸引外资业绩	1	0.00	43
对外投资业绩	18	0.49	43

注：带星号 * 的是负向指标，已正向标准化。

（6）中国消费能力状况。该指标体现为消费升级和消费促进两个层面，其中，中国的消费升级能力落后于消费促进能力（表1-8）。消费作为拉动经济增长的主要动力之一，不仅需要促进消费能力，关键在于提升消费升级能力。美国发展的成功经验表明，通过广义人力资本积累，带动消费主导增长路径的形成，这种模式下可以塑造一整套的服务业创新，并以服务业支撑创新体系的构建。因此，经济高质量发展阶段消费能力的提升，特别是实现生产消费一体化将成为关键。

表 1 - 8　　　　　　　2019 年中国消费能力的国际比较情况

指标	世界排名	差距（1 - 中国值/最前沿国家值）	国家或地区数（个）
（科教文卫）消费比重	39	0.65	42
大学教育人力资本比重	105	0.92	146
初次收入分配中劳动收入比重	23	0.12	42
居民可支配收入增长速度	19	0.45	88
最低生活保障水平	43	0.52	93
社会保障	25	0.41	93

第三节　经济高质量发展的政策着力点

2017 年中央经济工作会议提出"必须加快形成推动高质量发展的

指标体系、政策体系、标准体系、统计体系、绩效评价、政绩考核，创建和完善制度环境，推动我国经济在实现高质量发展上不断取得新进展"。现行的统计指标体系已不能全面适应经济高质量发展的需要，迫切需要研究构建一套体现高质量发展的指标体系，发挥指标体系的"风向标"和"指挥棒"作用。"十四五"是中国经济高质量发展的关键时期，以高质量发展评价指标体系为指导，经济高质量发展应着眼于提升经济社会一体化和城市化可持续，其政策着力点应立足于建立创新生态系统、促进区域协调发展、以绿色发展为导向、深化改革与开放、保障人民参与分享发展成果。

一 建立创新生态系统

熊彼特"创新"的根本是企业家重新引入要素和商业模式构建"生产函数"，企业家是创新的主力。而目前我国企业技术创新主体仍然"不到位"。央企、本地国企、外资企业以及民营企业"四分天下"的格局基本没变，存在国企大而不强、外企强而不为、民企活而不大的现象。市场主体创新发展存在结构性不均衡，传统产业领域已经有了世界级的大型企业和跨国公司；但新经济领域缺乏龙头企业，也缺乏成长性好的中小企业。而创新创业活跃度不够，创新创业生态系统需进一步优化。

创新物种少，科技成果高效转化存在不少"堵点"。各类创新主体之间的产学研结合还不通畅，创新政策与财税金融产业政策之间还不协调不配套，有关政策落实还不到位。需强调产业的集中性创新，又要增加多样性，并通过强化市场竞争，"能力贴现"替代资产抵押，推动多层次资本市场加速创新，促进创新和创新转化相结合，加快创新生态构建。

科技是第一生产力，创新的核心是科技创新。提高资源利用效率，着力解决资源、环境和发展之间的矛盾，提升生产要素的使用效率，实现可持续发展。培育新优势，实现产业转型升级。建立以企业为主体、市场为导向、产学研深度融合的技术创新体系，引导科技投入和劳动者素质的全面提高，增加科技创新在经济发展中的贡献度。推动中国企业创新发展，变中国制造为中国创造、变高速增长为高质量发展、变中国品牌为世界品牌。

二　促进区域协调发展

2019 年中央经济工作会议提出"促进区域协调发展"，围绕解决发展不平衡不充分问题，改革完善相关机制和政策，推动区域优势互补、城乡融合发展。实施区域协调发展战略是国家重大战略之一，是贯彻新发展理念、建设现代化经济体系的重要组成部分，也是实现经济高质量发展的重要抓手。

经济高质量协调发展要求从以总量扩张为主向以结构优化为主转变，立足整体质量提升，实现经济发展结构不断优化、效益不断提高、抗风险能力和可持续性不断增强。区域协调发展的核心是消除区域壁垒，实现要素自由流动。面对发展的不平衡问题，一方面需要市场发挥作用，提升资源配置效率；另一方面需要政府监督协调，提高财政、产业、土地、环保、人才等政策的精准性和有效性，促进区域互联互通。

三　以绿色发展为导向

"十四五"时期是中国经济社会发展的关键时期，人们对美好生活的向往将不断促进消费升级，对于健康、养老、休闲、文化等需求将不断提升，生态环境和绿色经济对居民的影响将不断上升。经济高质量发展要求以绿色发展为导向，加强生态建设，打造高品质健康生活。

在生态建设的基础上，充分利用现有自然资源，大力发展健康医疗、养老护理、旅游疗养等现代生活性服务业。进行服务业综合改革，逐步建立完善养老服务体系，加大政策支持力度。大力发展高品质健康生活相关产业，全力推进行业发展。保障相关土地供给和金融支持，创新投融资机制，破除各种体制障碍。

提高文化建设水平，提升人民文化生活质量。以社会主义核心价值观为引领，以传承发展中华优秀传统文化为核心，以乡村公共文化服务体系建设为载体，培育文明乡风、良好家风、淳朴民风，推动乡村文化振兴，建设邻里守望、诚信重礼、勤俭节约、民族团结的文明之乡。深入挖掘中华文化与民族文化，加强与世界其他国家的文化交流，支持开发高品质文化产品，打造文化消费品牌，促进文化行业提升，满足人民群众对于文化生活的需要。

四 深化改革与开放

推动人力资本消费的供给侧改革。经济高质量发展阶段的消费升级已经不是所谓物质的"生理"满足，而是人们服务需求的升级，更准确的描述是消费者自我主动配置"生活高质量消费与提高自我人力资本消费（教育、医疗、体育、文化娱乐、社交等）匹配"的新消费者选择阶段了。抓住这一阶段人民消费需求的转变，率先在"科教文卫体养老"等广义人力资本的消费领域进行供给侧改革，满足人们在物质和精神上的多样化需求。

加快高水平对外开放。我国高水平对外开放的主攻方向和重点领域是服务业开放。因此，顺应第三次产业革命的发展趋势，抓住可贸易服务业全球化的历史性机会，借着中国新时期改革开放的"东风"，大力发展可贸易服务业，以此来促进国内经济结构调整升级和"创新转型、科学发展"，是一个可行的方向和途径。

未来中国经济增长的动力之一在于知识生产部门提供新生产要素，这有赖于通过高水平对外开放重塑全球价值链分工体系。借助新体系，中国可以从两方面提升国际竞争力：一是将不具备比较优势的产业移出，提升资源配置效率；二是通过边际产业在外围国家的运作获得直接利润，同时还可以通过再进口降低国内生产成本，减少贸易摩擦，降低国内产业结构调整所带来的成本压力。这些都有利于中国经济升级到更高的产业梯度，保障人民生活水平和生活质量的不断提高，实现经济高质量增长。

五 保障人民参与分享发展成果

经济高质量发展的目的是实现共享发展，让人民分享发展的成果。

因此，推动经济高质量发展，必须保证实现更加充分的就业，实现居民收入增长与经济发展同步、劳动报酬增长与劳动生产率提高同步。提高劳动要素的分配比例，优化收入分配环境，形成更加合理的收入分配结构，缩小城乡差距、人群差距和区域差距。

加快建成覆盖全民、多层次的社会保障体系。政策出台以社会公共利益、社会发展以及社会正义为出发点，要着眼于解决效率与公平的冲突，不厚此薄彼。加强在医疗卫生、教育、养老等领域的顶层设计，明确政府和市场的作用。实现有质量的幼有所育、学有所教、劳有所得、病有所医、老有所养、住有所居、弱有所扶，让经济高质量发展成果更多更公平地惠及全体人民，不断增强人民群众的获得感和幸福感。

（执笔人：张小溪、袁富华）

第二章　中国经济的需求结构

　　根据国民经济核算框架，由消费、投资和净出口构成的总需求决定了一国的产出规模，也即支出法核算的 GDP。因此，消费、投资和净出口被称为拉动经济增长的"三驾马车"，它是凯恩斯主义对需求的短期分析基本框架。改革开放以来，我国人均 GDP 实现了快速增长，1978 年我国人均 GDP 为 234 美元，2019 年为 10276 美元①，创造了世界经济增长史上的奇迹，但也存在需求结构失衡等问题。进入 21 世纪后的一段时间，我国经济增长过分倚重投资和出口带动，表现为高储蓄—高投资，并以大规模出口弥补内需不足，国内消费需求对国民经济增长的拉动作用比较有限，在投资面临边际报酬递减困局、出口仅能在短期内拉动经济增长的情况下，仅仅依赖投资和净出口"两驾马车"的经济增长难以持续。近年来，"逆全球化"思潮明显抬头，保护主义的负面效应日益显现，世界经济呈现明显的疲软态势，经济复苏步伐放缓。在当前全球供应链和价值链高度融合的背景下，我国经济也不可避免地受到了较大的负面冲击。由于国内人口红利的消退和制造业成本优势的丧失，国际经济环境不确定性增加，我国经济发展的内外部环境已经发生了深刻变化。2020 年以来，新冠肺炎疫情逐步在全球蔓延，为有效抑制病毒传播，我国春节后的复工进程被迫推迟，同时外部需求也出现进一步萎缩的迹象，这些都对我国经济形成了前所未有的巨大压力。因此，全面系统地梳理分析需求结构的历史演变历程、逻辑和趋

---

　　① 数据来源于国家统计局。如无特别说明，下文其他数据来源与此相同。

势，以便更好地发挥消费、投资、净出口在维持宏观经济稳定中的作用就显得尤为重要。

第一节　中国经济需求结构的演变历程

一　基于 GDP 支出法统计数据的中国"三驾马车"演变历程

当前，我国正处于经济转型与产业结构升级的攻坚时期，优化经济结构与提升增长动力显得尤为突出。为了深入揭示我国"三驾马车"的演变历程，本章运用 GDP 支出法核算恒等式即 GDP = C + I + M，并且选取《中国统计年鉴》中 1978—2018 年支出法国内生产总值的数据。首先测算最终消费支出、投资（资本形成）总额以及货物和服务净出口各自占 GDP 的比重，然后以各项需求增量与支出法 GDP 增量的比值，计算消费、投资和净出口三大需求对经济增长的贡献率，最后利用国内生产总值增长速度与三大需求贡献率的乘积，得到三大需求拉动 GDP 增长的百分点。表 2 - 1 和表 2 - 2 显示了需求结构及贡献情况。从改革开放至今的 40 余年，需求结构的演变历程大致分为三个阶段，不同阶段的经济增长动力有所差异，表现出不同的逻辑和特征，大致可以分为三个阶段：

（一）第一阶段（1978—2002 年）：消费主导型

这一时期，消费占主导，最终消费率平均在 55% 以上，远大于资本形成率和净出口率之和，但消费率呈下降趋势，从 1978 年的 61.9%，下降到 2003 年的 58.1%，下降了 3.8 个百分点。资本形成率总体上略上升，但波动幅度较大，从 1978 年的 38.4% 上升到 2003 年的 39.7%，上升了 1.3 个百分点。同时，消费对 GDP 增长的贡献率大多数年份超过投资和净出口的贡献率。如 1983 年消费对 GDP 增长的贡献率为 75.0%，拉动经济增长 8.1 个百分点，而投资对 GDP 增长的贡献率为 33.0%，拉动经济增长 3.6 个百分点，净出口对经济增长的贡献率为 -8.0%，拉动经济增长 -0.9 个百分点；1998 年消费对 GDP 增长的贡献率为 65.6%，拉动经济增长 5.1 个百分点，而投资对 GDP 增长的贡献率为 27.7%，拉动经济增长 2.2 个百分点,净出口对经济增长的贡献率为 6.7%,拉动经济增长 0.5 个百分点。但在经济受到较大外部冲击的年份,投资额快速增长,对经济增长的贡献率也就较大,如 1978 年受改革开放重大利好政策影响,国内投资剧增,投资对 GDP 增长的贡献率达 67%,拉动经济增长 7.8 个百分点,而消费对 GDP 增长的贡献率为 38.7%,拉动经济增长 4.5 个百分点,净出口对 GDP 增长的贡献率为 -5.4%,拉动经济增长 -0.6个百分点。这一阶段,消费成为我国改革开放初期推动经济发展的关键动力。这一阶段改革开放的活力逐步发挥出来,生产力水平得到大幅提高,带动城镇居民和农村居民可支配收入以及政府财政收入的高速增长,消费需求得以不断扩大。同时,由于改革开放初期工业生产水平和劳动力水平较低,需要进口国外先进设备和原材料,资本积累速度较为缓慢,且消费需求增长主要拉动了轻工业的发展和投资增加,投资规模总体较小,产品缺乏国际竞争力,因此投资对经济增长的贡献低于消费,且净出口对经济增长的贡献几乎没有,甚至为负。[①]

(二) 第二阶段 (2003—2013 年):投资和进出口快速增长型

最终消费率逐渐下降,从 2003 年的 58.1% 下降到 2010 年 49.3%,而后受国际金融危机的影响最终消费率有所上升。资本形成率从 2003 年的 39.7% 上升到 2010 年的 47.0%,而后下降到 2013 年的 46.1%;净出口率从 2003 年的 2.2% 快速上升到 2007 年最高峰的 8.7%,而后受国际金融危机逐步下降到 2013 年的 2.5%。同时,2003 年的投资对 GDP 增长的贡献率为 68.8%,拉动经济增长 6.9 个百分点,到 2006 年投资对 GDP 增长的贡献率为 42.5%,拉动经济增长 5.4 个百分点,随后受国际金融危机的影响,我国实施了大规模的经济刺激计划(四万亿元投资),导致 2009 年投资对 GDP 增长的贡献率达 85.3%,拉动经济增长 8 个百分点。在我国加入 WTO 后的最初几年,净出口对经济增长的贡献为负,2003 年净出口对 GDP 增长的贡献率为 -4.9%,拉动经济增长 -0.5 个百分点,但到 2005 年,净出口对 GDP 增长的贡献率为 10.1%,拉动经济增长 1.1 个百分点,一直到 2008 年净出口对 GDP 增

---

① 张启良:《消费贡献率波动背后的若干细节探寻》,《中国统计》2019 年第 7 期。

长的贡献率都为正，2008 年净出口对 GDP 增长的贡献率为 2.7%，拉动经济增长 0.4 个百分点。但在 2009 年，净出口对 GDP 增长的贡献率急剧下降到 42.9%，拉动经济增长 −4 个百分点，到 2013 年，净出口对 GDP 增长的贡献率为 −0.3%，拉动经济增长 −0.2 个百分点。总体上看，这一时期投资和进出口快速增长，造成资本形成率和净出口率迅速上升，资本形成总额和净出口对 GDP 增长的贡献率和拉动百分点超过了最终消费支出，投资和进出口成为经济增长的重要支柱。这一阶段我国积极参与全球价值链、融入经济全球化体系，国际贸易额的大规模增长带动了国内工业企业迅速发展，在 2008 年国际金融危机爆发后，政府开展了大规模经济刺激计划，加快铁路、公路与机场等重大基础设施建设，促使政府投资在经济增长中发挥着更为突出的作用。

（三）第三阶段（2014 年至今）：消费和投资协同驱动型

最终消费率重拾上升趋势，从 2013 年的 51.4% 上升到 2018 年的 55.3%。资本形成率保持相对稳定，资本形成率从 2013 年的 46.1% 下降到 2016 年的 42.7%，而后资本形成率开始上升，2018 年为 44%。净出口率从 2013 年的 2.5% 下降到 2018 年的 0.7，下降了 1.8 个百分点。这一阶段，消费对 GDP 增长的贡献率相对处于历史上的高位，从 2013 年的 50.2% 上升的 2015 年的 69%，后有所回落，2016 年、2017 年和 2018 年分别为 66.5%、57.5% 和 65.9%。投资对 GDP 增长贡献率的波动较大，总体上呈下降走势，贡献率从 2013 年的 53.1% 下降到 2018 年的 41.5%。净出口对 GDP 增长的贡献率基本上为负，除 2015 年（8.4%）和 2017 年（4.8%）为正外，其他年份都为负贡献，其中 2016 年的贡献率为 −11.6%，降低了经济增长率 0.9 个百分点。这一阶段，总体上，最终消费率回到历史高位，消费和投资对 GDP 增长的贡献率和拉动百分点较高，净出口率逐年下降，净出口的贡献率和拉动百分点大部分年份为负。消费和投资成为我国经济新常态时期经济增长的主要动力。这一阶段我国产业结构优化进程加快，新兴消费领域的热潮正在加速，促使消费和投资在国民经济增长中扮演着更为重要的角色。同时，由于全球经济复苏缓慢，国际贸易保护主义抬头和单边主义盛行，中美之间贸易摩擦持续存在，导致我国出口增长放缓，贸易顺差增速下降，净出口对 GDP 增长的贡献率大部分年份为负。

考虑到未来国际环境的不确定性，以及资本边际回报率下降，未来投资和净出口对经济拉动的作用将减弱，经济增长将回归到以消费主导型的经济增长模式。但是，综观世界发达国家的增长情况，以消费拉动为主的经济增长速度一般都相对较低。因此，未来我国以消费主导的经济增长速度可能进一步处于下行通道。

表 2 – 1　　　　　　1978—2018 年支出法 GDP 与三大需求

年份	GDP（亿元）	消费（亿元）	投资（资本形成）（亿元）	净出口（亿元）	最终消费率（%）	资本形成率（%）	净出口率（%）
1978	3605.6	2233.6	1383.3	– 11.4	61.9	38.4	– 0.3
1983	6034.2	4061.2	1922.2	50.8	67.3	31.9	0.8
1988	15210.5	9429.4	5932.2	– 151.2	62	39	– 1
1993	35576	20814.9	15440.5	– 679.5	58.5	43.4	– 1.9
1998	84790.8	51501.8	29659.7	3629.3	60.7	35	4.3
2003	137146.7	79735.0	54446.8	2964.9	58.1	39.7	2.2
2008	318067.6	158899.2	134941.6	24226.8	50.0	42.4	7.6
2010	408505.4	201581.4	191866.9	15057.1	49.3	47.0	3.7
2013	596344.5	306663.7	275128.7	14552.1	51.4	46.1	2.5
2014	646548.0	338031.2	294906.1	13610.8	52.3	45.6	2.1
2016	745980.5	410806.4	318198.5	16975.6	55.1	42.7	2.2
2018	915774.3	506134.9	402585.1	7054.2	55.3	44	0.7

资料来源：国家统计局网站。

表 2 – 2　　　　1978—2018 年需求对 GDP 增长的贡献率与拉动百分点

年份	消费		投资		净出口	
	贡献率（%）	拉动百分点	贡献率（%）	拉动百分点	贡献率（%）	拉动百分点
1978	38.7	4.5	67.0	7.8	– 5.4	– 0.6
1983	75.0	8.1	33.0	3.6	– 8.0	– 0.9
1988	43.8	4.9	55.3	6.2	0.9	0.1
1993	58.5	8.1	54.8	7.6	– 13.3	– 1.8
1998	65.6	5.1	27.7	2.2	6.7	0.5

续表

年份	消费		投资		净出口	
	贡献率（%）	拉动百分点	贡献率（%）	拉动百分点	贡献率（%）	拉动百分点
2003	36.1	3.6	68.8	6.9	-4.9	-0.5
2008	44.0	4.2	53.3	5.1	2.7	0.4
2013	50.2	3.9	53.1	4.1	-3.3	-0.2
2014	56.3	4.2	45.0	3.3	-1.3	-0.1
2016	66.5	4.6	45.0	3.1	-11.6	-0.9
2018	65.9	4.4	41.5	2.8	-7.4	-0.5

资料来源：国家统计局网站。

二 基于投入产出表的中国"三驾马车"演变历程

除了运用 GDP 支出法数据来分析我国"三驾马车"演变历程外，还可以从投入产出视角看"三驾马车"的演变历程。投入产出表反映国民经济各产业部门之间的供求关系及投入产出等相互依存关系，提供了丰富的消费、投资和净出口的数据，直接刻画了需求三个组成部分之间的数量关系。[①] 本章选取 1987—2017 年中国投入产出表数据来分析我国"三驾马车"的历史脉络与发展趋势（见表 2-3）。基于投入产出表的消费、投资和净出口在最终需求结构中所占比重的变化也可以将我国"三驾马车"演变历程分为三个阶段，与基于 GDP 支出法分析的三个阶段基本相同。①第一阶段（1987—2002 年）：消费主导型。最终消费率始终在 59% 以上，远远超过投资和净出口占比之和，消费成为我国改革开放初期推动经济发展的关键动力和重要支柱。②第二阶段（2003—2013 年）：投资和净出口快速增长型。2002 年后投资占比呈现迅速上升的趋势，相比 1997 年增长了 14.2 个百分点，同时净出口占比也迅速上升，2007 年达到历史最高点（8.2%），随后由于受到国际金融危机的影响，净出口占比开始下降，而消费占比在 2002 年后则逐渐下降，投资和净出口占比之

---

① Leontief W. ed., *The Structure of the American Economy*, 1919-1929-1939, Oxford: Oxford University Press, 1951, pp. 6-18.

和在 2007 年超过了消费率，成为拉动经济增长的双引擎。③第三阶段
（2014 年至今）：消费和投资协同驱动型。消费在最终需求结构中所占比
重从 2012 年后重新上升，并且预计其占比会伴随着居民收入水平和消费
意愿的提高而持续上升，投资占比依然保持着高位，而净出口占比明显
下滑。

表 2 - 3 　　　　　　　　　　 1987—2017 年中国最终需求结构

年份	消费（%）	投资（%）	净出口（%）
1987	63.6	38.3	- 1.9
1992	77.1	21.7	1.2
1997	80.3	23.4	- 3.7
2002	59.1	37.6	3.3
2007	49.9	41.9	8.2
2012	50.8	46.4	2.8
2017	53.9	44.3	1.8

　　资料来源：国家统计局网站。我国自 1987 年开始每 5 年进行一次全国性的投入产出调查，以
此编制投入产出基本表。到目前为止，国家统计局已经编制了 1987 年、1992 年、1997 年、2002
年、2007 年、2012 年以及 2017 年七张投入产出基本表，并且在逢 5、逢 0 年度编制了投入产出延
长表，表中涉及的部门数逐年增加，最新公布的 2017 年投入产出表包含了 142 个经济部门。

第二节　经济需求结构变迁的中美比较

　　第二次世界大战之后，美国以布雷顿森林体系为核心创建了世界银
行、国际货币基金组织以及关税和贸易总协定（世界贸易组织的前
身），以三大国际组织为依托积极推动国际贸易和投资的自由化，促进
国际金融稳定，依靠其雄厚的经济规模、金融实力在世界经济体系中处
于领先地位，在 20 世纪 70 年代人均 GDP 就已突破 1 万美元。美国作
为成熟经济体，其需求结构的历史演进及其逻辑，一定程度上可为其他
国家的需求结构变化提供借鉴。本章为进一步探究中国需求结构变迁的
逻辑和趋势，将美国与中国的需求结构进行对比，以 1970—2017 年的
美国投入产出表和 1987—2017 年的中国投入产出表为基础，选取两国

总体情况、三次产业以及 17 个细分行业的消费、投资和净出口的占比
数据进行比较分析（见表 2 - 4 至表 2 - 8）。

一　中美需求结构的总体比较

本章从总体对中美两国的需求结构进行比较，数据表明：①中国的
最终需求结构体现出明显的变迁特征，消费率占比呈现先上升后下降的
趋势，近年来又有所上升，而投资占比呈现出逐渐上升的趋势，近年来
虽有下降，但依然保持着高位。受国际市场环境、贸易政策等影响，净
出口率波动剧烈。②美国最终需求结构方面，消费始终占据绝对主体地
位，总体呈现高位变动的趋势，占比保持在 77% 以上。投资占比位居
第二，投资率约为 20%。最后是净出口，在 20 世纪 70 年代美国还是贸
易顺差国，但是 20 世纪 80 年代以来，成为贸易逆差国，净出口率一直
为负，并且在 2007 年净出口占比降至最低（- 6.3%）。③当前美国需
求结构的特征可能会是未来中国需求结构发展的重要方向，未来中国消
费率可能会继续上升，投资率可能变动不大，净出口率将会有所下降。

表 2 - 4　　　　　　　　1970—2017 年中美两国最终需求结构

年份	消费（%）		投资（%）		净出口（%）	
	中国	美国	中国	美国	中国	美国
1970	N. A	77.4	N. A	21.0	N. A	1.6
1976	N. A	77.1	N. A	22.4	N. A	0.6
1987	63.6	79.1	38.3	23.8	- 1.9	- 2.9
1997	80.3	77.9	23.4	23.8	- 3.7	- 1.7
2007	49.9	82.5	41.9	23.8	8.2	- 6.3
2017	53.9	82.1	44.3	21.7	1.8	- 3.8

资料来源：中华人民共和国国家统计局和美国经济分析局网站，N. A 表示缺少相关数据。

二　中美需求的三次产业结构比较

（一）中国三次产业的需求分配结构

在 1987 年至 2017 年的 30 年间，中国三次产业的需求占比的变动

较为剧烈，波动幅度远超美国。研究发现：①从第一产业最终需求在消费、投资和净出口的分配结构来看，消费所占比重一路攀升，从 1987 年的 88.2% 上升到 2017 年的 109.7%。第一产业最终产品分配给进出口的比例持续下降，从 1987 年的 3.1% 下降到 2017 年的 −19.2%，这说明一部分农产品从出口变为进口。第一产业最终产品分配给投资的比例呈先上升后下降的趋势，从 1987 年的 8.7% 上升到 2012 年 28.4%，而后又下降到 2017 年的 9.6%。②从第二产业产品的最终需求分配结构来看，第二产业最终产品用于消费的比重先下降后上升，从 1987 年的 42.3% 下降到 2007 年的 25.2%，再缓慢上升到 2017 年的 28.0%。第二产业最终产品用于投资的比重总体上非常高，平均占比在 60% 以上，且从 1987 年 62.7% 上升到 2017 年的 69.3%，上升了 6.6 个百分点。第二产业最终产品分配给净出口的比重总体上呈先上升后下降的趋势，从 1987 年 −5.0% 上升到 2007 年的 10.0%，而后下降到 2017 年的 2.7%。这表明第二产业最终产品主要用于投资，以形成未来的生产能力。③从第三产业产品的最终需求分配结构来看，第三产业最终产品用于消费的比重有所下降，但维持在 80% 以上，1987 年为 93.7%，2017 年下降到 82.2%，这说明第三产业最终产品主要用于消费。第三产业最终产品用于投资的比重总体呈上升趋势，从 1987 年 5.3% 上升到 2017 年的 15.7%，上升了 10.4 个百分点。第三产业最终产品分配给净出口的比重总体上呈先上升后下降的趋势，且比重相对较小，从 1987 年 1.0% 上升到 2002 年的 11.5%，而后下降到 2017 年的 2.1%。

（二）美国三次产业的需求分配结构

1970 年至 2017 年，美国需求的各自占比总体较为均衡，呈现出逐渐优化的趋势。研究发现：①从美国第一产业最终需求在消费、投资和净出口的分配结构来看，消费所占比重始终保持高位，但波动较大。第一产业最终产品分配给进出口的比重有升有降，变化幅度较大，且这一比重也远高于中国相应的比重，这也表明美国第一产业最终产品有很大部分用于出口。美国第一产业最终产品分配给投资的比例非常低，甚至常年为负（为负应是存货变化引起的）。②从美国第二产业产品的最终需求分配结构来看，第二产业最终产品用于消费的比重呈逐渐上升的趋势，

表 2 - 5　1987—2017 年中国三次产业最终需求分配结构

单位：%

	1987 年			1992 年			2002 年			2007 年			2012 年			2017 年		
	C	I	M	C	I	M	C	I	M	C	I	M	C	I	M	C	I	M
第一产业	88.2	8.7	3.1	90.5	7.9	1.6	92.2	9.6	-1.8	96.8	17.2	-14.0	90.0	28.4	-18.4	109.7	9.6	-19.2
第二产业	42.3	62.7	-5.0	39.5	59.7	0.8	31.4	69.4	-0.8	25.2	64.8	10.0	26.9	71.5	1.6	28.0	69.3	2.7
第三产业	93.7	5.3	1.0	90.6	8.6	0.7	84.5	4.0	11.5	84.6	7.6	7.8	80.8	12.5	6.7	82.2	15.7	2.1

资料来源：国家统计局网站，其中 C 表示消费，I 表示投资（资本形成），M 表示净出口。

表 2 - 6　1970—2017 年美国三次产业最终需求分配结构

单位：%

	1987 年			1992 年			2002 年			2007 年			2012 年			2017 年		
	C	I	M	C	I	M	C	I	M	C	I	M	C	I	M	C	I	M
第一产业	98.9	-10.6	11.7	64.8	-4.1	39.2	127.6	-33.2	5.6	83.9	5.5	10.6	89.0	0.9	10.1	95.9	-1.8	6.0
第二产业	57.4	43.1	-0.5	59.8	46.4	-6.1	38.4	35.5	26.1	64.7	43.6	-8.3	75.5	47.0	-22.5	73.0	44.4	-17.5
第三产业	90.5	6.7	2.9	88.4	7.5	4.1	87.2	8.6	4.2	87.4	9.9	2.8	86.6	10.5	2.9	86.5	10.4	3.1

资料来源：美国经济分析局网站，其中 C 表示消费，I 表示投资（资本形成），M 表示净出口。

从1970年的57.4%上升到2017年的73.0%，这一比重远高于中国第二产业最终产品用于消费的比重。美国第二产业最终产品用于投资的比重有变化，但波动幅度较小，这一比重远低于中国。第二产业最终产品分配给净出口的比重总体上呈下降趋势，从1970年的 -0.5% 下降到2017年的 -17.5%，表明美国去工业化进程加快，工业产品目前以进口为主。③从美国第三产业产品的最终需求分配结构来看，美国第三产业最终产品用于消费的比重呈下降趋势，从1970年的90.5%下降到2017年的86.5%，但用于消费的比重仍然在85%以上，这也说明第三产业最终产品主要用于消费。第三产业最终产品用于投资的比重总体呈略微上升的趋势，从1970年的6.7%上升到2017年的10.4%，上升了3.7个百分点。而第三产业最终产品分配给净出口的比重变动的总体幅度比消费和投资要大。

三 中美需求的细分行业结构比较

为深入探究国民经济不同部门在需求结构变迁中所扮演的角色，本章将三次产业具体细分为17个经济部门，其中第一产业1个部门，第二产业10个部门，第三产业6个部门，从而利用更为细致的行业部门进行中美需求结构的比较。

（一）中国细分行业的需求分配结构

总的来看，中国各细分行业①的消费、投资和净出口的占比变动幅度较大。就具体部门而言，1987年至2017年呈现出如下趋势：①农林牧渔业，食品、饮料制造及烟草制品业，炼油、炼焦和化学产品业，金融、保险和房地产业，文化、体育和娱乐业5个部门的消费在最终需求分配结构中所占比重不断上升，而其余部门的消费分配比重则下降，尤其是纺织、服装及皮革产品制造业，木材加工、家具、造纸印刷产品，非金属矿物制品业，机械、交通运输、电子电气及其他设备，电力、热力、燃气和水的生产和供应业，信息传输、软件和信息技术服务业，其

---

① 本章对行业进行合并处理，未与国际标准一一对应。

他服务业 7 个部门的下降幅度较大。②大部分制造业部门的投资在最终需求分配结构中所占比重均呈明显下降的趋势，而批发零售、运输仓储，信息传输、软件和信息技术服务业，金融、保险和房地产业，其他服务业等服务业部门的投资占比在不断上升，表明近年来投资的行业分布主要集中在服务业领域，投资流向正在改善。③我国改革开放后逐渐融入经济全球化的进程，产业部门的进出口规模和涉及领域日益扩大，净出口在最终需求结构中所占比重波动较大，其中农林牧渔业，食品、饮料制造及烟草制品业，金融、保险和房地产业等部门的净出口占比由正数持续下降至当前的负数，而机械、交通运输、电子电气及其他设备，信息传输、软件和信息技术服务业，电力、热力、燃气和水的生产和供应业等部门的净出口占比则由负数上升至当前的正数。

（二）美国细分行业的需求分配结构

总体而言，美国各细分行业的消费、投资和净出口的占比变动幅度相对较小，保持较为稳定的需求分配结构。就具体部门而言，1970 年至 2017 年呈现出如下趋势：①美国的食品、饮料制造及烟草制品业，纺织、服装及皮革产品制造业，炼油、炼焦和化学产品业，机械、交通运输、电子电气及其他设备，批发零售、运输仓储，信息传输、软件和信息技术服务业，金融、保险和房地产业等制造业和服务业部门的消费在最终需求分配结构所占比重缓慢下降，而农林牧渔业的消费占比则呈现上升的趋势。②20 世纪 80 年代后，美国制造业大量外迁，制造业空心化趋势明显，其大部分经济部门的投资在最终需求分配结构中所占比重均呈明显下降的趋势，而信息传输、软件和信息技术服务业，金融、保险和房地产业，其他服务业等服务业部门的投资占比在不断上升，反映了后工业化时期美国大力发展生产性服务业的结果。③美国作为全球贸易大国，外贸规模常年位居世界首位，除了受到国际金融危机的影响，净出口占比略有下降外，大多数时期其经济部门的净出口在最终需求分配结构中所占比重都在不断上升。

表2—7　1987—2017年中国17个部门最终需求分配结构

单位：%

	1970年			1976年			1987年			1997年			2007年			2017年		
	C	I	M	C	I	M	C	I	M	C	I	M	C	I	M	C	I	M
农林牧渔业	88.2	8.7	3.1	90.5	7.9	1.6	92.2	9.6	1.8	96.8	17.2	-14.0	90.0	28.4	-18.4	109.7	9.6	-19.2
采矿业	52.4	-0.8	48.4	102.7	67.9	-70.6	-38.4	-25.9	164.3	-1.6	-2.7	104.3	-0.7	-2.6	103.3	-0.6	-1.4	102.0
建筑业	0	100	0	0	100	0	0	99.9	0.1	0	99.7	0.3	0	99.6	0.4	0	99.9	0.1
食品、饮料制造及烟草制品业	91.7	3.9	4.5	90.9	1.4	7.7	91.9	3.5	4.7	92.7	5.4	1.8	96.8	4.6	-1.5	101.2	2.4	-3.7
纺织、服装及皮革产品制造业	62.9	7.6	29.5	39.9	11.7	48.3	45.5	0.2	54.4	32.5	1.3	66.2	43.8	1.4	54.8	48.5	-0.5	52.0
木材加工、家具、造纸印刷产品	64.9	16.7	18.4	51.9	11.2	36.9	42.6	11.1	46.3	16.0	22.7	61.3	23.7	19.3	57.0	30.4	19.6	50.0
炼油、炼焦和化学产品业	144.8	26.5	-71.3	142.2	35.0	-77.2	139.5	17.6	-57.1	315.6	44.2	-259.8	171.7	13.9	-85.6	171.2	10.9	-82.2
非金属矿物制品业	98.3	-47.4	49.2	35.4	21.6	43.0	88.4	-23.1	34.7	19.4	3.8	76.8	21.0	-2.8	81.8	20.5	3.2	76.3
金属冶炼、加工及金属制品	-337.4	-261.6	699.0	-101.6	110.5	91.1	-136.1	-101.2	137.3	6.9	29.1	64.0	19.0	120.4	-39.4	7.3	33.6	59.1

续表

	1970 年			1976 年			1987 年			1997 年			2007 年			2017 年		
	C	I	M	C	I	M	C	I	M	C	I	M	C	I	M	C	I	M
机械、交通运输电子电气及其他设备	35.4	101.2	-36.6	28.7	104.8	-33.4	21.5	97.0	-18.5	13.1	73.5	13.4	13.9	73.5	12.6	19.2	67.2	13.6
电力、热力、燃气和水的生产和供应业	108.8	0	-8.8	116.4	0	-16.4	96.7	0.6	2.7	98.3	0.2	1.5	97.7	1.2	1.1	97.7	1.1	1.2
批发零售、运输仓储	58.1	11.8	30.1	65.3	5.1	29.6	49.5	13.4	37.1	56.0	10.9	33.1	48.8	18.1	33.1	56.8	18.7	24.5
信息传输、软件和信息技术服务业	90.8	10.0	-0.8	85.6	12.3	2.1	78.0	20.7	1.3	69.9	29.0	1.1	42.1	56.1	1.8	30.3	68.7	1.0
金融、保险和房地产业	54.2	0	45.8	68.8	0	31.2	90.2	13.7	-3.9	78.1	22.2	-0.3	76.9	23.2	-0.1	85.4	15.8	-1.2
教育、医疗和社会工作	100.5	0	-0.5	98.4	1.2	0.4	99.9	0	0.1	99.9	0	0.1	100.3	0	-0.3	100.7	0	-0.7
文化、体育和娱乐业	101.4	0	-1.4	106.7	0	-6.7	91.0	0	9.0	98.5	0	1.5	117.8	0	-17.8	119.3	0	-19.3
其他服务业	97.6	10.7	-8.4	85.9	19.4	-5.3	87.5	1.3	11.2	94.7	2.1	3.3	95.3	3.5	1.2	85.6	22.9	-8.6

资料来源：中华人民共和国国家统计局网站，其中 C 表示消费，I 表示投资（资本形成），M 表示净出口。

表 2 − 8　1970—2017 年美国 17 个部门最终需求分配结构

单位：%

	1970 年			1976 年			1987 年			1997 年			2007 年			2017 年		
	C	I	M	C	I	M	C	I	M	C	I	M	C	I	M	C	I	M
农林牧渔业	98.9	-10.6	11.7	64.8	-4.1	39.2	127.6	-33.2	5.6	83.9	5.5	10.6	89.0	0.9	10.1	95.9	-1.8	6.0
采矿业	0.2	40.8	59.1	0.1	23.0	77.0	0.1	24.8	75.1	0.1	23.7	76.2	0.1	25.8	74.2	0.1	32.8	67.1
建筑业	0	100	0	0	100	0	0	100	0	0	99.9	0.1	0	99.9	0.1	0	99.9	0.1
食品、饮料制造及烟草制品业	90.4	0.3	9.3	86.9	0.8	12.3	85.8	0.5	13.8	87.1	0.8	12.1	87.7	0.3	12.0	85.6	0.3	14.1
纺织、服装及皮革产品制造业	84.2	2.3	13.5	74.0	4.6	21.4	64.3	3.3	32.4	72.0	1.8	26.2	68.7	2.0	29.3	69.8	1.0	29.2
木材加工、家具、造纸印刷产品	41.2	28.4	30.4	37.4	25.6	36.9	34.2	27.6	38.2	45.5	21.4	33.0	49.0	16.3	34.7	49.4	15.7	35.0
炼油、炼焦和化学产品业	74.4	1.1	24.5	63.9	3.1	33.0	59.6	2.6	37.8	60.3	3.4	36.2	60.3	1.1	38.6	63.6	-0.4	36.7
非金属矿物制品业	46.3	3.1	50.7	37.6	8.7	53.7	28.5	3.9	67.6	35.3	3.5	61.2	39.5	-0.8	61.3	38.7	1.1	60.2
金属冶炼、加工及金属制品	9.7	17.3	73.0	8.9	22.9	68.3	11.3	14.1	74.7	11.7	9.9	78.3	12.1	6.2	81.7	15.6	8.1	76.3

续表

	1970年			1976年			1987年			1997年			2007年			2017年		
	C	I	M	C	I	M	C	I	M	C	I	M	C	I	M	C	I	M
机械、交通运输设备、电子电气及其他设备	26.6	46.5	26.9	24.3	40.4	35.3	24.4	42.8	32.8	19.5	36.1	44.4	21.1	31.3	47.7	19.8	33.0	47.2
电力、热力、燃气和水的生产和供应业	98.1	0	1.9	94.0	0	6.0	97.0	0	3.0	97.6	0	2.4	97.1	0	2.9	97.7	0	2.3
批发零售、运输仓储	89.9	5.0	5.1	85.9	7.1	6.9	85.8	7.6	6.6	65.6	0	34.4	67.9	0	32.1	69.2	0	30.8
信息传输、软件和信息技术服务业	73.7	21.8	4.6	74.7	20.7	4.6	74.3	19.8	5.9	66.9	23.2	9.9	64.5	23.3	12.2	63.8	24.9	11.3
金融、保险和房地产业	96.6	3.3	0.1	94.8	4.7	0.4	91.8	4.9	3.3	93.2	4.4	2.3	89.8	4.9	5.3	90.0	4.4	5.6
教育、医疗和社会工作	100	0	0	100	0	0	100	0	0	99.9	0	0	99.8	0	0.2	99.7	0	0.3
文化、体育和娱乐业	95.8	2.2	2.0	97.7	2.0	0.3	97.4	2.4	0.2	97.4	1.9	0.7	97.4	1.9	0.7	97.1	1.9	1.0
其他服务业	84.7	13.4	1.9	81.9	13.8	4.3	76.3	19.2	4.5	70.4	22.0	7.6	65.3	23.5	11.2	63.1	23.8	13.2

资料来源：美国经济分析局网站，其中C表示消费，I表示投资（资本形成），M表示净出口。

第三节 2025 年中国需求结构展望

从中美两国的比较来看，美国需求结构的特征可能会是中国未来需求结构调整的重要方向，但是在不同阶段并受多种因素的影响，我国短期和长期的需求结构变迁的方向会有一定差异。短期内，由于结构依赖和调整的黏性，我国需求结构的变迁和优化难以在短期内实现，加之2020 年新冠肺炎疫情在全球大范围蔓延以及国际贸易环境的变化，给我国的国民经济运行造成了严重冲击，居民消费下滑，投资额和进出口总值也显著减少，使得需求结构调整优化的速度有所放缓。因此，短期来看，我国需求的结构仍将是消费和投资协同驱动型，刺激政策可能导致投资占比会急速上升，投资占比的提升幅度会超过消费，而外需下滑拖累中国出口，净出口率则会有所下降。到 2025 年，或更长期内，伴随着我国实现产业升级和经济转型，最终消费率将会继续上升，资本形成率将会有所下降，净出口率可能变化不大，并且三次产业和各细分行业的需求结构将发生较大调整，服务消费和服务投资的占比可能进一步提高，在长期变迁中扮演重要角色。

相比于消费和净出口，投资在熨平短期经济波动和稳定经济增长方面的贡献更为明显，是拉动我国短期经济增长的关键动力，并且在长期可以有效推动消费结构和产业结构升级，为经济可持续发展提供助力。受当前新冠肺炎疫情的影响，中国未来一二年的宏观调控政策重点关注的问题是，如何在短期内通过需求管理拉动经济增长，实施大规模的投资政策可能是不可避免的。以下主要从有关投资的三个视角（传统基础设施、新型基础设施以及专项债）重点分析"十四五"期间投资的潜力和趋势。

一 传统基础设施

2020 年伊始，中央相关会议多次提出要积极扩大有效投资，加强传统基础设施投资，实施老旧小区改造，2020 年《政府工作报告》中

也明确提及要加强交通、水利等重大工程建设。传统基础设施建设因其
依赖国家财政支出和国有企业进行的长期融资，天然地成为经济增长的
重要工具手段，在国际金融危机后的经济复苏中扮演了重要角色，并在
新冠肺炎疫情导致经济增速大幅度下滑的背景下，仍然是当前我国经济
稳增长的重要工具。2008 年后我国推行了"四万亿元投资"的经济刺
激计划，重点投资对象就是传统基础设施建设，连续五年固定资产投资
完成额增速超过 20%，三次产业的投资均保持较高增速。2013 年经济
进入新常态以来，固定资产投资完成额增速逐年下降，2019 年首次出
现负增长。2020 年第一季度因防控疫情导致国内大范围的停工停产，
投资积极性严重受挫，固定资产投资完成额以及中央和地方基础设施申
报金额下降幅度较大，出现了历史最低增速。随着 3 月以来国内新冠肺
炎疫情的可防可控，复工复产进度迅速加快，一批重大的传统基础设施
项目加速落地，4 月的三次产业基建投资增速相比第一季度有所提升，
预计在国内相关政策的积极推动下，未来一段时间内传统基础设施将会
继续保持较大的投资规模和较高的增长速度（如表 2 - 9）。

表 2 - 9　　　　　2008—2020 年 4 月固定资产投资完成额及增速

年份	所有产业		第一产业		第二产业		第三产业	
	完成额（亿元）	增速（%）	完成额（亿元）	增速（%）	完成额（亿元）	增速（%）	完成额（亿元）	增速（%）
2008	148167	26.19	2250	54.11	64900	27.72	81588	25.15
2009	194139	31.03	3356	49.10	81991	26.33	108573	33.07
2010	241415	24.35	3926	16.98	101013	23.20	136492	25.71
2011	301933	25.07	6819	25.00	132212	27.30	163365	21.10
2012	364835	20.83	8772	28.64	158060	19.55	198022	21.21
2013	436528	19.65	9109	30.60	184549	17.20	242090	20.80
2014	502005	14.99	11803	31.88	207459	12.87	282003	16.86
2015	551590	9.88	15562	31.85	224048	8.00	311980	10.63
2016	596501	8.14	18838	21.05	231826	3.47	345837	10.85
2017	631684	5.90	20892	11.80	235751	1.69	375040	8.44
2018	635636	0.63	22413	7.28	237899	0.91	375324	0.07

续表

年份	所有产业		第一产业		第二产业		第三产业	
	完成额（亿元）	增速（%）	完成额（亿元）	增速（%）	完成额（亿元）	增速（%）	完成额（亿元）	增速（%）
2019	551478	−13.24	12633	−43.63	163070	−31.45	375775	0.12
2020−02	33323	−24.50	558	−25.60	9158	−28.20	23607	−23.00
2020−03	50822	−16.10	1085	−13.80	16095	−21.90	33642	−13.50
2020−04	52679	−10.30	1459	−5.40	15684	−16.00	35536	−7.80

资料来源：Wind 数据库。

二　新型基础设施

由于传统基础设施建设已日趋完善，且其长期盈利能力较弱，地方政府出现了巨大的隐形债务问题，近年来新型基础设施建设开始备受各方瞩目。新型基础设施建设是适应经济社会发展的新要求和传统基础设施面临饱和下的重要转变，可以通过对不同领域和相关产业的渗透、辐射和融合，促进产业链上下游的发展壮大以及实体经济和数字经济互相融合，并且能够提升生产效率、助力产业升级以及增添新动能，形成庞大的投资需求，从而加速扩大国内需求和推动经济高质量发展。①

2020 年 2 月以来的中央相关会议频繁提及 "加快新型基础设施建设"，随后国家发改委就新型基础设施的概念和内涵做出了正式解释，主要包括信息基础设施、融合基础设施、创新基础设施三个方面的内容，具体涵盖了 5G、物联网、互联网、人工智能、大数据、区块链等基础设施。新型基础设施建设也被正式写入了 2020 年《政府工作报告》，报告中明确提出，要 "加强新型基础设施建设，发展新一代信息网络，拓展 5G 应用，建设充电桩，推广新能源汽车，激发新消费需求、助力产业升级"。从表 2−10 可以看到，相比于 2019 年的下半年，

---

① 盛磊、杨白冰：《新型基础设施建设的投融资模式与路径探索》，《改革》2020 年第 5 期。

2020 年 3 月和 4 月中央和地方政府基建项目申报金额明显大幅度增长，增速超过 200%，总计高达 13 万亿元，创造历史新高，这与各级政府部门大幅度增加新基建的申报建设密切相关。

表 2 - 10　　2019 年 7 月至 2020 年 4 月每月基建项目各主体申报金额及增速

时间	2019 年 7 月	2019 年 8 月	2019 年 9 月	2019 年 10 月	2019 年 11 月	2019 年 12 月	2020 年 1 月	2020 年 2 月	2020 年 3 月	2020 年 4 月
中央（亿元）	4228	1640.7	1851.4	1990.6	2047	1456	931	423	15263	12455
增速（%）	490.5	23.1	146.5	0.4	34.2	1.2	-20.8	-50.6	235.6	204.3
地方（亿元）	18814	24692	66524	22027	23567	18984	12364	4521	67142	42896
增速（%）	7.33	8.85	189.47	31.7	-12.1	-5.4	-28.6	-85.4	337.1	225.6

资料来源：Wind 数据库和全国投资项目在线审批监管平台。

三　专项债

2020 年的《政府工作报告》指出，"今年拟安排地方政府专项债券 3.75 万亿元，比去年增加 1.6 万亿元，提高专项债券可用作项目资本金的比例，中央预算内投资安排 6000 亿元"，表明随着国内政策持续加码新旧基建投资，专项债作为基础设施建设投资的重要资金来源，其规模的大幅度增加将在较长一段时间内有效改善基础设施建设资金面。2020 年第一季度的数据显示，我国专项债发行规模大幅度提升，全国新增专项债的发行金额为 10829 亿元，已达到财政部提前下达的 1.29 万亿元专项债额度的 84%，并且 2020 年 1 月和 2 月新增专项债规模分别同比增长 406.4% 和 40.9%，远超 2019 年同期发行规模，发行进度大幅度提前。2020 年第一季度新增专项债用于基础设施建设的比例达到 78.2%，规模已超过上年全年水平，而 2017 年至 2019 年新增专项债用于基础设施建设的比例最高仅为 34.1%，较往年占比显著提升（如表2－11）。假设 2020 年全年专项债规模保持第一季度的增长趋势，全年发行的专项债规模有望达到 3.5 万亿元，其中投向基础设施建设领域的专项债将会高达 2.45 万亿元。专项债的大幅度扩容将扩大基础设施建设项目的资金来源，有效改善资金面，推动基础设施建设投资进入确定性的加速期。

表2－11 2017 年至 2020 年 3 月新增专项债用途

	2017 年	占比（%）	2018 年	占比（%）	2019 年	占比（%）	2020 年 1—3 月	占比（%）
新增专项债总额（亿元）	7916	N. A.	13527	N. A.	21522	N. A.	10829	N. A.
基础设施建设（亿元）	2469	31.2	3064	22.7	7331	34.1	8466	78.2
棚户区改造（亿元）	1546	19.5	3163	23.4	7028	32.7	0	0.0
土地储备（亿元）	3086	39.0	5903	43.6	6688	31.1	0	0.0
其他（亿元）	814	10.3	1397	10.3	475	2.2	2362	21.8

资料来源：Wind 数据库，N. A. 为相关数据不存在。

利用 GDP 支出法和投入产出表数据对我国需求结构进行全面系统的分析，我们发现：一是改革开放至今 40 余年我国需求结构的演变历程大致分为三个阶段，经历了消费主导转向投资和出口快速增长，再到消费和投资协同驱动，不同阶段的经济增长动力有所差异。二是中国作为发展中的大国，美国需求结构变化特征一定程度上为中国需求结构演变提供了参照，未来中国消费、投资和净出口的结构会不断优化，消费率将会继续提高，投资与净出口所占比重则会逐渐下降。三是从三次产业来看，中美第三产业的投资和净出口所占比重都有所上升，第三产业的投资和进出口将成为拉动经济增长的新动力。基于这些发现，未来对中国需求结构的完善优化，具有以下几点启示：

第一，消费对经济增长的贡献还会持续增大，经济发展方式将转向消费拉动型经济。随着人均 GDP 突破 1 万美元，进而迈向高收入国家行列，我国消费潜力和空间还很大，消费对经济增长的贡献还会持续增大，经济发展方式将转向消费拉动型经济。但是，也应看到，由于目前我国经济发展不平衡、不充分，随着产业结构转型升级，新型投资的需求将增加，乡村振兴战略的实施也会促进农村对基础设施投资的快速增长。因此，今后投资率一定时期内仍将保持一定水平，消费率将进一步上升。受外生冲击（疫情）、国际贸易环境变化及经济周期影响，一些年份投资可能出现较大波动，进而消费率也将在上升中存在一定的波动。

第二，在中国经济从高速增长转向高质量发展阶段，原有的"低消费、高投资、高出口"的方式已难以推动经济企稳回升，需要调整消费与投资的最终需求结构，以提高经济增长的质量与效率，扭转消费、投资和出口需求结构失衡的现状，发挥消费的基础作用、投资的关键作用以及出口的支撑作用是今后需求结构优化的必然取向。

第三，大力发展服务业，提升居民消费能力和消费意愿。服务消费需求的快速增长为第三产业的发展提供了重要的机遇，并将会是下一阶段国民经济的关键拉动力。服务消费的增长也是居民消费结构升级的表现，在一定程度上依赖于居民的消费能力和消费意愿的提升。因此，我国需要调整收入分配政策、提高居民部门在收入分配中的占比、缩小收入差距，以提高居民整体消费水平，并且要健全社会保障政策，解除居民在住房、医疗和教育方面的后顾之忧，提振居民消费信心。

第四，优化投资结构，赋予投资新的内涵，重点发展第三产业的投资。在当前新冠肺炎疫情影响下，能够直接拉动我国经济增长的仍将是投资，应该在保持投资规模的基础上，注重传统投资领域的优化升级，发挥投资在创新驱动中的关键作用，扩大人工智能、工业互联网、物联网等新兴基础设施领域的投资，加快新技术、新产品的研发，为未来经济可持续发展培育新动能。

（执笔人：倪红福、冀承、杨耀武）

第三章 中国经济的供给结构

　　改革开放以来，基于干中学和资源禀赋优势的工业化，彻底改变了中国二元经济结构，并为城市化发展奠定了坚实的物质基础。但是，随着人口红利消失以及结构服务化趋势形成，支撑高增长与规模化效率的结构条件受到削弱，创新与全要素生产率（TFP）成为转型时期的主要矛盾，这表现在对人口红利和投资驱动的过度依赖，挤压了 TFP 改进空间；受劳动力质量的限制，工业和服务业均带有规模化扩张的特征，现有产业结构从边际和存量两个方向上挤压 TFP 提升；政府干预下形成的投融资体制，特别是资源向垄断部门和增长极的过度集中，不利于竞争效率提升。未来中国亟须通过供给侧结构性改革对要素结构、产业结构进行调整，重塑产业结构服务化的新型效率模式。

第一节　中国产业发展及其国际比较

　　改革开放以来的中国现代化历程，属于典型的发展主义路径，即在政府干预下，首先建立起工业化诱致机制，启动人口红利持续转化为资本积累进程，突破贫困陷阱、达到中等收入水平；继之，立足于工业化巨大生产力和社会支出能力，建立起城市化诱致机制，启动内需转化为人力资本的进程，推动创新发展。这种农业—工业—服务业序贯与近代发达国家有很大不同。受到重商主义的影响，发达国家走的是从服务业到工业化再到高端城市化的现代化路径，因此服务业生产率普遍高于制造业生产率，或者制造业生产率向服务业生产率收敛，长期作为发达国家特定经验现象存在。2012 年以来，伴随着工业部门去产能、去库存的调整优化，经济结构服务化作为新的主导力量出现在中国新常态进程中。以结构优化保持工业和服务业协调发展，是需要重视的问题。

一　中国产业结构特征

改革开放 40 多年以来，伴随着经济、社会各领域的深刻变革，中国产业发展取得了巨大成就，产业分工体系不断深化、完善，产业现代化水平和竞争力不断加强，产业结构也逐渐由传统的产品经济向以城市化为主的服务经济转型。[1] 中国经济结构整体上呈现出两次飞跃性的变化：第一次飞跃是农业主导向工业主导（城市工业和乡镇工业）的转变；第二次飞跃是工业主导向结构服务化的转变，现代经济体系建设趋向成熟。从增加值分布看，中国服务业比重自 2013 年首次超过工业之后，一直处于持续增长态势，而且提升较快，标志着经济步入以服务业为主导的发展模式。如图 3－1、图 3－2 和表 3－1 所示：（1）三次产业

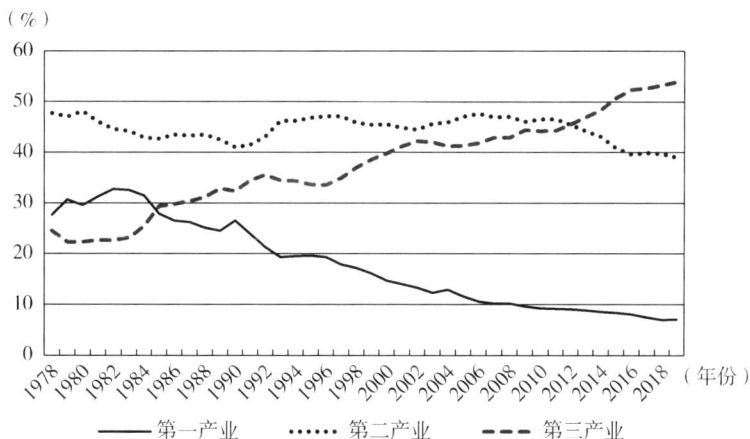

图 3－1　中国三次产业增加值占比

资料来源：国家统计局网站。

---

[1]　张平、楠玉：《改革开放 40 年中国经济增长与结构变革》，《中国经济学人》2018 年第 1 期。

图 3 - 2　中国三次产业对经济增长的拉动情况

资料来源：国家统计局网站。

变动及其变动特征方面。就第一产业、第二产业和第三产业占 GDP
的比重而言，第一产业、第三产业占比呈现出此消彼长的特征，整体
呈现出由"二一三"向"二三一"，再向"三二一"模式变化的趋
势。第一产业增加值占国内生产总值的比重从 1978 年的近 30% 持续
下降至 2019 年的 7.1% ，第二产业占比一直维持在不低于 39% 的高
位水平，第三产业占比则表现出持续增长的态势，这显示出工业化阶
段向城市化阶段过渡的连续性。2019 年服务业增加值占 GDP 的比重
为 53.9% ，明显高于农业（7.1%）和工业（39.0%）的份额，服务
业对增长的贡献率达到 59.4% ，对经济增长的主导作用开始显现。
（2）产业发展对经济增长的带动方面。与服务业增加值比重持续提高
相一致，中国经济增长的拉动力也逐步从第二产业转向了第三产业。
就三次产业对经济增长的拉动来看，改革开放以来，第二产业对经济
增长的拉动长期处于主导地位。2014 年第二产业和第三产业对经济增
长的拉动持平，2015 年之后，服务业对经济增长的拉动处于主导地
位。2019 年，三次产业对经济增长的拉动率分别为：0.2%、2.2%、
3.7% 。（3）行业增长对经济增长的带动方面。从中国各行业对经
济增长的拉动来看，2015 年以来，服务业各行业中，金融业和房地

产业对经济增长的拉动作用明显减弱，交通运输等行业对经济增长的拉动作用逐渐增强。2019 年对经济增长拉动较大的行业分别为工业，其他服务业，信息传输、软件和信息技术服务业，金融业，批发和零售业。

表 3 - 1　　　　　2015—2019 年中国各行业对 GDP 的拉动作用

年份	2015	2016	2017	2018	2019
农林牧渔业	0.40	0.30	0.30	0.30	0.24
工业	2.40	2.10	2.10	2.10	1.93
建筑业	0.50	0.50	0.20	0.30	0.38
交通运输、仓储和邮政业	0.20	0.30	0.40	0.40	0.32
批发和零售业	0.60	0.70	0.70	0.60	0.53
住宿和餐饮业	0.10	0.10	0.10	0.10	0.11
金融业	1.00	0.40	0.40	0.40	0.55
房地产业	0.20	0.50	0.40	0.30	0.20
信息传输、软件和信息技术服务业	—	0.50	0.60	1.00	0.67
租赁和商务服务业	—	0.30	0.30	0.20	0.24
其他服务业	1.50	1.10	1.00	1.00	0.91

资料来源：Wind 数据库。

二　中国产业效率比较

（一）产业间的效率对比

中国第二产业和第三产业劳动生产率的估算结果表明（如图 3 - 3）：（1）第三产业劳动生产率上升较快，但低于第二产业劳动生产率。2018 年第二产业和第三产业名义劳动生产率分别为 17.06 万元/人和 13.63 万元/人；实际劳动生产率分别为 4.62 万元/人和 1.31 万元/人。（2）第三产业逐渐成为中国劳动力转移新的"蓄水池"。从就业人数来看，1994 年之后第三产业就业人数均高于第二产业，并不断增长，2018 年第三产业与第二产业就业人数比值为 1.68：1。（3）第三产业增

长逐渐赶超第二产业，将成为拉动经济增长的主要动力。从名义增加值
数据看，2012 年第三产业增加值首次超过第二产业增加值，其后加速
增长；2018 年，第三产业名义增加值是第二产业的 1.34 倍。[①]

（万元/人）

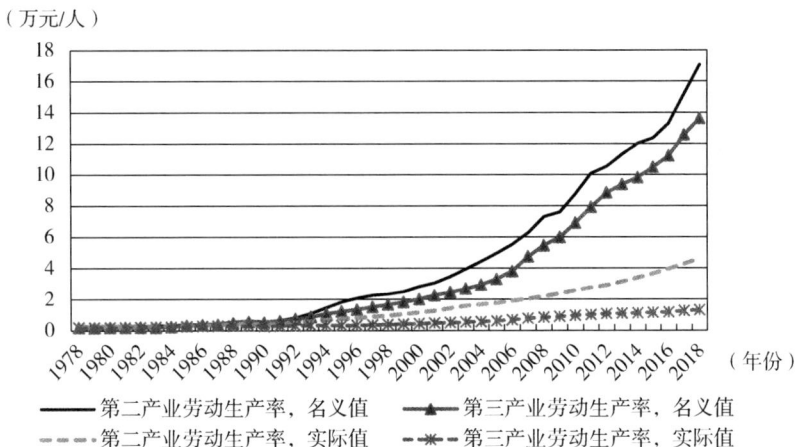

图 3-3　第二产业和第三产业劳动生产率

资料来源：国家统计局网站。

（二）第二产业内部效率差异

（1）建筑业劳动生产率几乎处于停滞状态，工业劳动生产率高于
建筑业的水平。工业劳动生产率水平持续提高但近年来增长速度有所放
缓，建筑业劳动生产率水平在 2010 年之后逐渐下降，至 2013 年有所回
升（见图 3-4）。（2）工业就业人数逐渐下降，建筑业就业人数逐渐上
升。2010 年之后，工业就业人数逐年下降，而建筑业就业人数自 2003
年以来一直处于快速上升趋势。2018 年工业就业人数为 11381 万人，
建筑业就业人数为 12398 万人。（3）工业增加值增长远高于建筑业。
2018 年工业名义增加值是建筑业的 4.60 倍，工业实际增加值是建筑业
的 14.24 倍。

---

① 但从实际增加值数据看，第二产业产出远高于第三产业产出，2018 年第二产业实际增加
值为第三产业的 2.10 倍。原因在于工业化大规模生产所导致的工业品价格的长期走低趋势，以及
服务品价格的长期走高趋势。而自 2012 年之后情况已明显改善。

（万元/人）

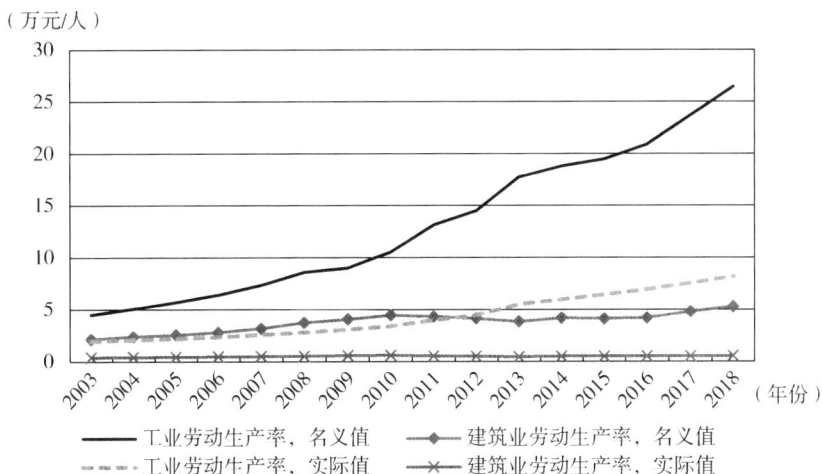

图 3 - 4　工业和建筑业劳动生产率

资料来源：国家统计局网站。

三　产业结构的国际比较

受到重商主义影响，历史上发达国家服务业效率普遍高于制造业，但最终使现代部门获得持续性发展动力是在福特制建立之后。尤其是第二次世界大战后福特制在资本主义国家内部各部门的扩散，以效率和利润分享为核心的劳资关系不仅促进了工业部门高质量发展，而且推动了工业部门与服务业部门之间的协调，最终导致高效率与高收入的协同，进而成为消费结构升级与服务业高端化的基础。[①] 因此，当代发达国家产业结构的特征是，服务业主导经济增长并形成与工业效率改进的联动。服务业高端化体现在知识密集的现代化服务业快速发展之中，科教文卫、金融信息等行业发展在赋予服务业自身高效率的同时，也促进了产业融合。与此相比，处于现代化进程中的发展中国家，典型如拉美国家，其较高的服务业比重大多来自传统行业，与发达国家结构服务化的本质的不同之处在于，拉美国家的服务业不能

① 袁富华、张平、刘霞辉等：《增长跨越：经济结构服务化、知识过程和效率模式重塑》，《经济研究》2016 年第 11 期。

提供持续的效率补偿能力。

从历史数据看：（1）20 世纪 70 年代之后，除个别国家（地区）外，大多数发达国家第一产业就业份额均降低到 10% 左右。与此同时，库茨涅茨规律在第二产业和第三产业的就业情况中也得以体现，第二产业的就业比重持续下降，连同从第一产业中释放出的劳动力，均被发展迅速的第三产业吸收。目前，发达国家的产业结构基本成熟，第二产业的就业比重为 20%—30%，第三产业就业比重一般为 70% 左右（见表 3 - 2）。

表 3 - 2　　　　　　　中国与发达经济体各阶段服务业占比情况　　　　单位：%

年份	1960	1970	1980	1990	2000	2010	2018
中国	27. 65	23. 29	26. 96	34. 92	42. 01	48. 35	53. 3
美国	—	62. 08	66. 35	72. 79	77. 06	80. 0	80. 88
英国	—	57. 01	59. 78	69. 06	75. 72	81. 12	81. 86
法国	57. 89	62. 18	67. 6	72. 37	76. 32	80. 81	81. 48
德国	—	52. 84	58. 81	65. 3	69. 4	70. 02	71. 77
日本	—	54. 72	59. 18	63. 89	70. 48	70. 90	69. 67
韩国	42. 96	47. 53	51. 35	56. 04	59. 65	62. 91	62. 89

资料来源：世界银行数据库。

不同产业就业情况的变化也间接体现了产业的发展和结构调整状况，50 年代前后第二产业、第三产业就业结构发生了一个逆转，而这种逆转对于理解长期增长路径至关重要。（2）中国服务业虽已成为拉动经济增长的主要引擎，但服务业占比和竞争力还有待进一步提升。从国际比较看，与发达经济体各阶段比较起来，中国服务业发展仍存在较大差距。发达国家达到成熟后服务业比重仍然会逐步上升，但相对比较稳定，日本和欧美老牌发达国家 20 世纪六七十年代服务业占比就已接近或超过 60%。当前偏于制造业的德国、日本稳定在 70%。韩国一直稳定在 60% 左右。中国现阶段的经济发展水平，大致相当于美国 20 世纪 20 年代中期、加拿大 20 世纪 40 年代初和日本 20 世纪 60 年代中期的水平（见表 3 - 3）。（3）中国服务业的国际竞争力也有待加强。与货物贸易相比，服务贸易存在较大的贸易逆差，而且逆差程度呈逐年扩大趋势（见图 3-5）。进入 20 世纪 80 年代后，随着信息经济和知识经济的崛起，服务业高端化成为发达国家之间新的角逐领域，并试图在知识创新领域争得头筹。受到产业结构路径依赖的影响，在向经济高质量发展的转型时期，为了缓和工业去产能、去杠杆的压力，中国服务业结构优化依然面临较大压力，服务业追赶发达国家任重道远。同时，中国对服务业高端的知识密集型行业存在比较多的行政垄断，如科教文卫体等服务行业竞争程度较低，这种高度管制不利于服务业的创新发展和效率提升，服务业自身结构调整是下一阶段重要的改革部分。

表 3-3　　　　　　　三次产业所占份额及就业比重变化的跨国比较

国别：年份	GDP 份额（%）			就业份额（%）		
	第一产业	第二产业	第三产业	第一产业	第二产业	第三产业
美国：1925	11	26	63	24	33	43
美国：2008	1	21	78	1	20	79
加拿大：1941	13	34	53	27	30	43
加拿大：2008	2	30	68	2	22	76
英国：2008	1	20	79	1	22	77
法国：2008	2	19	79	3	23	74
德国：2008	1	27	72	2	29	69
日本：1966	9	44	47	26	32	42
日本：2008	1	30	69	4	27	68
韩国：1988	9	36	55	16	39	45
韩国：2008	2	33	65	7	26	67
中国：2019	7.1	39.0	53.9	25.2	27.3	47.5

　　注：美国 1925 年 GDP 份额为 1919—1929 年的平均值，就业份额为 1920—1930 年的平均值；日本 1966 年 GDP 份额、就业份额为 1960—1970 年的平均值。

　　资料来源：原始数据来源于 Mitchell[1] 和《2019 年国民经济和社会发展统计公报》。

---

　　[1] Mitchell, B. R., *International Historical Statistics*：1750-1993, 4th ed, New York：Stockton Press, 1998.

（亿美元）

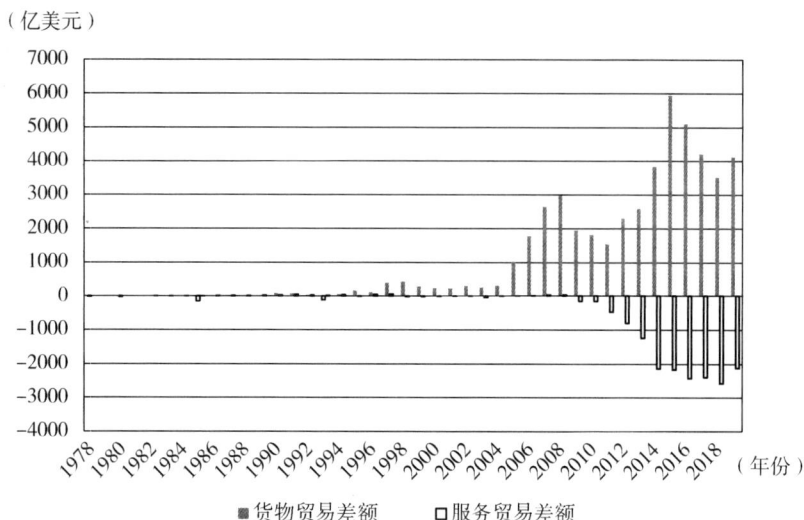

图 3 - 5 中国货物和服务贸易差额对比情况

资料来源：国家统计局网站。

第二节 中国供给效率的抑制原因

发达经济体和东亚成功实现增长追赶的经济体的增长经验表明，在中等收入阶段会呈现出全要素生产率水平较高且能够持续改善的特征，从而能较快跨过高收入门槛并实现稳定增长。根据联合国 PWT9.1 数据库中各国相对于美国全要素生产率水平的数据，欧洲发达经济体在跨过中等收入门槛时，TFP 水平基本接近于甚至会超越美国的水平，如法国和加拿大的相对水平分别为 1.08 和 1.04。德国和英国进入中等收入阶段的 TFP 相对水平虽然为 0.89 和 0.84，但进入高收入阶段时已基本与美国相当，TFP 相对水平分别为 1.01 和 0.99。后起成功实现增长追赶的日本和韩国跨过中等收入门槛的 TFP 相对水平分别为 0.73 和 0.74，迈过高收入门槛的 TFP 相对水平分别为 0.82 和 0.76。中国于 2010 年刚迈过中等收入门槛，TFP 的相对水平仅为 0.4，差距较大。

受到二元经济和劳动力素质普遍低下这些初始条件的制约，改革开放以来，中国工业化走的是一条低成本、数量型扩张路子，低质量发展的特征比较显著，如长期从事完全竞争产品生产、产业分工大而全但是自主技术创新缺乏。[①] 这种工业化方式是特定历史条件的产物，也在短时期内消除了短缺，把中国推向普遍小康的现代化轨道。但是，进入21世纪以来，随着人口结构转型和劳动力供给出现拐点，原有粗放型生产方式越来越受到来自国内外的各种挑战。在国内，受到广义恩格尔定律的作用和消费需求升级的影响，传统制造业产品趋于饱和，服务业的逐渐崛起更是不断侵蚀制造业发展空间；国际上，新兴工业化国家以其低成本给中国造成新的竞争压力，国内低端产业也因此不断被挤出生产领域。中国工业化的初始条件和增长路径依赖导致 TFP 贡献长期偏低，进而对现有工业化结构和劳动生产率增长方式带来持续冲击。[②]

一 粗放型资本积累挤压了 TFP 改进空间

作为国际分工体系的一个重要组成部分，中国以干中学和复制模式启动工业化。40 年的高速增长以及快速资本积累，单纯从技术方面来看与其他国家如有类似经历的日本并无本质不同。差异出现在对工业化的认识方式以及组织方式上。正如上文所述，第二次世界大战后福特主义工业化的精髓，就是以劳动力参与利润分享的方式激励劳资双方创新精神，这种激励方式的主要绩效是持续的技术进步和整体经济的均衡发展。典型的例子是日本工业化，其资本驱动建立在技术创新之上，资本积累伴随着人力资本积累与知识创造。相比较而言，中国工业化过程中偏重于物质资本积累的问题比较突出，自身也蕴含了边际效益递减和不可持续性。如表 3 - 4 所示，中国 GDP 增长中投资的贡献一直维持在70%—80%，技术进步对 GDP 增长的贡献在 20%—30%。因此，这种较低的 TFP 的贡献，是中国资本驱动的增长模式的特有现象。

相关问题的说明如下：第一，投资率高、积累水平高。表 3 - 4 显

---

① 黄群慧：《改革开放 40 年中国的产业发展与工业化进程》，《中国工业经济》2018 年第 9 期。
② 中国经济增长前沿课题组：《突破经济增长减速的新要素供给理论、体制与政策选择》，《经济研究》2015 年第 11 期；楠玉、袁富华、张平：《中国经济增长跨越与迈向中高端》，《经济学家》2018 年第 3 期。

示，在经济持续超高速增长的 1985—2007 年，资本投入增长率为 11.13%，不论与哪个发展阶段相似的国家相比，这个资本积累速度都是绝对高的。2008—2018 年，虽然中国的潜在增长速度下降了，但是资本投入增长率仍然维持在 12% 左右的高水平。第二，资本收益递减速度快。长期的投资依赖导致资本边际报酬递减，而且，报酬递减和低增长的不良循环越来越明显，中国资本驱动模式路径依赖的低效率问题越来越明显。1985—2007 年，资本效率（即 GDP 与当年投资之比）为 0.52，至 2008—2018 年，仅为 0.34。第三，值得注意的是，尽管快速的资本积累提供了将人口红利快速转化为储蓄和再投资的机制，但这种工业化模式本身不具有 TFP 持续改进的内生机制。创新有赖于熟练技术工人的培育和工匠精神，但是中国现阶段准备不足，TFP 贡献偏低的问题必须在短期内扭转，不然经济将面临长期调整的风险。

表 3－4 　　　　　　　　　　　生产函数分解及趋势预测

	历史： 1985—2007 年	现状： 2008—2018 年	预测： 2019—2023 年
［1］［潜在增长（生产函数拟合）三因素］	10.10%	8.1%	5.70%
［2］资本投入：弹性	0.6	0.615	0.5
［3］资本贡献份额 =（［2］×［8］）/［1］	68.72%	92.38%	76.0%
［4］劳动投入：弹性	0.4	0.385	0.5
［5］劳动贡献份额 =（［4］×［11］）/［1］	6.17%	2.45%	2.8%
［6］TFP：增长率	2.88%	0.34%	1.16%
［7］TFP 贡献份额 = 100% －［3］－［5］	25.11%	5.17%	21.2%
［因素细分］			
［8］资本投入增长率 =［9］×［10］	11.13%	12.17%	8.66%
［9］（净）投资率	21.32%	30.30%	—
［10］资本效率	0.52	0.34	—
［11］劳动投入增长率 =［12］+［13］	1.51%	0.50%	0.36%
［12］劳动年龄人口增长率	1.58%	0.84%	0.41%
［13］劳动参与率变化率	－0.07%	－0.34%	－0.50%
［14］劳动生产率增长率 =［15］+［16］	8.54%	7.99%	—

续表

	历史： 1985—2007 年	现状： 2008—2018 年	预测： 2019—2023 年
［15］资本效率增长率	− 0.89%	− 2.39%	—
［16］人均资本增长率	9.43%	10.38%	—

注：表中数据经过四舍五入处理。
资料来源：国家统计局网站；相关年份《中国统计年鉴》；Barro-Lee Educational Attainment Dataset, 2018 June.

二　劳动力再生产及其配置方式抑制 TFP 提升

就劳动力流动和部门再配置而言，原有粗放型发展方式带给城市化的问题主要是高质量要素供给不足。发达国家和拉美国家城市化经验教训对比表明，劳动力再生产状况直接决定了产业结构服务化主导下的经济效率改进能力以及城市化可持续状况。转型时期中国相关问题表现为：（1）存量上，中国 40 年的工业化以物质资本积累为核心，加工制造、技术模仿以及跨国公司对核心技术的垄断，抑制了中国人力资本升级，高层次人力资本积累不足一直是困扰自主创新的主要问题。无论是工业部门还是服务业部门，均存在低素质劳动力壅塞的问题，尤其是中国工业和服务业部门效率不平衡状况严重（2008 年两部门劳动生产率差距的缩小，是在工业劳动生产率下降的情况下发生的）。实际上，2003 年以来，农业部门作为劳动力蓄水池的作用发生了变化，大规模剩余劳动力储存基本消失，农业部门每年的就业增量出现持续大幅度的下降，与此同时，就业吸收能力较强的服务业部门已经接替农业部门成为新的劳动力蓄水池。与此同时，鉴于中国传统服务业比重较大的特征，在劳动力和资本向服务业部门配置的过程中，不可能出现大规模工业化时期同样的劳动生产率增长速度，结构性减速是必然趋势。在当前发展阶段，如果不能实现服务业全要素生产率改进，提高服务业效率，则随着工业化向城市化过程的转变，这一趋势将更加恶化。（2）边际上，工业的资本深化依然较快，由于资本深化的同时伴随着劳动生产率的持续下降，因此工业的 TFP 改进较慢或几乎没有改进。大量低素质劳动力涌入服务业，导致服务业人力资本浅化，这是服务业 TFP 效率无法改进的主因，很多观点强调发展现代服务业以促进效率改进，但是受制于低素质劳动力的累积，这个调整过程估计比较艰难。

三　政府直接干预的资源配置体制抑制了 TFP 提升

四十年的经济高增长尽管受益于发展型政府，但是这种以物质资本积累为目的的干预模式由于受到边际递减规律的制约，长期来看不利于 TFP 的持续改进；要培育 TFP 的内生性，实现 TFP 持续增长和贡献率提升，则需要将政府生产性主导转型至推动社会开发上来，形成一种有效的政府干预方式。因此，城市化阶段政府干预方式转换和制度改革深化，应是供给侧改革的重点内容。①

中国采取的政府干预和区域增长极主导的增长发展模式，推动了大规模工业化，维持了近 40 年的经济高速增长。这种成就得益于标准化大规模工业生产方式与政府干预模式相容，也与政府促进出口的制度建设密切相关。但是，由于服务业普遍具有非标性和知识溢出等特征，结构服务化阶段与大规模工业化阶段差别较大，政府的过度干预往往造成服务业发展效率低下等。具体而言，转型时期制度结构的僵化与不适应问题主要表现在以下几个方面：（1）政府干预体制下服务业部门的垄断问题比较突出，并导致资源配置效率扭曲。典型如非生产性的事业单位以及类似于事业单位的公共服务部门，资源配置扭曲问题更为严重。我们的一系列研究表明，受高福利和稳定就业吸引，高层次人力资本（大学本科及以上学历毕业生）会过多向非生产性的政府和管理部门或低效率国有企业集中，形成人力资本的行业错配，产生人力资本配置效率损失。现阶段的制度组织结构造成人力资本配置扭曲，对效率改进构成严重阻碍，导致后续增长得不到生产效率提高的补偿。（2）政府干预所导致的各种横向分割和纵向分割，使得产业间和产业内的各种有机

---

① 黄群慧：《论中国工业的供给侧结构性改革》，《中国工业经济》2016 年第 9 期。

联系被破坏，知识生产配置的关联和溢出渠道被阻断。受到纵向管理体制改革滞后的影响，现有投融资体制很大程度上抑制了市场竞争，创新活力难以激发。受到横向分割的影响，结构服务化所需要的网络性联通机制缺失，微观层面上表现在大型企业对中小企业的带动力弱，产业层面上表现为工业发展与服务业发展脱节；宏观层面上表现为区域发展协作与协调的效率低下。特别是在信息化与知识化主导的经济新常态下，创新更多地蕴涵在产业融合、区域融合、产业链协同的相互叠加之中，面对这种城市化趋势和要求，大规模工业化阶段的组织模式和政府干预方式显然急需改革。

第三节　供给效率模式重塑与未来产业发展

经济新常态阶段，中国正面临发展动能转换和新旧产业交替接续的挑战，发展呈现出种种区别于以往的新特征，如潜在增长率下降、人口红利消失、生产要素成本上升、要素供给效率和资源配置效率低下等。此时，规模数量型扩张的经济发展模式，很难支撑体量庞大的中国经济的高速增长。中国比任何时候都需要通过供给侧结构性改革来重塑国家效率模式，摆脱可能落入"中等收入陷阱"的风险，提升经济长期持续增长能力。

供给侧结构性改革理论的提出，为处于经济发展方式转变重要关口、努力实现创新发展的中国未来经济指明了方向。一方面，供给侧结构性改革的主要含义，是通过投资方式的改变和结构优化提高效率。中国工业化进程进入到中后期阶段，与发达经济体的一般性技术水平的差距逐渐缩小，此时欲改善供给结构，最重要的是要提高增长效率或全要素生产率水平。经济的长期增长是由资本增长率、劳动增长率和全要素增长率共同决定的——如果经济增长继续坚持粗放型要素推动，那么，在要素边际报酬递减约束之下，增长将不可持续。替代路径是通过改善资本和劳动力等要素质量，提高全要素生产率水平，以此抵消要素报酬递减的限制，实现经济迈向高质量发展。

一 注重"两个效率"的提升

中国经济进入以服务业为主导的发展阶段，必须重视两个效率的同步提升，即劳动生产率提升和全要素生产率提升。

（一）劳动生产率提升是实现经济平稳健康增长的重要因素之一

劳动生产率可以作为衡量长期经济发展绩效的最综合的指标，特别是将结构性因素作为劳动生产率变化的根本出发点时，则能很好地反映发展状态和发展转型面临的问题。传统理论认为，提升经济增长潜力需要从生产要素供给部门的再分配入手。因此，后发国家劳动生产率提升的过程往往与产业结构变革密切相关，经济演进过程通常伴随着资本、劳动力要素从低劳动生产率部门向高劳动生产率部门的流动。工业化时期，工业部门劳动生产率较农业部门高，劳动者从农业部门转移至工业部门，就能推动整体劳动生产率的提升。而劳动生产率的提升能提高居民可支配收入，在工业化过程中劳动生产率的提高依靠的是"资本密集"，劳动生产率的增长速度直接决定了工资水平的提升速度，当工业部门效率提升与教育回报率同步时，人力资本积累和深化过程则会同步完成，从而促进整个社会人力资本存量增加，进而带动整体劳动生产率提升。而经济结构服务化后依靠的是"人力资本密集"来实现生产效率提升，此时劳动生产率增长反映了人力资本深化程度并决定了一国的福利水平。

前文中关于产业劳动生产率的数据揭示出中国转型时期结构调整所面临的根本矛盾和问题，即向高质量发展阶段迈进的过程中，原有资本驱动工业化模式的规模效率逐渐消失；与此同时，服务业主导增长下的新的效率促进模式尚未建立起来，这是所谓结构调整阵痛的根源所在。这种阵痛最直接的反映，就是近年来随着服务业比重的增加，劳动生产率提升速度存在放缓趋势，而僵化的经济结构甚至可能阻碍效率改进，导致居民可支配收入增速放缓，并低于经济增长速度。

（二）全要素生产率对经济的贡献不断提高，是企业技术进步与配置效率提升的综合反映

中国持续 40 年的劳动生产率的快速提高，主要得益于资本驱动的增长模式。但这种增长模式造成对技术进步潜力的长期压抑，导致 TFP 贡献的长期低估。尤其是 2008 年之后的短期刺激政策，更是恶化了这种局面，给结构优化造成阻碍。当前中国全要素生产率提升所面临的阻碍主要表现为：（1）大规模工业化阶段资本驱动的增长模式，不利于形成 TFP 持续改进的内生机制。中国资本驱动的增长模式呈现出资本存量持续加速增长、资本边际收益持续下降的特征。长期的投资依赖导致资本边际报酬递减，而且报酬递减和低增长的不良循环使得中国资本驱动模式路径依赖造成的低效率问题愈加明显。（2）大规模工业化阶段的技术进步方式，不利于形成对人力资本的积累，从而抑制增长效率的持续改进。工业化发展阶段，中国经济增长主要依赖大量低素质劳动力部门间再配置产生的人口红利效应，而此阶段的技术进步模式主要通过"干中学"和"投中学"，实现外生的技术进步。由于缺乏对熟练技术工人的培育和工匠精神的缺乏，使得中低教育层次劳动者人力资本升级路径受阻，高层次人力资本培育不足，从而造成全要素生产率贡献偏低的现状很难在较短时间内发生扭转。（3）政府主导的生产性开发适合大规模工业化阶段"干中学"的效率改进模式，而这种政府干预方式也不利于全要素生产率提升。工业化阶段，政府干预经济的增长模式实现了持续高速增长，但当经济发展到城市化阶段，服务业特别是现代服务业本身具有的非标性、知识溢出性等特征，往往导致政府干预失灵，政府的过度干预会造成生产效率低下。[①]

全要素生产率的提升是实现高质量发展的必要条件，全要素生产率的贡献率也被作为对内生增长贡献水平的测量。只有全要素生产率对经济的贡献不断提高时，才能综合反映企业技术进步与配置效率的提升。当全要素生产率增长率超过要素投入增长率时，全要素生产率的贡献率就会提高。而且放大至一国来看，全要素生产率的贡献比重提高意味着一个国家经济增长逐步摆脱要素投入带来的增长，进入到内生增长的道路，而全要素生产率增长本身才能克服资本深化带来的规模报酬递减问

---

① 中国经济增长前沿课题组：《中国经济减速的结构性特征、转型风险与效率提升路径》，《经济研究》2013 年第 3 期；楠玉、袁富华、张平：《论当前我国全要素生产率的提升路径》，《上海经济研究》2017 年第 3 期。

题。2008 年国际金融危机冲击使得我国 TFP 增速从 6.8% 下降至 2008 年的 3.3%，至 2009 年仅为 2.1%。为应对危机，我国政府在 2008 年和 2009 年采取了 4 万亿元的刺激政策，短期内虽使得 TFP 略有回升 (2010 年和 2011 年 TFP 增速分别为 3.3% 和 3.2%)，但并不可持续 (2012 年 TFP 又降至 2.5%)。随后，我国又采取了一系列应对结构性减速的改革举措，如"去杠杆化""减税降费"等，欲从根本上改善经济运行效率。2016 年以来 TFP 增速已呈现出稳步回升的趋势，当前 TFP 增速为 3% 左右。

二 服务业主导增长的新型效率模式重塑

重塑增长的新型效率模式，是由发展条件的变化和增长可持续要求所决定的。对于这个趋势和目标，我们的基本判断是：（1）服务业主导城市化过程，是根本不同于工业化的增长模式；（2）发达国家增长经验表明，服务业发展应视为制造业发展之后的另一个高端，知识生产和配置能力决定了结构服务化过程的效率改进能力；（3）在工业化后期融合发展过程中，服务业升级与工业结构优化的协同非常重要。

（一）服务业高端化是实现效率补偿的基础

第二次世界大战后发达国家经济发展中的重要变化是知识密集服务业的发展，以及服务业在知识生产配置和人力资本积累升级上功能的有效发挥。根据发达经济体的增长经验，服务业应是在产业结构演进过程中，继制造业之后的另一个高端，这不仅仅意味着服务业在比重上会实现对制造业的替代，也意味着增长效率模式的更替。尽管服务业替代工业规模经济的过程中，将会发生不可避免的劳动生产率改进减速（袁富华，2012）[1]，但服务业的高端化是以知识生产配置和人力资本积累升级为核心，提高增长质量，进而为经济可持续增长提供保障。从长期来看，这一点尤为必要。也即，服务业的高端化发展，是以持久性、平稳性的缓慢改进，来抵消不可持续和增长不连续风险。

---

[1] 袁富华：《长期增长过程的"结构性加速"与"结构性减速"：一种解释》，《经济研究》2012 年第 3 期。

（二）服务业通过人力资本培育和知识外溢性促进制造业升级

由科教文卫和金融信息等支撑起来的现代服务业，具有较强的知识技术密集性，服务业自身不仅具有高效率，而且是制造业效率改进的前提条件。第二次世界大战后欧洲、日本、拉美国家现代化的经验教训表明，经济追赶的本质即人力资本追赶，特别是在工业化向城市化转型过程中，人力资本结构升级的成败，直接决定了产业结构服务化时代的经济质量。相比较起来，一些发展中国家，如拉美国家的服务业比重也很高，但是大多属于成本型而非效率促进型的传统服务业部门，与发达国家服务业本质不同。拉美陷阱的实质，在于无法突破服务业主导时代所必需的人力资本门槛。因此，要想实现工业化后期的有效融合，以知识和人力资本为依托的现代服务业的发展必须作为工业结构优化的条件而存在。

（三）消费结构升级是效率模式重塑和迈向经济高质量发展的关键环节

从国际经验看，20 世纪 70 年代以来，伴随着经济减速增质，发达经济体普遍呈现出高城市化率、高服务业占比和高知识消费占比的特征。被发展中国家长期忽视的消费结构升级环节，恰恰是作为联系服务业结构升级、服务业—制造业协同以及增长可持续的关键因素所在。广义恩格尔定律表明，当发展阶段进入工业化后期，伴随着生活水平提高，消费者偏好多样性变得重要起来，消费结构升级通过人力资本积累转化为创新动力，需求弹性较大的科教文卫等项目居于消费模式的高端。城市化的重要功能是人的发展和生活质量提高，与较高的收入水平相关的消费结构的优化升级，需要通过相关服务行业的发展来予以满足，对制造业的发展产生外溢效应，并把这些效应溢出到制造业。尤其是与高等教育和熟练技术工人教育相关的知识积累，更是城市化新型效率模式最终达成发达阶段高效率模式的关键环节。

三　2020 年产业发展及"十四五"时期展望

2020 年受新冠肺炎疫情的影响，我国第一季度国内生产总值为

206504 亿元，同比下降 6.8%。其中，第一产业增加值为 10186 亿元，下降 3.2%；第二产业增加值为 73638 亿元，下降 9.6%；第三产业增加值为 12280 亿元，下降 5.2%。就第一产业发展而言，农业生产较为平稳，第一季度农业增加值同比增长 3.5%。就第二产业发展而言，由于受新冠肺炎疫情的影响，工业生产下降，基础原材料产业以及高技术制造业有所增长。2020 年第一季度全国规模以上工业增加值同比下降 8.4%。其中，电子产业和机械产业受新冠肺炎疫情影响较大，家电、通信、石化、有色金属与新材料等产业冲击相对较小。随着复产复工的加快，受新冠肺炎疫情影响较大的行业已呈现出回升迹象。3 月高技术制造业同比增长 8.9%，其中计算机、通信和其他电子设备制造业增长 9.9%，工业机器人和发电机组产量分别增长 12.9% 和 20.0%。就第三产业发展而言，服务业有所下降，新型服务业发展良好。第一季度，第三产业增加值同比下降 5.2%，其中信息传输、软件和信息技术服务业及金融业增加值分别增长 13.2% 和 6.0%。1—2 月规模以上服务业企业营业收入下降 12.2%，其中互联网相关服务、软件信息技术服务业营业收入分别增长 10.1% 和 0.7%。预计"十四五"时期第一产业和第二产业比重将进一步下降，经济结构将更加偏重第三产业发展。

如果新冠肺炎疫情仅限于中国，则对我国经济的影响可能仅限于第一季度，随着有效隔离防控等措施的实施，经济会逐渐恢复。但随着 3 月海外新冠肺炎疫情的加速扩张，中国出口需求面临进一步的冲击，经济下行压力较大。全球新冠肺炎疫情的蔓延使得我国经济不能完全依赖于出口带动，而基建和房地产业的发展也无法实现对经济增长的快速拉升，这意味着我国依赖出口拉动和投资拉动的增长模式需要改变，未来经济将主要依赖于内需增长和消费拉动，第三产业会成为经济发展的重要内容。短期为应对新冠肺炎疫情冲击和保就业等政府目标，基建投资增速可能会有所回升，尤其是中西部地区增长潜力较大。这次新冠肺炎疫情让我们看到了医疗健康产业和电子政务方面的不足，未来"互联网＋"医疗教育、电子政务以及远程办公等相关高新技术服务产业发展仍有较大的提升空间。

"十四五"时期产业发展要以高质量发展为指导，以供给侧结构性改革为主线，坚持"创新、融合、协同、开放"的发展方针，积极推动产业升级，加快建设具有国际竞争力的产业发展新体系。具体而言：（1）未来要重视制造业在现代经济中的"枢纽性"作用，谨防制造业过快下降，出现"过早去工业化"趋势。制造业发展不仅有利于农业生产效率提升，而且很多服务业发展也高度依托于制造业而存在。当下在美国、日本、欧洲等经济体积极推动"制造业回归本土"的外部压力下，我们更应对制造业发展守住"底线思维"，争取不能低于25%，未来仍应注重制造业结构的进一步优化，提高工业化和信息化融合发展，加快发展拥有核心技术的先进制造业，推动其向价值链中高端的攀升，从而实现制造业的高质量发展和向制造强国的转变。（2）未来应积极培育服务业新业态、新模式，推动生产性服务业与制造业的深度融合，加快服务业数字化发展，形成服务业发展的竞争新优势。随着人工智能、大数据、5G等新一代信息技术的不断突破和广泛应用，会进一步加快服务内容、业态和商业模式的创新，具有网络化、智能化、平台化等特征的服务业将加速发展。一方面，围绕制造业数字化改造和制造业高端发展的需求，积极深入推进生产性服务业供给侧结构性改革，加快生产性服务业有效供给，形成生产性服务业和制造业融合发展的现代产业生态系统。另一方面，积极推动服务业数字化。借助新一轮技术改革，大力推动电子商务、移动支付、云计算等数字经济的发展，加快服务业发展的数字化改造和数字化赋能，进一步推动服务业创新升级，形成产业链和创新链之间的良性互动。

（执笔人：楠玉、袁富华）

第四章　中国经济的区域结构

　　党的十九大报告明确提出要实施区域协调发展战略，通过强化举措推进西部大开发形成新格局、深化改革加快东北等老工业基地振兴、发挥优势推动中部地区崛起和创新引领率先实现东部地区优化发展，建立更加有效的区域协调发展新机制。从我国区域发展格局看，传统的东部、中部和西部差距已经缩小，但南方和北方差距显著扩大，对区域协调发展构成挑战。中国东部地区通过产业结构高级化率先实现了服务业升级，而广大中西部地区由于承接东部地区产业转移并通过制造业和服务业双轮驱动举措也实现了经济竞争力的大幅提高，但东北地区和一些北方省份却由于产业升级缓慢导致经济竞争力式微。未来各地区能否顺利转向高质量发展路径的关键在于人才的竞争，只有具备丰厚的人力资本和有利于发掘潜在人力资本的良好环境才能实现区域经济现代化和高质量发展。

第一节　中国区域经济发展的基本格局

　　实施区域协调发展战略是党的十九大报告提出的贯彻新发展理念，建设现代化经济体系的重要组成部分，也是新时代对中国区域发展提出的新要求。区域协调发展战略是在区域发展总体战略的基础上提出的，是区域发展总体战略的进一步深化，是建立更加有效的区域协调发展新机制的重要指引。

　　2018 年 11 月，出台《中共中央国务院关于建立更加有效的区域协调发展新机制的意见》，更加丰富了建立区域协调发展机制的内涵和具

体行动方案，对于完善区域发展格局和发挥各地比较优势形成优势互补
的区域发展新格局具有重要的指导作用。从目前区域发展情况看，得益
于市场化改革先行和国际开放前沿的独特优势，广大东部省份经济发展
水平总体居于国内第一梯队，人均地区生产总值多数都超过 10000 美
元，成为新时代中国经济继续深化改革和创新引领发展的桥头堡。同
时，中国东部、中部、西部地区发展梯度演进也有利于广大中西部地区
承接东部地区产业转移，充分发挥自身资源优势，推进工业化提质增效
的同时大力发展现代服务业，实现工业和服务业双轮驱动，转型成效显
著，党的十八大以来很多中西部地区经济增长率一直高于广大东部地
区。应当说，从传统的东中西部地区划分看，我国区域不平衡发展格局
已经有所改观，正朝着地区差距逐步收敛和人均收入趋同的良性方向发
展。但近年来一个值得注意的事实是，我国北方和南方经济发展差距
逐步扩大，从之前南北共擎转向南北失衡，南方经济所占比重逐步扩
大，北方"沦陷"等声音不绝于耳。如图 4-1 所示，我们按照华北、
东北、华东、中南、西南和西北六大经济区域进行划分，列示了 1993
年以来中国六大经济区域经济发展格局演变趋势，从中可以发现 1993
年至 2019 年上述六大区域比重变化分别为 -0.65%、-6.39%、

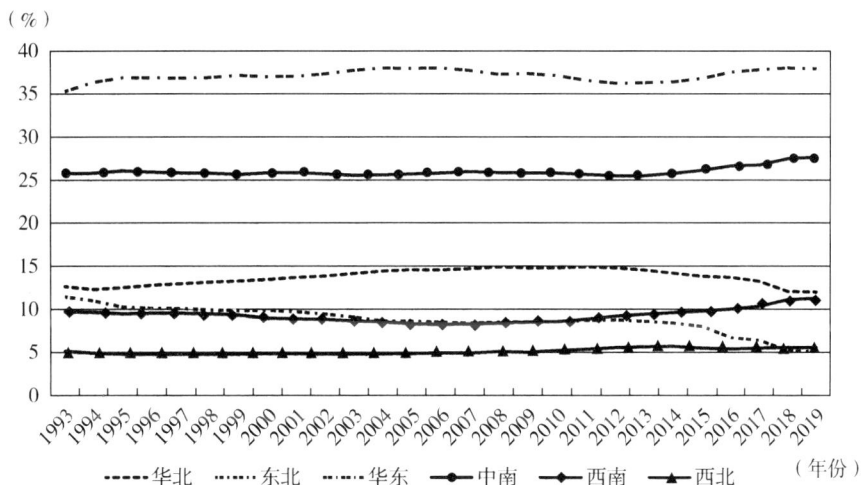

图 4-1　中国区域经济发展格局演变

资料来源：笔者根据国家统计局数据计算。

2.63%、1.89%、1.57%、0.40%，东北地区衰退明显，华北地区也出现了衰退，西北地区份额几乎保持不变，而整个南方板块整体表现亮眼，特别是中南和西南地区强势崛起。已有的研究虽然从人口、产业、开放、城市化等视角分析了中国区域格局演变中的一些新情况，但仍然缺乏对新时代中国区域发展格局的深入探讨。为此本章首先从区域竞争力视角讨论中国各地区经济竞争力差异，并进一步从产业结构转型路径分析近年来南北方代表省份差距拉大的原因。在讨论区域竞争力和产业结构转型差异化基础上，我们借鉴 OECD 高质量发展指标体系对中国区域高质量发展进行了评估，从更细化和更微观的角度讨论了中国区域高质量发展差距的深层次原因，为本章最后提出的向高质量转型的关键政策建设点提供了科学依据。

第二节　中国区域发展竞争力评价

总体上而言，我国区域发展成就主要表现为区域协调性有所增强，但也呈现出新的变化和特点。新世纪以来，党中央国务院相继实施西部大开发、东北振兴、中部崛起等战略，中西部地区的增长速度明显加快，地区差距在速度上扩大的势头得到控制，但是由于中西部地区基数较小、市场化水平和产业竞争力相对较低，缩小地区间差距实现区域经济、社会发展水平逐步收敛仍是未来工作的重点。当前我国的区域发展差距出现新的变化，东部、中部和西部地区差距更多体现在南方和北方差距的扩大上，南方省份区域发展竞争力得到大幅提升，而北方一些省份受制于市场化程度低、市场化改革缓慢、政府与市场关系界定模糊等因素影响，经济发展速度和向高质量转型都低于南方省份。这些新的趋势和特征迫切要求我们找出问题的症结，分析产业转型升级、建设现代化经济体系和高质量发展障碍主要体现在哪些方面。这里我们从区域竞争力评价入手，使用 Share-Shift 方法[1]分析

---

① Singh Lakhwinder, "Technological Progress, Structural Change and Productivity Growth in Manufacturing Sector of South Korea", *World Review of Science, Technology and Sustainable Development*, Vol. 1, No. 1, 2004, p. 37.

不仅可以发现区域竞争力升降的趋势，还可以从产业转型内部剖析区域竞争力升降的原因，从而可以采取更具针对性的措施提高区域竞争力。

区域竞争力是体现资源吸引力、市场掌控力和周边辐射力的重要因素。如何衡量区域竞争力、区域竞争力在过去一段时间是否下降？哪些产业的竞争力得到了加强？哪些产业竞争力在不同程度地削弱？根据美国著名学者波特提出的国家竞争力模型，一般又称"钻石模型"，他认为一国的经济竞争力取决于生产要素，需求状况，相关和支持产业，企业战略、结构和竞争的优劣程度四种因素。显然，区域竞争力作为一项系统工程，需要从不同维度加以总结。从目前的研究看，研究方法主要采用成本收益法、投入产出法、人口工程研究方法（Population Projection Method）等，这些方法虽然糅合了经济竞争力的多种影响因素，但由于影响因素选择带有一定的主观性，抑或客观原因导致遗漏关键变量，都将对研究结论产生一定的负面影响。为了规避因选择主观性和客观认识差距所致的关键因素遗漏问题，我们这里采用 Share-Shift 研究方法来进行分析，其主要基于以下理由：第一，该方法简单可行，数据仅仅需要各行业就业人口数据，而且从数据跨度上而言只需基期和考察期两期数据，《中国统计年鉴》中提供了全国各省、直辖市和自治区分行业的就业人口数据，这就使得测算区域竞争力成为可能；第二，通过使用 Share-Shift 方法不仅能考察区域竞争力大小，还能通过其他分解分析全国总的就业人口变动及行业间结构变迁对区域就业的影响，这极大地方便了我们多角度多维度考察各个省份制造业、服务业和服务业内部总的变动趋势，有效甄别过去十年各地的优势产业，找出区域竞争力差异的原因和结构转型的难点，为未来的经济转型和产业结构高级化提供指导。

Share-Shift 用公式可以表示为：

$$SS = NS + IM + RS$$

其中 SS 就是区域产业份额偏移额，NS 表示全国份额变动，IM 为产业份额变动，RS 是我们关注的核心即区域竞争力。NS、TM、RS 用公式可以表示为：

$$NS_{ir}^{t} = E_{ir}^{t-1} \times \left(\frac{E_{U}^{t}}{E_{U}^{t-1}} - 1 \right)$$

$$IM_{ir}^t = E_{ir}^{t-1} \times \left[\left(\frac{E_{iU}^t}{E_{iU}^{t-1}} \right) - \left(\frac{E_U^t}{E_U^{t-1}} \right) \right]$$

$$RS_{ir}^t = E_{ir}^{t-1} \times \left[\left(\frac{E_{ir}^t}{E_{ir}^{t-1}} \right) - \left(\frac{E_{iU}^t}{E_{iU}^{t-1}} \right) \right]$$

其中 E_{ir}^{t-1} 为 r 地区 i 产业在 $t-1$ 期的就业人数，E_U^t 为 t 期全国总就业人口，$t-1$ 期为基期，我们这里选择 2008 年作为基期，将 2018 年作为目标考察期。显然，NS 说明了区域就业多大程度上是由全国就业人口总的变动推动的，IM 则从全国各产业就业人口变动与全国就业人口总的变动角度说明了全国产业结构变迁对区域就业人口的影响，反映了某个产业竞争力强度对劳动力流入的积极作用。譬如过去十年服务业取代制造业成为很多地区经济发展的第一驱动力，我们便可以通过使用 IM 指标发现服务业整体和服务业内部具体哪些行业的"吸人"作用最强。RS 表示该区域某个行业相对全国某个行业的变动对该区域该行业就业人口的影响，以北京为例，若北京某一产业竞争力相对全国平均水平较强，就将会吸引更多的人口流入到该行业。SS 的变动采用就业人口绝对值和增长率变动来同时表示，从而更直观、更科学表征北京相对全国其他区域产业竞争力的差异。

通过表 4−1、表 4−2 和表 4−3 的测算结果，以北京制造业和服务业为例，北京总的份额偏移量为：

制造业：SS（−21.9）＝NS（40.0）＋IM（−19.1）＋RS（−42.8）

服务业：SS（253.7）＝NS（177.6）＋IM（19.5）＋RS（56.6）

这就说明北京 2008—2018 年制造业就业人口变动 −21.9 万人，其中全国制造业规模扩张带动北京制造业人口增长 40.0 万人，全国产业结构高级化进程使得北京制造业竞争力低于服务业导致北京制造业就业人口增长 19.1 万人，北京制造业区域竞争力下降使得就业人口减少 42.8 万人，这也就意味着北京相对全国平均水平而言过去十年制造业的竞争力在下降，制造业吸引就业人口的绝对额在不断下降。反观服务业就业人口过去十年增加 253.7 万人，绝对增长量超过制造业，这里驱动服务业增长的最主要因素是区域竞争力 RS，这反映了北京服务业相对全国平均水平较高，进入新世纪以来受制于经济转型和首都发展功能转变，北京制造业份额逐渐减少而同期服务业吸引力却在不断增强。同理，受过去十年全国从大规模工业化转向服务业驱动的影响，产业结构服务化过程也使得 *IM* 绝对值增加 19.5 万人。

从 *NS* 总的发展趋势看，2008—2018 年中国工业化的提质增效和服务业份额的不断上升，使得 13 个省份的 *NS* 绝对量都为正数，劳动力从第一产业流向第二产业和第三产业的趋势十分明显。多数地区的服务业 *NS* 就业人数都超过了制造业 *NS* 就业人数，这说明服务业正成为各地就业增长的蓄水池和洼地，服务业成为经济增长的最主要驱动力。从服务业内部看，劳动力增长占比较大的是交通运输、仓储和邮政业，批发和零售业，住宿和餐饮业等垄断服务业部门，而信息传输、软件和信息技术服务业等行业劳动力占比普遍偏低，部分反映了现有服务业发展大而不强的局面。若从产业结构变迁 *IM* 角度考察，由于服务业逐步取代制造业成为地区经济发展的第一驱动力，服务业相对制造业扩张也使得所有地区制造业规模都相对萎缩，相应的制造业的竞争力也逐步让位于服务业，特别是现代服务业，这从服务业内部部门 *IM* 变化趋势中可以清晰发现，交通运输、仓储和邮政业，水利、环境和公共设施管理业，文化、体育和娱乐业，公共管理、社会保障和社会组织等传统服务业部门或处于行政垄断的服务业部门吸引劳动力的流入逐步减弱，流向现代服务业部门逐步增长，显然伴随着宏观经济向服务业转型，服务业无论是规模上还是竞争力上都有了较大提高。从 *RS* 绝对量角度考察了产业竞争力的变化对劳动力的吸引作用，从中可以发现北京、上海为典型的服务业竞争力较强的地区，而制造业竞争力排名前五位依次为广东、江苏、安徽、河南、重庆，安徽、河南、重庆等中西部地区省份制造业竞争力进步非常显著。值得注意的是，传统制造业大省辽宁和山东的制造业和服务业竞争力都出现了下降，这与其他 11 个省份制造业和服务业中一升一降或一降一升形成了鲜明对比，这一定程度上说明了传统制造业和国有企业占比较大的省份转型升级的困难。

上文对绝对量的分析的弊端在于中国各地发展水平的巨大差异使得直接比较具有不可比性。广东、江苏等东部地区省份与西部地区很多省份无论从经济规模上还是发展水平上看都是不可同日而语的，因此采用相对增长率更能反映出各地区产业竞争力差异是否是经济竞争力差距的主要体现。为了节省篇幅及 *NS*、*IM* 更多的表征的是全国大的经济环境和结构变迁趋势，因此表 4-4 只报告了 *RS* 增长率，从中我们可以归纳出以下几个事实：第一，围绕服务业大类，中国服务业竞争力最强的省份是上海，上海服务业 *RS* 增长率为 0.58，反映了过去十年服务业劳动力年均增长 0.58%。第二，围绕制造业大类，中国制造业竞争力在过去十年增强的省份主要有江苏、安徽、河南、广东、重庆等，而且以广东与安徽表现最为显著，主要原因在于广东近年来大力发展先进制造业、促进传统制造业质量、创新和品牌升级，实现了广东制造向广东创造转变，而安徽大力承接长三角产业转移，充分利用产业互补和外溢效应优势，积极融入长三角一体化，使得安徽近年来工业总产值、增加值一直在高位运行。因此总体看，过去十年东部地区主要省份创新要素更加聚集于服务业部门，而广大中西部地区省份伴随着东部产业转移使得创新要素升级更加集中于制造业部门，围绕产业变动所带来的是创新向优势部门和产业集聚，相应的这些优势部门的创新生态也将更加完善。虽然从整体情况而言多数省份服务业在不断发展壮大，劳动力流入服务业的趋势也在不断增强，服务业竞争力在不断上升。但分行业比较的话还是会发现不少问题，多数省份劳动力增长得最快的服务业部门还主要集中在交通运输、仓储和邮政业，住宿和餐饮业，水利、环境和公共设施管理业，教育业，卫生和社会工作，文化、体育和娱乐业，公共管理、社会保障和社会组织等部门，这些部门要么是人力资本密集度低、劳动生产率提高缓慢、创新能力不强的传统服务业部门，要么是政府管制、市场化程度较低的公共服务部门，而体现现代服务业发展的信息、传输软件和信息技术服务业，金融业，科学研究和技术服务业等发展较快的主要还是集中在北京、上海和广东等东部地区省份，其他省份大多发展都比较滞后。因此，通过 Share-Shift 方法分解出的 *RS* 增长率可以发现过去十年虽然各地服务业发展趋势越来越明显，服务业取代制造业成为经济中第一大产业，但喜中有忧，服务业的优势产业却多集中于传统服务业部门使得服务业内部结构不佳，事关创新和现代化建设的现代服务业在多数地区发展较为滞后，这一则进一步挤压了现代服务业部门的发展，二则也影响了经济整体服务业劳动生产率提高和自主创新能力的增强。

表4-1

NS 绝对量

行业	北京	辽宁	上海	江苏	浙江	安徽	山东	河南	广东	重庆	四川	贵州	陕西
农林牧渔业	1.1	13.0	0.5	5.1	0.7	3.1	2.2	3.3	4.1	0.8	3.0	1.1	2.6
采矿业	1.9	13.9	0.0	5.6	0.7	12.2	25.8	20.9	1.4	3.8	9.6	4.5	9.9
制造业	40.0	61.1	59.4	127.7	132.6	28.0	141.3	63.8	173.0	23.3	51.5	15.6	35.3
电力、热力、燃气及水生产和供应业	2.8	7.0	2.3	5.3	5.1	4.1	8.3	8.5	7.7	2.7	6.4	2.9	4.2
建筑业	13.6	11.8	4.6	15.9	50.6	14.2	27.3	33.5	24.8	17.1	39.0	9.0	8.6
交通运输、仓储和邮政业	19.8	14.0	14.1	13.3	9.2	6.1	12.8	12.2	20.5	5.8	9.6	3.7	8.1
信息传输、软件和信息技术服务业	13.9	2.5	2.3	3.0	3.7	1.4	2.4	1.7	6.7	1.1	2.2	1.0	1.5
批发和零售业	18.1	6.4	10.0	11.3	10.3	5.7	15.2	17.0	17.0	4.6	7.6	4.1	7.6
住宿和餐饮业	10.8	2.7	4.1	4.1	5.9	1.3	4.8	3.8	10.0	1.5	2.1	1.0	2.0
金融业	9.4	8.6	8.6	10.4	10.6	5.4	12.2	8.9	14.7	3.8	7.5	2.4	4.4
房地产业	12.0	2.7	4.4	2.5	3.9	1.4	3.5	2.9	10.0	1.9	2.1	1.3	1.2
租赁和商务服务业	26.1	5.0	7.6	4.6	8.5	2.1	4.7	5.1	11.2	1.7	2.6	1.3	1.2
科学研究和技术服务业	16.7	4.2	7.5	3.9	4.0	2.3	3.7	5.0	6.3	2.2	5.2	1.6	4.8
水利、环境和公共设施管理业	3.4	4.7	2.4	4.6	3.1	2.6	4.7	4.8	5.5	1.3	3.4	1.2	2.5
居民服务、修理和其他服务业	2.8	0.8	1.7	0.4	0.5	0.2	1.4	0.7	2.3	0.3	0.5	0.3	0.8
教育业	16.6	20.9	11.3	35.0	23.2	24.4	44.0	45.6	43.9	13.9	33.9	16.9	21.5
卫生和社会工作	7.8	10.1	6.6	13.7	11.7	8.1	16.1	15.0	18.3	4.3	12.1	4.3	6.5
文化、体育和娱乐业	6.2	2.1	1.8	2.2	2.1	1.5	2.5	3.0	3.7	1.0	1.8	0.8	1.7
公共管理、社会保障和社会组织	14.1	20.5	7.3	25.3	21.8	18.6	41.8	41.1	37.6	9.4	28.9	14.6	18.6

续表

行业	北京	辽宁	上海	江苏	浙江	安徽	山东	河南	广东	重庆	四川	贵州	陕西
服务业	177.6	105.4	89.9	134.4	118.4	81.3	169.7	166.8	207.7	52.8	119.5	54.5	82.5

资料来源：作者计算，下同。

表4-2　IM 绝对量

行业	北京	辽宁	上海	江苏	浙江	安徽	山东	河南	广东	重庆	四川	贵州	陕西
农林牧渔业	-2.5	-29.6	-1.1	-11.5	-1.5	-7.1	-4.9	-7.5	-9.4	-1.7	-6.7	-2.6	-6.0
采矿业	-3.0	-21.8	-0.1	-8.8	-1.0	-19.0	-40.3	-32.6	-2.2	-6.0	-15.0	-7.0	-15.4
制造业	-19.1	-29.2	-28.4	-61.1	-63.5	-13.4	-67.6	-30.5	-82.8	-11.1	-24.6	-7.5	-16.9
电力、热力、燃气及水生产和供应业	-1.4	-3.6	-1.2	-2.7	-2.6	-2.1	-4.2	-4.3	-3.9	-1.4	-3.2	-1.5	-2.1
建筑业	36.4	31.6	12.3	42.6	135.4	38.0	73.1	89.7	66.3	45.7	104.3	24.2	22.9
交通运输、仓储和邮政业	-5.2	-3.7	-3.7	-3.5	-2.4	-1.6	-3.4	-3.2	-5.4	-1.5	-2.5	-1.0	-2.1
信息传输、软件和信息技术服务业	41.6	7.6	7.0	9.0	11.0	4.3	7.2	5.0	20.2	3.3	6.4	3.1	4.6
批发和零售业	8.1	2.9	4.5	5.0	4.6	2.5	6.8	7.6	7.6	2.1	3.4	1.8	3.4
住宿和餐饮业	-0.5	-0.1	-0.2	-0.2	-0.3	-0.1	-0.2	-0.2	-0.5	-0.1	-0.1	0.0	-0.1
金融业	5.9	5.4	5.4	6.5	6.6	3.4	7.6	5.6	9.2	2.4	4.7	1.5	2.7
房地产业	37.0	8.4	13.7	7.7	12.0	4.3	10.8	8.9	30.9	5.9	6.5	4.1	3.8
租赁和商务服务业	32.2	6.2	9.4	5.6	10.5	2.6	5.8	6.3	13.8	2.1	3.2	1.6	1.5
科学研究和技术服务业	7.4	1.9	3.4	1.7	1.8	1.0	1.7	2.2	2.8	1.0	2.3	0.7	2.1
水利、环境和公共设施管理业	-0.8	-1.1	-0.5	-1.1	-0.7	-0.6	-1.1	-1.1	-1.3	-0.3	-0.8	-0.3	-0.6

续表

行业	北京	辽宁	上海	江苏	浙江	安徽	山东	河南	广东	重庆	四川	贵州	陕西
居民服务、修理和其他服务业	-0.3	-0.1	-0.2	0.0	-0.1	0.0	-0.2	-0.1	-0.2	0.0	-0.1	0.0	-0.1
教育业	-11.3	-14.3	-7.7	-24.0	-15.9	-16.7	-30.1	-31.2	-30.0	-9.5	-23.2	-11.5	-14.7
卫生和社会工作	3.8	4.9	3.2	6.7	5.7	4.0	7.9	7.4	9.0	2.1	5.9	2.1	3.2
文化、体育和娱乐业	-3.8	-1.3	-1.1	-1.4	-1.3	-0.9	-1.5	-1.8	-2.2	-0.6	-1.1	-0.5	-1.1
公共管理、社会保障和社会组织	-1.8	-2.7	-1.0	-3.3	-2.8	-2.4	-5.4	-5.3	-4.9	-1.2	-3.8	-1.9	-2.4
服务业	19.5	11.6	9.9	14.7	13.0	8.9	18.6	18.3	22.8	5.8	13.1	6.0	9.0

表4-3 RS绝对量

行业	北京	辽宁	上海	江苏	浙江	安徽	山东	河南	广东	重庆	四川	贵州	陕西
农林牧渔业	1.4	4.8	2.5	-1.9	-0.3	-0.4	-1.7	-2.4	-0.5	0.0	-1.2	-0.5	-1.2
采矿业	0.1	-4.1	0.0	-3.9	-0.8	-3.4	-7.3	-4.4	-0.5	-2.9	-4.3	3.1	15.6
制造业	-42.8	-66.7	-12.3	123.6	-99.1	57.6	-71.9	46.4	375.8	11.8	-23.4	-14.2	-11.7
电力、热力、燃气及水生产和供应业	1.8	-4.1	-2.6	-1.1	-2.4	-1.6	1.7	-0.1	5.6	-1.7	3.9	0.7	0.0
建筑业	-35.0	-34.1	2.5	337.1	-27.7	52.9	-7.0	-34.4	18.4	-15.1	-76.7	-9.9	9.1
交通运输、仓储和邮政业	-2.1	-11.1	6.1	4.3	1.3	5.2	7.5	0.9	22.1	4.5	7.1	0.1	1.7
信息传输、软件和信息技术服务业	-4.8	-3.5	20.6	12.7	-1.7	0.1	2.7	2.2	17.7	-2.3	5.6	-3.1	2.8
批发和零售业	3.8	-4.6	45.9	11.9	-2.7	1.0	-8.7	-28.9	42.4	1.7	-1.6	-3.7	-6.4
住宿和餐饮业	-5.1	-3.5	16.7	4.2	-6.2	2.0	-3.8	-4.8	7.0	0.9	2.6	-0.7	2.9
金融业	16.7	-6.1	-1.2	-2.6	2.3	2.2	-2.7	-7.8	1.9	-1.1	2.4	-0.7	3.9

续表

行业	北京	辽宁	上海	江苏	浙江	安徽	山东	河南	广东	重庆	四川	贵州	陕西
房地产业	-30.6	-7.2	-2.2	9.3	-2.7	5.7	2.6	4.8	12.0	2.1	8.2	-0.1	3.9
租赁和商务服务业	-39.8	-11.2	22.5	12.3	-10.3	-1.2	-4.0	-7.5	26.9	6.4	6.4	1.4	2.7
科学研究和技术服务业	7.5	-5.9	-2.1	6.8	1.3	0.3	3.0	-5.2	13.7	-0.3	0.4	0.6	-1.4
水利、环境和公共设施管理业	1.5	-5.0	1.7	-2.5	0.4	-2.3	5.4	-1.9	1.1	1.7	0.5	1.3	2.3
居民服务、修理和其他服务业	2.3	0.5	1.6	2.2	0.7	0.7	-1.8	-0.1	3.2	0.5	0.2	0.4	-0.9
教育业	10.6	-7.8	1.2	-3.3	11.9	-2.3	-6.8	-4.7	10.5	4.2	3.8	9.3	-3.5
卫生和社会工作	0.2	-8.2	-6.5	-3.4	2.0	0.7	3.0	4.1	-3.4	3.7	4.0	5.4	2.5
文化、体育和娱乐业	1.7	-1.7	0.8	1.6	1.1	-0.8	0.1	-1.2	0.2	0.1	0.5	0.1	0.7
公共管理、社会保障和社会组织	1.9	-3.3	-2.1	-4.0	1.9	-7.3	-19.2	-13.7	-3.4	3.9	6.9	14.9	0.0
服务业	55.6	-76.2	125.3	43.8	15.0	-4.9	-35.4	-82.0	177.9	25.7	34.7	19.1	2.5

表 4－4　RS 增长率

行业	北京	辽宁	上海	江苏	浙江	安徽	山东	河南	广东	重庆	四川	贵州	陕西
农林牧渔业	0.02	-0.43	0.28	0.67	-0.05	0.31	-0.16	-0.06	0.56	0.20	0.00	0.05	0.02
采矿业	0.55	0.15	2.09	-0.15	-0.20	-0.05	-0.33	-0.30	-0.05	0.01	-0.17	-0.19	-0.19
制造业	0.02	-0.12	0.11	-0.29	-0.50	-0.12	-0.12	-0.09	-0.13	-0.32	-0.18	0.28	0.66
电力、热力、燃气及水生产和供应业	-0.44	-0.45	-0.09	0.40	-0.31	0.86	-0.21	0.30	0.90	0.21	-0.19	-0.38	-0.14
	0.27	-0.24	-0.48	-0.08	-0.20	-0.16	0.08	-0.01	0.30	-0.27	0.25	0.10	0.00
建筑业	-1.07	-1.20	0.22	8.79	-0.23	1.55	-0.11	-0.43	0.31	-0.37	-0.82	-0.45	0.44

续表

行业	北京	辽宁	上海	江苏	浙江	安徽	山东	河南	广东	重庆	四川	贵州	陕西
交通运输、仓储和邮政业	-0.04	-0.33	0.18	0.13	0.06	0.35	0.24	0.03	0.45	0.32	0.30	0.01	0.09
信息传输、软件和信息技术服务业	-0.14	-0.57	3.66	1.74	-0.20	0.03	0.46	0.56	1.09	-0.85	1.07	-1.26	0.77
批发和零售业	0.09	-0.30	1.90	0.44	-0.11	0.07	-0.24	-0.71	1.04	0.15	-0.09	-0.38	-0.35
住宿和餐饮业	-0.19	-0.54	1.70	0.43	-0.43	0.65	-0.33	-0.52	0.29	0.24	0.52	-0.28	0.60
金融业	0.74	-0.30	-0.06	-0.10	0.09	0.17	-0.09	-0.36	0.05	-0.12	0.13	-0.12	0.37
房地产业	-1.06	-1.10	-0.20	1.56	-0.29	1.71	0.31	0.69	0.50	0.47	1.60	-0.02	1.32
租赁和商务服务业	-0.63	-0.93	1.23	1.11	-0.50	-0.23	-0.36	-0.61	1.00	1.53	1.02	0.43	0.91
科学研究和技术服务业	0.19	-0.58	-0.12	0.72	0.14	0.06	0.34	-0.43	0.91	-0.05	0.03	0.17	-0.12
水利、环境和公共设施管理业	0.19	-0.44	0.30	-0.23	0.05	-0.36	0.48	-0.16	0.08	0.54	0.06	0.43	0.39
居民服务、修理和其他服务业	0.34	0.25	0.40	2.07	0.55	1.42	-0.53	-0.04	0.59	0.70	0.19	0.55	-0.50
教育业	0.27	-0.16	0.04	-0.04	0.21	-0.04	-0.06	-0.04	0.10	0.13	0.05	0.23	-0.07
卫生和社会工作	0.01	-0.34	-0.41	-0.10	0.07	0.04	0.08	0.11	-0.08	0.35	0.14	0.53	0.16
文化、体育和娱乐业	0.11	-0.35	0.17	0.30	0.21	-0.22	0.02	-0.17	0.02	0.03	0.11	0.07	0.16
公共管理、社会保障和社会组织	0.06	-0.07	-0.12	-0.07	0.04	-0.16	-0.19	-0.14	-0.04	0.17	0.10	0.42	0.00
服务业	0.13	-0.30	0.58	0.14	0.05	-0.03	-0.09	-0.20	0.36	0.20	0.12	0.15	0.01

第三节　中国区域高质量发展评价

上文我们从产业竞争力视角讨论了中国各区域竞争力变化，研究发现我国总体已经步入以服务业驱动为特征的经济增长模式，但从服务业内部看各地区服务业发展结构还存在较大差距，主要体现为传统服务业规模扩张较快而现代服务业部门发展较为滞后，东部地区转型较为成功，广大中西部地区梯度升级和制造业服务业双轮同时驱动模式也成效显著，但东北地区和部分北方传统产业占比较大的省份由于缺乏向高质量转型的韧性，产业结构升级缓慢，一定程度上构成各地区向高质量发展的障碍。高质量发展的本质是"以人民为中心"，其本质特征是依靠要素投入转向依靠创新来促进经济高质量增长，有利于创新的人力资本、营商、环境、公共服务等体系内生和闭环循环，从内容看可以发现高质量发展从之前更加强调物质资本转向更加依靠人力资本①，充分尊重和发挥人的主观能动性，从而构建规模报酬递增和全要素生产率永续提高的生产函数。因此，按照党的十九大报告提出的包含创新、协调、绿色、开放、共享五个方面的新发展理念，并依据中国经济转型特色和发展阶段特征，构建了中国区域高质量发展指标体系，评价各地高质量发展水平，使得我们可以从上文产业竞争力演化的基础上更深层次地了解高质量发展的内核和继续推进高质量发展的主要工作思路。

这里拟将高质量发展评价指标分为三级②。一级指标选取党的十九大报告提出的创新、协调、绿色、开放和共享的新发展理念，通过经济增长、增长潜力、政府效率、人民生活和环境质量五个能够基本涵盖新发展理念的主要内容，量化区域新发展理念执行和高质量转型情况。一级指标下面包含若干个二级指标，二级指标将一级指标进行了

---

① 张鹏、张平、袁富华：《中国就业系统的演进、摩擦与转型——劳动力市场微观实证与体制分析》，《经济研究》2019 年第 12 期。

② 张自然、张平、袁富华、楠玉：《经济蓝皮书（夏季号）——中国经济增长报告（2017—2018）》，社会科学文献出版社 2018 年版。

续表

省份	2018 年	2019 年	2019 年变化	省份	2018 年	2019 年	2019 年变化	省份	2018 年	2019 年	2019 年变化
黑龙江	14	17	-3	湖南	21	16	5	青海	25	26	-1
上海	1	1	0	广东	4	4	0	宁夏	24	24	0
江苏	3	3	0	广西	28	25	3	新疆	26	28	-2

（二）2019 年经济增长的排名和权重

和 2018 年的经济增长比较，2019 年经济增长的排名上升的省份有 9 个：甘肃从第 19 名上升到了第 10 名，上升了 9 名；有两个省份排名上升了 2 位：云南排名从第 25 名上升到了第 23 名，重庆从第 20 名上升到了第 18 名；上升了 1 名的省份有 6 个，贵州从第 28 名上升到了第 27 名，福建从第 6 名上升到了第 5 名，内蒙古从第 9 名上升到了第 8 名，山西从第 22 名上升到了第 21 名，北京从第 7 名上升到了第 6 名，新疆从第 16 名上升到了第 15 名。

2019 年经济增长的排名下降的省份有 12 个：下降了 3 名的省份有 2 个，黑龙江从第 14 名下降到了第 17 名，河北从第 17 名下降到了第 20 名；有 3 个省份的排名下降了 2 名，天津排名从第 5 名下降到了第 7 名，湖北排名从第 12 名下降到了第 14 名，江西排名从第 23 名下降到了第 25 名；下降了 1 名的省份有 7 个：湖南从第 21 名下降到了第 22 名，河南从第 18 名下降到了第 19 名，吉林从第 15 名下降到了第 16 名，陕西从第 8 名下降到了第 9 名，山东从第 10 名下降到了第 11 名，宁夏从第 27 名下降到了第 28 名，四川从第 11 名下降到了第 12 名。

2019 年其他省份经济增长的排名保持不变（见表 4 - 8）。

表 4 - 8　　　　　　　2019 年各省份经济增长的排名变化及权重

省份	2018 年	2019 年	2019 年变化	权重（%）	省份	2018 年	2019 年	2019 年变化	权重（%）	省份	2018 年	2019 年	2019 年变化	权重（%）
北京	7	6	1	4.44	浙江	3	3	0	6.68	海南	30	30	0	0.23
天津	5	7	-2	4.38	安徽	13	13	0	3.13	重庆	20	18	2	2.77

续表

省份	2018年	2019年	2019年变化	权重（%）	省份	2018年	2019年	2019年变化	权重（%）	省份	2018年	2019年	2019年变化	权重（%）
河北	17	20	-3	2.32	福建	6	5	1	5.23	四川	11	12	-1	3.28
山西	22	21	1	2.02	江西	23	25	-2	1.40	贵州	28	27	1	0.97
内蒙古	9	8	1	4.35	山东	10	11	-1	3.80	云南	25	23	2	1.64
辽宁	24	24	0	1.52	河南	18	19	-1	2.45	陕西	8	9	-1	4.18
吉林	15	16	-1	2.88	湖北	12	14	-2	3.11	甘肃	19	10	9	3.92
黑龙江	14	17	-3	2.81	湖南	21	22	-1	1.99	青海	29	29	0	0.54
上海	1	1	0	9.63	广东	2	2	0	9.47	宁夏	27	28	-1	0.63
江苏	4	4	0	5.99	广西	26	26	0	1.34	新疆	16	15	1	2.89

（三）2019 年增长潜力的排名和权重

和 2018 年的增长潜力比较，2019 年增长潜力的排名上升的省份有 9 个：湖南从第 17 名上升到了第 10 名，上升了 7 名；辽宁从第 15 名上升到了第 9 名，上升了 6 名；上升了 4 名的省份有 4 个，青海从第 11 名上升到了第 7 名，新疆从第 10 名上升到了第 6 名，吉林从第 12 名上升到了第 8 名，宁夏从第 27 名上升到了第 23 名；山西从第 28 名上升到了第 25 名，上升了 3 名；上升了 2 名的省份有 2 个，广西从第 26 名上升到了第 24 名，湖北从第 20 名上升到了第 18 名。

2019 年增长潜力的排名下降的省份有 12 个：福建从第 6 名下降到了第 13 名，下降了 7 名；下降了 5 名的省份有 3 个，内蒙古从第 7 名下降到了第 12 名，云南从第 23 名下降到了第 28 名，山东从第 9 名下降到了第 14 名；下降了 3 名的省份有 2 个，海南从第 8 名下降到了第 11 名，重庆从第 24 名下降到了第 27 名；下降了 2 名的省份有 2 个，天津从第 14 名下降到了第 16 名，四川从第 13 名下降到了第 15 名；下降了 1 名的省份有 4 个：黑龙江从第 16 名下降到了第 17 名，安徽从第 18 名下降到了第 19 名，江西从第 19 名下降到了第 20 名，河南从第 25 名下降到了第 26 名。

2019 年其他省份增长潜力的排名保持不变（见表 4－9）。

表 4 - 9　　　　　　　　2019 年各省份增长潜力的排名变化及权重

省份	2018年	2019年	2019年变化	权重（%）	省份	2018年	2019年	2019年变化	权重（%）	省份	2018年	2019年	2019年变化	权重（%）
北京	5	5	0	5.62	浙江	2	2	0	7.33	海南	8	11	-3	3.68
天津	14	16	-2	2.96	安徽	18	19	-1	2.36	重庆	24	27	-3	1.16
河北	22	22	0	1.94	福建	6	13	-7	3.53	四川	13	15	-2	3.03
山西	28	25	3	1.42	江西	19	20	-1	2.27	贵州	30	30	0	0.72
内蒙古	7	12	-5	3.54	山东	9	14	-5	3.20	云南	23	28	-5	1.12
辽宁	15	9	6	3.81	河南	25	26	-1	1.27	陕西	21	21	0	2.05
吉林	12	8	4	4.04	湖北	20	20	0	2.55	甘肃	29	29	0	0.84
黑龙江	16	17	-1	2.58	湖南	17	10	7	3.74	青海	11	7	4	4.13
上海	1	1	0	9.57	广东	4	4	0	6.84	宁夏	27	23	4	1.81
江苏	3	3	0	7.01	广西	26	24	2	1.46	新疆	10	6	4	4.42

（四）2019 年政府效率的排名和权重

和 2018 年的政府效率比较，2019 年政府效率的排名上升的省份有 10 个：陕西从第 22 名上升到了第 16 名，上升了 6 名；河南从第 30 名上升到了第 27 名，上升了 3 名；有 3 个省份的排名上升了 2 名：山东从第 6 名上升到了第 4 名，广西从第 28 名上升到了第 26 名，宁夏从第 12 名上升到了第 10 名；上升了 1 名的省份有 5 个，四川从第 16 名上升到了第 15 名，云南从第 29 名上升到了第 28 名，浙江从第 3 名上升到了第 2 名，重庆从第 14 名上升到了第 13 名，湖南从第 23 名上升到了第 22 名。

有 11 个省份的政府效率的排名下降：有 3 个省份的排名下降了 3 名，内蒙古从第 20 名下降到了第 23 名，新疆从第 26 名下降到了第 29 名，甘肃从第 27 名下降到了第 30 名；有 3 个省份的排名下降了 2 名：青海从第 17 名下降到了第 19 名，辽宁从第 10 名下降到了第 12 名，山西从第 15 名下降到了第 17 名；下降了 1 名的省份有 5 个，湖北从第 19 名下降到了第 20 名，天津从第 4 名下降到了第 5 名，江苏从第 5 名下降到了第 6 名，吉林从第 13 名下降到了第 14 名，上海从第 2 名下降到了第 3 名。

2019 年其他省份政府效率的排名保持不变（见表 4 - 10）。

表 4 - 10　　　　　2019 年各省份政府效率的排名变化及权重

省份	2018年	2019年	2019年变化	权重（%）	省份	2018年	2019年	2019年变化	权重（%）	省份	2018年	2019年	2019年变化	权重（%）
北京	1	1	0	9.37	浙江	3	2	1	6.74	海南	9	9	0	4.30
天津	4	5	-1	6.41	安徽	25	25	0	1.44	重庆	14	13	1	3.19
河北	24	24	0	1.60	福建	11	11	0	3.61	四川	16	15	1	2.57
山西	15	17	-2	2.23	江西	21	21	0	1.99	贵州	18	18	0	2.22
内蒙古	20	23	-3	1.83	山东	6	4	2	6.60	云南	29	28	1	1.09
辽宁	10	12	-2	3.37	河南	30	27	3	1.10	陕西	22	16	6	2.27
吉林	13	14	-1	2.89	湖北	19	20	-1	2.12	甘肃	27	30	-3	0.85
黑龙江	8	8	0	4.51	湖南	23	22	1	1.98	青海	17	19	-2	2.18
上海	2	3	-1	6.74	广东	7	7	0	4.84	宁夏	12	10	2	3.68
江苏	5	6	-1	6.02	广西	28	26	2	1.33	新疆	26	29	-3	0.92

（五）2019 年人民生活的排名和权重

和 2018 年的人民生活比较，2019 年人民生活的排名上升的省份有 8 个：河北从第 17 名上升到了第 14 名，上升了 3 名；上升了 2 名的省份有 2 个，青海从第 14 名上升到了第 12 名，江西从第 28 名上升到了第 26 名；上升了 1 名的省份有 5 个，云南从第 21 名上升到了第 20 名，湖南从第 23 名上升到了第 22 名，山西从第 11 名上升到了第 10 名，湖北从第 12 名上升到了第 11 名，福建从第 10 名上升到了第 9 名。

2019 年人民生活的排名下降的省份有 7 个：陕西从第 9 名下降到了第 13 名，下降了 4 名；有 2 个省份的排名下降了 2 名：甘肃从第 26 名下降到了第 28 名，内蒙古从第 13 名下降到了第 15 名；有 4 个省份的排名下降了 1 名，宁夏从第 22 名下降到了第 23 名，新疆从第 16 名下降到了第 17 名，海南从第 20 名下降到了第 21 名，四川从第 15 名下降到了第 16 名。

2019 年其他省份人民生活的排名保持不变（表 4 - 11）。

表4-11　　　　　2019年各省份人民生活的排名变化及权重

省份	2018年	2019年	2019年变化	权重（%）	省份	2018年	2019年	2019年变化	权重（%）	省份	2018年	2019年	2019年变化	权重（%）
北京	3	3	0	5.40	浙江	4	4	0	5.06	海南	20	21	-1	2.58
天津	2	2	0	5.87	安徽	25	25	0	2.10	重庆	30	30	0	1.52
河北	17	14	3	3.21	福建	10	9	1	3.80	四川	15	16	-1	3.00
山西	11	10	1	3.66	江西	28	26	2	2.05	贵州	27	27	0	2.04
内蒙古	13	15	-2	3.16	山东	8	8	0	4.06	云南	21	20	1	2.73
辽宁	6	6	0	4.25	河南	18	18	0	2.93	陕西	9	13	-4	3.45
吉林	7	7	0	4.20	湖北	12	11	1	3.66	甘肃	26	28	-2	1.82
黑龙江	24	24	0	2.17	湖南	23	22	1	2.40	青海	14	12	2	3.47
上海	1	1	0	6.84	广东	19	19	0	2.81	宁夏	22	23	-1	2.38
江苏	5	5	0	4.66	广西	29	29	0	1.80	新疆	16	17	-1	2.93

（六）2019年环境质量的排名和权重

和2018年的环境质量比较，2019年环境质量的排名上升的省份有5个：天津从第17名上升到了第14名，上升了3名；上升了2名的省份有2个，吉林从第6名上升到了第4名，贵州从第24名上升到了第22名；有2个省份的排名上升了1名：内蒙古从第14名上升到了第13名，上海从第3名上升到了第2名。

2019年环境质量排名下降的省份有6个：青海从第13名下降到了第17名，下降了4名；下降了1名的省份有5个，福建从第5名下降到了第6名，山东从第22名下降到了第23名，海南从第2名下降到了第3名，浙江从第4名下降到了第5名，湖北从第23名下降到了第24名。

2019年其他省份环境质量的排名保持不变（表4-12）。

表4-12　　　　　2019年各省份环境质量的排名变化及权重

省份	2018年	2019年	2019年变化	权重（%）	省份	2018年	2019年	2019年变化	权重（%）	省份	2018年	2019年	2019年变化	权重（%）
北京	8	8	0	4.28	浙江	4	5	-1	5.26	海南	2	3	-1	5.54

续表

省份	2018年	2019年	2019年变化	权重(%)	省份	2018年	2019年	2019年变化	权重(%)	省份	2018年	2019年	2019年变化	权重(%)
天津	17	14	3	3.37	安徽	10	10	0	3.88	重庆	20	20	0	2.81
河北	28	28	0	1.18	福建	5	6	-1	4.97	四川	19	19	0	2.90
山西	29	29	0	0.83	江西	11	11	0	3.81	贵州	24	22	2	2.05
内蒙古	14	13	1	3.38	山东	22	23	-1	2.05	云南	15	15	0	3.28
辽宁	26	26	0	1.77	河南	30	30	0	0.28	陕西	27	27	0	1.23
吉林	6	4	2	5.42	湖北	23	24	-1	2.03	甘肃	25	25	0	1.94
黑龙江	9	9	0	3.96	湖南	7	7	0	4.71	青海	13	17	-4	3.22
上海	3	2	1	5.88	广东	1	1	0	7.25	宁夏	21	21	0	2.61
江苏	16	16	0	3.26	广西	12	12	0	3.70	新疆	18	18	0	3.15

（七）区域高质量发展

通过对中国各省份 1990—2019 年的经济发展质量进行评价，本章认为中国经济面临着新常态下的增长速度的调整，中国各省份的发展前景、可持续发展水平和经济发展质量仍然得到了一定的改善。同时随着城市化的发展，对公共服务、社会保障、生活质量和生态环境的要求逐渐占据重要地位。

表 4-13　　　　各省份 1990—2019 年高质量发展评估排名

省份	1990年	1995年	2000年	2005年	2010年	2015年	2016年	2017年	2018年	2019年	平均	2000年以后	2010年以后
北京	2	2	2	2	3	4	4	4	5	5	2	3	4
天津	4	3	3	3	6	7	7	7	7	7	5	6	7
河北	15	11	11	12	13	21	18	18	20	18	13	15	17
山西	16	14	12	11	10	23	22	20	17	21	14	13	15
内蒙古	13	15	15	15	15	11	11	10	9	9	15	14	11
辽宁	6	5	5	7	8	9	9	9	10	11	8	8	9
吉林	8	9	8	14	14	10	10	11	12	12	11	11	10
黑龙江	5	6	6	9	11	13	12	12	14	17	9	10	12
上海	1	1	1	1	1	1	1	1	1	1	1	1	1

续表

省份	1990年	1995年	2000年	2005年	2010年	2015年	2016年	2017年	2018年	2019年	平均	2000年以后	2010年以后
江苏	3	4	4	4	4	2	2	2	3	3	3	2	2
浙江	7	7	6	5	2	3	3	3	2	2	4	4	3
安徽	14	18	18	23	21	14	14	15	16	19	16	19	19
福建	17	13	14	10	9	8	8	8	8	8	10	9	8
江西	19	24	28	25	24	22	20	21	18	20	24	24	22
山东	9	8	7	8	7	6	6	6	6	6	7	7	6
河南	24	17	16	17	22	20	23	24	23	23	20	20	21
湖北	12	12	13	13	12	12	13	14	13	13	12	12	13
湖南	27	25	23	18	19	16	17	19	21	16	23	21	20
广东	11	10	10	6	5	5	5	5	4	4	6	5	5
广西	29	29	26	27	26	28	28	28	28	25	28	28	28
海南	18	20	17	22	18	18	16	17	19	15	17	18	16
重庆	21	27	27	28	23	19	21	22	22	22	26	25	23
四川	26	21	22	16	17	17	19	16	15	14	18	17	18
贵州	30	28	30	30	30	30	30	30	30	30	30	30	30
云南	25	26	24	29	29	29	29	29	29	29	29	29	29
陕西	22	22	21	19	16	15	15	13	11	10	19	16	14
甘肃	20	19	25	24	25	27	27	27	27	27	25	26	27
青海	28	30	29	26	28	26	24	25	26	26	29	27	26
宁夏	23	23	20	21	20	24	25	23	24	24	22	22	24
新疆	10	16	19	20	27	25	26	26	26	28	21	23	25

从表4-13可知，和2018年比较，2019年高质量发展评估排名上升的省份有6个：湖南从第21名上升到了第16名，上升了5名；海南从第19名上升到了第15名，上升了4名；广西从第28名上升到了第25名，上升了3名；河北从第20名上升到了第18名，上升了2名；有2个省份的排名上升了1名，四川从第15名上升到了第14名，陕西从第11名上升到了第10名。排名下降的省份有7个：山西从第17名下降到了第21名，下降了4名；有2个省份的排名下降了3名：黑龙江从第14名下降到了第17名，安徽从第16名下降到了第19名；有2个

省份的排名下降了 2 名：新疆从第 26 名下降到了第 28 名，江西从第 18
名下降到了第 20 名；下降了 1 名的省份有 2 个，辽宁从第 10 名下降到
了第 11 名，青海从第 25 名下降到了第 26 名。其他省份 2019 年的排名
保持不变，共有 17 个省份。

表 4 – 14　　　各省份 1990—2019 年的高质量发展指数（可比价格）

省份	1990年	1995年	2000年	2005年	2010年	2015年	2016年	2017年	2018年	2019年	平均	2000年以后	2010年以后
北京	100	98.0	95.9	102.3	108.4	102.2	103.9	103.6	103.5	101.7	102.0	102.8	103.1
天津	100	102.4	101.9	106.0	108.2	100.6	108.2	105.1	100.9	104.6	102.2	102.7	102.9
河北	100	97.9	96.6	108.3	111.9	102.2	108.4	104.7	103.3	108.4	102.8	102.7	102.7
辽宁	100	104.8	104.1	104.3	106.0	95.7	97.7	103.3	102.5	104.6	102.0	101.9	101.3
上海	100	97.5	106.7	95.5	109.6	103.4	105.2	105.0	105.4	101.5	102.4	104.1	104.1
江苏	100	97.4	98.0	104.6	108.6	102.1	105.4	103.1	105.4	105.4	103.3	104.8	105.3
浙江	100	98.5	98.6	106.3	113.3	104.7	103.7	105.2	107.7	104.8	104.3	105.3	105.0
福建	100	98.9	100.2	107.3	112.0	101.1	104.3	107.0	107.4	103.4	104.1	104.8	104.8
山东	100	96.6	95.6	102.8	108.3	103.7	102.7	107.2	106.4	104.7	103.9	104.4	105.2
广东	100	102.5	101.8	106.2	112.3	103.0	102.0	106.9	106.4	105.4	104.4	105.6	104.9
海南	100	95.2	110.3	104.3	115.5	97.8	106.3	102.6	103.1	110.5	103.5	104.6	104.0
山西	100	103.7	99.4	107.0	115.0	97.1	106.4	106.7	106.2	103.9	102.9	102.9	102.1
吉林	100	107.1	110.9	96.9	105.6	101.7	105.7	106.3	100.7	105.9	102.3	102.2	103.1
黑龙江	100	105.3	97.7	101.9	107.0	104.0	106.9	106.6	104.7	102.9	101.4	102.2	102.4
安徽	100	99.6	94.5	91.9	112.9	98.4	105.9	107.7	107.6	104.9	103.1	104.3	105.5
江西	100	98.9	94.8	113.8	103.0	100.6	106.1	104.1	107.4	105.1	103.4	105.6	103.9
河南	100	103.5	99.1	110.7	106.0	98.0	100.9	103.2	107.3	108.7	103.8	103.6	103.5
湖北	100	99.1	99.8	112.8	110.8	100.7	102.7	102.3	105.9	107.1	102.6	103.3	102.7
湖南	100	104.4	108.2	109.5	115.1	105.1	105.1	110.4	111.0	104.6	105.9	105.3	
内蒙古	100	101.8	97.7	108.4	107.5	105.3	106.7	104.0	103.9	103.9	102.9	104.1	103.2
广西	100	93.4	95.1	113.3	106.1	99.8	102.5	105.2	111.5	112.5	104.6	104.6	103.6
重庆	100	97.5	99.1	115.3	110.1	103.6	103.2	103.6	104.4	108.3	103.6	105.4	104.5
四川	100	105.9	96.8	110.0	109.1	102.2	103.3	105.7	108.3	105.1	104.1	104.6	103.1
贵州	100	98.8	98.7	114.1	106.5	102.4	101.9	107.5	110.0	104.3	103.4	104.5	103.8

续表

省份	1990年	1995年	2000年	2005年	2010年	2015年	2016年	2017年	2018年	2019年	平均	2000年以后	2010年以后
云南	100	99.8	98.8	111.1	106.9	104.8	99.2	110.6	110.7	113.3	103.3	103.7	104.2
陕西	100	102.8	98.6	105.6	111.0	100.9	107.0	106.5	108.1	106.0	104.0	104.9	103.6
甘肃	100	102.8	96.9	111.6	106.7	102.5	104.0	103.5	107.5	107.5	103.0	104.0	103.3
青海	100	91.8	98.7	110.1	108.7	98.2	108.9	102.5	106.6	102.1	104.3	105.5	103.7
宁夏	100	98.3	100.5	94.4	110.3	100.6	103.9	106.8	103.8	105.4	103.7	104.1	103.1
新疆	100	97.1	102.7	100.8	111.0	98.7	105.2	104.7	107.2	99.9	101.6	103.4	103.6
全国平均	100	100.2	100.1	105.1	109.5	101.6	104.5	104.5	105.4	105.3	103.0	103.9	103.7

表 4 – 15　　　　各省份 1990—2019 年的高质量发展指数（不变价格）

省份	1990 年	1995 年	2000 年	2005 年	2010 年	2015 年	2016 年	2017 年	2018 年	2019 年
北京	100	98.4	97.9	104.2	142.2	156.1	162.2	168.0	173.8	176.9
天津	100	111.5	112.1	130.0	152.2	156.0	168.7	177.3	178.8	187.0
河北	100	120.1	125.8	145.5	188.9	169.8	184.2	192.7	199.1	215.9
辽宁	100	124.6	126.9	137.1	165.9	163.1	159.4	164.7	168.7	176.5
上海	100	93.4	96.4	104.5	147.3	169.2	178.1	187.0	197.2	200.0
江苏	100	96.0	100.4	114.8	167.7	213.5	225.0	232.0	244.7	257.9
浙江	100	116.5	124.8	161.3	244.7	283.8	294.3	309.7	333.7	349.9
福建	100	122.4	125.8	168.5	225.4	258.0	269.0	287.9	309.2	319.6
山东	100	119.0	126.1	136.0	200.2	249.4	256.2	274.7	292.3	306.1
广东	100	116.6	124.8	161.6	249.5	292.4	298.5	318.7	339.2	357.5
海南	100	115.9	124.5	127.2	212.8	215.1	228.6	234.6	241.8	267.3
山西	100	118.9	132.0	159.7	213.6	179.3	190.8	203.5	216.1	224.5
吉林	100	109.6	119.8	109.9	145.7	156.2	165.1	175.5	176.6	187.1
黑龙江	100	98.8	95.9	98.1	125.4	120.2	128.6	137.1	143.6	147.7
安徽	100	99.1	99.4	103.2	158.9	184.5	195.3	210.4	226.4	237.6
江西	100	109.3	85.9	119.4	182.5	207.5	220.2	229.2	246.3	258.8
河南	100	142.7	145.7	170.0	223.2	244.2	246.4	254.4	273.0	296.7
湖北	100	103.1	109.6	131.6	178.2	174.1	178.9	183.0	193.8	207.6

省份	1990 年	1995 年	2000 年	2005 年	2010 年	2015 年	2016 年	2017 年	2018 年	2019 年
湖南	100	130.6	129.5	161.5	255.2	265.3	278.9	299.2	330.3	366.5
内蒙古	100	109.0	101.6	128.6	181.0	192.2	205.1	213.3	221.7	230.3
广西	100	111.8	140.5	159.8	262.7	257.5	263.9	277.5	309.4	348.0
重庆	100	88.6	97.7	112.8	197.1	228.5	235.9	244.4	255.3	276.5
四川	100	139.0	131.1	187.6	262.4	260.4	268.9	284.2	307.8	323.7
贵州	100	119.2	111.8	143.9	197.3	211.5	215.4	231.6	254.8	265.7
云南	100	109.7	124.2	117.7	178.0	177.8	176.4	195.1	216.0	244.6
陕西	100	123.8	119.7	145.1	243.9	238.5	255.1	271.6	293.6	311.4
甘肃	100	120.9	104.2	120.5	180.5	185.6	193.0	199.8	214.8	231.0
青海	100	109.3	118.2	170.6	259.2	278.6	303.5	311.0	331.5	338.4
宁夏	100	128.9	130.3	151.3	229.0	228.3	237.2	253.3	262.9	277.2
新疆	100	92.1	82.8	92.3	122.8	131.9	138.7	145.3	155.8	155.6
全国平均	100	110.4	112.5	130.0	185.0	198.6	207.4	216.9	228.6	240.7

表 4 - 14 和表 4 - 15 分别从可比价格和不变价格两个方面计算了中国从 1990 年到 2019 年高质量发展指数，从全国平均看，中国总体的高质量发展指数提升了 140.7%（表 4 - 15）。概括而言：第一，高质量发展指数提升集中体现在东南沿海地区。东南沿海主要省份高质量发展指数在近三十年都大幅改善，譬如浙江、福建、广东，而中西部地区高质量发展提升较快的主要在湖南、广西、四川、陕西和青海等少数几个省份，其他省份高质量发展指数上升较慢。第二，正如上文所言，我国区域差距已经由东部、中部和西部地区差距转化为南方与北方地区差距，表 4 - 15 中除山东、陕西和青海等少数北方省份外，其他省份高质量发展指数普遍都低于 300，南方省份经济体量和高质量发展转型已经远远超越北方省份。第三，如果以 200—300 为区间划分，仍然可以发现南方省份都位于这个区间，而北方很多省份都处于 100—200 区间，显示了北方很多省份高质量发展转型缓慢。

此外，通过对区域高质量发展评价结果可知，各地经济高质量发展和增强韧性的过程中，城市化、公共服务和环境质量相关指标的权重越来越大，这也提示我们高质量发展的内涵和本质更加关注经济中"人"

的因素，未来各地区能否顺利转向高质量发展路径的关键在于人才的竞争，只有具备丰厚的人力资本和有利于发掘潜在人力资本的良好环境才能实现区域经济现代化和高质量发展。

第四节　未来中国区域高质量发展战略任务

基于上述分析，各地经济高质量发展和增强韧性的过程中，城市化、公共服务和环境质量相关指标的权重越来越大，这也提示我们高质量发展的内涵和本质更加关注经济中"人"的因素，未来各地区能否顺利转向高质量发展路径的关键在于人才的竞争，只有具备丰厚的人力资本和有利于发掘潜在人力资本的良好环境才能实现区域经济现代化和高质量发展。基于以上研究结论，未来五年要推进中国区域高质量发展，应该重视以下战略任务。

第一，以产业结构调整为抓手，促进发展方式加快转变。推动经济高质量发展，要把重点放在推动产业结构转型升级上，把实体经济做实做强做优。为转变区域内经济发展方式，实现发展速度与质量效益同步提升，推动产业结构战略调整、实现产业结构高级化是经济新常态背景下保持经济持续健康发展的关键。以转型促发展，以发展促转型，推动经济社会发展从主要依靠要素投入向更多依靠创新驱动转变，从主要依靠传统比较优势向更多发挥综合竞争优势转换。其一，产业结构调整是发展方式转变的重要内容。要面向国内外市场需求，紧紧依靠科技管理创新和人力资源开发利用，加快改造提升传统产业，淘汰落后产能，不失时机发展工业化与信息化融合等战略性新兴产业，继续提高服务业产值和就业比重，培育壮大现代化经济体系。其二，中西部地区要以重点项目建设为抓手。紧紧围绕扩张增量、优化存量、提高技术含量，抓好项目建设，推进工业提质增效，力争在带动性、关键性、方向性、战略性项目的引进上取得突破。其三，结合调结构、转方式，围绕产业精准施策。通过以研引产、以股权换合作等多种形式，引进先进技术、先进管理、研发基地、总部中心等利于促进产业集聚、形成"产业链"、推进产业升级的优质项目。

　　第二，大力发展先进制造业和现代服务业，做好产业结构升级增量。为转变区域经济增长方式，推进产业结构优化升级，保持区域经济平稳较快发展、产业提质增效和结构优化升级，这是经济结构战略性调整的重点。需要发展先进制造业、提高现代服务业比重，全面增强自主创新能力，努力掌握核心技术和关键技术，增强科技成果转化能力，提升产业整体技术水平。以发展新兴产业为核心。战略性新兴产业代表未来科技和产业发展的新方向，体现当今世界知识经济、循环经济和低碳经济的发展潮流，目前，广大中西部地区的新兴产业尚处于成长期，未来发展潜力巨大，对经济社会具有全局带动和重大引领作用。各地区要抓住历史机遇，把发展战略性新兴产业作为转型升级的核心力量，除了打造新兴产业基地，还要大力发展新一代信息技术产业，加快发展移动互联网、物联网、大数据、云计算、电子商务等新一代信息服务业，同时提升工业信息化水平，加大信息技术产品和传统工业产品集成力度，推动信息技术在工业及流通服务领域的广泛应用。大力培育发展生物、新一代电子信息、新能源、节能环保、新材料、先进装备制造等战略性新兴产业。

　　第三，着力改善公共服务，为人才流入创造优良的公共环境。人才兴则地区兴，要把解决人才落户问题作为政府工作的重点。把满足人民群众对美好生活的需要作为工作重心，强化政府公共职能，向人民群众提供更多更优的公共产品和服务。注重发展民生经济，把保障和改善民生作为公共财政支出的主要投向，加大民生投入。把保障和改善民生作为政绩考核评价的重要取向，完善改善民生的制度安排，让人民群众得到更多实惠。加快发展社会事业，促进基本公共服务均等化。坚持优先发展教育，加大教育投入，深化教育教学改革，深入实施素质教育，办人民满意的教育。继续实施学前教育建设工程，推进义务教育资源均衡发展，促进高等教育内涵发展、特色发展。实施职业教育攻坚计划，推动中国特色双元制教育体系取得突破。深入推进医药卫生体制改革，加快医疗卫生事业发展，完善药品供应保障制度，健全重大疾病防控等公共卫生服务网络。

（执笔人：张鹏、张自然）

第五章 所有制结构:共同发展

2020 年 5 月 18 日发布了《中共中央国务院关于新时代加快完善社会主义市场经济体制的意见》，这是对 2019 年党的十九届四中全会所提出的"三位一体"的社会主义基本经济制度的一次深化。把经济运行机制或者说资源配置方式和所有制、分配制度并列进行制度化，体现了社会主义制度优越性、包容性和与时俱进的特殊品质。市场经济体制要求多元化市场主体，而改革开放以来中国经济所有制结构正是按照多元化的路径发展的。所不同的是，前期以增量改革为主，不同所有制经济呈现各自发展的态势，后期随着改革的不断深化不同所有制市场主体出现融合发展的特征。之所以是按照这一脉络发展，主要是因为我国的所有制结构调整经历了实践—政策—法律—制度的演进过程。这一制度化过程是党和人民的一项伟大创造，符合我国社会主义初级阶段社会生产力发展的内在规律性要求。

第一节 所有制结构调整的演进逻辑

通过四十多年的改革，中国经济已经走向"公有制为主体，多种经济共同发展"的所有制形态。然而，受意识形态的影响，中国的所有制结构调整往往是以实践推动效率改进为突破口，以政策推广改革成效，以理论深化定型改革成果。一般认为，党的十一届三中全会的作用在于开启了一个时代，而党的十四大则为这个时代的经济体制改革确定了主题——建设中国特色社会主义市场经济，而这也进一步加速了我国所有制结构调整的进程。但这两次划时代的重要会议和理论的形成都是在前期改革实践已经取得一定成绩的基础上开启的。党的十一届三中全会时，包产到组、包产到户的农村经济改革和向下放权的国有企业改革已经初步显现成效；党的十四大时，改革转向城市，国有企业改革成为城市改革的重点，同时经过20世纪80年代的发展，非公有制经济已初具规模，乡镇企业异军突起，对于一些困扰的问题，亟须在政策和理论上予以解决。

1992年春，邓小平同志的"南方谈话"从思想上突破了"姓资姓社"的困扰，最大限度地在党内外形成了发展的共识，而判断改革开放工作的标准就是"三个有利于"，即是否有利于发展社会主义社会的生产力、是否有利于增强社会主义国家的综合国力、是否有利于提高人民的生活水平。邓小平同志的"南方谈话"为党的十四大的召开扫清了思想障碍，奠定了理论基础，以后的改革都是沿着这一工作标准展开的。党的十四大确立建设社会主义市场经济体制后，所有制结构调整的大幕正式拉开。开启所有制调整序幕的是对公有制与非公有制经济主体和补充地位的确定，即"以公有制包括全民所有制和集体所有制经济为主体，个体经济、私营经济、外资经济为补充"。尽管只是补充，但实际上这是以党的决议的形式给予了非公有制经济合法地位。党的十四届三中全会对公有制主体地位进行了说明，即公有制的主体地位主要体现在国家和集体所有的资产在社会总资产中占优势，国有经济控制国民经济命脉及其对经济发展的主导作用等方面。这种对公有制经济主体地位的界定可以最大限度地发展非公有制经济，也为公有制经济大规模退出奠定了政策基础。此后，所有制结构进一步调整的方针被确定为，"在积极促进国有经济和集体经济发展的同时，鼓励个体、私营、外资经济发展"。

1997年，党的十五大把"公有制为主体、多种所有制经济共同发展"确定为我国社会主义初级阶段的基本经济制度。其中，非公有制经济地位进一步提高，从有益补充演变为我国社会主义市场经济的重要组成部分。需要说明的是，党的十五届五中全会通过的《中共中央关于制定国民经济和社会发展第十个五年计划的建议》从理论上阐释了所有制结构多样性是由我国社会主义初级阶段生产力水平的多层次性所决定的。这为非公有制经济快速发展提供了理论基础。此后,坚持和完善基本经济制度就成为所有制结构调整的主要方针。

2002 年,"两个毫不动摇"——毫不动摇地巩固和发展公有制经济和毫不动摇地鼓励、支持和引导非公有制经济发展——被写入党的十六大报告。至此,非公有制经济和公有制经济不再是对立存在的,而是共融于社会主义市场经济的两个部分。党的十六届三中全会进一步提出,"产权是所有制的核心和主要内容",而完善基本经济制度的内在要求是建立归属清晰、权责明确、保护严格、流转顺畅的现代产权制度。放宽市场准入,即允许非公有资本进入法律法规未禁入的基础设施、公用事业及其他行业和领域,是这次决议的一大亮点。非公有制企业在投融资、税收、土地使用和对外贸易等方面,与公有制企业享受同等待遇。这也进一步体现了公有制和非公有制经济作为社会主义市场经济的组成部分的平等地位。不仅如此,为促进非公有制经济发展,2005年国务院通过并下发《关于鼓励支持和引导个体私营等非公有制经济发展的若干意见》("非公经济 36 条"),并开始建设相关配套制度,垄断行业(除关系经济安全的行业外)大都在理论和政策层面上已向非公有制经济开放;2010 年国务院印发《关于鼓励和引导民间投资健康发展的若干意见》(即"非公经济新 36 条"),旨在进一步拓宽民间投资的领域和范围,鼓励和引导民间资本向更多领域发展。对非公有制经济而言,能放开的领域基本上都放开了。由此可见,从党的十六大到党的十七大,完善基本经济制度的着力点都是构建不同所有制经济公平发展的环境、强调在坚持两个毫不动摇的前提下平等保护物权的方向上展开的。

2012 年,党的十八召开,标志着中国经济改革发展进入新时代,新时代需要凝聚新共识,即通过制度化和法治化巩固社会主义改革开放成果,促成中国经济体制从不定型逐渐向确定型转变。表现在所有制结构调整上,就是在"两个毫不动摇"的基础上继续推进公有制与非公有制经济在社会主义经济中享有平等地位。党的十八届三中全会明确指出,"公有制为主体、多种所有制共同发展是中国特色社会主义制度的重要支柱，是社会主义市场经济体制的根基"。强调基本经济制度是社会主义制度的重要支柱和社会主义市场经济体制的根基，意味着公有制和非公有制经济都是社会主义社会的经济基础，共同托起社会主义社会的上层建筑。党的十八届三中全会《决定》进一步指出：公有制经济和非公有制经济都是社会主义市场经济的重要组成部分，都是我国经济社会发展的重要基础。公有制经济财产权不可侵犯，非公有制经济财产权同样不可侵犯。此外，《决定》还指出，混合所有制经济是基本经济制度的重要实现形式。这就为公有制经济和非公有制经济，特别是国有经济和非国有经济的进一步融合奠定了思想和政策基础，也为非公有制经济赢得了公平发展的环境，为废除各种形式的不合理规定和消除各种隐性壁垒扫清了制度障碍。显然，鼓励非公有制经济参与国有企业改革，特别是发展非公有制资本控股的混合所有制企业必须完善所有企业的现代企业制度，这样才能在一个制度体系内进行监管。不仅如此，深化国有企业改革要在准确界定企业功能的基础上实施分类监管，并通过管资本完善国有企业资产管理体制，进一步放开竞争性领域和竞争性环节，将国有资本投资进一步向关系国家安全、国民经济命脉的重要行业和关键领域集中。党的十八届四中全会的重要价值在于确立了法律在市场经济中的重要作用，强调"社会主义市场经济本质上是法治经济"。而要真正落实党的十八届三中全会所确定的"使市场在资源配置中起决定性作用和更好发挥政府作用"，就必须完善社会主义市场经济法律制度，规范市场主体的行为，并确保不同主体在法律面前的平等地位，即坚持以公平为核心的产权保护制度，保护不同所有制经济组织和自然人的财产权。

党的十九大勾勒了新时代坚持和发展中国特色社会主义的基本方略，其中一项重要内容就是坚持和完善我国社会主义基本经济制度和分配制度，在完善社会主义市场经济体制下坚持"两个毫不动摇"，推进混合所有制改革。从党的十九大报告看，已经把基本经济制度（主要是所有制结构）和分配制度以及市场经济体制作为新时代坚持和发展中国特色社会主义的基本方略，这三项内容已经构成我国社会主义经济制度的主要内容。党的十九届四中全会进一步把公有制为主体、多种所有制经济共同发展，按劳分配为主体、多种分配方式并存，社会主义市场经济体制统一在基本经济制度中，显然，这是一个政策制度化的过程。应该说市场经济体制、所有制和分配制度是三位一体的有机整体，既体现了生产力标准——要不断解放和发展社会生产力，又体现了社会主义特色——不仅要充分发挥市场在资源配置中的决定性作用，还要更好地发挥政府作用。只有把两个方面讲全了才能避免误解，也才能在发挥市场配置资源的效率优势的同时，避免市场经济带来的负面影响，为深入贯彻新发展理念、坚持供给侧结构性改革的主线、建设现代化经济体系提供制度保障。

通过梳理改革开放以来党的重要决议中所有制结构调整的政策演进过程，可以清晰地发现，无论是放权让利还是"两个毫不动摇"，乃至混合所有制改革和三位一体社会主义基本经济制度的确立，都是在凝聚各方面共识的基础上形成的，而只有凝聚最广泛的共识才能真正促成并推进所有制结构深度调整。

第二节　所有制结构调整的理论分析

关于所有制改革共识的达成在早期是比较容易的，这是因为所有制改革的起点是纯而又纯的公有制（包括国有经济和集体经济），因此，改革并不会动摇公有制在国民经济中一股独大的地位。就如邓小平同志所讲的，"多搞点'三资'企业，不要怕。只要我们头脑清醒，就不怕。我们有优势，有国营大中型企业，有乡镇企业，更重要的是政权在我们手里。"[①] 但随着非公有制经济的快速发展，特别是 1990 年中期"抓大放小"的国有企业改革后，公有制经济规模呈现出快速下降的趋势，这一趋势直到 2003 年国资委成立，国有企业改革从战略调整转向内部治理机制完善才结束。以国有经济为主的公有制经济在国民经济中比重的快速下降被称为"国退民进"，而围绕"国退民进"最重要的争论就是，如何在数量或指标上界定公有制经济的主体地位？如何保证公

---

① 《邓小平文选》第 3 卷，人民出版社 1993 年版，第 373 页。

有制经济的主体地位?

对此,党的十四届三中全会给出过明确界定,即公有制的主体地位主要体现在国家和集体所有的资产在社会总资产中占优势、国有经济控制国民经济命脉及其对经济发展的主导作用等方面。党的十五大进一步阐释,即对关系到国民经济命脉的重要行业和关键领域,国有经济必须占支配地位。在其他领域,可以通过资产重组和结构调整,以加强重点,提高国有资产的整体质量。显然,这种界定依然是在质的方向上进行的,缺少量的规定性,这就不可避免地产生对主体量的规定性的不同认知。比如,有的观点认为,公有制占主体在量上至少要符合简单多数的原则,即公有制经济在国民经济中占 50% 以上,具体包括总资产(资本)和就业,因为总资产的主体地位代表的是社会主义性质的生产关系,而就业的量的规定性则反映社会主义性质的分配关系,二者都应该占 50% 以上。如赵华荃①将"公有制经济占主体"的数量界定为公有制经济资产占 55%—60%,非公有制经济资产占 40%—45%。也有观点认为,不应该按照简单多数来评价公有制的主体地位,而应该从结构上把握主体地位,即公有制经济在各种所有制经济结构中占最大比重,同时,公有制经济占据国民经济中关系国计民生的重要部门。②由前述党的决议可知,所有制结构的调整是按照公有制经济提升质量和向关系国计民生的领域、部门的方向发展的,而在数量上并没有做出规定。正是缺少量的规定性,才先后出现了"国退民进""国进民退"的争论。前者以公有制经济已经接近 50% 触及社会主义性质为由,认为数量上的"国退"不能再持续下去;后者以"国进"破坏市场经济效率为由反对公有制经济特别是国有经济进入某些竞争性领域。最近的讨论则是围绕《共产党宣言》中"共产党人可以把自己的理论概括为一句话:消灭私有制"展开的。显然,这次讨论并没有跳出关于所有制特别是公有制主体地位的简单数量判断标准论证逻辑。需要指出的是,随着改革的深化,公有制经济中集体经济规模越来越小,其核心

---

① 赵华荃:《坚持公有制主体地位:供给侧结构性改革的前提》,《中国社会科学内部文稿》2017 年第 1 期。

② 胡培兆:《"以公有制为主体"如何定位》,《经济学动态》1997 年第 8 期。

主要是国有经济，因此，对公有制经济的研究主要是围绕国有经济展开的。

当然，也有学者从其他角度进行讨论。比如，刘怀德[1]认为国有经济的规模是内生决定的，其规模既不会无限制地增大，也不会无限制地缩小，会在运营成本和效用约束下于某种区间进行调整。因此，可以通过国有经济的绩效来判定国有经济适度规模，并应用"生存法则"进行检验。杨春学、杨新铭[2]认为应该根据经济发展总体状况（也就是社会福利）来评判公有制经济在国民经济中的比重，至于这一比重的具体数值则不应该是固定不变的，相反，在不同的发展阶段公有制经济的比重应该是不同的，但这一比重不能低于第二次世界大战后西欧国有经济发展鼎盛时期的比重。左大培[3]基于公有制经济的外部性，倾向于认为国有经济要维持一个相对大的规模，才能更好地发挥促进整体经济发展的外部性作用。

综合来看，学术界存在的这两种观点可以归结为：中国经济中的非公有制经济部分越来越大，贫富差距日益扩大，正在脱离社会主义经济的正确轨道；以国有经济为代表的公有制经济在国民经济中所占比重仍然太高，所占用资源过大，不符合建立高效率的市场经济的内在要求。由这两种观点衍生出来的改革思路相应地表现为两种：其一，国有经济乃至公有制经济在数量上不能再进一步降低，相反，应该进一步扩大公有制特别是国有经济在国民经济中的比重；其二，将国有经济压缩到国民经济 10% 左右，进一步扩大非公有制经济特别是民营经济在国民经济中的作用。显然，前者受经典作家关于社会主义乃至共产主义的描述的影响，后者则更多地受到 20 世纪 70 年代以后世界各国经济结构发展经验的影响。从某种意义上讲，这两种判断都没有能够结合中国经济发展的实践，也都没有完整地按照邓小平同志提出的"三个有利于"[4] 的

---

[1]　刘怀德：《论国有经济的规模控制》，《经济研究》2001 年第 6 期。

[2]　杨春学、杨新铭：《所有制适度结构：理论分析、推断与经验事实》，《中国社会科学》2020 年第 4 期。

[3]　左大培：《中国需要大规模的国有经济》，《探索》2005 年第 6 期。

[4]　"三个有利于"出自邓小平同志 1992 年"南方谈话"，即是否有利于发展社会主义社会的生产力、是否有利于增强社会主义国家的综合国力、是否有利于提高人民的生活水平。

判断标准来讨论所有制结构调整。尽管对于所有制调整的方向存在着不同的理解与观点，但基本共识是明确的，即所有制结构调整需要继续。而且，这些讨论本身与党的重大方略本身也是一致的，即在"两个毫不动摇"基础上调整所有制结构。这也意味着，我国的所有制结构调整本身总体上是非常成功的，只是在一些特殊的节点上争论才表现出来，而只有正视这些争论和不同的观点，才能对改革取得共识并进一步深化改革的实践。

第三节 所有制结构调整的现实基础

任何改革的深化都应该基于当前的现实和已经取得的实践经验来进行，所有制结构调整也不例外。根据党的十四届三中全会对公有制主体地位的说明，在考察所有制结构时应该从数量、质量以及产业布局三个方面进行。然而，由于缺乏全面充分的数据，所有制结构现状的基本情况为何只能依据已知的数据进行估算，或者用特定行业的数据，或者用公有制经济的主体国有经济与非公有制经济的主体民营经济、外资经济来大体描述所有制结构调整的趋势。

一 所有制结构的演进：数量有进有退

尽管缺少完整的数据，但鉴于关系所有制结构调整的现实需要，学者们还是根据公开数据对所有制结构状况的测算进行了不同的尝试，以回答当前公有制经济在国民经济中主体地位的情况，以及进一步改革的方向。从数据情况看，经济普查数据是目前最全面最权威的反映第二产业、第三产业整体经济状况的数据，根据该数据李成瑞[①]测算的 2004 年公有制与非公有制经济的资本结构是 56∶44；杨新铭、杨春学[②]则测算

---

① 李成瑞：《关于我国目前公私经济比重的初步测算》，《探索》2006 年第 4 期。
② 杨新铭、杨春学：《对中国经济所有制结构现状的一种定量估算》，《经济学动态》2012 年第 10 期。

了 2004 年和 2008 年的资产结构，具体结果为 65：35 和 52：48。裴长洪[1]结合注册资本数据和农业部调查数据对所有制结构进行了两个延伸测算，其一是测算了全口径也就是三次产业公私结构，其二是把数据拓展到 2012 年。从结果看，2012 年三次产业中公有制经济总资产占比为 53%，非公有制经济占比则达到了 47%。然而，也有研究认为公有制经济资产占比已经不足 50%。比如，赵华荃[2]运用实收资本数据测算的结果表明，2014 年公有制经济占全国经营性总资产的比重仅为 23.4%，非公有制经济占比则为 76.5%。而在 16 个重要行业中，公有制经济占据绝对控制力的有 3 个，具有不同程度的相对控制力的行业有 6 个；其余 7 个技术水平和经济效益高的行业，公有制经济控制力都较弱。如果从就业、投资和税收等指标看，公有制经济的贡献早已让位于非公有制经济。就这一点来讲，"56789"是最好的诠释，即非公有制经济中的民营经济对国家财政收入的贡献占比超过 50%；GDP 和固定资产投资、对外直接投资占比均超过 60%；企业技术创新和新产品占比超过 70%；城镇就业占比超过 80%；对新增就业的占比贡献超过 90%。[3]

　　鉴于党的重要文件对公有制主体衡量有明确界定——"公有制的主体地位主要体现在国家和集体所有的资产在社会总资产中占优势"，因此，可以判定总体上公有制经济总资产在国民经济中依然占据着数量上的绝对主体地位。之所以可以得到这一判断，主要是基于前述总体测算的结果和近年来不同所有制经济总资产结构的趋势性变化。鉴于 2003 年以后，国有企业股份制改革加速，到 2005 年混合所有制经济就已经占全部工业企业的 29.7%，成为各种经济成分中最重要的一种。因此，在图 5 - 1 中将其进行单独列出。如果将混合所有制经济纳入公有制经济计算，那么从 2010 年起，公有制经济达到下降的拐点开始上升，在 58% 左右徘徊。另据统计，2018 年全国国有企业资产总额为 210.4 万亿元，负债总额为 135.0 万亿元，国有资本权益总额为 58.7 万亿元。此外，

① 裴长洪：《中国公有制主体地位的量化估算及其发展趋势》，《中国社会科学》2014 年第 1 期。
② 赵华荃：《坚持公有制主体地位：供给侧结构性改革的前提》，《中国社会科学内部文稿》2017 年第 1 期。
③ 高云龙：《民营经济对经济社会发展做出了突出贡献有"56789"的说法》，2018 年 3 月 6 日，http://www.xinhuanet.com/politics/2018lh/2018 - 03/06/c_ 137019922.htm。

我国银行、保险、证券等金融企业几乎都是国有控股，在总资产中占据着绝对优势，如果算上这一部分，公有制经济的主体地位更不会动摇。

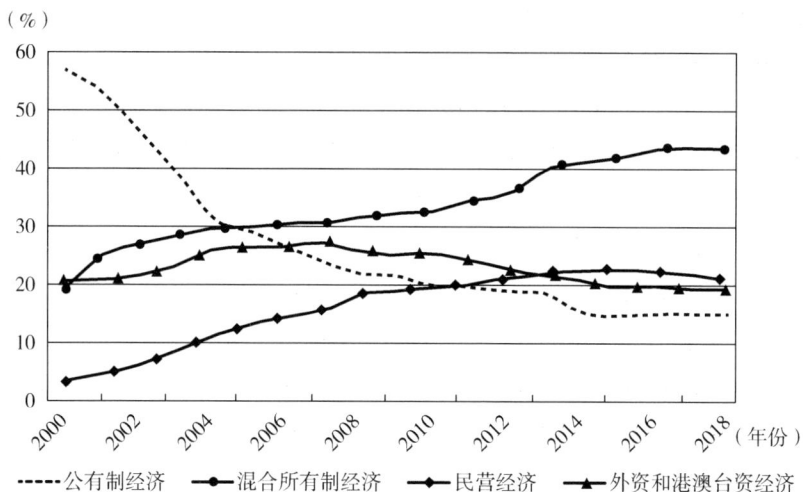

图5-1 规模以上工业企业资产所有制构成

注：公有制经济包括国有工业企业、集体工业企业、股份合作工业企业、联营工业企业、国有独资公司工业企业；混合所有制经济包括股份有限公司工业企业和其他有限责任公司工业企业；民营经济包括私营工业企业、其他工业企业；外资和港澳台资经济包括外商投资工业企业和港、澳、台商投资工业企业。

资料来源：根据《中国统计年鉴》（2019）相关数据计算得到。

二 所有制结构演进：质量同步提升

所有制结构调整在数量上逐渐走向稳定，特别是国有经济大规模调整的结束是以竞争力和资产质量提高为前提的。其中，国有经济距离做强做优做大越来越近，综合竞争力不断增强；民营经济逐渐摆脱家庭经营模式向现代企业加速转型，规模和盈利能力持续增强；外资和港澳台资经济本土化程度不断提高，已经摆脱只运用中国要素资源优势的发展模式，在国内的研发中心逐渐增多。

第一，不同所有制企业规模显著增加。如图5-2所示，规模以上工业企业中,国有企业平均资产规模最大、增长也最快;民营企业平均资产规模最低,但增长速度居中;外资和港澳台资企业平均规模居中,但其增长速度即慢于国有企业,也慢于私营企业。具体来看,国有企业平均资产规模从不足 1.2 亿元增长到将近 22 亿元,增长了 19 倍;民营企业平均资产规模从 1400 万元增长到 1.12 亿元,增长了 7 倍;外资和港澳台资企业平均资产规模从 8100 万元增长到 4.29 亿元,增长了不到 4.5 倍。

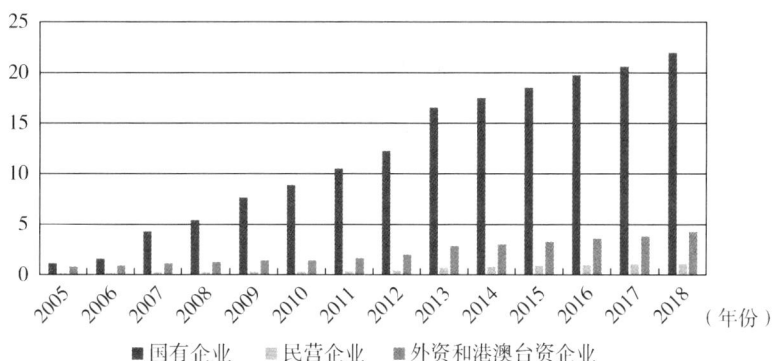

图 5 - 2   不同所有制规模以上工业企业资产规模变化情况

资料来源:根据《中国统计年鉴》(2019)相关数据计算得到。

第二,不同所有制企业效率差距不断缩小,得益于国有企业效率不断提高。如图 5 - 3 所示,国有企业改革成效明显。其中,2008 年国际金融危机前,国有企业总资产贡献率已经超过规模以上工业企业,工业成本费用利润率 2000 年以后持续上升并超过民营企业。国际金融危机后,国有企业的效率改善进程被打断,显然,这是两个原因造成的。其一是国有企业承担了平抑经济、避免外来冲击的任务,增加了投资,从而改变了国有企业自主经营的市场主体角色,偏离了利润最大化的动机;其二是部分国有企业处于周期性行业中,如钢铁、建筑类企业等,在外部冲击下暂时性陷入经营困难。但经过几年调整无论是总资产贡献率还是工业成本费用利润率两个指标所刻画的国有企业经营效率与非国有企业差距都呈现出逐渐接近的趋势。也就是说,无论是政策作用还是外部冲击,国有企业作为一个整体都可以通过市场化经营而得到平抑。因此,可以认为国有企业与非国有企业都已经成为合格的市场经营主体，所不同的是，在特定情况下，国有企业会承担更多的社会责任与政府负担。

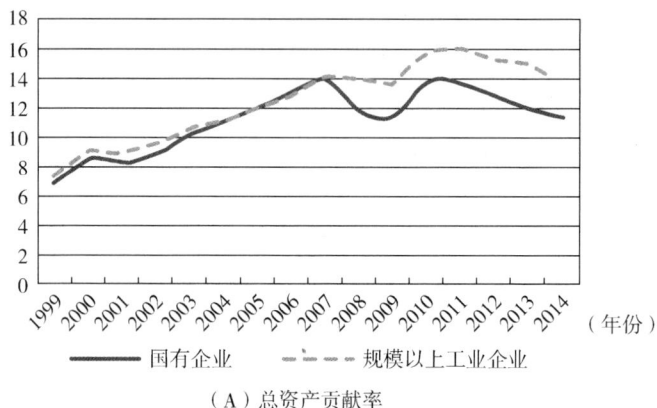

（A）总资产贡献率

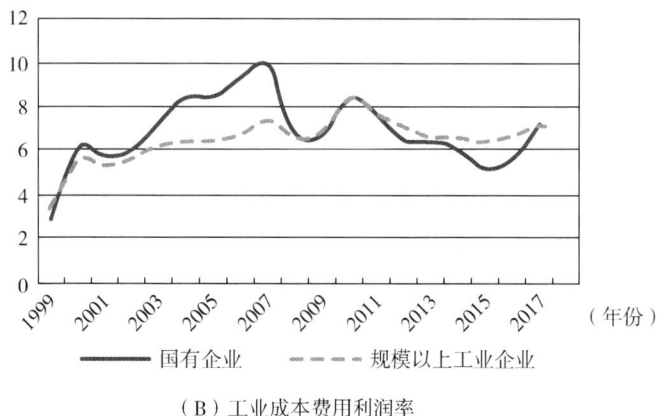

（B）工业成本费用利润率

图 5 – 3 国有企业与规模以上工业企业财务指标变化①

资料来源：根据《中国统计年鉴》（2017）及国家统计局网站相关数据计算。

第三，不同所有制经济的创新能力都呈现攀升态势，但差异较为明显。如图 5 – 4 所示，无论是国有企业还是非国有企业（民营企业、外资及港澳台资企业）新产品销售收入占主营业务收入比重在国际金融危机后都经历了上升—下降—上升的波动过程。所不同的是，民营企业

① 2015 年以后总资产贡献率不再出现在《中国统计年鉴》中。

和外资及港澳台资企业波动滞后且过程相对简单，到 2017 年均已超过
波动前的最高点；相反，国有企业波动比民营企业和外资及港澳台资企
业要大，下降过程更长，且未回到之前的峰值。如前所述，国有企业的
这种波动过程一方面是处于周期性产业，容易被外部冲击影响造成的；
另一方面则与其所承担的多元目标有关，即其在应对危机冲击过程中承
担了政策负担，而这种政策负担则需要更长时间去消化平抑。

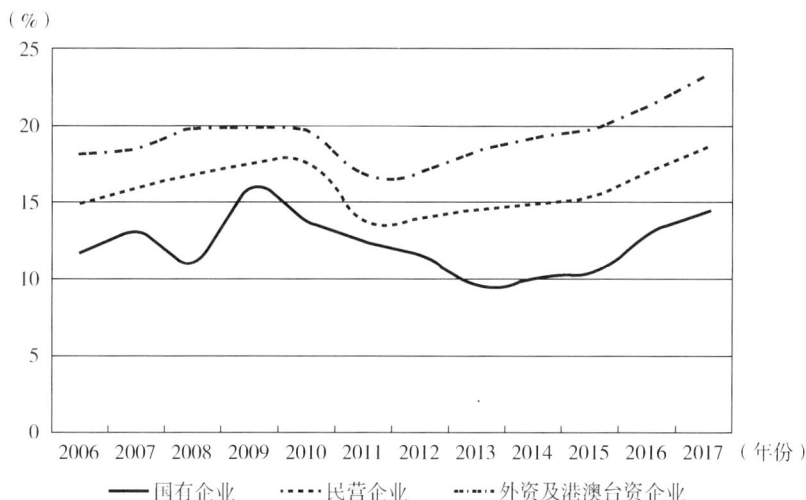

（%）

图 5－4　不同所有制工业企业新产品销售收入占主营业务收入比重

资料来源：相关年份《中国科技统计年鉴》《中国工业经济统计年鉴》《中国统
计年鉴》。

三　所有制结构的产业分布特征

经过多年调整，多种所有制经济共同发展的基本格局已经形成，但
不同所有制经济在不同的行业和领域内又有所差别。应该看到，民营经
济的快速发展一方面填补了原有公有制经济供给不足所导致的"短缺"
局面，另一方面则得益于公有制经济战略布局调整。根据党的十五届四
中全会《决定》，国有经济要控制的行业和领域主要包括：涉及国家安
全行业、自然垄断行业、重要公共产品和服务行业以及支柱产业和高新

技术产业中的重要骨干企业。这种整体定位和布局调整决定了不同所有制经济的产业结构特征。表 5-1 列举了 2004—2014 年国有经济在 16 个行业中比重的变化情况。鉴于表中使用的是实收资本，存在对国有经济比重的低估，但总体上的下降趋势与已有研究是一致的，即在经历了较大幅度下降后，以国有经济为代表的公有制经济的下降趋势已经趋于稳定。从具体产业分布看，到 2014 年"国有 + 集体"依然占绝对优势（ >50%）的只有 4 个，其中采矿业，交通运输及信息技术服务业，电力、煤气、水的生产和供应业属于关系国家安全和自然垄断行业，而石油加工、炼焦及核燃料加工业则属于基础性行业；占据相对优势（ >40% 或者高于其他所有制经济占比）的行业有 3 个，且都属于基础性行业，包括黑色金属冶炼及压延加工业、有色金属冶炼及压延加工业和交通运输设备制造业。

表 5-1　　　　2004 年、2012 年、2014 年 16 个重要行业中公有制

经济的资产比重　　　　　　　单位：%

	2004 年 国有	2012 年 国有	2014 年			
			国有	集体	民营	外资
16 个大行业总体情况	60.4	38.7	35.9	4.7	44.0	14.6
一、国家安全、自然垄断行业	80.1	43.2	41.3	5.4	47.4	4.7
采矿业	71.4	74.8	78.5	2.9	18.6	—
电力、煤气、水的生产和供应业	83.3	81.8	84.0	1.8	4.5	9.7
交通运输及信息技术服务业	85.2	45.6	49.7	0.5	42.9	5.3
金融业	77.3	22.6	17.8	11.6	65.5	3.7
水利、环境、公共设施管理业	56.0	32.2	13.4	0.6	79.2	6.0
二、重要基础性行业	31.1	30.3	24.2	2.9	37.4	35.4
石油加工、炼焦及核燃料加工业	59.6	73.0	66.6	2.7	19.4	8.4
化学原料及化学制品制造业	37.5	27.2	21.8	3.1	35.4	39.6
医药制造业	20.3	22.0	7.2	2.1	67.2	22.8
化学纤维制造业	26.1	17.0	5.5	1.8	41.9	50.6
黑色金属冶炼及压延加工业	48.4	40.0	39.4	8.3	38.7	13.6
有色金属冶炼及压延加工业	40.7	43.8	41.3	3.2	34.4	21.0
通用设备制造业	19.5	19.0	12.0	2.4	53.9	31.7

续表

	2004 年国有	2012 年国有	2014 年			
			国有	集体	民营	外资
专用设备制造业	22.2	23.4	16.1	3.3	43.5	37.1
交通运输设备制造业	53.6	35.5	37.5	1.9	24.4	36.2
电气机械及器材制造业	10.5	16.8	8.6	3.4	53.4	34.6
通信设备、计算机等制造业	8.6	20.8	11.3	1.3	14.8	72.6

注:数据为经营性资产,按实收资本计算。2003 年缺相关资料,故统计从 2004 年开始。2014 年的总资产中,国有经济 + 集体经济 + 民营经济 + 外资经济 <100%,其差额为个体经济。

资料来源:赵华荃:《坚持公有制主体地位:供给侧结构性改革的前提》,《中国社会科学内部文稿》2017 年第 1 期表 3。

第四节 所有制结构调整的策略选择

所有制结构的优化关乎全体人民福利和社会经济发展的前景,涉及有效的激励机制问题。既要调动短期基于个人、企业和局部利益的积极性,更要调动基于全体人民整体和长远利益的积极性;既要重视终极所有权,更要重视使用权、处置权和收益权的匹配,在人民利益根本一致的基础上,形成充分调动建设社会主义积极性的有效激励机制。在所有制结构优化过程中,多种所有制成分相互交叉、转换、重组和融合,已经成为普遍现象。初级阶段中国特色社会主义市场经济的公有制经济与非公有制经济,不是非此即彼的简单对立关系,而是相互依存的对立统一有机体。正如习近平总书记所强调的,"我们强调把公有制经济巩固好、发展好,同时鼓励、支持、引导非公有制经济发展,不是对立的,而是有机统一的。我们国家这么大、人口这么多,又处于并将长期处于社会主义初级阶段,要把经济社会发展搞上去,就要各方面齐心协力来干,众人捡柴火焰高。公有制经济、非公有制经济应该相辅相成、相得益彰,而不是相互排斥的、相互抵消的。"[1] 为了进一步促进不同所有制经济共同发展,可以选择的策略包括如下几个。

---

[1] 习近平:《毫不动摇坚持我国基本经济制度 推动各种所有制经济健康发展》,《人民日报》2016 年 3 月 4 日第 1 版。

一 凝聚共同发展的改革共识

受制于传统社会主义发展模式和理念的束缚，我国经济理论的研究略显滞后。"所有制结构问题、社会主义基本制度与市场经济相容问题、缩小收入分配差距问题等，都是实践探索和我们党的理论创新走在学术研究前面的基本问题。"① 其中，在所有制研究上，近年来出现了一些干扰所有制深化调整的声音，除了前面提到的"消灭私有制"论，还有民营经济"离场论"、"新公私合营论"等。"公有制经济、非公有制经济应该相辅相成、相得益彰，而不是相互排斥、相互抵消。"② 而且，所有制结构也不是一成不变的，要适应特定阶段的经济发展整体情况。③ 因此，前述学术界的分歧和新的声音都不利于改革，这也揭示了当前全面深化改革中重新凝聚共识的重要性。

无论是以国有经济为主体的公有制经济还是以民营经济为主体的非公有制经济在国民经济中的定位，习近平总书记在结合现实发展和社会主义经济建设规律的基础上给出了明确论述。例如"国有企业是中国特色社会主义的重要物质基础和政治基础，是我们党执政兴国的重要支柱和依靠力量。"④ 同时，"国有企业是壮大国家综合实力、保障人民共同利益的重要力量，必须理直气壮做强做优做大，不断增强活力、影响力、抗风险能力，实现国有资产保值增值。"⑤ "使国有企业成为党和国家最可信赖的依靠力量，成为坚决贯彻执行党中央决策部署的重要力量，成为贯彻新发展理念、全面深化改革的重要力量，成为实施'走出去'战略、'一带一路'建设等重大战略的重要力量，成为壮大综合国力、促进经济社会发展、保障和改善民生的重要力量，成为

① 杨新铭：《中国特色社会主义政治经济学研究的新进展》，《人民日报》2018 年 11 月 19 日。
② 习近平：《在民营企业座谈会上的讲话》，人民出版社 2018 年版。
③ 杨春学、杨新铭：《所有制适度结构：理论分析、推断与经验事实》，《中国社会科学》2020 年第 4 期。
④ 习近平：《坚持党的领导、加强党的建设是国有企业的独特优势》，《习近平谈治国理政》（第二卷），外文出版社 2017 年版，第 175 页。
⑤ 习近平：《理直气壮做强做优做大国有企业》，新华网，http://www.xinhuanet.com//politics/2016−07/04/c_ 1119162333.htm。

我们党赢得具有许多新的历史特点的伟大斗争胜利的重要力量"①。在2018 年召开的民营企业座谈会上，习近平总书记提出，"民营经济是我国经济制度的内在要素，民营企业和民营企业家是我们自己人。民营经济是社会主义市场经济发展的重要成果，是推动社会主义市场经济发展的重要力量，是推进供给侧结构性改革、推动高质量发展、建设现代化经济体系的重要主体，也是我们党长期执政、团结带领全国人民实现'两个一百年'奋斗目标和中华民族伟大复兴中国梦的重要力量。"②

　　显然，在习近平总书记的论述中，尽管民营经济属于非公有制经济，但却是"自己人"，是社会主义经济的组成部分，因此，可以说民营经济是在一定程度上具有社会主义性质的经济形式。而这是从学理上考量公有制经济和非公有制经济共融于社会主义经济的思想基础，因此，首先要摒弃民营经济工具论的思维定式。"理论和实践都证明，市场配置资源是最有效率的形式"③，而市场配置资源的效率来源之一就是竞争，竞争的条件是市场主体多元化，多元化市场主体的根本在于所有制的多元化，社会主义制度下的所有制多元化要坚持公有制为主体，多种所有制共同发展。"社会主义的本质，是解放生产力，发展生产力，消灭剥削，消除两极分化，最终达到共同富裕。"④ 从生产力的角度讲，在社会主义国家，无论是公有制经济还是非公有制经济中的民营经济，只要能够促进社会生产力的不断提高，就都是具有社会主义性质的经济组织形式。所不同的是，在促进共同富裕上两类所有制经济是有差异的。国有经济由于其公有制性质天然的可以为改善收入分配作出贡献，而非公有制经济中的民营经济则带有私有性质，自然的有拉大收入分配的倾向。因此，对于民营经济而言，从所有权到收入分配改善只有在一系列制度安排和政策环境下才能实现。从基尼系数看各国收入差距情况，欧洲和日本等发达经济体基尼系数长期维持在

---

　　① 习近平：《坚持党的领导、加强党的建设是国有企业的独特优势》，《习近平谈治国理政》（第二卷），外文出版社 2017 年版，第 175 页。

　　② 习近平：《在民营企业座谈会上的讲话》，人民出版社 2018 年版。

　　③ 《习近平关于社会主义经济建设论述摘编》，中央文献出版社 2017 年版，第 52 页。

　　④ 《邓小平文选》第 3 卷，人民出版社 1993 年版，第 373 页。

0.3—0.4，意味着这些经济体居民收入差距较小。比较二者收入差距小的形成机制可知，日本是通过初次分配也就是通过工资制度（年功序列制）实现的，欧洲则主要依托再分配制度，通过高税率和转移支付缩小居民收入差距。由此可见，在脱离原始自由竞争后，即便是市场经济也可以通过特定的制度安排、政策引导来缩小收入差距，实现共同富裕。因此，单纯地从产权形式来划分社会主义本质特征显然是片面的。对此，党的十八届四中全会通过的《中共中央关于全面推进依法治国若干重大问题的决定》给出了明确回答，即"党的领导是中国特色社会主义最本质的特征，是社会主义法治最根本的保证"。当前，只有以党的十八大以来中央的重大决议特别是"两个毫不动摇"和习近平总书记关于国有经济、民营经济发展系列讲话精神为核心，才能在最大程度上凝聚所有制结构深化改革的共识。而且，要把共识凝聚在国有经济和民营经济都是"自己人"这一主题上来，才能通过进一步深化所有制结构调整，促进不同所有制经济共同发展，促进经济整体效率不断提升。

二　促进所有制共同发展的政策环境

非公有制经济与公有制经济在市场经济中所处地位相同，都是社会主义经济的重要组成部分的政策意义在于政府在出台相应政策时应一视同仁，不能有所有制歧视。摆脱所有制歧视的关键是要坚持竞争中性，放宽市场准入。与一般所理解的"竞争中性"不同，这里讲到的竞争中性主要是指所有制中性，也就是政策制定上的所有制非歧视特征。之所以强调这一点，主要是因为公有制经济中的国有经济在国民经济中依然处于较为有利的位置，因此，要推进负面清单的落实，真正为不同所有制企业创造相同的公平竞争的环境，减少所有制歧视，特别是政府对非公有制经济中民营经济的不公平待遇。党的十八大以来，负面清单逐渐提上日程，到2018年"负面清单"经过三次改版后终于在全国范围内推行。问题的关键是要落实，真正放开各相关领域，特别是要消除各种隐性壁垒，切实放宽市场准入，消除"玻璃门""弹簧门"等赖以存在的基础，要坚持权利平等、机会平等、规则平等、竞争中性的市场环境。

除了坚持竞争中性外，政府还要改善营商环境，特别是在经济下行与成熟经济体中改善营商环境更加重要。因为，营商环境的改善可以降低企业交易成本，为企业赢得更好的生存环境。而改善营商环境的整个路径应该是朝着透明化、法制化、便利化和低成本化的方向进行。从世界银行公布的中国营商便利度排名来看（见表5－2），2018年、2019年中国的营商环境都有较大幅度的上升，2018年排位从上年的78位上升到46位，2019年进一步上升为31位，处于190个国家中的前20%以内，属于营商环境较好的经济体。目前制约营商环境进一步改善的因素只有获得信贷和纳税两项。其中，获得信贷方面主要是要进一步提高法治程度，即在抵押和破产的债权债务保护方面还有欠缺；而影响纳税得分的主要是我国目前总税率仍然偏高，调查地上海的企业税收（含费）占利润的比重高达62.6%，而东亚经济体和经合组织成员方则分别为33.6%和39.9%，前33位表现最好的经济体平均为26.1%。因此，进一步减税降费尤为重要。但需要指出的是，世界银行关于中国营商环境的调查仅限于北京和上海两地，因此，缩小营商环境的地区差异，使国内落后地区的营商环境得到改善将是未来一段时间促进不同所有制经济，特别是促进非公有制经济发展的关键。

表5－2　　中国营商便利度在世界上的排名（2006—2019年）

	排名	经济体数量（个）	所处位置（%）
2006	93	175	53
2007	90	181	50
2008	86	183	47
2009	89	183	49
2010	87	183	48
2011	91	183	50
2012	91	185	49
2013	96	189	51

续表

	排名	经济体数量（个）	所处位置（%）
2014	90	189	48
2015	84	189	44
2016	78	190	41
2017	78	190	41
2018	46	190	24
2019	31	190	16

注：表中数据经过四舍五入处理。
资料来源：根据世界银行营商环境报告整理。

三　坚持促进不同所有制经济高质量发展

虽然，不同所有制经济都面临着提升质量促进升级的问题，但鉴于差异化特征明显，不同所有制经济高质量发展既有共性又有个性差异。从共性看，近年来不同所有制经济的资产收益率都有较大的下降（见图5-5），这一趋势与2008年国际金融危机以后全球经济陷入新一轮衰退有很大关系。但从个性差异看，与非公有制经济相比，公有制经济的发展质量更低一些。尽管这一现象与国有企业所处产业有关，但这也验证了习近平总书记所强调的国有企业"大而不强"的局面没有根本性变化的判断，因此，"做优做强做大"国有企业任重道远。同样的，非公有制经济特别是民营企业同样也"要努力把企业做强做优"，也要"鼓励有条件的民营企业建立现代企业制度"[①]，但民营企业所面临的环境和问题则完全不同。

第一，公有制经济高质量发展的策略选择。促进公有制经济高质量发展就是要使国有经济高质量发展，总体思路就是要落实2015年国资委等部门颁布的《关于国有企业功能界定与分类的指导意见》，按照商业类和公益类的分类推进改革。但对于单个国有企业而言，提高经营效率与决策科学性则需要进一步推进政企分开，加速推进混合所有制改

---

① 习近平：《在民营企业座谈会上的讲话》，人民出版社2018年版。

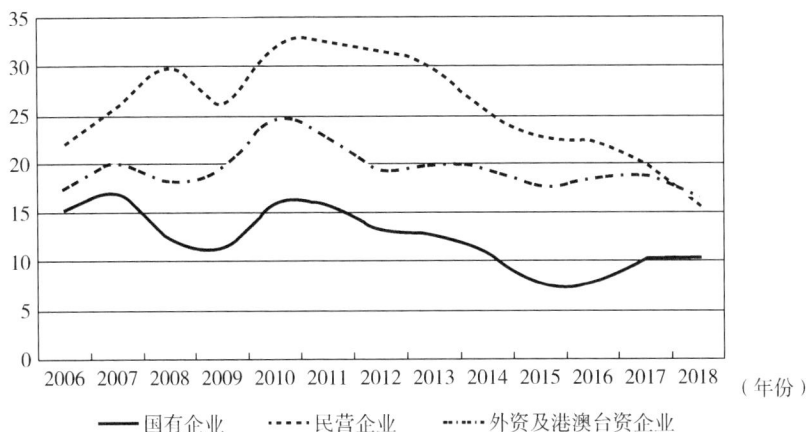

图 5 - 5　不同所有制规模以上工业企业的资产收益率

资料来源:《中国统计年鉴》(2019)。

革。"发展混合所有制经济已经成为大势所趋。是完善我们基本经济制度一个着力点。"① 之所以要加速混合所有制改革,除了混合所有制企业是公有制经济的又一重要实现形式外,更重要的是混合所有制企业展现出来比其他所有制经济更高的效率。如表 5 - 3 所示,2018 年主营业务收入超过 2000 万元的工业企业的平均利润率为 6.32%,其中内资企业低于港澳台资企业和外资企业;而内资企业中最高的是股份有限公司(8.81%),也高于私营和外资企业,混合所有制企业中除了股份合作企业较低外,其余均高于国有企业(4.29%)。另据测算,2008 年混合所有制经济对 GDP 的贡献是 8.46 万亿元,而通过资本产出弹性计算得到的只有 4.81 万亿元,制度溢出效应为 75.88%;比按照资本产出弹性计算的公有制经济和非公有制经济分别超出 1.41 万亿元和 2.22 万亿元,制度溢出效应分别为 66.82% 和 83.15%。② 也就是说,混合所有制经济比单纯的公有制经济和非公有制经济而言具有更高的效率,要素资

---

① 张卓元:《发展混合所有制经济已经成为大势所趋》,在 2013 年凤凰网与凤凰卫视联合举办的"2013 凤凰财经峰会"上的发言。

② 杨新铭、杨春学:《对中国经济所有制结构现状的一种定量估算》,《经济学动态》2012年第 10 期。

源向混合所有制经济流动会拉动 GDP 更快发展，使要素资源得到更有效率的使用。由此可见，发展混合所有制经济，有利于国有资本放大功能、保值增值、提高竞争力，有利于各种所有制资本取长补短、相互促进、共同发展，实现经济整体运行质量的不断提高和资源配置效率的不断改善。

表 5 - 3　　　　　　2018 年规模以上工业企业主要财务指标　　单位：个，亿元，%

	企业数	总资产	营业收入	利润总额	户均利润	总资产收益率	利润率
总计	378440	1134382	1049491	66351	0.175	5.85	6.32
内资企业	330704	910029	805012.4	49576	0.150	5.45	6.16
国有企业	1836	65398	42334.5	1816.6	0.989	2.78	4.29
集体企业	1675	1731.7	1926.1	102.2	0.061	5.90	5.31
股份合作企业	772	665.7	762	22.8	0.030	3.42	2.99
联营企业	96	137.7	168.6	9.3	0.097	6.75	5.52
有限责任公司	92935	427067.8	331503.5	20313	0.219	4.76	6.13
股份有限公司	11980	174685.9	115447.5	10176	0.849	5.83	8.81
私营企业	220628	239288.8	311970	17137	0.078	7.16	5.49
其他企业	782	1053.4	900.3	−0.4	−0.001	−0.04	−0.04
港、澳、台资企业	22829	98303.9	101368.7	6454.5	0.283	6.57	6.37
外资企业	24907	126049.3	143109.3	10321	0.414	8.19	7.21

资料来源：《中国统计年鉴》（2019）。

　　从具体路径看，国有企业混改过程可以分为"引进来"和"走出去"两种方式。其中，"引进来"主要是指在原有国有企业中引入非公有制资本，从而实现股权结构多元化，进而提高国有企业经营决策的科学性。在引进非公有制资本的过程中，既要防止国有资产评估过程中的流失，实现国有资产保值增值；同时，也要避免国有资本作为大股东在决策过程中对于引进的中小股东，特别是非公有制小股东权益的侵害。"走出去"是指国有资本通过市场原则进入经营效率高的非公有制企业，从而扩大国有资本的经营范围，扩大国有资本的利润来源。需要注意的是，国有资本进入非公有制企业是通过多元化投资,利用国有企业独特优势(如资本雄厚、信用等级高、渠道畅通等)帮助非公有制企业跨越融资难、"玻璃门"、"卷帘门"等隐形发展障碍,切实扩张非公有制企业经营范围,进而实现国有资本的保值增值。因此,特别需要防止国有资本深度干预非公有制企业经营决策,更要防止国有资本利用资本优势完全收购非公有制企业。另外,尽管混合所有制经济是基本经济制度的重要实现形式[①],但不宜将其直接列入国有企业的范畴,应该对其内涵和外延进行清晰界定,以一种全新的区别于国有企业的经济组织形式进行统计界定,以有利于应对外部市场对其可能产生的质疑[②]。

第二,非公有制经济高质量发展的策略选择。对于非公有制企业而言,尽管经营效率相比公有制企业高,但仍然"要练好企业内功,特别是要提高经营能力、管理水平,完善法人治理结构",进一步"要拓展国际视野,增强创新能力和核心竞争力,形成更多具有全球竞争力的世界一流企业"。[③] 整体来看,虽然民营企业发展较快,但整体上规模还比较小,与国际、国内大企业竞争还存在比较大的弱势。如图 5 - 2 所示,2018 年民营企业平均资产总额只有 1.12 亿元,而国有企业户均资产则接近 22 亿元,民营企业户均资产仅相当于国有企业户均资产的 5%。从最顶端企业看,2018 年入围世界 500 强的 107 家中国企业中,民营企业只有 17 家,其余 90 家为国有或国有控股企业。2017 年,资产总额突破 1000 亿元的民营企业有 61 家,而同期仅 102 家非金融类中央企业总资产就达到 76.2 万亿元。由此可见,民营企业在保障经营绩效的同时仍需跨越规模障碍,增强核心竞争力和抵御风险的能力。

此外,对于民营企业来讲,经营分化的局面也越来越明显,虽然已经出现一些规模大、效率高的现代企业,但数量众多的依然是规模小、竞争激烈且面临管理和融资约束强的中小企业。因此,民营企业要围绕解决发展"瓶颈"和转型升级两条路径发展。首先,通过政府政策引

---

① 《国务院关于国有企业发展混合所有制经济的意见》,http://www.gov.cn/zhengce/content/2015-09/24/content_10177.htm.

② 中国社会科学院经济研究所课题组:《"十四五"时期我国所有制结构的变化趋势及优化政策研究》,《经济学动态》2020 年第 3 期。

③ 习近平:《在民营企业座谈会上的讲话》,人民出版社 2018 年版。

导与企业自我完善相结合的路径，实现民营企业建立现代企业制度。一方面，通过财税、补贴以及政策咨询等方式，由政府扶持广大中小民营企业，促进中小企业完善内部机制，提高管理水平，摆脱落后的管理模式。另一方面，企业自身通过吸引人才、建设内部激励机制以及股权改造等，逐渐成为现代企业，提升企业核心竞争力。只有民营企业自身更加规范，才能解决长期困扰中小企业发展的融资难问题。当然，政府相关部门要督促金融机构创新金融产品，符合市场规律，满足中小企业正规渠道融资的难题。这里需要发挥政府服务功能，加快面向民营企业的技术平台、担保平台等平台建设，同时积极引导民营企业转型升级，培育一批特色突出、市场竞争力强的大企业集团和产业集群。在政府扶植民营企业发展的过程中，要切实构建"亲""清"的新型政商关系，坚决防范民营企业为自身利益最大化去俘获政府官员现象的产生。

四　强化不同所有制经济的产业布局与协调

从整体的产业布局来看，通过国有经济"有进有退"的产业布局调整和分类改革的整体推进，商业类国有经济基本上已经集中于关系国家安全、国民经济命脉的重要行业和关键领域，并承担着国家重大专项任务，而公益类国有企业则主要关注民生保障、社会服务以及公共产品和服务的提供。显然，两类国有企业的经营目标和考核体系存在较大差异。其中，商业类国有企业，要以保障国家安全和国民经济运行为目标，重点发展前瞻性战略性产业，实现经济效益、社会效益与安全效益的有机统一。因此，市场化运作是这类国有企业的主要运行方式。公益类国有企业则不宜单纯以微观财务指标作为考核标准，需要结合数量指标和成本指标来综合考察经营状况。这不可避免地会产生一定程度的政府管控，但这种管控应该适度，不能完全置于计划之下，通过政府规制引入市场机制，是这类国有企业不断提高公共服务效率和能力的途径。除了上述国有经济存在的领域外，更广大的领域都可以由民营经济来充实，即使是一些自然垄断行业的特定环节——如电力的生产与供给、燃油的销售等——也可以引进民营企业以增加市场竞争，倒逼在位国有企业深化改革提高效率。更重要的是,引入民营企业可以为在位国有企业提供影子企业,便于国有企业主管部门进行考核。另外,国有经济在资本、资源方面具有优势,在全国性基础设施建设等领域具有无可比拟的竞争优势,但在各地区内部特别是劳动密集的供给环节,民营经济的效率优势明显,因此,通过产业链上的分工有利于提高整个产业链的供给效率。

如果从技术层级划分产业链的话,国有经济的分布则主要集中在资源型产业和中技术产业两个产业中,牢牢控制着产业链的上游和中游,这也反映了国有经济产业布局调整取得了显著成效。资源型产业占比一直维持在30%—40%,近年来有所波动,但大格局没有发生变化(见图5-6)。利用投入产出表说明,工业企业中处于上游产业的国有企业比例超过了50%,而处于下游产业的国有企业比例在2007年以后就在10%以下了。国有企业应依据自身资本密集特点尽可能布局技术密集产业,抢占研发和技术进步先机,解决制约我国经济长远发展的“卡脖子”环节。只有这样,才能更好地带动全产业链上不同所有制经济技术水平的共同提高。

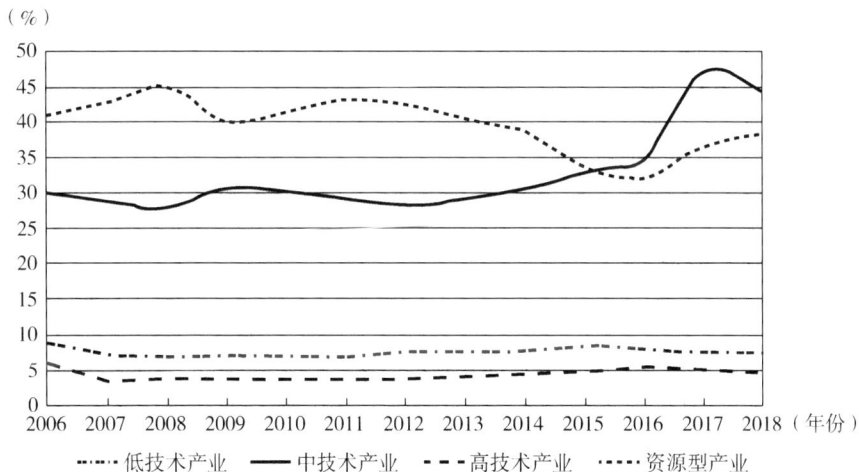

图5-6　工业国有企业按技术密集分布

资料来源:根据相关年份《中国工业经济统计年鉴》数据整理。《中国工业经济年鉴》最新只发布到2017年,因而2017年和2018年数据采用主营业务收入代替。

五　筑牢共同发展的价值基础

无论是产业链上合理分工，还是不同产业的科学布局，其最根本的目的都是通过优化所有制结构来提高经济的整体效率，进而促进生产力的发展。如果说改革的上半程是通过激励机制的改善，促进效率的提升而发展生产力；那么，进入改革的下半程，就要在继续提高效率促进生产力发展的同时，尽可能实现发展成果共享、缩小收入差距、促进共同富裕的实现。回到主题，不同所有制经济共同发展的功能基础是生产率的提高，但其价值基础应该是提高居民福利水平，从而解决人民日益增长的美好生活需要和不平衡不充分的发展之间的矛盾。正如前文所提到的要凝聚共识，而共识的凝聚需要共同的价值基础，这是未来不同所有制经济都要面对的问题。

对于公有制经济来讲，价值基础本身就是其成立并发展的前提条件，而不是主流经济学所提及的弥补市场失灵或者平抑危机冲击。因此，问题的核心就转化为效率改进与公有制经济公有性质的体现①。从国有企业利润分配的角度看，公有制经济似乎已经找寻出一条比较稳妥的路径，即一方面企业利润分类上缴制度已经确立，且随着从管企业到管资本的监管转型，政府对公有制经济也正在从重监管向重收益转型。这种转型的关键除了要明确收益上缴外，更要明确收益使用。2017年，国务院印发《划转部分国有资本充实社保基金实施方案》，规定将企业国有股权的10%划转给社保基金，充实企业职工基本养老保险基金。这一举措使国有企业切实与全民福利挂钩。因此，透明化、福利化将是公有制经济铸就共同价值基础的路径。

与公有制经济不同，非公有制经济中的民营经济并不具有天然的共同价值基础，但从实际情况看，民营经济却与居民、与国家经济生活密切相关。"概括起来说，民营经济具有'五六七八九'的特征，即贡献了50%以上的税收，60%以上的国内生产总值，70%以上的技术创新

---

① 杨新铭、杜江：《国有资本管理体制改革的基本逻辑与方案》，《理论学刊》2020年第4期。

成果,80%以上的城镇劳动就业,90%以上的企业数量。"① 鉴于民营企业与80%城镇劳动就业相关,因此,探索一条适宜的成果分配机制是民营经济构筑共同价值基础的有效路径。这种分配机制既可能体现在初次分配领域,也可能体现在再分配领域,不管体现在哪个领域,其根本目标在于提高居民实际收入水平,减少收入差距。在初次分配领域,可以考虑适当的员工持股与利润分红或者类似日本的工资增长机制设计,在再分配领域可以考虑提高企业社会保障支出比例及员工安全保障水平,等等。

(执笔人:杨新铭)

---

① 习近平:《在民营企业座谈会上的讲话》,人民出版社 2018 年版。

中　篇

问题与政策

第六章 中国经济的宏观调控

改革开放以来，我国决策层和理论界关于宏观调控的思想和认识发生了很大变化。[①] 从 1979 年到 1997 年，经济治理的指导方针从"有计划按比例和综合平衡"到"国家调节市场、市场引导企业"，再到"要使市场在社会主义国家宏观调控下对资源配置起基础性作用"，市场化调控手段从不被接受到被认可再到占据主导地位，计划手段某种程度上仍被保留下来，最终形成了社会主义市场经济体制下的新型宏观调控体系；从 1997 年至 2012 年，这一体系的基本框架大体保持稳定，又有一些新的发展和完善，决策层对积极财政政策的功效、繁荣期调控的必要性、行政调控的适用性等问题有了更清晰的认识；2013 年，决策层的宏观调控理念又有新的变化，"经济运行合理区间"概念纳入宏观调控目标，短期的宏观调控政策更密切地与调结构、促改革的中长期政策结合起来，力求做到既有利于短期内的宏观稳定，又有利于提高长期经济增长的质量与效益。2017 年党的十九大报告对宏观调控做了新的表述，提出了新的要求。党的十九大报告有两处直接提及宏观调控。第一处在第五部分的开篇总括部分，指出要"着力构建市场机制有效、微观主体有活力、宏观调控有度的经济体制"，把宏观调控作为描摹经济体制的一个重要维度，对宏观调控的要求是"有度"。第二处在第五部分的第五个问题"加快完善社会主义市场经济体制"，提出要"创新和完善宏观调控，发挥国家发展规划的战略导向作用，健全财政、货币、产

---

① 汤铎铎：《中国宏观调控思想四十年：演变历程与基本经验》，载《改革开放四十年：理论探索与研究》，中国社会科学出版社 2018 年版。

业、区域等经济政策协调机制", 对宏观调控提出更高要求, 寄予新的期许。报告第五部分有关宏观调控的内容还有一点需要强调, 即"健全货币政策和宏观审慎政策双支柱调控框架", 这是对宏观调控需要关注金融风险的再次定调。[①] 从我国宏观调控思想的演变脉络中可以看出, 我国宏观调控政策框架总是顺应经济环境变化, 注意吸收和借鉴发达国家的经验和现代宏观经济理论成果, 因地制宜, 不断进行灵活调整。在"十三五"收尾"十四五"即将开局之际, 我国宏观调控面临新的挑战。我国经济已经开始从高速增长阶段转向高质量发展阶段, 在进入"结构性减速"的同时, 实体经济的波动性也大大降低。这种伴随金融业膨胀和金融体系复杂化的低波动, 还伴有负偏度升高这一显著特点, 因而需要对所谓"黑天鹅"事件有所警惕。同时, 国际金融危机以来全球经济复苏进程不如人意, 陷入"高低不平"的经济困局, 导致全球经济竞争加剧和逆全球化浪潮的兴起, 对我国经济治理和宏观调控造成重大挑战。

第一节　未来五年的国际经济环境

目前的全球经济状况可以概括为"高低不平":"高"是高债务、高杠杆和高风险,"低"指低增长、低通胀、低利率,"不平"指收入分配不平等和财富分配不平等。这些问题并不是孤立存在的, 而是相互关联、相互影响, 共同构成目前错综复杂的全球经济困局, 考验决策者和理论家的智慧。从各方的理论分析和经济预测看, 这种"高低不平"的经济困局恐怕要持续较长时间。对我国而言, 这一方面意味着国际经济竞争加剧, 另一方面意味着对所谓"黑天鹅"事件要有所警惕。

一　全球低增长、低通胀和低利率

全球经济增长始终没有从 2008 年的大衰退中完全恢复。从图 6－1 全球主要经济体的增长率看, 美国、欧盟和日本三大发达经济体的增长

---

① 汤铎铎:《创新和完善现代化经济体系的宏观调控》, 载《现代化经济体系建设理论大纲》, 人民出版社 2019 年版。

一直磕磕绊绊，未能完全进入正轨；以中国和印度为代表的发展中国家虽然维持了较高增长，但是增长一直承压，呈现出不断下滑的态势。2019 年第三季度，美国、日本和欧盟的经济增长率分别为 2.1%、1.7% 和 1.7%，中国为 6%，印度则下降到 4.6%。从制造业 PMI 指数看，日本 2019 年 12 月制造业 PMI 初值为 48.8，欧盟为 45.9，均在荣枯线以下。美国表现优于其他发达经济体，其 2019 年 12 月制造业 PMI 初值为 52.5，在荣枯线上方。中国国家统计局公布的中国制造业 PMI 在 2019 年 11 月为 50.2，7 个月来首次位于荣枯线上方。印度 2019 年 11 月制造业 PMI 为 51.2，虽然在荣枯线上方，但是从年初以来一直呈下降态势。

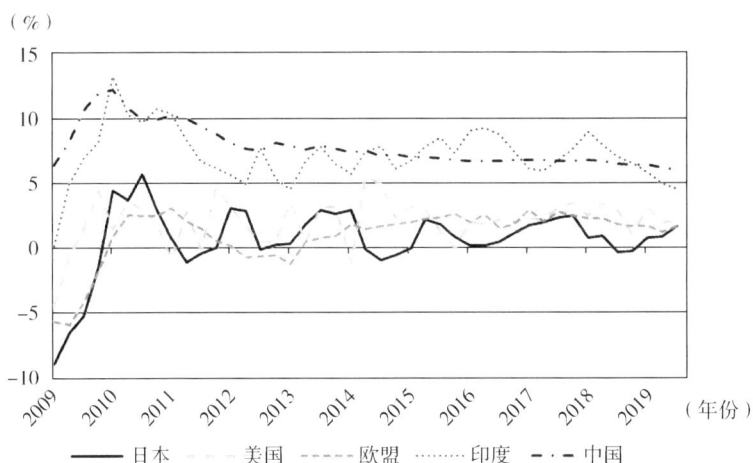

图 6 - 1　全球主要经济体经济增长率

资料来源：Wind 数据库。

自 20 世纪 80 年代开始，无论是发达经济体还是新兴市场经济体，其通货膨胀率都经历了持续的下降。发达经济体平均降至 2% 左右，进入所谓"大稳定"时期（the Great Moderation）；新兴市场经济体平均降至 5% 左右，很多国家和地区都经历了稳定的黄金发展期。[①] 然而，

---

① Ha, Jongrim, M. Ayhan Kose, and Franziska Ohnsorge, *Inflation in Emerging and Developing Economies：Evolution, Drivers, and Policies*, The World Bank, 2019.

国际金融危机爆发以后，稳定的低通胀逐步成为一个需要破解的问题。[①] 除了时时有滑入通货紧缩的风险之外，低通胀也使得实际利率不能达到更低的水平，影响货币政策的刺激效果，同时，低通胀也不利于化解债务。图 6 - 2 显示的是全球主要经济体的通货膨胀情况。2019 年 10 月，日本的 CPI 同比增长 0.2%，欧盟为 1.1%，均处在非常低的水平。美国 2019 年 11 月的 CPI 同比增长 2.1%，但是美联储更关注的核心 PCE 物价指数要稍微弱一些，10 月为 1.6%，未触及 2% 的目标线。中国和印度近 3 个月来 CPI 都出现明显上涨，其原因都是肉类和蔬菜等食品价格上涨过快，剔除食品和能源的核心 CPI 都不高。

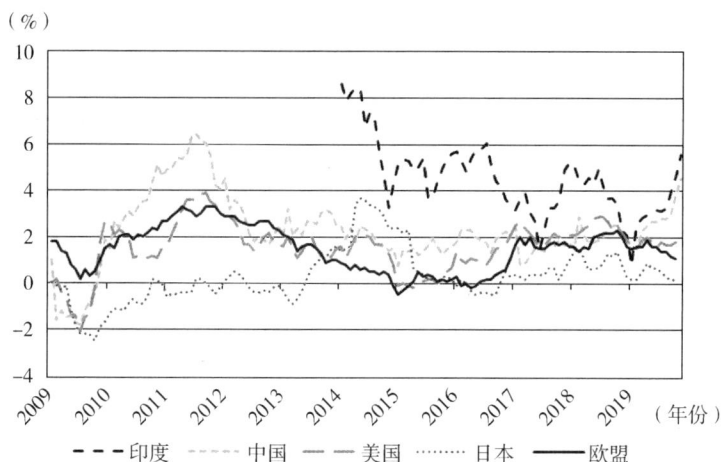

图 6 - 2　全球主要经济体经济通货膨胀率

资料来源：Wind 数据库。

国际金融危机后，以美联储为首，很多经济体都采取了扩张性货币政策。在政策利率触及零下限之后，各国央行又不同程度地实施了非常规的量化宽松政策。这是目前全球出现低利率的直接原因。虽然美联储从 2016 年开始逐步加息，但是长端利率并未随之走高，而且从 2019 年 7 月以来美联储又被迫连续降息三次，中断了此前的加息进程。从 2015

---

① da Silva, Luiz Awazu Pereira, Enisse Kharroubi, *Emanuel Kohlscheen and Benoit Mojon*, "The inflation conundrum in advanced economies and a way out", BIS Speech, 2019.

年开始，日本、瑞士、瑞典、丹麦等国和欧洲央行相继实施负政策利率，目前仍在继续。另外，如图 6-3 所示，主要发达经济体的 10 年期国债利率也都处在历史低位。2019 年 11 月，美国 10 年期国债平均利率为 0.17%，日本和德国同期同种国债平均都是负利率，英国的利率则为 0.76%，也处在非常低的水平。在低利率环境下，利率曲线也变得平坦，也就出现了长端利率有时低于短端利率的所谓利差倒挂问题，这也被看作经济衰退的前兆。

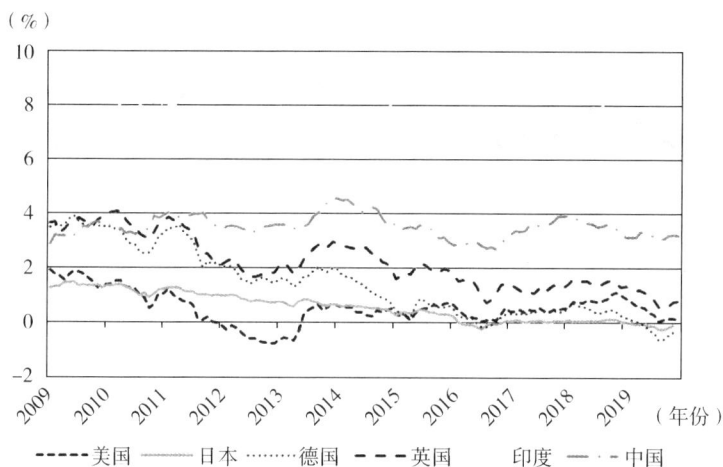

图 6-3　全球主要经济体 10 年期国债利率

资料来源：Wind 数据库。

二　全球高杠杆、高债务和高风险

根据 BIS 数据，21 世纪以来，全球债务总量增长迅猛。全球实体部门总债务从 21 世纪初的不足 60 万亿美元，增长到 2019 年 6 月的 187 万亿美元，是原来的 3 倍还多。同期，全球债务占 GDP 的比重，也从 192% 增长到 242%。在 187 万亿美元的总债务中，美国为 52.5 万亿美元，中国为 35.6 万亿美元，欧元区为 35.3 万亿美元，日本为 19.5 万亿美元，英国为 7.5 万亿美元，印度为 3.5 万亿美元。如图 6-4 所示，各经济体债务占 GDP 比重在 2008 年国际金融危机后不降反升。目前，中国、欧元区、英国、美国都在 250% 以上，日本则达到了惊人的 380%。高债务和高杠杆意味着高风险。除此之外，全球经济还面临其他风险。比如，逆全球化浪潮的威胁，日益上升的地缘政治冲突，一些国家民粹主义的泛滥，等等。

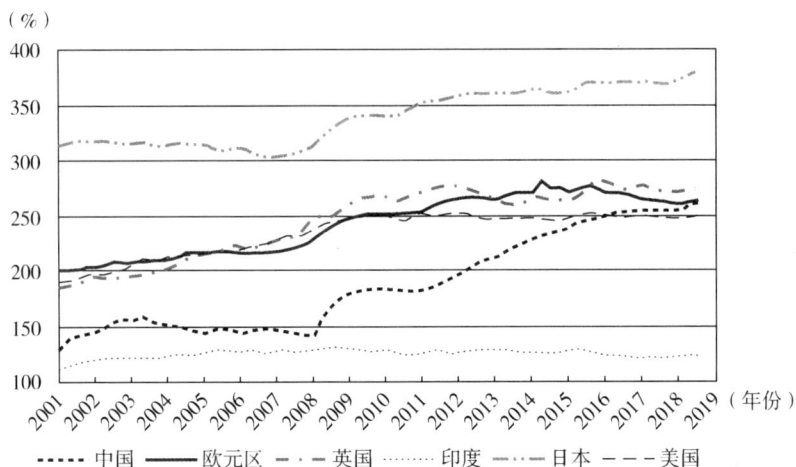

图 6 - 4　全球主要经济体实体经济部门债务率

资料来源：BIS 数据库。

三　全球收入和财富分配不平等

全球经济发展的另一趋势是收入和财富分配不平等的持续恶化。以美国为例，在收入分配方面，前 1% 家庭的总收入占全部收入的 20%，后 50% 家庭的总收入只占全部收入的 12%；在财富分配方面，前 1% 家庭的总财富占全部财富的近 40%，后 90% 家庭的总财富只占全部财富的 25%①。Chancel②详细总结了发达经济体不平等的十大事实，即：（1）不平等程度往往被低估，相关数据仍旧稀缺；（2）自 20 世纪 80

---

① Saez, Emmanuel and Gabriel Zucman, *The Triumph of Injustice*：*How the Rich Dodge Taxes and How to Make Them Pay*, W. W. Norton & Company, 2019.

② Chancel, Lucas, "Ten Facts About Inequality in Advanced Economies", Paris School of Economics-World Inequality Lab, 2019.

年代以来收入不平等卷土重来，但欧美趋势出现分化，欧洲相对于美国更加平等；（3）富裕国家越来越富，但它们的政府却越来越穷；（4）资本"王者回归"，但只眷顾极少数人；（5）在大多数高收入国家，大衰退并没能停止不平等加剧的步伐；（6）阶级间的不平等比国家间更为显著；（7）更严重的不平等与更低的社会流动率相关联；（8）性别与种族收入不平等程度在20世纪有所下降，但仍处高位；（9）平等的教育机会、医疗保障和高薪岗位对于提升税前收入分布的底层人群非常关键；（10）税收累进性的变化塑造了顶层人群中的不平等动态。发达经济体的分配问题受到更多关注主要是数据可得性好，很多新兴市场经济体的分配问题也日益恶化，值得警惕。

第二节　未来五年中国宏观经济

在经济高度全球化的今天，我国经济已经全面融入全球经济，在全球分工体系和全球产业链中占据重要位置。这一方面使得我国经济和全球经济更加密切相关，对外部冲击更加敏感；另一方面也使得我国经济和全球经济具有同构性，即我国经济一定程度上也存在所谓"高低不平"的困局。当然，由于发展阶段和经济体量的关系，我国经济也有自己的特点。我国经济最大优势在于未来仍然能够维持中高速增长，这对一个14万亿美元体量的经济体而言难能可贵。这是我国解决高债务和分配问题的有利条件。

一　中高速增长和实体经济低波动

2019年第三季度，我国经济增长触及6%这一敏感的整数关口，关于我国潜在产出和产出缺口的争论变得激烈起来。争论的一方认为，我国经济潜在增长率高于6%，当前经济增长低于潜在增长率。立场最显明的是张立群。[①] 他认为，我国经济的潜在经济增长仍然在8%以上，

[①]　张立群：《中国经济潜在增长率仍然在8%以上》，《新京报》2019年12月26日。

即使增长率达到8%，也不会出现通货膨胀。目前我国经济增长率显著低于潜在增长率，处于非常严重的通货紧缩格局。姚洋[1]和余永定[2]虽然没有给出具体数字，但也坚定认为我国潜在增长率高于6%，当前的增长已经低于其潜在水平。刘伟、范欣[3]的测算结果是，我国潜在增长率2015年到2020年为7.63%，2021年到2025年为7.29%。争论的另一方则认为，我国潜在增长率低于6%，当前经济增长仍然高于潜在增长率。刘世锦[4]指出，我国2020年到2025年的潜在增长率在5%到6%之间，这种增长阶段转换是符合规律的。而且，未来我国要保持5%以上的增长速度，其实很不容易，难度相当大。中国经济增长前沿课题组[5]的测算表明，2019年到2023年我国的潜在增长率为5.7%。徐忠、贾彦东[6]的测算结果是，我国潜在增长率2019年到2024年为5.5%，2025年到2029年为4.6%。

讨论我国目前的经济增长要关注三方面的因素。首先，我国已经从高速增长阶段转向高质量发展阶段。这一重大判断含义丰富，其中重要一条就是增速换挡，从高速增长进入中高速增长。这种增长速度转换主要由三方面的因素推动：人口结构变化和劳动力拐点的出现，长期增长函数要素弹性参数逆转以及经济结构服务化趋势的逐步形成，[7] 造成我国经济从"结构性加速"向"结构性减速"的过渡。[8] 其次，自国际金融危机爆发以来，我国金融业经历了快速增长，在传统银行体系之外生长出了体量相当的影子银行体系。这标志着借由简单信贷扩张推动投资

① 姚洋：《反思去杠杆》，《财经》2019年12月12日。
② 余永定：《经济增速已滑至6%，该刹车了!》，《财经》2019年12月2日。
③ 刘伟、范欣：《中国发展仍处于重要战略机遇期——中国潜在经济增长率与增长跨越》，《管理世界》2019年第1期。
④ 刘世锦：《用刺激政策达到超过潜在增长率的增速是寅吃卯粮》，《新京报》2019年12月7日。
⑤ 中国经济增长前沿课题组：《外部冲击、名义GDP收缩与增强经济体制韧性》，《中国经济增长报告（2018—2019）》，社会科学文献出版社2019年版。
⑥ 徐忠、贾彦东：《中国潜在产出的综合测算及其政策含义》，《金融研究》2019年第3期。
⑦ 张平、刘霞辉、袁富华、陈昌兵、陆明涛：《中国经济长期增长路径、效率与潜在增长水平》，《经济研究》2012年第11期。
⑧ 袁富华：《长期增长过程的"结构性加速"与"结构性减速"：一种解释》，《经济研究》2012年第3期。

增长，以治理经济过热和通货膨胀为主要目标的高增长、高波动模式已经不可持续。地方政府债务高企，使得基建投资的空间越来越小。房地产价格的上涨使得居民部门债务不断攀升，有可能成为新的金融风险来源。最后，中美贸易摩擦的不断升级，宣告依靠出口拉动经济增长的阶段彻底结束。这是全球经济竞争加剧、逆全球化浪潮兴起，和我国经济在全球分工体系中的位置变动的必然结果。总之，从实体经济、金融发展和外部环境三方面看，我国经济已经很难重复以前的高速增长。

在我国经济增长出现"结构性减速"之际，经济周期波动也出现了新的特点，即实体经济的波动性明显下降（如表 6－1 所示）。这种波动性的降低从图 6－5 可以更直观地观察到。汤铎铎、张莹[①]指出，国际金融危机爆发以来，我国经济出现两个明显特征：一是增长和通胀的低波动；二是在传统金融体系之外成长出体量相近的影子银行体系。这和美国 1982 年至 2007 年的大稳定时期颇为相似。大稳定使得美国的政策制定者忽视了金融风险和金融监管，为后来的大衰退埋下伏笔。我国影子银行发展非常迅猛，导致了资产价格剧烈波动、资金脱实向虚和全社会杠杆率攀升等问题，增加了供给侧结构性改革的难度和复杂性。这也就是 Jordà 等[②]所说的，对高杠杆经济体而言，经济周期的波动性降低，但是负偏度升高。金融业膨胀和金融体系复杂化对应实体经济波动性下降，需要更加精细和谨慎的宏观调控和经济治理。

表 6－1　　　　　　　中国 GDP 增长率和 CPI 分时段标准差　　　　　单位：%

时段	1980—1989 年	1990—1999 年	2000—2009 年	2010—2019 年
GDP 增长率	3.28	3.02	1.79	1.33
CPI	5.92	7.92	2.16	1.09

资料来源：Wind 数据库及笔者计算。

因此，我国未来五年的经济增长受两方面因素的约束：第一是

---

① 汤铎铎、张莹：《实体经济低波动与金融去杠杆——2017 年中国宏观经济中期报告》，《经济学动态》2017 年第 8 期。

② Jordà，òscar, et al., "Macrofinancial History and the New Business Cycle Facts", *NBER Macroeconomics Annual*, 2017, 31：213－263.

"结构性减速"完成后进入 6% 左右的中高速增长平台，第二是实体经济波动性降低。据此，我们对未来五年的经济增长进行预测，结果如图 6-5 所示。2020 年受新冠肺炎疫情影响，GDP 增长率下降到 5.5%，2021 年回升到 6.3%，此后三年逐步回到趋势路径，分别为 6.2%、6% 和 6%。2020 年 CPI 受新冠肺炎疫情影响会比较高，预测值为 4%，此后会逐步回落到 2% 的水平。

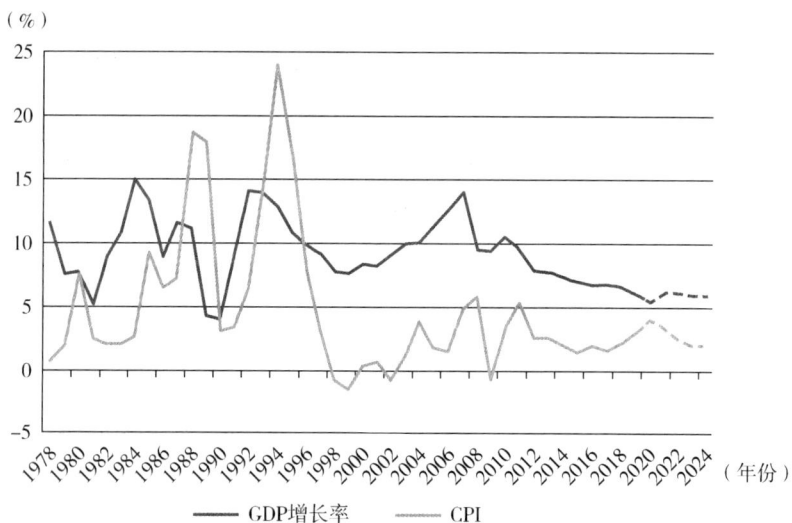

图 6-5　中国的 GDP 增长率和 CPI

注：虚线为预测值。

资料来源：Wind 数据库和笔者计算。

二　金融去杠杆和实体去杠杆

据穆迪①的估算（图 6-6），截至 2019 年第二季度，中国影子银行规模为 59.6 万亿元，低于 2018 年年底的 61.3 万亿元，占银行业总资产的 23.1%，占 GDP 的 63.9%，低于 2018 年年底的 24.1% 和 68.1%。显然，我国影子银行的绝对规模和相对规模开始持续下降。我国影子银

---

① Moody's, "Quarterly China Shadow Banking Monitor", www. moodys. com.

行绝对规模的最高峰出现在 2017 年，为 65.6 万亿元；相对规模的最高峰出现在 2016 年，当年总规模占银行业总资产的 28.5%，占 GDP 的 87.2%。从总量看，2016 年开始逐步加强的金融去杠杆政策效果明显，影子银行总规模得到控制。除了影子银行本身资产规模之外，还有很多其他指标也印证了金融去杠杆的成效。从银行业资产负债表看，反映影子银行业务的同业资产的比重从 2016 年 12 月最高的 25%，下降到 2019 年 11 月的 19%；同业负债的比重从 2016 年 12 月的 13%，下降到 2019 年 11 月的 11%。从金融业总体规模指标看，金融业增加值占 GDP 的比重连续三年下降，金融业总资产占 GDP 的比重也连续两年下降。从货币总量看，M2/GDP 也在 2017 年第一季度达到 212% 的高点，此后即开始下降，2019 年第三季度为 205%。

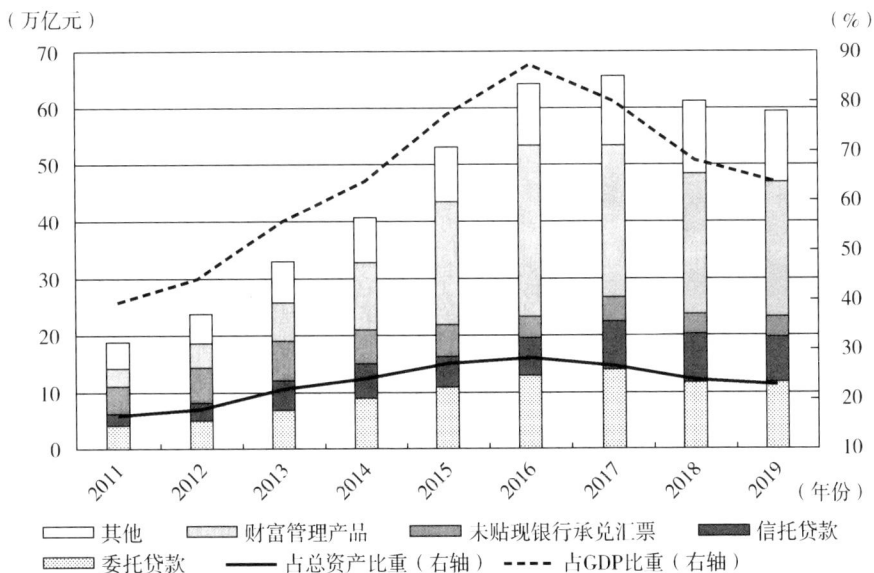

图 6-6 2011—2019 年中国影子银行情况

注：2019 年为第二季度数据。

资料来源：Moody's 和笔者计算。

金融部门和实体经济互为表里，金融部门的资产是实体经济的负债，金融部门的负债是实体经济的资产。因此，金融去杠杆和实体去杠杆是一体两面，金融部门去杠杆取得成效，实体部门杠杆率必然会有所反映。从图 6 - 4 的 BIS 数据可以看出，中国实体部门杠杆率在 2017 年开始走平，结束了此前快速上升的势头。图 6 - 7 是中国国家资产负债表研究中心的计算结果。截至 2019 年第三季度，中国政府部门杠杆率为 39.2%，基本保持平稳；居民部门杠杆率为 56.3%，增长较快；非金融企业部门杠杆率为 155.6%，也基本保持平稳。实体经济部门总杠杆率，或者说宏观杠杆率为 251.1%。

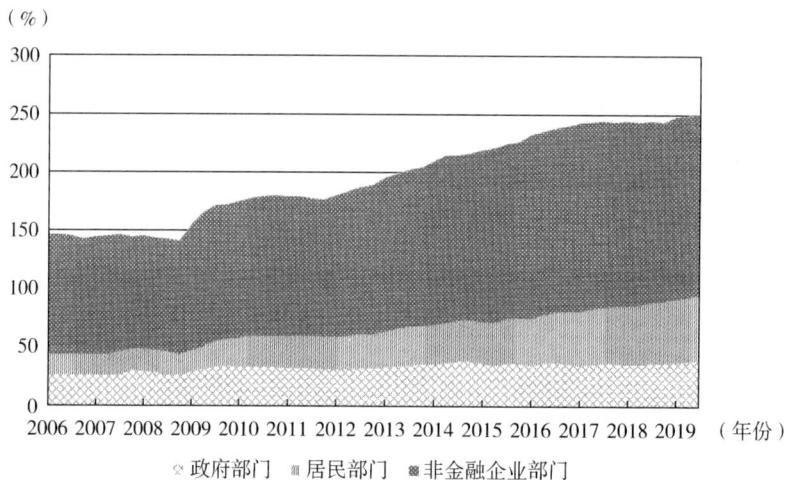

图 6 - 7　中国实体部门杠杆率

资料来源：中国国家资产负债表研究中心（CNBS）。

2019 年年底的中央经济工作会议提出，要保持宏观杠杆率基本稳定，降低社会融资成本。我们对此进行情景模拟。假设通货膨胀率为 π、实际经济增长率为 n、实体经济部门总债务的平均利率为 i、实体经济部门杠杆率为 z，以及扣除利息支付后实体经济部门净增债务占 GDP 比重为 f，则有[①]：

$$z_t = \theta z_{t-1} + f \left(其中 \; \theta = \frac{1+i}{(1+n)\,(1+\pi)} \right)$$

[①]　推导过程参见李扬、张晓晶、常欣、汤铎铎、李成《中国主权资产负债表及其风险评估（上、下）》，《经济研究》2012 年第 6、7 期；常欣、张莹、汤铎铎《中国政府部门的债务风险》，载中国社会科学院国家金融与发展实验室编《管理结构性减速过程中的金融风险》，社会科学文献出版社 2017 年版。

可以用上式做情景模拟。显然，需要考虑的参数一共有四个，即通货膨胀率 π、实际经济增长率 n、平均利率 i、净增债务占 GDP 比重 f。经济增长和通货膨胀我们采用图 6-5 的预测值。平均利率有两个情景，情景 1 维持在目前大约 8% 的水平，情景 2 每年降低 0.4%，到 2024 年降到 6%。净增债务占 GDP 比重采用过去 20 年的平均值（10%）。结果如表 6-2 所示。在降低社会融资成本取得成效的情景 1 中，宏观杠杆率平均每年增长 4.8%，到 2024 年达到 275.3% 的水平。在社会融资成本不变的情景 2 中，宏观杠杆率平均每年增长 7.7%，到 2024 年达到 289.8% 的水平。如果宏观杠杆率要维持在目前的 250% 左右，在降低社会融资成本取得成效的前提下，净增债务占 GDP 比重平均需要在 5% 的水平。从目前的经济环境看，难度较大。

表 6-2　　　　中国 GDP 增长率、CPI 和宏观杠杆率预测　　　　单位：%

年份		2019	2020	2021	2022	2023	2024
GDP 增长率		6.1	5.5	6.3	6.2	6.0	6.0
CPI		2.9	4.0	3.5	2.5	2.0%	2.0
宏观杠杆率	情景 1	251.1	256.2	259.7	264.8	270.6	275.3
	情景 2	251.1	257.2	262.4	270.4	280.1	289.8

资料来源：笔者估算。

第三节　中国经济宏观调控框架转型

我国的宏观调控和市场化相伴相生。没有市场只有计划的经济不需要宏观调控，有了市场才有宏观调控的必要。随着市场化进程的深入，市场的力量越来越得到充分发挥，宏观调控的必要性越来越强，任务越来越重。反过来说，宏观调控也是市场化改革取得成功的必要条件。没有良好宏观调控的市场化进程，一定会被经济过热、通货膨胀等各类经济混乱所打断。改革开放以来，随着市场经济从无到有，从辅助到主导，我国宏观调控也经历了从无到有，从简单到复杂的发展历程。宏观调控与经济改革和发展密切相关，不同发展阶段、不同体制机制对应不同的宏观调控框架和模式。

一 我国宏观调控框架面临深刻转型

我国宏观调控体系成形于 1992 年到 1997 年，其基本特征是所谓计划、财政、货币的三位一体。[①] 这一体系的形成和此前经济过热和通货膨胀频发密切相关，是在治理过程中逐步形成的，也受益于现代宏观经济理论的基本信条。通过一系列的金融和财税改革，中国人民银行开始实施中央银行职能，中央政府和地方政府的支出行为得到有效限制，我国开始用货币政策和财政政策的总需求管理手段调控经济。从图 6 - 5 和表 6 - 1 可以看到，1997 年之后我国的经济过热和通货膨胀得到明显抑制，经济也取得了可观的增长。在财政政策和货币政策熨平经济周期波动的同时，计划手段也在经济发展战略和经济结构调整方面发挥了重要作用，推动了我国的工业化、城市化进程，促进了我国对外贸易的发展。

2008 年国际金融危机爆发以后，我国的经济结构开始发生明显变化，经济发展逐步进入新的阶段。首先，随着工业化和城市化进程的放缓和接近尾声，我国经济增长从"结构性加速"进入"结构性减速"阶段，经济增长率从 2007 年的 14.2% 下降到 2019 年的 6.1%（图 6 - 5）；其次，我国的金融化程度迅速提升，出现金融业膨胀和金融体系复杂化，M2/GDP 比重持续升高，实体部门杠杆率从 2008 年的 141.1% 上升到 2019 年的 251.1%（图 6 - 7）；最后，我国对外贸易增长出现明显下降，进出口总额占 GDP 比重从 2006 年的 64.2% 下降到 2019 年的 31.8%，进出口差额占 GDP 比重从 2007 年的 7.5% 下降到 2019 年的 2.9%（图 6 - 8）。

这意味着我国已经从信贷、投资和净出口驱动的工业化主导的经济，开始迈向复杂金融体系、消费和内需驱动的创新和服务业主导的经济。这实际上也就是我国从高速增长阶段转向高质量发展阶段的基本含义。在这一重要经济转型阶段，宏观调控框架的转型是必然的，也是根本性的，不同于此前的修修补补。这一关键转型需要注意两方面的问题。首

---

① 汤铎铎：《中国宏观调控思想四十年：演变历程与基本经验》，载《改革开放四十年：理论探索与研究》，中国社会科学出版社 2018 年版。

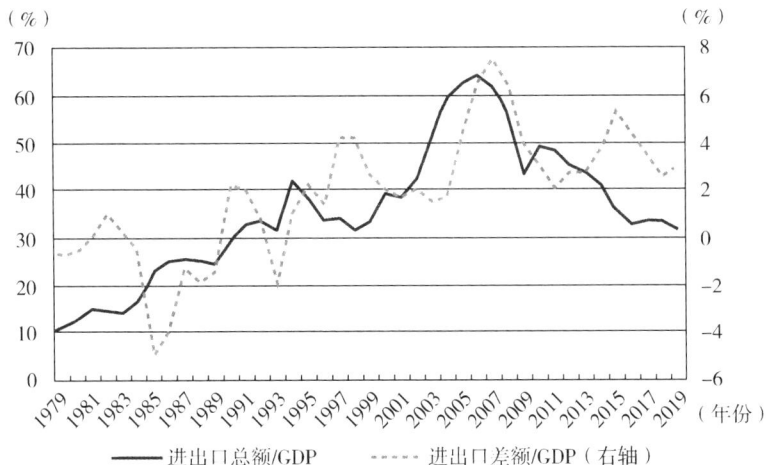

图 6-8 中国进出口总额和进出口差额占 GDP 比重

资料来源：Wind 数据库和作者计算。

先，由于我国和全球经济的同构性，即我国某种程度上也面临"高低不平"经济困局，因此，我国的宏观调控框架转型必须借鉴发达国家的经验和现代宏观经济理论研究的最新成果；其次，这种借鉴一定不是照搬照抄，而是根据我国的实际经济环境和经济结构，因地制宜，不能抛弃我国自身的成功经验。由于特殊的经济发展和体制转型经历，中国一直将控制信贷作为宏观经济政策的一个主要手段。受现代宏观经济思想的影响，我们一直致力于从直接调控向间接调控转，从数量调控转向价格调控，其实质是向着以自然率假说①为理论基础的单目标—单工具②框架迈进。然而，直到国际金融危机爆发，这一转型也没有最终完成。国际金融危机后的经济进程和理论发展表明，这一框架及其理论基础存在缺陷，使得我们开始重新思考和定位中国宏观经济政策转型的方向和框架。

———————————

① 指经济的潜在增长水平独立于货币政策，实际增长率高/低于潜在水平会引发通货膨胀/紧缩。参见 Blanchard, O., "Should we reject the natural rate hypothesis?", *Journal of Economic Perspectives*, 2018, 32（1）: 97 - 120.

② 指货币政策只需要关注一个目标，即通货膨胀率；只需要使用一种工具，即政策利率。参见 Blanchard, Olivier, Giovanni Dell'Ariccia, and Paolo Mauro, "Rethinking Macroeconomic Policy", *Journal of Money, Credit and Banking*, 2010, 42: 199 - 215.

二 国际金融危机以来的宏观经济理论反思

正如 Blanchard[1] 所言，2007—2009 年的全球经济危机，是宏观经济学专业知识的一次失败。除了少数经济学家，几乎整个宏观经济学界都忽视了金融体系和金融机构。虽然公司金融和行为经济学在相关领域有所建树，但是这些成果并未被整合到主流宏观经济模型中去。这导致危机后宏观经济学的工具价值备受质疑，而很多经济学家也开始着手进行修补甚至重构。除了在模型中更加细致地刻画金融部门，宏观经济学家也开始系统地关注信贷、流动性、杠杆率、资产泡沫和金融危机等问题。

在理论界关注金融部门的同时，相关机构和职能部门也开始研究如何完善和改进金融账户统计。经济学家和政策制定者都发现，就金融风险的甄别和防范而言，详尽而周全的金融账户数据必不可少。于是，国际货币基金组织（IMF）和国际清算银行（BIS）等国际金融机构，美联储和欧洲央行等中央银行，以及各国的相关部门和职能机构，都开始致力于推动金融账户统计的发展和完善。[2]

除了对金融部门和金融账户统计的特别关注，还有两个方向特别值得关注：一是对国际金融周期和国际资本流动的研究；[3] 二是对收入和财富分配问题的研究。[4] 所有这些方向并不是独立的和割裂的，而是相互联系并且有相似的数据基础。首先，这些研究都深受本轮国际金融危

---

[1] Blanchard, Olivier, *Macroeconomics* (7e), Boston: Pearson, 2017.

[2] Hulten, Charles, R., and Marshall, B., Reinsdorf (eds), *Measuring Wealth and Financial Intermediation and Their Links to the Real Economy*, University of Chicago Press, 2015.

[3] 比如，Rey, Hélène, "Dilemma not Trilemma: The global Financial Cycle and Monetary Policy Independence", NBER Working Papers, No. 21162, 2015; Rey, Hélène, "International Channels of Transmission of Monetary Policy and the Mundellian Trilemma", NBER Working Papers, No. 21852, 2016; Miranda-Agrippino, Silvia and Hélène Rey, "World Asset Markets and the Global Financial Cycle", NBER Working Papers, No. 21722, 2015.

[4] 比如，Piketty, Thomas, and Gabriel Zucman, "Capital is Back: Wealth-Income Ratios in Rich Countries, 1700–2010", *Quarterly Journal of Economics*, 2014, 129 (3): 1255–310; Kumhof, Michael, Romain Rancière, and Pablo Winant, "Inequality, Leverage, and Crises", *American Economic Review*, 2015, 105 (3): 1217–1245; Auclert, Adrien, "Monetary Policy and the Redistribution Channel", *American Economic Review*, 2019, 109 (6): 2333–2367.

机的影响，可以视为从不同角度对金融和实体经济关系的再思考；其次，这些研究有相同的视角，除了 Borio[1] 提出的金融视角、开放视角和中期视角，还可以加上重视资产、债务和财富的存量视角，以及注重收入和财富分配的视角；最后，这些研究都非常依赖金融账户数据，统计部门开始完善和改进数据，很多研究致力于挖掘更长时段的金融账户数据，刻画更长时段的经济和金融现象，得到了有说服力的结论，令人耳目一新。

三　从旧三位一体转向新三位一体

从我国经济发展的现实出发，借鉴国际金融危机后发达国家经验和现代宏观经济理论最新研究成果，我国宏观调控框架开始逐步从旧三位一体（计划、财政、货币）转向新三位一体（总需求管理、宏观审慎、增长）。国际金融危机后决策层和理论界的最大共识，就是要把金融稳定作为重要的宏观经济政策目标，而对应的政策工具是宏观审慎政策。我国的宏观调控政策框架转型也正在顺应这一趋势。在本轮宏观调控中，决策层明显更关心金融稳定。在最近提出的"稳就业、稳金融、稳外贸、稳外资、稳投资、稳预期"的"六稳"中，稳金融放在第二位，并未提及"稳物价"或"稳通胀"。在 2019 年 5 月猪肉价格上涨导致 CPI 走高之后，各方认识也相对一致，持"滞胀说"的只是少数，没有引发过分的担忧。[2] 这就是我们一再强调的，我国实体经济目前仍处在低波动状态，我国宏观调控的主要矛盾，已经从传统的就业和通胀的菲利普斯曲线折中，转变为更广泛的经济稳定和金融稳定的折中。[3] 如图 6－9 所示，我国宏观经济政策框架也正在从旧三位一体转向新三位一体。[4]

---

① Borio, C., "The Financial Cycle and Macroeconomics: What Have We Learnt?", *Journal of Banking & Finance*, 45 (C), 2014, pp. 182–198.
② 汤铎铎:《全球低通胀趋势尚未改变》,《经济参考报》2019 年 6 月 19 日。
③ 汤铎铎:《金融去杠杆、竞争中性与政策转型——2019 年中国宏观经济展望》,《经济学动态》2019 年第 3 期。
④ 汤铎铎:《创新和完善现代化经济体系的宏观调控》, 载《现代化经济体系建设理论大纲》, 人民出版社 2019 年版。

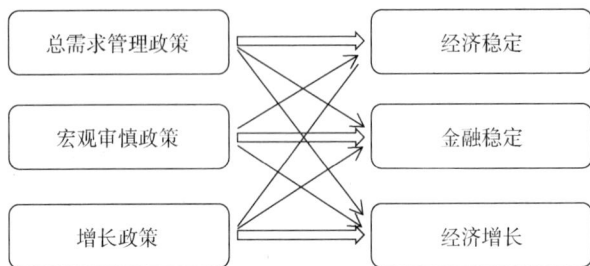

图 6-9 我国宏观经济政策的新三位一体框架

从旧三位一体到新三位一体，除了继续聚焦于中长期经济增长和短期经济波动外，主要是将金融稳定明确纳入政策考量范围。在具体的政策目标中，体现为将资产价格和宏观杠杆率作为重要参照。另外，在我国从高速增长到高质量发展的过渡中，中长期经济增长的政策目标也更加丰富，"创新、协调、绿色、开放、共享"的新发展理念就是很好的概括。党的十九大报告提出防范化解重大风险、精准脱贫、污染防治三大攻坚战，充分体现了我国宏观经济政策目标的多元性，而 2019 年中央经济工作会议将防范化解重大风险放在最后，体现了不同时期政策目标优先性的变化。

第四节　未来五年中国经济宏观调控的趋势

一　多目标—多工具

我国宏观调控存在内涵过广、目标过宽、工具过泛、部门过多的问题，映射出深层改革滞后和市场体制不完善的弊端。① 这种"广""宽""泛""多"具有鲜明的转型经济体和发展中经济体双轨并行的特点，最终反映到宏观调控中"度"的把握上，促使我们反思过去的宏观调控实践是不是存在无度和过度的问题。但是，国际金融危机后发达国家的实

---

① 常欣：《中国宏观调控框架转型与创新》，载《后危机时期中国经济周期波动与宏观调控研究》，中国社会科学出版社 2019 年版。

践表明，宏观经济政策只关注通货膨胀目标，只使用政策利率来调节经济也是行不通的。财政政策的作用重新得到重视，宏观审慎作为针对金融稳定目标的政策也得到广泛认可。① 我国宏观调控一贯多目标—多工具的混乱状况固然需要改革和调整，但是最终目标并非单目标—单工具框架，而是要稳定在图 6-9 所示的三位一体框架上。我国货币政策一直被批评由于目标过多而疲于应付，② 但是货币政策确实对币值稳定、经济增长、金融稳定和财富分配都有重大影响，盯住单一目标可能并非最优。

二　短期、中期和长期结合

三位一体的多目标—多工具框架，意味着我国宏观调控不是仅仅关注短期的总需求管理政策，还是包含中期和长期政策的综合框架。传统宏观经济理论赋予宏观经济政策熨平短期周期波动的职责，长期增长问题则留给市场去解决。不过国际金融危机后的研究表明，金融周期处在10—15 年的中期频段，维护金融稳定应该关注中期视角。③ 另外，很多研究发现，货币政策即使在长期也是非中性的，④ 需要关注其长期效应。因此，无论从现代宏观经济理论的最新成果，还是我国的传统看，未来宏观调控都应该是短期、中期和长期调控相结合，以经济稳定、金融稳定和长期增长为目标。

三　宏观调控工具创新

2013 年，面对货币政策传导机制不畅，中国人民银行暂时淡化了

---

① 汤铎铎等：《后危机时期中国经济周期波动与宏观调控研究》，中国社会科学出版社 2019 年版。

② 比如，余永定：《经济增速已滑至6%，该刹车了！》，《财经》2019 年12 月2 日。

③ Borio, C. , "The Financial Cycle and Macroeconomics: What Have We Learnt?", *Journal of Banking & Finance*, 45（C）, 2014, pp. 182 - 198.

④ 比如，Jordà, òscar, Sanjay, R. Singh, and Alan, M. Taylor, "The Long-Run Effects of Monetary Policy", NBER Working Paper, No. 26666, 2020; Juselius, M. , et al. , "Monetary Policy, the Financial Cycle, and Ultra-low Interest Rates", *International Journal of Central Banking*, 2017, 13（3）: 55 - 89; Kaplan, Greg, Benjamin Moll, and Giovanni L. Violante, "Monetary Policy According to HANK", *American Economic Review*, 2018, 108（3）: 697 - 743.

货币规则的市场化进程，尝试中国版本的非常规货币政策，进行各种定向与短期的货币政策调控，实行"精准医疗"，恢复银行体系的信用创造功能。在技术工具层面，中国货币政策调控快步转型为"精准滴灌"，利用中期借贷便利（MLF）、常备借贷便利（SLF）、补充抵押贷款（PSL）、短期流动性调节工具（SLO）等措施，实现流动性调控的期限精准化，利用定向再贷款、非对称降息、定向降准等工具，实现流动性调控的方向精准化。[①] 这种精准的结构性工具成为我国宏观调控的一大特色，未来结合区间调控和现代信息技术的应用，我国还会有宏观调控工具的创新。

四　从货币观转向金融观

在新三位一体框架下，货币政策的理论信条也要进行深刻转型，要从货币观转向金融观。我国货币政策很长时间以来以货币数量和信贷规模为中介目标，货币供给以基础货币—货币乘数理论为圭臬，[②] 货币需求以货币数量论为核心。显然，在我国经济发展进入新阶段，互联网信息技术突飞猛进，以影子银行为主的金融创新层出不穷的背景下，我国货币政策的有效性受到严重制约，我国货币政策的理论基础和实施框架需要与时俱进。我国未来的货币政策转型，不单单是从数量型调控转向价格型调控，而是要根本上从货币观转向金融观，从单一货币政策转向货币政策和宏观审慎政策的双支柱框架。货币供给要从基础货币—货币乘数的旧观点，迈向发端于《拉德克利夫报告》的"新观点"。该报告的核心思想是，影响经济的不仅是货币供给，而是全部社会流动性，决定社会流动性的是包括全部金融机构在内的整个金融体系。我国的社会融资规模理论和实践，正是在这方面的有益尝试。[③] 对货币需求的理解也要超越货币数量论。服务于实体经济的是整个金融体系，而不光是银

---

① 钱学宁：《后危机时期中国货币政策转型》，载《后危机时期中国经济周期波动与宏观调控研究》，中国社会科学出版社 2019 年版。

② 盛松成、翟春：《中央银行与货币供给》，中国金融出版社 2015 年版。

③ 盛松成、徐诺金、张文红等：《社会融资规模理论与实践》，中国金融出版社 2014 年版。

行体系提供的货币。宏观经济政策需要关注的也不仅仅是通货膨胀和失业，还要包括金融风险，以保证金融体系顺畅运作，发挥其基本功能。

五　注重宏观经济政策的再分配效应

全球经济陷入"高低不平"的困局，Piketty[①]的研究让贫富差距问题获得更多关注。收入和财富分配问题并非发达经济体所特有，很多新兴市场经济体问题同样严重，包括我国。汤铎铎、李成[②]指出，宏观杠杆率高企和贫富差距拉大给全球经济复苏蒙上阴影，反映了实体经济和金融部门互动关系的不平衡。宏观杠杆率攀升的实质既是实体经济低迷、收益率下降，又是金融业膨胀和金融体系复杂化；宏观杠杆率高企会重塑经济周期形态，在实体经济平稳运行背后积累金融风险；宏观杠杆率高企会恶化收入和财富分配。因此，政策制定者不应为实体经济低波动和企业资产负债率趋稳所迷惑，而应双管齐下、有所作为：一方面，应继续加强对金融业的监管，治理各种金融乱象，积极稳妥地去杠杆，使经济迈向更加健康、基础稳固的发展之路；另一方面，应加快研究和推出以房产税为主体的累进资本税，迈向更加公平、惠及全民的发展之路。

（执笔人：汤铎铎）

---

①　Piketty, Thomas, *Capital in the 21st Century*, Harvard University Press, 2014.

②　汤铎铎、李成：《全球复苏、杠杆背离与金融风险——2018 年中国宏观经济报告》，《经济学动态》2018 年第 3 期。

第七章　多层次资本市场

　　资本是重要的经济增长要素，尤其是在后发国家赶超发展中，如何获取资本要素成为一个重大战略问题。资本市场在中国的经济发展中发挥着重要作用。党的十九大以来，为了满足快速工业化的高经济增长向创新驱动的高质量发展需要，中国开始了多层次资本市场发展新一轮尝试。2020年5月11日，《中共中央　国务院关于新时代加快完善社会主义市场经济体制的意见》中对多层次资本市场发展明确了多层次资本市场发展的战略部署，提出"加强资本市场基础制度建设，推动以信息披露为核心的股票发行注册制改革，完善强制退市和主动退市制度，提高上市公司质量，强化投资者保护"的具体要求。本章在总结中国金融发展的经验和不足基础上，探讨多层次资本市场发展的内涵及其配套条件，以助力于提供有价值的金融改革对策。

第一节　中国资本市场的发展历程

　　改革开放以来，中国金融发展两个典型化事实一直引起广泛的关注。一方面，货币化进程长盛不衰。如图7-1所示，中国以M2占GDP比重衡量的货币化率早在1996年就超过1，2015—2019年更是在2左右徘徊，不仅远远高于其他金砖国家，而且也高于所有主要的发达经济体。另一方面，资本化进程却一波三折。以沪深两市股票总市值占GDP比重衡量的资本化率除2007年和2015年分别达到1.2和0.77的高点之后，一直在低位波动。这种由货币化衡量的金融深度过度和由资本化衡量的金融宽度不足的金融发展水平正是中国作为后发经济体实现工业化所要求的特殊金融发展路径的产物。所有的后发经济体面临的首要发展任务都是打破二元经济结构，将资源从传统部门导向现代制造业部门，实现工业化。

现代制造业部门发展具有双重特点：一方面，现代制造业部门生产活动存在规模经济，整个行业产出扩张能够带来回报增长；另一方面，与现代制造业部门生产相关的关键投入（技术）的可贸易能力很低。这样的特点表明协作投资的回报率会很高，但单个投资的回报率却只能保持在低水平，从而可能导致协作失败。当经济同时具有丰富的人力资本和物质资本，协作失败最不可能发生，因为那时即使企业家没有采取协作方式，现代制造业部门也有正收益而得到自发发展。但在只有丰富的劳动力资源而物质资本和相应技术匮乏的二元经济中，（市场）协作失败则是切实的挑战，急需政府积极干预加以缓解。概括起来，二元经济遭遇的协作难题主要包括两种类型。其一是由经济增长潜力巨大和资本积累严重不足引发的投资难题。这与格申克龙提出的后发劣势有关。[①]尽管从表面上看，一个经济体起飞越晚，似乎越可以从引进外来技术、充分获得知识外溢效应中获得补偿，然而，考虑到投资的相互依赖，其低下的收入水平和严重的资本积累不足将制约经济增长潜力的发挥。其二是由需要知识本土化引发的生产率提升难题。正是由于与现代制造业部门生产相关的关键投入（技术）的可贸易能力很低，技术引进必须经过知识本土化过程才能发挥对经济增长的应有作用。[②] 具体地讲，就是任何一个经济体都需要自身的企业家去发现新经济活动的成本结构，即找到成本较低、有利可图的新经济活动。为此，企业家必须对新的产品线进行各种尝试，同时要对现有的国外生产技术加以改造，使其适应国内特殊的经济和社会条件。这样的知识本土化过程，对企业家而言无疑是一种社会效益高而个人回报低的经济活动。究其原因，知识本土化实质上是在经历"联合生产"，即企业同时生产商品和技术。但这种技

① 亚历山大·格申克龙：《经济落后的历史透视》，中译本，商务印书馆2009年版。
② 丹尼·罗德里克：《相同的经济学，不同的政策处方：全球化、制度建设和经济增长》，中译本，中信出版社2009年版。

术属于默记知识，不能成为专利，当商品售出时，这种知识通过许多渠道，比如企业之间人员往来和工业领域的"观察和谈话"，溢出到竞争企业当中去，从而产生学习效应，并提高生产率。很显然，这两类协作相辅相成，缺一不可。没有足够的投资和生产，知识本土化就会受到抑制；没有足够的知识本土化，生产率提高的又不足以保证投资的可持续性。在现代制造业部门存在规模经济和关键投入的非贸易性条件下，市场对资源的分配能力很低：市场价格只有在普遍被接受时才能反映不同活动的收益性。然而，在经济体内进行大规模的资源配置之前，原有的市场价格并不会对生产活动的收益性提供任何信号。因此，无论是投资外部性还是知识本土化，都需要通过相应的政策干预来培育市场。政府培育市场落实到金融发展上就是国家隐性担保下的银行信贷扩张。这样的特殊金融发展路径显然与后发经济体突破低收入贫困陷阱，实现快速工业化的经济增长要求存在莫大关系。

根据 Patrick 金融发展假说，后发工业化经济体面临的最大增长障碍是与低收入贫困陷阱密切相关的市场失败，这才要求政府通过对金融中介和投资进行双重补贴，以培育市场。[1] 具体地讲，低收入贫困陷阱使得金融体系不可能得到发展，这反过来又阻碍了资源向工业化投资的分配，并减慢了经济增长。这就要求同时在金融发展的供给和需求两侧发力，通过补贴金融中介动员储蓄，进而间接补贴投资外部性来缓解融资成本高和私人投资回报低带来的投资不足的压力。东亚新兴工业化经济体进一步扬弃了 Patrick 金融发展假说，弥补了对生产率提升关注不足的弱点，在政策干预投资外部性和知识本土化两方面同时取得丰富的经验。它们正是通过国家隐性担保下的银行信贷扩张实现了对金融中介和投资的双重补贴，缓解了投资不足的压力。与此同时，东亚新兴工业化经济体还通过发展面向出口的产业集群对知识本土化补贴，有效发挥了技术引进的知识外溢效应，从而达到提升生产率和产业国际竞争力的目的。知识本土化及其外溢效应则有助于对金融中介和投资的双重补贴可持续性提供保证。

---

① Patrick, H. T., "Financial Development and Economic Growth in Underdeveloped Countries", *Economic Development and Cultural Change*, Vol. 14, No. 2, 1966.

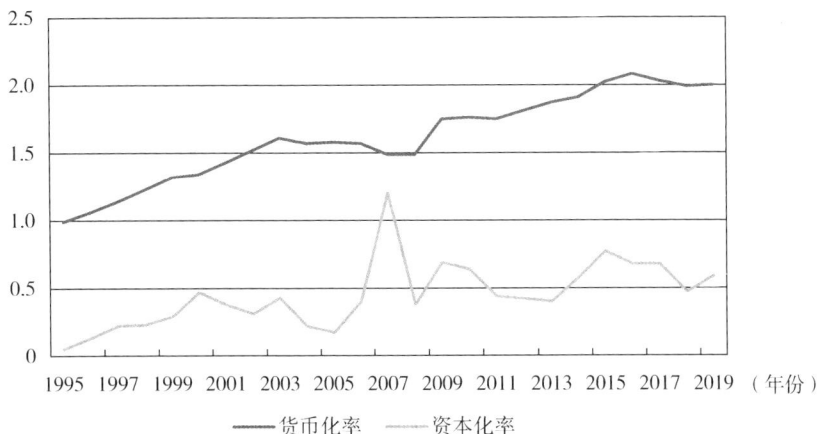

图7-1　中国货币化率和资本化率

资料来源：CEIC。

直至20世纪90年代初，中国经济仍带有明显的低收入水平贫困陷阱特征，人均GDP偏低，只有400美元左右，处于世界后列，12亿人口有9亿生活在农村，提供了大量等待转移的农村剩余劳动力。正是为了应对这样巨大的后发劣势，中国在改革开放后成功地借鉴东亚新兴工业化经济体在金融发展和经济增长方面的有益经验，及时形成了国家隐性担保下的银行信贷扩张以及对市场基础的修复，在快速工业化的高经济增长方面取得重要进展。

中国国家隐性担保下的银行信贷扩张的形成主要经历了两轮金融改革：（1）20世纪80年代，经过银行信贷制度和建立中央银行制度，特别是实贷实存的信贷资金管理体制改革，中国中央银行—国有专业银行二级银行体系得以建立。这一轮金融改革成功打破了财政、信贷资金分口管理体制的桎梏，使得国有专业银行成为全额流动资金和固定资产投资贷款主体，从而为以银行信贷扩张方式动员储蓄，促进资本形成提供了可能。（2）进入20世纪90年代中期以后，中国更是开始了中央银行和国有专业银行商业化改革。这一轮金融改革不仅使得中央银行完全摆脱批发银行性质，成为真正的货币政策宏观调控部门，而且成功实现国有银行向商业化主体的转变，激励了银行信贷扩张。中央银行—国有商业银行二级银行体系的建立标志着中国在资本形成上成功实现了从国家主导的工业化模式向银行主导的工业化模式转型。从此，银行信贷扩张就成为中国在改革开放后资本形成的主要方式。我们可以通过运用代表性商业银行资产负债简表，较为全面地揭示信贷扩张动员储蓄和促进资本形成的具体机制。如表 7 - 1 所示，银行信贷扩张规模的直接约束条件有两个：（1）充足的资本金率；（2）充足的准备金率。根据不完全信息、委托代理和金融合同的激励与约束理论分析，由于非货币金融资产（负债）间是不完全替代的，企业内部资金成本低于外部资金成本，银行只有具备充足的资本金率（由银行营业利润和资本损益决定的内部资金率）才能一方面降低由存款人对银行贷款项目审计的预期成本反映的代理成本，激励银行为贷款项目融资而发行各种存款债务；另一方面，也才能为各种存款债务提供良好抵押，激励存款人的有效需求，从而从存款债务供求两方面支持信贷扩张的可贷资金获取。[1] 同样因信息不对称和交易成本之故，资产和负债也不完全等同，这就要求企业保持足够的流动资产，以降低流动性风险冲击带来的提前清算损失。而作为提供降低整个社会流动性风险冲击功能的银行体系来说，自然更需要保持充足的准备金率。银行只有具备充足的储备（实质为银行的流动资产），保持合理的准备金率，才能有效进行信贷扩张，对投资和生产提供信贷支持。[2]

表 7 - 1　　　　　　　　代表性商业银行资产负债简表

资产	负债
准备金	活期存款
	其他存款或借款
证券和贷款	资本金

中国银行信贷扩张上述两个约束条件是通过特殊的货币、金融制度

---

[1]　Ben S. Bernake, Mark Gerter, "Agency Costs, Net Worth, and Business Fluctuations", *American Economic Review*, Vol. 79, No. 1, 1989.

[2]　Benjamin M. Friedman, Kenneth N. Kuttner, Ben S. Bernake, and Mark Gerter, "Economic Activity and the Short-Term Credit Markets: An Analysis of Prices and Quantities", *Brookings Papers on Economic Activity*, No. 2, 1993.

安排来满足的。其中存、贷利率管制，特别是相应的利差政策起到了提升银行中介盈利能力并补充其资本金的国家隐性担保作用。早在20世纪90年代伊始就已出现了正利差政策，从1999年开始，中国更是一改存、贷利差较低的常态，跃升至年利差3%以上，一度与存、贷利差一直偏高的欧元区日趋接近，远远高于同期的日本、韩国和美国。考虑到中国的货币化进程的长盛不衰，如此规模的信贷扩张竟然能够保持与经济停滞和信贷扩张缓慢的欧元区相近的存、贷利差，那就不得不说拜国家利率管制和相应的利率政策所赐了。毕竟如果存在存、贷利率市场化，信贷扩张的活跃将引发存、贷款市场的双向竞争，通常倾向于缩小存、贷利差。由此可见，稳定的存、贷利差政策和活跃的信贷扩张相结合，保证了银行中介盈利，起到了补充银行资本金的作用。与此同时，具有兼顾通货膨胀控制和经济增长双重目标的货币政策则起到了保证银行体系准备金充足的作用。改革开放以来，中国货币政策的非稳定性也得到大量研究成果的证实。谢平、罗雄在检验中国货币政策中的泰勒规则时，运用货币政策反应函数GMM估计发现，通货膨胀率对利率的调整系数小于1，这是一种不稳定的货币政策规则，在这一制度下，通货膨胀或通货紧缩的产生和发展有着自我实现机制。[①] 樊明太运用1992—2003年数据估计中国货币政策反应函数时，发现通货膨胀压力的厌恶程度小于对产出缺口的容忍程度，货币政策反应函数具有动态不稳定性。[②] 赵进文、黄彦在检测中国的最优非线性货币政策反馈规则时，发现1993—2005年，央行存在非对称性政策偏好，实际造成中国通货膨胀明显倾向。[③] 由此可见，中国货币政策存在兼顾通货膨胀控制和经济增长的双重目标，在很大程度上具有根据信贷扩张、储蓄动员和资本形成的需要内生供给货币的特征。尽管自2005年以来，中国金融市场化改革和发展一度得以加速，但并未从根本上改变国家隐性担保下的银行信贷扩张结构。这不仅反映在由资本化衡量的金融宽度不足上，还体现为银行信

---

① 谢平、罗雄：《泰勒规则及其在中国货币政策中的检验》，《经济研究》2002年第3期。

② 樊明太：《金融结构及其对货币传导机制的影响》，《经济研究》2004年第7期。

③ 赵进文、黄彦：《中国货币政策与通货膨胀关系的模型实证研究》，《中国社会科学》2006年第5期。

贷仍在社会融资总量中占据优势地位。尽管在全社会新增资金中，新增人民币贷款比重曾从 2002 年的超过 80% 下降到 2018 年的不到 50%，新增外币贷款、新增委托贷款、新增信托贷款和企业债券融资等比重一度稳步上升，但 2019 年新增人民币贷款社融占比又重新回升（见图 7-2）。

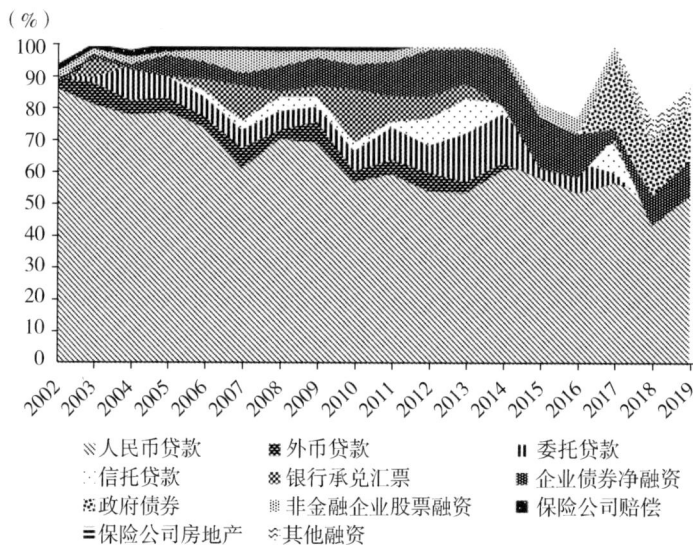

图 7-2 社会融资规模结构

资料来源：CEIC。

中国国家隐性担保下的银行信贷扩张取得了巨大成功。国家隐性担保下的银行信贷扩张无疑是实现对金融中介和投资双重补贴的有效政策工具。一方面，得益于这种双重补贴，国家隐性担保下的银行信贷扩张迅速推动了由货币化衡量的金融深化，并有效地动员了储蓄，促进了资本形成，缓解了资本短缺的市场协作难题；另一方面，随着改革开放后市场基础的修复，知识本土化及其外溢效应也开始发挥对经济增长的作用。知识外溢不足的市场协作难题缓解在促进工业生产率和相应国际竞争力的提升的同时，还保证了这种双重补贴的可持续性。因此，得益于资本短缺和知识外溢不足的市场协作难题缓解，中国国家隐性担保下的银行信贷扩张不仅加速了现代制造业部门投资和工业化，而且提高了由此推动的经济增长。正是得益于国家隐性担保下的银行信贷扩张推动，中国 2003 年人均 GDP 达到 1000 美元，开始步入中等收入国家行列。至 2012 年年末，统计数据更是证实我国劳动年龄人口绝对数量出现首次下降，开始步入人口转型的第 3 阶段，即老龄化时代。这可能标志着打破低收入贫困陷阱和加速工业化的经济起飞任务得以完成。2019 年人均 GDP 更是跨越 10000 美元大关，开始了向发达经济体进军的新征程。

第二节　高质量发展与多层次资本市场

正如我们的分析所揭示的那样，上述金融发展和经济增长政策干预的本意就是在现代制造业部门得以形成以前，通过缓解资本短缺和知识外溢不足的市场协作难题，将资源从传统部门导向现代制造业部门。随着工业化日益进展和现代制造业部门不断扩大，继续坚持这样的政策干预并不会获取新的规模经济，并有陷入政策寻租泥淖的危险。很显然，当后发工业化经济体资本短缺问题不再突出，特别是成功缩短与先行经济体在生产率上的差距时，金融发展的重点应适时转向发展多层次资本市场，以应对在控制风险的基础上寻求新的投资机会这一工业化转型带来的新挑战。与先行经济体生产率差距的缩短意味着基于外部技术引进的知识本土化及其外溢效应作为增长动力将会有所削弱，迫使后发工业化经济体进行重构增长动力的工业化转型，以实现创新驱动的高质量发展。届时后发工业化经济体只有发展多层次资本市场激励自主创新，进而产生外溢效应，培育包括服务业在内的新产业以及相应的增长源泉，才能满足工业化转型和实现高质量发展要求。

投资风险管理无疑是成功获得新投资机会的关键，也一直是金融理论和实践最为核心的问题。Fisher 通过最早建立的跨期生产模型不仅天才地对企业生产经营（含创新）活动和融资活动进行了分离，而且明确地界定了金融的两大职能，即波动性风险管理和时间价值管理，其中时间价值风险无法通过复制完备性市场进行对冲。然而，Fisher 所提出的金融的两大职能却遭到了截然不同的对待，只有金融的风险管理职能得到了更为充分的发展。① Arrow 通过基于完备性市场的市场等值定理，提出了向完备性市场过渡的风险转移和风险分配的金融工程学思路，从而为波动性风险管理奠定了基石。② 史文森将对冲波动性风险策略归入另类资产类别中的绝对收益投资，并进一步区分为事件驱动型和价值驱动型两种子策略。事件驱动型投资者侧重于与事件如并购有关的信息生产，价值驱动型投资者则要求投资经理挖掘出被低估或高估的证券，进行建仓并通过对冲保值降低市场系统性风险。③ 尽管从理论上讲，对冲波动性风险策略通过同时对主观概率进行风险规避和时间价值调整，能够实现风险个性化管理，完全对冲波动性风险，然而，问题在于这一策略面对本质上属于少信息甚至无信息的尾部风险及其带来的幸存者偏差，几无用武之地。幸运的是，价值投资策略对对冲波动性风险策略这一不足进行了有益和重要弥补。价值投资策略可以在缓解幸存者偏差难题的基础上，通过长期学习更好地管理个体风险，获取企业家创新报酬，实现时间价值的内生化。正如索普所指出的那样，香农的信息论和凯利公式提供了与基于金融工程学的对冲波动性风险截然不同的投资策略，可用于时间价值管理：（1）由于尾部风险的不可预测，根据凯利公式进行的投资依赖更保守的结果估计以及更为谨慎和合理的"下注"缓解幸存者偏差难题。（2）考虑到时间价值风险无法对冲，幸存者偏差难题的缓解就为持有获胜概率或赔率被低估的投资标的留下了充足的时间，从而为打破投资随机过程和战胜市场，直至实现投资超额报酬目标创造了良好条件。④ 很显然，这样的基于香农的信息论和凯利公式的投资策略通常又被称为价值投资策略。史文森进一步将价值投资策略拓展到另类资产中的私人股权投资。⑤ 私人股权投资包括杠杆收购和风险投资两大类。杠杆收购是指以高于通常资产负债表债务水平，即加大杠

---

① Fisher, I., *The Theory of Interest: As Determined by Impatience and Opportunity to Invest It*, New York: Macmillan Press, 1930.

② Arrow, J., "The Role of Securities in the Optimal Allocation of Risk Bearing", *The Review of E-conomic Studies*, Vol. 31, No. 2, 1964.

③ 大卫·F. 史文森：《机构投资的创新之路》，中译本，中国人民大学出版社 2015 年版。

④ 爱德华·索普：《战胜一切市场的人》，中译本，中信出版社 2019 年版。

⑤ 大卫·F. 史文森：《机构投资的创新之路》，中译本，中国人民大学出版社 2015 年版。

杆的方式获得成熟企业的所有权，其目的在于通过完善企业治理来改善企业经营效率。风险投资基金为初创企业注入资金，传授经营技巧，帮助其尽快盈利、做大做强。

然而，即使是引入价值投资策略也不足以充分实现对企业家创新的金融支持，还需要有保证多层次资本市场发挥作用的配套条件和相关治理。究其原因，价值投资策略的有效应用必须具备存在投资项目内嵌实物期权的前提。正如达莫达兰所指出的那样，价值投资策略从理论上可视为实物期权估值方法的应用，但是并非所有的投资项目都能内嵌期权。① 为了更好地发挥价值投资策略的作用，还需引入非营利的风险社会化管理基金，实现风险管理进一步的前置，分担内嵌实物期权形成的投资风险。引入风险社会化管理基金的目的在于对初创企业提供风险投资所无法满足的孵化服务并帮助其更早达到市场需求临界规模。只有这样的投资风险前置管理和社会化分担，才能培育出符合风险投资要求的内嵌实物期权价值，从而给价值投资策略应用提供充足的投资项目。与此同时，考虑到多层次资本市场处理信息不完全和不对称所固有的外部性，只有不断加强投资者利益保护，并完善上市公司和其他市场机构治理，才能有效发挥多层次资本市场改善资本配置的作用，激励长期投资和企业家创新。

由此可见，多层次资本市场发展除了要具备通过对冲基金和价值投资基金实现波动性风险管理和时间价值管理两大金融职能间平衡的内涵外，还要有保证资本市场发挥作用的配套条件和相关治理，分别用于培育符合风险投资要求的内嵌实物期权价值和保护投资者利益。即使资本市场最为发达的美国也因配套条件不足制约了对企业家创新的金融支持和增长动力重构。美国风险投资重点长期集中在软件和信息服务以及生物技术上，但对需要硬技术和制造的产业创新支持严重不足。通常，风险投资公司会进行五年的渐进式投资，并希望在下一个五年看到利润回报。制造业的新技术经过概念验证、原型制作、规模化生产，变成改变世界的新技术，可能需要十年以上的时间，这比风险资本理性等待的时

---

① 艾尔瓦斯·达莫达兰：《估值：难点、解决方案及相关案例》，中译本，机械工业出版社2017年版。

间要长。与需要硬技术和制造的产业相比，软件和信息服务行业风险低、资金少、回报周期短，退出战略有效，对风险投资更具吸引力。风险投资的行业局限性严重拖累了美国私人股权投资基金业绩，并有可能损害对企业家创新金融的支持，阻碍增长动力重构。史文森认为截至2006 年的 20 年间美国私人股权投资基金的业绩大都低于股票等有价证券的回报率，而风险却高于股票。只有排名前十分之一的私人股权投资者，才有望获得超额收益。[①] 私人股权投资差强人意的整体回报最终势必会损及对企业家创新支持的可持续性，阻碍增长动力重构。这具体体现在风险投资在推动美国互联网经济发展的同时却只在内生增长动力重构上取得喜忧参半的效果。戈登的研究发现，作为衡量内生增长动力的最权威指标，美国全要素生产率在 1920—1970 年增长最为迅速，高达1.89%；得益于互联网经济发展的滞后作用，1994—2004 年，美国全要素生产率增速一度回升到 1.03%，而在其余大多数时期这一指标则都低于 0.6%。[②] 然而，2004—2014 年，特别是在 2008 年国际金融危机冲击下，美国全要素生产率增速创出新低，只有 0.4%。正是为了更好地实现创新驱动的经济增长，美国积极推动再工业化。为此，除了通过企业组建工业互联网联盟，促进工业化和信息化的深度融合外，美国开始倡导风险社会化管理来弥补在多层次资本市场发展配套条件上的短板，培育符合风险投资要求的内嵌实物期权，突破风险投资行业局限，给需要硬核科技闯关的制造业创新提供充分的金融支持，从而更全面地重构增长动力。

第三节　未来多层次资本市场的加速发展

根据前面的分析可知，中国现有的深度有余、宽度不足的金融发展水平是加速工业化的产物。正是得益于国家隐性担保下的银行信贷扩张推动，中国加速了投资和增长，并成功缩小了与发达经济体在工业生产率和国际竞争力上的差距。资本短缺状况的缓解，特别是与发达经济体

① 大卫·F. 史文森：《机构投资的创新之路》，中译本，中国人民大学出版社 2015 年版。
② 罗伯特·戈登：《美国增长的起落》，中译本，中信出版社 2018 年版。

生产率差距缩小迫切要求中国的金融发展重点应该从国家隐性担保下的银行信贷扩张转向多层次资本市场发展。否则，将无法有效应对重构增长动力的工业化转型挑战，实现创新驱动的高质量发展。首先，国家隐性担保下的银行信贷扩张风险控制机制日趋失效，加剧了中国本就存在的期限错配和过度投资问题。Lee 等证实即使以具有投资导向型经济增长特征的亚洲经济体高标准衡量，中国实际投资率仍然显得偏高，跨期错配和过度投资严重。① 中国 30 多年来可预测的投资标准应占 GDP 的 33%—43%，但中国实际投资却在 GDP 的 35%—49% 的更大范围内波动。不过，由于银行信贷的投资看跌期权属性，中国跨期错配风险通过提前收回贷款及时止损的周期性调整而得到部分控制。因此，只是在 2000 年以后，中国跨期错配问题才变得突出，并在 2009 年为了应对国际金融危机而实施一系列经济刺激方案以后越发严重，充分反映了国家隐性担保下的银行信贷扩张风险控制机制日趋失效。其次，国家隐性担保下的银行信贷扩张还导致创新融资不足，使得中国过早出现投资报酬递减现象。刘仁和、陈英楠、吉晓萌和苏雪锦从宏观经济学关于投资的 q 理论出发，借鉴金融经济学中基于生产的资产定价模型，构造出包含实物资本调整成本的资本回报率模型，再结合中国的宏观总量数据测算国内的资本回报率。② 从全球来看，一旦加入资本调整成本，中国的资本回报率可能没有明显高于其他经济体。值得指出的是，在剔除生产税和企业所得税的情形下，考虑调整成本的资本回报率从 2008 年的 9.82% 逐年下降到 2014 年的 3.02%。过度投资加剧和资本回报下降充分说明中国金融发展的最大挑战正在由缓解资本短缺难题迅速转向如何在控制风险的基础上寻求新的投资机会。特别是随着与发达经济体生产率差距缩短，仅仅依赖基于外部技术引进的知识本土化及其外溢效应是不够的。很显然，无论是通过资产兼并重组降金融杠杆来抑制期限错配和过度投资问题，还是激励自主创新并发挥其外溢效应以培育新的增长

① Il Houng Lee，Murtaza Syed，LiuXueyan，"Is China Over-Investing and Does it?"，*IMF Working Paper*，No. 277，2012.

② 刘仁和、陈英楠、吉晓萌、苏雪锦：《中国的资本回报率：基于 q 理论的估算》，《经济研究》2018 年第 6 期。

动力，中国现有的深度有余、宽度不足的金融发展水平不足以应对这一挑战。因此，中国需在扬弃国家隐性担保下的银行信贷扩张基础上加速多层次资本市场发展，进行金融发展的二次转型。

加速多层次资本市场发展的关键在于不能演变成出于降低融资成本的临时目的再造一个政策性牛市，而应在引入波动性风险对冲基金和价值投资基金不断充实和完善资本市场结构的同时，创造多层次资本市场得以有效运行的配套条件，并完善相关治理。否则，单纯的金融自由化并不能带来激励长期投资和企业家创新成效，反而可能会破坏金融稳定。只有引入风险社会化管理基金用于培育内嵌实物期权价值，创造价值投资策略得以应用的前提，形成多层次资本市场发展的配套条件，才能为企业家创新提供充分的金融支持，更加有效地重构增长动力。与此同时，在宽进严出的注册制渐行渐近、多层次资本市场自由度有望得到进一步提高之际，只有不断加强投资者利益保护，并完善上市公司和其他市场机构治理，才能有效对冲多层次资本市场处理信息不完全和不对称所固有的外部性，发挥其改善资本配置的作用，激励长期投资和企业家创新。

除了遵循上述一系列原则之外，多层次资本市场发展还应在金融发展水平上得到集中体现。正如戈德史密斯所指出的那样，由金融结构体现的金融发展水平对提供创新和增长的金融支持至关重要，金融发展滞后的长期增长很难想象。因此，借助实施国家创新发展战略带来的契机，中国应在货币化和资本化的金融发展水平上实现向发达经济体的趋同。[①] 2015 年以来，连续发布了几个指引改革创新和产业升级的重要文件，3 月的《中共中央 国务院关于深化体制机制改革 加快实施创新驱动发展战略的若干意见》、5 月的《中国制造 2025》行动纲领、7 月的《国务院关于积极推进"互联网＋"行动的指导意见》。这一系列文件共同构成中国的国家创新发展战略。同美国的工业互联网和基于先进制造业的再工业化以及德国的工业 4.0 相类似，《中国制造 2025》和"互联网＋"将创新重点集中在工业化信息化的深度融合和包括制造业在内的重点领域硬核科技闯关两方面。[②] 这些重点领域包括新一代信息

---

① 雷蒙德·W. 戈德史密斯：《金融结构与金融发展》，上海人民出版社 1994 年版。
② 王喜文：《工业互联网：中美德制造业三国演义》，人民邮电出版社 2015 年版。

技术产业、高端装备、新材料、生物医药等战略重点。工业化和信息化的深度融合核心在于企业充分运用云大（大数据）移（移动互联网）智（人工智能）等互联网技术手段，挖掘海量的数据，对个性化模式进行模式识别和供求匹配，实现规模化定制生产，迅速决策，灵活应对，从而获取所谓敏捷红利（agility dividend）。[1] 由于主要涉及软件和信息服务行业，多层次资本市场发展本身就足以对工业化和信息化的深度融合提供充分的金融支持。然而，包括制造业在内的重点领域硬核科技闯关则更多无信息或少信息的不确定条件下的投资，非引入社会化风险管理基金培育符合风险投资要求的内嵌实物期权价值，形成多层次资本市场发展配套条件不可。《中国制造 2025》还制定了实现制造强国的"三步走"时间表。第一步：力争用十年时间，迈入制造强国行列。到 2020 年，基本实现工业化，制造业大国地位进一步巩固，制造业信息化水平大幅提升。到 2025 年，制造业整体素质大幅提升，创新能力显著增强，全员劳动生产率明显提高，两化（工业化和信息化）融合迈上新台阶。为此，还就创新能力、质量效益、两化融合和绿色发展制定了 2020—2025 年具体的制造业指标，覆盖了整个"十四五"时期。第二步，到 2035 年，我国制造业整体达到世界制造强国阵营中等水平。第三步，新中国成立一百年时，制造业大国地位更加巩固，综合实力进入世界制造强国前列。European Commission 提出 2015 年中国的创新能力就已经达到欧盟水平的 49%[2]（2006 年为 35%[3]）。由此可见，中国创新能力明显提高并没有同步转化为资本化水平的提高和相应的财富创造，凸显了多层次资本市场发展的滞后，急需围绕国家创新发展战略实现与发达经济体金融发展水平的趋同。

（执笔人：张磊）

---

① 张磊、张鹏：《互联网经济发展、颠覆性创新和中国增长动力重构》，载《中国上市公司发展报告（2018）》，社会科学文献出版社 2018 年版。

② European Commission, *Innovation Union Scoreboard*, 2015.

③ 克劳斯·施瓦布：《第四次工业革命》，中译本，中信出版社 2016 年版。

第八章　资本账户与外汇制度

　　构建开放型经济新体制是新时代中国经济发展的重要路径。中美贸易摩擦和 2020 年全球新冠肺炎疫情的暴发，使得中国经济发展的外部环境进一步恶化，可以预见未来 5 年中国将面临全球产业布局重调、国际收支恶化和外储充足性下降等情况。在新形势下，中国应采取怎样的政策组合来更有效地管理跨境资本流动和人民币汇率预期，并实现管理成本的最小化，成为当前宏观调控政策领域的重要问题之一。

　　当前采取的"宽进严出"的资本管制和有管理的浮动汇率制度政策组合，符合平衡跨境资本流动、稳定汇率预期的政策目标，但它的弊端也在逐步显现。一方面资本管制导致我国双向资本流动规模和对外投资收益率下滑，降低了我国对外经济的活力和影响力，另一方面资本管制与缺乏弹性的汇率制度相结合，会显著拉长实际汇率偏离均衡的持续时间，加大市场扭曲和资源配置效率的损失，从而降低生产效率和增长潜力。

　　在对外经济形势复杂化的背景下，相机抉择的货币政策越来越难以内外兼顾，在对跨境资本流动施以有限度的管制和宏观审慎监管的政策配合之下，加快向更有弹性的浮动汇率制度的转变，既是构建开放型经济新体制的题中应有之义，也是保持我国货币政策独立性和维护宏观经济稳定的现实需要。

　　本章在简述资本账户开放理论和中国实践的基础上，结合当前中国跨境资本流动、人民币汇率波动性和外储充足性的趋势，展望人民币汇率制度改革，并提出继续稳妥地推进资本账户开放和人民币汇率制度改革，构建开放、安全的金融体系，建立有效的风险管理机制，提升抵御外部冲击和管理波动的能力才是根本。

第一节　资本账户与外汇制度改革的中国实践

一　资本账户开放的理论之争

资本账户开放是指解除对资本跨货币区边境的交易进行各种直接和间接的限制，包括取消对汇兑、支付的限制和对交易本身的设限，还包括取消可能影响交易成本的相关措施，例如交易税收和补贴等。

综观世界，发达经济体的资本账户开放程度总体上高于发展中经济体，而发展中经济体对资本账户开放的担忧，主要来自对跨境资本流动冲击的忧虑。跨境资本流动受国家间利差、风险溢价等因素的驱动，对一国经济的影响是一把"双刃剑"。其益处是有利于国家间技术外溢、风险分担，平抑借贷成本进而平抑经济波动；其弊端是存在金融工具复杂化、监管难、顺周期等问题，监管不足的情况下会增加金融体系的不稳定性，易导致汇率超调和宏观经济波动。研究表明，一国金融开放程度越高，受短期跨境资本流动冲击的影响就越大。一国的金融市场越发达，越能够有效对冲短期跨境资本流动冲击的影响。

在中国推动资本账户开放的道路上，相关争论从未断绝，每当发生重大的外部冲击和政策转向之时，就会烽烟重起。除了上述跨境资本流动可能对一国经济造成的影响外，支持开放的论点和学理依据主要有以下几点：（1）开放资本账户意味着一国能够通过外部融资来弥合国内储蓄和投资之间的差距，有利于平滑消费波动，从而促进经济的平稳增长。（2）资本所有者有权决定自己的资产配置，并且允许非政府部门的投资者持有更多的对外资产，能够有效提升我国的对外资产收益率，有利于改善经常账户收入项下长年为负的状况，以及维持后老龄化时代的国际收支平衡。（3）资本管制有效性存疑。为了逃避资本管制，存在大量将资本项目交易伪装成经常项目交易的情况，除了增加交易成本，资本管制往往不能达到其政策目的。（4）资本管制会导致寻租和腐败，造成效率损失。（5）资本管制可能产生强制储蓄效应，会造成国际收支失衡、实际汇率扭曲。严格的资本流出管制，会抬高本国不可贸易品的价格，如房地产价格，造成实际汇率升值，削弱制造业的国际竞争力，不利于长期经济增长。（5）阻滞经济结构调整。资本管制与缺乏弹性的汇率制度相结合，会显著拉长实际汇率扭曲持续的时间，导致实际汇率回归均衡状态的半衰期长达 5 年之久，这也会使得经济结构的调整时间随之拉长。

而反对资本账户开放的论点主要有：（1）跨境资本流动可能造成危机在国家间传导。通过对资本流动设限，增加摩擦，能够降低外部冲击对一国宏观经济稳定造成的影响，减少国外经济政策对本国的溢出效应。（2）亚洲金融危机后一些研究发现，资本账户开放与经济增长并无因果关系。在国内金融市场不发达，央行缺乏执行稳定货币政策的能力和有效管理跨境资本流动的经验时，开放资本账户反而会增加宏观经济波动性。（3）同发达国家相比，中国的资本市场不够完善，资本深度不足，并且由于缺乏或不熟悉外汇市场对冲机制，中国企业不能很好地规避汇率波动带来的风险，因此有必要继续保持资本管制。（4）放开资本管制可能会纵容洗钱和向境外转移资产，在一些资本积累存在原罪的情况下，资本外逃会引发道德关切并造成社会紧张。

二　资本账户开放的路径选择

从国际经验来看，资本账户开放并不存在一个统一的"标准程序"，各国应根据自身的经济特征和发展需要来选择自己的路径，但发展中经济体的资本市场自由化最好能够遵循一定的步骤。一个较为理想的路径是：经常账户先于资本账户，直接投资先于证券投资，长期投资先于短期投资，证券投资先于国际借贷，资本流入先于资本流出。中国的资本账户开放过程基本遵循了这一顺序。经过二十多年的发展，我国资本账户的可兑换程度有了显著提高，到 2008 年年底，中国资本项目有 80% 已经基本放开，[①] 到 2016 年年初，中国资本项目有 90% 已经基本放开。[②]

---

① 余永定：《最后的屏障：资本项目自由化和人民币国际化之辩》，东方出版社 2016 年版，第 112 页。

② 张礼卿：《我国资本账户可兑换的历程：经验和前瞻》，《中国外汇》2019 年第 7 期。

我国的资本账户自由化的第一个里程碑是 1986 年。外商直接投资企业被允许将其人民币投资收益进行再投资，或投资于 1985 年开放的外汇调剂市场，后者成为外资企业平衡其外汇账户的重要渠道。1994 年中国的外汇市场结束双轨制，汇率官定的官方外汇市场与汇率由供需决定的外汇调剂市场合并。然而，1997 年的亚洲金融危机使得中国的资本账户开放进程被迫中断，政府加强了对经常项目和资本项目的管制，以防资本外逃。1998 年为严厉打击非法买卖外汇的行为，政府向各类企业和金融机构派驻了上万名审计人员，以追查资金的流向。

随后中国决定采取出口导向的经济发展战略，并加入了世界贸易组织，这是中国资本项目开放进入新阶段的重要标志。中国的入世承诺包括将在 5 年内完全开放金融服务业，并且放开对 FDI 的管制，例如取消外资企业外汇账户自平衡的要求。入世后在持续双顺差的背景下，外汇储备规模大幅增长，人民币汇率升值压力陡增，2003 年起中国推动资本账户开放的步伐显著加快，陆续推出多项放松管制的措施，主要包括：（1）允许居民开立外汇账户，并授予居民每年 5 万美元的换汇额度；（2）简化贸易融资的审批流程；（3）通过 QDII 和 QFII 机制部分开放跨境双向证券投资；（4）允许非居民在中国境内开设人民币账户，工作或生活超过一年的可以在境内购买房屋；（5）建立新的外汇结算体系，要求资本流入以实际交易为基础，等等。

国际金融危机后，发达国家央行纷纷推行量化宽松的货币政策，大量资本流向新兴市场经济体，也促使了中国的跨境资本流动管理重心转为"严进宽出"。2009 年提出人民币国际化战略，启动跨境贸易人民币结算试点，2010 年允许企业和商业银行自主持有一定比例的外汇，2012 年 4 月正式废止人民币强制结售汇制度。到 2016 年年初，在 IMF《汇兑安排和汇兑限制年报》中 40 类资本交易项目中，我国部分可兑换（22 项）和基本可兑换（14 项）的项目合计达到了 90%。

2015 年"8·11 汇改"旨在推动人民币汇率中间价定价机制的市场化，但汇率波动性的突然上升引发金融市场恐慌，导致大规模资本外流。为防范跨境资本流动风险，外管局和央行等部门密集出台了一系列外汇监管措施，金融市场开放和人民币国际化的步伐也相应放缓。

表 8 - 1 列出了部分当时陆续出台的资本管制措施，截至 2017 年 6 月 30 日，仅外管局公布的涉及外汇管理的规定就多达 217 件，涉及综合管理、经常项目外汇管理、资本项目外汇管理、金融机构外汇业务监管、人民币汇率与外汇市场、国际收支与外汇统计、外汇检查与法规适用、外汇科技管理 8 大类。虚假贸易、非理性投资、地下钱庄、内保外贷、资金池、蚂蚁搬家等资金出境渠道均受到严格监管。境内企业对外投资如涉及资金出境，需要经发改委、商务部、外管局和央行四部委审查、批准和备案。与此同时，为鼓励外国资本流入，大力推动我国银行间债券市场对外开放和自贸区企业境外融资便利化，并推出放宽 QFII 和 RQFII 额度和锁定期限制，放宽外商直接投资行业和股权比例限制等措施。

就现阶段中国采取的"宽进严出"的资本管制政策而言，它对资本流动和经济增长的不利影响已经显现：（1）从国家资产负债表的视角看，对外负债上升速度超过对外资产增长速度，导致净资产缓慢增长甚至下降；（2）短期跨境资本流入的显著增长会导致银行业资产与负债的期限错配和货币错配，即负债多为短期，而资产多为长期；负债为外币，而资产为本币，从而削弱金融体系的稳定性；（3）尽管维持了外储规模和人民币汇率预期的稳定，但外储充足性持续下降；（4）对资本流出的管制抑制了外资流入，政策的不确定性使得外资担忧将来流出可能受限。

从亚洲金融危机后的"宽进严出"，到国际金融危机后为遏制热钱流入而采取的"严进宽出"，再到"8·11 汇改"后为应对资本流出而采取的"宽进严出"，中国资本账户开放进程似乎经历了一个轮回，而其背后是中国跨境资本流动形势的转向。现在，为避免跨境资本流动冲击对宏观经济稳定产生影响，选择重拾资本管制无可非议，连过去支持资本账户自由化的 IMF 也不得不承认，对跨境资本流动进行某种程度管制的国家，通常是受到金融危机冲击程度较轻的国家。只是资本总会找到出路，资本管制措施的有效性仍然受到广泛质疑。根据对非政府部门资本流动的估算结果，这些质疑的声音并非毫无根据。

表 8 - 1　　　　　　　　　　　中国部分资本管制措施

时间	文件名称	主要措施
2015 年 8 月 31 日	《关于加强远期售汇宏观审慎管理的通知》	对银行代客远期售汇和人民币购售业务进行宏观审慎管理，要求金融机构按其远期售汇签约额的 20% 缴存外汇风险准备金，并提高跨境人民币购售业务异常的银行购售平盘手续费率
2015 年 12 月 28 日	《境内机构外币现钞收付管理办法》	明确规定了境内机构外币现钞收付的条件，在无法使用银行渠道等特殊情况下，允许境内机构以外币现钞办理部分经常项目收付，但应按规定在经办银行办理结汇，不得存入经办银行转为现汇
2015 年 12 月 31 日	《关于进一步完善个人外汇管理有关问题的通知》	自 2016 年 1 月 1 日起，个人外汇业务监测系统在全国上线运行，加强对购汇意图的真实性审查和额度管控
2016 年 1 月 17 日	《关于境外人民币业务参加行在境内代理行存放执行正常存款准备金率的通知》	自 2016 年 1 月 25 日起，对境外金融机构境内存放执行正常存款准备金率
2016 年 4 月 29 日	《关于进一步促进贸易投资便利化　完善真实性审核的通知》	加强单证审核，明确货物贸易离岸转手买卖单证审核要求，完善直接投资外汇利润汇出管理，规范货物贸易风险提示函制度
2016 年 5 月 27 日	《关于境外机构投资者投资银行间债券市场有关外汇管理问题的通知》	进一步规范境外机构投资者投资境内银行间债券市场外汇管理，对境外机构投资者实行登记管理，不设单家机构限额或总限额，要求资金汇出入币种基本一致
2016 年 6 月 15 日	《关于改革和规范资本项目结汇管理政策的通知》	全面实施外债资金意愿结汇管理；统一境内机构资本项目外汇收入意愿结汇政策；对资本项目收入的使用实施统一的负面清单管理模式；进一步规范资本项目收入及其结汇资金的支付管理，明确银行按照展业三原则承担真实性审核义务；外汇局进一步强化事后监管与违规查处
2017 年 1 月 26 日	《进一步推进外汇管理改革　完善真实合规性审核的通知》	除扩大境内外汇贷款结汇范围外，还强调加强境外直接投资真实性、合规性审核

资料来源：笔者根据国家外汇管理局、中国人民银行相关资料整理。

三　人民币汇率制度的改革进程

我国人民币汇率制度经历了 1994 年汇改、2005 年 "7·21 汇改"

和 2015 年"8·11 汇改"三次重要的改革，从双重汇率制演进至有管理的浮动汇率制度，人民币汇率市场化程度逐步提升。①

20 世纪 80 年代初期，中国实行的是双重汇率制度，除官方汇率外，另行规定一种适用进出口贸易结算和外贸单位经济效益核算的贸易外汇价格，该价格根据当时的出口换汇成本，确定为 2.8。1993 年年底，中国人民银行发布《关于进一步改革外汇管理体制的公告》，宣布汇率并轨，实行以市场供求为基础、单一的、有管理的浮动汇率制。如图 8-1 所示，1994 年 1 月 1 日，人民币兑美元官方汇率贬值 46%，从 5.8 贬至 8.7（后调整为 8.3），之后的 10 年中人民币兑美元汇率基本稳定在 8.27 的水平，因此事实上实行的是钉住美元的汇率制度。

随着中国外汇储备的不断增加，人民币升值压力持续上升。2005 年 7 月 21 日，中国人民银行宣布放弃原先单一钉住美元的汇率政策，开始实行以市场供求为基础、参考一篮子货币进行调节、有管理的浮动汇率制度，并在 2006 年引入询价交易方式和做市商制度，改进了人民币汇率中间价的形成方式。然而，2008 年国际金融危机的爆发，使得中国汇率市场化改革之路被迫暂停，中国又回到了爬行钉住美元的汇率制度。

随着人民币国际化战略的不断推进，中国资本账户逐步走向开放，为保持货币政策的独立性，央行逐步向浮动汇率制度、利率目标、适度资本管制和宏观审慎的政策组合转型。2015 年 8 月 11 日，为满足 IMF 纳入 SDR 货币篮子的要求，增强人民币对美元汇率中间价的市场化程度，央行决定改变人民币对美元汇率中间价报价机制，做市商在每日银行间外汇市场开盘前，参考上日银行间外汇市场收盘汇率，综合考虑外汇供求情况以及国际主要货币汇率变化向中国外汇交易中心提供中间价报价，此为"8·11 汇改"。

然而，此次市场化改革的初衷良好，但后果却是灾难性的。汇改当天，人民币对美元汇率开盘即下跌 1136 个基点，3 天内人民币汇率贬值幅度超过 3%，恐慌情绪快速传递到国内股票市场，上证指数两周内暴跌约 30%。2016 年年初人民币汇率再次在 3 个交易日内下跌超过

---

① 张明：《人民币汇率形成机制改革：历史成就、当前形势与未来方向》，《国际经济评论》2016 年第 3 期。

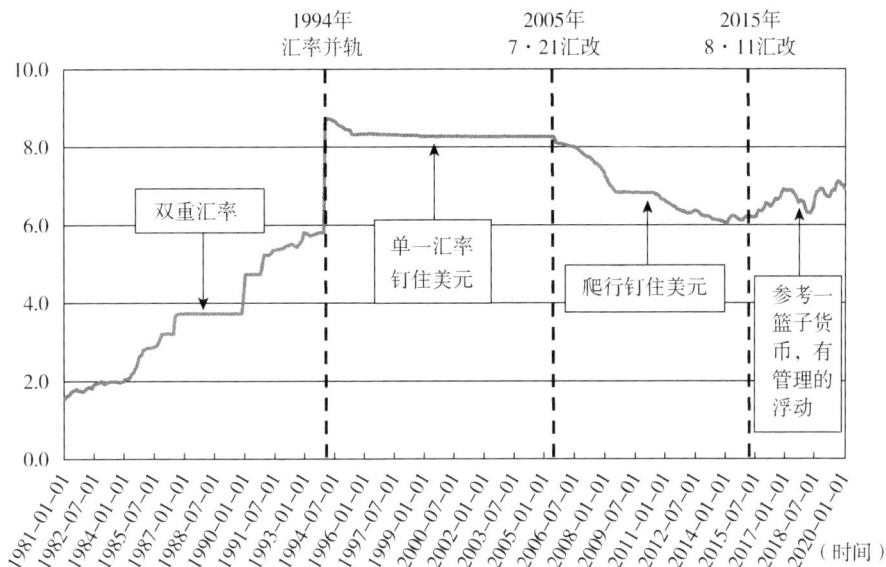

图 8－1　人民币兑美元汇率（1981—2020 年）

资料来源：笔者根据圣路易斯联邦储备银行（FRED）相关资料整理。

1000 个基点，上证指数也随之在一个月内再次下跌近 30%。此次汇改触发了大规模的资本流出，为抑制人民币对美元汇率的快速贬值，中国央行于 2016 年年初开始实施"收盘价＋货币篮子"的双目标中间价定价机制。为减少干预成本，又于 2017 年 5 月 26 日引入逆周期调节因子，形成了基于前日收盘价、一篮子货币汇率变动和逆周期调节因子的人民币汇率中间价新机制。后又根据形势的发展需要，于 2018 年 1 月和 8 月分别取消和重启了"逆周期因子"。

在现行的人民币汇率中间价形成机制中，由于美元指数和其他货币的变动难于预测，人民币汇率变动的不确定性显著上升，同时逆周期调节因子为央行干预留下了空间，在岸人民币汇率波动的市场化程度没有显著提高，反而透明度进一步降低，可以说"8·11 汇改"是一次未完成的改革尝试。但央行从此次汇改中积累的管理人民币汇率波动的丰富经验，以及其后推出的一系列防范汇率风险的制度安排，都为下一次汇改奠定了坚实的基础。

第二节 中国跨境资本流动的新形势

中美贸易摩擦和两国经济"脱钩"的可能前景使得中国的跨境资本流动形势出现恶化。综合商务部和外管局等部门发布的数据来看，2019 年外商在华新增直接投资增速放缓，并出现了一定规模的外商撤资，本国资本流出压力有所回升，同时对外投资收益率下降。在此背景下，对外资产负债表已经告别过去的高速扩张，进入低速增长期。

一 双向资本流动规模显著收窄

若将国际收支平衡表上净误差与遗漏项计为本国资本流出，经误差项调整后的资本流动规模在重新收紧资本管制后呈逐年下降的态势。①如图 8-2 所示，双向资本流动规模由 2016 年的峰值 11647 亿美元降至2019 年的低点 6719 亿美元。收缩了 42.3%，回到与 2015 年大致相当

（亿美元）

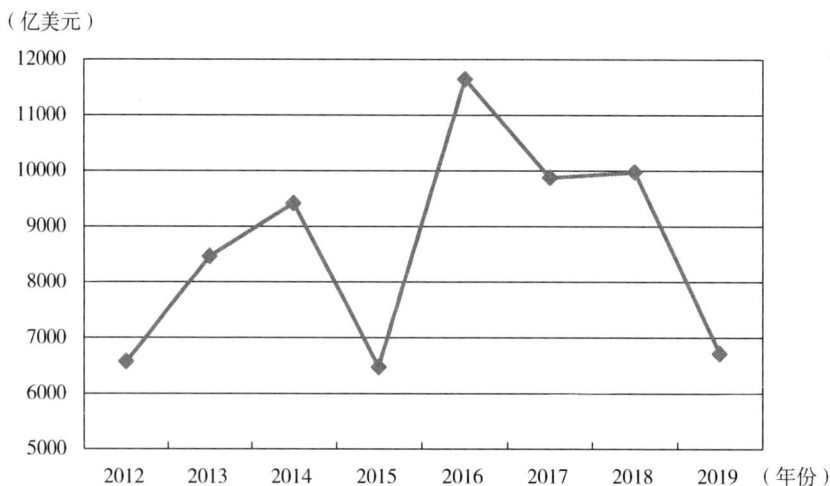

图 8-2 中国跨境资本流动规模（2012—2019 年）

资料来源：国家外汇管理局，笔者估算。

---

① 需要说明的是，这里的资本流出并不是指资本物理上流出国境，而是资本的所有权在居民和非居民之间发生了转换。

的水平。其中，2019 年全年本国资本净流出和外国资本净流入同比分别下降 18.9% 和 47.1%。由于 2017 年和 2018 年的双向资本流动总规模较为稳定，均为近 1 万亿美元，因此可以说 2019 年的骤降主要是受到了中美贸易摩擦带来的不确定性的冲击。

二 资本账户持续净流出

当前"宽进严出"的资本管制政策对中国对外投资的抑制作用和外商在华投资的促进作用是明显的，但依然没能扭转中国资本账户持续净流出的态势，近三年中国非政府部门资本净流出的规模约为每年 1000 亿美元。

2017—2019 年本国资本以年平均 4916 亿美元的规模持续流出，比 2016 年收窄 45.7%，外国资本以年平均 3938 亿美元的规模持续流入，比 2016 年扩大 51.7%，这表明"宽进严出"的政策措施对平衡双向资本流动是有效的。但从国际收支平衡表的净误差与遗漏项来看，2019 年全年误差接近 2000 亿美元，并未较 2015—2017 年有多少改善，并且误差项占货物贸易总额的 5.3%，已超出 IMF 设定的合理范围（5%），这表明依然存在着较大规模统计外的资本流出。

从变动趋势看，经误差调整后，2015—2016 年每年的净流出规模约为 6500 亿美元，而 2017 年和 2018 年虽仍为净流出，但分别收窄为 1035 亿美元、296 亿美元，可以说达到了保持跨境资本流动平衡的政策目标，然而受中美贸易摩擦的影响，2019 年全年净流出为 1603 亿美元，有再次扩大的趋势（见表 8 - 2）。

表 8 - 2 　　　　中国非政府部门跨境资本流动估算　　　单位：亿美元

年份	外国资本净流入	本国资本净流出	净值	净误差与遗漏	本国资本净流出（修正）[1]	净值（修正）[2]
2012	2670	−3030	−360	−871	−3901	−1231
2013	5633	−2203	3430	−629	−2832	2801
2014	4115	−4629	−514	−669	−5298	−1183

续表

年份	外国资本净流入	本国资本净流出	净值	净误差与遗漏	本国资本净流出（修正）[1]	净值（修正）[2]
2015	−1010	−3335	−4345	−2130	−5465	−6475
2016	2596	−6756	−4161	−2295	−9051	−6456
2017	4419	−3324	1095	−2130	−5454	−1035
2018	4838	−3532	1306	−1602	−5134	−296
2019	2558	−2180	378	−1981	−4161	−1603

注：1. 根据国际收支恒等式，$CA = -KA = \Delta R - NFI = \Delta R - (FI_{inward} - FI_{outward})$，其中 CA 为经常账户余额，KA 为资本和金融账户余额；ΔR 为官方储备资产变动，这里同国际收支平衡表中的记账处理不同，储备资产增加为"＋"，减少为"－"；NFI 为非政府部门资本净流入，FI_{inward} 为资本流入，$FI_{outward}$ 为资本流出，则 $FI_{outward} = CA + FI_{inward} - \Delta R$。2. 净值为等式中的 NFI，即非政府部门资本净流入，此处非政府部门指企业与居民。

资料来源：国家外汇管理局，笔者估算。

三　对外资产负债结构改变

由于当前跨境资本流动趋于平衡的局面是建立在加强本国资本流出管制和放宽外国短期资本流入的政策基础之上，这对我国对外部门资产负债表有着较为直接的影响。

一是资产增速放缓，同时负债持续扩张，从而净资产增长缓慢甚至下降。2019 年前三季度中国对外总资产、总负债均小幅上升，净资产下降。其中，总资产为 7.7 万亿美元，增加 4.2%；总负债为 5.6 万亿美元，增加 6.3%；净资产为 2.1 万亿美元，减少 1%。净资产连续三年稳定在 2.1 万亿美元左右，并且总资产和总负债增速均显著低于2006—2013 年的年平均增速 22.4% 和 22.1%，[1] 这说明我国已经告别曾经的对外资产负债高速扩张的阶段，进入了低速增长期。

二是资产负债结构呈现出两个重要变化。第一个重要变化在资产持有者结构方面，居民和企业部门持有的对外资产在总资产中的占比自2016 年首次超过 50% 后，2019 年年底进一步升至 58.2%。这一方面反

---

① 因统计标准和统计口径的调整，2014 年的数据不可比。

映出企业和居民配置国外资产的需求在持续增加，另一方面也提醒我们对资本流出进行管制的政策有效性在长期将十分有限。

第二个重要变化是负债的来源结构。近年来国外投资者不断增持以人民币计价的股票、债券等资产，造成证券投资占比持续上升，直接投资占比下降。外国在华证券投资从 2016 年年底的低点 8111 亿美元上升到 2019 年年底的 1.36 万亿美元，推动证券投资在总负债中的占比由 17.8% 上升至 24.4%，同时直接投资占比由 60.5% 下降至 52.4%。由于证券投资有顺周期特征，外国在华证券投资占比的提高将意味着资本流动波动性和汇率超调可能性的上升，也是一种潜在的风险因素。

四 对外投资收益率下降

随着对外资产持有者结构的变化，非政府部门对外投资在我国对外投资中发挥着主体作用，是我国对外投资收益的主要来源，也是扭转我国对外投资收益长年逆差的主要发展方向，而 2015 年来的"宽进严出"政策限制了其发展，副作用之一便是对外投资收益率的下降。

我国对外投资可按投资主体分为政府部门和非政府部门，政府部门投资收益由外汇储备投资收益和主权基金投资收益两部分构成，非政府部门包括企业和居民部门，投资收益计为对外投资总收益与政府部门投资收益的差值。

如图 8－3 所示，我国对外投资收益率常年在 3% 上下徘徊，自 2015 年重启资本流出管制以来总体上呈下降趋势。需要说明的是，2017 年的对外投资收益率有一个小的跃升，这主要是因为当年美、英、德、日等国的国债收益率均出现回升，并且主要经济体证券市场普遍表现良好，而政府部门对外投资收益率的跃升主要是受到了当年主权基金对外投资净收益率为 17.6% 的驱动。

然而，2019 年我国对外投资净收益为－372 亿美元，对外投资收益率由 2018 年的 3.06% 下滑至 2.85%，比外国在华投资收益率低 175 个基点。此外，自 2010 年以来我国非政府部门对外投资收益率便一直显著高于政府部门，平均约高出 277 个基点。① 2019 年非政府部门对外投资收益率为 4.22%，比政府部门高出 328 个基点，与同期外国在华投资收益率（4.6%）的差距缩小，这表明非政府部门对外投资正在走向成熟，对外投资收益率也逐渐与外国在华投资收益率趋同，但是作为现行微观监管的主要对象，非政府部门对外投资的发展受到了较大限制，这在远期将对我国的国际收支平衡产生不良影响。

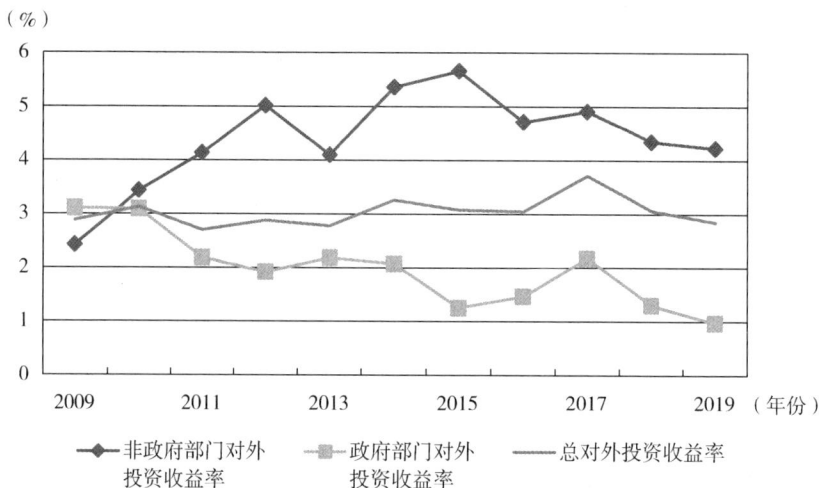

图 8-3 中国对外投资收益率（2009—2019 年）

资料来源：国家外汇管理局，美国财政部，OECD，笔者估算。

第三节 人民币汇率的波动性与外储充裕性

受中美贸易摩擦影响，2019 年人民币对美元、一篮子货币汇率持续走低，波动性显著上升。同时，尽管近年来外汇储备水平仍保持稳定，但外储充足性呈下降态势，为此央行已经退出对外汇市场的常态化干预，转为通过定价机制进行波动性管理。新冠肺炎疫情在全球范围的蔓延将对中国经济造成持续的负面冲击，并使得国际收支状况趋于恶

———————

① 这里对政府部门的收益率可能有所低估。因为外汇储备中配置了一定比例的证券资产，但因数据的不可获得性，在我们的估算中这部分资产的收益率以美国国债收益率计。

化，因此未来外汇储备充裕性将具有更加重要的指标意义。

一　中美贸易摩擦与人民币汇率波动

2019 年 8 月 1 日美国宣布将对 3000 亿美元中国输美商品加征关税，随后 8 月 5 日美国财政部宣布将中国列为"汇率操纵国"，人民币对美元汇率三天内贬值 1500 个基点，快速跌破"7"这一心理关口，贬值幅度达 2.4%，引发对中美贸易摩擦扩大至金融领域的担忧。

事实上，当前中国采取的是钉住一篮子货币、有管理的浮动汇率制度，央行早在 2017 年便已经退出对人民币汇率的常态化干预，此次贬值主要是受市场力量的驱动，而非主动贬值。如图 8－4 所示，中美贸易摩擦开始以来，人民币对美元汇率的波动性显著上升，每一轮美国宣布对华加征关税后都出现汇率大幅波动的情况。

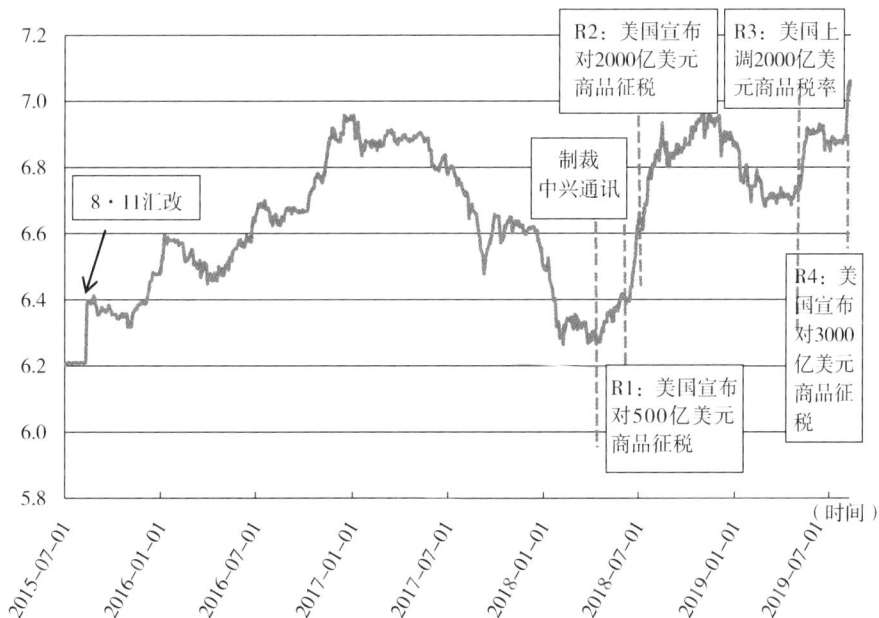

图 8－4　中美贸易摩擦与人民币对美元汇率波动

资料来源：圣路易斯联邦储备银行（FRED），笔者整理。

在中美贸易摩擦不断升级的阶段，人民币对美元贬值幅度明显，但人民币对一篮子货币仅出现了小幅贬值。根据国际清算银行的数据显示，2018 年 4 月 16 日美国宣布制裁中兴通讯，截至 2019 年 8 月 9 日，在岸人民币对美元汇率贬值 12.5%，而同期人民币对一篮子货币（CFETS 指数）贬值仅为 5.6%，人民币名义有效汇率（NEER）贬值 5.2%。近年来人民币名义与实际有效汇率的相关系数接近 1，二者高度拟合，即使出现偏离，幅度也很小并很快得到修正，这在一定程度上为央行减少汇率干预提供了佐证。

过去央行一直努力避免人民币汇率的大幅波动，这是因为汇率的剧烈波动可能会造成福利损失。一方面，汇率波动会通过价格传递效应、收入效应和支出转移效应对一国价格、出口、总需求产生影响；另一方面，汇率波动带来的不确定性会增加交易成本、提升风险溢价，对贸易与投资造成负面影响，而贬值预期则会强化这些影响，并在短期造成国际收支恶化。

但大量实证研究表明，汇率波动不是长期经济增长或产出的重要影响因素，实行钉住汇率或浮动汇率制度国家的平均增长差异很小，并且汇率的波动往往不会完全反映在价格变动上，即价格传递效应不完全。[1] 对于许多发展中国家而言，浮动汇率与更高的通胀水平和价格波动相联系的主要原因是这些国家不稳定的货币政策。此外，汇率波动对贸易的影响有可能为良性，在大多数情况下汇率波动造成的福利损失可能小于货币当局为维护汇率稳定而付出的努力，如对国内经济造成的扭曲和外汇市场干预的成本。只有对某些贸易依存度过高的小国，以及难以在国际资本市场以本币进行融资的国家，保持汇率稳定利大于弊。[2]

现阶段进一步放宽人民币汇率的波动范围，对我国宏观经济稳定性并不会造成显著影响，其原因主要有以下几点：第一，每日或者每月的汇率波动对总体经济活动的影响较小，至少持续时间为几个月的汇率波

---

① Ghosh, A., J. Ostry, and C. Tsangarides, "Exchange Rate Regimes and the Stability of the International Monetary System", *IMF Occasional Paper*, 270, International Monetary Fund, 2010.

② Bergin Paul, "Measuring the Cost of Exchange Rate Volatility", *FRBSF Economic Letter*, No. 2004 - 22, Federal Reserve Bank of San Francisco, 2004.

动才有可能对通货膨胀、产出和就业的稳定产生影响。第二，由于人民币汇率的价格传递效应不完全，并存在一定时滞，汇率波动不是我国国内价格水平波动的主要影响因素，尤其是对消费者价格的影响较小。[①] 第三，由于存在产品差异化，不同国家生产的产品和服务之间不能完全相互替代，再加上存在贸易壁垒和贸易成本，名义汇率的波动在短期内对进出口和国际收支的影响均不明显，对产出波动性也没有显著影响。[②]

二 外汇储备充足性的现实考量

考虑到贸易摩擦和新冠肺炎疫情引致的产业转移和供应链重塑，资本外流的压力将始终存在，同时人口老龄化以及经济增速放缓等因素会导致经常账户趋于恶化，因此当前考察外汇储备的充足性对于防范金融风险、维护经济安全有重要意义。

如表 8-3 所示，根据国际货币基金组织"外汇储备充足性"[③] 标准，考查外储充足性涉及四个核心指标，分别为：（1）满足偿还 30% 的短期外债需求。2019 年第四季度末，我国全口径外债余额约为 2 万亿美元，其中，59% 为短期外债（41% 为长期外债），65% 为外币外债（35% 为人民币外债）。风险较大的为短期外币外债，但人民币外债同样有可能消耗外储，[④] 因此需要外储约 3440 亿美元。（2）新兴市场国家需要满足 20% 其他资产组合负债流出需求。2019 年境外投资者持有我国股票总额持续上升，截至第四季度末存量约为 3013 亿美元，故需要外储约 603 亿美元。（3）满足 5%—10% 的国内居民资产流出需求。2019 年第四季度末，我国广义货币 M2 约为 28.5 万亿美元。由于中国存

① 符大海、张莹、卢伟：《人民币汇率对国内物价传递效应的再估计：基于中国省级面板的证据》，《宏观经济研究》2017 年第 1 期。

② Gagnon, J. E., M., Hinterschweiger, *Flexible Exchange Rates for a Stable World Economy*, Peterson Institute for International Economics：Peterson Institute Press, 2011.

③ 外汇储备充足性，即在四种政策组合条件下，外汇储备的安全阈值与当期外储规模之比。数值越大则安全性越低，数值 >100% 时为存在风险。

④ 由于人民币尚不是可自由兑换的货币，并且海外人民币资产池仍缺乏深度和广度，一旦出现人民币贬值预期，境外投资人可能会向海外清算行要求兑换美元或其他外币。此时，海外清算行若不向央行购汇则自身会承担较大的汇率风险，而一旦向央行购汇便会消耗我国的外汇储备。

在较为严格的资本管制，只需满足 5% 国内居民资产的流出需求，相应地需要外储约 1.42 万亿美元。（4）满足 3 个月的进口需求。[①] 我国 2019 年第四季度的货物与服务贸易进口总额为 6520 亿美元，故大约需要外储 6520 亿美元以满足贸易的支付需求。

截至 2019 年第四季度末，我国外汇储备约为 3.2 万亿美元。在无资本管制、固定汇率的条件下，我国需要约 3.9 万亿美元的外汇储备，已经超出目前的外汇储备水平 21 个百分点。而在较为严格的资本管制、固定汇率条件下，只需要约 2.5 万亿美元的外汇储备，约为当期外汇储备的 78%，可以说基本无虞。若实行浮动汇率制度，则安全阈值将进一步下降至 1.8 万亿美元，外汇储备充足性也将进一步提高。

表 8 – 3　　　中国外汇储备充足性的估计（2019 年第四季度）

	2019Q4	无资本管制				资本管制			
		固定汇率		浮动汇率		固定汇率		浮动汇率	
	亿美元	%	亿美元	%	亿美元	%	亿美元	%	亿美元
短期外债	11467	30	3440	30	3440	30	3440	30	3440
其他资产组合债务	3013	20	603	15	452	20	603	20	603
国内居民资产流出（广义货币）	284752	10	28475	5	14238	5	14238	2.5	7119
进口	6520		6520		6520		6520		6520
安全值			39038		24650		24800		17681
安全值/当期外储（%）			121		76		77		55

注：表中数据经过四舍五入处理。
资料来源：国家外汇管理局、中国人民银行和笔者估算。

从变动趋势来看，我国的外汇储备充足性在 2009 年的情况最为良

---

①　由于中国是新兴市场国家，但不是大宗商品出口国，外汇储备需要满足 3 个月的进口需求。若为新兴市场国家，且为大宗商品出口国，则外汇储备需要超过年出口额的 10%。

好，随后便呈持续走弱的态势，特别是 2015—2018 年下降幅度十分显著。如图 8 - 5 所示，同资本流出最为严重的 2016 年相比，2019 年无资本管制条件下的外汇储备充足性下降了 23 个百分点，而在有资本管制条件下的外汇储备充足性也下降了 17 个百分点。

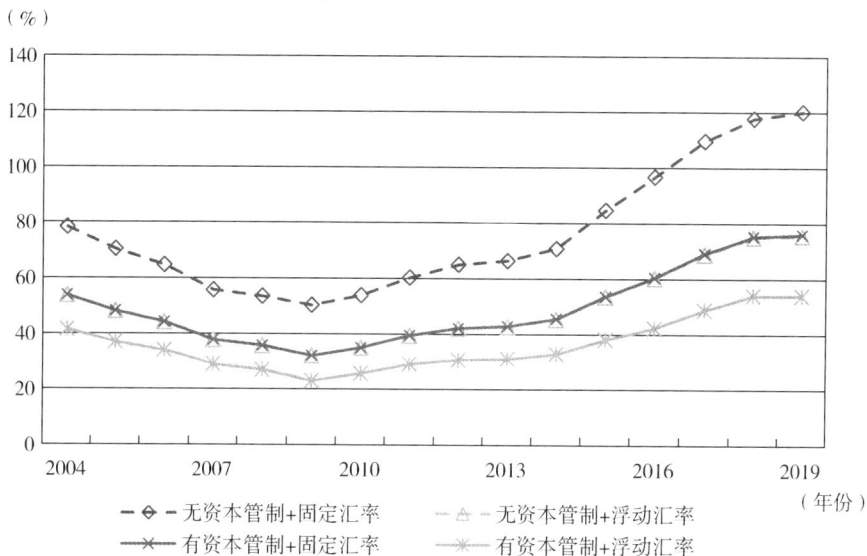

图 8 - 5 中国外汇储备充足性的变动趋势（2004—2019 年）

资料来源：国家外汇管理局、中国人民银行和笔者估算。

因此，最安全的政策组合是有资本管制与浮动汇率的组合，因其对外汇储备规模的要求最低，许多发达国家亦采用此政策组合，如德国、日本、韩国等。而无资本管制 + 浮动汇率与有资本管制 + 固定汇率的政策组合对外汇储备规模的要求则相差无几。未来央行在保持适度宽松的货币环境的同时，应持续关注外汇储备充足性的变动趋势，可考虑择时推进人民币汇率制度改革。

三 新冠肺炎疫情冲击的影响与展望

2020 年的新冠肺炎疫情对世界经济的负面影响必将超过 2008 年的国际金融危机，除了重塑企业生产方式、民众消费行为之外，其可能引发的"去中国化"对我国经济的冲击将会更加显著。新冠肺炎疫情过后中国将面临严峻的外部环境，已经持续数年的资本流出和国际收支恶化的情况可能加重，人民币汇率波动性可能进一步上升，外汇储备充足性将继续下降。

理论上说，在短期新冠肺炎疫情对我国的影响同时作用于供给侧和需求侧，虽然对不同行业的影响存在异质性，但总体仍为负面。对生产率的负面冲击会导致资本流出，人民币汇率贬值；而内需、外需双降，则将导致进出口部门收缩，失业人数上升。这些均已从2020年第一季度公布的经济数据中得到了印证。

2020年第一季度中国经历了经济骤停，并出现了短暂的经常账户逆差、资本外流和汇率贬值现象。根据国家统计局、外汇管理局公布的数据，第一季度我国经济增速为－6.8%，以美元计货物与服务贸易出口下降13.3%、进口下降4.6%，经常账户逆差297亿美元，官方储备资产减少251亿美元，人民币对美元汇率贬值1.56%，外汇储备充足性较2019年第四季度下降3—7个百分点。

因国内新冠肺炎疫情得到控制、经济逐步重启，对外经济形势在第二季度有所扭转。不过，出口的回暖主要是受到国内复工和防疫物资出口的驱动，若外需持续低迷，这一态势可能难以持续。由于美国、欧盟、日本等主要经济体均出现不同程度的经济萎缩，外需前景实在难言乐观。据联合国贸发会议（UNCTAD）估计，2020年第二季度全球货物贸易总值将较第一季度进一步下滑，环比降幅达到29%，这将是第二次世界大战以来最严重的全球贸易崩溃。

值得注意的是，进口数据持续恶化、未见复苏。以美元计，上半年货物贸易进出口双降，并且衰退式顺差重现，这是经济收缩、内需不足的表现，也是负反馈机制被触发的信号。但这一情况会持续多久，还是要取决于我国经济刺激政策的规模和有效性，以及此次新冠肺炎疫情在全球范围持续的时间和程度。一个较为现实的前景是，此次新冠肺炎疫情将持续一两年，在疫苗和治疗药物取得实质性进展之前，生产与消费均很难恢复到新冠肺炎疫情前的水平。

雪上加霜的是，此次疫情令各国认识到过度依赖全球生产网络的不良后果，从而将加速推动制造业回归和全球供应链重塑，同时中方执行中美第一阶段协议中进口扩张条款的履约能力下降，为中美刚刚缓和的经贸关系又蒙上了一层阴影。因此，尽管4—5月外国对华直接投资和证券投资均有所回升，但新冠肺炎疫情过后可能不会重现2008年国际金融危机后外国资本大量流入的局面。经济前景和政策的不确定性将使人民币汇率和外汇储备承压，而随着金融市场对外开放的不断推进，近三年中国全口径外债规模持续上升，在国内宏观杠杆率持续攀升的情况下，外储充足性可能会进一步下滑，而企业部门的外债风险敞口尤为值得关注。

展望未来5年，若中美经贸关系趋于缓和，则随着中国金融市场和服务业的进一步开放，境外投资者的投资需求逐步释放，预计中国双向跨境资本流动的规模将有所回升，但净流出的趋势难以改变。2020年的新冠肺炎疫情对经济的负面影响尚有待评估，但对贸易与投资的冲击可能比其他部门更大，一方面国内生产的暂时性中断和缓慢恢复可能加速全球供应链布局的调整，另一方面中方执行中美第一阶段协议中进口扩张条款的履约能力下降，为中美贸易关系走向又蒙上了一层阴影。

新冠肺炎疫情对跨境资本流动和人民币汇率的影响较为负面，理论上说会造成对生产率的短期冲击，资本流出汇率贬值。但该影响是仅限于短期还是会持续，取决于此次疫情在全球范围持续的时间和程度。此外，随着国内金融市场对外开放的不断推进，近三年中国全口径外债规模快速上升，在人民币汇率贬值的情况下，企业部门的外债风险敞口尤为值得关注。

第四节　未来跨境资本与外汇管理的政策框架

在中美经贸摩擦长期化的背景下，对更高水平、更深层次对外开放的要求不断提高，现行的资本管制和汇率制度框架对中国经济发展的制约效应将会愈发凸显。基于当前面临的跨境资本流动新形势，有关部门应控制好金融开放的节奏，建立健全跨境资本流动宏观审慎和微观监管两位一体的管理框架，稳步推进人民币汇率形成机制改革，增加人民币汇率弹性，使汇率更好地发挥外部冲击缓冲器的作用，降低外部冲击对国内宏观经济和金融稳定的影响。

一　宏观审慎与微观监管两位一体

为更好地服务于开放经济的发展，同时有效防止跨境资本流动冲击导致系统性金融风险，需要加快建立和完善微观监管与宏观审慎两位一体的管理框架，从根本上加强管理波动的能力。

传统的基于合规监管的资本管制措施主要是依法依规维护外汇市场秩序，打击跨境套利和违法违规行为，但执行中容易一刀切，并在一定程度上扭曲市场主体的行为，分隔国内、国外两个市场，使资金使用效率低下、成本升高，影响市场信心和国际收支平衡。而宏观审慎管理则具有市场化、透明化、非歧视性的特征，能够有效防范以加杠杆为主要特征的顺周期行为和货币错配风险，其逆周期的动态调整也有助于稳定外汇市场预期。

下阶段可研究进一步丰富针对企业、个人和银行等各类交易主体的全覆盖宏观审慎管理政策工具箱，综合运用风险准备金、类托宾税、全口径跨境融资宏观审慎等政策工具调节企业和居民用汇和跨境交易。同时，完善和加强跨境资本流动的监测、预警和响应机制。近年来我国国际收支平衡表的误差项一直居高不下，并且自 2014 年第二季度以来连续 22 个季度出现负向偏误，若以年度值计算，则自 2009 年起已持续 10 年之久。如此大规模和长时间的单方向偏误，对研判国际收支形势以及相关政策制定都可能产生误导。应充分借鉴国际经验和标准，协调不同机构的统计口径，建立健全企业、银行等具有系统重要性跨境投融资机构的外汇监管制度，借助信息化手段，重点加强对高频、即时的资本流动大数据的收集整理，为风险预警和科学决策提供可靠充分的信息基础。

另外，跨境资本流动管理需要配合其他改革措施的协调推进。当前采取的资本管制措施不应成为常态化措施，而是在为构建开放、安全的金融体系争取时间，而不能替代必要的改革和调整，如人民币汇率制度改革。应把握好市场化改革的方向、节奏和重点，循序渐进地推进人民币汇率形成机制改革。

二 建立更有弹性的人民币汇率制度

建设开放经济新体制需要更有弹性的汇率制度。破除对汇率浮动的过度担忧，适时稳妥推进人民币汇率形成机制的市场化改革，放宽对人民币汇率波动幅度的限制，增加人民币汇率弹性，是与更深层次对外开放和保持宏观经济稳定相适应的政策选择。

推进汇率市场化改革，重点在于以下几个方面的工作：一是，提升汇率的市场化定价程度。在不能完全取消"逆周期调节因子"的情况下，可通过适当延长形成收盘价的时点提升市场因素在汇率中间价形成中的比重。当人民币外汇交易市场发展至接近 24 小时不间断运行时，或可考虑取消汇率中间价的定价机制，以市场形成的定盘价取代中间价，这样更能反映市场的供求情况。

二是，汇率制度改革要建立在外汇市场对冲机制不断完善的基础上。运行良好的外汇市场能够有效传递汇率信号，促进外汇优化配置，为市场主体提供丰富的避险工具，有助于形成合理、均衡的汇率水平。应继续着力推进外汇市场基础设施建设，进一步丰富外汇市场现有的即期、远期、外汇掉期、货币掉期和期权等交易产品，更好地满足微观主体多样化的外汇风险对冲的交易需求。

三是，推进汇率制度改革需要对改革时机审慎斟酌和对改革后果的风险承担。改革过程中的朝令夕改或过度干预会扰乱市场预期，打击市场信心，反而加剧汇率波动和超调。"8·11 汇改"带来的教训之一就是要明确改革目标，不要向市场释放错误和混乱的政策信号。当时正是由于当局对汇率波动突然增大的准备不足，以及直接进场干预的应对方式，导致改革动机和目标受到国内外投资者的广泛质疑，市场信心受到重创。未来央行需要减少对外汇市场的直接干预，可逐渐采用诸如调整利率信号宣示等间接的干预方式。

　　四是，推进人民币汇率制度改革还需要考虑与货币政策的转型相配合。我国不够完善和发达的金融市场和非市场化的利率机制决定了汇率制度改革不可能一蹴而就，距离人民币汇率实现真正的自由浮动还需要较长的时间。

（执笔人：张莹）

第九章　技术创新

科学技术是推动现代生产力发展的决定性力量。抓住新一轮科技与产业革命加速拓展的机遇，增强创新驱动发展动力，提升经济发展质量，关系到"十四五"时期经济社会发展的全局。本章分析中国目前的科技创新现状，探析面向"十四五"时期的科技创新模式、科技创新障碍、科技发展基本趋势，提出"十四五"时期促进科技创新的政策建议，以期为中国经济高质量发展战略提供有益参考。

第一节　中国技术创新取得的重要进展

我国政府历来重视科技创新及其在经济发展中的重要作用。改革开放之初，我国就明确提出科学技术是第一生产力的重要思想。1995 年实施科教兴国战略，把科教发展作为建设现代化强国的先导。2006 年《国家中长期科学和技术发展规划纲要》确立创新型国家建设目标。2012 年，党的十八大提出"创新驱动发展战略"，指出"科技创新是提高社会生产力和综合国力的战略支撑，必须摆在国家发展全局的核心位置"。2017 年，党的十九大指出，"创新是引领发展的第一动力，是建设现代化经济体系的战略支撑"。在政策鼓励下，我国科技创新取得长足进展，突出表现为研究与试验发展（R&D）、专利、科技论文均呈现快速增长态势，科技进步对经济增长的贡献亦逐步提高①。

---

① 以下数据和图表资料来源若非特别说明，均来自相关年份《中国科技统计年鉴》。

一 科技投入连年攀升

R&D 经费支出及其占 GDP 的比重，是衡量一个国家科技活动规模和科技投入水平的重要指标，也是反映国家自主创新能力和创新型国家建设进程的主要内容。图 9-1 展示了 1995—2018 年中国 R&D 经费支出的变化情况。由图可见，中国 R&D 经费支出快速增长：1995 年 R&D 经费为 349 亿元，之后年份呈稳步上升趋势，2018 年达 19678 亿元，年均增长率高达 19.34%[①]。R&D 强度（R&D 经费与 GDP 的比值）亦呈现快速上升态势：1995 年 R&D 强度仅为 0.57%，2018 年达 2.19%，年均增长率 6.16%；2014—2018 年连续 5 年超过 2%，不断创历史新高。

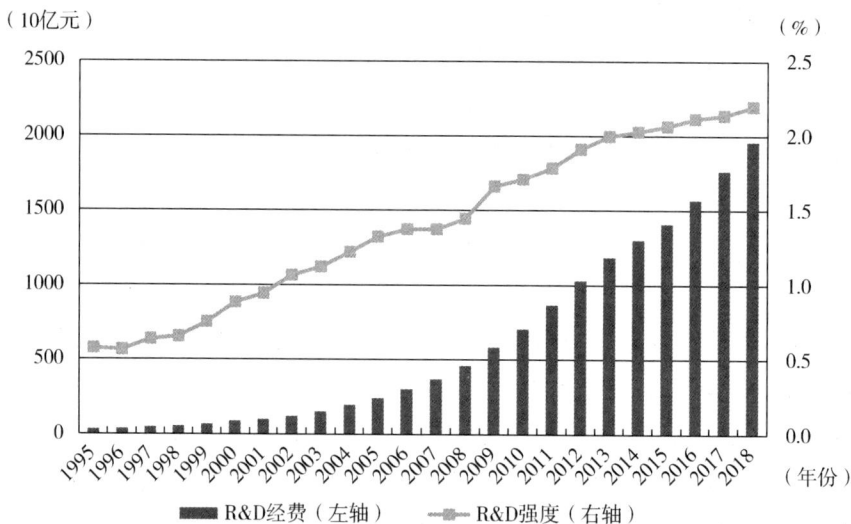

图 9-1 1995—2018 年中国 R&D 经费支出情况

资料来源：相关年份《中国科技统计年鉴》。

国际比较更能清晰地看到中国科技投入的发展态势。图 9-2—图 9-4 分别展示了不同国家或地区的 R&D 强度变化趋势。图 9-2 表明，

[①] 1995—2016 年数据来自《中国科技统计年鉴》，2017—2018 年数据来自 www.most. gov. cn.

中国与主要发达国家的 R&D 强度的差距呈缩小趋势：1995 年，美、日、英、法、德的 R&D 强度分别为 2.40%、2.66%、1.68%、2.23%、2.13%，中国 R&D 强度为 0.57%，远低于上述发达国家；2015 年，美、日、英、法、德的 R&D 强度分别为 2.74%、3.14%、1.69%、2.25%、2.93%，中国 R&D 强度为 2.11%，已靠拢美、日、法、德等发达国家（中国自 2010 年已超越英国）。图 9-3 表明，与东亚新兴发达国家或地区相比，中国 R&D 强度日益接近新加坡水平（2014 年新加坡为 2.20%，2018 年中国为 2.19%；值得注意的是，韩国、中国台湾的 R&D 强度亦快速上升）。图 9-4 表明，与其他发展中大国相比，1995—1999 年中国 R&D 强度低于俄罗斯、巴西、印度，2004 年则超越上述三国，之后年份中国的优势日益凸显。以 2015 年为例，中国 R&D 强度达 2.06%，分别比俄罗斯、巴西、印度高出 0.96 个、0.78 个、1.36 个百分点。

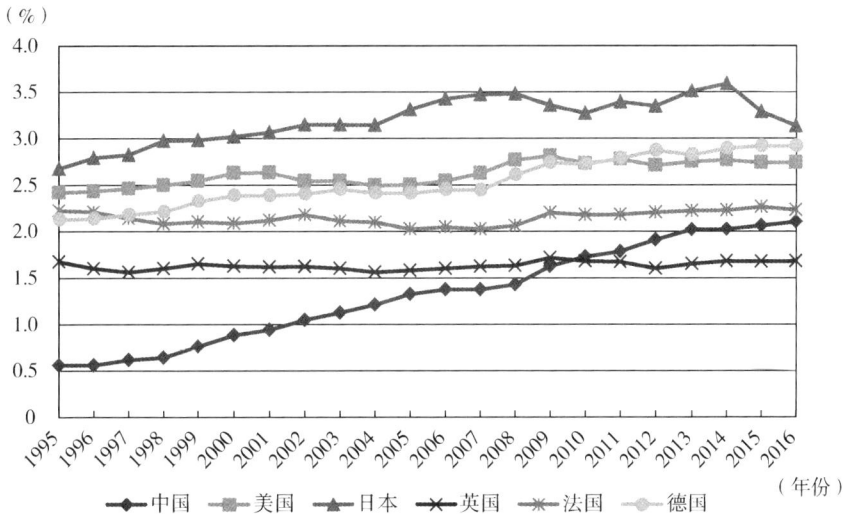

图 9-2　中国与主要发达国家的 R&D 强度比较

资料来源：相关年份《中国科技统计年鉴》。

概言之，无论从 R&D 总量还是从 R&D 强度来看，中国的科技投入均保持强劲增长：R&D 投入总量与美国的差距逐年缩小，投入增速保持世界领先水平，R&D 强度已达到中等发达国家水平。

（%）

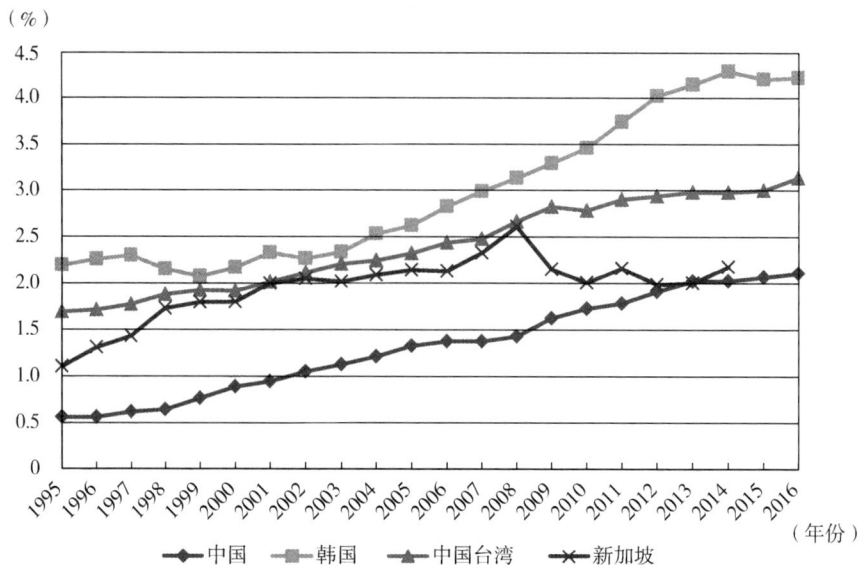

图 9 - 3　中国与东亚新兴发达国家或地区的 R&D 强度比较

资料来源：相关年份《中国科技统计年鉴》。

（%）

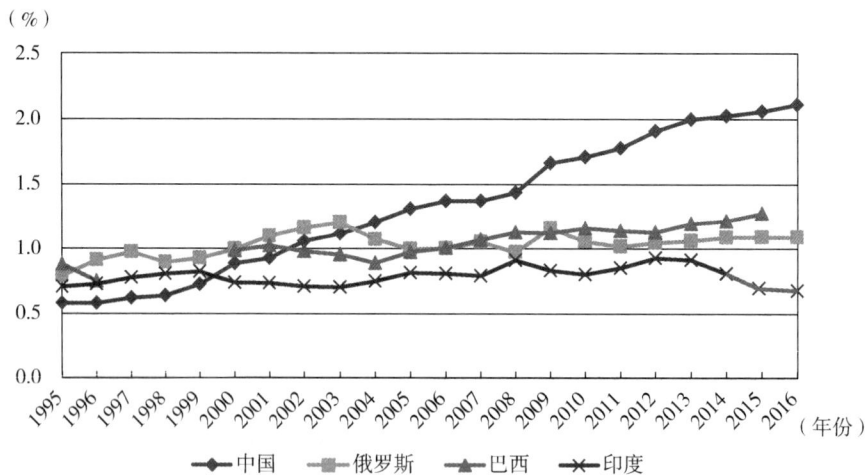

图 9 - 4　中国与其他发展中大国的 R&D 强度比较

资料来源：相关年份《中国科技统计年鉴》。

二　科技成果爆发式增长

专利和论文是衡量科技成果的主要指标，其数值越高，表示创新能力越强、创新越活跃。图 9 - 5—图 9 - 9 分别展示了中国专利数量和科技论文数量的变化趋势及其在世界上的位次变化趋势。

中国专利数量快速增长。图 9 - 5 显示 1995—2017 年中国国内专利申请量和国内专利授权量①的变化趋势。二者均连年攀升：国内专利申请量 1995 年为 69535 件，2017 年达 3536333 件，约增长了 50 倍；国内专利授权量 1995 年为 41881 件，2017 年达 1720828 件，约增长了 40 倍。图 9 - 6 显示中国 PCT（《专利合作条约》）专利申请量②的变化趋势。自 21 世纪以来，中国 PCT 专利申请量呈爆炸式增长，年均增长 31.45%，不断实现超越：2008 年超越英国，2009 年超越法国，2010 年超越韩国，2013 年超越德国，2017 年超越日本，跃居全球第 2 位，在 PCT 专利申请量中，中国与美国的差距逐渐缩小：2000 年，中国为 782 件，美国为 38015 件，美国约是中国的 48.6 倍；2017 年，中国为 48908 件，美国为 56673 件，美国仅约是中国的 1.2 倍。

中国科技论文数量亦快速增长。图 9 - 7 显示科技论文主要检索工具——Science Citation Index（SCI）和 Engineering Index（EI）——收录的中国论文数量。中国 SCI 论文从 1995 年的 13134 篇增长到 2016 年的 324189 篇，约增长了 23 倍；中国 EI 论文从 1995 年的 8109 篇增长到 2016 年的 226495 篇，约增长了 27 倍。图 9 - 8 显示中国 SCI 和 EI 论文数量在世界上的位次。中国科技论文数量已跻身世界前列：中国 SCI 论文数量，1995 年排世界第 15 位，2009 年跃升至世界第 2 位，此后年份一直保持世界第 2 位；中国 EI 论文数量，1995 年排世界第 7 位，2009 年跃升至世界第 1 位，并一直保持第 1 位至今。图 9 - 9 显示基本科学指标数据库（Essential Science Indicators，ESI）收录的各国论文情况（年限跨度从 2007 年 1 月至 2017 年 4 月 30 日）。中国 ESI 论文数量达

---

① 二者不包括中国在外国的专利申请数量及专利授权数量。
② 专利申请人通过 PCT 途径递交的国际专利。

（万件）

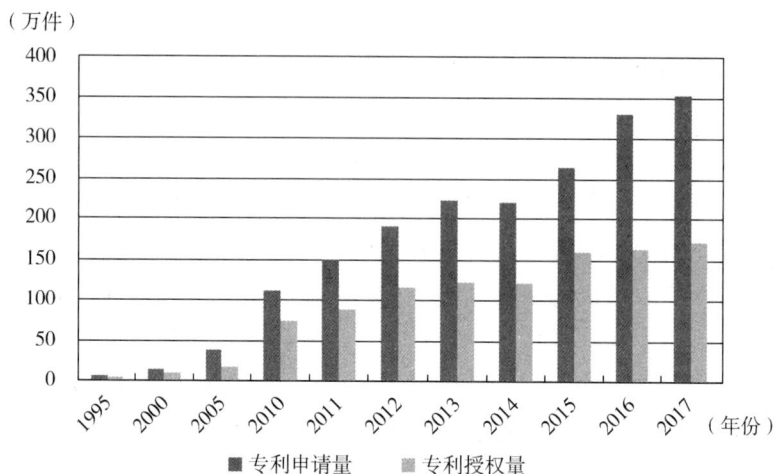

图9-5 中国国内专利申请量和国内专利授权量

资料来源：相关年份《中国科技统计年鉴》。

（百件）

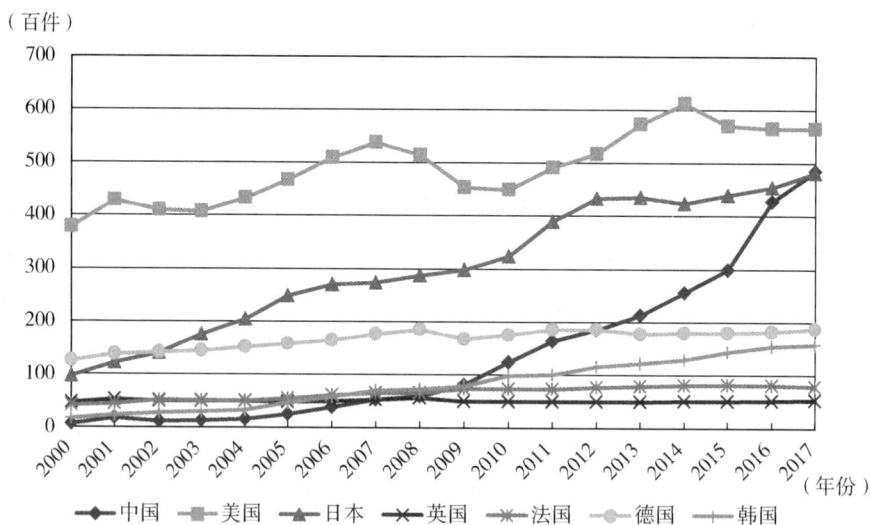

图9-6 PCT专利申请量的国际比较

资料来源：相关年份《中国科技统计年鉴》。

206万篇，居世界第2位，仅次于美国（380万篇），远高于日本、德国等发达国家及印度等发展中大国。

（万篇）

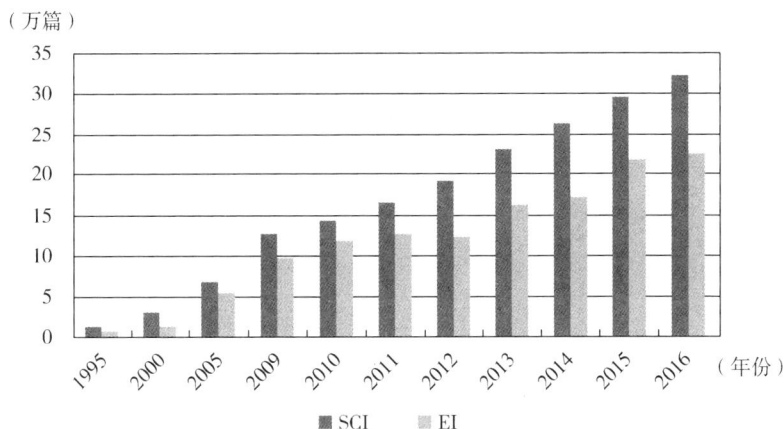

图 9 – 7　中国 SCI 及 EI 论文数量

资料来源：相关年份《中国科技统计年鉴》。

位次

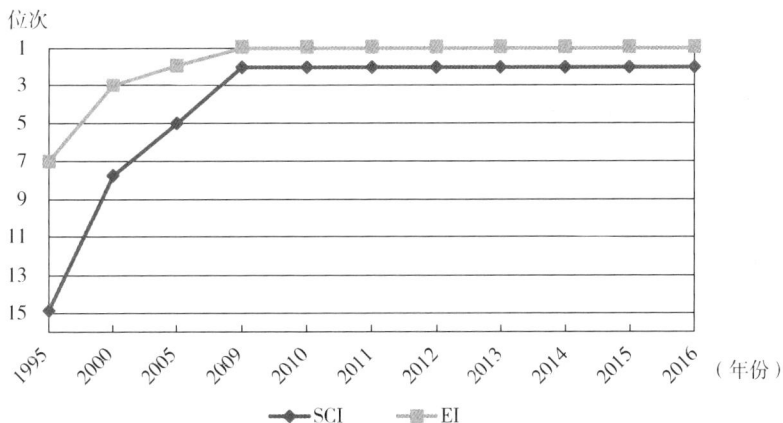

图 9 – 8　中国 SCI 及 EI 论文数量在世界上的排名

资料来源：相关年份《中国科技统计年鉴》。

此外，近年来，中国各学科最具影响力期刊论文数量、国际顶尖期刊论文数量、国际论文被引用次数均排名世界前列；中国发表的国际合著论文继续增加，参与国际大科学合作的论文数量逐步增多。

总之，从科研产出角度来看，中国科技创新水平不断提高，创新能力不断增强。中国科技创新成果已走上国际舞台，与全球各国科技联通

（万篇）

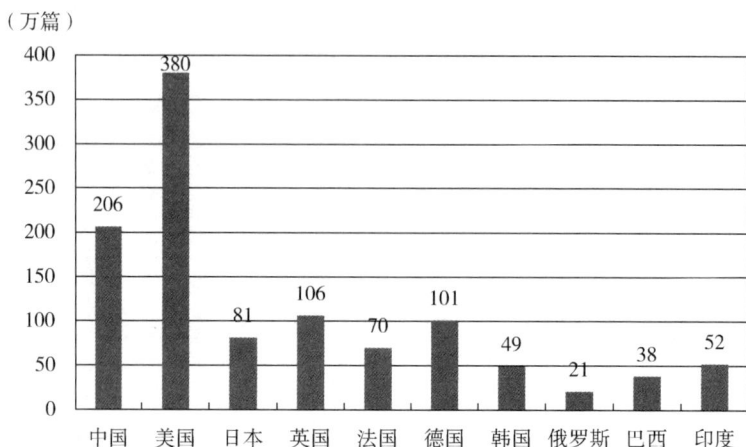

图 9-9 ESI 论文数量的国际比较

资料来源：相关年份《中国科技统计年鉴》。

在一起，在全球创新体系中发挥着举足轻重的作用。

三 科技进步贡献率逐步增强

科技创新能够提升企业核心竞争力、优化经济发展方式，是经济增长的核心源泉。学界通常以"索洛余值"或"全要素生产率"来测定技术进步的经济贡献。图 9-10 展示中国 1998—2017 年 5 年移动科技进步贡献率（即科技创新对经济增长的贡献）①。总体来看，科技进步对经济增长的贡献份额越来越大：1998—2003 年科技进步贡献率为39.7%，2003—2008 年增长至 48.8%，2012—2017 年达到 57.8%；2005 年以来，科技进步贡献率达到 50% 以上，即超过一半的经济增长来源于科技进步的贡献。这表明，中国经济增长动力机制正由传统要素驱动向科技要素驱动转换，创新驱动发展的作用日益增强，经济结构向高精尖、高附加值跃升，经济社会发展质量不断提升。

---

① 科技进步贡献率是指广义技术进步对经济增长的贡献份额，它反映在经济增长中投资、劳动和科技三大要素作用的相对关系，其基本含义是扣除资本和劳动后科技等因素对经济增长的贡献份额。

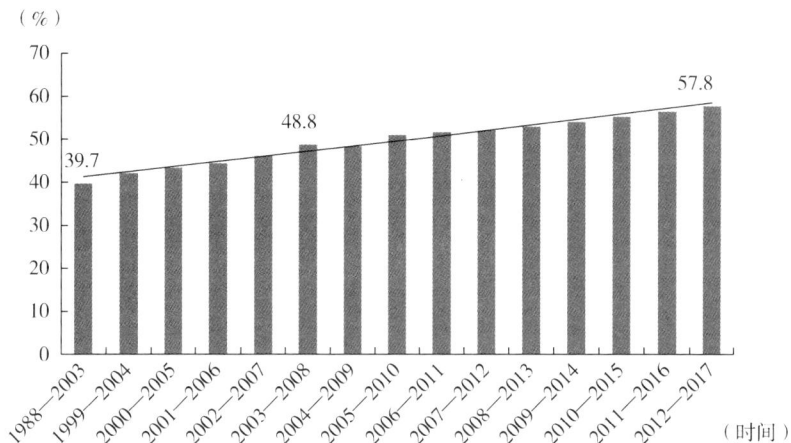

图 9 - 10　1998—2017 年中国科技进步贡献率

资料来源：相关年份《中国科技统计年鉴》。

第二节　中国技术创新存在的主要问题

中国科技虽已取得突出成就，但仍存在着不少短板，面临着诸多挑战。综合创新能力不强、基础研究薄弱、关键技术受制于人、科技成果转化率低、创新生态环境不完善，是"十四五"时期应着力解决的科技创新问题。"十四五"时期必须直面这些科技创新的问题和不足，准确把握科技创新的重点和难点，精确发力打破科技创新的制约瓶颈。

一　综合创新能力不强

全球创新指数①（Global Innovation Index，GII）由世界知识产权组织、康奈尔大学、欧洲工商管理学院联合发布，自 2007 年起每年评出国家创新排名，现已成为国家创新能力的基准评价工具。我们以此指数

---

① 全球创新指数由创新投入指标和创新产出指标构建而成（基础指标则包括制度、人力资本与研究、基础设施、市场成熟度、商业成熟度、知识与技术产出、创意产出等），评估全球主要经济体的创新能力。历年报告见 https：//www. globalinnovationindex. org/home.

来评价中国综合创新能力及在世界上的地位。

根据全球创新指数报告提供的数据，图 9 - 11 展示 2007—2018 年中国创新在世界上的排名走势。从历年评价结果来看，中国的创新排名处在波动中，总体上呈上升趋势。2007—2010 年排名从第 29 位连续下降到第 43 位，2011 年大幅提升至第 29 位，2013 年下降至第 35 位。2013 年之后中国创新排名稳步上升：2014 年、2015 年为第 29 位，2016 年提升 4 个位次至第 25 位，2017 年提升至第 22 位，2018 年再上台阶达到第 17 位。由此可见，近年来中国创新水平取得突破性进展，从第 30 位开外迈进前 20 位。中国是唯一与发达经济体创新差距不断缩小的中等收入国家。

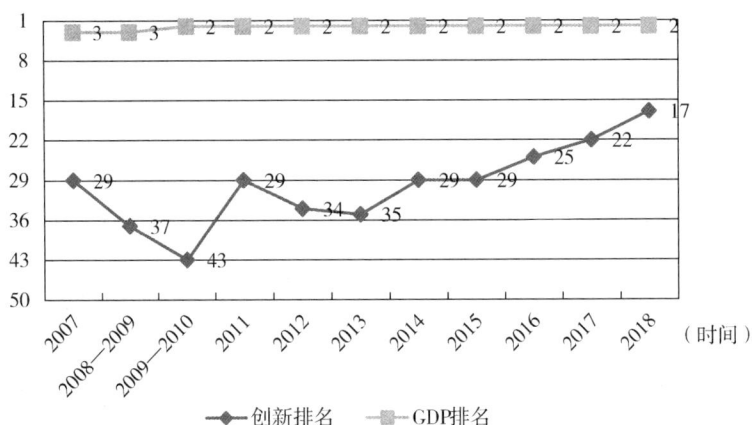

图 9 - 11　2007—2018 年中国创新在世界上的排名走势

资料来源：全球创新指数报告。

尽管中国整体创新水平呈上升趋势，但相比于经济体量而言，中国的创新水平与其经济大国的地位极不相称：中国 GDP 自 2010 年起已名列世界第 2，但 2010—2017 年中国创新水平未进入世界前 20 名，2018 年也仅排第 17 位。中国创新水平与美欧等发达经济体的科技水平仍有明显差距。以 2018 年全球创新指数为例，按创新排名次序排列，前 20 名国家或地区依次是：瑞士、荷兰、瑞典、英国、新加坡、美国、芬兰、丹麦、德国、爱尔兰、以色列、韩国、日本、中国香港、卢森堡、法国、中国内地、加拿大、挪威、澳大利亚。尽管美国在 2018 年全球创新指数排名中位居第 6，但毫无疑问美国仍是世界创新强国。它拥有大量在世界上处于领先地位的高科技公司和改变生活的创新，拥有研发密集的全球企业、高质量的大学，在创新质量方面排名全球第 1。欧洲是创新性国家的聚集地，排名前 20 位的创新经济体中，有 11 个来自欧洲，包括排在前三位的瑞士（第 1）、荷兰（第 2）和瑞典（第 3）。在亚洲中，新加坡、韩国、日本、中国香港的创新排名居于中国内地前面，中国内地排名第四，落后于东亚发达经济体。

由此可见，中国仍具有巨大的创新成长空间，需要创造健康、富有活力和成效的创新生态系统，通过高质量的创新投入和产出开拓新的生产力源头和未来增长点。

二　基础研究薄弱

科技研究活动通常分为基础研究、应用研究、试验发展三类，其中基础研究是科技创新的主要源头。以基础研究、应用研究、试验发展占 R&D 支出的比重表征 R&D 支出结构（三者占比之和等于 1），可以分析中国科技创新中存在的结构性问题。

图 9 - 12 为 1995—2017 年中国 R&D 支出结构。中国 R&D 支出结构具有如下鲜明特征：基础研究占比围绕着 5% 波动，1995 年为 5.2%，2017 年为 5.5%，基本保持不变；应用研究占比呈下降趋势，由 1995 年的 26.4% 下降至 2017 年的 10.5%，下降了约 16 个百分点，年均增长率为 -3.76%；试验发展占比呈上升趋势，从 1995 年的 68.4% 上升到 2017 年的 84.0%，上升了约 16 个百分点，年均增长率为 0.96%。由此可见，中国 R&D 支出以试验发展为主，基础研究投入严重偏低，进而导致源头创新能力不足、颠覆性创新缺乏。

图 9 - 13 为主要代表性国家的 R&D 支出结构（中国为 2017 年数据，美、日、韩为 2016 年数据，英、法为 2015 年数据）。在基础研究、应用研究、试验发展占比方面，中国分别为 5.5%、10.5%、84.0%，美国分别为 16.9%、19.7%、63.4%，日本分别为 13.2%、19.7%、67.1%，韩国分别为 16.0%、22.5%、61.5%。从国际比较看，中国的

（%）

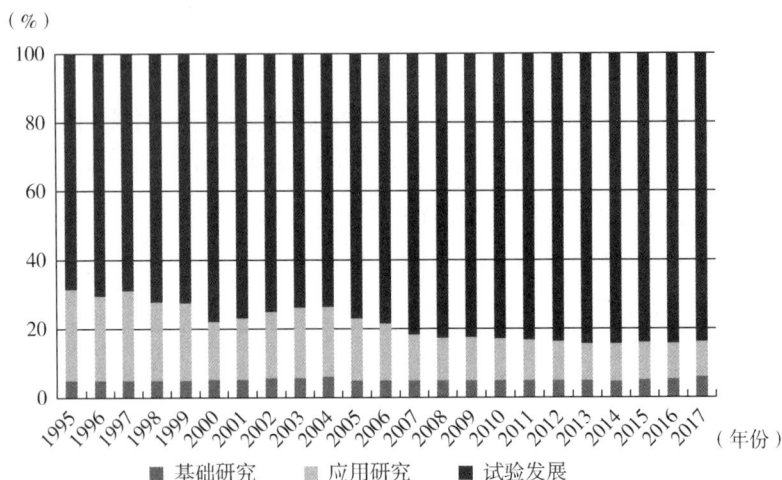

图 9 - 12　1995—2017 年中国 R&D 支出结构

资料来源：相关年份《中国科技统计年鉴》。

（%）

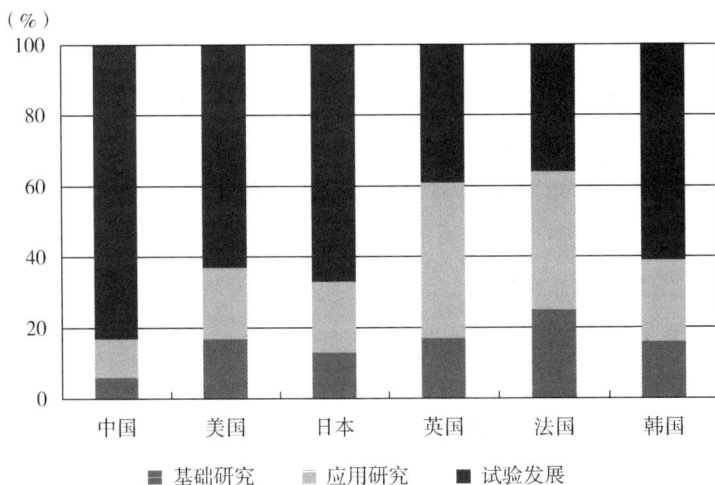

图 9 - 13　主要代表性国家 R&D 支出结构

资料来源：相关年份《中国科技统计年鉴》。

基础研究占比大幅低于发达国家，试验发展占比则大幅高于发达国家。虽然各类科技投资比例因各国的国情、发展战略的不同而不同，但国际比较显示中国基础研究力量相当薄弱。这意味着，中国只是在专利、论

文的数量上位居世界前列，而在基础研究、科研质量、原始创新等方面
仍与美、日等科技强国存在较大差距。

中国基础研究力量薄弱的局面也可从研究人员占就业人员数量的
比重中得到体现。图 9-14 展示主要代表性国家的每万人就业人员中
的研究人员数量（中国为 2017 年数据，日、英、德、韩为 2016 年数
据，美、法为 2015 年数据）。每万人就业人员中的研究人员数量，中
国为 22 位，美国为 91 位，日本为 100 位，韩国高达 138 位。这突出
地说明，中国目前的科技创新力量与世界科技创新强国的研究力量相
比仍然悬殊。

（人/万人·年）

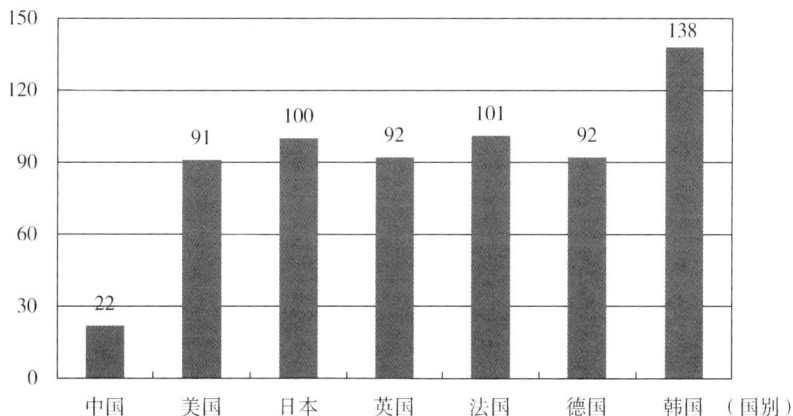

图 9-14　主要代表性国家每万人就业人员中的研究人员数量

资料来源：相关年份《中国科技统计年鉴》。

三　关键技术受制于人

关键技术是国之重器。中国科技水平同国际先进水平的差距尤其表
现在关键技术上，"缺芯少核"已成为中国产业转型升级、新兴产业培
育发展的短板和软肋。在重大装备、精密仪器、重要材料、关键元器
件、基础软件等领域，中国技术能力受制于国外供给。在装备方面，目
前用于集成电路制造的光刻机、刻蚀机、光栅刻画机、晶圆级封装设

备、沉积设备、晶圆切割设备、离子注入设备以及 3D 打印设备、高端
工业机器人、超高精度机床等基本依赖进口。中国在精密仪器方面的技
术瓶颈包括光谱仪、引力波探测器、通信测量设备、企业级扫描仪等，
在重要材料方面的技术瓶颈包括半导体材料、有机发光二极管
（OLED）、基板玻璃、高档靶材、碳纤维、高端电池材料等，在元器件
方面的技术瓶颈有中央处理器（CPU）、图形处理器（GPU）、热塑性聚
氨酯弹性体（TPU）、嵌入式神经网络处理器（NPU）、物联网芯片、AI
芯片、柔性面板、镜头、高端线路板、智能传感器等。基础软件（包括
操作系统、数据库、中间件等）90% 以上依赖进口，作为工业互联网关
键的工业软件大多依赖进口。大数据领域的关键技术主要由谷歌、
IBM、微软等境外公司主导，中国企业基本上是"跟跑者"，缺乏重大
原创性科技成果。

四　科技成果转化率低

科技成果转化率低已成为制约中国创新驱动发展的重要因素。据
悉，中国的科技成果转化率仅为 10% 左右，远低于发达国家 40% 的
水平，而美国的科技成果转化率则达到 80%。换言之，中国数以万亿
计的资金换来的研发成果，大多数无法应用于生产实践。如此大比例
的科技成果不能对生产建设、企业发展发挥作用，实则是极大的资源
浪费。科技成果转化率较低的原因，除少数成果因缺乏实际需求而无
人问津外，主要原因在于很多成果成熟度不高，未达到向生产转化的
程度。此外，科技成果转化过程中存在着诸多障碍因素。科技成果转
化制度体系不够完善，企业在科技成果转化过程中获取信息和交流的
渠道较少，技术创新活动难以实现较大的经济效益。科技成果转化涉
及成果来源、资金投入、利益分配、产业化运作、经济效益等诸多因
素，目前缺乏相应的利益机制设计及相关的配套制度、法律体系，科
技成果转化可操作性差，难以有效落实。科技创新的人、财、物管理
行政化，知识产权保护不力，科技成果转化服务平台缺失，进一步导
致成果转化率的下降。

五 创新生态环境不完善

创新生态系统是一个以企业为主体，以大学、科研机构、政府等中介服务机构为系统要素载体的复杂网络结构。中国科技创新生态体系建设相对滞后。一是政府治理机制不完善。长期以来，政府政绩考核以GDP 为导向，重量不重质，导致全国上下（包括科技人员）都急功近利、行为短期化，这正是创新的大忌，更是基础研究的致命伤，因为重大技术创新依靠的是日积月累、坚持不懈和持久努力。政府 GDP 政绩导向同时导致管理过度，出指南、列项目、定指标、限时间，这势必压制自由选题和自由探索。此外，创新相关的人、财、物等制度由人社部、财政部等机构制定，而创新体系与创新能力则分别由科技部、教育部、发改委、工信部等机构负责，部门分割、政出多门，致使创新资源配置效率低下、科技创新效率不高。二是科技创新行政化管理严重。科研经费的审计、监督和管理与科技创新规律严重不符，严重干扰科研人员的积极性与创新效果。比如，现行财务制度使科研人员花费大量的时间去处理财务报销等事宜，使科研人员把很多精力经常性地用于应付审计、监督等非科研环节。三是科技创新人才管理机制滞后。创新激励机制与评价体系不尽完善，缺乏鼓励长期基础研究积累和包容失败的机制与政策。职称职务晋升"唯论文"倾向严重，科研人员把精力和时间放在如何发表更多文章上，而非潜心研究做出重大科技成果，致使科研投入与高质量产出不成比例。此外，引进与选拔尖端人才的制度竞争力不强，科技创新依然缺乏真正的尖端人才。四是知识产权保护力度不够。产品和技术被侵权的现象普遍存在，全社会未能充分尊重和维护创新人员的智慧贡献与知识产权。职务发明和非职务发明的边界模糊、产权不清，科研人员无法全力投入高精尖领域。知识产权保护执法不严，损害产权人利益，打击创新积极性。

另外，从政府角度分析，虽然理论上财政分权能够引发地区标尺竞赛，推动地方试验，因而有利于技术创新，但是，在财政分权下，为最大化任期内经济政治利益，地方官员有激励利用辖区决策自主权，侧重任期内短期经济绩效，忽视任期内长期经济绩效；在自上而下垂直集中官员治理模式下，由于中央与地方信息不对称，中央政府难以有效遏制地方官员的短视近利行为①。教育、医疗等社会性公共品短期内无法彰显官员政绩，无法助力经济增长，因而就不为地方官员所重视。与教育、医疗等公共品类似，科技创新也具有投资周期长、见效慢、短期内难以彰显官员政绩的特性，科技创新同样不为地方官员所重视。不同的是，教育、医疗等公共品主要由政府供给，而科技创新不局限于政府供给，企业等市场微观主体是技术创新的主力，于是，地方官员虽然可以直接影响政府财政支出倾向，但难以直接影响各类市场主体的投资行为。地方官员主要借助政府所掌控的资源和政策等强有力的"有形之手"，间接影响各类市场主体的行为。因此，中国式财政分权影响技术创新的机制与其影响社会性公共品供给的机制并不完全相同。具体来说，中国式财政分权造成地方官员短视行为、政府主导型经济、偏向性竞争政策和政企合谋等不利于科技创新的环境，进而弱化市场微观主体的科技创新激励。

第三节 未来技术创新的关键领域

全球新兴科技爆发，多种重大颠覆性技术不断涌现，出现多领域技术协同突破的局面，人工智能、物联网、量子科技、生物技术、信息技术、新材料、新能源、智能制造等将成为经济增长的重要引擎。针对我国科技创新的基础条件和关键问题，"十四五"规划的编制和实施应该抓住新一轮科技与产业革命的重要契机，重点发展人工智能、信息、生物、高端装备制造、绿色低碳等技术，实现创新驱动发展动力转换，推动经济社会发展迈上新台阶。

第一，人工智能。进入 21 世纪以来，人工智能技术实现阶段性突破，开始在搜索引擎、汽车、工业机器人、物流、金融、医疗等行业得到应用，"人工智能＋"作为新经济业态已经开始萌芽，助力技术和产

---

① 吴延兵：《中国式分权下的偏向性投资》，《经济研究》2017 年第 6 期。

业的进一步发展。我国人工智能的发展尚处在初级阶段，相关企业对于该产业的培育和发展缺乏长远考虑。针对我国人工智能产业链低端化这一问题，"十四五"期间要加快实施"人工智能＋"工程，加快人工智能技术的应用、融合、提升，发展多元化、个性化、定制化智能硬件和智能化系统。充分发挥产业园区的聚集作用，带动整体产业链向高端化转变；依靠庞大的互联网，开拓出基于原有市场下的新型人工智能消费人群；积极鼓励人工智能企业与科研单位或相关高校建立长期稳定的合作关系，建立以企业为主体、科研高校为科研主力的科研体制，推动人工智能与各领域深度融合；强化脑科学、类脑科学和人工智能研究，发展智能网联汽车、智能服务机器人、智能无人机、智能家居、高端遥感应用、水下探测、智能穿戴等人工智能新产品；加快计算机视觉、智能语音处理、生物特征识别、自然语言理解、机器学习、深度学习等关键技术研发及产业化，培育一批领军企业和拳头产品，形成一批公共服务创新载体。

第二，信息技术。信息化、网络化、数字化、智能化已经成为战略性新兴产业发展的基点。新一代信息技术产业包括下一代信息网络产业、电子核心产业、新兴软件和新型信息技术服务、互联网与云计算大数据服务、人工智能等行业，其应用横跨国民经济中的农业、工业和服务业等产业。目前，AI、大数据、云计算、虚拟现实等领域依然是技术与应用创新的热点，而量子信息、5G、物联网、区块链等新兴技术也在加快发展与普及。这一系列新技术互为支撑、群体演变、加速突破，带来巨大产业增量，为各行各业的发展插上腾飞的翅膀，而且未来的发展空间十分广阔。"十四五"时期信息技术产业的重点发展方向为物联网、通信设备、智能联网汽车、天地一体化信息网络、IC、操作系统与工业软件、智能制造核心信息设备，力争在云计算、AI、大数据、智能联网汽车、工业互联网等领域达到国际领先水平，引领产业中高端发展，带动经济社会高质量发展。面向重点行业应用需求，开展大数据产业项目试点示范，研发推广一批大数据解决方案及服务，完善信息公共服务支撑平台、第三方检测认证平台，探索符合信息产业发展特点和企业需求的服务方式；建成具有较强核心竞争力的新一代信息技术综合发展体系，显著拉升实体经济，使信息技术产业成为推动经济社会发展的标志性产业。

第三，生物技术。21 世纪是生命科学的时代，生物技术对改善人类健康与生存环境、提高农牧业和工业的产量与质量将发挥越来越重要的作用。现代生物技术进一步向化学工业、造纸工业、环保工业、能源工业等渗透和融合，生物化工、生物能源、生物环保等一批新兴产业群体正在形成。合成生物学、基因编辑、脑科学、再生医学等技术从更为底层的角度解释生命的本质，为解决人类面临的健康、环境、能源、食物等诸多挑战提供了更高效、更低廉、更环保的方案选项。在生物产业内部，以新药创制、基因技术应用服务、新型医疗器械制造、生物农业等为代表的新增长点不断涌现并趋于成熟，催生了一大批未来产业的新兴业态。"十四五"时期，应以人民健康需求为导向，瞄准国际医学和生命科学前沿，加强基因治疗、细胞治疗、免疫治疗、代谢调控等技术的深度研发与通用化应用，提高原研药、首仿药、新型制剂等创新能力和产业化发展水平，重点发展疾病预防、早期诊断、治疗技术与药物、康复及再造、能源生物炼制、化工与材料生物制造、生物反应器及装备等技术。力争在"十四五"时期末，生物产业重点领域实现全面发展，新业态健康成长，我国成为世界生物科学技术和生物产业的创新高地。

第四，高端装备制造技术。高端装备制造的技术含量高，知识密集，处于价值链高端，具有高附加值特征，在产业链中占据核心部位，其发展水平决定产业链的整体竞争力。我国并非高端装备制造业的强国，与发达国家相比还存在着相当差距，关键核心技术未完全掌握。"十四五"期间要抓住产业升级的关键环节，积极培育发展智能制造、新能源汽车、海洋工程装备、轨道交通装备、航空航天等高端装备制造业，促进装备制造业由大变强。在航空航天装备领域，重点发展大型运输机、大型客机、军用无人机等制式装备，构建卫星遥感、通信广播和导航定位功能有机结合的一体化系统。在智能制造装备领域，围绕先进制造、交通、能源、环保与资源综合利用等重点领域，大力发展大型智能工程机械、高效农业机械、智能印刷机械、自动化纺织机械、环保机械、煤炭机械、冶金机械等各类专用装备。在海洋工程装备领域，围绕勘探、开发、生产、加工、储运以及海上作业辅助、服务等环节，重点发展以特种船舶、海上通用飞机、海洋智能无人系统等为主的海洋高端装备制造。在轨道交通装备领域，围绕高速、重点、快捷的方向，重点发展大型工程、列车运行控制系统，掌握系统集成和关键核心技术，提升关键零部件制造水平，加速提升轨道关键系统和核心技术的综合能力。

第五，绿色低碳技术。分布式发电、新型储能、能源互联网、高效燃料电池等技术正在推动能源革命，核能、太阳能、风能、氢能等新型能源应用比例不断提升，汽车、轨道交通等领域的动力结构不断优化，低碳、清洁、高效的新型能源体系正在加速形成。"十四五"时期，我国应立足能源发展规律、绿色低碳技术发展趋势，重点发展节能环保技术和产业。在新能源方面，着力培育氢能、可燃冰、海洋能等前沿性、先导性新能源产业发展，赢得发展先机，抢占未来产业发展的制高点。在能源新技术方面，聚焦能源清洁高效利用、能源安全、能源新技术等关键领域，重点发展煤炭清洁高效利用产业、非常规天然气产业、综合能源服务产业、核能产业、风电产业、太阳能光电产业、生物质能产业、地热产业。在节能环保技术方面，着力提高环境质量标准，突破大气污染防治、水污染防治、土壤污染防治与修复、固体废物资源化等关键技术，实现良好环境质量收益。在新能源汽车方面，重点发展汽车技术的电动化、智能化、网联化、共享化，纯电动和插电式混合动力新能源汽车比例不断上升，燃料电池汽车技术及产业逐步成熟。

第四节　"十四五"时期促进技术创新的政策建议

"十四五"时期是优化经济结构、转变发展方式、转换增长动力的攻关期。为促进科技创新大发展，"十四五"时期应重点推进政府治理现代化建设、创新科研管理制度、优化科技创新市场环境。只有扫清科技创新的体制机制障碍，才能为经济高质量发展培育出增长新动力、打造出发展新引擎。

其一，推进政府治理现代化建设。政府治理能力现代化是推进科技创新、转变经济发展方式的重要突破口。一是完善官员监管体系。垂直监督方式受制于中央与地方严重的信息不对称，监督成本高昂，监管效果有限。水平监督方式的监督者众多，信息流动扁平化，信息传递损耗少，信息获取成本低；公众感同身受政府服务质量、营商环境，拥有比垂直监督者更多的信息，能更客观地评估政府政策及效果。多方监管之下，地方官员的自利短视行为受到有效遏制，政府政策更符合长期经济增长目标。所以，应充分发挥公众、企业、新闻媒体、社会舆论的监督作用，通过把公权力关进制度笼子而抑制官员的短视近利行为，这样各类市场主体将有稳定的预期，社会的创新力、竞争力将持续增强。二是减少地方政府经济干预行为，加快推进政府职能转型。地方政府深度介入经济活动后，地方官员的自利短视行为借助政府有形之手作用于诸多市场主体，造成整个社会急功近利式的经济行为。简政放权，充分让市场发挥资源配置的决定性作用，方能为大众创业、万众创新营造良好政策环境，方能持续增强经济发展的内生动力。简言之，完善官员监管体系、减少政府经济干预行为，能够进一步释放财政分权体制的经济增长潜力，能够更充分激发市场微观主体的创新能动性，从而开创未来中国可持续、高质量经济增长新局面。

其二，创新科研管理制度。一是打破传统僵化的科研管理制度，实施科技创新"包干制"改革。改革落后的科研院所人事、财务制度，实行科技企业员工持股计划，彻底改变科技管理体系不适应科技创新要求的局面。建立严格的问责制，加强科研资源分配的监督管理。二是完善科技人才管理制度。人才是科技创新体系中最活跃的因素。打造开放、宽容、灵活、务实的人才管理制度，公开人才选拔任用信息，营造公平、公正的竞争环境。建立"英雄不问出处"的选才机制，将人才的能力、素质放在与学历、资历同等重要的位置。建立"能上能下"的用才机制，保证人才队伍的优质性与流动性。实行"鼓励创新、宽容失败"的容错机制，为人才的创新活动提供支持与保障。坚决避免一方面想方设法吸引人才，一方面又用条条框框限制人才发展的做法，创造宽松、无障碍、人尽其能的工作环境，充分发挥科研人员的创新潜力与积极性。三是建立符合科技创新规律、突出质量贡献的科技评价体系。以创新质量、产业贡献、社会效益为导向，根据不同学科、不同研究领域的岗位特点，分别设置合理的评价指标，构建科技创新分类评价体系。按照科技创新规律，设计、制定高校、科研院所、企业等不同岗位科研人员的绩效分类评价体系，促使科研人员把精力和时间聚焦在深入研究原创技术与关键核心技术上。科技人员潜能挖掘的关键是利益分配问题，评价办法要有利于专注研发、潜心研究的科研人员。

其三，优化科技创新市场环境。一是完善以市场为导向的科技创新机制。构建以市场为导向的重点领域关键核心技术攻关机制，在指南编制、立项评审等关键环节，增加创新型企业家、行业协会、产业技术战略联盟的话语权。完善产学研融合创新机制，采取政府引导和市场主导相结合的运行机制，打造具有活力和影响力的产业技术创新中心。完善新兴产业普惠性税收政策、科研费用加计扣除政策、科技金融服务政策，拓宽高新技术企业税收优惠行业范围，切实为创新型企业减负。二是加强知识产权保护力度。构建重点产业知识产权运用和快速协同保护体系，打通知识产权创造、运用、保护、管理、服务全链条。完善知识产权相关法律法规，加快专利法、著作权法的修改，实行侵权惩罚性赔偿制度，精准、快速打击专利侵权假冒行为，切实提高违法成本。缩短相关领域专利授权周期，提升知识产权审查、确权、维权等工作服务水平。优化知识产权公共服务体系，促进新技术、新产业、新业态蓬勃发展，充分释放全社会创新创业创造潜能。三是健全科技成果转化激励机制。建立科技成果转化与市场交易平台，突出科研成果的市场化、产业化导向，实现从技术研发到市场应用的有机贯通。深化科技成果权属改革，在相关高校、院所、企业试点开展以产权激励为核心的科研成果转化制度改革。探索技术股与现金股相结合的科技成果转化激励方案，打造科研人员与孵化企业的利益共同体，提升科技成果转化成功率。

其四，完善合作开发的创新模式。在创新模式中，独立创新投入大、风险高，模仿创新易遭受市场挤压和知识产权威胁，合作创新则能够分散创新风险、缩短创新周期、优化资源配置。因此，合作创新是最有利于企业绩效的创新模式，是企业获取竞争优势的最佳战略选择。同时还应看到，在经济转型阶段，企业利用外部资本和外部技术进行合作创新困难重重，这使得效率较低的各自为政的独立创新仍旧是转型期企业创新的主要模式。鉴于不同创新模式的特点，在"十四五"时期，我国应积极鼓励合作创新，逐步扫除企业之间、企业与高校和科研机构之间进行技术合作的障碍，为合作创新创造有利的外部环境，进而推动企业效率提升和经济增长方式转型。完备的法律支持体系、健全的知识产权保护体系，能够提高企业、大学、科研机构开展合作创新的积极性，推动技术创新更快地从实验室向企业扩散，推进科研成果的市场转化和商业化。加大科研激励、拓宽融资渠道、大力发展风险投资等政策措施，能够激发企业合作创新的主动性，最终提升企业技术竞争力。破除地方保护主义、削减行政性竞争壁垒，能够加速生产要素流动，融合创新资源，拓展合作创新渠道。此外，还应充分认识到模仿创新对经济发展的重要作用。我国尚属于发展中国家，部分企业还需要在较长时期扮演技术模仿者的角色。重要的是，在模仿中应提升消化吸收能力和再创新能力，化后发优势为竞争优势，逐步实现创新战略的转型升级。

（执笔人：吴延兵）

第十章　数字经济新模式

国家统计局发布的《新产业新业态新商业模式统计分类（2018）》和《新产业新业态新商业模式增加值核算方法》所列，2019 年我国"三新"经济增加值为 161927 亿元，相当于 GDP 的 16.3%，比上年提高 0.2 个百分点；按现价计算的增速为 9.3%，比同期 GDP 现价增速高 1.5 个百分点。另外，国家统计局还发布，2015—2019 年我国经济发展新动能指数分别为 124.8、159.1、204.1、269.0 和 332.0，分别比上年增长 24.8%、27.5%、28.3%、31.8% 和 23.4%。这表明，我国经济发展新动能继续壮大，新产业、新业态、新商业模式加快成长，经济活力进一步增强，有力推动经济迈向高质量发展。2020 年在新冠肺炎疫情冲击下，数字化、远程化、智慧化的新经济模式，在一定程度上迅速地填补了传统经济因疫情影响所产生的损失。短期来看，中央定调大力发展的新基建七大种类都涉及新经济特别是数字经济内容，预计在未来 5 年，相关新基建投资将达到 3.5 万亿元人民币。2020—2035 年，新经济将与传统经济完全融合，推动和实现"十四五"期间经济高质量发展。[①] 本章围绕近十年以来数字经济条件下涌现的三种典型的新经济模式——平台经济、人工智能经济和区块链经济，分析上述经济模式的发展脉络、经济现象背后的经济学理论基础、未来发展动能走向和对"十四五"期间经济高质量发展前景的影响，最后提出相关的政策建议。

---

① 郭克莎：《中国产业结构调整升级趋势与"十四五"时期政策思路》，《中国工业经济》2019 年第 7 期。

第一节 数字经济新模式的发展脉络

一 新冠肺炎疫情影响：数字经济新模式的加速器

2020 年 1 月开始，新冠肺炎疫情在中国和世界范围内暴发，导致了较长时期的隔离政策和经济秩序的混乱，也导致了中国 2020 年第一季度经济负增长（GDP 增长 -6.8%），但是对于新经济，特别是数字经济而言危机中蕴含着一定的机遇。从需求角度来看，一方面，新冠肺炎疫情防控带来了新的数字化治理需求，根据大数据分析和人口信息追踪的健康码系统在疫情防控中发挥了巨大的作用，成了国内新冠肺炎疫情追踪的最重要工具，可视化、智能化的疫情数据收集系统帮助政府管理、企业复产复工，降低了疫情期间聚集风险，提升了人员甄别效率。另一方面，隔离政策和疫情期间人力成本结构的改变催生了互联网教育、智能办公、工业互联网、电子商务平台等一系列数据需求。2020年 4 月 6 日，联合国发布报告称：新冠肺炎疫情大流行带来的全球危机进一步推进了数字经济发展，并将在全球经济复苏后产生持久影响。消费者进行购物和娱乐越来越倾向互联网、数字化的模式，而企业进行会议、日常办公和科研开发等日常工作也更加倾向于利用数字化、远程化和智能化的办公方式。更为重要的是，上述电子商务平台、智能服务平台和数字化办公平台具有用户黏性，一旦用户注册使用上述新型的数字化工具往往会养成长期使用习惯，帮助相关产品确定用户使用习惯与垄断地位，产生"棘轮效应"，使得线下相关对标行业逐渐萎缩，即使疫情结束也难以恢复（见表 10 - 1）。

表 10 - 1 新冠肺炎疫情期间数字化经济里程碑事件

产品	所属领域	具体事件
作业帮等头部企业在线教育产品	在线教育	在线教育头部企业活跃用户在 2020 年 1—3 月翻番，达到 8000 万个
钉钉	智慧办公	新冠肺炎疫情期间爆炸性增长，用户量超过 3 亿

续表

产品	所属领域	具体事件
淘宝	电子商务	2020 年 3 月线上活跃度超过新冠肺炎疫情前水平，直播订单同比增长超过 160%
抖音	在线文娱	中国首部在线首映的一线贺岁电影《囧妈》在抖音等字节跳动下属平台首播，相比 2019 年春节抖音日活用户增长 38.9%
Twitter	社交平台	宣布将在新冠肺炎疫情结束后继续推行在家办公

资料来源：笔者编制。

新冠肺炎疫情对新经济的另一个影响是，世界各国从疫情的经验教训中发现了建立数字化基础设施和智能化、自动化的工业互联网与产业链的重要性。在中国，为了应对疫情，降低对经济的影响，实现"十四五"期间经济高质量发展，政府推出了新基建建设等经济刺激计划，在未来五年内将投入 3.5 万亿元对包括 5G 基础设施、人工智能、数据中心、工业互联网等在内的数字基础设施进行建设，提升数字经济和其他新经济模式的基础设施能力，实现新经济对传统经济的进一步渗透融合，这也为以数字经济为代表的新经济发展带来巨大的推动作用。

二　平台经济的崛起与产业带动

随着信息网络技术迅猛发展，以互联网为媒介的数字经济快速崛起并成为现代化经济体系的强劲动能，互联网各个细分领域用户数量不断攀升（见表 10 - 2）。与传统企业相比，互联网平台企业具有以下几点特征。

表 10 - 2　　　　　互联网各细分行业用户数量和市场容量

	用户数量（亿人）		市场容量（万亿元）
网民总数	8.29	第三方支付	208.07
即时通信用户	7.92	电子商务	31.63
搜索引擎	6.81	网络零售	9.01
网络新闻	6.75	网络广告	0.49

续表

	用户数量（亿人）		市场容量（万亿元）
网络视频	6.12	网络教育	0.37
网络购物	6.10	网络游戏	0.29

资料来源：《中国互联网发展报告》（2019）。

第一，互联网平台企业的增长速度快，实现规模化的成本也更低。创建于 1943 年的瑞典宜家家居（传统制造企业）用了 30 年的时间开始境外经营，经过 70 年的增长实现了年销售收入 420 亿美元。相比之下，阿里巴巴集团（互联网平台企业）仅用 15 年就积累了 900 多万在线商户，年销售额达 7000 亿美元。第二，互联网平台企业的商业模式变迁更快。随着大数据、云计算的信息技术的应用，互联网平台企业在短短十几年时间内经历三大发展阶段的更替，具体包括互联网平台经济 1.0 阶段（2000 年前后）、2.0 阶段（2008 年前后）和 3.0 阶段（2015 年前后）。互联网平台经济的 1.0 阶段是指 2000 年前后互联网平台经济的发展起步时期，该时期的平台模式主要以门户网站、电商网站为主，核心价值在于连接买卖双方，降低信息成本和交易成本，盈利模式单一。而到 2008 年前后的互联网平台经济 2.0 阶段时，互联网平台转型为开放式商业生态模式，核心价值在于为高价值商业生态业务提供发展平台，例如阿里巴巴集团启动的"大淘宝战略"等。2015 年以后，互联网平台经济 3.0 阶段则聚焦于互联网平台与传统产业的融合，"互联网＋"为各个产业提供数字引擎，协同发展。第三，互联网平台企业具有网络集聚性和网络交叉外部性。网络集聚性是指互联网平台企业可以通过网络集聚线下的海量产品和服务，而不受地域或行业的限制。而网络交叉外部性则是指互联网平台企业的多边之间的互动收益随着多边用户的增加而递增。平台上商户越多，消费者获得的收益越大，而平台上消费者越多，商户能够实现的交易量和交易额也越大。第四，互联网平台企业的固定资产往往较少，主要是网络相关的基础设备，而大部分均是无形资产。以阿里巴巴集团为例，无形资产至少是固定资产的 2 倍以上，有时甚至达到 7 倍以上。

正是由于这些特性，互联网平台企业已经成为驱动我国经济社会数字化产业新动能的核心支撑，不断促进信息数字化技术与经济社会融合发展。互联网平台企业发展至今，已经融合了经济社会的方方面面，如淘宝等电商零售平台数字化人们的消费方式和企业的零售方式，互联网融资平台和云计算平台便利化中小企业的发展。根据所涉及的经济社会领域划分，互联网平台可以分为三大类：信息内容类平台，如信息检索、门户网站、搜索引擎、直播平台等；交易类平台，如电商交易平台、P2P 网贷平台、打车平台等；其他类平台，如工业物联网和互联网平台等不属于前两类的平台。据估计，2030 年中国平台经济规模将达到 100.4 万亿元，而且即便在没有得到政府政策支持下也能够达到保守的 70.4 万亿元的规模（见图 10 - 1）。平台经济作为中国数字经济发展最为成熟的部门，将成为"十四五"期间中国实现高质量发展的重要稳定器。

（万亿元）

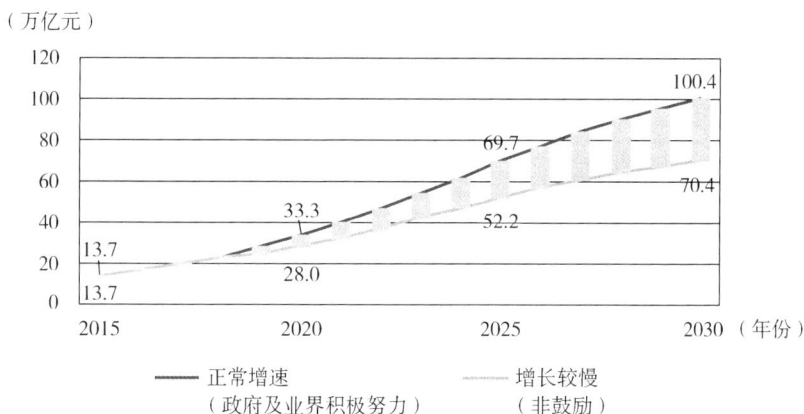

图 10 - 1　中国平台经济的规模测算

资料来源：阿里研究院、德勤研究。

三　人工智能下的新行业与传统行业赋能

人工智能技术浪潮在世界范围内的兴起对中国智能建造体系的建立和智能制造"十四五"发展规划的实现来说，既是机遇，又是挑战。

依托庞大的消费者用户群体，中国享有数据量大、数据共享和分析壁垒低的天然优势，加之中国管理和研发体制对"大型实验性项目"建设的支持和广阔的人工智能应用市场，发展人工智能技术的优势持续凸显，为中国经济提供了极强的动能（见表 10 - 3）。同时，受人工智能人才储备短缺，物联网、"工业互联网"等行业融合程度不足，人工智能伦理和社会责任的冲突日益加深等诸多条件限制，中国人工智能技术的发展仍面临着巨大挑战。因此，相关主体应鼓励多行业基础型人才建设；对落后地区传统行业，进行数字化、信息化改造；实现人工智能部署，以促进人工智能技术本土化发展和应用。

表 10 - 3　　　　　　　2012—2019 年人工智能投融资额及专利获取数

年份	2012	2013	2014	2015	2016	2017	2018	2019
投融资额（亿元）	17	58	98	268	372	634	1311	2689
专利申请数（项）	14624	18480	19197	28022	29023	46284	94539	120985

资料来源：艾媒咨询：《2019 年上半年中国人工智能产业研究报告》，《北京日报》2019 年 12 月 7 日。

人工智能的发展同时产生了一些新兴行业，也为传统行业进行了深度赋能。一是新的智能化产业，如智能汽车、机器人、无人机、智能家居、可穿戴设备等。二是传统行业解决方案，覆盖医疗、教育、文娱、零售、物流、安防、政务等垂直领域。医疗行业引用人工智能，可涉及药物研发、医学影像、辅助诊断、辅助治疗、健康管理、疾病预测等。金融行业应用包括智慧银行、智能投顾、智能投研、智能信贷、智能保险、智能监管等。

总体上，现有人工智能发展具有以下五大趋势。

1. 人工智能技术推动第四次工业革命

回顾过去，18 世纪中叶以来，人类社会经历了蒸汽动力驱动的第一次工业革命（18 世纪中叶到 19 世纪上半期，标志性新技术包括蒸汽动力机车）、电能使用引发的第二次工业革命（19 世纪末到 20 世纪初，标志性新技术包括电气化、电话、汽车、不锈钢和无线电放大器等）、电子技术、IT 的使用为标志的第三次工业革命（20 世纪下半叶）。当前正在进

行的新一轮技术革命和工业革命，也有人称之为第四次工业革命或工业
4.0，无线互联网、大数据处理技术、人工智能、3D 打印等新技术层出不
穷。当前，全球技术创新的重点领域转向人工智能及其延伸领域，数据
成为全球价值链上配置的重要资源，商业模式创新促进新价值实现。

一方面，围绕人工智能积极布局新兴领域，包括智能软硬件（例
如语音识别、机器翻译、智能交互）、智能机器人（例如智能工业机器
人、智能服务机器人）、智能运载工具（例如自动驾驶汽车、无人机、
无人船）、虚拟现实与增强现实、智能终端（例如智能手表、智能耳
机、智能眼镜）、物联网基础器件（例如传感器件、芯片），形成人工
智能主题的高端产业和产业高端的聚集。

另一方面，以人工智能推动制造业、农业、物流、金融、商务、家
居产业在内的传统产业转型升级，形成智能制造、智能农业、智能物
流、智能金融、智能商务、智能家居产业。通过智能工厂的推广大幅提
高生产效率，推动人工智能在各行各业的规模化应用，全面提升产业发
展的智能化水平。

2. 人工智能应用广度和深度不断扩展

基于深度学习领域持续扩展，AI 技术研究已经从算法迭代和突破向场
景适用拓展。AI 算法已经不再集中于音视频和图像识别等有限领域，深度
学习方法的应用广度和应用深度不断扩展。英国的 IntelligentX 有望推出世
界上第一款 AI 酿造啤酒；俄罗斯的 DeepFish 致力于利用神经网络来识别雷
达图像中的鱼类；瑞典的 Hoofstep 更是筹集了风投资金，计划为马匹进行
深度行为分析。在中国人工智能领域，投资也从人工智能技术服务商向人
工智能与各赋能行业结合发展，在中国人工智能百强企业中应用层企业占
57%，人工智能百强企业遍及各个领域（见表 10 - 4）。

表 10 - 4　中国人工智能百强企业分布（技术层次和分布前十大行业）

技术层次	占比（%）	细分行业	企业数（家）	细分行业	企业数（家）
基础层	13	AI 大数据	3	语义识别与自然语义处理	8
技术层	30	生物识别	4	智慧医疗	9

续表

技术层次	占比（%）	细分行业	企业数（家）	细分行业	企业数（家）
应用层	57	AI 开放平台	4	机器人	11
		智慧金融	5	智能驾驶	12
		AI 芯片	8	计算机视觉	17

资料来源：《2019 赛迪人工智能企业百强榜研究报告》。

另外，机器学习企业饱和，头部企业已经初步出现，随着谷歌、亚马逊、Salesforce 和微软等科技巨头提高其企业 AI 能力，小型企业难以维持。在经过 2014—2018 年的持续投资之后，人工智能软件和数据分析行业已经接近饱和。

3. 人工智能硬件已经成为技术和产业前沿

人工智能硬件市场主要包含计算产品、GPU 芯片、网络设备和存储设备，近年来总体市场空间呈现爆发式增长，并且在可以预见的未来，仍然有很大的增长空间。从功能上来看，软硬件一体化也是算法公司必经之路，例如华为 P30 手机的 AI 拍照效果深受用户认可，不单是算法、超分辨率等方面做得不错的缘故，与其在光学摄像头、机械对焦等硬件层面的深度打磨也不无关系。

随着 5G 商业化部署，边缘计算应用将成为商业现实，AI 发展正在进入"端"时代，包括手机、汽车、可穿戴在内的终端都将越来越多地迎来 AI 加持。而人工智能的边缘化应用还远不止于此，智能家居、自动驾驶等诸多热门领域中，都有它的身影。特别是上述应用场景中人工智能将从"软件优先"向"硬件为王"转变，物联网、工业互联网、车联网需要大量人工智能相关硬件部署。特别是上述应用场景中人工智能将从"软件优先"向"硬件为王"转变，物联网、工业互联网、车联网需要大量人工智能相关硬件部署。

中国在人工智能硬件层面的关键技术方面落后美国等先进国家，核心硬件进口替代率低，成本高，2019 年已经进入人工智能硬件元年，硬件发展，特别是跨产业链硬件发展成为人工智能发展的重中之重。

4. 人工智能对数据质量和数据共享要求进一步增加

人工智能时代，深度学习和大数据密不可分。深度学习可以从大数据中挖掘出以往难以想象的有价值的数据、知识或规律。简单来说，有足够的数据作为深度学习的输入，计算机就可以学会以往只有人类才能理解的概念或知识，然后再将这些概念或知识应用到之前从来没有看见过的新数据上。

人工智能时代的数据需求已经从数据挖掘时代的简单的结构化数据向非结构化的复杂数据转化，数据量级的增加不仅仅引发了数据处理能力的需求，也暴露了传统企业数据收集能力的短板。一方面，单一企业仅在一个领域进行数据收集无法满足人工智能分析的需求，或者缺乏数据量级，或者缺乏数据字段，或者不同来源数据无法匹配。企业需要跨行业、跨企业协同，进行数据交互和数据交易。另一方面，人工智能分析所需要的大量的数据储存在政府手中，开放数据成为必需。

5. 人工智能算法理论遭遇瓶颈期

当前深度学习方法仍存在一些技术问题有待突破。例如，深度神经网络有"黑箱"性质，虽然预测效果好，但对于隐藏层的含义、最优层数设计等的探讨限于直觉层面，缺乏理论机制分析。

基于深度学习的人工智能尚未突破缺乏推理能力这个关口。缺乏推理能力对人工智能产业发展的制约，可通过自动驾驶的例子来说明。开车的时候，没有铁栏杆的道路旁站了一个小孩。此时如果是人驾驶汽车，那么人肯定会减速，因为要提防小孩突然跑到马路上来。但是，依托深度学习的无人驾驶缺乏推理能力，不会减速。尽管可以通过加入上述情景解决上述问题，但由于不可能列举出所有将来可能发生的情景，深度学习仍然不能克服缺乏推理能力的缺陷。

四　区块链经济的发展历史与现状

习近平总书记在主持中央政治局第十八次集体学习时指出，区块链技术应用已延伸到数字金融、物联网、智能制造、供应链管理、数字资产交易等多个领域。目前，全球主要国家都在加快布局区块链技术发展。我国在区块链领域拥有良好基础，要加快推动区块链技术和产业创新发展，积极推进区块链和经济社会融合发展。随着区块链技术的不断发展，硬件和通信技术上云计算及 5G 技术的应用为区块链提供了越来越广阔的硬件和带宽支持。与此同时，技术层、应用层区块链技术和商业应用层出不穷，与区块链技术相关的金融、供应链、公共管理等相关领域潜在经济增长需求巨大，区块链技术已经成为我国经济发展的重要潜在动能。

而在近年来的经济发展中，区块链技术已经日趋成为国际、国内投资热点，商业化转化与落地已经逐渐增多，日渐成熟（见表 10 –5）。

表 10 –5   2019 年 1—6 月全球区块链融资排名前十国家比数及金额

比数排名	国家	比数（比）	金额排名	国家	金额（亿元）
1	中国	71	1	美国	118.10
2	美国	64	2	中国	25.60
3	英国	19	3	英国	7.00
4	新加坡	14	4	韩国	6.15
5	瑞士	6	5	瑞士	2.90
6	日本	4	6	日本	1.70
7	法国	4	7	以色列	0.68
8	德国	4	8	法国	0.60
9	南非	3	9	新加坡	0.50
10	西班牙	2	10	冰岛	0.34

资料来源：前瞻产业研究院《2019 年全球区块链行业发展现状与市场趋势》。

2008 年一个化名为中本聪（Satoshi Nakamoto）的学者（或者团队）发表了区块链技术的开创性论文 *Bitcoin：A Peer-to-Peer Electronic Cash System*。[①] 区块链技术底层使用链式或者有向无环图（DAG）形式数据存储结构，利用密码学原理，使用数据分布式存储的技术模式创立了第一个区块链项目：比特币。

区块链技术的核心技术特征是分布式记账，对于参与区块链的数据节点，采取多方公示的数据写入方式，同一信息根据信息链长度在不同

① Nakamoto, S., "Bitcoin：A Peer-to-Peer Electronic Cash System", http：//bitcoin. org/bitcoin. Pdf, 2008.

节点分别同时进行记账，写入和读取需要同时经过多个节点（在一些公有链中甚至是大多数或者全部节点）。

根据上述技术特点，区块链主要具有下列特征。

第一，弱中心化（去中心化）：数量众多的区块链节点组成区块链的信息存储机制，根据需求不同会由一部分节点或者全部节点承担账本数据维护工作。

第二，信息不可篡改：区块链系统中所记录的重要信息，均被摘要算法所覆盖，需要经过多数数据节点（甚至是链中全部数据节点确认），链越长对信息的确认次数越多，且所有参与记账的节点均会存储一份数据拷贝。少量节点对数据的篡改是不被承认的，也无法影响系统整体的运行。

第三，智能合约：基于弱中心化和不可篡改的特性，区块链技术为电子数据合约提供了降低信任成本的有力武器，未来区块链的主要发展方向是商业化区块链节点之间的信任体系和智能化、自动化的商业合约，颠覆和完全取消中介机构，实现交易的低成本去中介（去中心）化。

现有区块链应用绝大部分集中在电子货币（加密货币）领域、金融清算与信用体系，以及为上述企业提供技术服务方面。根据中国信息通信研究院的《全球区块链产业数据报告》，截至2018年7月，全球1242家区块链企业中加密货币企业为467家，占全部企业的38%，排名第二的为技术平台和区块链技术服务企业，占比16%（201家），金融科技企业占比12%（152家），排名第三（见图10-2）。而中美两国区块链应用最为丰富，企业占比大，行业分布广泛，其他国家往往专注某个或者某几个应用领域（见图10-3）。

在行业应用上，区块链技术还没有实现从电子货币、金融技术向全行业、民生领域的有效扩散。区块链主要面临的问题也是其技术特点和技术优势的来源：分布式、去中心化的存储模式导致了区块链交易信息的写入需要消耗大量的资源，当前的区块链缺少一块可读写的分布式硬盘。任何系统都需要存储，但目前的区块链数据结构难以存储大数据，只能作为交易存储，这就导致了区块链最为重要的问题：交易效率低下，可存储信息不足（且大部分区块链只能存储结构化数据）。

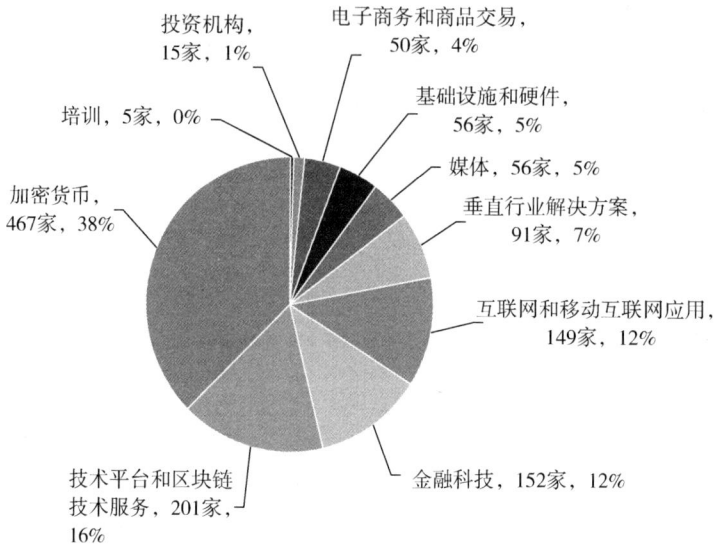

图 10 – 2　全球各行业区块链企业数量

注：图中数据经过四舍五入处理。

资料来源：中国信息通信研究院：《全球区块链产业数据报告》。

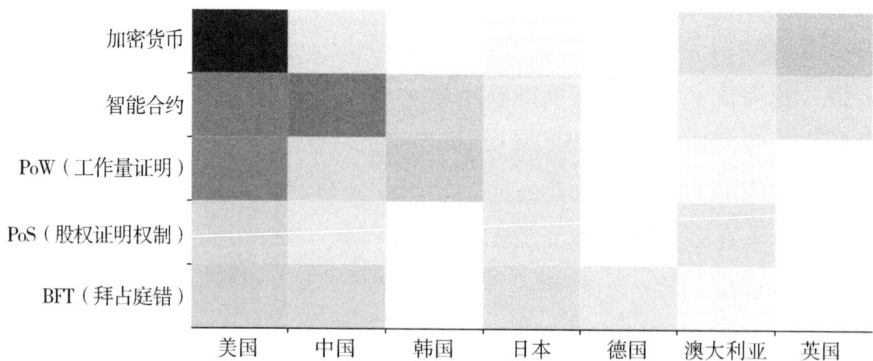

图 10 – 3　全球各国各行业区块链企业数量

注：颜色越深涉及此类技术企业越多。

资料来源：中国信息通信研究院：《全球区块链产业数据报告》。

第二节　数字经济新模式的理论解释和前景预测

一　平台经济：社会网络效应和网络外部性

传统相关理论认为社会网络是一群特定人之间的所有正式与非正式的社会关系，包括人与人之间直接的社会关系以及通过物质环境和文化共享而结成的间接的社会关系。社会网络作为社会资本的一部分，能够有效地联络居民与相关社会网络关系人，便于居民从社会网络中获取提升收入水平所必需的金融支持、信息和人际资源。[1]

早在20世纪80年代，经济学家就已经注意到，微观个体自身的社会网络规模、条件和连接强度能够显著地影响其个体经济行为的效果，社会网络相关理论研究因而被引入经济学理论研究。社会网络理论最先在网络外部性相关问题的经济学研究中被引用，在这一时期社会网络的概念还未被正式使用，而是在研究消费者与生产者网络外部性的过程中，考虑社会整体外部性，也就是交易双方全部社会关系的外部性总和对于交易的影响，或者反之，研究交易对于社会外部关系的溢出效应。[2] 在之后的研究中社会网络的概念被正式引用到劳动力市场的相关研究中来，Montgomery认为具有更好的社会网络交流关系（better connect）的工人可以在公司雇佣中得到更多的工作机会和更高的工作报酬，并且基于网络外部性理论，具有较好社会网络交流条件的员工会帮助企业获得更高的利润，实现网络外部性的提升。[3] 在经济学领域，以外部性为理论基础的社会网络研究，强调交易双方交易行为对于社会网络的正向效用回馈，其更加关注特定的交易行为对整个社会或者社会网络的溢出效应，而非社会网络对于个体的经济行为的提升

① Inkpen, Andrew C., and Eric W. K. Tsang, "Social Capital, Networks, and Knowledge Transfer", *Academy of Management Review*, Vol. 30, No. 1, 2005.

② Katz, Michael L., and Carl Shapiro, "Network Externalities, Competition, and Compatibility", *The American Economic Review*, Vol. 75, No. 3, 1985.

③ Montgomery, James D., "Social Networks and Labor-Market Outcomes: Toward an Economic Analysis", *The American Economic Review*, Vol. 81, No. 5, 1991.

作用。①

我们认为，可以从如下两方面研究平台经济的作用。

第一个，网络外部性。外部性是指一个经济主体的生产或消费直接影响到另一个经济主体的效用，是经济学的重要概念。外部性的一种特殊形式就是网络外部性，即一个人得自某种商品的效用取决于消费这种商品的其他消费者的数量。比如电话，消费者需要用电话相互联系。如果其他消费者没有电话，那么购买电话就毫无意义。显然，互联网服务也是具有网络外部性的服务。接入互联网的经济主体数量越大，你接入互联网可获得的服务就会越多。经济学表明，当存在网络外部性时，需求曲线和市场均衡具有特殊的特征，尤其是网络外部性会产生正反馈，导致多重均衡。如果某种网络产品没有使用者，它将没有价值，从而没有人想要它。如果有足够多的使用者，这种产品就变得有价值，且有更多的人使用它，从而使得它更有价值。由于正反馈效应，从直觉上说，就会存在一个关键的消费者群体规模，只要达到这个规模，正反馈效应就会使需求量加速扩张；若小于这个规模，那么需求可能会逐渐萎缩。经济学称这个规模为"临界容量"（Critical Mass）。

Rohlfs 最早注意到网络外部性导致的正反馈问题。② Economides 等尝试运用网络外部性解释 20 世纪 80 年代中后期美国传真机市场的爆发式发展（在相当长的一段时期内，对传真机的需求是小规模的。但到 20 世纪 80 年代中期，传真机的价格大幅度下跌，需求急剧上升）。③ Goolsbee 等考察了家用电脑的购买决策，发现朋友和邻居购买电脑的决定是显著的影响因素。④ Katz 等考察了寡头垄断模型中网络外部性的影响，⑤ 且提

① Liebowitz, Stan J., and Stephen E. Margolis, "Network Externality: An uncommon Rragedy", *Journal of Economic Perspectives*, Vol. 8, No. 2, 1994.

② Rohlfs, Jeffrey, "A Theory of Interdependent Demand for a Communications Service", *The Bell Journal of Economics and Management Science*, Vol. 5, No. 1, 1974.

③ Economides, Nicholas, and Charles P. Himmelberg, "Critical Mass and Network Size with Application to the US Fax Market", NYU Stern School of Business EC – 95 – 11, 1995.

④ Goolsbee, Austan, and Peter J. Klenow, "Evidence on Learning and Network Externalities in the Diffusion of Home Computers", *The Journal of Law and Economics*, Vol. 45, No. 2, 2002.

⑤ Katz, Michael L., and Carl Shapiro, "Network Externalities, Competition, and Compatibility", *The American Economic Review*, Vol. 75, No. 3, 1985.

供了早期文献的一个综述。不过在这些研究中，临界容量和动态变化问题较少引起关注。① 直到最近，Evans 等才重新做了一些理论探讨，同时讨论了直接网络外部性和双边市场条件下的临界容量和动态调整问题。②

第二个，在使用大数据产品的同时对产品开发者和消费者文化水平和操作技能提出了一定的要求，这使其区别于电话、传真等一般的具有网络外部性的产品。互联网大数据基于中国大量的互联网网民，特别是移动互联网的使用。据 CNNIC 报告，截至 2018 年 6 月，我国非网民规模为 5. 88 亿。上网技能缺少、数据难以取得是制约大数据发展的主要原因。

网络外部性使得互联网平台要么发展不起来，要么迅猛增长占据绝大部分市场份额。对于成功平台而言，一定程度的垄断几乎是必然的，是对其前期高风险的补贴。从静态角度看，由于网络外部性互联网平台的垄断地位会比普通垄断者更加稳固，似乎为管制提供了理由；但从动态角度看，一旦出现新的技术进步，小企业打败在位垄断平台也更加迅速。而且经济学研究表明：与社会最优（First Best）状态相比，平台垄断会带来多大效率损失（如果有的话）往往是不清楚的。③ 垄断平台会寻求最优价格结构，导致平台对某一侧的收费可能低于竞争性市场水平，而对另一侧的收费高于竞争性市场水平。因此，在平台垄断的情况下，政府甚至不知道垄断价格是过高了还是过低了。设置价格"天花板"，要么不起作用（实际垄断价格低于竞争性水平，因此不会碰到"天花板"），要么影响平台通过价格结构实施交叉补贴的能力，从而最终损害经济效率。

二　人工智能：劳动力结构演化的经济理论研究

随着人工智能技术商业化的发展，人工智能相关行业从技术储备、

---

① Katz, Michael L., and Carl Shapiro, "Systems Competition and Network Effects", *Journal of Economic Perspectives*, Vol. 8, No. 2, 1994.

② Evans, David S., and Richard Schmalensee, "Failure To launch: Critical Mass in Platform Businesses", *Review of Network Economics*, Vol. 9, No. 4, 2010.

③ Rochet, Jean-Charles, and Jean Tirole, "Platform Competition in Two-sided Markets", *Journal of the European Economic Association*, Vol. 1, No. 4, 2003.

投资总额、人才梯队建设到经济和社会效益等方面都实现爆发式发展。与之同步，全球机器人产业在新的 AI 技术的推动之下，实现了技术瓶颈和商业落地的双双突破，成为全球经济增长的重要着力点。[①] 根据 CIE 智库发布的中国机器人产业发展报告（2019），2019 年中国机器人市场规模预计达到 86.8 亿美元，其中工业机器人 57.3 亿美元，服务机器人 22 亿美元，其他特种机器人 7.5 亿美元，2014—2019 年行业平均增幅约为 20.9%。

一方面，机器人替代将在多大的程度和范围上提升生产效率，上述效率的提升又将如何影响产业布局。[②] Aghion 等讨论了人工智能可能带来的两方面的生产率效果，在自动化部门生产率提高的同时，提升了资本价格，间接影响了非自动化部门生产率的降低。[③] 在两种效应的叠加影响下，机器人应用的生产力效应需要进一步的实证予以验证。而机器人或者人工智能的使用，也催生了资本和劳动力在不同部门之间的流动效应，不同部门之间生产力和创新效率会产生结构性变化，影响整体国民经济各个行业之间的生产率和创新差异。

另一方面，在劳动力替代角度，机器人的大规模使用是否会导致人力资本大幅度贬值，机器人替代现有工作岗位能否创造新的就业岗位，并且弥补机器人替代所带来的就业替代。一部分经济学家认为机器人的广泛应用带来了劳动力价格的贬值，新增就业难以弥补被替代岗位。Acemoglu 等利用 1990—2007 年美国劳动力市场的数据进行了研究。结果发现，机器人和工人的比例每增加 1/1000，就会减少 0.18%—0.34% 的就业岗位，并让工资下降 0.25%—0.5%。[④] 但另一部分研究者对机器替代劳动持乐观态度，Graetz 等认为虽然机器人的应用能够使一部分就业走向消亡，但从总体上看，机器人的使用可以同时创造新的就业机会，没

① Fernald, John G., and Charles I. Jones, "The Future of US Economic Growth", *American Economic Review*, Vol. 104, No. 5, 2014.

② Parkes, David C., and Michael P. Wellman, "Economic Reasoning and Artificial Intelligence", *Science*, Vol. 349, No. 6245, 2015.

③ Aghion, Philippe, Benjamin F. Jones, and Charles I. Jones, "Artificial Intelligence and Economic Growth", *National Bureau of Economic Research*, No. w23928, 2017.

④ Acemoglu, Daron, and Pascual Restrepo, "Secular Stagnation? The Effect of Aging on Economic Growth in the Age of Automation", *American Economic Review*, Vol. 107, No. 5, 2017.

有证据证明自动化的提升在总体上会导致全社会劳动力报偿的减少。①

　　机器人的使用关系到社会服务和社会治理模式的改变，新一代机器人技术在医疗、养老和城市与社会管理等多个角度具有广阔的应用前景②。但是机器人替代了与社会治理、关系网络相关的工作岗位后，必然引发大量的伦理和社会议题。

　　首先，从保增长及供给侧结构性改革角度，相关研究能够解决机器人替代战略在多大程度上会实现经济新增长的问题，同时上述研究能够发现机器人替代战略在不同行业、不同地区和不同资本禀赋、创新环境条件下结构性差异化的创新能力区别。这对中国经济调整结构，发现新的持续创新增长点具有巨大意义。

　　其次，从稳定就业角度，对机器人替代的经济学研究，能够分析和发现机器人应用在中国经济环境之下的就业替代情况，研究就业替代和就业创造双重影响下的真实就业岗位损失和劳动力价值变化，发现不同行业、不同类型岗位差异化的劳动替代和劳动创造情况，研究并指导劳动力培训和劳动力平稳转移的经济政策的制定，为稳定就业、提升居民劳动收入水平提供理论和政策依据。

　　最后，从社会稳定和构筑和谐社会角度，研究机器人替代战略能够在老龄化、数字化的社会经济背景下，更好地把握新技术对医疗、养老、安防、城市治理等社会治理问题所带来的影响和挑战，及时发现上述技术在应用之中出现的伦理、法律和社会效益问题，提升技术的社会效益，降低相关技术的社会风险。

三　区块链经济：可应用场景的经济学理论和实证研究

　　在经济学和管理学领域，对区块链相关经济影响的研究较少，发表的期刊级别较低，发表的论文主要还是以技术分析和技术在产业领域内

---

① Graetz, Georg, and Guy Michaels, "Robots at Work", *Review of Economics and Statistics*, Vol. 100, No. 5, 2018.

② Makridakis, Spyros, "The Forthcoming Artificial Intelligence (AI) Revolution: Its Impact on Society and Firms", *Futures*, No. 90, 2017.

的介绍为主。Nakamoto 首先发表了有关比特币的论文，论证了去中心化和分布式记账的区块链的核心技术条件。根据上述论文，2009 年美国构筑了比特币的数据基础层框架，实现了世界上第一个公有区块链系统。①

在金融领域，经济学家早已发现了区块链技术在加密货币和数字货币方面的巨大潜力，比特币为加密货币和数字货币实践提供了范本，利用区块链技术，可以实现去中心化和非央行干预的数字加密货币金融模式，有效地防止货币滥发和传统货币发行所面临的各种问题。② 与传统货币发行流通体系相比，数字货币的主要区别体现在发行媒介和激励机制上更为便捷、高效、直接，因此各国央行应持续跟踪监控数字货币的发展趋势。③

在金融监管角度，区块链技术应用到金融结算、信用体系建立和完善、金融监管和金融信息留存等方面之后，能够大幅度降低可能的金融风险和监管漏洞，在打击裸卖空等高频、恶意交易，保障金融交易可追溯和可控制等方面具有决定性的经济意义，监管机构能够触及以前难以监察的内部交易和私下交易，提高金融监管的透明度。④

在智能合约和供应链管理角度，研究者认为通过区块链技术赋予各个孤立的智能设备以信任机制，从而打造出智能设备之间的服务交易市场，推动物联网技术的应用与普及，但目前仍存在用户隐私保护以及法律授权等问题。⑤ Kshetri 研究了 11 个区块链供应链管理的案例，探究如何在不同阶段实现供应链管理的关键目标，如成本、质量、可靠性、风险降低和可持续性。⑥

---

① Nakamoto, S., "Bitcoin: A Peer-to-Peer Electronic Cash System", http://bitcoin. org/bitcoin. Pdf, 2008.

② Cong, Lin William, and Zhiguo He, "Blockchain Disruption and Smart Contracts", *The Review of Financial Studies*, Vol. 32, No. 5, 2019.

③ Ali, R., Barrdear, J., Clews, R., and Southgate, J., "The Economics of Digital Currencies", *Bank of England Quarterly Bulletin*, No. Q3, 2014.

④ Lee, Larissa, "New Kids on the blockchain: How Bitcoin's Technology Could Reinvent the Stock Market", *Hastings Business*, No. LJ12, 2015. Yermack, David, "Corporate Goernance and Blockchains", *Review of Finance*, Vol. 21, No. 1, 2017.

⑤ Christidis, Konstantinos, and Michael Devetsikiotis, "Blockchains and Smart Contracts for the Internet of Things", *Ieee Access*, No. 4, 2016.

⑥ Kshetri, Nir, "1 Blockchain's Roles in Meeting Key Supply Chain Management Objectives", *International Journal of Information Management*, Vol. 39, No. 2, 2018.

第三节　发展数字经济新模式面临的问题

一　平台经济：红海市场条件下的隐忧

互联网平台企业愈加成熟，已经进入了红海市场，在为我国经济提供强劲的动能的同时，也存在一些亟须解决的问题和挑战。这些挑战主要包括三个方面：第一，平台竞争政策和垄断规制问题；第二，平台信息责任和数据隐私问题；第三，平台征税问题。

（一）平台竞争政策和垄断规制问题

通常，互联网平台企业进入市场的前期固定成本较大，而后期边际成本几乎可以忽略不计，尤其是科技创新平台企业，因而平台企业具有很强的规模经济效率。但是，互联网平台企业要实现稳定发展和盈利往往需要实现平台用户超过一定规模，否则无法生存下去。而目前的问题是互联网用户规模增长已经进入瓶颈期，2019 年第二季度中国移动互联网用户触顶，增长开始停滞（见表 10 - 6）。

表 10 - 6　　　　　2018—2019 年第二季度中国移动互联网用户数

时间	用户数（亿）	时间	用户数（亿）	时间	用户数（亿）
2018 年 1 月	10.88	2018.07	11.11	2019 年 1 月	11.32
2018 年 2 月	10.91	2018.08	11.15	2019 年 2 月	11.38
2018 年 3 月	10.95	2018.09	11.18	2019 年 3 月	11.38
2018 年 4 月	11.02	2018.10	11.22	2019 年 4 月	11.36
2018 年 5 月	11.05	2018.11	11.27	2019 年 5 月	11.34
2018 年 6 月	11.06	2018.12	11.31	2019 年 6 月	11.37

注：上述数量为中国移动互联网服务有效开户数量，不等同于网民人数。
资料来源：《中国移动互联网发展报告》（2019）。

因此，在进入行业的初期，平台往往会采用掠夺性定价或价格战、补贴战的方式抢占市场份额，获得绝对的竞争优势。例如，2014 年，出行服务平台滴滴、快的和 Uber 三家企业就采用了补贴战的方式抢占用户市场和进驻司机，导致非良性的竞争行为。然而，当这种价格战进入困境时，市场份额较大的平台企业又通过合并或者并购的方式，实现垄断或联合垄断该行业，例如滴滴首先收购 Uber，然后与快的合并。自然而然，占据整个市场后，垄断平台为了弥补价格战导致的损失，开始大幅减少补贴，提高服务价格。这种恶性竞争行为严重影响平台企业的健康持续发展，而且垄断平台企业为了保持垄断地位往往会限制类似企业进入市场，直接导致竞争机制失效，产品和服务质量也直线下降。据估计，当前滴滴出行已经占据中国打车出行服务的 90% 以上的市场份额，基本完全垄断了出行服务市场，然而近年来平台事故频发。这一系列的问题可被视为垄断带来的恶果之一，因为垄断平台从根本上没有提供优质的服务或提高乘客的乘车安全。相反，互联网电商平台之间却存在阿里巴巴和京东两家企业之间的寡头竞争，从一定程度上规制了平台的不良行为。

（二）平台信息责任和数据隐私问题

每个互联网平台企业都会提供和产生大量的信息、交易数据，因而也会产生很多有关平台信息责任、用户信息安全和交易数据产权等问题。确实，互联网平台企业的价值在于大规模地匹配和促成买卖用户组之间的交易，降低交易成本。平台所提供的信息（如产品质量、评价等）、用户的私密信息（如个人信息、支付方式等）和交易数据（如交易次数、金额、频率等）都将大规模地聚集在平台上，为平台的经营和为平台用户提供精准服务做指导。但是，不当使用这种信息管理、信息收集和数据分析会造成严重的不良后果。

首先，互联网平台企业所提供的信息可能是不准确的，甚至是误导性的，从而造成用户无法购买到理想的商品或服务，有时甚至会威胁到消费者的人身安全。比如，平台由于未能披露重要的产品信息导致消费者购买低质量的产品。其次，平台能够收集到大量的消费者个人隐私数据，比如个人信息、账户信息和购买记录等。这些非交易性的隐私信息的泄露问题越来越严重，导致大量的骚扰、诈骗电话，消费者上当受骗，造成直接的财产损失甚至是人身安全损害。"双十一"期间被拦截的骚扰电话基本上都是广告推销、房产中介和诈骗电话等非服务类电话，而真正为消费者提供服务的只占 0.7%。最后，互联网平台上产生的大量交易数据存在所有权、收益权的归属问题。当前，各大电商平台利用该交易数据对消费者实施精准广告投放，这是否是合法的呢？当前的相关电子商务法并没有做出明确的规定，因而也导致了交易数据被滥用，消费者每天都被广告轰炸。同时，互联网平台企业可能凭空捏造或篡改平台交易数据，如提供消费者反馈和评论，导致消费者购买出错和利益受损。

（三）平台征税问题

互联网平台化经营是一种全新的商业模式，因而也就对当前的税收系统提出了全新的挑战。第一，平台经营呈现出经营主体较小、分散和灵活的特征，例如电商平台上的淘宝卖家和滴滴平台的入驻司机。当前的税收系统没能解决如何对其征税的问题，比如到底应该对平台征税还是对卖家和司机征税；如果是对卖家征税，当前的税收系统可能无法满足这种大批量、大规模、零散的征税模式。因此，平台化的经营方式对我国当前的税法制度和相关规定提出了全新的要求。第二，与传统企业相比较，互联网平台往往只有很少量的固定资产，而有大量的无形资产。因此，跨境经营的互联网平台公司可能操纵无形资产的转移定价，达到利润转移和跨境避税的目的。例如，苹果公司通过与爱尔兰签订特殊税务协议使其在 2003—2014 年的十几年里，就其欧洲利润的实际纳税率不到 1% 甚至趋近于零。

二　人工智能经济：人才、技术和法律瓶颈

虽然中国人工智能技术与行业发展迅猛，为中国经济和社会发展创造了越来越多的可持续发展机会，但是未来发展也存在许多问题，面临不少的挑战。本章具体分析人工智能技术和行业发展所面临的挑战。

（一）中国人工智能发展所面临的人才挑战

虽然中国人工智能行业爆发式发展，从业人员数量屡创新高，但是与世界先进水平国家相比，中国人工智能人才存在储备不足、行业分布不均匀、基础性研究人才不足等问题。

根据高盛披露的数据，中国人工智能储备量仅约为行业从业总量的

5%。现有的大量人工智能从业人员很多来自其他互联网相关行业，如从事数据挖掘、数据分析等技术工作，对于人工智能的基础性技术核心原理缺乏了解。

在市场拓展方面，以语义分析、音频和视频转换、图像识别为代表的人工智能领域受到更多的重视，从业人员和市场投资者的人才重心倾向于上述单一领域，与行业融合更为密切的智能制造、物联网人工智能、智能芯片技术等环节缺乏人才投入和人才积累。同时，传统行业中与人工智能和数据技术相关的人才需求长期并不旺盛。在互联网爆炸式发展的背景下，互联网行业产生了人才虹吸效应，传统制造业自身吸纳人工智能和数据分析人才能力有限，这就导致了当人工智能技术和市场与非服务业产业相融合时缺乏同时具备行业专业知识和人工智能技术经验的人才。

（二）物联网、"工业互联网＋"等行业融合程度不足

人工智能技术在绝大多数条件下并不能直接产生经济效益，需要与具体的产业融合产生社会和经济效果。如图像识别和音频、视频转换技术需要与零售、客户服务、安防等具体行业的具体应用场景相结合才能产生生产力跃升。

但是在物联网领域虽然中国物联网行业飞速发展，涌现出了"货车帮"等一系列物联网平台，但是上述平台和物联网产业中的人工智能应用更多的还是集中在语音转换、语义分析、探测和传感数据收集等方面，没有利用人工智能技术进行进一步的深化应用。就人工智能的概念而言，人工智能的构筑方式包括自然语义转换和传感接受为代表的外界数据接收，以及智能制造、物联网自动规划、自动驾驶在内的智能化行为输出。在中国物联网背景下，上述输出式的人工智能方式发展还不明显。究其原因，主要是因为在物联网环节中，行业和地区之间的数据应用差异较大，数据不平等现象较为严重。在物联网联通的各个行业环节中，感知层（传感器和信号转换）、网络层（通信网络）和平台层的信息化程度最高，但在应用层级，各个行业具体应用的信息化程度并不均衡。在服务性行业如零售、安防、医疗等行业的信息化程度较高，人工智能技术能够很好地实现应用落地。但在工业行业和交通运输行业，各个行业信息化沉淀较低，人工智能应用无法落地。以交通运输为例，在传感信号接受和信息采集阶段现有物联网不存在技术局限，但是路政服务、路况条件、货场服务等落地环节信息化服务水平极低，无法实现人工智能技术的落地。

与之相类似的是"工业互联网＋"的人工智能应用，虽然工业 4.0 概念以及"中国制造 2025"受到政策的鼓励和行业的关注，但是工业人工智能或者智能制造在中国发展缓慢，2019 年前十大人工智能投资机构的重要投资项目都没有智能制造内容。究其原因有两点：第一，现有的消费者结构和需求多样化程度不足以支撑工业人工智能的发展，智能制造必须针对不同消费者差异化需求，进行人工智能化、自动化和消费者可介入化的定制设计和制造，但是国内现有个性化产品市场无法满足上述产业发展的要求。第二，传统制造行业正像本章在之前分析的，其信息化程度较低，人工智能所需要的传感检测、信息收集尚处于起步阶段，基础信息和人才都极为缺乏，智能制造的优势无法显现。

（三）人工智能伦理和社会责任问题

应当注意到，人工智能技术和行业的发展也给社会带来不可避免的伦理与社会责任问题。人工智能是基于机器学习技术进行的，在大数法则下，即使就总体概率而言，人工智能的解决方案更具有效率和可靠性，但是也不可避免地出现判断错误的情况。在普遍应用人工智能和依靠人工智能进行社会评价的条件下，上述由"机器"决定人的行为、信用甚至人身权利的行为本身就会带来重大的伦理挑战。以人工智能信用评级为例，社会生活中，一个人的数字化、人工智能评级的信用等级有可能并不能显示其实际信用程度，而是体现了其在人工智能数据库中被采集数据的丰富程度，一个人在不使用社交软件和电子支付手段的条件下，其信用评级可能被降至极低的水平，这显然是不公平的。人工智能的社会责任问题还体现在人工智能的算法可能被操纵，在了解了人工智能的基本算法逻辑之后，外部使用者有可能利用输入偏差数据的方法操纵人工智能的结果，这在社交大数据和人工智能应用中已极为常见。

三　区块链经济：可能的经济动能突破方向

根据上文对区块链全球企业行业分布和技术特点的分析，本章发现，区块链技术的经济应用主要集中在数字货币和金融科技领域。区块链技术的主要优势也主要集中在分布式记账——去中心化的结构能够有效地消除信息篡改和非法交易。在金融领域，信用体系和合规要求极为重要，并且单次结算信息容量低，信息结构简单，不存在非结构化数据传输问题，因此，未来区块链发展也将主要集中在数字货币和金融科技领域。

2016 年之后随着区块链热潮的兴起，各地区区块链政策和引进力度加大，中国各地区块链政策发布由 2016 年的 8 项发展到了 2019 年的 78 项。但是总体而言，在中国的金融监管条件之下，数字货币发行和管理应当由中央银行统一负责，在央行和银监机构的统一安排和管理之下在各地进行试点，安排有限的机构节点进行数字货币运营和试点工作。其主要功能很可能暂时局限于央行、其他监管机构和金融机构作为区块链节点所进行的区块链数字交易和数据交换，"区块链支付宝"式的大规模个人或者企业用户数字货币在现有条件下没有大规模发展的可能性。

与之相对应，即使国家已经将区块链技术和其经济动能放到国家战略层级予以重视，以区块链为基础的虚拟货币炒作仍然是国家监管和严格治理的关键领域，相关限制并没有放松迹象（见表 10 - 7）。目前所有打着区块链旗号关于虚拟货币的推广宣传活动都是违法违规的。监管部门对于虚拟货币炒作和虚拟货币交易场所的打击态度没有丝毫改变。目前监管部门已经通盘部署，要求全国各地全面排查属地借助区块链开展虚拟货币炒作活动的最新情况，出现问题及时"打早打小"。在下一阶段的工作中，监管部门将加大清理整顿虚拟货币及交易场所的力度，发现一起处置一起。

表 10 - 7　　　　2019 年 11 月各级政府关于虚拟货币的政策动态

日期	来源	公告（刊文）	整治对象
2019 年 11 月 26 日	《法制日报》	《刹住借区块链炒作虚拟货币的歪风》	虚拟货币炒作行为
2019 年 1 月 25 日	《人民法院报》	《打击"区块链"传销法律和技术缺一不可》	区块链诈骗传销行为

日期	来源	公告（刊文）	整治对象
2019 年 11 月 22 日	上海金融办、央行上海总部	《加大监管防控力度　打击虚拟货币证交易》	辖区虚拟货币相关活动
2019 年 11 月 21 日	深圳金融局	《关于防范"虚拟货币"非法活动的风险提示》	辖区虚拟货币相关活动
2019 年 11 月 18 日	银保监会	《关于防范假借"区块链"名义非法集资的风险提示》	区块链非法集资行为
2019 年 11 月 14 日	央行上海总部互金整治办、上海金融稳定联席办	《关于开展虚拟货币交易所摸排整顿的通知》	非法加密货币平台

资料来源：根据星传媒（www. marnews. cn）整理。

以企业为中心建立的私有链联盟（联盟链），通过降低每次数据修改设计的节点数量，降低交易数据修改的时间和算力成本，能够在金融信用体系、企业清算系统、产业链和质量跟踪管理等方面产生巨大的经济动能和发展前景。在贸易、消费等领域，区块链实现了高度可溯源性，可帮助企业和监管机构、交易方或消费者核查某种产品的真实来源。在全球化供应链中，该技术有助于提高交易的可靠性并提升监管效率。在制造业领域，区块链有助于复杂供应链的协作和高效率作业。比如，制造飞机等大型机械和相关设备可能需要来自全球各个工厂的数万个零部件，区块链技术可以帮助制造商了解供应链上大量供应商及原材料的信息，在提高效率的同时降低成本。

第四节　发展数字经济新模式的政策建议

综合上述论述，在复杂经济、社会和内外部不确定性条件（特别是新冠肺炎疫情影响）之下，有效发展以数字经济为代表的新经济、新业态，成为保证 2021—2025 年（"十四五"期间）经济高质量发展、实现供给侧结构性改革重要目标的关键举措。然而，新技术、新业态和新经济模式也在技术要求、商业模式、监管需求上对政策制定提出了与传统行业截然不同的新需求、新挑战，因此本章有如下政策建议。

一 平台经济发展的相关政策建议

第一，政府应当总结当前互联网平台竞争和垄断规制的相关经验和教训，尽快修订和落实专门针对平台企业的反不正当竞争和反垄断的相关法律法规。由于平台的双边性和规模效应，政府在判断其是否属于不正当竞争时应当从最低成本避损人原则和保护消费者福利的角度出发，结合当前相关判例，做出能够促进平台市场良性发展的判断。当前我国采用的是成文法体系，而每一个平台企业的竞争手段和策略各不相同且层出不穷，相关法规也无法做到完全覆盖，同时，具体法律法规可能落后于实际的企业发展。因此，在规制企业不正当竞争行为时，之前相关的判例应当成为政府做出正确判断的有益借鉴。

第二，政府应当进一步明晰平台企业的责任和边界，确定平台企业具有保证平台所披露的信息是真实的以及平台卖家能够为用户提供完全可靠的服务。各个平台企业也应该成立相关的纠纷、损失和赔偿处理部门，专门处理因平台信息问题导致的纠纷事件，从而保障消费者的合法权益和人身安全。同时，政府应当立法保护用户的个人信息等隐私数据，明确规定平台只能使用交易性数据进行精准服务，而禁止使用用户的隐私数据做任何营利性或者不当交易，如有违反则给予严厉的处罚，为消费者的隐私数据上一把法律安全锁。政府也应当明晰平台用户反馈和评论等相关数据的篡改行为的规定，切实保护消费者所获取信息的安全和有效性。

第三，为了满足当前互联网平台企业征税需求和保护国家税基税源，政府应当尽快探索、制定并不断完善与互联网平台相关的税制和规定，同时积极参与和展开无形资产合理定价与反税基侵蚀的行动。

二 人工智能发展的相关政策建议

第一，鼓励多行业基础型人才建设。中国现有人工智能的人才梯队建设在行业分布和基础/应用人才比例方面都存在不合理之处，应当鼓励传统行业、非服务行业人工智能和数据人才的储备和培养，培育既了解行业特点，又熟悉人工智能、数据技术的全面人才，这样才能将传统行业特性和人工智能、数据技术相结合。另外，还要注重人工智能基础人才的建设和培养，加大研究型人才培育机制的建设和资金、教育人员、硬件与政策投入，实现均衡的基础人才与应用人才比例。

第二，对传统行业、落后地区进行数字化、信息化改造。针对传统行业信息化程度相对落后，落后省份信息采集和数据应用相对滞后的现象，应当鼓励上述行业和地区首先从信息收集、使用、共享开始，建立可分析的、全国、各行业统一的数据基础信息网络建设，实现人工智能技术在不同地区和行业之间的无差异化接入，一个数据均匀的地区和行业分布才能更好地激发人工智能技术的最大潜力。

第三，实现负责人的人工智能部署。在实现 AI 能动者自主行动的能力，以及无需人类指导随着时间的推移而调整其行为的能力的同时，需要保留人工干预的可能，要求在部署 AI 技术之前进行重大的安全检查。政府应确保现行法律和政策适用于算法决策和自治系统应用的法律确定性，确保可预测的法律环境。这包括与所有学科的专家合作，找出潜在的差距并进行法律场景预测。将用户放在第一位：决策者需要确保适用于 AI 系统及其应用的任何法律将用户的利益置于中心位置。这必须包括赋予用户挑战对自身利益产生不利影响的自主决策的能力。预先的责任分配：政府需要与所有的利益相关方合作，做出一些困难的决定，即在 AI 系统出现问题的时候，谁将承担责任，以及产生的损失如何弥补。

三　区块链发展的相关建议

第一，对于区块链数字货币，应当加快国家数字货币发行和应用进程，利用区块链技术优势，实现数字货币去中心化和不可篡改部署，利用数字货币特性协助监管机构对内幕交易、可疑交易进行追溯和监管。对于虚拟货币，应当加大监管力度，防止炒作风险。区块链并不等于虚拟货币。对于境内虚拟货币的监管政策保持不变，即继续坚持整治风险、打击境内虚拟货币交易、打击非法数字货币营销。

第二，应鼓励区块链技术向非数字货币和非金融领域渗透，实现区块链应用广泛的行业应用落地：在企业层面，产业链和信用体系监管为区块链的应用、落地提供了广阔的前景，阿里巴巴关注产品溯源、跨境结算等领域，腾讯偏重电子发票等金融领域的应用，京东聚焦透明供应链体系打击假冒伪劣产品，等等。通过结构化、部分节点数据储存等区块链技术改进，区块链相关技术能够克服数据传输效率低、格式和容量传输要求等技术瓶颈，实现在供应链、公司治理、公共管理等领域的广泛应用，真正实现区块链技术的行业应用落地，实现经济新动能的有效转化。

（执笔人：王泽宇）

第十一章　收入分配与财产分布

改革开放以来，我国的经济转型与经济发展取得了举世瞩目的成就。从总量上看，我国的国内生产总值于 2010 年超过日本成为全球第二大经济体，2018 年国内生产总值进一步增加到 919281 亿元。伴随着经济的快速增长，居民的收入和财产也经历了快速积累的过程，收入分配与财产分布格局出现了显著的变化，收入和财产差距快速拉大。近年来，收入差距经过一段下降时期后，2015 年开始又小幅回升，而财产差距的增长势头则更为迅猛。根据国家统计局的估计结果，居民收入的基尼系数从 2008 年 0.491 的高点缓慢下降至 2015 年的 0.462，随后又小幅上升至 2018 年的 0.468。根据中国居民收入分配调查数据，居民财产的基尼系数从 2002 年的 0.495 上升到了 2013 年的 0.617。全体人民共同富裕是消除两极分化和贫穷基础上的普遍富裕。作为衡量福祉的重要指标，收入和财产的分配状况直接关系到改革发展成果能否更多、更公平惠及全体人民。我国已步入决胜全面建成小康社会这一新时代，小康社会的一个重要特征是以收入和财产作为重要依托的居民生活水平的大幅提高。本章将对近年来宏观收入分配格局以及居民收入和财产差距的变动进行回顾，分析优化收入分配与财产分布格局、缩小收入和财产差距的政策选择。

第一节　宏观收入分配格局的变化

宏观收入分配格局体现了国民收入在不同部门之间的分配，以及初次分配与再分配的流向和结构。通过对资金流动表实物交易的分析，可以从宏观层面了解国民收入的分配格局。本部分分别对住户部门、企业部门的初次分配以及住户、企业与政府三部门之间的再分配进行分析。同时，侧重从劳动报酬份额和企业税负两个角度讨论住户部门、企业部门的分配结构。

一 住户部门初次分配结构与劳动报酬份额

住户部门的初次分配收入来源于住户部门自身的增加值、从政府部门和企业部门获得的净劳动报酬、净财产收入，在此基础上减去向政府部门支付的生产税净额。从要素分配的角度来看，增加值可以分为劳动报酬、资本报酬与生产税净额。住户部门的净劳动报酬扣除了住户部门增加值中支付给本部门的劳动报酬。根据表 11 - 1 可知，来自企业部门和政府部门的净劳动报酬是住户部门初次分配收入的主要来源。2002—2011 年，净劳动报酬占比一直处于小幅下降的状态，从 54.01% 下降至 49.96%。此后逐渐上升，2017 年达到了 61.47%。与劳动报酬不同的是，净财产收入占住户部门初次分配的比例则非常低，在 2.5%—4.5%，2007 年最高，达到 4.49%，此后小幅波动下降，2017 年仅为 3.93%。对净财产收入进行细分可以发现（见图 11 - 1），净财产收入中利息收入所占比例持续下降，从 2001 年的 86.31% 下降至 2017 年的 59.58%，降幅达到了约 27 个百分点。红利收入在财产收入中的比重较低且波动不大。值得注意的是，其他净财产收入有较为明显的上升趋势，且 2013 年以来上升幅度较大。尽管其他净财产收入在住户部门初次分配收入中总额不大，但其占比的快速上升趋势应给予更多的关注，需加强和细化对其他净财产收入的统计和监管。

住户部门的增加值主要来自个体经营和农户经营。住户部门增加值占初次分配收入的比重在 2001—2017 年持续下降。结合第一产业占GDP 比重持续下降的趋势来看，住户部门增加值的下降应该来自农户经营收入的下降。这也意味着我国住户部门的收入来源不断从农户经营转向非农就业获得的劳动报酬。

表 11-1　　　　　　　　住户部门初次分配结构　　　　　单位：亿元，%

年份	名义值（亿元）					比重（%）			
	增加值	净劳动报酬	生产税净额	净财产收入	初次分配收入总额	增加值占比	净劳动报酬占比	生产税净额占比	净财产收入占比
2001	33500	36829	-999	1919	71249	47.02	51.69	-1.40	2.69
2002	34364	41478	-1082	2041	76802	44.74	54.01	-1.41	2.66
2003	39806	46010	-1549	2245	86512	46.01	53.18	-1.79	2.59
2004	44677	51303	-1202	2711	97490	45.83	52.62	-1.23	2.78
2005	51612	58928	-1290	3267	112517	45.87	52.37	-1.15	2.90
2006	60088	67215	-1421	5232	131115	45.83	51.26	-1.08	3.99
2007	73130	81310	-2773	7138	158805	46.05	51.20	-1.75	4.49
2008	83543	95789	-2067	8130	185395	45.06	51.67	-1.11	4.39
2009	92511	106771	-603	7864	206544	44.79	51.69	-0.29	3.81
2010	112270	122339	-1015	8271	241865	46.42	50.58	-0.42	3.42
2011	132941	142038	-1220	10524	284283	46.76	49.96	-0.43	3.70
2012	145475	162896	-1992	13083	319462	45.54	50.99	-0.62	4.10
2013	144992	197551	-2951	14168	353760	40.99	55.84	-0.83	4.01
2014	156800	218672	-3148	15149	387473	40.47	56.44	-0.81	3.91
2015	167735	239753	-4188	14693	417992	40.13	57.36	-1.00	3.52
2016	180929	260012	-4390	17292	453842	39.87	57.29	-0.97	3.81
2017	176879	305286	-4999	19506	496672	35.61	61.47	-1.01	3.93

资料来源：根据国家统计局公布的资金流量表（实物交易）得到。

根据住户部门初次分配结构可知，净劳动报酬是住户部门初次分配收入的主要来源，鉴于此，我们进一步对劳动报酬的部门分布及其占GDP的比重进行分析（见图11-2）。首先，2001年以来，劳动报酬占GDP的比重在50%左右。2001—2011年劳动报酬占GDP的比重总体上呈小幅下降趋势，2011年转而开始上升，2016年达到了51.79%，但仍低于2002年的水平。从国际比较来看，我国劳动报酬占GDP的比重低于发达国家的水平。美国、日本、德国等发达国家的劳动报酬占GDP的比重在

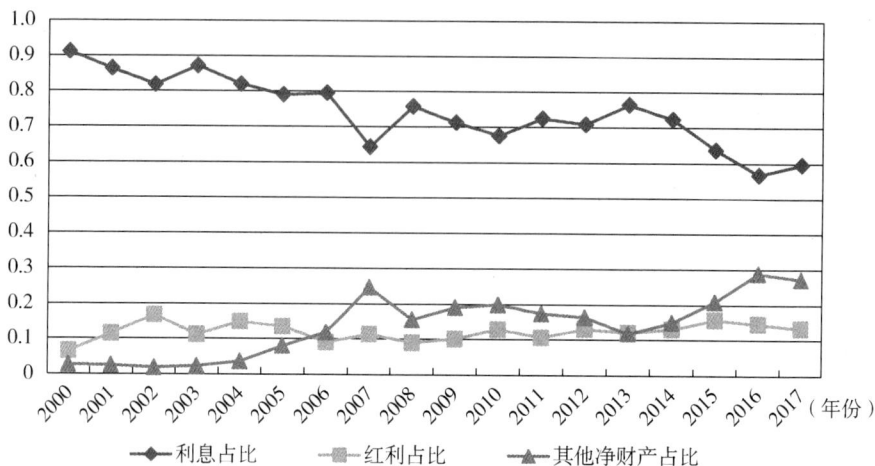

图 11 - 1　住户部门净财产收入的来源分配结构

资料来源：根据国家统计局公布的资金流量表（实物交易）得到。

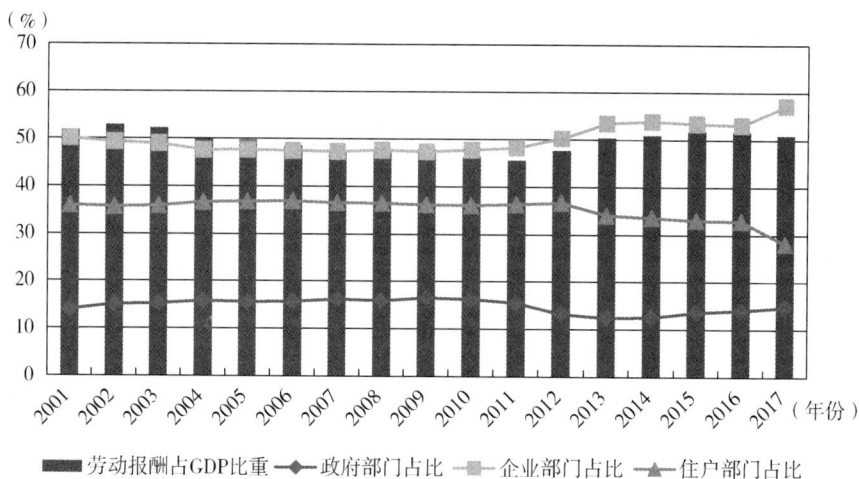

图 11 - 2　劳动报酬结构及其占 GDP 的比重

资料来源：根据国家统计局公布的资金流量表（实物交易）得到。

1991—2007 年呈现下降趋势，此后有所提高，2016 年美国、日本劳动报酬占 GDP 的比重分别达到 61.0%、61.6%。① 虽然欧美发达国家的劳动

① 欧美等发达国家劳动报酬占比数据来自 AMECO 数据库。

报酬占比经历过持续的下降趋势，但是从横向比较来看，依然远高于我国当前的水平。如果考虑经济发展水平的可比性，与日本 20 世纪 90 年代的劳动报酬占比相比较可以发现，我国劳动报酬占比更明显偏低。其次，从劳动报酬的部门分布来看，企业部门支付的劳动报酬是主要来源，2011年以来处于持续上升的状态，2017 年企业部门支付的劳动报酬占比达到57.19%。住户部门支付的劳动报酬占比自 2012 年开始逐步下降。政府部门支付的劳动报酬占比在 2012 年出现了一定幅度的下降，此后缓慢提高，2017 年的比例达到 14.70%，但仍低于 2011 年的 15.53%。

就劳动报酬名义值增长率与 GDP 名义值增长率的比较来看，2002—2011 年，劳动报酬增长率大多数年份都低于 GDP 增长率。这意味着劳动者从经济增长中获得的报酬偏低，难以赶上经济增长速度。与此不同的是，2012—2015 年劳动报酬增长率高于 GDP 增长率，实现了劳动报酬与经济同步增长。2016 年劳动报酬增长率与 GDP 增长率基本相当，2017 年 GDP 增长率再次高于劳动报酬增长率。基于此，劳动报酬与经济同步增长的目标还有待进一步追踪。分部门来看，2002—2009 年这八年间，除 2005 年和 2008 年之外，政府部门支付的劳动报酬的增长率均高于企业部门和住户部门，与 GDP 增长率持平或高于 GDP 增长率。2009—2013 年，企业部门劳动报酬的增长率最快，2012 年和 2013 年企业部门劳动报酬的增长率远高于 GDP 增长率，这成为劳动报酬增长率高于 GDP 增长率的主要原因。2013 年以后，政府部门支付的劳动报酬的增长率有所提高，但企业部门支付的劳动报酬增长率却大幅下降，这两部门的劳动报酬增长率在 2014—2016 年高于 GDP 增长率，从而使劳动报酬增长率依然高于 GDP 增长率。从部门构成来看，2017 年劳动报酬增长率低于 GDP 增长率是因为住户部门劳动报酬的负增长（见图 11 - 3）。

二　企业部门初次分配结构与企业税负负担

从资金流向来看，企业部门初次分配收入总额是在企业部门增加值的基础上减去劳动报酬支出、生产税净额支出，再加上净财产收入。从要素分配角度来看，净财产收入来自利息、红利、地租等，属于资本报

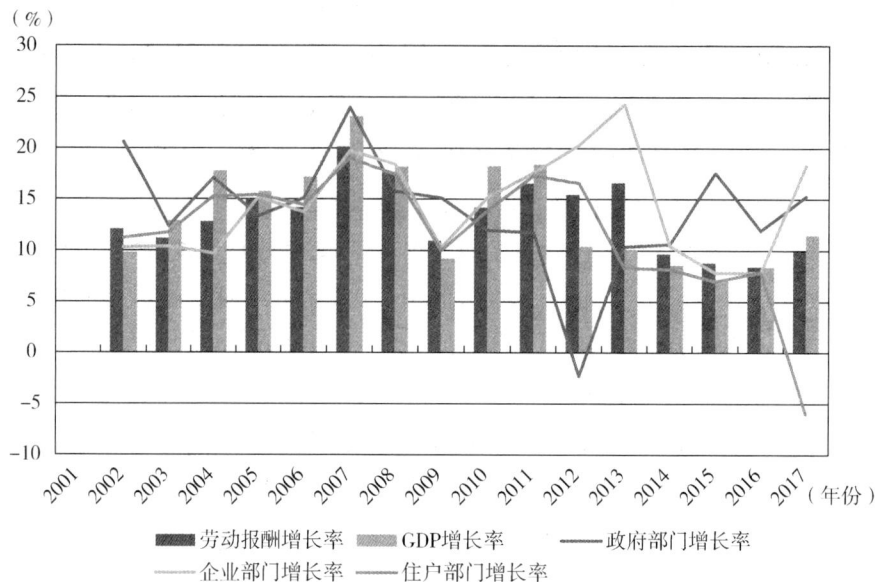

图 11-3 劳动报酬增长率及 GDP 增长率的比较

资料来源：根据国家统计局公布的资金流量表（实物交易）得到。

酬的范围，则企业部门的增加值可以分为劳动报酬、资本报酬和生产税净额。

根据图 11-4 可知，2001—2008 年，企业部门资本报酬占企业部门增加值的比例不断提高，2008 年达到了 46.00%；2008—2012 年，资本报酬占比小幅下降，此后则基本保持不变，维持在 42.50% 左右。劳动报酬占比则在 2001—2008 年持续下降，2008—2011 年变化很小，2012 年较 2011 年有较大幅度提高，此后劳动报酬占比小幅上升。结合生产税净额来看，2001—2008 年，生产税净额占企业部门增加值的比例基本没有变化，从而凸显出资本报酬和劳动报酬在此期间的反向变化关系。2008—2011年，生产税净额占比则出现了小幅上升。2012 年以后，生产税净额占比转而呈现明显的下降趋势。由此可见，自 2012 年开始的劳动报酬占比提高主要来自生产税净额占比的下降。这也反映了 2012 年以来企业税负的下降趋势。

由图 11-5 可知，企业部门资本报酬增长率与 GDP 增长率之间的

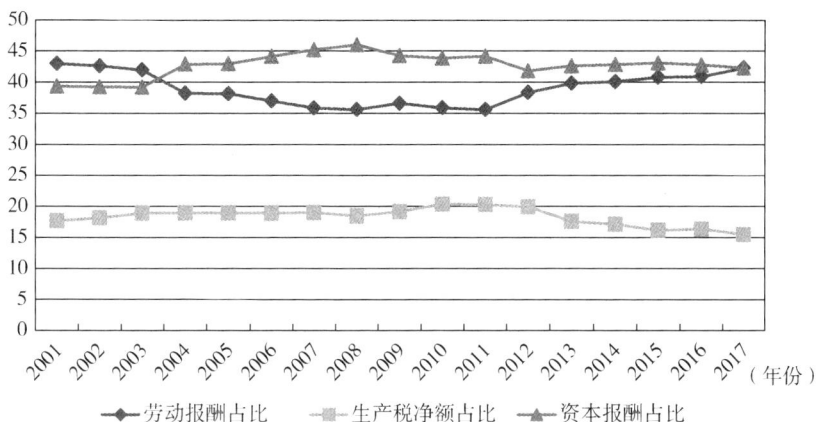

图 11－4　企业部门增加值的分配

资料来源：根据国家统计局公布的资金流量表（实物交易）得到。

关系和劳动报酬增长率与 GDP 增长率之间的关系存在较大不同。除个别年份外，企业部门资本报酬的增长率高于 GDP 增长率。平均而言，2001—2017 年，企业部门资本报酬名义值的年均增长率为 14.86%，略高于同期 GDP 名义值的增长率 13.43%。相对于劳动报酬，资本从经济增长中获得了相对较多的收益。与此同时，企业部门资本报酬增长率的波动大于 GDP 增长率的波动幅度，劳动报酬增长率的波动则相对较小。

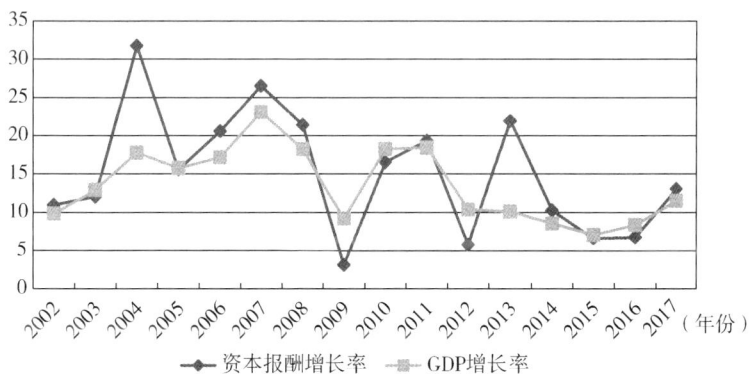

图 11－5　资本报酬增长率与 GDP 增长率变化趋势

资料来源：根据国家统计局公布的资金流量表（实物交易）得到。

三 住户部门、企业部门与政府部门之间的再分配

随着我国经济的不断发展，国民收入也不断增加。根据表 11-2，初次分配收入总额在 2001—2017 年持续增长。2002—2014 年更是保持了两位数的高速增长。其间，因受到 2008 年国际金融危机的影响，我国 2009 年初次分配收入的名义增长率仅为 7.69%，远低于这一时期的平均增长率。随着我国经济发展进入新常态，经济增长速度放缓，增速也出现了明显的下降，2015 年和 2016 年名义增长率只有个位数，分别为 6.46%、7.89%；2017 年又恢复到 10.73%。

分部门来看，政府部门、企业部门和住户部门的初次分配收入都保持持续增长的趋势，但是各部门的增长率存在较大差异（见表 11-2）。2002—2008 年，住户部门初次分配收入的增长率低于初次分配收入总额的增长率，政府部门（除 2008 年外）和企业部门的增长率高于初次分配收入总额增长率，因此，这一期间住户部门占初次分配收入的比例逐渐下降，企业部门和政府部门的比例逐步提高。2009 年住户部门所占初次分配收入的比例较前三年有所提升，但仍低于 2001 年的水平（见表 11-3），此后小幅波动，维持在 60% 左右。2009—2012 年，企业部门在初次分配收入中所占的比例呈现出小幅下降趋势，政府部门占比则略有上升。2013—2017 年，政府部门所占比例持续缓慢下降，企业部门所占比例有所回升。

表 11-2　　　　　　　　各部门初次分配收入及增长率

年份	名义值（亿元）				名义增长率（%）			
	总额	政府部门	企业部门	住户部门	总额	政府部门	企业部门	住户部门
2001	108068	13697	23122	71249				
2002	119096	16600	25694	76802	10.20	21.19	11.12	7.79
2003	134977	18388	30077	86512	13.33	10.77	17.06	12.64
2004	159454	21913	40051	97490	18.13	19.17	33.16	12.69
2005	183617	26074	45026	112517	15.15	18.99	12.42	15.41
2006	215904	31373	53416	131115	17.58	20.32	18.63	16.53

续表

年份	名义值（亿元）				名义增长率（%）			
	总额	政府部门	企业部门	住户部门	总额	政府部门	企业部门	住户部门
2007	266422	39267	68350	158805	23.40	25.16	27.96	21.12
2008	316030	46549	84086	185395	18.62	18.55	23.02	16.74
2009	340320	49606	84170	206544	7.69	6.57	0.10	11.41
2010	399760	59927	97968	241865	17.47	20.80	16.39	17.10
2011	468562	72067	112213	284283	17.21	20.26	14.54	17.54
2012	518215	80976	117776	319462	10.60	12.36	4.96	12.37
2013	583197	88745	140692	353760	12.54	9.59	19.46	10.74
2014	644791	98266	159052	387473	10.56	10.73	13.05	9.53
2015	686450	102618	165840	417992	6.46	4.43	4.27	7.88
2016	740599	107125	179632	453842	7.89	4.39	8.32	8.58
2017	820100	115072	208356	496672	10.73	7.42	15.99	9.44

资料来源：根据国家统计局公布的资金流量表（实物交易）得到。

　　对表 11-3 中初次分配收入分布和可支配收入分布的比较可以发现，经过再分配调节之后，可支配收入在三部门之间的分配并没有发生结构上的变化，特别是住户部门的变化微乎其微。根据表 11-3 中显示的再分配流向可以发现，第一，企业部门是再分配过程中的主要流出部门，2001—2017 年，企业部门流出的份额越来越大。2001 年再分配调整之后，企业部门在可支配收入中的比例比在初次分配中的比例下降了 2.47 个百分点，该降幅在 2017 年达到了 4.21 个百分点。第二，2002—2010 年，住户部门也是再分配过程中的流出部门。2002—2007 年，住户部门流出的份额不断提高，从 2002 年的 0.06 个百分点提高到 2007 年的 0.72 个百分点；此后，住户部门流出份额逐渐减少，2011 年转而成为再分配过程中的流入部门，且流入份额呈震荡上升趋势。2016 年经过再分配调整后，住户部门的流入份额提高到 0.82 个百分点。然而，2017 年住户部门的可支配收入从再分配中获得的份额下降为 0.29 个百分点。第三，政府部门是再分配过程中最主要的流入部门，只是在不同年份流入的幅度有所差异。2001—2007 年，企业部门和住户部门都是再分配的流出部门，政府部门可支配收入较初次分配有较大幅度提高。

由于住户部门在 2007—2010 年、企业部门在 2008—2010 年在再分配过程中流出的份额有所减少，在此期间政府部门可支配收入较初次分配收入提高的百分比有所降低。2010—2017 年政府部门从再分配过程中获得份额呈现小幅波动的状态。由于 2017 年住户部门流入份额出现了较为明显的下降，政府部门的流入份额又有所回升。

表 11 – 3　　各部门初次分配收入、可支配收入分布及再分配流向

年份	初次分配收入分布（%）			可支配收入分布（%）			再分配流向		
	政府部门	企业部门	住户部门	政府部门	企业部门	住户部门	政府部门	企业部门	住户部门
2001	12.67	21.40	65.93	15.01	18.92	66.07	2.33	-2.47	0.14
2002	13.94	21.57	64.49	16.23	19.34	64.43	2.29	-2.23	-0.06
2003	13.62	22.28	64.09	16.09	19.94	63.97	2.46	-2.34	-0.12
2004	13.74	25.12	61.14	16.43	22.51	61.05	2.69	-2.61	-0.09
2005	14.20	24.52	61.28	17.55	21.60	60.84	3.35	-2.92	-0.43
2006	14.53	24.74	60.73	18.21	21.54	60.25	3.68	-3.20	-0.48
2007	14.74	25.65	59.61	19.01	22.10	58.89	4.27	-3.56	-0.72
2008	14.73	26.61	58.66	18.98	22.74	58.28	4.25	-3.86	-0.38
2009	14.58	24.73	60.69	18.28	21.19	60.53	3.70	-3.54	-0.16
2010	14.99	24.51	60.50	18.41	21.19	60.40	3.42	-3.32	-0.10
2011	15.38	23.95	60.67	19.19	20.03	60.78	3.81	-3.92	0.11
2012	15.63	22.73	61.65	19.54	18.47	61.99	3.91	-4.26	0.35
2013	15.22	24.12	60.66	18.94	19.77	61.29	3.73	-4.36	0.63
2014	15.24	24.67	60.09	18.85	20.50	60.65	3.61	-4.17	0.56
2015	14.95	24.16	60.89	18.55	19.81	61.64	3.60	-4.35	0.75
2016	14.46	24.25	61.28	17.89	20.01	62.10	3.42	-4.25	0.82
2017	14.03	25.41	60.56	17.96	21.19	60.85	3.93	-4.21	0.29

资料来源：根据国家统计局公布的资金流量表（实物交易）得到。

政府部门在再分配过程中获得的净经常转移收入包括净收入税、净社会保险缴纳、净社会保险福利、净社会补助和其他经常转移收入。我国社会保险是半积累制的，但从统筹账户和个人账户的比例分配来看，统筹账户占据了较大的份额。由图 11 – 6 可知，净社会保险缴纳和净社会保险福利基本相当，2002—2012 年，净社会保险缴纳略高于净社会保险福利，社会保险存在一定的结余，然而，2012 年之后，社保缺口逐渐扩大。政府部门的净经常转移收入主要来自净收入税与净社会补助之间的差额。政府部门的净收入税来自住户部门和企业部门缴入的收入税，这部分收入税的主要作用在于调节高收入者和低收入者之间的收入差距。从已有收入税的再分配结果来看，收入税调高提低的作用有待加强。

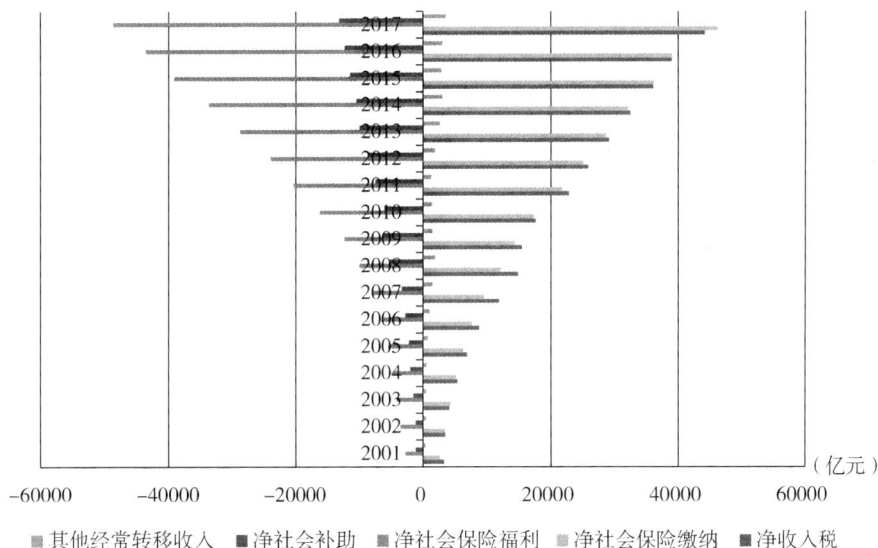

图 11-6　政府部门净经常转移收入分布

资料来源：根据国家统计局公布的资金流量表（实物交易）得到。

第二节　居民收入差距变化趋势及其原因

中国是一个幅员辽阔、正从二元经济迈向一元经济的发展中大国，农村居民和城镇居民内部收入差距、城乡和区域之间的收入差距，是理解中国居民收入差距的重要方面。

一　农村居民收入差距

改革开放初期，受平均主义的影响，无论是城镇还是农村，收入差距均处于较低水平。1980—1985 年，农村居民收入差距的基尼系数维持在 0.23—0.25（见图 11 - 7）。随着家庭联产承包责任制的推行，劳动力和土地资源配置效率不断提高，农村剩余劳动力也从土地中释放出来，并推动了农村非农产业和乡镇企业的快速发展。然而，受地理位置、自然条件和政策的限制，非农产业和乡镇企业的发展存在显著的地区差异，中西部地区农村的非农产业发展相对滞后，而东南沿海地区的非农产业则得到了迅速发展，这导致农村居民收入差距不断拉大。就业结构的变化对应的是农民收入结构的调整。1985 年，工资性收入占农村居民人均纯收入的比例仅为 18.1%；到 1995 年，这一比例已经上升到 22.4%。[1] 由于非农产业和乡镇企业的地区非均衡发展，工资性收入成为拉大农村收入差距的重要原因。

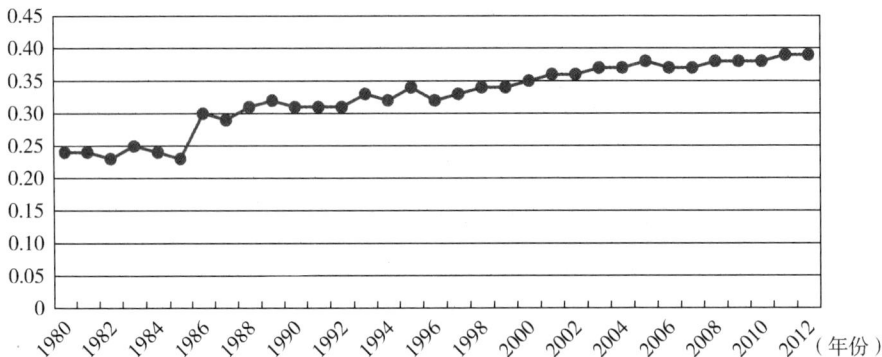

图 11 - 7　农村居民收入差距的基尼系数

资料来源：《中国住户调查年鉴 2013》。

随着市场化改革和对外开放的深入推进，工业化得到迅速发展，城镇对劳动力的需求快速扩张，农村剩余劳动力大量向城市转移。工资性

---

[1]　该比例数据由《中国住户调查年鉴 2013》计算得到，下同。

收入占农村居民人均纯收入的比重进一步上升，到 2000 年已经提高到 31.2%，2010 年则达到 41.1%。农村劳动力外出务工所获得的收入远高于务农的收入水平，这是农村劳动力向外流动的根本原因，也是拉大农村居民收入差距的成因。

　　然而，2001 年以来，农村居民收入差距尽管有所拉大，但上升幅度非常小。农村最高收入 20% 人群所占收入份额接近 50%（见图 11-8），但基本保持在 45%—48%，最低收入 20% 人群所占收入则在 5%—7%。2001—2012 年，农村居民收入的基尼系数基本稳定，处于 0.36—0.39。

（%）

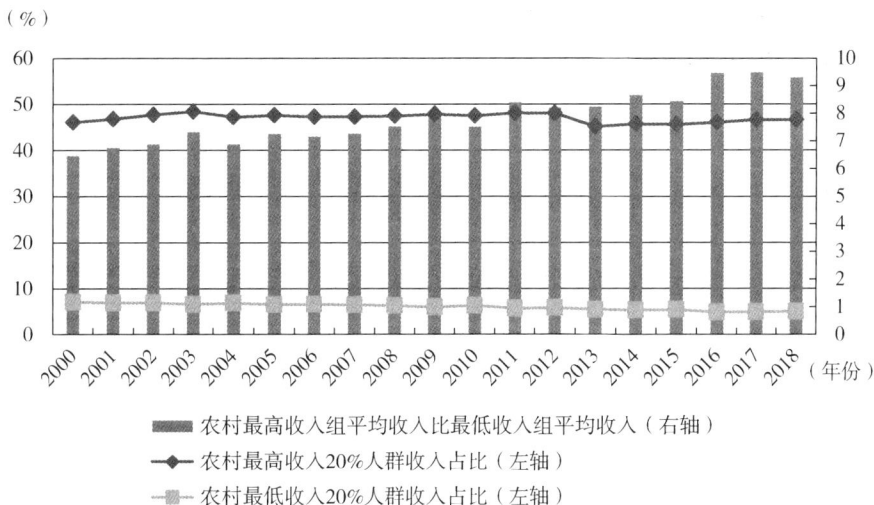

图 11-8　农村居民不同收入组人群的收入占比

资料来源：根据历年《中国统计年鉴》数据计算。其中，2013 年以前的收入为人均纯收入，2013 年及以后的收入为人均可支配收入。

　　2013 年以来，农村居民收入差距总体呈小幅上升趋势，但 2018 年有微小下降，农村最高收入 20% 人群平均收入与农村最低收入 20% 人群平均收入之比从 2017 年的 9.48 下降为 9.29，不过这种下降是暂时的还是一个转折趋势，取决于未来城镇劳动力市场的变化和政府的农业农村政策。

　　农村居民收入差距的变化是多种因素交织的结果。一方面，农业剩余劳动力供求结构通过务工工资影响农村居民收入差距。在前期，外出务工获得的较高收入起着拉大城乡收入差距的作用。但随着劳动力外出数量的增加，再加上农村剩余劳动力供给数量较大，农民工工资长期维持在较低水平，外出务工有缩小收入差距的作用。近年来，随着农村剩余劳动力逐渐向城镇转移殆尽，农民工工资逐渐市场化，工资收入差距也会逐渐拉大，"民工荒"以及农民工工资上升就是劳动力市场结构变化的重要表现。另一方面，国家制定的一系列扶持农业和助农惠农政策则发挥着缩小收入差距的作用。例如，2006 年取消农业税，建立农村社会保障制度并实现城乡社会保障一体化，以及党的十八大以来实行的扶贫攻坚工程（扶贫攻坚效果参见图 11-9）和党的十九大以来实行的乡村振兴战略，都在增加农业产出以及农村居民收入和福利的同时缩小了农村居民内部和城乡居民之间的收入差距。

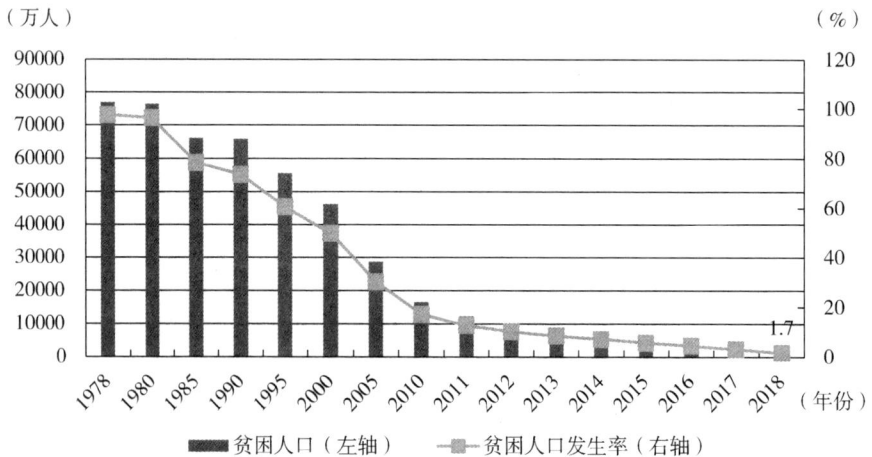

图 11-9 农村贫困人口和贫困人口发生率

资料来源：《中国统计年鉴》（2019），使用 2010 年贫困标准计算。

二 城镇居民收入差距

改革开放初期，城镇居民的收入差距较小，且小于农村居民收入差距。1981—1985 年，城镇居民收入的基尼系数甚至低于 0.2。20 世纪 80 年代中期，在个体经济发展和价格双轨制的暴利下，城镇居民收入差距不断拉大。1994 年市场化改革以来，城镇劳动力市场资源配置效率提高，工资体现了个体禀赋差异，城镇居民收入差距逐渐拉大。90
年代中后期，国有企业改革进入关键时期，大批国有和集体企业职工下
岗，进一步加大了收入差距，基尼系数也从 1993 年的 0.2718 提高到
2001 年的 0.3232（见图 11 - 10）。

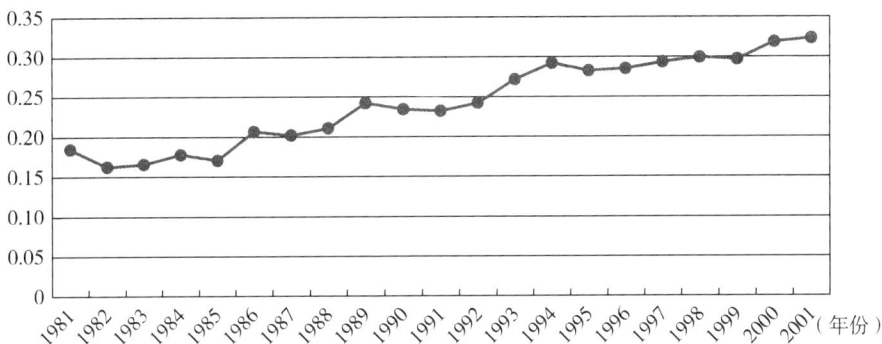

图 11 - 10　城镇居民收入差距的基尼系数

资料来源：Ravallion, M. and Chen Shaohua, "China's (Uneven) Progress Against Poverty",
Journal of Development Economics, Vol. 82, 2007.

2000 年以来，城镇居民收入差距进一步呈现上升趋势，并在 2008
年达到一个高点。城镇居民最高 20% 收入人群的平均收入与最低 20%
收入人群的平均收入之比也从 2000 年的 3.61 提高到 2008 年的 5.71
（见图 11 - 11）。尽管随后有小幅下降，但 2013 年以后又呈现上升趋
势，到 2018 年甚至超过 2008 年，达到 5.9。一方面，市场化和所有制
改革提高了劳动力的教育回报率，工资向高学历、高技能劳动力倾斜，
自然产生了拉大收入差距的作用。另一方面，前期城镇居民收入差距扩
大还与农民工的大量流入有关，在增加城镇劳动力供给的同时也压低了
城镇低技能劳动力的工资水平。这是 2008 年以来城镇居民收入差距扩
大的两方面重要因素。而后者的影响则随着城镇劳动力市场供求结构的
变化逐渐减小，再加上 2008 年以来政府实行的一系列缩小收入差距的
政策，例如完善社会保障制度、降低高管薪酬、规范收入分配秩序等，
最终使城镇居民收入差距在 2008 年以来出现了一定程度的下降。除了
前述引起收入差距扩大的因素以外，2013 年以来城镇居民收入差距的
扩大还可能与房地产市场和金融市场的发展有关。一方面，金融市场和

房地产市场的发展使工资更集中在高学历劳动力手中，另一方面，金融市场和房地产市场的发展也使财产性收入增加，二者均会进一步拉大收入差距。根据 2019 年《中国统计年鉴》，财产性收入占城镇居民人均可支配收入的比重由 2013 年的 9.64% 逐渐上升为 2018 年的 10.26%，工资性收入占比则由 62.79% 下降为 60.62%。

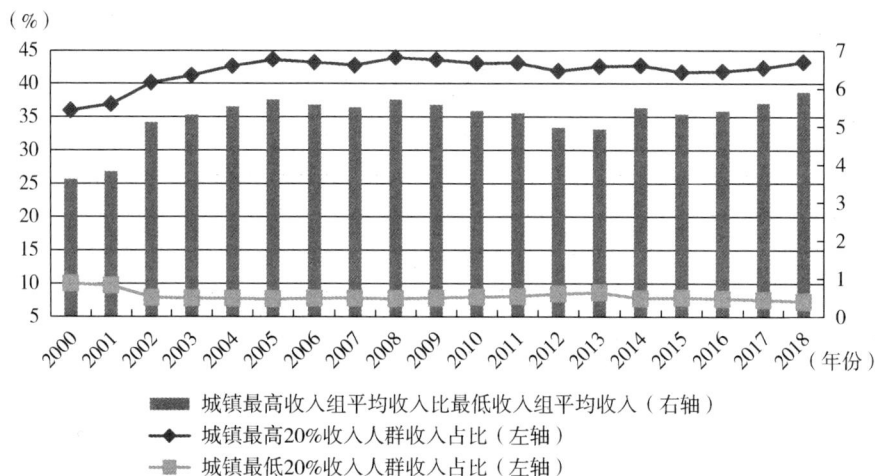

图 11-11 城镇居民不同收入组人群的收入占比

资料来源：根据相关年份《中国统计年鉴》数据计算。

从数据来看，城镇居民收入差距小于农村居民收入差距，但基于高收入群体更倾向于瞒报收入的事实，而城镇居民是高收入群体的主要来源，这将导致城镇居民收入差距、城乡之间的收入差距以及整个国民收入差距存在低估的可能。

三 城乡居民收入差距

从城乡居民人均收入比来看，改革开放到 1985 年，城乡居民人均收入比出现了一个短暂的下降，主要是因为农村改革先于城镇（见图 11-12）。家庭联产承包责任制提高了农村劳动力和土地资源配置效率，再加上缩小工农产品价格长期"剪刀差"的改革，农村居民收入快速上升。随着改革在城镇的推进，城镇居民收入增长速度超过农村居民，城乡居民收入差距扩大，到 1992 年，城乡居民收入比超过改革开放前的水平。1994 年，城乡居民人均收入比达到一个阶段性高点，之后城镇居民收入受到国企改制的影响，而农村居民收入得益于农产品价格的上涨，城乡居民人均收入比有所下降，在 1997 年回落到 2.47。随后，城镇居民收入再次以快于农村居民收入的速度增长，城乡居民收入差距不断扩大，2009 年城乡居民人均收入比达到 3.33 的最高水平。但近年来一系列促进农民增收的政策开始显现效果，城乡居民收入差距呈现下降趋势。

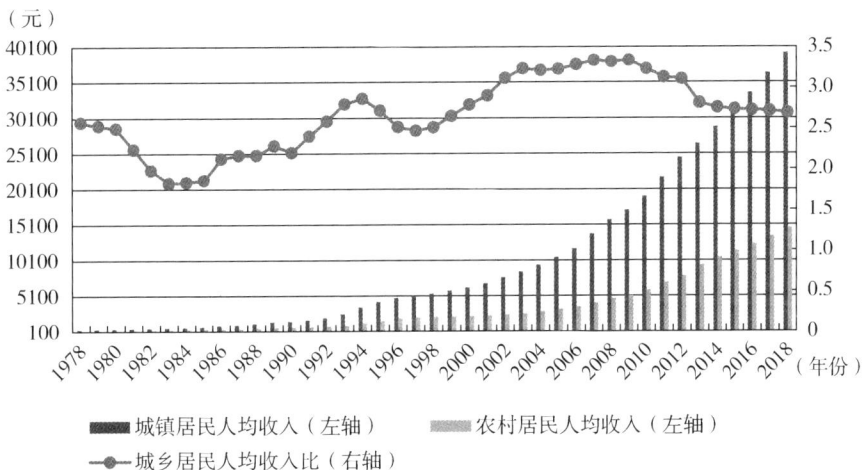

图 11 - 12　城乡居民收入差距

资料来源：《中国统计年鉴》（2019）。2013 年以前的农村居民人均收入为纯收入，2013 年及以后为可支配收入。城镇居民人均收入均为可支配收入。

城乡居民收入差距与工业化和城市化有关。工业化过程中，农业和工业劳动生产率均有所提高，但提高速度不一致。尽管农业劳动生产率由于剩余劳动力的转移而呈上升趋势，但受限于农村土地资源，劳动生产率上升的速度非常缓慢。而工业部门则不同，工业化在吸收资本和农村剩余劳动力的同时，劳动生产率也在快速上升。工业部门与农业部门的相对劳动生产率在很大程度上决定了这两个部门劳动力的收入差距。随着工业化不断推进，农村剩余劳动力不断向工业部门转移，工业部门和农业部门相对劳动生产率下降，城乡收入差距也会出现下降的趋势。

城市化带来的规模效应和集聚效应提高了各要素的回报率，资本相较于劳动力而言有更强的流动性，资本更多地流向城市以获得更高的要素回报，导致城市居民拥有更多的资本，进而获得更高的收入。此外，资本在城市的集聚在吸收农村剩余劳动力的同时，也增加了对高技术、高技能人员的需求，再加上城市新兴行业对高人力资本人才的需求，提高了这部分人群的收入水平，扩大了不同人力资本水平人群的收入差距。农村居民人力资本水平相对较低，在市场化和城市化发展过程中往往处于不利地位。

中国工业化和城市化的快速发展是 20 世纪以来城乡居民收入差距扩大的重要原因。尽管工业化和城镇化可以进一步提高农业劳动生产率进而降低城乡收入差距，但农业作为一个弱势部门，城乡居民收入差距很难彻底消除，需要政府对农业部门的持续支持。

四 地区间收入差距

地区间收入差距取决于各地区的自然禀赋、发展机会、工业化传统、市场发育等历史和现实原因，是收入差距的一个重要组成部分，我们使用分地区人均 GDP 计算的变异系数来衡量地区之间收入的不平等。从图 11 - 13 可以看出，改革开放以来，地区间收入差距经历了先下降、再上升然后再下降的过程。改革开放到 20 世纪 80 年代末，地区间收入差距呈现下降趋势，这是因为农村改革普遍提高了农业生产效率，一些以农业为主的落后地区农业产值提高速度更快，进而缩小了地区间收入差距。但进入 90 年代以后，地区间收入差距开始拉大，并持续到 21 世纪初，这是由于对外开放的深入给沿海地区带来了更多的经济发展机会，沿海地区经济发展速度明显高于内陆地区，在人员流动不足的情况下，地区经济发展的成果由当地的少数人享有，导致地区间发展差异和地区间收入差距扩大。在 2003 年以后，地区间收入差距再次进入下降通道，这一方面得益于国家实施的一系列地区发展战略，如 2002 年开始的西部大开发，后续的东北老工业基地振兴计划、中部崛起等战略，缩小了地区间发展差异。另一方面，人口的大规模自由流动也为地区间收入差距的缩小创造了条件。尽管地区资源禀赋和发展机会带来了地区经济发展规模和发展速度的差异，但在人口自由流动的情况下，发达地区更多的就业机会也会吸引更多的人口流入，进而提高发达地区的人口密度，而落后地区由于人口的外流降低了人口密度，再加上各项地区发展战略给落后地区的发展提供支持，二者的共同作用导致人均收入水平趋同，地区间收入差距缩小。然而，需要注意的是，2014 年以来，地区间收入差距又有逆势上扬的趋势，应予以警惕。

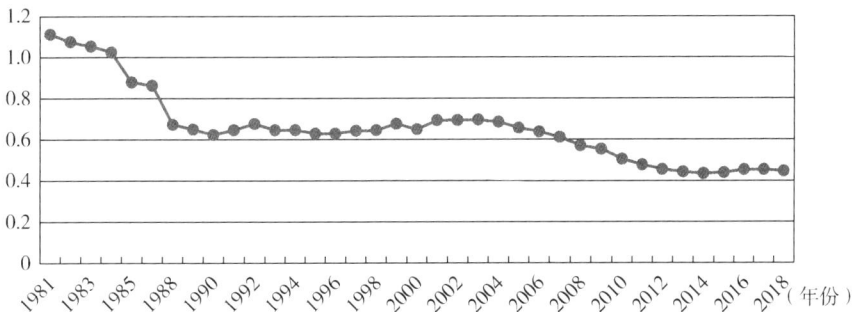

图 11－13　分地区人均 GDP 的变异系数

资料来源：根据历年《中国统计年鉴》计算得到。

五　居民收入差距的基尼系数

居民收入差距是城乡内部、城乡之间和地区之间收入差距的综合表现。总体来看，居民收入差距的基尼系数在改革开放初期经历了一个下降阶段（见图 11－14），主要是由城乡之间收入差距和地区间收入差距缩小所主导。20 世纪 80 年代中后期到 1994 年，由于城乡内部、城乡之间的收入差距均呈扩大趋势，居民收入差距的基尼系数也在迅速扩大。随后的 1995 年和 1996 年由于城乡之间收入差距有小幅下降，带动居民收入差距小幅收缩。1996—2008 年，收入差距进一步呈现快速上升趋势，城乡内部、城乡之间收入差距扩大均发挥了重要作用。2008 年以来，居民收入差距的基尼系数开始出现下降趋势，这主要是城镇居民收入差距下降、城乡之间收入差距和地区间收入差距缩小导致。

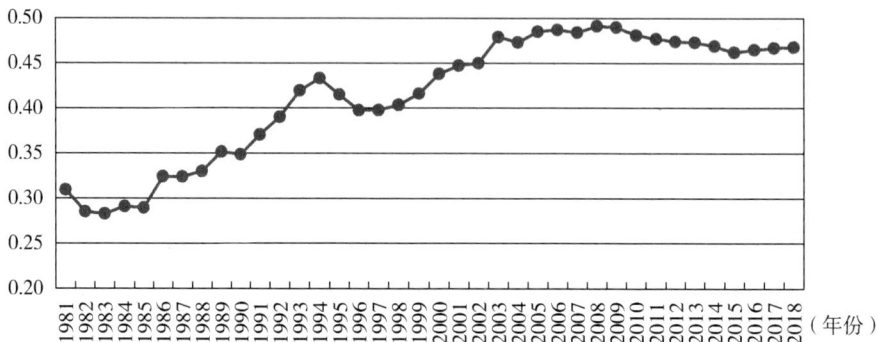

图 11-14　居民收入差距的基尼系数

资料来源：2002 年及以前的数据来自 Ravallion 和 Chen（2007）①，2003 年及以后的数据来自国家统计局。

2015 年以来，尽管上升趋势不明显，但居民收入差距仍然在小幅回升。一方面，城乡之间收入差距下降的速度趋缓，对缩小居民收入差距的作用不明显；另一方面，地区间收入差距有逆势上扬的态势，再加上城镇居民内部以及农村居民内部收入差距也有扩大趋势，最终导致居民收入差距再一次扩大。尽管经过多年的努力，2018 年居民收入差距的基尼系数仍达到 0.468，仅比 2008 年的最高点 0.491 低了 2.3 个百分点，这意味着缩小收入差距是一件非常困难的事情。

六　收入分配不公问题

从改革开放前的平均主义出发，经历计划到市场的转变，再加上对外开放和所有制改革的不断深入，收入差距扩大是可预见的。市场化的激励机制让每一种生产要素获得合理的报酬，尽管加大了收入差距，但对经济增长和全体人民福利水平的提高是有利的，因此，这种收入差距有一定的正当性。然而，一些制度性因素带来的分配不公导致的收入差

---

① Ravallion, M. and Chen Shaohua, "China's（Uneven）Progress Against Poverty", *Journal of Development Economics*, Vol. 82, 2007.

距扩大问题，则应该得到遏制。这些因素包括但不限于阻碍城乡收入差距进一步缩小的制度性障碍、垄断导致的不合理高收入以及腐败带来的收入分配不公问题。

城乡之间收入差距在很大程度上受到制度因素的影响。改革开放前优先发展重工业的计划经济要求城乡分割、限制劳动力流动并以农业补贴工业，导致差距长期存在。改革开放在很大程度上纠正了这种制度偏差，劳动力流动逐渐放开，工农业生产逐步遵循市场规律。然而，城乡分割的户籍制度及其附带的社会政策仍然是阻碍劳动力自由流动和带来城乡福利差异的重要原因，由此导致的城乡之间收入差距也是不公平的。

政府设置的进入壁垒导致某些行业形成垄断并获得垄断收入，由此导致的收入差距是不合理的。较为明显的是金融行业。2010 年，金融行业就业人员平均工资是城镇单位就业人员平均工资的 1.92 倍，是城镇单位制造业就业人员平均工资的 2.27 倍。近年来行业间的收入差距有所缩小，2018 年，这两个数字分别下降为 1.58 和 1.8 倍。[①] 推动金融市场化发展，破除行政垄断导致的不合理高收入，有利于促进资源配置效率的提高和不合理收入差距的缩小。

腐败及其带来的收入不公问题。腐败大多发生在中高收入的特权阶层，寻租和腐败，本质上是因为资源由行政力量配置，不仅不利于经济发展，而且其带来的收入增加也会进一步扩大收入差距。此外，腐败收入与其他收入相比，更不为公众接受，并对社会稳定产生负面影响。党的十八大以来，中央加大了对腐败的整治力度，但一些遏制腐败的制度还未完全建立起来。

第三节　居民财产增长与财产差距拉大

财产是重要的宏观经济变量，度量了居民、企业和国家所积累的资产。与收入分配一样，财产分布也反映了经济发展成果的分享状况。作为衡量福祉的重要指标，收入和财产的分配状况直接关系到改革发展成

---

①　根据历年《中国统计年鉴》计算得到。

果能否更多、更公平惠及全体人民。作为收入积累的存量，财产差距不仅与收入差距呈现出一定的正相关性，而且由于财产累积效应的存在，财产差距往往要大于收入差距。例如，OECD 国家居民可支配收入的基尼系数通常在 0.30—0.50 变动，而财产的基尼系数则位于更高的 0.50—0.80 区间。

改革开放以来，我国的经济转型与经济发展取得了举世瞩目的成就。与此同时，居民财产分配格局也发生了深刻的变化。在居民财产呈现出不断增长的态势的同时，财产差距也有所扩大。过高的财产差距不仅有碍于全体人民共同富裕目标的逐渐实现，而且极不利于社会和谐和稳定。缩小财产差距，实现财产的合理分配，将有力地推动全体人民共同富裕目标的实现。

一 居民财产迅速增长

相关研究表明，我国居民的财产在改革开放以来呈现出了快速增长的态势。李实等[1]以及 Knight 等[2]利用中国居民收入分配调查数据考察了居民财产分布格局的变动，其研究表明，1995—2002 年居民人均财产净值实际增长了 1.14 倍，而 2002—2013 年居民人均财产净值则实际增长了 4.53 倍。

尽管中国经济在近几年步入结构调整期，增长速度有所减缓，但居民人均财产依旧保持着较高的增长速度。表 11-4 根据经济日报社各年的家庭财富报告，整理了 2015—2017 年中国家庭人均财产净值及其各个组成部分的相关情况。表 11-4 显示，2015—2017 年，城乡家庭的人均财产净值都得到了一定程度的增长。与 2015 年相比，2016 年家庭人均财产净值增长了 17.25%，城镇和农村的家庭人均财产净值分别增长了 15.22% 和 18.49%。与 2016 年相比，2017 年家庭

---

[1] 李实、魏众、丁赛：《中国居民财产分布不均等及其原因的经验分析》，《经济研究》2005 年第 6 期。

[2] Knight, John, Li Shi and Wan Haiyuan, "China's Increasing Inequality of Wealth: Piketty with Chinese Characteristics?", *Department of Economics Discussion Paper Series*, No. 862, University of Oxford, 2018.

人均财产净值的增长幅度为 14.94%，城镇和农村的家庭人均财产净值分别增长了 14.46% 和 9.56%。

表 11 - 4　　　　　2015—2017 年中国家庭人均财产净值及其分项　　　　单位：元

	2015 年			2016 年			2017 年		
	全国	城镇	农村	全国	城镇	农村	全国	城镇	农村
房产净值	94605	140863	37312	111582	164841	42281	128943	191495	43174
金融资产	23776	33237	12057	27104	36388	15024	31601	41442	18108
动产与耐用消费品	15175	22088	6612	17837	24689	8922	20571	28114	10228
生产经营性资产	10149	15204	3886	11248	15902	5191	11445	14944	6647
非住房负债	- 2882	- 3076	- 2643	- 2034	- 1796	- 2343	- 1225	- 1270	- 1163
土地价值	3375	0	7556	3340	0	7685	2997	0	7106
总财产	144197	208317	64780	169077	240023	76761	194332	274724	84099

资料来源：根据经济日报社中国经济趋势研究院发布的《中国家庭财富调查报告（2016）》《中国家庭财富调查报告（2017）》《中国家庭财富调查报告（2018）》整理得到。

居民财产的增长也要快于居民收入的增长。1995—2002 年居民人均财产净值实际增加了 1.14 倍，年均实际增长率为 11.5%，而这一期间 GDP 的实际年均增长率为 8.2%，居民人均收入的实际增长率为 5.4%[①]。与 2015 年相比，2016 年我国家庭人均财产净值的增长幅度为 17.25%。人均可支配收入在 2015—2016 年的实际增长率则为 6.3%。与 2016 年相比，2017 年的家庭人均财产净值增长了 14.94%，同样也要快于同期的人均可支配收入的增长率[②]。

从国际比较的视角来看，我国居民财产的增长速度要远高于欧美发达国家。表 11 - 5 提供了近几年来部分 OECD 国家居民财产的增长情

[①] 李实、魏众、丁赛：《中国居民财产分布不均等及其原因的经验分析》，《经济研究》2005 年第 6 期。

[②] 《中国家庭财富调查报告（2017）发布：房产净值成家庭财富最重要组成部分》，http：//www. ce. cn/xwzx/gnsz/gdxw/201705/24/t20170524_ 23147241. shtml.《中国家庭财富调查报告（2018）发布：房产净值增长是家庭财富增长核心因素》，http：//www. ce. cn/xwzx/gnsz/gdxw/201812/28/t20181228_ 31136890. shtml.

况。从表 11 - 5 可以看到，除了美国和智利居民财产增长的速度相对较快以外，其他 OECD 成员居民财产的增长都较为缓慢。部分国家（比如希腊、意大利、斯洛伐克等）由于受到国际金融危机的影响，其居民财产甚至经历了负增长。美国在 2010—2016 年，居民财产增长了 42.30%。而根据经济日报社中国经济趋势研究院的《中国家庭财富调查报告》的数据，中国居民的财产仅在 2015—2017 年两年期间就增长了 34.77%。需要说明的是，表 11 - 5 所引用的数据并未对财产进行价格指数的调整。但即使进行价格调整，OECD 成员居民的实际财产的增长速度也要远低于中国。例如，Balestra 和 Tonkin 的研究表明，在 18 个有完整数据的 OECD 国家中，就有 8 个国家居民的实际财产自 2010 年以来反而缩水了。美国居民实际财产的年增长速度为 4%。意大利、希腊、斯洛伐克、西班牙的居民实际财产都有所缩水，年增长率分别为 - 5.5%、- 5.1%、- 4.9%、- 3.6%。[①]

表 11 - 5　　　　　　　部分 OECD 国家居民财产的增长速度

国家	时期	增长率（%）	年均增长率（%）
澳大利亚	2012—2014	8.42	4.12
奥地利	2011—2014	- 3.13	- 1.05
比利时	2010—2014	- 3.28	- 0.83
智利	2011—2014	54.45	15.59
芬兰	2009—2014	17.63	3.30
法国	2009—2014	5.28	1.03
德国	2011—2014	11.21	3.61
希腊	2009—2014	- 26.01	- 5.85
意大利	2011—2014	- 15.21	- 5.35
卢森堡	2011—2014	11.45	3.68
荷兰	2010—2016	- 7.51	- 1.29
挪威	2012—2014	18.92	9.05

① Balestra, C. and Tonkin R., "Inequalities in household wealth across OECD countries: Evidence from the OECD Wealth Distribution Database", OECD Statistics Working Papers, No. 2018/01, OECD Publishing, Paris, https://doi.org/10.1787/7e1bf673 - en.

续表

国家	时期	增长率（%）	年均增长率（%）
葡萄牙	2010—2014	2.35	0.58
斯洛伐克	2010—2014	－16.51	－4.41
西班牙	2009—2012	4.45	1.46
美国	2010—2016	42.30	6.06

资料来源：OECD（https：//stats. oecd. org/Index. aspx？DataSetCode＝WEALTH#）。其中，财产未经价格调整。

二　居民财产差距不断扩大

在居民财产快速增长的同时，中国居民的财产差距也在不断拉大。根据 Knight 等①的估计（见表 11 - 6），我国居民财产差距的基尼系数在 2002 年为 0.495，而当年居民收入差距的基尼系数为 0.424。但在 2002—2013 年，收入差距的基尼系数仅上升了 0.02，而财产差距的基尼系数则快速变动到 0.617，11 年内上升了 0.122。

表 11 - 6　　　　　　　　我国居民财产差距的基尼系数

类型	2002 年	2013 年	2002—2013 年变化
收入	0.424	0.444	0.020
财产	0.495	0.617	0.122

资料来源：Knight 等（2018）。

表 11 - 7 报告了部分国家在若干年份居民财产分布状况。表 11 - 7 显示，美国的居民财产分布差距相对较大，1983—2006 年美国居民财产差距的基尼系数在 0.761—0.84 变动。美国居民财产分布最为均等的年份是 1988 年，当年的基尼系数 0.761；而 2006 年美国居民财产差距的基尼系数达到了 0.840。而同样强调经济自由化、私有产权的激励作用

① Knight, John, Li Shi and Wan Haiyuan, "China's Increasing Inequality of Wealth：Piketty with Chinese Characteristics?", *Department of Economics Discussion Paper Series*, No. 862, University of Oxford, 2018.

和自由竞争的国家（如英国、加拿大等），也有着较高的居民财产分布不均等程度①。英国在 2000 年的财产差距基尼系数为 0.66，而加拿大在 1984 年、1999 年和 2005 年分别为 0.691、0.727 和 0.659。相比之下，注重收入再分配、社会保障的作用以及注重限制财产分布悬殊的国家，财产分布的不均等程度要相对较低。例如，意大利在 2002 年的财产差距基尼系数为 0.60。但法国在 1986 年的财产差距基尼系数达到了 0.71，要高于加拿大（1984 年）和英国（2000 年）的水平。2010 年，法国的财产差距基尼系数则降到了 0.66。在再分配传统较为浓厚的北欧国家和日本，财产分布的不均等程度更低。例如，瑞典在 1985 年的财产差距基尼系数为 0.50，而日本 1984 年和 2000 年的财产差距基尼系数分别为 0.52 和 0.547。

表 11 -7　　　　　　　部分国家若干年份的居民财产分布状况

国家	年份	财产类型	基尼系数
美国	1983	财产总净值	0.799
美国	1988	财产总净值	0.761
美国	1989	财产总净值	0.832
美国	1992	财产总净值	0.823
美国	1995	财产总净值	0.828
美国	1998	财产总净值	0.822
美国	2001 SCF	财产总净值	0.830
美国	2001 PSID	财产总净值	0.800
美国	2003	财产总净值	0.830
美国	2006	财产总净值	0.840
加拿大	1984	财产总净值	0.691
加拿大	1999	财产总净值	0.727
加拿大	2005	财产总净值	0.659
英国	2000	财产总净值	0.660
英国	2005	财产总净值	0.590

① 罗楚亮、李实、赵人伟：《我国居民的财产分布及其国际比较》，《经济学家》2009 年第 9 期。

续表

国家	年份	财产类型	基尼系数
意大利	2002	财产总净值	0.600
法国	1986	财产总净值	0.710
法国	2010	财产总净值	0.660
西德	1988	总财产	0.690
芬兰	1998	财产总净值	0.680
瑞典	1985	财产总净值	0.500
瑞典	2002	财产总净值	0.890
日本	1984	财产总净值	0.520
日本	2000	财产总净值	0.547
印度	1991—1992	财产总净值	0.668
印度	2002—2003	财产总净值	0.669
印度	2012	财产总净值	0.750

资料来源：罗楚亮、李实、赵人伟：《我国居民的财产分布及其国际比较》，《经济学家》2009 年第 9 期。Cowell，Frank，Eleni Karagiannaki and Abigail Mcknight，"Accounting for Cross-SCountry Differences in Wealth Inequality"，*Review of Income and Wealth*，Vol. 64，No. 2，2018. Anand，Ishan and Anjana Thampi，"Recent Trends in Wealth Inequality in India"，*Economic and Political Weekly*，Vol. 51，No. 50，2016. Brzozowski，Matthew，Martin Gervais，Paul Klein and Michio Suzuki，"Consumption，Income，and Wealth Inequality in Canada"，*Review of Economic Dynamics*，Vol. 13，No. 1，2010. Davies，James，B.，et al.，"The Level and Distribution of Global Household Wealth"，*Economic Journal*，Vol. 121，No. 551，2011. Arrondel，Luc，Pierre Lamarche，and Frédérique Savignac，"Does Inequality Matter for the Consumption-Wealth Channel? Empirical Evidence"，*European Economic Review*，Vol. 111，2019.

　　尽管我国的财产差距经历了较大幅度的扩大，但相比绝大多数国家而言，仍处于相对较低的水平。然而，值得注意的是，尽管我国居民财产差距的绝对水平不高，但居民财产差距的增长速度很快。例如，美国居民的财产差距基尼系数 1983—2006 年基本在 0.8 左右波动，而中国居民的财产差距基尼系数 2002—2013 年从 0.495 上升到了 0.617。

　　不同人群组在财产的拥有量上也存在着一定的差距。城乡居民之间不仅存在着较大的收入差距，而且也有着不容忽视的财产差距。我国城乡之间在经济结构和社会保障水平上存在显著的差异，由此导致了收入水平和支出结构上的差异，进而又通过投融资渠道以及财产升值等渠道作用于城乡居民的财产差距。中国居民收入分配调查的数据表明，1995年、2002年和2013年城镇居民的财产净值分别为农村居民的1.17倍、3.57倍和3.28倍[1]。城镇居民的财产净值在2015年、2016年和2017年分别为农村居民的3.22倍、3.13倍和3.27倍。

财产的地区差距也是一个不容忽视的问题。与经济发展水平的地区差距相一致，东部地区的家庭人均财产水平最高，中部地区次之，西部地区最低。有关调查数据显示，2015年东部地区的家庭人均财产分别是中部地区和西部地区的1.44倍和2.52倍。2016年，财产的地区差距有所扩大，东部地区家庭人均财产分别达到了中部地区、西部地区的2.03倍和2.63倍。2017年，财产的地区差距又出现了缩小的迹象，东部地区家庭人均财产分别为中部地区、西部地区的1.67倍和2.29倍[2]。

除了城乡差距和地区差距以外，人口学特征不同的家庭之间也存在一定的财产差距。如果以户主的特征作为区分不同类型家庭的基准，可以发现，户主的文化程度、健康水平、职业特征等因素的差异，会使得不同类型家庭之间存在一定程度的财产差距。以教育为例，从户主的文化程度看，户主受教育水平的提高通常会促进家庭人均财产的增长。例如，相关调查数据显示，户主文化程度为本科及以上时，其家庭的人均财产是户主文化程度为小学及以下家庭的3.38倍[3]。

三 家庭财产构成以房产为主

从家庭财产的构成来看，房产净值是家庭财产最重要的组成部分。

---

[1] 李实、魏众、丁赛：《中国居民财产分布不均等及其原因的经验分析》，《经济研究》2005年第6期；Knight, John, Li Shi and Wan Haiyuan, "China's Increasing Inequality of Wealth: Piketty with Chinese Characteristics?", Department of Economics Discussion Paper Series, No. 862, University of Oxford, 2018.

[2] 《中国家庭财富调查报告（2016）发布：家庭财富房产为主、理性投资占据主流》，http://paper.ce.cn/jjrb/html/2016-04/29/content_ 299559.htm, 2016；《中国家庭财富调查报告（2017）发布：房产净值成家庭财富最重要组成部分》，http://www.ce.cn/xwzx/gnsz/gdxw/201705/24/t20170524_ 23147241.shtml, 2017；《中国家庭财富调查报告（2018）发布：房产净值增长是家庭财富增长核心因素》，http://www.ce.cn/xwzx/gnsz/gdxw/201812/28/t20181228_ 31136890.shtml, 2018.

[3] 《中国家庭财富调查报告（2017）发布：房产净值成家庭财富最重要组成部分》，http://www.ce.cn/xwzx/gnsz/gdxw/201705/24/t20170524_ 23147241.shtml, 2017.

从表 11 - 4 可以看到，2015 年房产净值在全国家庭的人均财产中的占比为 65. 61%；而在城镇和农村家庭的人均财产中，房产净值的比重分别为 67. 62% 和 57. 60%。房产净值在人均财产中的份额在 2016 年和 2017 年则分别为 65. 99% 和 66. 35%。

　　房产增值也是财产增长的重要推手。根据中国居民收入分配调查数据相关年份的计算结果，1995—2013 年，城镇居民房产净值在家庭财产中的比重分别为 67% 和 78%。1995—2002 年，城镇居民的财产净值增长了 114%，而房产净值则增长了 250%。2002—2013 年，城镇居民的财产净值增长了 543%，而房产净值则增长了 683%。同样，房产净值也是农村居民财产净值的重要组成部分，并推动了农村居民财产的增长。1995 年和 2013 年，农村居民的房产净值在家庭财产中的比重分别为 31% 和 59%。在 2002—2013 年，农村居民的财产净值增长了 390%，而房产净值则增长了 552%。

　　进一步的分解分析表明，对于房产净值而言，在其集中率保持1995 年水平不变的情况下，房产净值在财产净值中的份额的大幅上升，能够解释总财产分布差距扩大幅度的近 80%；在其份额保持不变的情况下，房产净值的集中率的上升解释了全国居民总财产分布差距扩大幅度的 21%[①]。

第四节　未来收入分配格局展望与政策建议

一　收入分配格局展望

　　收入分配格局是经济社会综合运行的结果，因而其变化趋势也受到多重因素的影响。从当前的经济社会发展和收入分配形势来看，到2025 年，中国的收入差距仍然可能维持在高位，但也存在一些有利于

---

　　① 李实、魏众、丁赛：《中国居民财产分布不均等及其原因的经验分析》，《经济研究》2005年第 6 期；Knight，John，Li Shi and Wan Haiyuan，"China's Increasing Inequality of Wealth：Piketty with Chinese Characteristics?"，Department of Economics Discussion Paper Series，No. 862，University of Oxford，2018.

缩小收入差距的因素。例如，政府愈加重视市场在资源配置中的作用，由此带来的一系列制度变革将缩小资源配置扭曲导致的收入差距；乡村振兴、区域经济协调发展战略的实施，以及基本公共服务均等化的推进，将有利于缩小城乡和区域收入差距；个人所得税综合所得汇缴等税制改革也有利于完善再分配制度和缩小收入差距；反腐败的持续和政府治理能力的提高则有利于解决收入分配不公带来的收入差距问题。然而，这些有利因素到底在改善分配格局方面能发挥多大的作用，取决于政策的持续性和执行力度。

二 政策建议

继全面建成小康社会的目标之后，我国将逐步实现共同富裕目标。小康距离富裕仍然有较大的差距，与此同时，中国仍然是一个发展中国家，尚处于从中等收入迈向高收入国家的关键阶段，这意味着经济发展仍然是重中之重。要实现共同富裕，必须妥善处理效率与公平、发展与共享的关系，走共享发展与高质量发展的道路。从改善收入分配格局的角度来看，则需要建立兼顾效率和公平、发展和共享的收入分配体制，并在经济发展的过程中关注新问题对收入分配的影响。

（一）建立公平合理的收入分配体制

公平合理的收入分配体制，包括经济主体的禀赋分配公平、经济参与过程中的机会公平和事后的分配公平。针对当前收入分配体制中存在的问题，可以有以下几个着力点。

1. 实现基础教育和医疗资源的均等化

人力资本是最重要的禀赋资源，是劳动者参与市场分配的基础。教育和健康是人力资本的主要构成要素。实现基础教育和医疗资源的均等化，在推进市场参与者的禀赋分配公平的同时，还有利于提高人力资本水平和全要素生产率，实现高质量发展。当前基础教育和医疗资源的城乡、区域差距较大，阻碍低人力资本劳动力的收入提升能力，应建立健全城乡基础教育、医疗管理体制，促进城乡之间、区域之间基础教育、医疗的优质均衡发展，减少因政策倾斜导致的人力资本差异。

2. 深入市场化改革，促进机会公平

市场制度不完善不仅扭曲资源的有效配置，阻碍效率，而且产生了一些收入分配不公问题。因此，深入市场化改革有兼顾效率和公平的效果。

促进劳动力市场发育。劳动收入是绝大多数人的主要收入来源。从宏观分配格局的角度看，扩大就业、深化工资制度改革、促进中低收入职工工资合理增长是提高劳动报酬在初次分配中的比重的根本举措。从居民收入分配的角度看，应建设统一的劳动力市场，根据效率原则配置劳动力资源，鼓励劳动力自由流动。

健全资本市场的发展，拓宽投资渠道，促进资本投资多元化。我国居民的财产构成以房产和金融资产为主。而我国居民金融资产的结构依然单一，存款和现金是最主要的人民币金融资产，农村居民尤为如此。这部分金融资产带来的财产性收入占比非常低。资本市场有待进一步完善，需要推动城乡居民资产的多样性，进而优化资产配置并提高城乡居民的财产性收入。

3. 完善再分配体制

再分配是纠正市场分配结果、实现最终收入分配公平的重要途径。应完善再分配体制，改进税收制度，减弱财产差距的累积效应，控制财产不平等的代际传递。健全资本税的发展，在推动再分配的同时抑制高收入、高财产群体对住房的需求。推进房产税、遗产税和赠与税等税收体制的建设，降低因房产和财产的代际传递带来的不平等，减弱父辈对子辈财产的影响，从而推进收入和财产的代际公平。

（二）关注经济发展过程中影响收入分配格局的新问题

高质量发展对技术创新提出了更高的要求。新技术的引用，尤其是大数据、自动化和人工智能的发展已经成为不可逆的趋势，将对经济运行方式和收入分配格局产生影响。然而，新技术对收入分配格局的影响方向尚不明确。除了经济发展方式的转变以外，产业结构、人口年龄结构也在加速调整，收入分配格局也将发生相应的变化。这些新问题均需要进一步关注和研究，并提出应对策略。

（执笔人：邓曲恒、孙婧芳、王琼）

第十二章　中国的公共服务供给与治理体系

　　这里公共服务指的是包括科技、教育、文化、医疗卫生、养老照护、社会保障等与居民日常生活密切相关的具有公共性质的服务，即一般所称的社会民生事业。新中国成立 70 多年来，特别是改革开放 40 多年来，我国居民需求结构也发生了明显的变化，对服务业的需求、特别是对公共服务的需求逐渐成为主要的需求。但是，公共服务的供给没有跟上需求的变化。不论是在教育、医疗卫生方面，还是在养老照护、社会保障等方面，供需缺口都明显存在。这已经成为全面建成小康社会后我国经济社会中的一个主要挑战。公共服务既不同于以制造业为主的物质性产品，也不同于行政管理，具有强烈的人力资本投资型特征以及正的外部性，既涉及供给效率，也涉及社会公平，因此在治理机制上需要创新和变革。这也是西方国家过去几十年来在公共服务供给中面临的共同挑战。2020 年是我国全面建成小康社会之年。在实现小康之后，公共服务治理机制更需要深化创新和变革。

第一节　公共服务供给中的治理及其理论

　　2013 年以来，推进国家治理体系和治理能力现代化不断被党和国家领导人强调。党的十八届三中全会提出："全面深化改革的总目标是完善和发展中国特色社会主义制度，推进国家治理体系和治理能力现代化"[①]。

[①] 《中国共产党第十八届中央委员会第三次全体会议公报》，2013 年。

党的十九大则将国家治理现代化写入党章并明确规定了实现这一目标的时间表和路线图。但治理这一基本概念，在学术讨论和实际应用中存在含混不清的现象。因此，本小节首先梳理相关文献，其次基于新制度经济学，提出治理的宏观、中观、微观三个层次——制度环境、治理结构、治理工具，最后在此基础之上，论述治理与现代公共服务供给之间的关系。

一　治理

治理（Governance）在 20 世纪 50 年代与统治（Government）几乎是同义词[①]。1989 年年底，世界银行报告中将非洲发展面临的一系列问题归结为"治理危机"[②]。这是"治理"一词最早出现在世界银行报告中，其含义也开始发生变化。在 1991 年召开的发展经济年度会议上，"治理在发展中的作用"成为一个重要议题。次年，世界银行发布了报告，重点是"良治"，并指出"良治"的四个重要方面：公共部门管理、问责、法治、信息透明[③]。随后，世界银行组建了专家团队，研究"治理"的衡量指标，并发布各国治理水平报告。

自此，"治理"吸引了越来越多研究者的注意力，在经济、管理、政府、法律、公共行政、国际关系中开始广泛使用治理一词。但"治理"一词在各个领域中的含义并不完全相同。Rhodes[④] 对治理进行了系统的分类，认定了治理的几种代表性用法，如：公司治理、公共治理、良好治理、国际治理、网状治理等。Paull Hirst[⑤]、Victor Bekkers 等[⑥]和 Lynn[⑦]

---

① John Sydenham Furnivall, *The Governance of Modern Burma*, New York: International Secretariat, Institute of Pacific Relations, 1960, p. 106.

② World Bank, *World Development Report* 1989: *Financial Systems and Development*, Washington, D. C.: World Bank, 1989, p. iii.

③ World Bank, *Governance and Development*, Washington, D. C.: World Bank, 1992, pp. 3 – 4.

④ R. A. W. Rhodes, Public Administration and Governance, in Jon Pierre（ed.）, *Debating Governance*: *Authority*, *Steering*, *and Democracy*, Oxford: Oxford University Press, 2000, pp. 54 – 90.

⑤ Paul Hirst, "Democracy and Governance", in Jon Pierre（ed.）, *Debating Governance*: *Authoprity*, *Steering and Democratic*, Oxford: Oxford University Press, 2000, pp. 13 – 35.

⑥ Victor Bekkers, Geske Dijkstra, and Menno Fenger（eds.）, *Governance and the Democratic Deficit*: *Assessing the Democratic Legitimacy of Governance Practices*, Burlington, VT: Ashgate, 2007, pp. 20 – 21.

⑦ Jr. Laurence E. Lynn, "Has Governance Eclipsed Government?" in Robert F. Durant（ed.）, *The Oxford Handbook of American Bureaucracy*, Oxford: Oxford University Press, 2010, pp. 669 – 690.

的分类方式都与此类似。

当前对治理这一概念的定义存在一些问题。首先，各领域对治理一词的使用虽有重合部分，但又不完全相同，导致了这一概念日益含混不清。随着概念的模糊，治理这一理念越来越无法为解决具体问题提供指导。其次，王绍光①指出治理应当是一个中立的、不带任何意识形态的概念，但西方治理文献中普遍有西式自由民主制度的倾向。最后，现有概念中没有与国家治理体系和治理能力的直接对应。我们以新制度经济学为基础，中性地将治理这一概念分为宏观、中观、微观三个层次。通过明确每个层次的范畴和层次之间的关系，将诸多模糊的概念统一起来。

1. 制度环境

借鉴 North 的观点，我们将治理的宏观层次称为制度环境，包括制度、制度的实施形式和制度的有效性。制度指"人为地制定出的种种约束，规范了政治、经济和社会交互，既包含非正式约束（裁决、避讳、习俗、传统和行为准则），也包括正式约束（宪章、法律、产权）"②。制度的实施形式，既包括实施方式（德治和法治），也包括实施力度（对遵守规则者奖励和对违规者惩罚的力度）。制度的有效性指制度是否真正约束了个人行为，在一个缺少监督机制或长期分裂的国家中，虽有明确制度约束，但并不是有效的。

治理是可以在制度环境层面进行的。但是制度环境的形成是一个历史过程，因此存在制度的"路径依赖"③。当前制度决策必须以过去决策为基础，历史决策为发展开辟了一些空间，但同时也关闭了另一些选择的可能。因此制度环境改变往往涉及巨大的治理成本。一方面，在当前制度下演化出的利益组织，并没有制度供给的动机，甚至会阻止和破坏制度环境的改变，政治"寡头铁律"描述的就是这种现象。另一方面，正式制度可能由于政治或司法决定而迅速发生改变，但嵌入在习俗、传统和行为准则中的非正式制度可能是政策所难以改变的。雍正年

---

① 王绍光：《治理研究：正本清源》，《开放时代》2018 年第 2 期。

② Douglass North, "Institutions", *Journal of Economic Perspectives* 5（Winter），pp. 97 – 112.

③ David, P. A., Path-Dependence：Putting the Past into the Future of Economics, Working Paper, Department of Economics, Stanford University, 1988.

间"火耗归公"改革，正是希望将"陋规"正式化，并加以规制。这场改革失败的很大原因是无法抵御非正式制度的反扑。

在治理问题中，动辄上升到制度环境层面的言论，往往忽视包括政治成本、实施成本在内的治理成本，缺乏实际操作性。因此，在中国特色社会主义制度这一制度环境下，探讨治理问题，即治理的中观和微观层次是有益的。

2. 治理结构和治理工具

我们将治理的中观层次称为治理结构，指在给定的制度环境下，人们组织行动的方式。Williamson 将类似的概念称为治理制度①。市场、官僚制以及 Ostrom 提出的自组织治理②都是典型的治理结构。在公共事业中，公共部门和公共治理是两种传统治理结构，政府和社会资本合作（PPP 模式）这种新的治理结构也逐渐被广泛应用。不同的治理结构有不同的优势和治理成本。以官僚制为例，通过权威指令达成的部门协调性适应是其最大优势，但有巨大的官僚主义成本。因此，对于不同的规划问题，有不同的最优治理结构。

能够促进特定治理结构优势发挥或降低治理成本的方式、方法，我们称之为治理工具，即治理的微观层次。以电子政务平台这一治理工具为例，一方面使各政府部门通过数据互通互享，加强了协作的能力，进一步发挥了官僚制的制度优势；另一方面，工作进程在平台的公示，也为居民监督提供了的新渠道，降低了官僚主义导致的治理成本。

我们将治理划分为制度环境、治理结构、治理工具三个层次。制度环境定义了治理结构所在的环境，限制了治理结构可选的范围。治理工具决定了特定治理结构的收益与治理成本，新的治理工具会导致最优治理结构的改变。根据我们的定义，也可以分析专项治理行动，例如，在乡村治理中，农村"三变改革"就是治理结构的变革。同时我们也划定了治理一词的边界，农村危房改造，就不在乡村治理的范畴中。在我

---

① Oliver E. Williamson, *The Mechanisms of Governance*, Oxford：Oxford University Press, 1996, p. 38.

② Elinor Ostrom, *Governing the Commons：The Evolution of Institutions for Collective Action*, Cambridge：Cambridge University Press, 1990, p. 103.

们的语境下，国家治理体系就是创造和掌握与中国特色社会主义这一制度环境相契合的治理结构。国家治理能力就是不断发明和发现新的治理工具，以发挥治理结构优势，降低治理成本。

二 治理视角下的公共服务供给

公共服务事项涉及非常广泛，例如，2015 年 11 月 27 日国务院办公厅印发《关于简化优化公共服务流程 方便基层群众办事创业的通知》要求各级政府要重点梳理两大领域的服务事项：一是与创业创新领域有关的服务事项，包括有关政策支持、法律和信息咨询、知识产权保护、就业技能培训等；二是与居民日常生产生活密切相关的事项，包括有关公共教育、劳动就业、社会保障、医疗卫生、住房保障、文化体育、扶贫脱贫等。本章主要讨论的是与居民日常生产生活密切相关的事项，也即社会民生事业领域的公共服务。

和上文对治理概念的讨论一样，按事项划分讨论治理与公共服务的关系，如教育治理、社会保障治理等，会导致抓不住各事项中治理与公共服务关系的共性。因此，我们按照治理的三个层次分析治理与现代化公共服务的关系。

公共服务是指由政府部门、国有企事业单位和相关中介机构履行法定职责，根据公民、法人或者其他组织的要求，为其提供帮助或者办理有关事务的行为①。从概念上看，"履行法定职责"意味着公共服务不涉及制度环境层面的治理。改变公共服务提供形式一般与治理结构相关，例如，政府和社会资本合作（PPP 模式）、养老机构的市场化运作等。提高公共服务质量则往往属于治理工具的范畴，例如，政务大厅一站式服务、信息化服务等。

综上所述，公共服务的治理维度就是指运用现代化的治理结构和治理工具，改变服务方式，扩大服务范围，提高服务质量。"互联网＋"公共服务就是应用新治理工具提高服务质量的典型案例。互联网推动的

---

① 顾平安：《推行公共服务边界化，切实转变政府职能》，http://www.gov.cn/Zhengce/2016-01/14/content_5032926.htm.

政务信息化改革，有效地推动各政府部门间的数据共享，加强了各部门协作的能力，降低了官僚制的治理成本，为"一站式服务"提供了必要条件。同时，互联网不仅为居民办理各项事务节约了时间，也为居民监督政府服务提供了新的渠道。并且，互联网也便利了慈善互助等自组织开展活动，为公共治理提供了基础。

第二节　公共服务供给与治理体系改革的国际趋势

在现代社会，衡量一个国家的发展程度，除了生产和收入水平外，更要综合考量人民的健康、教育等方面的因素，而这些都与高质量现代化公共服务相关。因此在本小节，我们梳理公共服务领域治理改革的国际经验及趋势。虽然我国的制度历史和制度环境与西方国家有显著差别，但发达国家公共服务体系的变动历程仍有很大的借鉴意义。

19 世纪中期，欧洲各国失业和贫困问题不断加剧，公共服务开始被视为一项社会权利和政府义务。英国于 1834 年颁布《新济贫法》，规定政府负有实施救济、保障公民生存的责任，是现代公共服务诞生的基础。1919 年，德国《魏玛宪法》规定了大量社会权利和经济权利，是现代公共服务的宪法源头。但是这一时期的西方各国信奉斯密的自由主义经济理论，政府职能主要定位于保护国家主权，保护私人产权，在民生相关的公共服务领域投入有限。许多保障型的公共服务，如收入、就业等风险均由私人保险市场解决，其主要的治理结构是市场制。

20 世纪 30 年代，以美国为代表的西方国家普遍经历了一次公共服务治理结构由市场制向政府举办的公共部门为主的转变，也即政府直接干预、直接生产公共服务的供给模式。其原因一方面是公民的权利意识觉醒，要求国家提供更多数量、更高质量的公共服务。另一方面，凯恩斯主义和新古典综合学派关于公共物品外部性的理论为国家干预提供了理论基础。1935 年罗斯福政府采纳凯恩斯的学说，实施"新政"，颁布《社会保障法》，标志着美国基本建立公共服务制度。1944 年，罗斯福提出《第二权利法案》，列举了一系列公民权利：获得有报酬的工作的权利，获得充足的食物、衣服和养育下一代的权利，过上体面生活的权利，获得适当住房的权利，享受健康的权利，获得良好教育的权利，等等。20 世纪 50 年代新古典综合学派代表萨缪尔森正式提出由于市场经济中存在着不完全竞争、外部效应等生产或消费无效率的情况，市场失灵普遍存在。因此，必须通过政府干预，由政府提供公共产品调节经济运行，以提高市场效率、实现社会平等和稳定经济。自此，许多资本主义国家政府纷纷效法美国，形成了公共服务的干预模式，强调公共服务由政府独家供给，市场的作用被大大弱化。

一直到 20 世纪 70 年代中后期，公共政策的主要取向是政府干预的广度和深度不断扩大，社会保障和公共服务的福利化特征明显。各个国家不仅加大了公共财政对社会保障和公共服务的投入，在治理模式上还趋向于加大政府直接提供的力度，一些社会和民间的供给主体被国有化。社会保障和公共服务的供给主体逐渐演变为公共部门，且公共部门的垄断地位得到政府行政权力的背书。比如，在英国和北欧国家建立了政府财政筹资的国民健康体系（NHS），将医院公有化。在欧洲大陆国家，如法国和德国，教师、医生等服务人员被纳入公务人员行列。在美国这样的传统的市场化和商业化色彩浓厚的国家，在 60 年代也掀起了"伟大国家"运动，扩大了政府社会保障范围，建立了政府办的两个医疗保险体系：穷人的医疗救助体系（Medicaid）和老年人的医疗保险体系（Medicare）。

20 世纪 70 年代末期、80 年代以来，公共服务的领域开始推广至济贫、卫生、环保、教育等领域，公共部门的治理成本日益增大。一方面，社会大众对公共服务的需求越来越多元，且提出了更高水平的要求。另一方面，许多国家社会福利的过度提供，政府财政压力不断增大。鉴于此，西方国家普遍开始重新引入市场竞争，公共服务的治理结构开始向混合制转变。

在公共服务领域广泛采用的混合制包括公私合作、服务外包、特许经营等。公私合作结构下，公共部门和企业发挥各自比较优势，共同承担风险责任，共享收益，相互合作提供公共服务。在这一时期，除了政府和市场化之外，"第三部门"即非公非私的、既不是国家机构也不是私营企业的第三类组织开始发挥越来越重要的作用①。Ostrom 最早指出这种自组织形式在公共资源治理中的重要作用。在许多国家，各类非营利组织逐渐成为公共服务供给的重要主体，社会治理这一治理结构日益成熟。在这一治理结构下，政府规划和确定服务的内容，非营利组织根据自身的能力、活动范围、宗旨等因素承担项目，并接受政府资助。在美国，非营利组织大量参与到学校、医院等公共服务部门中。

同时，大量现代化治理工具开始出现，降低了公共服务供给中"成本病"等问题带来的治理成本，提高了公共服务供给效率。20 世纪 80 年代开始的信息技术革命推动了办公自动化和管理信息系统的发展，大大规范了政府公共服务的职能和流程。近年来，以移动互联网、云计算、大数据为代表的新一代信息技术，将医疗、教育、环境等各类公共服务有机地融合起来，各部门协调能力得到大幅提高，居民对公共服务的监督也得以更加有效地进行。

总结主要发达国家公共服务供给领域中治理改革的趋势，有几个经验和教训值得关注和借鉴：

第一，不同国家公共服务供给的模式和特征并不相同，政府干预的程度、方式、广度和深度并不相同，而且随着具体情况的变化，特别是随着经济发展阶段和经济增长状况的变化而动态调整。丹麦学者哥斯塔·埃思平—安德森在《福利资本主义的三个世界》中对不同模式的公共政策体系进行了总结和分析②，同为福利国家，既有民主主义的，也有自由主义的，还有保守主义的；既有国家保险的模式，也有社会保险的模式，还有主要依靠商业保险的模式。对中国而言，公共服务供给体系的改革需要学习发达国家的经验，但没有必要设定一个学习的"榜样"或"模式"，要考虑历史演变的事实和中国的实际情况设计公共政策的整体框架。

---

① Levitt, T., *The Third Sector：New Tactics for a Responsive Society*, New York：Amacom, 1973, p. 106.

② ［丹麦］哥斯塔·埃思平—安德森：《福利资本主义的三个世界》，中译本，苗正民、滕玉英译，商务印书馆 2010 年版，第 30—31 页。

　　第二，避免过度福利化。第二次世界大战之后的福利国家运动的一个后果是公共服务过度福利化。过度福利化看似保障程度高，将公共服务作为"福利"提供给居民，但其内在的逻辑是将公共服务作为"纯消耗"的行业，忽视了其产业属性，忽视了其自身实现可持续发展的性质。这仍然是传统工业化的思维，将社会保障和公共服务视为"非生产部门"。

　　第三，公共服务供给的治理框架要跳出"政府—市场"的二分法思维，转向"政府—社会—市场"的三分法。第二次世界大战之后主要发达国家公共服务供给的治理在政府与市场之间来回反复。但是公共服务与一般的制造业产品不同，有其自身的经济学性质，政府干预和管制过度与过度的市场化同样是不可取的。在过去十多年国际上的一个趋势是重新重视政府和市场之间的社会组织的作用，充分利用社会组织非政府、非营利的特征，提高社会保障和公共服务的供给效率。从其自身的经济学性质来看，公共服务不需要大规模的投资，在公共服务的供给中物质资本并不是关键，"人力资本"才是关键。而从经济学理论上分析，这种行业人力资本具有明显的信息优势，更适合非营利性的治理模式。

第三节　中国公共服务供给的现状与问题

　　改革开放后，我国公共服务的供给体制几经改革，逐步完善，取得了巨大的成就。但是，随着我国经济发展进入新阶段，公共服务供给面临的形势也发生了巨大的变化。居民消费结构的升级、产业结构的变迁、就业模式的变化，都对公共服务供给提出了新的挑战。人民群众日益增长的美好生活需要，其中一个主要的内容就是对完善的社会保障和高品质公共服务的需要，而不平衡和不充分的发展也主要指的是公共服务方面的不平衡和不充分。

一　中国公共服务供给的现状

　　本部分从四个方面对中国与 OECD 国家进行比较，对中国公共政策领域的发展状况进行定位。

（1）从居民家庭最终消费支出结构看，中国居民教育、文化娱乐和健康服务的消费占家庭最终消费的比重高于 OECD 国家同等收入的平均水平。

在 OECD 国家中，这个比例最高的是美国的 21.25%，其他国家一般都在 15% 左右。控制各国的人均收入，当人均收入在 8000 美元时，这个比重的平均值在 14% 左右。从这个角度看，中国居民在教育、文娱和健康服务上的支出占家庭最终消费支出的比重是高于 OECD 国家平均水平的。

（2）从就业结构看，中国在科教文卫行业的就业占城镇就业总量的比重低于 OECD 国家中同等收入国家的平均水平。

中国科教文卫就业人数占城镇就业人数的比重 2016 年为 17.7%；在 OECD 国家中，这个比例最高的是北欧一些国家，比如比利时、丹麦、芬兰、法国、荷兰、挪威、瑞典等都在 30% 以上。OECD 国家在人均收入达到 8000 美元时，这个比重的平均值在 20% 左右。从这个角度看，中国科教文卫四个行业的就业占比要比 OECD 国家平均水平低，但是差距并不大，而且也有一些 OECD 国家在科教文卫上的就业占比低于平均值，比如韩国、加拿大、意大利、卢森堡、智利等。

（3）就业、社会保障、教育和健康服务的公共投入占 GDP 的比重，中国低于 OECD 国家中同等收入国家的平均水平。

从就业、社会保障及教育和健康服务的公共投入占 GDP 的比重来看，2015 年中国为 15.43%。该年度中国的人均收入为 8069 美元，在这个收入水平下，OECD 国家平均的公共支出占比在 19% 左右。一些欧洲国家公共支出的占比较高，比如法国、丹麦、奥地利、比利时、芬兰、意大利等都超过了 25%。从这个角度看，中国在公共支出上的投入还是低于 OECD 国家的平均水平。当然，这个差距并不是很大，而且有些 OECD 国家的这个比例也远低于同等收入国家的平均水平，比如以色列、加拿大、澳大利亚、韩国、智利等。

（4）科教文卫行业增加值占 GDP 的比重，中国远低于同等收入 OECD 国家的平均水平。

科教文卫行业增加值占 GDP 的比重，中国在 2015 年只有 8.36%。

OECD 国家在人均收入 8000 美元时这个比重接近 14%，中国远低于 OECD 国家的平均水平。

从需求侧的角度来看，我国居民在教育、文化娱乐和健康服务方面的支出占家庭最终消费支出的比重远高于 OECD 国家的平均水平。这表明我国居民在这些方面的需求是相对上升的。但是从供给侧的角度分析，首先，我国公共投入占比虽然低于 OECD 国家平均水平，但差距并不是很大；其次，我国科教文卫的就业人数占城镇就业人数的比重也低于 OECD 国家，但差距并不明显。但是，我国在科教文卫行业增加值占比则明显低于 OECD 国家的平均水平，而且差距非常明显。

以上分析表明，我国社会保障和公共服务在供给侧方面仍然存在较为突出的问题：一是供给总量较低，公共投入和就业人数都处于较低水平；二是供给效率低，产出在整个国内生产总值中占比偏低。从这个角度来看，建设与现代化经济体系相适应的公共政策体系，关键是供给侧的改革。

二　中国公共服务供给的不平衡与不充分

我国人均收入已进入上中等收入阶段，一些发达地区已进入高收入阶段。从我国经济发展的现状看，当前的"不平衡"的发展主要不是一般的制造业产品的不平衡。我国已成为全球的制造业大国，制造业生产能力在一些领域产生了过剩，而且一般的制造业产品能够通过产品的快速流动实现均衡。当前的"不平衡"主要是公共服务供给的不平衡。公共服务供给难以通过"服务"的快速流动实现均衡，主要依靠"人"的流动来实现。公共服务供给中的核心资产不是"物"，而是"人"，更确切地说是人力资本积累程度高的"人才"。因此，要实现供给的平衡一方面需要人才的流动能够适应居民需求的分布，另一方面居民根据公共服务供给的分布状况流动。因此，公共服务实现均衡的主要途径就是人的流动：供给方"人"的流动，或者需求方居民的流动。这是公共服务供给与一般制造业产品不同的地方。

但是，从目前的状况看，不论是供给方"人才"的流动还是需求方居民的流动都存在一些障碍，这就导致了我国社会保障和公共服务方面的不平衡：既包括城乡之间的不平衡，也包括地区之间的不平衡，以及不同就业人群之间的不平衡。

例如，在城乡教育和医疗服务供给上，农村远低于城镇。这也是大量农村居民涌入城市居住的一个主要原因，即获得更好的公共服务供给。除了城乡差距，另一个差距就是地区之间的差距。我国的公共服务供给的资源是按照行政等级制配置的，行政层级越高，该地区的公共服务供给资源越充分。以医疗资源为例，主要集中在几个大城市和省会城市，其次是地区级城市，再次是县城，资源状况最差的是乡镇和村。北京、上海、广州、深圳的公共服务供给不仅资源充足，而且质量也高。这是导致这些大城市人口涌入的一个主要原因。在城乡差距和地区差距之外，还有不同就业人群之间的差异。这主要是机关事业单位就业人员和企业职工之间的差别。

相比于一般制造业产品供给的不平衡而言，教育、医疗卫生、养老照护等公共服务作为人力资本投资的主要途径，其不平衡带来的是人力资本投资的不平衡，是持续性的收入差距扩大，同时也是应对社会风险冲击能力的不平衡。这种不平衡最终演变成发展的不平衡。

公共服务供给的不充分主要体现在两个方面：一是供给量的不充分，二是供给的质量低，不能满足居民对高质量公共服务的需求。相比于 OECD 国家，我国在相似的发展阶段（人均收入水平），不论是就业人数占比、公共投入占比，还是行业增加值占比都较低，但是居民消费支出的占比却较高。这种总量供给不足仍然可以从我国改革开放以来公共服务供给的资源投入上看出来。

表 12 - 1 给出了我国医疗卫生资源投入和居民收入从 1978 年到 2014 年的变动情况的比较。相比于人均收入的提高，医疗卫生资源的投入增长极其缓慢。人均 GDP 从 1978 年到 2014 年增长了 122.61 倍，城镇和农村居民人均可支配收入均增长了 80 倍左右，但是卫生人员数、卫生技术人员数、医师（助理）数、卫生机构床位数和医院床位数都只增长了几倍而已。这种供需之间不匹配带来的就是卫生费用的快速增长。卫生总费用从 1978 年到 2014 年增长了 320.41 倍，人均卫生费用

也增长了 225.47 倍，比居民收入的增长更为快速。

表 12 - 1   人均收入与医疗卫生资源投入的变动情况的比较（1978—2014 年）

1978 年 =1	人均GDP	城镇居民人均可支配收入	农村居民人均纯收入	卫生人员数	卫生技术人员数	医师（助理）数	卫生总费用	人均卫生费用	卫生机构床位数	医院床位数
2014 年	122.61	83.99	78.51	1.30	3.08	2.96	320.41	225.47	3.23	4.51

注：1978 年 =1；2014 年为 1978 年数量的倍数。
资料来源：相关年份《中国统计年鉴》《中国卫生和计划生育统计年鉴》。

除了供给总量上的滞后，我国公共服务供给还面临供给质量和品质低下的问题。这一点在教育和医疗卫生上的表现尤为突出。教育质量的不均衡和总体质量低下一是带来了愈演愈烈的择校风，二是大量教育需求的外溢。在医疗卫生方面也出现了同样的问题。为了追求质量更好的医疗服务，越来越多的就医患者涌入大城市的大医院。偏远地区、农村地区和社区医疗卫生服务的就诊人次占比不断下降。

三 供给不足背后的治理困境

投入不足、效率低下、区域分割和制度分割是我国公共服务供给存在的主要问题。问题背后反映的是供给效率的低下，而效率低下背后则是公共服务供给领域中的激励不足和激励扭曲。激励不足和激励扭曲反映了我国公共服务供给体制的底层治理模式的困境。治理模式的困境，一是来源于社会保障和公共服务自身的一些经济学性质，这些性质使得传统的以制造业产品为模式的福特制工厂式的治理模式不能适应公共服务的供给；二是来源于政府的不当管制，特别是行政化的治理模式。

（一）公共服务的几个经济学性质

1. 需求密度

产品或服务能够得以提供需要一定的需求密度。对于一般的制造业产品而言，由于产品的流动性强，需求可以在一个较大范围内聚集；但是对于服务，特别是公共服务而言，就需要在一定范围内有一定的需求密度才能得以提供。对于社会互济型的社会保险而言，需求密度体现为一定范围的风险和筹资的统筹，以提高应对风险冲击的能力。在这一条件下，公共服务的供给，特别是高质量公共服务的供给更容易在大城市人口密集的地区提供。这是高等教育、高等级医疗机构主要集中在大都市区的一个重要原因，也是在公共服务供给体系中"等级化"配置资源的一个主要原因。

2. 公共服务供给的"成本病"

公共服务供给的"成本病"指的是在诸如医疗卫生、养老照护、教育等行业中，由于难以实现技术对劳动的替代，因此单位劳动生产率增长低于社会平均的生产率增长，人工成本的增长快于社会平均工资的增长，从而导致成本的膨胀。[①] 从现象上来看，就是这些服务的相对价格增长快于其他商品的价格增长。

3. 个性化需求与集中供给

包括科教文卫在内的公共服务一般都是关系型和体验型服务，比如教育、医疗和长期照护等，对供给的数量和质量的评价呈现个体化和非标准化的特征，难以测度，使用市场价格体系的成本高昂。从历史上看，现代工业社会公共服务的供给主要是包括政府在内的公共部门提供的，即使是私人部门提供，也具有典型的公共供给特征，比如财政的大量补贴或政府从私人部门购买等。

（二）制度性和政策性的原因

制度性的和政策性的障碍是我国公共服务供给不平衡、不充分的重要原因。首先是供给中的城乡分割、地区分割。这种"碎片化"的筹资、管理和供给体制一是来源于计划经济的遗留，二是与我国的财税体制密切相关。我国现在实行的是中央与地方的分税制，公共服务的筹资责任主要在地方。随着居民收入提高，公共服务的需求快速增长，由此带来的筹资负担主要压到了地方政府身上。

其次，行政化管制与事业单位编制。我国的公共服务供给主要是依靠公办的事业单位提供的。事业单位在国外一般对应"公共部门"

---

① Baumol, W. J., *The Cost Disease: Why Computers Get Cheaper and Health Care Doesn't*, New Haven: Yale University Press, 2012, p. 124.

（Public Sector），但是我国的事业单位仍然带有浓厚的计划经济管理色彩，行政化色彩浓厚，与行政机关"政事不分、管办不分"的问题十分突出。这导致公共服务的供给缺少竞争，形成行政化垄断的格局。行政化垄断一是准入限制和数量管控，严格限制非本行政部门管理的供给主体进入。二是对本部门管理的提供公共服务的事业单位提供各种隐性补贴，以维持其垄断优势。除此之外，行政性垄断还体现在对各类人才的垄断上。公共服务供给的主体不是物质性资产，而是"人才"。事业单位在行政性垄断保护下，同时也吸纳了大量的人才。但是，在行政性垄断的管控下，缺少人才的流动渠道，人力资源的配置不能适应需求变化。这也是我国公共服务供给效率低下的主要原因。

（三）底层治理结构的冲突

公共服务的供给从工业化时代以来主要是公共部门提供的。从理论上而言，不论是需求密度不足导致的供给不足，还是"成本病"带来的相对价格过快增长，都会导致公共服务的供给不能满足全社会的需要。包括使用市场机制的成本过高等原因，都会成为公共部门提供的理由。但是，公共部门提供就会涉及公共部门的治理模式问题。公共部门在其提供公共服务和管理社会保障的过程中，必然涉及公共权力和公共资源，从而产生潜在的利用公共资源和公共权力"谋取私利"的问题。

这个问题就是上文所说的行政垄断与行政管制问题。为了让公共部门承担起公共服务的供给责任，政府需要赋予公共部门相应的公共资源和公共权力，比如财政补贴，比如准入管制等。这就给公共部门带来了行政性的垄断地位，而垄断则可以带来"垄断租金"。在实际的治理过程中，为防止提供主体利用这种行政性垄断地位和公共资源"谋取私利"，需要对其进行管制，比如价格管制、工作人员的收入和报酬管制。这种管制很容易形成行政化的治理模式，将提供公共服务的事业单位作为行政单位进行管理。

行政化治理模式的一个特征就是对供给主体的激励方向不是直接面向需求的，而是面向上级主管部门。上级主管部门对供给主体（在我国主要是事业单位）的管理仍然面临对公共服务供给的数量和质量难以测度。因此，在现实管理过程中，上级主管部门要么根据能够测度的服务进行考核，忽视不能测度的服务；要么根据资历、学历、职称、年龄等进行考核和分配。前者带来的问题是供给主体把精力和时间主要放在能够考核的服务上，忽视或不重视不能测度的服务；后者导致事业单位形成"熬资历""干多干少一个样"的"大锅饭"体制。这是我国公共服务供给效率低下的一个主要原因。

为了增加事业单位公共服务供给的激励，一个改革方向是市场化改革，引入社会力量，增加竞争。但是，市场化方向的改革又会带来另一个问题，即完全模拟制造业产品的市场化无法克服公共服务的几个经济学特征带来的问题。首先是在偏远地区等需求密度不足的地方，公共服务供给不足；其次，放开价格管制或不放开价格管制但将服务量与工作人员的收入挂钩，因为仍然面临难以测度供给数量和质量，因此也难以管控供给主体利用公共资源"谋取私利"；最后，完全放开各种管制后，政府又难以有效控制成本的快速膨胀。这一治理结构上的"悖论"导致我国公共服务的供给上面临"一收就死""一放就乱"的窘境。

第四节 面向 2025 年的公共服务治理体系改革

2013 年 11 月，党的十八届三中全会审议通过《中共中央关于全面深化改革若干重大问题的决定》（以下简称《决定》），提出了全面深化改革的战略部署。其中，对社会事业和公共服务领域的改革，《决定》提出，要"解决好人民最关心最直接最现实的利益问题，努力为社会提供多样化服务，更好满足人民需求"。在教育、就业、收入分配、社会保障、医疗卫生体制改革等方面，都提出了深化改革的总目标，同时，对创新社会治理体制也提出了具体要求：改进社会治理方式，激发社会组织活力。上述目标定位，成为新时代我国公共服务与治理改革的基本取向。

2017 年 10 月，习近平总书记在党的十九大报告中进一步明确提出，"从现在到 2020 年，是全面建成小康社会决胜期"，要按照党的十六大、党的十七大、党的十八大提出的全面建成小康社会的各项要求，

"使全面建成小康社会得到人民认可、经得起历史检验"。

2020 年是全面建成小康社会的决胜之年，由此开启的"十四五"时期，则是新时代我国经济社会发展的又一个关键期。从党的十九大到党的二十大，是"两个一百年"奋斗目标的历史交会期。我们既要全面建成小康社会、实现第一个百年奋斗目标，又要乘势而上开启全面建设社会主义现代化国家新征程，向第二个百年奋斗目标进军。在深化我国公共服务与治理改革的进程中，立足于我国建设现代化经济体系和公共服务与治理的现实国情，面向 2025 年的我国公共服务体制改革，任重道远。

一 与现代化经济体系建设相匹配的目标定位

发展经济学的一个经验性规律是随着居民收入的提高，居民消费结构也发生相应的变化，从以制造业产品的需求为主，逐步转变为以服务业为主；在对服务业的需求中，对科技、教育、文化、医疗卫生、养老照护、社会保障等人力资本投资型服务业的需求所占比重不断提高。新中国成立 70 多年来，特别是改革开放 40 多年来，我国居民需求结构也发生了明显的变化，对服务业的需求、特别是对公共服务的需求逐渐成为主要的需求。但是，公共服务的供给却没有跟上需求的变化。不论是在教育、医疗卫生，还是在养老照护、社会保障等方面，供需缺口都明显存在。这已经成为我国经济社会中的一个主要挑战。

而公共服务的供给不能满足需求的变化，原因有很多，其中最根本的一点是公共服务供给的治理体系和治理机制不能适应新阶段的特征。公共服务既不同于以制造业为主的物质性产品，也不同于行政管理，具有强烈的人力资本投资型特征以及正的外部性；既涉及供给效率，也涉及社会公平，因此在治理机制上需要创新和变革。这也是西方国家过去几十年来在公共服务供给中面临的共同挑战。2020 年是我国全面实现小康社会之年。在实现小康之后，公共服务的供需矛盾如果不加以解决，既影响我国现代化经济体系的建设，同时也隐藏了巨大的社会矛盾。

　　党的十九大报告指出，我国社会主要矛盾是人民日益增长的美好生活需要和不平衡不充分的发展之间的矛盾，必须坚持以人民为中心的发展思想，不断促进人的全面发展、全体人民共同富裕。由此可以看出，现阶段我国经济社会发展的特征主要表现为"不平衡、不充分"发展。这一特征也体现在我国的公共服务供给领域。

　　新时期的公共服务与治理改革，首先应着眼于上述特征，在充分了解我国现有公共服务体制的短板和面临的重点与难点问题之后，有针对性地寻求高效破解之策；其次应从目标定位——与建设现代化经济体系相匹配——方面着力推进建设现代化公共服务与治理体系。而现代化公共服务与治理体系与相关体制机制的建设，从当前来看，至少应满足如下两个基本要求：与新时代人民群众对美好生活的需要相匹配，与现代化经济体系的建设相匹配。

　　1. 与新时代人民对美好生活的需要相匹配

　　现代化经济体系是中国经济发展进入新阶段后提出的战略目标。中国经济已由高速增长阶段转向高质量发展阶段，正处在转变发展方式、优化经济结构、转换增长动力的攻关期，建设现代化经济体系是跨越关口的迫切要求和我国发展的战略目标。[①] "现代化经济体系"从语词角度来看，包含两层含义，一是"现代化"，二是"经济体系"。"经济体系"是相对较新的概念，也可以说有中国特色。结合党的十九大报告和习近平总书记的一系列讲话精神，经济体系可理解为由社会经济活动各个环节、各个层面、各个领域的相互关系和内在联系构成的一个有机整体，它强调经济体的整体性、系统性、内在关联性。而"现代化"相对常用，通常是指人类社会从工业革命以来所经历的一场急剧变革，导致传统农业社会向现代工业社会大转变，并引起政治、文化、思想各个领域深刻的相应变化。相对于"传统经济体系"而言，建设现代化经济体系并不是从无到有建设一个全新的经济体系，而是指经济体系从传统向现代转化的一个过程[②]。进入新时代以来，我国社会生活中最重

---

　　① 习近平：《决胜全面建成小康社会　夺取新时代中国特色社会主义伟大胜利——在中国共产党第十九次全国代表大会上的报告》，人民出版社 2017 年版。
　　② 高培勇主编：《现代化经济体系建设理论大纲》，人民出版社 2019 年版。

要的一个方面，就是社会主要矛盾从总量性特征向结构性特征的重大转变。而这种转变的一个主要表现就是党的十九大所做出的重大判断："新时代我国社会主要矛盾已经转化为人民日益增长的美好生活需要和不平衡不充分的发展之间的矛盾。"这与党的十一届六中全会将我国社会主要矛盾提炼概括为"人民日益增长的物质文化需要同落后的社会生产之间的矛盾"有着明显不同。随着我国经济发展步入新时代，伴随经济增长速度的明显变化，从"物质文化需要"到"美好生活需要"，我国需求体系的结构已发生了重大变化。然而，相应的供给结构却并没有发生大的转变。虽然改革开放40多年来我国社会生产力水平总体上显著提高，社会生产能力在很多方面进入世界前列，但更加突出的是"不平衡不充分"等结构性问题，这已经成为满足人民日益增长的美好生活需要的主要制约因素。以经济领域为例，我国产品供给体系产能十分强大，但大多数只能满足中低端、低质量、低价格的需求；随着消费结构加快升级，产品供给结构很不适应需求新变化。其中表现得尤为明显的是，进入新时代以来，人民对保障民生的公共服务领域的需求与供给之间形成了巨大的落差。不论是就业、公平收入分配等方面的政策供给，还是教育、医疗、社会保障、养老等领域的服务供给，距离人民"美好生活需要"，都有不小的差距。

2. 与现代化经济体系的建设相匹配

从现代化经济体系建设的角度看，与一个成熟的、现代化的经济体系相匹配，其服务行业尤其是公共服务领域的产品供给，显然也必须是"现代"的——现代公共服务的供给。从需求层面来看，现代公共服务已转变为人民"对美好生活需要"的一个重要方面，因而对公共服务的需求已经不同于以往，对公共服务质量的要求也已不同于以往，要求提供更高效、更具备可及性的服务；而从供给层面来看，公共服务部门的提供者也不能再满足于以往的低端、低水平的公共服务供给，适应新时代的新要求，公共服务部门势必要转变观念，首先是"观念的现代化"，应聚焦于提供与新时代相适应的"现代公共服务"。显然，这里所指的现代公共服务与以往我们所说的公共服务部门所提供的服务，其内涵是大不相同的，其中最重要的一个差异就是，面向未来的现代公共服务，一是必须与新时代人民群众对美好生活的新需要相匹配；二是现代公共服务与现代化的公共政策之间，也具有必然的联系。它与传统时期的公共服务及公共决策有着重大差异。传统时期的公共政策的决策，更多的是政府部门的"单向"决策，它考虑的主要是政府公共部门以服务提供者的视角所作出的决策，而较少考虑到作为需求一方的民众对公共服务的真实需求。换言之，这种单向的决策其实并不是"公共的"决策，对于公共服务的有效性、可及性、充分程度，其实都打了一定的折扣。它更多的是政府公共服务部门基于自身能力提供的一种服务，而不是基于一种与民众需求相匹配的公共服务。因此，在进入新时代之后，我国公共服务领域的改革与深化，必须与建设现代化经济体系步入同一轨道而不能有所偏离。我们难以想象，在一个现代化经济体系中却仍旧存留着传统的、政府"单向"决策式的公共服务的供给方式；也同样难以想象，一个缺乏现代公共服务的经济体系，能被称为完整意义上的现代化经济体系。近年来，我国公共服务领域的改革取得了长足进展，但与现代化经济体系建设相匹配的公共服务体系的建设仍然有很长的一段路要走。

二　深化公共服务与治理改革："十四五"时期策略与着力点

2020 年是全面建成小康社会的决胜之年，而 2021 年将是"十四五"开局之年，同时也是我们党成立 100 周年。在我国全面建成小康社会的基础上，"十四五"时期的全面深化改革进程，以及我国公共服务与治理改革进程，都将迎来新的战略机遇期。

1. 改革取向与改革策略

经过改革开放 40 多年来的发展，我国经济改革市场化趋向已日益明显，不可逆转。在此背景下，与新时代我国建设现代化经济体系、谋求高质量发展的战略目标相适应，我国公共服务改革与公共治理的多元化取向无疑也将日益凸显。在市场化取向改革的基础上，适时引入社会各方力量，竞争性地共同提供高质量公共服务，具有重要意义。引入多方力量竞争性地提供高质量公共服务，并不是指完全排斥由政府部门提供公共服务，而是强调在政府提供高质量公共服务的重要性基础上，并不完全由政府部门一手包办相关公共服务的提供。有些服务须由政府主导或兜底的，政府部门应该主导或主动兜底；而有些公共服务可采取政府购买服务、政府与社会资本合作（PPP）等方式，由社会上的相关行业或部门提供。这样做的好处，一是可以鼓励服务性行业的发展壮大，带动相关领域的就业；二是有利于培育一个竞争性的服务提供环境，确保更优质高效的服务质量。循此思路可以发现，在积极鼓励政府、企业之外的社会第三方力量积极提供相关公共服务时，改革策略可以是渐进的而非突进的，可以由点到面，从一个行业或领域逐步扩展到更多行业或领域。在全面深化改革的大背景下，在事关群众切身利益的公共服务领域，遵循这样的改革策略，也许更有利于深化公共服务领域的各项改革措施的顺利推进。这与国家治理体系和治理能力的现代化目标也紧密相关。

2. 改革着力点

从深化公共服务体系改革的具体层面看，当前乃至未来一段时期内，我国推进各项以提供高质量公共服务为目标的公共服务体系建设进程，可考虑着重从如下方面突破。

一是"互联网＋"与大数据背景对公共服务供给理念的新冲击。互联网浪潮已经席卷全球，大数据背景下的社会治理已成为新的时代潮流。在全球范围内，与现代化进程紧密相伴的现代公共服务的供给模式，将形成新的巨大冲击。从主要发达国家经济体系变迁的经验性规律看，公共服务的供给已经成为工业化完成之后的经济体系的主要支柱，是就业和经济产出的主要来源，也是公共支出的主要领域。从我国当前公共服务供给的情况来看，其供给也随着经济发展而不断增长。但相较于居民更迅猛增长的需求，面临的供给"不平衡、不充分"的问题更为明显。"不平衡、不充分"既有公共服务供给自身的经济学性质的原因，也有制度性、政策性的障碍，以及底层治理结构存在的问题。因此，基于"互联网＋"与大数据的优势，从制度和治理结构层面寻求突破之策，或许是未来推进公共服务供给模式多元化改革的一个重要思路。二是倡导公共服务供给模式多元化变革。随着20世纪80年代以来一系列新兴模式的兴起和扩张，政府与社会资本合作（PPP）模式、政府购买方式、互联网与社区相结合方式逐渐涌现。这对公共服务供给的治理模式的重构，提供了一种可能性。传统的公共服务提供模式——"政府—市场"两分法——逐步被打破，随着第三方社会力量的兴起，将转向"政府—社会—市场"三分法，构建社会化的治理模式已逐渐成为可能。因此，大力倡导多元化的公共服务供给模式，对于未来中国社会具有重要意义。社会化的公共服务供给与治理模式并不排斥政府的作用，也不排斥市场的作用。相反，它只是做一种"增量改革"，引入社会这一"第三方"力量，从而使公共服务的空间逐步开放，取消对公共服务供给的各种管制，转向对供给主体资质和供给过程的监管，为高质量提供多元化的公共服务，为社会实现共治奠定基础。三是强化地方政府公共服务供给创新的能力与动力。在我国的国家治理体系中，地方政府作为重要的一环，对公共服务供给与社会治理，都具有举足轻重的作用。我国幅员辽阔，东部、中部、西部各地区公共服务需求在日益增长，在"互联网＋"和大数据的背景下，地方政府充分利用互联网方式，推动公共服务供给方式的创新已成为可能。政府治理符合时代需求，充分满足人民之需，更好地为民众提供服务，也已成为可能。在当前环境下，地方政府公共服务供给的创新，应从政府的信息化建设、公共数据资源的开发、公共服务领域应用的开发创新，以及吸纳社会多元主体参与公共服务创新等多个方面协调推进。四是倡导社会共治模式，推动公共治理主体从单一走向多元。推进公共治理体系的建设和完善，政府的力量固然非常重要，但并非唯一。在全面深化改革的进程中，倡导政府与社会共治，积极培育第三方力量，有效参与社会或基层治理，对于改变政府单一治理模式，推动治理主体"公共化"、多元化，具有重要示范效应。

三　改革难点与改革愿景：反思与启示

在我国全面深化改革进程向纵深推进的当前乃至今后一段时期，受我国现实国情的制约，推进以上述重要领域的改革措施为重点的各项具体改革方略的实施，无疑也面临着众多难点和掣肘。

1. 改革难点在于体制协调与制度创新

在我国现行国家治理体系下，由于政府部门间（所谓"块块"）与政府部门内（所谓"条条"）的协调机制并不完全相同，甚至在中央政府与地方政府间关系的协调方面，也存在着一定的改进空间，因而在未来的公共服务体制改革中，从横向角度看，如何实现现行体制下各部门间的有效分工与高效协作？从纵向角度看，如何完善中央与地方间的协调机制？事实上，上述这二者都涉及体制协调（乃至进一步的制度创新）所需要的现行制度的配套措施的改进与完善。这是一个基于现行体制的渐进改革过程。只有实现了逐步改进的目标，未来公共服务高质量供给的制度创新空间才有可能生长。

2. 寻求未来制度创新的空间

制度经济学理论倾向于认为，制度是一个演进的过程。制度创新主要是采取渐进式演进的方式，而较少采取突变的方式。因此，可以认为，未来我国公共服务与治理领域的制度创新，无疑将是现行体制渐进拓展边界所形成的制度创新。旧制度边界的突破，应允许一些地方大胆先行先试甚至"试错"。以医保领域为例，在没有现行制度可供参照的情形下，各地区医保监管的创新措施，应予以充分鼓励，必要时甚至应适当给予政策扶持或试点资金支持。又如养老照护领域的相关扶助政策，也应充分考虑我国东部、中部、西部地区的不同情形，有所区别，应就当地条件，允许基层采取不同方式，鼓励大胆创新。只有这样，才可能不断突破旧制度的边界，探索出新的切实可行的政策措施。全国"一刀切"式的做法，对我国这样地域广阔的国家而言，在公共服务与治理领域的改革，很可能事与愿违。

3. 面向 2025 年的改革愿景

2025 年将是"十四五"收官之年，也将是我们党在成立一百周年之后做出历史性总结回顾的一个关键时点，但同时也是我国全面建成小康社会之后，向新的更高远目标进军的重要"起航"时期。因此，对未来公共服务与治理的改革探索而言，这一"试水"探索期（2021—2025 年）是短暂的，经验与教训都有必要认真反思，它有助于我们更加明确而清晰地认识未来公共服务与治理的目标取向与愿景规划。改革没有完成时，在中国特色社会主义市场经济体制的大旗下，我国公共服务供给体制的进一步改革与完善，如何与现代化强国、现代化经济体系乃至现代财政制度建设等改革目标相互协调，共同推进，将成为考验我国国家治理能力的一个重要方面。面向 2025 年的我国近期经济改革，这一问题不容忽视；面向 2025 年之后的我国中长期经济改革，这一问题同样不容忽视。

（执笔人：王震、范建鏋、李铮）

第十三章　中国的社会保障制度改革

构建现代化的社会保障体系是中国建立社会主义市场经济体制的主要内容之一。我国在 2020 年人均 GDP 超过 1 万美元，进入上中等收入经济体行列。在这个阶段，经济结构、社会结构与人口结构都会发生深刻的变革。能否顺利度过这个阶段，迈过"中等收入陷阱"，进入高收入经济体，完善、灵活的社会保障体系是关键。我国社会主义市场经济体制的社会保障体系在过去 20 多年已基本建成，但在经济快速发展中也面临诸多挑战：在产业结构上，现代服务业特别是人力资本投资型服务业成为主导产业之一，创新型高科技产业逐步成为经济发展的主要推动力；在就业模式上，从传统制造业"雇主—雇员"式的就业模式为主逐步转向自由职业、灵活就业为主；在人口结构上，老龄化、少子化特征凸显。这些特征都对社会保障制度提出了新的要求。改革的目标应该是构建适应现代化经济体系的社会保障制度。根据党的十九大、党的十九届四中全会的精神，社会保障制度的改革与完善，一是更加持续、更加公平；二是要实现全民覆盖、城乡统筹；三是要更具弹性，能够适应人口老龄化、就业模式变化以及劳动力市场结构变化的特征；四是要扩展社会保障的功能，在帮助社会成员抵御社会风险的同时，采取更加积极的政策取向，将提升社会成员抵御风险能力作为目标。

第一节　现代社会保障概念的演进

社会保障制度是现代国家制度的重要组成部分。从发展历程上看，第二次世界大战之后到 20 世纪 70 年代这一时期内，现代社会保障的定义、制度框架以及所包含的主要内容都已基本定型。自 70 年代末期以来，如何在社会保障与经济增长激励之间寻求平衡成为社会保障制度改革的主要线索。理解这些变化对我国建立面向 2025 年的现代社会保障体系具有重要借鉴意义。

一　社会保障制度的框架

社会保障①是伴随着现代工业社会的发展而产生的一种社会制度。从历史起源看，英国 17 世纪颁布的《济贫法》就已经具备了某些社会保障的元素。具有现代社会保障含义的社会保障体系以 19 世纪末期德国俾斯麦政府建立的社会保险体系为开端，1883 年德国颁布《疾病保险法》标志着工业社会的社会保障体系的建立。之后，英国、法国、美国、日本纷纷开始建立本国的社会保障体系。

1. 社会保障的责任主体

现代社会保障体系中的责任主体一般为国家、单位和个人。依据缴费型和非缴费型项目的不同，责任主体之间的责任归属与划分有所不同。社会保险强调风险损失补偿的"三方共担"，而社会救助和社会福利制度大多由政府负责，特别是在欧洲福利国家，个人的责任承担比重更小。随着补充社会保险的发展，市场的作用日益凸显，企业和社会组织也成为重要的责任主体。

2. 社会保障的层次结构

社会保障是预防生命周期中各类风险的一整套政策和制度系统，从大类上讲，涵盖社会保险、社会福利、社会救助三大主要制度，细分又包括养老保障、健康保障、工伤保障、失业保障、剩余保障、儿童和残疾人救助与福利、军人保障等。从世界总体趋势来

---

① 近年来在一些文献中，经常使用"社会保护"（Social Protection）的概念来代替"社会保障"（Social Security）。从严格意义上讲，社会保护拓展了传统社会保障的范畴，更具现代意义。但在多数文献中，二者是通用的。在本书中，我们仍然使用社会保障的指称，但其含义与社会保护基本相同。

看，社会保障从单一的对职工的养老和工伤医疗保障转向对贫困人口的关注，将消除社会和发展的不平等、不安全因素纳入社保体系构建的目标中。

3. 社会保障的权利与义务

在由缴费收入形成的社会保险制度中，强调的是权利义务对等。在来自财政转移支付的社会救助制度中，根据社会公平和收入再分配的目标，主要由政府提供服务。21 世纪以来，在老龄化的大背景下，养老金水平和支出规模不断增加，医疗条件和投入普遍提高，各国政府采取的应对措施主要有两种：一是进行参数式改革，即提高社会保险项目的缴费率和退休年龄，下调待遇水平，普遍收紧社会救助的受益资格；二是进行结构性改革，加强缴费与权益之间的联系，调动个人、企业和社会的积极性。

二 社会保障制度的理念演进

1. 从社会保障到社会保护

传统上，社会保障是作为"安全网"存在的，旨在对市场竞争中的失败者提供帮助。与传统的社会保障相比，社会保护突出如下特征：第一，在充分考虑受保护群体现实条件及生活状况的基础上，关切弱势群体的需求。第二，对可支付与可持续性的重视，提供的保护更加重视家庭和社会的可支付能力。第三，着眼于提升个人、家庭、社区应对风险能力的促进与完善，防止福利依赖。第四，社会保护强调保护内容的灵活性，能够适应快速变化的经济社会环境。

2. 从"安全网"到功能扩展

自 20 世纪 80 年代以来，社会保障传统的"安全网"功能与政策定位发生了变化。这些变化主要体现在以下几个方面：第一，积极的就业政策与人力资本投资成为现代社会保障的重要内容，强调对劳动市场的干预，和社会保护政策的社会投资功能[①]。第二，社会风险的管控成为社

---

① 徐月宾、刘凤芹、张秀兰：《中国农村反贫困政策的反思》，《中国社会科学》2007 年第 3 期。

会保障的主要功能，在制度设计上从"剩余型"向"发展型"转变。第三，社会保障成为促进社会和谐与稳定、消解社会排斥的主要政策手段。

3. 从"去福利化"到多样化

世界社会保障体系改革的另一引领理念是社会保障的"去福利化"，包括以下几个方面的内容：一是非缴费型支出削减，特别是福利型项目削减。二是更加强调个人责任，减少个人对公共福利的依赖。第二次世界大战后形成的福利国家模式，政府即使不是唯一的也是主要的社会保障的提供者。但是自 20 世纪 80 年代以来，在社会保障提供中引入市场力量，多样化的供给主体参与成为改革的重要方面。

第二节　社会保障制度改革的国际趋势

社会保障是世界各国的重要社会制度安排，是各国社会治理的重要组成部分，更是体现治理能力的重要指标。作为社会稳定器和安全网，社会保障体系得到各国政府和社会的重视，各国纷纷采取一系列改革与保障措施，不断完善社会保障体系。在我国 70 多年的社会保障制度的建设过程中，受到了国际经验的深刻影响。

一　国际社会保障制度改革的趋势

1. 社会保障的公共支出不断提高

经济发展进入中等收入阶段，以及从中等收入阶段迈向高收入阶段的过程中，就业和社会保障的公共支出在整个国民总产出中的比重有不断上升的趋势。如表 13 - 1 所示，OECD 国家包括就业和社会保障在内的社会支出占 GDP 的比重从 1990 年的 16.38% 上升到 2018 年的 20.05%。

表 13 - 1　　　　　　OECD 国家社会支出占 GDP 的比重　　　　　单位：%

年份 国家	1990	1995	2000	2005	2010	2015	2018
澳大利亚	13.14	16.92	18.25	16.71	16.59	18.54	—

续表

国家＼年份	1990	1995	2000	2005	2010	2015	2018
奥地利	23.15	26.28	25.69	25.95	27.56	27.70	26.60
比利时	24.42	25.17	23.49	25.23	28.28	29.19	28.91
加拿大	17.55	18.35	15.76	16.14	17.53	17.63	—
智利	9.79	10.97	10.40	8.87	10.43	10.77	—
捷克	14.11	16.07	17.91	18.07	19.72	19.40	18.72
丹麦	21.95	25.51	23.77	25.20	28.59	28.99	27.99
爱沙尼亚	—	—	13.82	12.97	18.30	17.70	18.40
芬兰	23.32	28.90	22.61	23.97	27.34	30.39	28.71
法国	24.28	28.33	27.58	28.73	31.04	31.98	31.20
德国	21.35	25.21	25.39	26.24	25.90	24.86	25.14
希腊	15.72	16.60	17.77	19.88	24.85	25.43	23.45
匈牙利	—	—	20.05	21.85	23.04	20.89	19.45
冰岛	13.49	15.05	14.63	15.95	16.90	15.48	16.01
爱尔兰	16.84	17.54	13.19	15.91	24.57	15.51	14.38
以色列	—	16.45	16.21	15.30	15.44	15.54	—
意大利	20.70	21.12	22.68	24.17	27.12	28.48	27.91
日本	10.93	13.31	15.43	17.17	21.26	21.88	10.93
韩国	2.68	3.07	4.53	6.12	8.22	10.21	11.13
立陶宛	—	15.38	13.68	19.39	15.82	16.16	15.38
拉脱维亚	—	0.00	15.35	12.26	19.50	15.71	16.20
卢森堡	18.33	19.88	18.70	22.83	23.14	22.10	22.41
墨西哥	3.14	3.68	4.39	6.15	7.37	7.68	—
荷兰	23.99	22.45	18.85	20.23	17.78	17.73	16.68
新西兰	20.31	17.69	18.23	17.78	20.43	19.21	18.93
挪威	21.55	22.47	20.40	20.75	22.03	24.70	24.98
波兰	14.21	21.83	20.22	20.76	20.63	20.22	21.13
葡萄牙	12.22	16.02	18.47	22.29	24.47	24.04	22.61
斯洛伐克	—	18.40	17.55	15.78	18.00	17.80	16.95
斯洛文尼亚	—	5.70	22.04	21.43	23.40	22.64	21.20
西班牙	19.20	20.69	19.48	20.41	24.72	24.66	23.71

续表

年份 国家	1990	1995	2000	2005	2010	2015	2018
瑞典	27.24	30.56	26.77	27.33	26.26	26.34	26.06
瑞士	12.09	14.03	13.88	15.62	15.06	15.89	16.02
土耳其	3.80	3.37	7.55	10.09	12.34	11.57	—
英国	14.90	16.72	16.19	18.34	22.42	21.61	20.59
美国	13.16	15.06	14.25	15.65	19.37	18.85	18.72
OECD 国家平均	16.38	18.04	17.38	18.21	20.57	19.02	20.05

注：社会支出包括如下项目的公共支出以及强制性私人支出：老年与遗嘱、残障相关、健康、家庭、失业、住房、积极的就业政策以及其他社会性支出。包括现金给付和实物给付。

资料来源：OECD。

2. 重视激励机制与保障功能兼容

第二次世界大战以后形成的国家大包大揽模式逐渐得到破除，政府不再是主要的社会保障提供者，强调个人（家庭）的参与责任与贡献。世界各国开始讨论延长退休年龄、建立职业年金和企业年金、鼓励商业医疗保险发展等实现对单位和个人的有效激励，减轻政府财政负担。另外，对弱势群体的风险分担和保障功能进一步加强和完善，各国致力于消除贫困和缩小贫富差距以维护社会稳定，对弱势群体的救助和帮扶中设置灵活的救助项目，越来越重视"自救"而非政府全包。

3. 市场机制与投资收益的作用凸显

为减轻人口老龄化导致未来参保人缴费增加的经济压力和实现代际公平，发达国家纷纷进行投资体制改革，也就是利用市场机制的方式来提高社保基金的收入能力和支付能力。随着社会经济的发展，发达国家越来越重视投资收益的重要性，开始对社会保险基金进行投资。自1990年美国将养老保险缴费率提高到12.4%以来，建立"资金池"和提高收益率的做法越来越多。加拿大于1997年、日本和韩国于2000年相继建立起市场化、多元化和国际化的社会保险基金投资机构，投资收益率十分可观。

二 我国社会保障国际借鉴的经验与教训

1. 建立多层次的社会保障体系

尽管当前我国已经建立起以养老保障和医疗保障为主，兼顾残疾人、贫困人口救助的社会保障体系，但政府仍是最主要或单一的责任主体，市场机制发展的空间仍很大。我国政府积极推动企业年金和商业医疗保险的发展，但目前来看覆盖范围仍十分有限。[1] "十四五"时期高质量的社会保障体系的建立，应重视责任合理分担并坚持共建共享，丰富社会保障项目的结构层次与功能。

2. 注重科学设计与制度创新

纵观世界各国的社会保障体系，为适应社会经济发展，均在历史进程中不断进行改革。我国的历史遗留问题一定程度上影响了社会保障体系的完善发展，例如，养老保险的地方统筹问题，医疗保险的个人账户问题，均违背了社会保障的互助共济原则，只有这些问题得到解决，才能建立起符合高质量发展要求的社会保障体系。另外，2020 年全面建成小康社会目标的实现，要求我们对原有社会救助系统进行更加细化的制度设计。随着人口老龄化的发展，老年人福利与照护服务制度也应纳入社保体系建设之中。

3. 警惕"成本病"问题的出现

西方发达国家纷纷进行社会保障的市场化改革以及不断分散原有的政府责任，根本原因在于高度的福利化水平让各国财政不堪重负，也就是"成本病"的问题。面向 2025 年的社会保障体系建设和改革的进程，应该以此为警示，意识到经济增长进入稳态后的福利刚性问题，并注重长期精算平衡与代际公平的实现，运用市场机制，充分发挥商业保险的作用，建立与经济发展水平和政府财政支撑能力相适应的社会保障体系。

---

① 郑功成：《多层次社会保障体系建设：现状评估与政策思路》，《社会保障评论》2019 年第 1 期。

第三节　中国社会保障制度建设的历程与问题

从 1949 年新中国成立到 1978 年改革开放，我国实行的是计划经济体制，与之相对应的是政府包办一切的福利化政策。在城市，单位为其成员提供各种社会保障，如分配住房，公费医疗，兴办托儿所、幼儿园、食堂等。在农村，实施"集体福利制度"，即以集体经济为基础，集体福利、家庭照顾和国家社会救助相结合的保障模式。改革开放后，原来带有福利色彩的保障制度已不能适应经济和社会发展的需求。但源于计划经济体制下户籍分割的城乡"二元"保障制度并没有随着市场经济制度的建立而打破，农村和城市也由此形成了不同的制度建设历程和发展道路。

一　农村社会保障制度建设历程

农村社会保障的匮乏以及农民负担过重的问题在 2000 年左右得到缓解，国家财政开始对农村社会保障承担起责任，并替代农村集体经济组织，成为农村社会保障供给的主要筹资来源。

1. 新型农村合作医疗保险制度的建立

"新农合"制度建立之前，农村医疗保障称为"旧农合"制度，最早起源于 1953 年部分农村地区合作社开展的互助医疗模式，1979 年，这一模式覆盖了 90% 以上的村庄。改革开放后，市场经济体制的建立导致传统合作医疗制度大面积解体，1979—1989 年合作医疗行政村覆盖率下降到 4.8%，农村居民看病难、看病贵问题凸显。2003 年卫生部、财政部、农业部三部委发布《关于建立新型农村合作医疗制度的意见》，要求开展新农合试点工作。相比于之前旧的农村合作医疗制度，新农合最主要的特征是由政府财政补贴、集体补助和个人缴费三个部分筹资构成。截至 2008 年，全国 2729 个有农业人口的县（市、区）全部覆盖了新农合制度，覆盖人口达到 8.91 亿人，参合率达到 91.53%。2009 年后，新农合参合率总体稳定在 90% 以上。2012 年，在基本医保制度的基础上，又建立新农合"大病保险制度"，以提高农村居民医疗保障水平。

2. 新型农村养老保险制度的建立

与农村合作医疗的建立历程相似，民政部于 1986 年依据地区经济发展水平开始试点基层农村社会养老保险，并于 1991 年 6 月制定和实施了《县级农村社会养老保险基本方案（试行）》，开始在全国推广，其特征是以"个人缴纳为主、集体补助为辅、国家予以政策支持"。后因缺乏社会互济性、政策难落实等于 1999 年被叫停①，同时农村社会保险管理职能也在 1998 年国务院机构改革中被划入新成立的劳动和社会保障部。直至 2002 年，党的十六大报告提出"有条件的地方，探索建立农村养老、医疗保险和最低生活保障制度"，并将农村社会保障制度建设纳入全民建设小康社会的战略目标体系之中。经过多年探索，2009 年 9 月 1 日国务院发布了《关于开展新型农村社会养老保险试点的指导意见》，开始在全国农村建立农村养老保险制度，其最主要的特征就是国家财政的筹资补贴：一是基础养老金，60 岁以上的农村居民每月 55 元基础养老金由财政负担；二是参保补贴，国家财政对个人账户养老金进行直接补贴。截至 2011 年，新农保覆盖率为 81.5%②。

3. 国家财政负担的社会救助项目也在农村建立起来

1994 年国务院颁布的《农村五保供养工作条例》中，规定"五保供养所需经费和实物，应当从村提留或乡统筹费中列支"，而不是由政府财政负担。2006 年国务院新发布的《农村五保供养工作条例》将五保供养的筹资来源规定为政府财政支出，要求"农村五保供养资金，在地方人民政府财政预算中安排"。其他社会救助项目，农村低保和农村的医疗救助也逐步建立起来。截至 2011 年，由国家财政支持的农村新型社会保障实现了制度和人群上的全覆盖。

---

① 据统计，在《县级农村社会养老保险基本方案（试行）》实施的最初几年，全国 5000 多万人的投保额为 30 多亿元，人均 60 多元；至 1997 年，投保人数增至 8000 多万人，投保额为 120 多亿元，人均 146 元。转引自田凯《当前中国农村社会养老保险的制度分析》，《社会科学辑刊》2000 年第 6 期。

② 向春玲：《城镇化热点难点前沿问题》，中共中央党校出版社 2014 年版，第 95 页。

二　城市社会保障制度建设历程

20 世纪 90 年代中期，特别是党的十四大确定我国改革开放的目标模式是社会主义市场经济体制后，对社会化的社会保障制度提出了要求。

城镇社会保障制度的改革首先是养老保险和医疗保险的改革。计划经济时期的养老金发放和职工及其家属的医疗费用是从企业中列支的。将这两项职能剥离，将退休职工的养老金以及职工的医疗费用在所有企业之间进行"统筹"，形成社会化的社会保障制度，是改革的基本趋势。党的十四届三中全会，在社会保障制度方面提出了"社会统筹加个人账户"的社会保障模式。在社会统筹部分，筹资来自企业（雇主）的缴费，个人账户则来自个人的缴费。

在这一原则之下，1995 年开始在江苏省的镇江市、江西省的九江市，进行职工医疗保障制度改革试点（史称"两江试点"）。1998 年国务院发布《关于建立城镇职工基本医疗保险制度的决定》，标志着城镇职工基本医疗保险制度正式确立。截至 1999 年，我国逐步建立了包括企业职工基本养老保险、基本医疗保险、生育保险、失业保险和工伤保险在内的五项面向城镇企业职工的基本社会保险[1]。2000 年国务院出台《关于完善城镇社会保障体系的试点方案》，强调积极开展城镇职工基本医疗保险制度的改革试点，开启了我国城镇职工医疗保险制度的全面发展阶段。2003 年，发布《劳动和社会保障部办公厅关于进一步做好扩大城镇职工基本医疗保险覆盖范围工作的通知》，又进一步扩大了人群覆盖范围，将灵活就业人员纳入基本医疗保险制度的保障之下。2009 年，发布《中共中央　国务院关于深化医药卫生体制改革的意见》提出，"进一步完善城镇职工基本医疗保险制度，加快覆盖就业人口"。

我国城镇企业职工建立社会保险制度，将原来享受劳保、公费医疗制度的企业职工和机关事业单位职工全部纳入一个制度，但只覆盖参保职工个人，并不覆盖他们的家属以及非就业的居民。对这部分居民，城

---

① 王超群、顾雪非：《我国城镇职工基本医疗保险制度改革的经验与问题——基于对政策文件和制度环境的分析》，《中国卫生政策研究》2014 年第 1 期。

镇地区专门面向他们建立居民医疗保险和居民养老保险。城镇居民的基本医疗保险和养老保险，在筹资模式和制度设计上与农村居民的新型农村合作医疗制度以及新型农村养老保险制度相同。

除了社会保险，城镇地区还逐步建立了以最低生活保障制度为主的城镇社会救助体系。主要对收入低于最低生活保障线的居民提供救助。1997 年国务院发布了《关于在全国建立城市居民最低生活保障制度的通知》，将城市低保制度推向全国。社会救助项目除了低保制度外，还在 2005 年建立了城市医疗救助制度。

三 城乡一体化的社会保障制度历程

长期以来，社会保障制度在城乡之间、人群之间存在较大差异。党的十八大以来，开始提出建设城乡一体化的社会保障体系。特别是随着大规模的人口流动，针对城镇居民和农村居民分割的社会保障制度既不公平也缺乏效率。

首先是城乡居民养老保险的合并实施。自 2009 年开始建立新型农村养老保险后，各地快速推进，在 2011 年就实现了全覆盖的目标。2011 年国务院又发布了《关于开展城镇居民社会养老保险试点的指导意见》，覆盖城镇非就业的居民，其筹资和待遇模式与新型农村养老保险相同。为了进一步推动社会保障的城乡一体化，党的十八届三中全会提出"整合城乡居民基本养老保险制度"的要求。在此背景下，2014 年《国务院关于建立统一的城乡居民基本养老保险制度的意见》决定将新农保和城镇居民基本养老保险合并实施。

其次是城乡居民医疗保险的合并实施。新农合自 2003 年开始建立以来，已经实现了农村居民的全覆盖。2007 年针对城镇非就业居民也建立了城镇居民基本医疗保险制度。在 2013 年全国"两会"期间，国务院即提出整合新农合与城居保的意见。2016 年国务院发布《关于整合城乡居民基本医疗保险制度的意见》，要求以"六统一"为原则，实现城乡居民医保的合并实施。2018 年全国"两会"提出的机构改革方案，将原由卫生部门主管的新农合以及人社部门主管的城居保和城职保合并到新组建的国家医疗保障局，实现了城乡居民医疗保险的合并。2018 年年底，我国基本医疗保险的参保率达到 96.7%，实现了基本医疗保险的全民覆盖。其中城镇职工基本医疗保险参保人数为 3.17 亿人，城乡居民基本医疗保险参保人数为 10.28 亿人。

最后是机关事业单位养老保险与职工养老保险的并轨。根据党的十八大和党的十八届三中全会的精神，国务院决定自 2014 年 10 月起改革机关事业单位工作人员养老保险制度，建立基本框架与企业职工养老保险相同的社会统筹加个人账户的社会化的养老保险制度。

四　存在的问题

我国社会保障制度实现了人群的全覆盖，这是我国社会保障建设取得的巨大成绩。但由于我国社会保障体系脱胎于计划经济，在改革过程中又承担了为国有企业改革提供配套的功能，尽管近年来城乡一体化发展是社会保障制度的一个重要政策取向，但在我国社会经济转型的当下，仍面临着巨大挑战。党的十九大提出，我国社会主要矛盾已经转变为人民群众日益增长的美好生活需要和不平衡不充分发展之间的矛盾，这也是我国社会保障制度面临的最突出的问题。

（一）社会保障制度发展的不平衡问题

在当前社会保障体系下，不同的人群适用不同的社会保障项目，即使实行城乡一体化的制度安排，其间也存在明显的差异。如在社会救助方面，城镇居民和农村居民都实行了居民最低生活保障制度，但实际待遇水平仍有着较大差距。农村平均的低保标准是城镇水平的 83.3%，但实际平均补助水平却仅相当于后者的一半。在养老保险方面，城乡居民养老保险的养老金支付水平仅相当于城镇职工养老保险养老金支付水平的 5% 左右；在医疗保险方面，城乡居民基本医疗保险 2018 年人均筹资额不足 1000 元（新农合 657 元，城镇居民 777 元），远低于城镇职工基本医疗保险的人均筹资额 4186 元（见表 13-2）。

这种制度分割与地区分割导致的社会保障待遇差异，不仅阻碍社会保障收入再分配功能的发挥，而且其本身的不公平性也可能成为引发社会冲突的焦点。

表 13 - 2 中国社会保障水平的城乡及制度差距（2018 年）

社会保障水平			数额
居民最低生活保障	平均低保标准（元/人·月）	城市	579.7
		农村	483.4
	平均补助水平（元/人·月）	城市	476.0
		农村	250.3
城镇职工基本养老保险（元/年）		平均养老金	37841
城乡居民基本养老保险（元/年）		平均养老金	1827
城镇职工基本医疗保险（元/年）		人均筹资额	4186
城乡居民基本医疗保险（元/年）		人均筹资额	777
新型农村合作医疗（元/年）		人均筹资额	657

资料来源：2018 年《民政事业发展统计公报》；2018 年《人力资源和社会保障事业统计公报》；2018 年《全国医疗保障事业发展统计快报》。

（二）社会保障制度发展的不充分问题

社会保障制度发展的不充分主要体现在两个方面：一是社会保险制度设计缺乏权益对等原则，影响制度可持续性；二是不能满足居民对高品质公共服务和完善的社会保障的需求。

首先，城乡居民基本养老保险并轨以及机关事业单位基本养老保险统一之后，中国养老金制度形成了居民与城镇就业职工之间的双轨制。但中国居民基本养老保险覆盖的不仅是未就业的群体，而且覆盖了大量的没有雇主或灵活就业群体（农民及农民工），从当前人口流动及就业模式的变动趋势来看，大规模的人口流动以及没有雇主或灵活就业群体的增加，将不断减少职工基本养老保险的覆盖人口。在制度抚养比逐年走低的情况下，这意味着，城镇职工养老保险制度也缺乏可持续性。2011—2014 年，我国养老保险基金收入增速显著下降，养老保险基金支出增速却不断上升。2015 年以来，尽管养老保险基金收入增速与养老保险基金支出增速差距有所缩小，但这一情况并不乐观（见图 13 - 1）。

其次，在城乡居民医保的筹资中，居民的缴费是固定费率，每年由地方政府确定。在固定费率下，不管居民收入多寡，都按照一个固定的

（%）

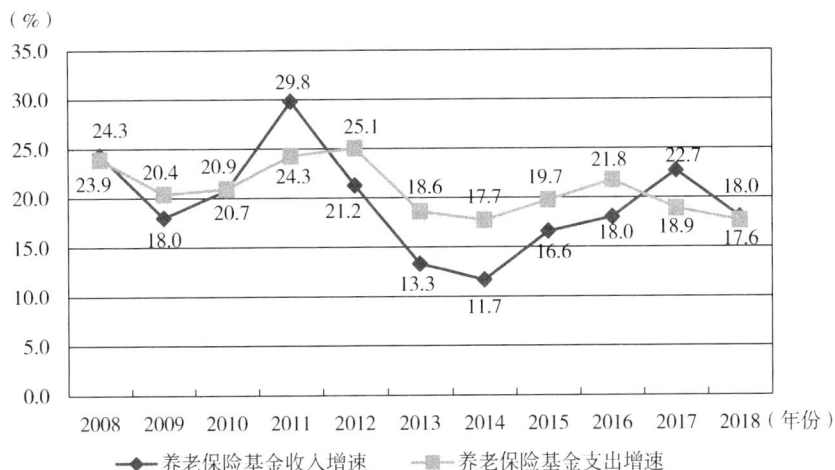

图 13 – 1　养老保险基金收支增速

资料来源：相关年份《人力资源和社会保障事业发展统计公报》。

额度缴费。其中政府与个人的缴费比例也几乎是确定的，政府财政补贴高达 70% 以上，个人缴费不足 30%。这与社会保险"量能缴费"的性质相冲突，降低了社会保险的再分配功能，导致穷人补贴富人。从各地的实施情况来看，由于缺乏制度化和规范化的筹资调整机制，居民医保筹资调整有明显的短期性和随意性，影响了制度的稳定性和可持续性。

而对于城镇职工医疗保险，参保人退休后，满足一定的缴费年限，可不用缴费而享受医疗保险待遇。从筹资的角度看，这类似于一种名义账户制度或权益的积累制度，即参保人在职期间参保缴费，其缴费遵循现收现付原则，缴费年限作为权益可以积累，在退休后即可无需缴费而获得医疗保险待遇，其资金来源于在职职工的缴费。在这一制度设计下，随着老龄化的加深，无需缴费而获得医疗保险待遇的人口会越来越多，其效应与社会养老保险的效应相同。但是，与养老保险不同的是，医疗保险面临着医疗费用随年龄增长而加速上涨的压力。从生命周期的角度看，人一生中超过 70% 以上的医疗费用是在 60 岁以后支出的。在这种状况下，老龄化对医疗保险基金的冲击会更大。

最后，商业保险作为社会保障体系的补充部分并未得到充分发展。我国地区间经济发展水平差异较大，由此带来医保筹资水平和财政补贴水平差距也较大。同时，按人群分设的基本医保制度使得在职职工，特别是机关事业单位职工与城乡居民间存在巨大保障差距，不利于社会和谐稳定，更与我国建立社会医疗保险的基本原则不相符。尽管近年来商业健康保险有所发展，但与基本医保基金支出相比，甚至不足后者的10%（见图13-2）。一些经济发达地区的高收入人群本身有着更高保障待遇需求，却透支着基本医保基金，甚至出现基本医保"过度保障"现象。

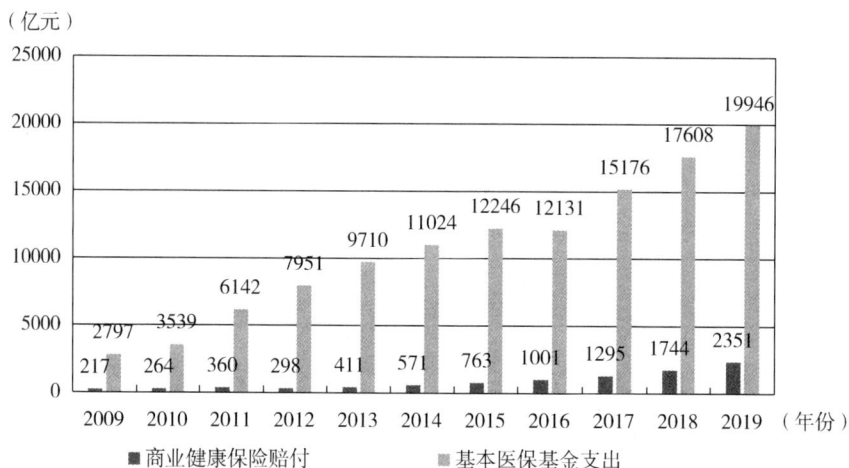

图 13 - 2　商业健康保险赔付与基本医保基金支出对比

资料来源：2009—2018 年《中国保险年鉴》，《2019 年医疗保障事业发展统计快报》。

第四节　未来五年社会保障制度改革的重点

社会保障作为国家治理体系中的关键性组成部分，在国家治理体系和治理能力现代化的过程中承担着不可替代的作用。现代社会保障起源于工业革命时期，是传统农业社会家庭式保障弱化后社会成员抵御社会风险的主要工具，也是促进社会团结、维护社会稳定的重要工具。我国自改革开放以来逐渐建立了适应社会主义市场经济体制的社会保障体制，以缴费型的社会保险为主体，以非缴费型的社会救助作为安全网，以重点人群需要为目标的社会福利，三个层次的社会保障制度逐步完善。党的十八大以来，在社会保障领域也进行了一系列的改革，其主要的改革线索是打破制度分割、地区分割，实现社会保障的一体化，包括城乡居民社会保险制度的整合、机关事业单位养老金制度改革、养老金中央调剂金制度的建立等。

但是，随着我国经济社会的进一步发展，人均收入的快速提高，对社会保障建设的要求也越来越高，社会保障在国家治理体系中起到的作用也越来越重要。可以说，进一步完善社会保障制度，是中国经济跨越中等收入陷阱、实现国家体系和治理能力现代化的关键性环节。

一 重构社会保障体系，适应产业组织关系转变

我国现行社会保障制度的主体是社会保险制度，包括职工保险和居民保险两个主要体系。但从我国当前产业组织结构和就业模式变化来看，人口大规模流动已成为常态化，有明确"雇主—雇员"关系的企业及其雇用的职工占比在下降，灵活就业、个体就业、没有雇主或雇主不明确的就业比重在上升。2018 年个人城镇就业人数占城镇总就业人数的比例达 24%。除此之外，我国还有 2.9 亿名农民工（其中外出农民工1.7 亿人），这些农民工也处于灵活就业状态。这导致大量原本参加职工社会保险的就业人员转而参加了居民保险。

我们从东部、中部、西部地区各选择三个地级市进行城镇职工参保率估算发现，西部地区城镇职工参保率显著低于东部和中部地区。而东部和中部部分地区也出现参保率逐年下降趋势。说明部分城镇私营和个体从业人员以及城镇单位从业人员选择城乡居民医保或未参保（见表 13 - 3）。

表 13 - 3 东部、中部、西部地区九个地级市城镇职工参保率估算

（2014—2019 年） 单位：%

年份		2014	2015	2016	2017	2018	2019
东部地区	厦门	77.3	68.8	63.4	64.1	60.7	NA
	广州	NA	87.7	89.4	92.7	83.9	86.3
	杭州	91.8	93.4	112.0	117.9	88.2	NA

续表

年份		2014	2015	2016	2017	2018	2019
中部地区	武汉	91.0	87.8	89.5	99.6	100.1	NA
	长沙	71.1	70.9	70.1	75.9	66.6	NA
	郑州	53.9	51.4	49.6	52.2	51.6	NA
东部地区	兰州	62.1	59.1	59.6	57.9	52.1	NA
	桂林	67.2	62.2	60.5	NA	NA	NA
	昆明	53.2	70.7	53.2	56.8	44.3	NA

注：城镇职工参保率估算公式为：城镇职工基本医疗保险参保人数／（城镇私营和个体从业人员＋城镇单位从业人员数）。其中：（1）城镇私营从业人员指在工商管理部门注册登记，其经营地址设在县城关镇（含城关镇）以上的私营企业就业人员，包括私营企业投资者和雇工。（2）城镇个体从业人员指在工商管理部门注册登记，并持有城镇户口或在城镇长期居住，经批准从事个体工商经营的就业人员，包括个体经营者和在个体工商户劳动的家庭帮工和雇工。（3）城镇单位从业人员是指在各级国家机关、政党机关、社会团体及企业、事业单位中工作，并取得劳动报酬的全部人员。包括在岗职工、再就业的离退休人员、民办教师、在各单位中工作的外方人员和港、澳、台方人员以及聘用的外单位下岗职工、兼职人员、从事第二职业人员、使用的劳务派遣人员。

资料来源：相关年份各省市统计年鉴及《中国城市统计年鉴》。

为适应上述转变，需重构社会保障体系，探索建立以居民参保为基础的全民社会保险制度。在这一制度下，①居民参保与就业状态无关；②参保状态和参保关系与属地无关；③全民社会保险制度向全体居民提供基本保障，有更高保障要求的可以选择其他商业补充保障制度。并且，能够实现以下制度目的：一是收入再分配和减贫功能明显，实现社会保障"保基本"的目标；二是具有高度的弹性和灵活性，适应劳动和就业市场对灵活性的要求，特别是适应新技术冲击下的就业模式的变化；三是为其他重要领域的改革提供了制度保障；四是适应了多层次的社会保障需求，满足不同层次居民对社会保障的不同需求。

二 建立稳定的社会保障筹资机制，确保制度可持续性

对于医疗保险制度，从稳定筹资来源看，一方面逐步探索建立与城乡居民可支配收入挂钩的筹资机制，提高个人缴费比例，可探索实施"家庭联保"模式，即家庭中就业人口的城镇职工基本医保对非就业家庭成员的共济，如通过个人账户支持参保等。从筹资分担机制来看，按

照权责对等原则，合理确定个人、单位或政府分担责任，优化筹资结构，应考虑将退休职工缴费提上日程。从国际上看，退休职工缴费是发达国家的通行做法，*Social Security Programs Throughout the World* 2010 年报告显示，世界上 76 个建立社会医疗保险的国家或地区中，有 39 个（超过 50%）国家或地区实行退休人员缴费政策。国内相关研究也认为，未来城乡居民医保与职工医保整合形成全国统一的全民医疗保险制度是大势所趋，由于城乡居民医保实行终身缴费制，退休职工缴费不仅有助于提升制度公平性，也为三保合一、制度并轨创造条件。

对于养老保险制度来说，一是考虑城镇企业职工基本养老保险延迟退休政策。目前，中国城镇企业职工基本养老保险领取退休金的年龄，仍然执行 20 世纪 70 年代的标准[1]。在人口预期寿命不断延迟的情况下，领取养老金的时间也在不断延长，加剧基金的支付压力。二是实现养老保险基金的全国统筹。因经济发展等原因，各地养老基金保有水平差异较大，提高养老金统筹层次不仅能够熨平地区差异，也能够缓解财政支出压力。三是逐步放开养老保险基金投资限制。目前，我国城镇企业职工基本养老保险存在大量结存，截至 2018 年，我国基本养老保险基金累计结存 58152 亿元，以当年基金支出额度计算，能够支付 14.7 个月。这些资金面临贬值风险。

（执笔人：朱凤梅、康蕊）

---

[1] 男性 60 岁，女干部 55 岁，女工人 50 岁；特殊工种及特殊情况可提前 5—10 年。

第十四章　中国的农业农村现代化

　　党的十八大以来，我国贫困人口从 2012 年年底的 9899 万人减到 2019 年年底的 551 万人，贫困发生率由 10.2% 降至 0.6%[①]，取得了脱贫攻坚的决定性成就，并将随着脱贫"最后一公里"突破，在 2020 年夺取脱贫攻坚战全面胜利，确保全面建成小康社会。接下来的"十四五"时期，将是我国跨越中等收入陷阱[②]、踏上全面建设社会主义现代化强国新征程的重要阶段，我国农业农村发展的重点将从脱贫攻坚转向农业农村现代化建设，这一时期除了需要建立有效的防贫返贫机制外，还面临着分散的农户与现代农业对接困难、农业的全要素生产率低下和农产品结构性调整等方面的挑战。针对这些挑战，本章以马克思的"生产力—生产方式—生产关系"原理为基础[③]，以经济史料为支撑，借鉴现代经济学的工具，对人民公社制度和家庭承包制度取得的成就和局限

---

　　① 参见习近平《在决战决胜脱贫攻坚座谈会上的讲话》，新华网，2020 年 3 月 6 日。

　　② 我国在 1997 年人均 GNI 达到 750 美元，成功跨过了"贫困陷阱"，迈入"中等低收入阶段"，并在 2010 年人均 GNI 达到 4340 美元，成功跨过了"中等低收入阶段"，进入了中高收入阶段。参见 World Bank, World Development Indicators（WDI），Washington, DC：World Bank, 2020. Available online at, http：//data. worldbank. org/data-catalog/world development-indicators（last updated 22/02/2020）. 根据 Linda 和 Helmut 等的研究，跨越中上等收入的平均时间为 14 年，"十四五"时期末，我国应该跨越中等收入陷阱，否则就有可能跌入中等收入陷阱之中。参见 Linda Glawe, Helmut Wagner, "China in the Middle-income Trap?" *China Economic Review*，2020，60. 有关跨越中等收入陷阱的讨论，可以参见黄群慧、黄阳华、贺俊、江飞涛《面向中上等收入阶段的中国工业化战略研究》，《中国社会科学》2017 年第 12 期；World Bank, *China 2030：Building a Modern, Harmonious, and Creative High-Income Society*, World Bank Publications, 2012.

　　③ 参见郭冠清《回到马克思：政治经济学核心命题的重新解读（上）——以〈马克思恩格斯全集〉历史考证版第二版（MEGA2）为基础》，《经济学动态》2015 年第 5 期；郭冠清《回到马克思：对生产力——生产方式——生产关系原理再解读》，《当代经济研究》2020 年第 3 期。

性进行了分析，并提出了相应的政策建议。

第一节　新中国农业农村现代化历程

虽然农业农村现代化是党的十九大报告首次提出的概念，但是这并不影响从它本身的内涵出发，对它的发展历程进行研究。考虑到合作化道路对新时代农业农村现代化的重要意义，本章的发展历程回顾从社会主义改造时期的合作社开始。

一　社会主义改造时期建立的合作社试验

新中国成立以后，以毛泽东同志为核心的党中央对农业发展问题进行了深入的思考，基于延安时期的经验和中国工业非常薄弱的实际，放弃了苏联的先机械化再集体化的发展模式，选择了农业合作化这一中国特色的农业发展道路，把小农经济逐步改造成为社会主义集体经济，这是中国共产党过渡时期总路线的一个重要组成部分。党在完成土地改革以后，遵循自愿互利、典型示范和国家帮助的原则，从构建带有社会主义萌芽性质的临时互助组和常年互助组，发展到以土地入股、统一经营为特点的半社会主义性质的初级农业生产合作社，最终建立土地和主要生产资料归集体所有的完全社会主义性质的高级农业生产合作社。

在毛泽东的号召下，我国迅速掀起了农业合作化道路的高潮，农业生产合作社的数量从 1951 年 12 月的 300 多个增加到 1953 年 12 月的 14000 多个。对于农业生产合作社这种由政府引导、农民自愿组织起来的生产方式是否能促进生产力发展，毛泽东明确指出："农业生产合作社，在生产上，必须比较单干户和互助组增加农作物的产量。决不能老是等于单干户或互助组的产量，如果这样就失败了，何必要合作社呢？"① 对于农业生产合作社的生产关系，毛泽东批判了一些错误倾向，指出：

---

① 《毛泽东文集》第 6 卷，人民出版社 1999 年版，第 426 页。

"在有些地方，他们在工作中犯了一些错误，例如：一方面排斥贫农入社，不照顾贫农的困难；另一方面又强迫富裕中农入社，侵犯他们的利益。"①

1955 年下半年至 1956 年年底，农业合作化运动迅猛发展。1955 年 7 月 31 日，中共中央召开省、市、自治区党委书记会议。毛泽东在会议上作了《关于农业合作化问题》的报告，对党的农业合作化的理论和政策作了系统阐述，并对合作化的速度提出新的要求。10 月 4—11 日，中共中央在北京召开七届六中全会，通过了《关于农业合作化问题的决议》，要求到 1958 年春，在全国大多数地方基本上普及初级农业生产合作，实现半社会主义合作化。仅 3 个月左右，全国就基本实现了农业合作化。到 1956 年年底，参加初级社的农户占总农户的 96.3%，参加高级社的农户占总农户的 87.8%，初步完成了由农民个体所有制到社会主义集体所有制的转变。

1955 年，毛泽东亲自编写了大型文献《中国农村的社会主义高潮》，热情讴歌农业合作化成果，其中提到，"农业合作化的进度这样快，是不是在一种健康的状态中进行的呢？完全是的。一切地方的党组织都全面地领导了这个运动。农民是那样热情而又很有秩序地加入这个运动。他们的生产积极性空前高涨。最广大的群众第一次清楚地看见了自己的将来"②。对于合作社的绩效，黄英伟和张晋华③利用《农业合作化第一年二十五省（市、区）农业生产合作社典型调查》中的数据，对 1956 年成立的高级合作社进行了分析，发现农户增收效果较为明显，70% 左右的农户收入增加，人均收入较 1955 年增加 8.6 元，增长幅度为 16.3%，而在增收的农户中贫下中农成分农户增收比例最高，达到 72.89%。

二 社会主义建设时期人民公社制度成就与教训

虽然合作社这种生产方式与当时我国农业的生产力发展水平非常相

---

① 《毛泽东文集》第 6 卷，人民出版社 1999 年版，第 418 页。
② 徐俊忠：《探索基于中国国情的组织化农治战略——毛泽东农治思想与实践探索再思考》，《毛泽东邓小平理论研究》2019 年第 1 期。
③ 黄英伟、张晋华：《高级社增加了农户收入吗？——基于〈农业生产合作社典型调查〉的研究》，《开发研究》2017 年第 1 期。

符，在生产关系上也具有社会主义的性质，但是由于它无法满足国家工业化战略的"以农补工"的需要，或者更进一步说，国家工业化战略所需要的资金积累无法通过工农业产品价格"剪刀差"的方式来提取，① 因此，就我国当时的整体生产力水平来看，合作社仍然不是一个最优生产方式选择。为了国家工业化战略，客观上需要一种能够对农业实施粮棉油统购统销、由国家可以控制的生产方式，人民公社制度就在这种背景下诞生了。

对于人民公社，我们一定要将它与人民公社运动区分开来，1958年"大跃进"时期，由合作社非自愿性形成的组织，以"一大二公""公共食堂"为主要特征（一般称为"大公社"）②，严重背离了唯物史纲的"生产力—生产方式—生产关系"原理，不过是"共产风""浮夸风"下的异化组织，并不是人民公社本身。1959—1961年经历了罕见的农业危机后，以毛泽东同志为核心的党中央开始认识到大公社存在的严重问题，从1962年2月开始，将核算单位从公社下放到生产队，形成了"人民公社、生产大队、生产队"三级所有，以生产队为基础的真正意义上的人民公社制度，并通过《农村人民公社工作条例（修正草案)》（简称《农业六十条》）对这种制度安排进行了详细的说明或规定。这种生产方式从1962年"以生产队为基本经济核算单位"的人民公社成立，到1984年正式宣布人民公社取消，共实施了22年。

从治理体系来看，人民公社政社合一，农村基层党组织高效有力，农民组织水平达到了前所未有的高度，社会组织长期稳定，农民与国家之间的对接成本非常低。需要强调的是，人民公社制度不仅保证了我国行政体系的高效运转，而且在国家工业化急需资金的情况下，建立健全了一整套社会保障制度，例如对生活困难或生活不能自理社员的救济与照顾、面向全体社员的公共卫生保健制度。同时，人民公社与城市生产

① 正如陈云所说，"中国是个农业国，工业化的投资不能不从农业上打主意。搞工业要投资，必须拿出一批资金来，不从农业打主意，这批资金转不过来。"载《陈云文选》第二卷，人民出版社1995年版，第97页。

② 根据黄英伟的统计，1958年8月末到11月初，不到三个月时间，就有75.3万个高级社被合并成2.4万个人民公社。参见黄英伟《20世纪70年代农户收入研究》，社会科学文献出版社2018年版。

单位也有制度上的对接，某种程度上担当了工业劳动力的"蓄水池"和"后备军"的角色：在工业生产劳动力短缺时，农村劳动力有效地加以填补①；而在工业生产困难、粮食供应不足时，城市向农村大量疏解劳动力，此时工业企业和人民公社共同承担对劳动力的保障工作，解决了劳动力的生产和生活问题。②

人民公社通过税收方式、"剪刀差"方式、储蓄方式，为工业化提供了大量的资金积累。根据冯海发和李溦的研究③，1952—1990年农业为工业提供了约1万亿元资金，平均每年高达250亿元，占国民收入全部积累额的22.4%，仅人民公社期间，农业为工业化建设提供的资金就达到5400多亿元，年均高达210多亿元。毫无疑问，没有"以农补工"的人民公社，我国的工业化很难实现。

在人民公社时期，我国农业同样取得了巨大进步和显著增长，农业的各项指标均有较大幅度的增长。就粮食生产而言，粮食产量从1962年的1.60亿吨增至1982年的3.54亿吨，增长幅度高达121.3%，年均增幅差不多是美国的一倍，比苏联和印度也高出许多。在农业产量提高的同时，生产条件也得到很大改善。从1962年到1982年，农机总动力从1029万马力提高到22589万马力，提高了约21倍；化肥数量从63.0万吨提高到1513.4万吨，提高了约23倍；用电数量从16.1亿度提高到396.9亿度，提高了约24倍。从农业现代化程度看，到1980年，我国不仅已明显高于印度、巴西等原本处在同一水平的发展中大国，而且在某些指标上已达到或超过发达国家，例如我国每公顷耕地的化肥施用量、灌溉面积占耕地面积比例、每千公顷拖拉机数量等指标都显著超过美国④。

从以上论述可以看出，人民公社这种生产方式是在国家工业化建设特殊阶段所采取的一种既能促进生产力发展又能理顺生产关系的制度安

---

① 赵入坤：《人民公社初期农村劳动力的流动与管理》，《中共党史研究》2011年第6期。
② 林盼：《"父爱主义"的延展及其机制——以20世纪六七十年代上海国营企业精简职工为例》，《开放时代》2019年第4期。
③ 冯海发、李溦：《我国农业为工业化提供资金积累的数量研究》，《经济研究》1993年第9期。
④ 根据辛逸提供的表格进行了数据计算。参见辛逸《试论人民公社的历史地位》，《当代中国史研究》2001年第3期。

排。由于人民公社生产队成员彼此非常熟悉，甚至具有血缘或拟血缘关系，交易成本并不像林毅夫等所讲的那样高，对社会生产力的利用远高于原子化的个体。这种制度的最大缺陷是对农民的积极性调动不足，产出与分配之间并不存在完全的因果关系，农民和家庭无法获得剩余索取权，生产队长也缺乏监督的激励，尤其是大部分产出被国家统购统销占有之后。

值得思考的是，如果没有"以农补工"，如果没有"文化大革命""宁要社会主义草，不要资本主义苗"的破坏，农民可以经营家庭副业并允许商品生产，人民公社一定不会留下这样一个相对负面的印象。从笔者调查情况看，全国有上万个以村为单位的集体经济，它们的发展都远超过实行家庭承包责任制的村①，这至少说明，在许多地方，以人民公社为原型的组织形态，还有存在的空间。从理论上讲，当集体经济利用社会生产力带来的生产成本节约超过交易成本时，这种生产方式就比单个家庭经济具有优势，交易成本取决于有无好的带头人、家庭之间是否具有合作精神等因素。

三　家庭联产承包责任制的成就与问题

随着国家工业化战略的基本实现，"以农补工"的需求减弱，人民公社这种生产方式的历史使命已经完成，以家庭联产承包责任制为基础、统分结合、双层经营的新的生产方式在宽松的政治环境下出现，而与家庭联产承包责任制孪生的乡镇企业异军突起。

以家庭为经营单位的家庭联产承包责任制，并不是一个全新的生产方式，1956 年浙江省永嘉县就出现过较完整的包产到户责任制，20 世纪 60 年代初安徽等省区也兴起过"按劳动力分包耕地、按实产粮食记工分"的"责任田"②。之所以没有推广，并不完全是意识形态的影响，而是这种生产方式至少无法完成如上所说的国家工业化发展战略。换言之，在当时的经济条件下，它不是适合生产力的生产方式，这一点与

---

① 注意许多集体经济都被淘汰了，它不具有一般的意义。

② 辛逸：《试论人民公社的历史地位》，《当代中国史研究》2001 年第 3 期。

"一大二公"的"大公社"是一样的。人民公社之所以没有解决温饱问题，也并不完全是缺乏激励机制的生产方式，过低的收购价格、"以阶级斗争为纲"、"宁要社会主义草，不要资本主义苗"为主要特征的意识形态束缚都脱不了干系。从某种意义上讲，家庭联产承包责任制不过是人民公社时期家庭副业在宽松的政治环境下的升级版。

农村这场被科斯和王宁①所称的"边缘革命"的改革，一旦兴起，就产生了前所未有的生命力，例如 1979 年小岗村粮食产量高达 13.2 万斤，是 1966 年到 1970 年 5 年的总和，而油料的产量达到 3.5 万斤，是过去二十多年的总和②。到 1983 年年底，实行家庭联产承包责任制的生产队高达 586.3 万个，占生产队总数的 99.5%，其中实行"大包干"的生产队达 576.4 万个，占生产队总数的 97.8%。③

农村改革另一个突出的表现是乡镇企业的异军突起④。乡镇企业在 1984 年以前叫社队企业，是人民公社时期的三级集体（公社、生产大队、生产队）兴办企业的总称，属于人民公社制度的副产品。"文化大革命"期间，社队企业得到异常迅速发展，产值从 1970 年的 95 亿元增加到 1976 年的 272 亿元，增速高达 26%⑤，到 1978 年，我国的社队企业数量高达 152.42 万个，从业人员高达 2826.56 万人⑥。伴随家庭联产承包责任制的推行带来的农业劳动力的提高，一方面农村出现了成本很低的大量剩余劳动力，另一方面长期短缺引发的需求（卖方市场），加上与城市里国营工厂相比在生产成本和体制方面的优势，乡镇企业迅速发展壮大起来，到 1984 年年底，乡镇企业达到 606.52 万个，就业人员达到 5208.11 万人，上缴国家税金高达 79.1 亿元，占整个国家税收的 8.3%⑦。

---

① 科斯、王宁：《变革中国：市场经济的中国之路》，中信出版社 2013 年版。
② 曹普：《当代中国改革开放史》，人民出版社 2016 年版。
③ 根据我们对东北、华北的实地调研，北部地区实行"包干到户"普遍较晚，大部分是在 1983 年春才开始进行。习近平同志在正定县里双店搞的"包干到户"试验是在 1982 年进行的。
④ 科斯和王宁称之为第二个"边缘革命"。参见科斯、王宁《变革中国：市场经济的中国之路》，中信出版社 2013 年版。
⑤ 斯蒂格利茨、尤素福：《东亚奇迹的反思》，中国人民大学出版社 2013 年版。
⑥ 当代中国研究所：《中华人民共和国史稿》第四卷，人民出版社 2012 年版。
⑦ 同上。

乡镇企业的发展，得到了邓小平同志的高度赞赏。他在 1987 年 6 月 12 日会见南斯拉夫共产主义者联盟中央主席团委员科罗舍茨时讲道："农村改革中，我们完全没有预料到的最大的收获，就是乡镇企业发展起来了，突然冒出搞多种行业，搞商品经济，搞各种小型企业，异军突起。这不是我们中央的功绩。乡镇企业每年都是百分之二十几的增长率，持续了几年，一直到现在还是这样。乡镇企业的发展，主要是工业，还包括其他行业，解决了占农村剩余劳动力百分之五十的人的出路问题。"[1] 乡镇企业的发展，与其说是制度设计的产物，不如说是在宽松的政治环境和家庭联产承包责任制产生的剩余劳动力推动下诱致性制度变迁的自发产生的结果。需要强调的是，乡镇企业活力经过一定时间释放以后，随着市场经济制度在我国的确定，城市非公有经济的发展，产品销售从卖方市场转向买方市场，以及农民工从农村走向城市，乡镇企业的优势总体上说已不复存在，并在 20 世纪 90 年代中后期走向衰落。

从治理体系来看，家庭联产承包责任制解构了人民公社"政社合一"体系，农村进入了"村民自治"的阶段，在克服了非人民公社制度内生的"异化现象"之外，原有的社会基础被打乱，新的社会基础并没有很好地建立起来，尤其是市场经济制度确立后，小农户与市场经济之间、小农户与大政府之间的对接非常困难，收入不平等也导致了许多人民公社时期并不存在的问题，而且这种乱象，并没有随着农业税的取消和社会主义新农村建设而改变。也就是说，至少在笔者看来，农村的现代化相对于人民公社时期并没有发生实质的改变。

作为农村经济体制改革第一步，家庭联产承包责任制突破了"一大二公""大锅饭"的旧体制，将农民的权、责、利结合起来，个人付出与收入挂钩，农民生产的积极性大增，解放了农村生产力，为农村商品经济发展创造了条件，促使传统农业经济开始朝专业化、商品化和社会化方向发展。可以说，这是我国农村改革的重大成果，是带有根本性、基础性的成果，在未来的一段时间内，农民的承包权还要长期稳

---

① 《邓小平文选》第 3 卷，人民出版社 1993 年版，第 238 页。

定，并且"长久不变"。但是，从数据资料的情况来看，家庭联产承包责任制的实施对农业生产的提高主要在改革开放初期。根据王小鲁的研究①，我国粮食产量从 1977 年的 2.83 亿吨到 1984 年提高到 4.07 亿吨，在这提高的 1.24 亿吨粮食中，农村实行家庭联产承包责任制和提高粮食征购价格的合计贡献约为 7000 万吨，超过一半，而 1985—1990 年，全国粮食产量一度停顿在 4 亿吨上下，小农户面对复杂多变的市场环境，其劣势暴露了出来。在经过了一段飞速发展之后（主要是解决了农民吃饭问题），农村的发展出现停滞和徘徊不前的局面，逐渐陷入了困境。由于对"统分结合双层经营体制"的"统"的忽略，家庭联产承包责任制的生产方式，在冲破了旧的经营管理体制束缚，解放了生产力的发展之后，在促进生产力发展和理顺生产关系方面，遇到了前所未有的困难，解决这一困难的历史使命落在了新时代。

四 新时代农业农村现代化的创新与发展

从党的十八大报告提出"解决好农业农村农民问题是全党工作重中之重"以来，以习近平同志为核心的党中央对解决"三农"问题不断发力，形成了以新发展理念引领农业农村经济发展、坚持以人民为中心、以深化农业供给侧结构性改革为主线的发展思想，并以脱贫攻坚为重点，在推进农业农村现代化进程中取得了里程碑式的进展。

1. 以新发展理念引领农业农村经济发展

当家庭联产承包责任制的活力基本释放完毕，在新时代，我们以什么理念来指导农业农村的发展，才能破解"三农"的难题呢？以习近平同志为核心的党中央面对我国经济发展的新形势和出现的新问题，在"十三五"规划时，提出了以创新为动力的新发展理念，并将它用于农业农村经济建设之中。五大发展理念既相互协调、相互融合，又各有侧重。创新发展理念解决的是自家庭联产承包责任制以来发展动力不足的问题。习近平总书记提出了一系列创新的思想，例如"让农业插上科

---

① 王小鲁：《改革之路（1978—2018）：我们的四十年》，社会科学文献出版社 2019 年版。

学的翅膀"——解决农业农村现代化中的科技创新问题，提出的"逆城镇化""城乡融合"——打破对农村现代化只有"城镇化"一条路的误区，提出的"坚持党对经济工作的统一集中领导""更好地发挥政府作用""坚持让市场在资源配置中起决定作用"——重构农村中党、政府、市场之间关系；协调发展理念注重的是解决发展不平衡问题，城乡之间发展不平衡是农业农村发展中最大的不平衡，"城乡融合"解决的是城乡之间发展的不平衡问题。

"十三五"时期，城乡居民收入差距有不断缩小的趋势，城乡居民收入比已经从2015年的2.73∶1缩小到2019年的2.64∶1[①]；绿色发展理念注重的是人与自然和谐发展问题，习近平总书记提出的"两山理论"为新时代生态环境建设指明了方向。从实践上看，已经成功实现了从"十三五"初期的严重雾霾到当前的蓝天白云的转换，绿色兴农的道路已经深入人心，可以毫不夸张地说，我国解决了英国等资本主义国家在发展过程中几十年才解决的环境污染问题，创造了奇迹；开放发展理念注重的是内外联动问题，在农业农村发展问题上，我们只有以开放的思想，吸引国内外好的建设经验，加强国内外的合作，才能更好地推动农业农村现代化。"十三五"时期，中粮集团等大量涉农企业在生产成本较低的巴西等地建厂，全球配置资源，就是一个明显的例证；共享发展理念注重的是社会公平正义问题，共享是中国特色社会主义的本质要求，我国在脱贫攻坚方面取得的奇迹，就是贯彻共享发展理念的体现。[②]

2. 坚持以人民为中心的发展思想

虽然家庭联产承包责任制的建立，将禁锢的农业生产力解放了出来，解决了我国广大农村几千年都没有解决的温饱问题，但是为什么还有些农民处于贫困状态？为什么收入不平等现象还是那么严重？以习近平同志为核心的党中央以"坚持以人民为中心的发展思想"回答了

---

①　彭超、刘合光：《"十四五"时期的农业农村现代化：形势、问题与对策》，《改革》2020年第2期。

②　郭冠清：《论习近平新时代中国特色社会主义经济思想》，《上海经济研究》2018年第10期；郭冠清：《创新驱动与新时代我国产业经济发展》，《河北经贸大学学报》2020年第1期。

"为谁发展"的时代之问，以"精准脱贫"为主要实践形态，以"两不愁、三保障"为基本要求，将农业农村改革围绕"人民"这一主题而展开。

从习近平总书记的实践经历可以清楚地看到，他长期践行"坚持以人民为中心的发展思想"，并且一以贯之。在知青岁月，作为梁家河的党支部书记，习近平同志带领群众建立了陕西省第一个沼气池，解决了困扰当地农民多年的燃料问题，通过打淤泥坝和建知青井等提高了土地生产力，为村民填饱肚子奠定了基础；在正定的县委书记任上，习近平同志骑着自行车跑遍25个公社和大部分生产大队，冒着很大政治风险试行"大包干"、纠正"粮食虚报"现象，对改革开放初期如何增收致富进行了深层次的探索；在福建，作为宁德地委书记，习近平同志以"滴水穿石"的精神，展开了"扶贫"攻坚战，将"坚持以人民为中心的发展思想"落在实处。在浙江，作为省委书记，习近平同志将"坚持以人民为中心的发展思想"贯彻始终，在任职期间实现了"全面小康一个乡镇也不能掉队"的承诺。党的十八大以来，习近平总书记跑遍了全国所有的连片贫困地区，做出"小康路上一个人也不能落下"之庄严承诺。[①]

"坚持以人民为中心的发展思想"，构成以习近平总书记为核心的党中央实施乡村振兴战略，推进农业农村现代化的"底色"。"以人民为中心的发展思想，不是一个抽象的、玄奥的概念，不能只停留在口头上、止步于思想环节，而要体现在经济社会发展各个环节""人民对美好生活的向往，就是我们的奋斗目标。"[②]

3. 深化农业供给侧结构性改革

仅仅有了新发展理念的引领和坚持以人民为中心的发展思想，还不足以实现农业农村现代化，我们必须找到精准发力点，破解改革开放以来农业农村深层次的问题，以寻找能促进生产力发展和保证社会主义性质的制度安排。

由于我们所处的时代已不是改革开放之初的"短缺经济"时代，

---

① 郭冠清：《论习近平新时代中国特色社会主义经济思想》，《上海经济研究》2018年第10期。
② 习近平：《"以人民为中心"不能只停留在口头上》，《人民日报》2016年12月24日第4版。

人民对美好生活的需要对农业的供给提出了更高的要求，只有进行供给侧结构性改革才能破解这个难题。以此为背景，2015 年 12 月中央农村工作会议提出了"深化农业供给侧结构性改革"。对于为什么要深化农业供给侧结构性改革，习近平总书记明确指出，"新形势下，我国农业主要矛盾已经由总量不足转变为结构性矛盾，主要表现为阶段性的供过于求和供给不足并存。推进农业供给侧结构性改革，提高农业综合效益和竞争力，是当前和今后一个时期我国农业政策改革和完善的主要方向。"① 所谓阶段性的供过于求，指的是 2015 年我国粮食生产保持了连续 12 年增产，总产量已到 12429 亿斤，玉米、食糖、棉花等农产品国家储备库里堆积满满；所谓供给不足，指的是像大豆这样的农产品，我国一度是世界第一大出口国，而当前国内缺口很大，成了世界第一大进口国。国内的结构性矛盾是单个农户或市场经济本身无能为力的，必须更好地发挥政府的作用，对农业进行结构性改革。②

供给侧结构性改革主要在三个方面取得了明显的成效。第一是农业经营体制改革。在土地承包权到期延长三十年的前提下，实施"土地所有权""土地承包权""土地经营权"三权分置，这是解决分散的农户无法进行规模化经营难题的创新。关于土地承包权与土地经营权的分置，习近平总书记在 2013 年 2 月 23 日召开的中央农村工作会议上讲话时第一次提出来，"顺应农民保留土地承包权、流转土地经营权的意愿，把农民土地承包经营权分为承包权和经营权，实现承包权和经营权分置并行，这是我国农村改革的又一次重大创新。这将有利于更好坚持集体对土地的所有权，更好保障农户对土地的承包权，更好用活土地经营权，推进现代农业发展"。③ 经过全国性的"土地确权"，当前我国已经完成了三权分置，三权分置的实施基础是，随着工业化、城镇化深入推进，农村劳动力大量转移进城，到第二、第三产业就业，相当一部分农户将土地流转给他人经营，出现承包主体与经营主体分离的态势。三权分置的提出，将承包权与经营权分离的做法，顺应了发展现代农业的

① 《习近平关于社会主义经济建设论述摘编》，中央文献出版社 2017 年版，第 178 页。
② 陈锡文：《论农业供给侧结构性改革》，《中国农业大学学报》（社会科学版）2017 年第 2 期。
③ 《习近平关于社会主义经济建设论述摘编》，中央文献出版社 2017 年版，第 176 页。

趋势和农户保留承包权，愿意流转经营权的需求。其中，集体所有权是根本，农户承包权是基础，土地经营权是关键，这三者统一于农村的基本经营制度。实行三权分置，在坚持家庭经营在农业中的基础性地位、保护农户承包权益的基础上，鼓励土地承包经营权在公开市场上向专业大户、家庭农场、农民合作社、农业企业流转，鼓励农村发展合作经济，鼓励和引导工商资本到农村发展适合企业化经营的现代种养业，落实和完善融资贷款、配套设施建设补助、税费减免、用地等扶持政策，允许农民以土地承包经营权入股发展农业产业化经营等有利于促进土地经营权在更大范围内优化配置，从而提高土地产出率、劳动生产率、资源利用率，实现集体、承包农户、新型经营主体对土地权利的共享，有利于促进分工分业，让流出土地经营权的农户增加财产性收入。同时，还将依法维护农民土地承包经营权，保障农民集体经济组织成员权利，保障农户宅基地用益物权，慎重稳妥推进农民住房财产权抵押、担保、转让试点。

第二是促进农村第一、第二、第三产业融合发展。乡镇企业衰落以后，农村的第二产业和第三产业在大部分地方都没有发展起来，更不要说第一、第二、第三产业融合发展了，无法满足新时代城市居民和农民本身对农业新业态、新产业的需求。以此为背景，2015 年中央一号文件首次提出了"推进农村一二三产业融合发展"，并在随后由国务院办公厅发布《关于推进农村一二三产业融合发展的指导意见》，2016 年中央一号文件对第一、第二、第三产业融合进行了专门的部署。第一、第二、第三产业融合对于实现城乡发展一体化，推进农业农村现代化，有着极其重要的意义，是深化农业结构性改革的突破口和重要抓手。① 第一、第二、第三产业融合的核心内容是，用工业理念发展农业，以市场需求为导向，以完善利益联结机制为核心，以制度、技术和商业模式创新为动力，以新型城镇化为依托，推进农业供给侧结构性改革，着力构建农业与第二、第三产业交叉融合的现代产业体系。以农业为中心，将产前与产后延伸，并将种子、农药、肥料供应以及农产品的加工、销售

---

① 孔祥智：《农业供给侧结构性改革的基本内涵与政策建议》，《改革》2016 年第 2 期；陈锡文：《论农业供给侧结构性改革》，《中国农业大学学报》（社会科学版）2017 年第 2 期。

等环节与农业生产连接起来。通过新技术的推广应用，逐渐打破农业与第二、第三产业之间的壁垒；并通过开发拓展，使农业具备生态休闲、旅游观光、文化教育等多种功能，最终推动农业空间布局的调整和发展方式的转变，提升农民的"获得感"。第一、第二、第三产业融合发展的改革基本思路是：以深化土地制度改革去促进农业的适度集约化和现代化，解放被狭小土地耕种方式束缚的农村劳动力，促进农村产业的更新、扩容与增值，从而促进农民分工分业，使农村成为农民能够安居乐业的家园。两者的结合，表明只要市场有需求，又是土地资源优势之所在，农村产业就应具有发展的自由。这意味着必须彻底改变把农村仅仅理解为农民从事农业生产场域的狭隘观念。这一产业思想的拓展，与农村土地政策深化改革相配套，形成了新时期农村改革发展的"组合拳"。

第三是县域经济逐渐成为乡村振兴的中心。县域经济是国民经济发展的一个重要组成部分和基础区域，要把实施乡村振兴战略推进农业农村现代化的主战场放在城市与乡村结合的"县域"，而不是农村，也不是缺乏独立行政职能的乡镇或其他上级组织，这是关系到农业农村现代化是否成功的重要一环，过去关于农业农村出现的许多问题，就是没有坚持"县域经济"为中心所致，进入新时代以来，制度不再搞"一刀切"，在加强顶层设计的同时，注重了县域经济作用。2020年的中央一号文件明确提出"发挥县级是一线指挥部的作用""县委书记主要精力抓'三农'工作"。习近平同志在任正定县委书记时制定的"半城郊型经济发展战略"，在福建工作期间发表的关于"晋江经验"总结、在十三届全国人大一次会议期间提到的"诸城模式""寿光模式"，都是"县域经济"。全国各个县（市、区）由于生产力发展水平不同，文化和社会基础不同，只有选择与自身禀赋优势相同的发展战略，才能更好更快地推进农业农村现代化。如近年来被广泛提及的"特色小镇"建设，其目的就是根据区域要素禀赋和比较优势发展特色产业，要求特色小镇在打造产业创新高地时，尊重本地实际，发展最有基础、最有特色、最具潜力的主导特色产业。可以根据区域资本、劳动力、自然资源等要素禀赋情况，加大创新力度，推动传统产业优化升级。就笔者的调查情况看，河北省正定县由于地处京津两个直辖市和省会城市石家庄附近，才能成功实施"半城郊型"经济发展战略，打造农业农村发展的"正定模式"；而山东省诸城市由于远离中心城市，就不能实施"半城郊型"经济发展战略，但却可以依托"经济大合唱"的历史基础打造农业农村发展的"诸城模式"。同样，在国家级贫困县河北省魏县，由于大量劳务输出和承接保定、青岛等城市订单的成本较低，才可以成功建立"农村微工厂"，实现"第一、第二、第三产业"融合和解决"半劳动力"就业问题，但是像黑龙江省甘南县和龙江县平均村级负债超过400万元①且农产品和劳动力市场远未建立的地方，习近平总书记的农村市场化理论可能更切合。

第二节　农业农村现代化面临的挑战

虽然我国将在 2020 年这一"十三五"规划收官之年全面建成小康社会和实现全面脱贫，但是农业农村发展不平衡不充分的问题仍较为突出。"十四五"时期，除了需要建立起有效的防贫返贫机制使"小康"的成就得以巩固外，至少面临着以下四个方面的挑战。

一　分散的农户与现代农业对接困难的挑战

要落实乡村振兴战略，推进农业农村现代化，实现"2035 年基本实现农业农村现代化"的目标，需要突破家庭联产承包责任制以来，国家对控制农村社会经济资源的能力严重不足、分散的小农无法支撑任何一种现代化发展战略的"瓶颈"。

市场经济时代，国家已经不再具有控制全部社会经济资源的能力，因而也就失去了按照自身的逻辑规定农村社会生活方方面面的能力，依靠单线的方式，无论这种方式脱胎于革命的理论，还是源于西方的经验，都不可能在合法性的层面上完全解释农村现实，也就无法解决农村

---

① 根据 2018 年 6 月调研，甘南县现有 95 个行政村，资产负债总额 40849.1 万元，负债村占比 100%，龙江县也类似，村平均负债 402.98 万元。

地区复杂的社会问题。因此，国家必须重新定位自身与农民之间的关系，在确定现代化发展道路、制定具体经济社会政策时，充分考虑这种道路和政策在"嵌入"农村社会时，在遭遇农村社会各种复杂关系体系时可能会出现的问题，并且将这些问题作为制定宏观战略时极其重要的参考因素。[①]

分散的农户无法支撑任何一种现代化发展战略，既无法保障自身的福利，也不能支持国家战略的有效展开，在市场化改革面前由于无能为力而会产生越来越强的抵触情绪。这就要求农民之间必然要以特定的方式紧密组织起来，以一致行动的名义，而不是以农民个体的名义与国家和市场进行对接。这需要调动各种资源，包括社会主义的集体主义观念的培养、基于契约的市场意识培育、基于传统价值的联系纽带的加强。市场化和全球化背景下的农村社会的复杂程度远远超过以往的任何时期，寄希望像曾经有过的那样，以宗法礼教或以革命理想一揽子地解决所有的问题是不可能做到的。

具体而言，农村税费改革在减轻了农民负担的同时，也瓦解了试图重建"市场逻辑"下的社会基础，国家试图管理"原子化"的农民更加困难，乡镇对村级的依附性反而增加，并试图通过"压力性体制"的方法控制村一级来完成各种行政任务。可以预见，在土地碎片化严重、无法有效组织农民的"村民自治"的情况下，实施乡村振兴推进中国农业农村现代化将面临极其困难的局面。从近年来的发展情况看，以包产到户为基本形式的农地耕种状态，逐渐显现出一系列的弊端：由于土地过于分散与碎片化，既影响种植，更影响经营和管理，逐渐成为阻碍国家现代化发展的突出短板。有学者指出，小农经济的生产方式已不能适应生产力的发展。承包制将土地分包给一家一户分块经营，这首先不利于大型机械化作业。而且收入较低的小农户，大多停留在简单再生产状态，很少投资做扩大经营。但当今社会，仅就国内而言，科技能力和设备制造能力完全能满足农业进一步发展和扩大经营的需求。也就是说，即使不考虑国际因素，中国的生产力与承包制施行初期相比，已

---

① 王立胜：《人民公社化运动与中国农村社会基础再造》，《中共党史研究》2007 年第 3 期。

经有了长足的进步，完全有能力改变当今的农业生产现状，但承包制下的小农经济生产方式却无法与之相适应，从而阻碍了生产力的发展。①

当前我国"三农"问题，就本质而言可以概括为三个方面：一是分散的小农与市场对接的成本太高，表现为小农与资本之间的关系紧张；二是分散的小农与政府之间的交易成本太高，表现为农民与国家之间的关系紧张；三是分散农户无法进行规模化经营，科技的应用非常困难，利用社会生产力的成本太高。新时期土地制度的改革走向，应当谋求走出碎片化的困局。正如邓小平所指出的："中国社会主义农业的改革和发展，从长远的观点看，要有两个飞跃。第一个飞跃，是废除人民公社，实行家庭联产承包为主的责任制。这是一个很大的前进，要长期坚持不变。第二个飞跃，是适应科学种田和生产社会化的需要，发展适度规模经营，发展集体经济。这是又一个很大的前进，当然这是很长的过程。"②

二 农业的全要素生产率低下的挑战

有学者指出，20世纪80年代中期以来，中国农业全要素生产率上升主要来自农业技术进步，属于技术诱导型的增长模式，而农业技术效率的持续性下降表明了家庭联产承包责任制激励作用的下降。同时，家庭联产承包责任制也越来越难以承担解决城乡差距的使命。③尽管家庭联产承包责任制调动了农民的积极性，但是受分散经营规模的限制，科技成果的应用非常困难，导致我国农业的全要素生产率非常低，农产品的生产成本非常高，缺乏国际竞争力。2017年我国农业劳动生产率是第二产业的1/8，第三产业的1/4，农业全要素生产率不及美国农业全要素生产率的60%。④笔者在食糖的主产区广西调研时获悉，我国的甘蔗种植成本大约是巴西的4倍、泰国的2.5倍、印度的2倍，甘蔗主要

---

① 关晶焱：《中国农村土地制度变迁及改革构想》，《人民论坛》2012年第14期。

② 《邓小平文选》第3卷，人民出版社1993年版，第355页。

③ 熊金武、薛鹤翔：《中国土地制度：市场化改革再出发》，《经济导刊》2013年第12期。

④ 蒋和平、杨东群：《新中国成立70年来我国农业农村现代化发展成就与未来发展思路和途径》，《农业现代化研究》2019年第5期。

品种之一还是很久以前的台22号，以致食糖的价格比加了97%关税的进口食糖还要高很多。又以玉米为例，2018年美国每吨玉米的生产成本为962.31元，而我国的生产成本高达2125.99元，约是美国的2.21倍。我国种植玉米的劳动力成本高达845.55元，是美国的19倍，土地的机会成本比美国高出239.77元。①

农业全要素生产率低下，使我国农业生产陷入了低水平、低质量、高成本的恶性循环之中，可持续增长动能的不足，制约了农业农村现代化的发展。

三　耕地的持续减少所造成的挑战

根据2016年4月发布的中国国土资源公报，2015年因建设占用、灾毁、生态退耕、农业结构调整等原因减少耕地面积450万亩，通过土地整治、农业结构调整等增加耕地面积351万亩，年内净减少耕地面积99万亩，减少的耕地面积相当于一个粮食生产大县的面积。而在2016年，全国农用地面积一整年净减少493.5万亩，其中耕地净减少115.3万亩。耕地面积减少的原因，很大一部分是由于建设占用、生态退耕、农业结构调整和自然灾害损毁。甚至有学者提出建议，实行"国家农业保护区制度"，在全国范围划定面积超过基本农田的农业保护区，并由中央政府在宏观上规划审批，以降低耕地保护的行政管理成本，更有效地保护农业用地，同时放活地方的土地规划管理，促进城镇化健康发展。② 由此可见，耕地保护已经成为刻不容缓、需要尽快解决的重大问题，必须严守耕地保护红线，大力推进土地整治，划定重点城市永久基本农田，提升耕地数量质量管护水平。

当前，耕地的占用以及随之产生的破坏，已经到了极为严重的地步。耕地一旦被建设占用，将难以恢复到耕作条件，这是由于耕地质量本身不仅受地形地貌、土壤质地、气候条件等影响，而且耕作层土壤熟

① 彭超、刘合光：《"十四五"时期的农业农村现代化：形势、问题与对策》，《改革》2020年第2期。
② 党国英：《土地制度与吃饭问题》，《南方周末》2013年7月22日。

化过程是长期的自然过程。改革开放以来，随着快速工业化与城镇化，大量城市近郊区的优质耕地被占用，补充的耕地质量远远低于被占用的耕地质量，永久保护高质量的耕地刻不容缓。换言之，耕地数量非常重要，但耕地质量更加需要重视。

四　农产品结构性调整的挑战

"民以食为天"，粮食安全是国家安全的重要基础，"中国人的饭碗任何时候都要牢牢端在自己的手上"，这是在新时代这一新的历史方位，以习近平同志为核心的党中央对于粮食安全问题提出的要求。从运行情况看，我国粮食产量连续7年稳定在6亿吨以上，谷物自给率超过95%，稻谷和小麦两大口粮完全实现自给，我国粮油库存处于历史高位，无论是中央储备粮还是地方储备粮，都非常充裕。我国还针对各种突发公共事件、自然灾害等引起的粮食市场异常波动，建立起了相应的粮食应急保障机制，粮食安全整体处于无忧之中。但是，仍有一些潜在的粮食危机，有可能在未来某一时期影响到我国的粮食安全。如曾经位居世界出口量第一的大豆，对外依存度超过了80%。"十三五"时期，大豆进口量从2015年的8156万吨提高到2019年的8851万吨，年度进口量占全球总量的60%左右①。尽管为了保障大豆供应安全，近年来我国拓展大豆进口来源地，除了巴西、美国、阿根廷等传统的进口来源地之外，俄罗斯、乌克兰、哈萨克斯坦等国家也成为我国大豆重要进口来源地，但是我国大豆的短缺，还有优质稻谷和小麦供给不足，反映出我国粮食生产存在严重的结构化问题。从根本上看，大豆的短缺来源于大豆种植科技含量不高，几十年来产量几乎没有提高，种植成本太高，需要加大大豆产品的科技含量，"让农业插上科学的翅膀"。但是客观上讲，收储政策给市场传递了错误的信号，也难脱干系。笔者在齐齐哈尔调研时获悉，种植玉米每亩的收入大约在1000元，超过大豆1倍。在这种情况下，又有谁愿意种植大豆呢？大豆、优质稻谷和小麦供给不

---

① 2015年的数据来源于《中国农村统计年鉴》，2019年的数据来源于2020年1月14日中国海关发布的数据。

足，也反映出我国在走出"马尔萨斯—李嘉图贫困陷阱"之后对粮食需求发生了变化。

农产品结构性问题除了城乡居民消费升级带来的需求变化原因外，主要还在于农产品价格形成机制存在严重问题。虽然我国已实施市场经济 40 多年，但在农产品问题上，计划经济的思维一直存在，尤其是粮食的收储政策除了在保证国家安全方面有些意义外，不仅把大量资金注入了有去无回的"收储黑洞"，而且给市场传递了错误的信号，大豆、玉米、棉花、食糖等出的问题无不与此有关。东北地区曾经是世界最大的大豆种植地，但是由于收储政策的影响，种植大豆不如种植玉米，精于计算的农民不再种植大豆，结果大豆沦陷了，2004 年出现了震惊中外的"大豆危机"①。可是直到进入新时代之前，我国的政策一直没有改变，大豆也依然严重短缺。由于价格形成机制的改革难度较大，即使进入新时代以来实施了农产品结构性改革，但从大豆进口量不降反升、高度依赖进口可以看出，农产品结构性问题突出，调整非常困难。

第三节　进一步推进农业农村现代化的对策

"十四五"时期是实施乡村振兴战略、推进农业农村现代化的开创时期，我们需要坚持以人民为中心的发展思想，在新发展理念引领下，以深化农业结构性改革为主线，加快推进农业农村现代化发展进程。根据"十三五"时期的主要成就和"十四五"时期面临的挑战，提出如下的对策建议。

一　统筹国内外市场，深化农产品结构性改革

针对我国在农产品供给方面的结构性问题，尤其是大豆、优质稻谷和小麦等主要依赖进口的问题，"十四五"时期要在确保粮食安全生产的基础上，对收储抛储体系进行深度调整，在国内市场上，彻底摈弃

---

① 可以看出，不顾粮食安全生产底线，把粮食控制权交给美国控制有多危险。

"计划经济"的思维模式，按照市场在资源配置中起决定性作用，建立有效的价格形成机制，以市场方式引导资源向满足人民对美好产品需要的方向配置；在国外市场上，要坚持国家的主体性，走出比较优势原理的误区，按照我国农产品的生产力发展阶段，在满足人民对美好产品需要的同时，对需要培育的农产品进行保护。通过价格形成机制的改革，提高农业的全要素生产率，加快推进农业农村现代化发展进程。

二　更好发挥政府作用，加快农村市场化体系建设

虽然市场经济作为一种资源配置方式的制度安排，在我国已经有接近 30 年的时间，但是，由于上文提到的"计划经济"思维模式限制和缺乏"市场经济"存在的条件等原因，一些地方并没有完全建立起适合市场经济发展的外部环境和制度体系，影响了农业农村现代化的推进。计划经济思维的惯性和政府主导的经济发展模式，使得一些地区在市场化过程中一直没有摆脱本身的困境，固定资产投资和房地产的发展可以在短期内获得经济的高速增长，但却无法解决市场化滞后的资源配置问题。这一点与苏联、东欧国家市场化取向改革并没有成功有类似之处。[1]

在"十四五"时期，尚未建立起农村市场化体系的地区要把市场化体系建设作为重点去抓。要加强顶层设计，避免"摸着石头过河"偏离正确的航线，避免制度障碍影响市场化体系的建立，同时还要更好地发挥地方政府的作用，在政府的积极作为下，建立起适合市场经济发展的外部环境和制度体系。

三　以县域经济为中心，鼓励和支持新型合作组织发展

虽然社会主义改造时期的农业的合作社建设因为"大跃进"运动和国家工业化战略而夭折，但是闪耀着光芒的农业合作化道路并没有因

---

① 郭冠清、陈健：《社会主义能够解决"经济核算"难题吗？——苏联模式"问题和"中国方案"》，《学习与探索》2016 年第 12 期。

此被长期忽略。即使在我国普遍建立了家庭联产承包责任制的 20 世纪
80 年代，还有大约 1% 的自然村仍然走着合作化道路，上文提到的 1 万
多个集体经济村，一大部分是那个时期保留下来的。根据农业部的报
告，截至 2011 年 6 月，中国农民合作社的数量高达 44.6 万个，入社社
员达到了 3570 万户，占农户总数的 14.3%[①]。尽管这些合作社中有不
少套取国家资金的"假社"，但总体来说，合作社的绩效是明显的。张
晋华、冯开文和黄英伟对我国 16 个省 32 个行政村 561 户农户（其中合
作社社员 481 户，非社员 80 户）的实证研究表明，加入合作社对农户
的纯收入有显著的正向效应，这种正向效应不仅体现在纯农户的农业收
入上，而且体现在兼业农户的农业收入和工资性收入上。[②]

　　"十四五"时期，要进一步明确县域经济的中心地位，要充分发挥
全国各县（市、区）党的领导的优势和政府的积极作用，以市场为
"导航灯"，以资源禀赋为"定位器"，根据各地的禀赋优势和实际情
况，做好顶层设计，引导农户走新型合作化发展道路，以充分利用社会
生产力，解决分散的农户与现代农业对接困难，因地制宜推进我国农业
农村现代化进程。

四　加强党对农村工作统一领导，解决农村治理的短板

　　党的十八大以来，在"精准扶贫"工作中，全国共派出 25.5 万个
驻村工作队、累计选派 290 多万名县级以上党政机关和国有企事业单位
干部到贫困村和软弱涣散村担任第一书记或驻村干部，当前在岗 91.8
万人，特别是青年干部了解了基层，学会了做群众工作，在实践锻炼中
快速成长。

　　"精准扶贫"工作中派遣第一书记模式为弥补"村民自治"缺陷，
解决分散的农户与现代农业对接困难，提供了可以借鉴的模板[③]。"十

---

① 参见张晋华、冯开文、黄英伟《农民专业合作社对农户增收绩效的实证研究》，《中国农
村经济》2012 年第 9 期。
② 同上。
③ 注意切忌派遣为了"镀金"或没有实际工作经验的人去农村。

四五"时期，要继续把政治过硬、熟悉农村工作、有志于为农业农村发展做出贡献的骨干分子，派遣到农村去锻炼，持续向贫困村、软弱涣散村、集体经济薄弱村派驻第一书记，把党对"三农"工作的统一集中领导落到实处，把农业农村现代化措施落到实处，解决农村治理的短板，建立有中国特色的农业农村现代化的现代治理体系。

习近平总书记曾明确指出，全面建成小康社会，难点在农村。我们既要有工业化、信息化、城镇化，也要有农业现代化和新农村建设，两个方面要同步发展。进一步推进农业农村现代化，关键在于全面提高市场经济意识，关注需求变化、竞争、规模效益、信用、营销等重大问题；高度重视品质、信用和企业竞争力，既注重引入大品牌、大企业，也要培育属地品牌发展；重视技术、人才和国际合作，充分利用市场化融资手段，辅助政府引导资金；依靠"互联网＋"等高新技术介入，延伸产业链，提高附加值。此外，还应当强化政府监管，通过天然条件、企业技术水平和政府监管的综合效应，提升企业信用和产品质量。

（执笔人：郭冠清、林盼、李连波）

第十五章　国有企业改革

　　国有企业是中国特色社会主义的重要物质基础和政治基础，是我们党执政兴国的重要支柱和依靠力量。[①] 自 1978 年开展放权让利改革至今，我国的国有企业改革已走过了 40 余年的历程，取得了丰硕成果。尤其是中国特色社会主义进入新时代以来，国企改革持续向纵深推进，在党的建设、管理体制优化、经营绩效提升等各个方面取得了显著成绩，为建设现代化经济体系打下了坚实牢固的基础。2020 年 7 月"国有企业改革三年行动计划"推出，这是新时代全面深化国企改革的关键行动，对于推进高质量发展和构建现代化经济体系具有重要意义。

第一节　新时代国有企业改革的基本进展

　　伴随着中国特色社会主义进入新时代，国有企业改革进入了全面深化的新阶段，相关理论内容不断完善、理论体系渐趋成熟，特别是习近平总书记关于新时代国有企业改革的一系列重要论述，构成了习近平新时代中国特色社会主义思想的重要组成部分。在党的十八届三中全会精神的指导下，2015 年 8 月《中共中央 国务院关于深化国有企业改革的指导意见》发布，其中详细提出了应界定不同国有企业的功能，分类推进国有企业改革。随后几年陆续发布了相应配套文件，形成"1 + N"的政策体系（见表 15 - 1），国有企业改革的主体制度框架已初步确立，改革实践在上述政策的引导下稳步推进。

[①]　习近平：《习近平谈治国理政》（第二卷），外文出版社 2017 年版，第 175 页。

表 15 – 1　　深化国有企业改革的"1 + N"指导文件政策体系列举

文件类别	文件名称	发布时间
"1"	《中共中央 国务院关于深化国有企业改革的指导意见》	2015 年 9 月
"N"	《关于合理确定并严格规范中央企业负责人履职待遇、业务支出的意见》	2014 年 9 月
	《关于深化中央管理企业负责人薪酬制度改革的意见》	2014 年 11 月
	《关于加强和改进企业国有资产监督 防止国有资产流失的意见》	2015 年 6 月
	《关于在深化国有企业改革中坚持党的领导加强党的建设的若干意见》	2015 年 6 月
	《关于国有企业发展混合所有制经济的意见》	2015 年 9 月
	《关于鼓励和规范国有企业投资项目引入非国有资本的指导意见》	2015 年 9 月
	《贯彻落实〈中共中央国务院关于深化国有企业改革的指导意见〉重点任务分工方案》	2015 年 10 月
	《关于改革和完善国有资产管理体制的若干意见》	2015 年 10 月
	《关于国有企业功能界定与分类的指导意见》	2015 年 12 月
	《关于国有企业试点工作事项及分工方案》	2015 年 12 月
	《关于支持国有企业改革政策措施的梳理及相关意见》	2015 年 12 月
	《贯彻落实〈中共中央国务院关于深化国有企业改革的指导意见〉改革举措工作计划》	2016 年 2 月
	《加快剥离国有企业办社会职能和解决历史遗留问题工作方案》	2016 年 3 月
	《关于国有控股混合所有制企业开展员工持股试点的意见》	2016 年 8 月
	《关于完善中央企业功能分类考核的实施方案》	2016 年 9 月
	《国务院办公厅关于进一步完善国有企业法人治理结构的指导意见》	2017 年 4 月
	《国务院国资委以管资本为主推进职能转变方案》	2017 年 4 月
	《上市公司国有股权监督管理办法》	2018 年 5 月
	《中央企业违规经营投资责任追究实施办法（试行）》	2018 年 7 月
	《中央企业合规管理指引（试行）》	2018 年 11 月
	《中央企业工资总额管理办法》	2019 年 1 月
	《中央企业负责人经营业绩考核办法》	2019 年 3 月
	《国务院国资委授权放权清单（2019 年版）》	2019 年 6 月
	《中央企业混合所有制改革操作指引》	2019 年 11 月
	《关于以管资本为主加快国有资产监管职能转变的实施意见》	2019 年 11 月

　　资料来源：根据国资委网站公开资料整理，部分内容参考余菁、黄群慧《新时期全面深化国有企业改革的进展、问题与建议》，《中共中央党校（国家行政学院）学报》2017 年第 5 期。

在习近平新时代中国特色社会主义思想的指导下，我国在"十三五"时期陆续开展了党的领导核心建设、国有资产运营平台建设、央企重组整合、权责清单管理、工资总额管理、员工持股、股权激励等一系列新的重大改革举措，并取得了显著成绩。如南船与北船重组、南车与北车重组、宝钢与武钢重组、中远集团与中国海运重组等一系列大动作，使国有资本向符合国家战略的重点行业、关键领域集中，打造了一批在行业领域内具有全球竞争力的大型企业集团；2019 年共有 45 家央企控股的 95 家上市公司实施了股权激励计划，约占央企控股境内外上市公司的 23%，共有 181 家企业开展了员工持股改革试点，这一系列举措提升了企业分配自主权和灵活度以及核心人才的保留率，有力推动了新技术研发；截至 2019 年，已有 2/3 的央企引进了各类社会资本，各省份混合所有制企业占比达到 49%，2013—2018 年实施混改的央企子企业中，实现利润增长的企业超过了七成。[1] 取得上述成绩的重要原因在于，我们紧紧抓住了"发展混合所有制经济"和"完善国有资产管理体制"这两大新时代国企改革的突破口，在政策上不断完善，在实践中扎实推进。

党的十八届三中全会通过的《中共中央关于全面深化改革若干重大问题的决定》中，首次着重提出和论述了"发展混合所有制经济"和"完善国有资产管理体制"。其后在国企改革的纲领性文件《中共中央 国务院关于深化国有企业改革的指导意见》、2016 年全国国有企业改革座谈会中，均将其作为重要内容展开了详细论述和部署，党的十九大报告又对其作了进一步的丰富。在《中共中央 国务院关于深化国有企业改革的指导意见》发布后，"十三五"时期的历次中央经济工作会议也就"发展混合所有制经济"和"完善国有资产管理体制"做出了一系列决策部署（见表 15 - 2）。

表 15 - 2　中央经济工作会议关于国企改革的部署（2016—2019 年）

年份	内容
2016	混合所有制改革是国企改革的重要突破口，按照完善治理、强化激励、突出主业、提高效率的要求，在电力、石油、天然气、铁路、民航、电信、军工等领域迈出实质性步伐。加快推动国有资本投资、运营公司改革试点

---

[1]　刘志强：《国企改革推向纵深活力大增》，《人民日报》2020 年 1 月 8 日。

续表

年份	内容
2017	推动国有资本做强做优做大，完善国企国资改革方案，围绕管资本为主加快转变国有资产监管机构职能，改革国有资本授权经营体制。加强国有企业党的领导和党的建设，推动国有企业完善现代企业制度，健全公司法人治理结构
2018	要加快国资国企改革，坚持政企分开、政资分开和公平竞争原则，做强做优做大国有资本，加快实现从管企业向管资本转变，改组成立一批国有资本投资公司，组建一批国有资本运营公司，积极推进混合所有制改革，加快推动中国铁路总公司股份制改造
2019	要加快国资国企改革，推动国有资本布局优化调整

面向 2025 年，"发展混合所有制经济"和"完善国有资产管理体制"将依然是国有企业改革的主战场，增强研发创新能力、强化财务硬约束、削减和规范补贴、完善激励机制、提高劳动生产率和资本回报率等国有企业改革的重点领域和关键环节，均将基于这两大突破口而展开。为此，下文中我们将具体围绕新时代推进国有企业改革的这两大突破口展开详细论述，首先呈现党的十八届三中全会以来混合所有制改革和国有资产监管体制改革的相关政策和成就，其次分析仍然存在的问题和所面临的难点，最后就"十四五"时期如何更好地深入推进国有企业改革提出相应的政策建议。

第二节　新时代混合所有制改革的进展

我国的混合所有制改革始于 20 世纪 80 年代中期，迄今已走过 30 余年的发展历程。其间，伴随着我国现代市场经济体制的建立巩固和发展完善，相互参股、交叉持股、合作经营等各种经济活动日益活跃，混合所有制经济逐渐取代国有独资经济、集体经济和个体私营经济、外资经济，成为我国所有制结构最主要的组成部分和国民经济最重要的基础。为此，在新时代深入推进国有企业混合所有制改革，就整个国民经济而言具有全局性的战略意义。

一　新时代混合所有制改革的深入推进

伴随着经济体制改革逐渐步入攻坚期和深水区，利益格局日趋固化，深化改革的难度愈益增大。这在混合所有制经济的发展，尤其是国有企业的股份制改革和现代企业制度的构建上表现为，存在混改难以实质性地穿透行政垄断的壁垒、国有企业经营效益普遍不高、国有资产流失现象较为严重且表现方式多样化等一系列亟待解决的顽固性问题。面对上述问题，党的十八届三中全会《决定》，将"积极发展混合所有制经济"作为坚持和完善基本经济制度的一项重要内容提出，赋予了其前所未有的重要地位。依据这一精神，2014 年的《政府工作报告》明确提出要"加快发展混合所有制经济"，这标志着混改已成为新一轮国资国企改革在政策实践层面积极推进的重点。此后，中央及相关部委陆续出台了《国务院关于国有企业发展混合所有制经济的意见》《关于鼓励和规范国有企业投资项目引入非国有资本的指导意见》《国有科技型企业股权和分红激励暂行办法》《关于国有控股混合所有制企业开展员工持股试点的意见》《关于深化混合所有制改革试点若干政策的意见》等一系列具体的政策措施和落实办法，初步构建起了较为完备的混合所有制改革政策体系。

2017 年以来，宁夏、山东、上海、江西、山西、北京等地陆续出台了地方性的混合所有制改革操作指引（导）。2019 年，国资委在总结央属国有企业混合所有制改革工作的基础上，出台了《中央企业混合所有制改革操作指引》，详述了混改的六大核心步骤、八个关键环节和五条重要规范，从而系统地说明了混改涉及的全部流程，就混改实践中的一些关键性问题给出了清晰的、原则性的规定。以上文件的出台，为规范中央和地方国有企业的混合所有制改革操作、有序发展混合所有制经济提供了重要参考和政策指导，为有效防范暗箱操作、低价贱卖、利益输送、化公为私、逃废债务和国有资产流失等问题提供了策略保障。

应当指出的是，党的十八届三中全会召开以来党中央为深入推进混合所有制改革所做出的各项努力，不仅是为了推动国有经济的脱胎换骨、实现各种所有制经济的平等共同发展和应对宏观经济下行压力，更重要的是以此为抓手，持续地激发整个国民经济的活力，实现高质量发展。为此，在"十四五"时期我国仍须继续深入推进混合所有制改革，持续完善相关政策，不断提升混改的质量和效果。

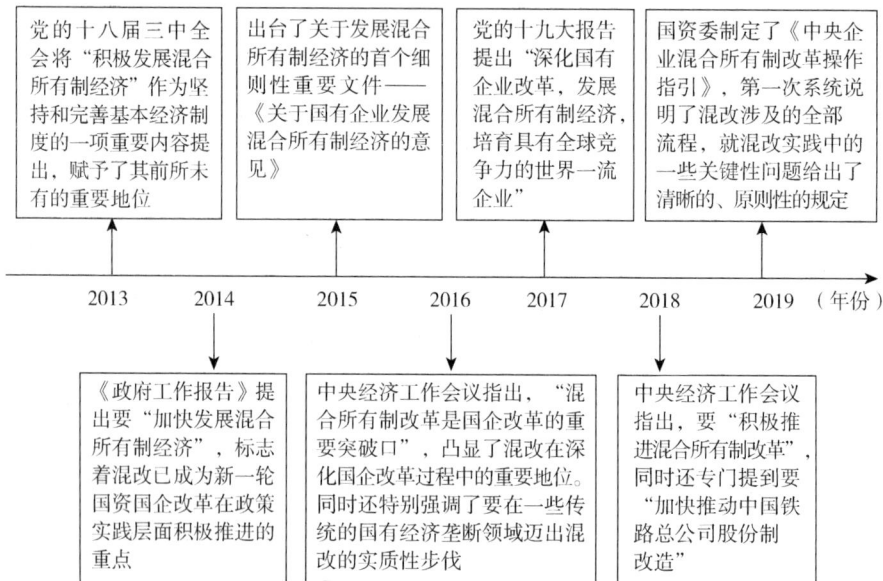

图15-1 新时代我国混合所有制改革深入推进的政策线索

二 新时代混合所有制改革的主要成就

党的十八届三中全会《决定》将发展混合所有制经济的意义提升到了新的高度，掀起了新一轮混合所有制改革的高潮。近些年来的实践表明，本轮改革在深度、广度、力度和速度上均超越了既往，并取得了一系列显著的成就。其突出表现在：

第一，混合所有制改革的制度建设成绩突出，相关政策法规逐渐细化、配套措施不断完善、目标责任明确具体，有力地保障了混改计划的落实。

习近平总书记指出，发展混合所有制经济，关键是细则，成败也在细则。混合所有制改革作为一项复杂庞大的系统性工程，需要理顺多方面的关系，克服改革深水区中的重重阻力。为此，一方面必须要有顶层的制度设计来协调全局，凝聚共识；另一方面也需要相关责任地区和部门遵循中央政策的精神，出台具体措施，细化落实办法。围绕着上述需要，国务院及各部委、地方政府陆续颁布了一系列有关混合所有制改革的政策细则。其中最具标志性和代表性的便是 2015 年 9 月 23 日国务院出台的《关于国有企业发展混合所有制经济的意见》（以下简称《意见》）。该《意见》的重要贡献包括：提出了发展混合所有制的基本原则，在强调"以企业为主体，充分发挥市场机制作用"的同时，也明确了政府的责任范围与作用领域；细化了分类分层推进的办法，在鼓励各类资本参与混改的同时，还逐一列明了可行的混改路径，从而明确地回答了"谁能混""跟谁混"和"怎么混"的问题；从企业内部治理机制、法规建设、外部环境营造等多方面详细陈述了混改的制度保障工作。各部委则根据中央精神，围绕政策落实出台了一系列具体措施和细化办法，如证监会出台了《关于上市公司实施员工持股计划试点的指导意见》，财政部、科技部、国资委出台了《国有科技型企业股权和分红激励暂行办法》等。各地方政府则结合本地实际，出台了本地国有企业混改的相关办法。在顶层设计公布之前，已有 23 个省市发布了各自的国企改革方案，其中均有涉及混合所有制改革的内容。及至顶层设计公布后，上海、广东、山东、江西、四川、重庆等省份又相继出台了专门性的指导意见，如《上海市国有企业混合所有制改制操作指引（试行）》《四川省人民政府关于省属国有企业发展混合所有制经济的意见》等。制度建设的快速、纵深推进，令混合所有制改革真正实现了有法可依、有章可循，保障了国有经济和非公经济双方的合理权益，有助于在改革过程中形成国民共进的新格局。

第二，顶层设计与基层探索相结合，丰富了改革经验，增进了规律认识，催化了政策与实践的融合，形成了上下共同求索的良性互动格局。

由于不同地区、不同行业、不同企业的情况不同，混合所有制改革的具体实现途径和操作方式也自当有所差异。然而，在此前的改革过程中，由于实践探索的政策空间较小，相关经验的积累较为有限，难以对接多元化的改革需求。为此，新一轮的混合所有制改革在强调顶层设计的同时，还鼓励基层的积极探索，允许试错，宽容失败，以期发现问题、积累经验、总结规律、创新办法。目前，各地区、各部门从自身实际出发，因地制宜、因企施策、因势而变，探索出了多种混合所有制的改革途径和方式。例如，像上海这样的资本市场发达地区，将上市公司作为混改的主要实现形式；像四川等财政资金较为有限的地区，则突出强调了政府和社会资本合作（PPP）模式。其他地区和部门还采取了诸如开放式改制重组、员工持股、合资联营、设立混合型基金、引入战略投资者等多种形式各异的改革方式。另外，本轮混合所有制改革在"管资本"这一机制创新基础上，既实现了将非公经济引进来，又实现了国有经济的走出去，通过参股优质民营企业、外资企业，拓展了国有资本的投资机会，促进了国有资产的保值增值。顶层设计与基层探索相结合，不仅丰富了改革经验，增进了规律认识，催化了政策与实践的融合，同时还形成了上下共同求索的良性互动格局。继续坚持这一路径，将会为我国的混合所有制改革注入持续不断的活力和创造力。

第三，国有企业反腐工作和纪律建设的大力推进，不仅改善了国有经济的社会形象，还有效遏制了混改过程中的国有资产流失问题，提升了企业经营绩效。

围绕当前的混合所有制改革，社会各界普遍关注的一个问题是如何避免重蹈上一轮国企改革中国有资产大量流失的覆辙。党的十八大以来，党中央大力推进国有企业反腐工作和纪律建设，有效地清理了内部监督缺失、改革过程不透明等国有资产流失的诱因，有力地回应了社会关切。2013年中央巡视工作开展伊始，央企即被纳入了巡视范围，用三年时间便完成了对55家骨干央企的巡视工作全覆盖。与此同时，各地方也陆续开展了针对本地国企的巡视工作。目前，巡视工作已逐渐形成了一套多层次、完备化和常态化的制度体系。2014年3月，中纪委机构调整后成立了专门负责监管国务院国资委和54家中央企业的第五纪检监察室，集中强化了监管力量，显著提升了监管效率。各地方在国企反腐和纪律建设方面也陆续出台了一系列相关制度，如山东省建立了省管国企负责人任职回避和公务回避制度，对违反回避规定者将采取组织处理或纪律处分。反腐工作的深入推进和国企纪律建设的强化，一方面，深化了国有经济薄弱环节的改革，改善了国有企业的形象；① 另一方面，有效遏制了国家控股企业的国有资产流失问题，进一步提升了国有企业的经营绩效，保障了混合所有制改革过程中的国有资产安全。例如，通过巡视工作，中国华粮物流集团北良公司挽回了国有资产损失 2.4 亿元，该企业在当年即实现了扭亏为盈；2015年山东省管企业通过纪律检查，共挽回国有资产损失 1.5 亿元，在受经济下行影响企业全年营收下降 7.67% 的情况下，利润却逆势增长了 1.64%。

第三节　新时代国有资产监管体制改革的进展

改革开放以来，国有资产监管体制改革一直是国有企业改革的重点内容，经过多年的探索实践，我国已经总结形成了较为成熟的国有资产监管体制，积累了丰富的改革经验。对于我国这样一个社会主义大国来说，如何在市场经济条件下发展壮大国有资本，不断巩固社会主义制度的政治基础和物质基础，是一项充满挑战的重大课题。经过多年实践探索，国有资产监管体制改革已经取得诸多成就，国有企业在市场经济条件下发展迅速，国有经济实力稳步增强。特别是党的十八大以来，国有资产监管体制改革取得巨大进展，逐步探索出了一条符合中国国情的国有经济发展路径。

一　新时代国有资产监管体制改革的深入推进

党的十八大开启了国有经济改革的新局面，党的十八大报告指出："要毫不动摇巩固和发展公有制经济，推行公有制多种实现形式，深化国有企业改革，完善各类国有资产管理体制，推动国有资本更多投向关系国家安全和国民经济命脉的重要行业和关键领域，不断增强国有经济活力、控制力、影响力。"② 2013 年 11 月，党的十八届三中全会通过了

① 杨春学、杨新铭：《深化所有制改革，完善社会主义初级阶段基本经济制度》，《天津社会科学》2015 年第 6 期。
② 《十八大以来重要文献选编》（上），中央文献出版社 2014 年版，第 16 页。

《中共中央关于全面深化改革若干重大问题的决定》，确定了国有资产管理体制改革的具体措施，明确提出："完善国有资产管理体制，以管资本为主加强国有资产监管，改革国有资本授权经营体制，组建若干国有资本运营公司，支持有条件的国有企业改组为国有资本投资公司。"①对于国有资本的流动方向，指出"国有资本投资运营要服务于国家战略目标，更多投向关系国家安全、国民经济命脉的重要行业和关键领域，重点提供公共服务、发展重要前瞻性战略性产业、保护生态环境、支持科技进步、保障国家安全"。②其中还要求完善国有资本经营预算制度，提高国有资本收益上缴公共财政比例，更多用于保障和改善民生；国有资本应加大对公益性企业的投入，在提供公共服务方面作出更大贡献；国有资本继续控股经营的自然垄断行业，实行以政企分开、政资分开、特许经营、政府监管为主要内容的改革，根据不同行业特点实行网运分开、放开竞争性业务，推进公共资源配置市场化。这一系列的要求意味着我国要逐步建立以"管资本"为主的国有经济监管体制，通过国有资本运行方式的变革推动国有企业更加从容地适应市场经济发展，不断做强做优做大国有资本。

在改革实践层面，国有企业功能界定与分类工作卓有成效。2015年12月，《关于国有企业功能界定与分类的指导意见》出台，与之相配套的《中央企业功能界定与分类实施方案》于2016年8月颁布。在这些文件的指导下，各地方政府普遍开展了对国有企业的功能界定工作，并积极研究制定和出台国有企业分类监管办法。在此基础上，国有资产监管体制改革持续推进。国务院于2015年10月印发了《关于改革和完善国有资产管理体制的若干意见》，对推进国有资产监管机构职能转变、改革国有资本授权经营体制、提高国有资本配置和运营效率、协同推进相关配套改革提出原则性的要求。2017年4月发布了《国务院国资委以管资本为主推进职能转变方案》，指出国资委要强化管资本职能，落实保值增值责任，完善规划投资监管，突出国有资本运营，强化激励约束，精简了43项国资监管事项，迈出了从以管企业为主的国资

---

① 《十八大以来重要文献选编》（上），中央文献出版社2014年版，第515页。
② 同上书，第501页。

监管体制向以管资本为主的国资监管体制转变的重要一步。一批国有资本投资、运营公司开展了试点工作，在战略、集团管控与业务板块授权等方面做了有益的探索。国有企业党建工作持续发力，中央企业全部开展了集团层面章程修订工作，实现了党建工作要求进章程。2017 年颁布的《国务院办公厅关于进一步完善国有企业法人治理结构的指导意见》规定，到 2017 年年底，国有企业公司制改革基本完成；到 2020年，国有独资、全资公司全面建立外部董事占多数的董事会。国资监管部门向有规范董事会的国有企业，陆续下放发展决策权、经理层成员选聘权、业绩考核权、职工工资分配、重大财务事项等重要权限，进一步明确国有经济监管部门的监管任务，有助于促进国资监管体制走向成熟。2019 年 11 月，国资委印发了《国务院国资委关于以管资本为主加快国有资产监管职能转变的实施意见》，针对当前国资监管中出现的越位、缺位、错位等问题，明确指出了解决的思路和方法，理清了国资监管职能转变过程中的一些困惑和难点，进一步推动国资监管改革向纵深发展。

二　新时代国有资产监管体制改革的成就

党的十八届三中全会后开启的新一轮国有资产监管体制改革是我国国有经济发展的新起点，深刻改变了我国国有经济发展的历史路径，对做强做优做大国有资本具有重要意义，主要成就有以下几点：

第一，对国有资产监管的认识提升到了新的高度，逐渐从"管企业"转变为"管资本"。

我国从计划经济体制转向市场经济体制的过程中，对国有经济的认识也逐步深入。理论界在改革过程中针对重点问题进行了深入的探讨，理清了许多理论难点，如围绕股份制改革、产权制度、现代企业制度等问题都进行了广泛的研究，已经逐渐形成了有中国特色的国有经济理论体系，极大丰富了对国有经济的理解和认识。明确了国有企业作为独立的市场主体参与市场经济的重要性，对国有企业在社会主义市场经济中的定位、作用、意义等问题的研究取得重要进展。随着社会主义市场经济体制逐渐成熟，国有经济发展日趋壮大，国有资本运作在国有经济发展中的重要作用逐渐凸显。通过合理规范地对国有资产进行监管运作，进而增强国有经济实力，在政策界和理论界已获得一定共识。特别是在党的十八届三中全会明确提出了要"以管资本为主加强国有资产监管"，标志着对于发展国有经济的认识已经提升到一个新高度。

第二，国有资产监管体系进一步完善，稳步推进的国有资本投资、运营公司试点工作为深化国企改革积累了宝贵的经验。

改革开放以来，通过在实践当中不断探索，我国建立起了较为系统的国有资产监管体系，成立了国有资产监督管理委员会，其他部门对国有企业的监管职责也日趋规范，解决了以往国有经济管理部门林立、机构臃肿、监管效率低下的问题，有效遏制了"多龙治水""内部人控制"等现象，国有资本通过市场经济发展壮大的路径成为可能。① 党的十八大以来，随着国有资产监管转向以"管资本"为主，我国逐步构建起围绕国有资本的政策体系，进一步规范国有资产监管机构的职责定位，并改组组建了一批国有资本投资、运营公司。2015 年 11 月国务院印发的《关于改革和完善国有资产管理体制的若干意见》中特别指出，国有资产监管机构作为政府直属特设机构，根据授权代表本级人民政府对监管企业依法履行出资人职责，科学界定国有资产出资人监管的边界，专司国有资产监管，不行使政府公共管理职能，不干预企业自主经营权。从表 15 - 1 中我们总结的"1 + N"文件体系可以明显看出，政策法规已经落实到十分具体的层面，可操作性更强，更加具有针对性。国有资本投资、运营公司的试点工作也在全国各级国资系统稳步推进，在授权放权、组织架构、运营模式、经营机制等方面进行了探索，为接下来的改革积累了宝贵的经验。

第三，国有经济布局明显优化，在重点行业和关键领域国有企业的控制力进一步增强。

通过国有资本合理流动，国有资本更多地集中于关系国家安全和国民经济命脉的重要行业和关键领域，推动了我国经济转型升级，为促进经济高质量发展起到了明显推动作用，国有经济的主导作用进一步巩

---

① 中国社会科学院工业经济研究所课题组、黄群慧、黄速建：《论新时期全面深化国有经济改革重大任务》，《中国工业经济》2014 年第 9 期。

固。如表 15 – 3 所示，2012—2017 年农林牧渔业、工业等的国有资产总额占国有资产总额的比例逐年降低，房地产业、社会服务业、信息技术服务业、机关社团及其他等的国有资产占比稳步上升，国有经济产业结构日趋合理。这些变化显现出党的十八大以来的国有经济改革已初显成效，国有经济总体布局质量稳步提升，在重点行业和关键领域国有企业的控制力进一步增强。

表 15 – 3　　国有企业按基本行业分类资产总额占全国国有企业合计
资产总额比例　　　　　　　　　单位：%

行业＼年份	2012	2013	2014	2015	2016	2017
农林牧渔业	0.76	0.78	0.80	0.76	0.73	0.70
工业	38.89	36.75	34.80	30.11	28.27	26.27
建筑业	6.41	6.69	6.70	7.02	7.32	8.19
地质勘查及水利业	0.38	0.42	0.44	0.45	0.52	0.60
交通运输仓储业	14.05	14.08	13.74	13.81	14.30	13.62
邮电通信业	4.32	3.75	3.46	3.13	2.91	2.59
批发和零售、餐饮业	5.78	5.99	6.19	5.67	5.52	5.45
房地产业	7.30	8.21	8.84	9.14	9.78	10.60
信息技术服务业	0.15	0.17	0.18	0.22	0.25	0.26
社会服务业	12.78	13.44	14.44	15.99	17.26	18.45
卫生体育福利业	0.11	0.10	0.12	0.11	0.16	0.12
教育文化广播业	0.48	0.52	0.53	0.51	0.50	0.44
科学研究和技术服务业	0.69	0.94	0.94	0.89	0.86	0.88
机关社团及其他	7.91	8.14	8.81	12.17	11.60	11.83

资料来源：《中国财政年鉴（2018）》，中国财政杂志社 2018 年版。

第四，中国特色现代国有企业制度逐步完善，国有资产监管的企业平台基础更为坚实。

经过多年的改革探索，大部分国有企业已经进行了公司制、股份制改革，公司治理结构逐步规范，基本组织构架与其他所有制企业趋于相同。在市场经济竞争环境中，国有企业发展质量和运行效率不断提升，经营绩效明显优化，竞争力有了很大增强。国有企业已经在一定程度上摆脱了此前的低效率困境，对经济社会发展的贡献进一步增大。进入新时代后，中国特色现代国有企业制度的基本框架和含义进一步得到厘清，与企业经营不相关的社会职能得到有效剥离，国有企业分类举措使得企业的功能定位加强，企业经营管理进一步制度化规范化。特别是党组织在国有企业中的组织形式和职能都进行了有效的改革，相关政策文件和实践操作取得了显著成效，更加契合当前国有企业经营发展的需要，推动了中国特色现代国有企业制度的日趋完善。企业是资本监管和流动的基本平台，以上改革使国有资产监管的基础更为坚实，有利于国有资本更加合理地流动，在符合市场经济运作模式的制度下，资本的进退和布局都能够更为顺畅地进行。

第四节　当前国有企业改革所面临的问题与难点

目前，一方面，我国的市场经济体制仍不尽完善，众多利益关系尚未协调捋顺，一些具体的制度细则仍有待持续补充和优化；另一方面，国内经济面临的下行压力依然较大，世界经济在深度调整的过程中复苏依然乏力，加之新冠肺炎疫情所带来的各方面影响，改革的内外部环境中不稳定不确定因素有所增多，风险隐患亦有所增加。这致使在"十四五"时期深入推进国有企业改革仍面临着一些问题和难点。

一　行政垄断行业的改革仍主要是围绕增量展开，存量改革的推进阻力较大

虽然当前的混改已在所有法无所禁的领域陆续落地，但比较来看，相互间的推进力度差别还是很大的。其突出表现在：竞争性国企的混改是全面式推进的，而垄断国企的混改是边际式推进的。大多数垄断国企的混改仍是以成立合资子公司、挂牌新业务为主，在涉及核心业务和资产的混改上，行动仍过于迟缓，动作幅度也偏小。这主要是因为企业办社会的负担较重、历史遗留问题较多，改革措施还有待进一步配套，而更多的则是因

为超额收益的存在，致使来自垄断企业内部的改革阻力较大。①

二　一些国有经济占比较高的地区正面临着过大的经济下行压力，混改与地方经济社会稳定的协调难度有所增加

近些年来，东北、华北部分地区和一些资源型城市在新一轮经济调整过程中受到了较大的冲击，社会就业压力攀升，部分群众的收入和生活水平有所下降，对改革成本的承受能力不如以往。央企和本地大中型国企作为支撑这类地区经济社会系统运转的中流砥柱，肩负着保障地区就业和居民生活的重担，是重要的社会稳定器。在混合所有制改革的过程中，其一时还无法骤然甩掉包袱，需要科学地寻找改革发展与社会稳定的平衡点。

三　部分企业的混改尚未能充分发挥非公经济的积极作用，社会资本的参与热情有待提高

保障非公经济必要的、合理的发言权，鼓励其参与和监督混合所有制企业的经营管理，不仅是贯彻"权利平等、机会平等、规则平等"原则的需要，而且是通过取长补短做强做优做大国有经济的需要。但在部分混合所有制企业中，僵化的行政式管理体制迟迟未能转变为现代法人治理结构，非公经济缺乏将自身的活力和创造力注入企业的渠道。上述问题的存在进一步增大了社会资本参与混合所有制改革的顾虑，在一些资本沉淀率较高的 PPP 项目中这一点表现得尤为明显。

四　面对国有部门释放的投资机会，非公经济却同时存在着"吃不饱"和"吃不了"的现象

一方面，某些地方政府或国有部门不愿意慷慨解囊，拿出优质的企

---

① 胡家勇：《构建各种所有制经济平等竞争共同发展的体制机制》，《财贸经济》2013 年第 12 期。

业或业务，反而将那些盈利能力较差、风险较大的企业或业务率先剥离出来，意图让社会资本、民营企业充当接盘者。面对这种"骨头多肉少"的局面，非公经济自然"吃不饱"。另一方面，在一些国有经济占比较高，而非公经济相对不发达的地区，即使政府有诚意拿出优质的企业或业务参与混改，本地也缺少资金充裕、经营管理能力过硬的民营企业来加以消化，对那些较难借道资本市场的国有中小企业而言，这一问题显得更为突出。

五　部分国有企业的债务问题突出，其开展混合所有制改革面临着严峻的财务质量症结

一方面，步入经济下行周期以来，许多地方政府的收入增速降低，而面临的保工资、保运转、保基本民生等刚性支出却难以削减，由此政府债务持续膨胀，这其中有相当多的隐性债务挂靠于地方所属国有企业的账目之上。另一方面，上一轮景气周期开始，许多央属国有企业演化为融资二传手，利用自身低息借贷的优势，将从银行等金融机构获取的大量资金转贷给地方政府和中小企业以赚取利差，而近年的经济下行和信贷收缩，导致它们大面积出现资金回收困难，进而引发自身的财务坏账。这使得相关企业要开展混合所有制改革，首先在财务审计的环节便难以顺利通过。

六　国有资本布局和结构依然存在不足和短板，且未能充分利用市场化的方式来优化国有资本布局和结构

随着我国社会主要矛盾发生变化，经济由高速增长阶段转向高质量发展阶段，与此同时，新一轮科技与产业革命加速拓展，世界面临百年未有之大变局，这一系列内外部形势的变化急需国有资本和布局做出相应调整。当前国有资本依然在传统行业中占比较高，在一些战略新兴产业中布局较为滞后，特别是在大数据、物联网、人工智能等领域，未来将可能影响国有经济持续发挥主导作用。优化国有资本布局和结构的措

施也需要进一步探索，许多国有资本进退和重组的案例，依然较多通过行政化的手段进行，未能充分利用市场化的方式推进国有资本改革，这有违背国资监管体制改革的初衷，也不利于现代化市场体系的形成。

七 国有资产监管相关法律体系所因循的改革思路较为陈旧，缺少对"管资本"的关注和重视

构建规范国有资产监管的法律屏障，使得国有资产监管行为有法可依，能够有效保障国有资产安全、防止国有资产流失。现行的国有资产监管主要依据《中华人民共和国公司法》《中华人民共和国企业国有资产法》《企业国有资产监督管理暂行条例》等法律法规。以上法律法规已出台多年，因循的改革思路较为陈旧，多是围绕"管企业"或"管资产"来制定，缺少对"管资本"的关注和重视。随着国有企业分类改革向纵深推进，不同国有企业之间的差异性日益显现出来，也迫切需要针对承担特殊职能的国有资本专门立法，进一步规范各利益攸关方的职责，为国有资本的高效运作提供可靠的制度环境。[①]

八 国有资本多头监管、政出多门的问题仍很严重，易于导致国有资本监管越位、缺位、错位的情况发生

国资委的成立在一定程度上解决了国有企业出资人缺位的问题，从体制上实现了国有资产监管的"政企分开"，缓解了"多龙治水"问题。不过随着国有资本经营逐步受到重视，促进资本流动配置的灵活性和规范性变得十分重要，原本国有资产分块式管理对资本流动的要求产生掣肘。目前，我国国有资产分为经营性资产、非经营性资产和资源型资产，后两种类型不归属国资委管理。国有资本经营预算归财政部规制，国有资本总体布局属国家发改委职责。而作为国有资本运行重要部门的金融行业，大部分都归口财政部监管。类似对于国有资本监管的条

---

① 黄群慧、戚聿东：《中国国有企业改革40年研究》，广东经济出版社2019年版，第77页。

块划分，在国有资本运作规模不断扩大的情形下，必然导致国有资本监管越位、缺位、错位的情况发生，对国有资本发展壮大产生阻碍。

九　国有资本投资、运营公司的组建工作推进缓慢，妨碍了国资监管体制改革的不断深化

现阶段国有资本投资、运营公司的组建工作仍在探索之中，它们与国资委之间的关系以及自身的功能定位、监管模式等问题仍未明确，组织架构、人员安排等具体运营问题也需要时间不断积累经验。现有的几家国有资本投资、运营公司的经营经验和监管经验，对于大量新成立的投资运营公司来说，肯定难以直接复制模仿。一些地方上的探索往往存在政策理解偏差，导致相关改革工作推进缓慢，妨碍了国资监管体制改革的不断深化。关于国有资本投资、运营公司的改组，亟须深入的讨论和研究。

十　国有企业经营愈发多元化、多功能、多任务，在"管资本"的过程中开展国有企业分类改革存在操作困难

国有企业分类改革是国资监管体制改革的基础，虽然资本在市场经济条件下具有共性特征，但投资于不同类型企业资本的目的和要求是有区别的。对于不同类型国有企业中的国有资本，或者混合所有制中的国有资本，监管的内容应该有针对性地进行调整。现阶段的主要问题在于，国有企业经营愈发多元化、多功能、多任务，对其定位分类存在技术上的难题。国有资本投资、运营公司是国有资本的重要载体，不同国有资本投资、运营公司投资主要集中的行业领域会有较大区别，对这些企业的分类监管也是需要仔细研究思考的问题。

第五节　面向 2025 年国企改革深化的政策着力点

在"十四五"时期，积极深化国有企业改革，对于进一步推动国

有经济改革和效益提升、引导非公经济的健康发展、完善社会主义市场经济体制、促进国民经济的持续稳定增长，均具有重要意义。有鉴于此，我们根据前述的既有问题和难点，在这里提出以下一些有针对性的政策建议。

一　深入推进放松管制和引入竞争方面的改革，以稀释垄断行业的超额收益，化解存量改革的阻力，辐射带动整个国民经济的健康稳定发展

依靠混合所有制改革的单边突进，很难在短时期内冲破垄断利益的樊篱，"十四五"时期应将混改与其他方面的市场化改革有机结合起来，共同协调推进，打出一套攻坚克难的组合拳。一方面，鉴于当前垄断行业的超额收益，有相当部分是来源于准入和价格管制、在位者优势等非市场化原因，加快推进引入竞争、放松管制方面的改革，完善市场竞争和价格形成机制，将有助于稀释这些不合理的超额收益，由外及内地突破利益桎梏，化解对行政垄断型国有企业及其相关业务展开存量改革的阻力；另一方面，鉴于相当部分的行政垄断型国有企业主要布局于关系国民经济命脉的重要行业和关键领域，高质量地推进这部分国有企业的混改，不仅有利于提高这些企业自身的市场化运营管理水平和业务开展成效，还有助于辐射带动整个国民经济的健康稳定发展，全面构建市场发挥决定性作用的现代化经济体系。

二　对部分区域遇到的实际困难，仍应坚持用改革和发展的办法来加以解决，但同时也应在方式和节奏上做出适当的调整，找准提升自我造血能力的改革突破口

东北、华北等部分地区近些年所遇到的困难，在一定程度上源于宏观经济整体下行的影响，但从根本上讲是体制改革滞后、发展后劲不足导致的。为此，其根本的出路也正在于坚持深化改革和发展，不能因暂时的、阶段性的困难而停滞动摇，以致放任矛盾聚集，陷入越拖越难改

的困局。在"十四五"时期，一方面，为降低部分群众可能背负的改革成本，给企业混改创造稳定的内外环境，地方政府应尽量帮助混改企业做好下岗分流人员的再就业和社保接续工作，在其力有不逮的情况下，可争取中央政策和资金帮扶，适当调整混改节奏，按轻重缓急次序分段推进；另一方面，要积极通过深化混合所有制改革带动高质量发展，逐步提升区域自我造血能力，其中重点是要围绕那些市场前景良好、技术储备坚实、上下游产业链条长的国有企业，优先推进混合所有制改革，巩固和深化已有混改工作的效果。

三 以建立健全现代企业治理结构为重要抓手，提升非公经济在混合所有制企业经营决策中的发言权，激发混合所有制企业的活力和竞争力

一般而言，非公股份持有者在提升混合所有制企业的活力和竞争力这一目标上，与政府是激励共容的，其有意愿利用自身关于企业经营管理的信息优势，替政府有效率地从内部监督国有资产经理人，祛除以往国有企业绩效低下、体制僵硬的病灶。当然，这一激励共容格局要建立在有效防范诸如"隧道效应"等损公肥私行为的基础之上。为此，在"十四五"时期应继续致力于建立健全现代企业治理结构，一方面，要切实履行股东会、董事会、监事会和经理层的职权职责，在企业经营决策中保障非公经济的发言权；另一方面，要不断完善混合所有制企业的内外部监督制度，保障国有资本的安全合理运营，消除非国有资本恶意收购和参股的企图。切实推进上述方面的改革，将在激发混合所有制企业活力和竞争力的同时，进一步提升非公经济参与混改的积极性，推动"国民共进"新格局的形成。

四 推进全国性中小企业股权交易服务平台建设，完善相关制度细则，从而拓宽中小国有企业与产业资本对接的渠道，打造专业化一体式服务

要改变中小国有企业，尤其是非公经济不发达地区的中小国有企业

在混合所有制改革过程中合作对象难找的局面，首当其冲的一点便是要疏浚信息渠道、降低合作双方的搜寻匹配成本。为此，建设全国性的中小企业股权交易服务平台，完善相关制度细则，是"十四五"时期迫切需要推进的工作，这将有助于在混改过程中扩展中小国有企业的选择空间，拓宽其与产业资本对接的渠道，有效地改变部分地区中小国有企业只嫁本地郎，甚至被主管部门拉郎配的痼疾。此外，对于中小国有企业而言，实行混改的相关服务成本也是一项不小的负担。在股权交易服务平台中整合一批符合资质的相关专业性服务机构或企业，就可行性咨询、财务审计、资产评估、土地处置等混改各个相关业务环节打包提供一体式服务，既可以通过价格竞争机制，在保证服务质量的前提下节约混改的相关服务成本，又可以增强混改的规范性和透明度，降低交易风险。

五　持续深化国有企业去杠杆工作，在混改过程中有序化解与国有企业相关联的政府债务，保障参与混改的国有企业的财务资质

近年来，中央通过扩展地方政府专项债、建立债务问题倒查和终身责任追究机制、地方党政一把手届中和离任经济责任全面审计制度等"开前门、堵后门"的方式，初步阻断了地方国有企业政企不分、债务转嫁的关联渠道，厘清了各级政府和国有企业之间的债权债务关联，为混改工作的顺利推进打下了良好的制度基础。在"十四五"时期，我们要继续巩固上述制度建设的成果，同时还要严防各级政府盲目地试图通过混改来化解自身债务。为此，首先，要下决心、下大力气淘汰一批竞争性领域内经营不善、债务负担沉重的国有独资企业，不能试图通过混改为其续命，延缓矛盾爆发的时间，这既是对市场优胜劣汰规律的尊重，也是为了整个混改工作有序推进创造良好的环境秩序。其次，要继续深化国有企业，特别是央属、省属大型国有企业的去杠杆工作，严防通过混改过程中合并报表、做大资产的分母游戏，继续走债务扩张的老路。最后，将债转股作为国有企业，特别是竞争性领

域国有企业开展混改的一个重要方式，制定分类实施的、符合市场化和法治化要求的操作细则，以在混改过程中有序化解与国有企业相关联的政府债务。

六 通过市场化手段深入推进国有资本布局和结构优化调整，助力国有经济在"十四五"时期实现高质量发展

"十四五"时期是我国建设社会主义现代化强国的起步阶段，合理布局国有资本对于确保未来一段时期我国经济持续高质量发展尤为重要。在"十四五"时期要加强对国有资本布局和结构调整的整体规划工作，以利于指导全国国有经济改革的整体进度，积极探索跨区域布局调整。进一步推动国有资本向关系国家安全、国民经济命脉的重要行业和关键领域集中，特别是向战略性新兴产业集中，提前布局新一轮科技革命的潜在增长点，保证国有经济持续发挥主导作用。在优化调整国有资本布局和结构时，在保证国家战略和公共需求的前提下，要充分利用市场化手段，促进国有资本在符合市场经济规律的条件下自由流动。与此同时，还应注意协调相同产业内部不同所有制企业之间的关系，形成兼有规模经济和竞争效率的市场结构。坚持出资人主导，对国有资本重复投资、同质化竞争问题突出的领域开展战略性重组和专业化整合，加快非主业、非优势业务剥离。

七 构建与"管资本"相适应的国资监管体系，对国有资本投资、运营公司进行充分的授权，更好地发挥其对国有资本的运营管理职能

政府有关部门要按照国家治理体系和治理能力现代化的要求，转变治理理念和转换职能，这需要树立"正面清单"的思维，对国有企业进行简政放权，只履行清单授权的核心管理职能。在"十四五"时期，国有资产监管体制改革要关注对国有资本投资、运营公司进行充分的授权，更好地发挥其对国有资本的运营管理职能。政府有关部门应将自身

职权集中于重大政策制定和关键性的监督管理，这涉及七项核心管理职责：公司章程审批、国有股东代表管理、国有资本经营预决算、经营业绩与绩效考核评价、国有资本经营收益上交、审计、信息披露管理。对一般商业性国有企业，通常只需管理这七项职能即可；对特定功能性国有企业，可以在此基础上，结合企业具体所承担的特定功能，进一步添加或减少基础管理职能。①

八　进一步推进组建国有资本投资、运营公司的工作，对国有资本运营公司与国有资本投资公司加以区分，赋予两者不同的功能和组织治理特征

国有资本投资、运营公司是国有资本运行的主要载体，也是"管资本"改革的重要抓手。在"十四五"时期的具体实践中，要注意区分不同类型国有资本投资、运营公司的特点，可进一步区分为国有资本运营公司与国有资本投资公司，两者具有不同的功能和组织治理特征。国有资本运营公司主要针对竞争性行业，以财务回报为目标；国有资本投资公司主要针对公益类、垄断类行业，以战略性持有为主，在涉及竞争性业务时，原则上应当是与战略性业务具有显著协同效应的竞争性业务。因此，国有资本运营公司的业务组合应当较国有资本投资公司更加多元化，国有资本投资公司的业务应当围绕战略性业务具有高度的相关多元性。国有资本运营公司以财务回报为目标，更加强调资本的流动性，而国有资本投资公司的资本整合和运营，更加强调要有利于资本所有权所体现的资产的战略性的提升。为降低改革的难度、减少改革的阻力，短期内国有资本运营公司和投资公司都宜依托既有的企业集团母公司组建。随着改革不断推进，从长期来看国有资本运营公司还可以采取基金的组织形式，以更好地实现国有资本的流动性和收益性。

---

① 黄群慧、余菁、贺俊：《新时期国有经济管理新体制初探》，《天津社会科学》2015 年第 1 期。

九 在进行国资监管体制改革时要坚持整体协同推进的原则，注意其与国有经济战略性重组、深化垄断行业国有企业改革相协调，与竞争政策相协同

在"十四五"时期深化国资监管体制改革的过程中，要注意与国有经济战略性重组、深化垄断行业国有企业改革相协调。以管资本为主加强国资监管，最为关键的改革任务是改组成立国有资本投资、运营公司。这需要通过行政性重组和依托资本市场的兼并重组相结合的手段，将分散于各个行业、各个企业的国有资本的产权归为这些国有资本投资、运营公司持有，这也是一个国有资本布局战略性调整的过程。因此，改组组建国有资本投资、运营公司是要与国有企业兼并重组协同推进的。企业兼并重组的意义，一方面在于通过股权运作、价值管理、有序进退等方式，促进资本合理流动和实现保值增值；另一方面也可以通过开展投资融资、产业培育和资本整合等方式，推动产业集聚和转型升级、优化资本布局结构。在改组组建国有资本运营、投资公司过程中，还需要综合考虑到建立有效市场结构的需要，要注意到改革政策与竞争政策的协同。①

十 提升国有资本的配置效率和效益，形成具有中国特色的企业管理智慧和企业管理方式，以国资监管体制改革助力培育世界一流企业

"管资本"的核心内涵在于强调国有资本的收益性和流动性，国有企业日常生产经营依照市场化规则。这就要求在"十四五"时期国有资本能够更好地遵循市场竞争中优胜劣汰的经济规律，有进有退，提升国有资本的配置效率和效益，使得有限的国有资本能够相对集中于优秀的企业，正向激励相关企业不断提高经营绩效、增强竞争能力、拓宽

---

① 黄群慧：《"新国企"是怎样炼成的——中国国有企业改革 40 年回顾》，*China Economist* 2018 年第 1 期。

市场规模。另一方面，政府将监管工作集中于资本层面，通过国有资本所有者对出资企业的市场化手段参与决策，减少对国有企业经营管理工作的非正常干扰，有助于国有企业充分发挥自主性和能动性，形成具有中国特色的企业管理智慧和企业管理方式，使得国有企业在"十四五"时期进一步向世界一流企业的管理水平迈进。①

（执笔人：武鹏、张弛）

① 黄群慧、余菁、王涛：《培育世界一流企业：国际经验与中国情境》，《中国工业经济》2017 年第 11 期。

下 篇

历史与制度

第十六章　"五年规划"的历史与经验

为了更好地发挥政府在经济发展中的指导、协调作用，中国党和政府一直高度重视计划或规划的编制工作。从 1953 年开始实施第一个五年计划至今，中国已制定并完成了十二个五年计划（规划），第十三个五年规划也基本接近尾声。十三个五年计划（规划）的指导思想与实施过程各具特色，为中国经济在不同时期的稳定健康发展，为中国产业的不断升级和进步作出了历史性贡献。十三个五年计划（规划）制定与实施的历史经验，对编制"十四五"规划有十分重要的启示。

第一节　十三个"五年规划"的历史回顾

每一个计划（规划）的编制背景都是不同的，在实践中的效果也存在差异。在十三个五年计划（规划）的编制和实施中，有五个五年计划是在计划经济时期制定和完成的，即从"一五"计划到"五五"计划；有八个五年计划（规划）是在改革开放后制定和实施的，即从"六五"计划到"十三五"规划。其中从"十一五"规划开始，规划替代了计划。[①] 一字之差体现了我国政府职能、发展理念和经济体制等方面的重大变革。

一　计划经济时期的五个"五年计划"

"一五"计划（1953—1957 年）的编制工作开始于 1951 年。1951

[①]　在总体上本章统一用"五年规划"描述，具体上可以针对性地表述"五年计划"。

年 2 月中共中央政治局召开扩大会议，决定自 1953 年起实施新中国的第一个五年计划。"一五"计划的编制历时 4 年多，1955 年 7 月 30 日正式文本最终公布。党和政府高度重视"一五"计划，但由于当时经济建设和产业发展的任务非常繁重，加上我们自身在制订计划方面经验不足以及国内外环境变化对中长期计划编制的影响等因素，使得计划的正式文本出台较晚。

"一五"计划的主要任务有两点，一是集中力量进行工业化建设，二是加快推进各经济领域的社会主义改造。在工业化建设方面，"一五"期间的基本任务是：集中主要力量，进行以苏联帮助中国设计的 156 个建设项目为中心、由限额以上的 694 个建设项目组成的工业建设，建立中国社会主义工业化的初步基础。"一五"计划选择了与苏联类似的工业化道路，即高积累、优先发展重工业的发展模式。由于中国的工业化基础十分薄弱，苏联式的工业化道路能帮助中国在较短时期内快速建立全面工业化的基础，将中国由自给自足的农业国转变为现代化的工业国，此外，新政权急需发展的国防工业也需要重工业的支持。在社会主义改造方面，"一五"计划规定：要建立对农业、手工业、私营工商业社会主义改造的基础。并且，根据 1953 年中国共产党提出的过渡时期的总路线，"一五"时期国家要通过"三大改造"把私有经济纳入计划轨道，支持和保证国家工业化建设。

"一五"计划的完成情况是较好的。至 1957 年年底，第一个五年计划的各项经济建设指标基本上都超额完成。其中，工业总产值超过计划的 15.3%，手工业总产值超出计划的 22.1%。五年内施工的工矿建设项目达一万多个，其中大中型项目有 921 个，比计划规定的项目增加 227 个，到 1957 年年底，建成全部投入生产的有 428 个，部分投入生产的有 109 个。苏联帮助中国建设的 156 个建设项目，到 1957 年年底，有 135 个已施工建设，其中有 68 个已全部建成和部分建成投入生产。中国过去没有的一些工业，包括飞机、汽车、发电设备、重型机器、新式机床、精密仪表、电解铝、无缝钢管、合金钢、塑料、无线电等，从无到有地建设起来，从而改变了中国工业残缺不全的状况，增加了基础工业实力。农业、手工业和资本主义工商业的社会主义改造的目标也超额完成。1957 年年底，参加农业生产合作社的农户已占全国农户总数的 98%，参加手工业合作组织的手工业者占总数的 90% 左右，私营工业的全行业公私合营也基本完成。

"二五"计划时期为 1958—1962 年。编制工作于 1955 年 8 月启动。然而，由于各种因素的干扰，虽然国家计委数易其稿，最终实际上也未能颁布"二五"计划的正式文件。当然，经济建设和产业发展并没有停顿，与计划的编制和修改同步进行。不过效果并不理想。"二五"计划实施过程中，前半期主要是围绕着"大跃进"与"人民公社化"运动展开，后半期则致力于国民经济结构的调整，目的是解决经济结构的失调问题。

"二五"计划提出了后人看来根本无法实现的高指标，工业增长速度与农业增速分别为"一五"实际增速的 3 倍与 7 倍，主要工农业产品指标都是 1952 年的 10 倍左右。这与 1958 年 3 月毛泽东提出"鼓足干劲、力争上游、多快好省地建设社会主义"总路线有关。总路线的制定，反映了广大人民群众迫切要求改变中国经济文化落后状况的普遍愿望。然而在后来的执行过程中，出现了许多忽视经济发展客观规律的现象。后期中苏关系恶化也让中国经济建设面临困难。实践结果表明，"二五"计划的所有指标都没有完成，实际完成数的平均值只有 19%。产业结构和发展也受到巨大影响。"大跃进"运动以钢铁为核心，导致了全民大炼钢铁的热潮出现。片面强调经济发展速度与重工业尤其是钢铁工业的核心地位，导致经济中产业结构严重失调，工业发展畸形，而农业与工商业发展则严重滞后。

"三五"计划时期为 1966—1970 年。由于"二五"计划让国民经济严重失衡，需要对经济结构进行调整。因此，"三五"计划被推迟。在"三五"计划制订之前，中共中央确定了"农业发展是第一位""首先解决吃穿用"的编制原则。"三五"计划的基本任务是：大力发展农业、加强国防建设以及基础工业。但 20 世纪 60 年代之后，中国国际安全形势发生巨变。在面临严重战争威胁的情况下，中共中央决定加强"三线建设"，"三五"计划的指导思想也随之转变为"以战备为中心"。1965 年年初，"小计委"接替国家计委的工作，提出第三个五年计划时期的主要任务是：第一，立足于战争、积极备战，加快完成"三线建设"，将国防工业放在第一位；第二，发展农业生产、逐步改善人民生活；第三，加强基础工业和公共交通的建设。

至1970年，"三五"计划规定的经济建设指标基本完成，"三线建设"的实施情况也基本符合原来的预期。但"三五"计划时期，经济发展也呈现了大起大落的波动，尽管幅度小于第二个五年计划时期。"三五"计划客观上对中国的产业格局产生了影响。该时期是我国生产力布局的一次战略大转移，是我国沿海地区工业生产能力向西部地区的一次大推移，是一次大规模的产业转移过程。它在很大程度上促进了西部地区的科技进步、经济繁荣和产业发展。

"四五"计划时期为1971—1975年。在1970年的"四五"计划草案中仍以"三线建设"为重点，提出要在1975年年末把西部建成部门齐全、工业和农业协调发展的战略基地。但计划指标过高、项目建设过快使得国民经济和产业发展再次失调，中国经济遇到了严重困难。1973年，中共中央两次修改"四五"计划的高指标，逐步调整了以战备为中心的战略，开始强调经济效益，注意沿海和"三线"地区并重，大规模的"三线建设"进入收尾阶段。

修改后的"四五"计划指标基本上得以完成。主要工农业产品的产量也维持了较好的水平。当然，经济结构失调、经济发展质量低下的问题依然存在。从产业上看，这一时期也建成了一大批骨干企业、重点项目和基础设施，国家经济总量比以往也有增加，没有出现"大跃进"后严重倒退的三年经济困难局面。"三五""四五"计划时期总体上看是中国建立独立的比较完整的工业体系的重要阶段。

"五五"计划时期为1976—1980年，跨越了改革开放。1975年，中共中央制定了《1976—1985年发展国民经济十年规划纲要（草案）》，其中包含了"五五"计划和"六五"计划的设想。但在1977年12月1日，中共中央国务院又批准并下达了国家计委《关于1976—1985年国民经济发展十年规划纲要（修订草案）》。在这一修订草案中，"五五"计划的主要任务是：把农业搞上去，把燃料、动力、原材料工业搞上去，到1980年要基本实现农业机械化。这一计划所定的生产指标也过高。党的十一届三中全会召开后，党和政府对"五五"计划进行了调整。总体来看，"五五"计划实施期间经济增长速度加快，但并未摆脱大起大落的增长模式。"五五"时期我国的经济增长速度为 6.5%，比"四五"时期高出近 1 个百分点。主要工农业产品指标大部分基本完成，产业结构的转型也初现端倪，轻工业的发展超过重工业，重工业的内部结构也有了变化。与此同时，农业也取得了可喜的成绩，粮食产量创造了最高纪录。随着经济的发展，人民生活也有了较大改善，但长期的比例失调形成的经济结构和产业结构的不合理问题，没有得到完全解决。经济发展质量和效益还有待于进一步改善。"五五"计划是计划经济体制时期的最后一个五年计划。"五五"之后，中国的五年计划翻开了新的一页。

二 转向市场经济体制后的七个"五年规划"

"六五"计划时期为 1981—1985 年。"六五"计划是拨乱反正后的第一个五年计划，是在"文化大革命"后认真总结长期社会主义建设中正反两方面的经验教训，按照中央提出的从 1981 年到 20 世纪末 20 年内力争实现我国工农业总产值翻两番的战略部署制定的。"六五"计划也是继"一五"计划后的一个比较完备的五年计划，是在调整中使国民经济走上稳步发展的健康轨道的五年计划。

"六五"计划的编制时间比较长，最初是作为《1976—1985 年发展国民经济十年规划纲要（草案）》的一部分，于 1975 年、1977 年两次进行编制。两次拟定的"六五"计划指标，指标一次比一次高。1978年党的十一届三中全会以后，自 1980 年开始，对"六五"计划原方案开始重新拟定。1982 年全国人大正式批准"六五"计划。

从"六五"计划开始，我国的经济计划中增加了社会发展的内容，计划的题目也相应改为"国民经济与社会发展计划"，而以往的几个五年计划都是仅仅关于国民经济发展的计划。"六五"计划的另外一个重要特点是，强调一切经济工作都要以提高经济效益为中心。"六五"计划确定的基本任务是：继续贯彻"调整、改革、整顿、提高"新八字方针，解决阻碍经济发展的各种遗留问题，为第七个五年计划期间国民经济和社会发展奠定更好的基础。具体的要求分为生产、科研、结构调整以及社会发展等几个方面。生产方面，要求社会总产值以每年4%的速度递增，同时大力增加农产品、轻工业产品的生产，并保持市场物价的稳定。科研方面，要求有计划地进行企业技术改造，统一组织全国的科研力量，进行科技创新以及技术推广，努力发展教育、科学和文化事业。结构调整方面，首先要调整重工业的服务方向和产品结构，使第一部类和第二部类的生产保持协调。其次，资金使用的结构也要进行相应调整，要求在"六五"期间集中资金进行能源、交通等建设，向第七个五年计划期过渡。同时，要有效利用国外资金、并保证国家财政收支和信贷收支的平衡。社会发展方面，提出要控制人口增长、保障人民的生活水平稳步提高，同时提出要注重环境问题，在经济发展的基础上控制环境的恶化。

"六五"计划时期，我国胜利完成了进行经济调整整顿的任务，国民经济开始走上一条比较协调、注重效益的新路子。五年间，国民生产总值年均增长10%，各项经济指标完成情况接近原计划的3倍。与此同时，我国经济体制开始从封闭走向开放，从过去管得过多、统得过死的僵化体制，转向适应有计划的商品经济要求的充满活力的新体制。

"七五"计划时期为1986—1990年。编制从1983年开始，1986年正式完成，是历史上第一个在五年计划伊始就编制完成的五年计划。"七五"计划规定了三项主要任务：为经济体制改革创造环境，保持社会总需求平衡，基本上奠定有中国特色的新型社会主义经济体制的基础；保持经济稳定增长，在物质技术和人才方面为经济、社会发展准备必要的后续能力；继续改善城乡人民生活。"七五"计划的核心集中于改革、对外开放、结构调整以及社会发展四个方面，要求把改革放在首位，积极利用外资，稳步调整经济结构，发展科学教育事业，提高人民生活水平。"七五"计划要求进一步合理调整产业结构，合理调整投资结构，加快能源、交通、通信和原材料工业的建设。要求把提高经济效益特别是提高产品质量放到十分突出的位置上来，正确处理好效益和速度、质量和数量的关系。

"七五"计划实施并非一帆风顺。由于"七五"计划前几年固定资产投资与消费基金双膨胀，总供给与总需求失衡，出现了持续的通货膨胀。"七五"计划后两年的工作重心转到了治理经济环境、整顿经济秩序方面。经过一系列调整，"七五"计划的后两年国民经济实现了稳步发展。至 1990 年，各主要经济指标均超过了"七五"计划的要求。第七个五年计划时期，国民生产总值年均增长 7.8%，国民收入年均增长 7.5%，主要经济指标均高于计划，提前实现了第一步战略目标。"七五"时期是实现党的十二大提出的到 20 世纪末"工农业总产值翻两番"、"前 10 年打基础"战略部署的重要时期，也是新旧体制转轨过程中两种体制并存同时又激烈冲突的时期。"七五"时期的经济过热，以及政府所采取的克服过热的宏观调控措施，带有明显的过渡时期的特点。

"八五"计划时期为 1991—1995 年。计划的编制开始于 1990 年，1991 年正式审议通过。"八五"计划最初确定了八项基本任务：保持社会供求关系的平衡、抑制通货膨胀；调整经济结构；进行企业技术改造；调整收入分配、改善国家财政状况；推动科技、教育事业的发展；积极开展对外贸易，引进资金、技术和人才；以增强国营大中型企业活力为中心进行各项改革；加强社会主义精神文明建设、促进社会的全面发展和进步。1992 年党的十四大召开之后，国务院调高了"八五"计划指标。"八五"计划的实施分为两个时期：前期（1991—1992 年）以治理整顿为主，经济在调整中稳步前进；后期（1992—1995 年）改革开放步伐加快，实现了经济的高速增长。"八五"时期，计划完成的效果比较理想，提前 5 年实现了国民生产总值翻两番的目标，经济体制改革取得突破性进展，对外开放总体格局形成，科教事业取得重大进步。"八五"计划是新中国成立后经济发展状况最好的五年计划之一。但经营管理比较粗放、经济质量不高、经济效益较差、国有企业生产经营困难较多、管理体制和经营机制不适应社会主义市场经济的要求等问题依然存在。

"九五"计划时期为 1996—2000 年。该计划是 20 世纪最后一个五年计划。1996 年审议通过。"九五"计划是中国社会主义市场经济条件下的第一个中长期计划，是一个跨世纪的发展规划。计划的目标确定为：全面完成现代化建设的第二步战略部署，实现人均国民生产总值比1980 年翻两番；基本消除贫困现象，人民生活达到小康水平；推动科技进步，调整产业结构，提高经济效益，增强发展后劲。"九五"计划还提出实现两个根本性的转变：一是经济体制从传统的计划经济体制向社会主义市场经济体制转变，二是经济增长方式从粗放型向集约型转变。

"九五"期间，中国国民经济总体上保持了持续快速的发展，综合国力进一步增强。2000 年，国民生产总值达到 8.94 万亿元，年均增长8.3%。粮食年生产能力达到 5 亿吨左右，实现了由长期短缺到总量基本平衡的跨越。工业结构调整取得明显成效，钢、煤炭、水泥、化肥、电视机等产量均居世界第一，产品质量也有了较大提升。另外，第三产业开始显现出对经济增长的拉动作用。"九五"期间，中国经济与社会全面发展，顺利完成了社会主义现代化建设的第二步战略目标，在1997 年比预期目标提前 3 年实现了人均国民生产总值比 1980 年翻两番的目标，人民生活总体上达到了小康水平，为进一步实现第三步战略目标奠定了良好的基础。但经济增长方式转变的压力依然较大，提高经济效益的形势依然严峻，产业由小变大、由弱变强的问题依然突出。

"十五"计划时期为 2001—2005 年。这一计划是进入 21 世纪的第一个五年计划，是中国开始迈向现代化建设第三步战略部署的第一个五年计划，也是开始全面建设小康社会的第一个五年计划，更是中国新千年第一次置身于全球化背景之下的经济计划，因此具有里程碑式的意义。

2001 年全国人大审议通过"十五"计划。"十五"计划提出，"十五"时期需要解决的核心问题是经济与社会发展的结构性矛盾，要以经济结构的战略性调整为主线，调整产业结构，提高经济增长的质量和效益，加强基础设施建设、改善布局和结构，同时调节区域经济结构和调整城乡结构。为了适应加入 WTO 的挑战，"十五"计划在产业结构方面提出了一系列的调整目标。比如，计划提出，要将原材料工业、轻纺工业、装备制造业以及建筑业等作为优化升级的重点，老工业基地也将进行改造和结构调整，探索替代产业和可持续发展的新模式。计划还提出要加速高技术产业，特别是信息产业的发展，使之成为国家竞争力的制高点。"十五"计划还着眼于社会全面发展，规划了科技、教育和人才，人口、资源和环境，改革开放等战略性发展蓝图。

从实施情况来看，"十五"计划完成总体良好，提出的目标大部分实现，约 2/3 的计划指标顺利完成。我国经济总量、综合国力、人民生活和对外开放均上了一个新台阶，为"十一五"规划的制定和实施奠定了良好的基础，也为 21 世纪前 20 年全面建设小康社会开了一个好局。不过，在"十五"计划期内，中国经济发展仍然存在许多需要解决的问题，如还没有从根本上改变粗放型经济发展方式，产业结构升级的压力依然较大等。

"十一五"规划时期为 2006—2010 年。从"十一五"开始，计划变为规划。虽一字之差，但意义重大。"十一五"规划于 2006 年 3 月由全国人大审议通过。"十一五"规划提出：要全面贯彻落实科学发展观，保持经济平稳较快发展；加快转变经济增长方式；提高自主创新能力；促进城乡区域协调发展；加强和谐社会建设；深化改革开放。"十一五"规划还提出要"推进工业结构优化升级"，首先要加速发展高技术产业，包括电子信息制造业、生物产业、航空航天产业和新材料产业等。其次，要振兴装备制造业，包括提升汽车、船舶，以及包括数控机床、输变电等在内的重大技术装备制造业的自主研发和创新能力。此外，还提出要优化升级冶金工业、化学工业和建材建筑业等原材料工业；提升轻纺工业的制造水平。还要积极推进信息化，坚持以信息化带动工业化，以工业化促进信息化，提高经济社会信息化水平。

"十一五"时期，中国经济状况发展较好，国内生产总值年均增长 11.2%、人均 GDP 年均增长 10.6%，均大大超过了规划的预期，成为改革开放以来发展最快的时期之一。不过，"十一五"规划在实施过程中也存在一些问题，比如，产业结构的转变没有如期实现，[①] 科学发展观和资源节约、环境友好型社会的理念落实有差距；粗放发展的模式仍然没有得到改变，资源环境指标也没有完成；对科研教育的投入没有达到原定的规划要求。

"十二五"规划时期为 2011—2015 年。2011 年全国人大审议通过

---

① 胡鞍钢、王亚华、鄢一龙：《国家"十一五"规划纲要实施进展评估报告》，《宏观经济管理》2008 年第 1 期。

"十二五"规划。"十二五"规划强调以科学发展为主题，以加快经济发展方式转变为主线，深化改革开放，保障和改善民生，巩固和扩大应对国际金融危机冲击的成果，促进经济长期平稳较快发展和社会和谐稳定，为全面建成小康社会打下具有决定性意义的基础。"十二五"规划提出了五项基本要求：第一，坚持进行经济结构的战略性调整；第二，坚持加快科技进步和创新的步伐；第三，坚持保障和改善民生；第四，坚持建设资源节约型、环境友好型社会；第五坚持改革开放。产业调整方面，"十二五"规划延续了"十一五"规划的总体思路，在重点产业的具体发展方向上有了更明确的指导，提出了"十大产业振兴计划"，并首次提出了七大战略性新兴产业。

"十二五"规划时期各项经济社会发展指标基本顺利完成。国内生产总值达到67.7万亿元，年均增速7.8%，经济结构调整也取得成效，服务业增加值比重超过50%，常住人口城镇化率达到56.1%。但"十一五"规划在实施过程中，仍然存在不完善之处，如可持续发展能力总体上呈现减弱的趋势，生态环境总体上仍在不断恶化。①

三　新时代的"十三五"规划

第十三个五年规划，是在中国特色社会主义建设进入新时代的第一个"五年规划"。"十三五"时期是全面建成小康社会的决胜阶段，"十三五"规划面临解决经济发展进入新常态后出现的诸多问题，承载着全面建成小康社会的历史使命，是在习近平总书记直接指导下制定的。②

"十三五"规划时期为2016—2020年。目前，"十三五"规划仍在实施之中。"十三五规划"颁布于2016年，是新一届也是现任领导班子编制的第一个五年规划，体现了新领导班子的新思想和治国理念，体现了新时代的要求。一方面，提出了创新、协调、绿色、开放、共享的

①　胡鞍钢、王亚华、鄢一龙：《国家"十一五"规划纲要实施进展评估报告》，《宏观经济管理》2008年第1期。

②　中国社会科学院经济研究所课题组：《中国"五年规划"的历史经验与"十四五"规划的指导思想研究》，《经济学动态》2020年第4期。

发展理念。这既是对以往经济建设实践的总结，也是对未来新时代中国特色社会主义建设的指导，是全局性、战略性、长期性的经济社会发展理念。另一方面，相比于发展速度，"十三五"规划更加强调发展的质量和效益，规划对国内生产总值年均增速的预期性指标是 6.5%，较"十二五"规划低了 0.5 个百分点，但是对发展质量和效益提出了更高的要求。"十三五"规划要求五年内使创新驱动发展的成效、发展的协调性显著增强。

"十三五"规划提出，在全面建设小康社会的决胜阶段，坚持全面建成小康社会、全面深化改革、全面依法治国、全面从严治党的战略布局，坚持发展是第一要务，牢固树立和贯彻落实创新、协调、绿色、开放、共享的发展理念，以提高发展质量和效益为中心，以供给侧结构性改革为主线，扩大有效供给，满足有效需求，加快形成引领经济发展新常态的体制机制和发展方式，统筹推进经济建设、政治建设、文化建设、社会建设、生态文明建设和党的建设，确保如期全面建成小康社会。"十三五"规划还强调了科技创新对于产业的引领驱动作用，提出要把发展基点放在创新上，以科技创新为核心、以人才发展为支撑，推动科技创新与大众创业、万众创新有机结合，塑造更多依靠创新驱动、更多发挥先发优势的引领型发展。

2012 年，党的十八大强调了"两个一百年"的奋斗目标，而 2020 年正是全面建成小康社会、实现第一个百年奋斗目标的关键节点。2014 年，习近平提出"新常态"的概念，"十三五"规划作为新常态下第一个五年规划，对于中国的发展有着非常重要的意义。

从实施效果上看，"十三五"规划实施总体上进展顺利，在 25 个指标中有 21 个符合预期的进展。从整体来看，规划体系及实施工作的耦合更加紧密，深入贯彻落实新发展理念也取得了良好的成效，供给侧结构性改革推进效果良好。2019 年，国内生产总值逼近 100 万亿元大关。人均国内生产总值按年平均汇率折算达到 10276 美元，首次突破 1 万美元大关，与高收入国家差距进一步缩小。经济增速在世界主要经济体中名列前茅。对世界经济增长贡献率达 30% 左右，持续成为推动世界经济增长的主要动力源。尽管国际风云变幻，但在党的领导下，"十三五"规划有望顺利完成。

第二节 十三个"五年规划"的基本特点

十三个五年计划（规划）的编制与实施的过程中，在计划（规划）的目标、计划（规划）的性质、计划（规划）的内涵、计划（规划）的体系、计划（规划）编制程序等方面都发生了重大变革。计划经济时期编制与实施的五个五年计划，核心目标是建立独立的、比较完整的工业体系和国民经济体系，但各个五年计划也各具特色。转向市场体制背景下的五个五年计划，着眼于解决经济与社会发展中的重大问题，指导思想越来越理性务实。进入 21 世纪后的三个五年规划，围绕推进小康社会建设，确定了比较客观的指标体系，实施效果较好。

一 十三个五年计划（规划）的总体性演变

总体上看，中国在制定与实施十三个五年计划（规划）的实践中，发生了下列变化①：

其一，在制订五年计划（规划）目标方面，经历了从建立独立完整国民经济体系，到实现"四个现代化"，到解决温饱问题，再到全面建成小康社会的转变。第一个五年计划到第五个五年计划，计划的目标是建立独立完整的国民经济体系。"一五"计划与"二五"计划的目标是推进工业化与实现社会主义改造，"三五"计划与"四五"计划的目标是加强国防建设，重点开展"三线建设"。"五五"计划的目标仍然是建成独立完整的工业体系与国民经济体系，实现四个现代化。"六五"计划与"七五"计划的目标是解决温饱问题。"八五"计划与"九五"计划的目标是达到小康社会，建立社会主义市场经济体制。"十五"计划的目标是建

---

① 杨传民等人系统讨论了中国五年计划（规划）整体性变迁特征。见杨传民等《新中国发展规划70年》，人民出版社2019年版，第1—11页。另外，胡鞍钢、鄢一龙、王亚华等人的文章涉及这一问题。见胡鞍钢、鄢一龙《中国十一个五年计划实施情况回顾》，《清华大学学报》（哲学社会科学版）2012年第4期；王亚华、鄢一龙《十个五年计划指导方针的演变》，《宏观经济管理》2007年第3期。

立现代企业制度，向完善社会主义市场经济体制迈出实质步伐。"十一五"规划、"十二五"规划以全面建设小康社会为总目标。"十三五"规划的目标是全面建成小康社会，实现国家治理体系与治理能力现代化。

其二，五年计划（规划）的性质，发生了从指令性到预测性和指导性、再到预期性和约束性的转变。"一五"计划到"五五"计划，五年计划的性质属于指令性。"六五"计划到"十五"计划，五年计划的性质改为预测性和指导性。"十一五"规划到"十三五"规划，五年规划的性质又变为预期性和约束性。

其三，五年计划（规划）的内容发生了巨大的演变，经历了从实物产量指标到价值指标，从单纯的经济计划到经济与社会计划，再到文化建设、民主法制、生态文明、国防和军队建设整体规划的转变。"一五"计划到"五五"计划，五年计划属于单纯的经济计划。"六五"计划开始纳入社会发展方面的内容。"七五"计划又加入社会主义精神文明建设的内容。"八五"计划、"九五"计划中，增加了文化建设、民主法制、生态环境等方面的内容。"十五"计划之后，国家在编制五年计划（规划）中，又加上了国防建设的内容。五年计划（规划）涉及的国土区域，也从大陆的行政区域，扩大到了港澳台地区。

其四，五年计划（规划）体系发生了大的演变，经历了从编制单一的经济计划，扩展到编制总体规划、重点领域专项规划、重点经济区域规划、空间发展主体功能区规划等方面的转变。

其五，五年计划（规划）的规划程序发生了大的变化。从中共中央直接制订五年计划，到中共中央提出计划（规划）建议、国务院编制纲要、全国人大审议的法制化、程序化、制度化的改变。改革开放前，只有"一五"计划的编制比较规范。"二五"计划未公布正式文件。"三五"计划未正式批准。"四五"计划未经全国人大的审议。"五五"计划没有形成独立的文本，仅包括在十年规划纲要之中。改革开放后，五年计划（规划）的编制制度才逐步完善。

二 计划经济时期五个五年计划的特点

从 1953 年实施第一个五年计划开始，到 1978 年改革开放之前，在传统计划经济时期，中国编制与实施了五个五年计划。从第一个五年计划到第五个五年计划，中国经济建设的中心任务是建立独立的、比较完整的工业体系和国民经济体系。在编制与实施五年计划的理念上，强调优先发展重工业、建立独立完整的工业体系与国民经济体系。

"一五"计划的目标是：集中力量建设以苏联援助的156项重点建设工程为中心的、由限额以上694项建设单位组成的工业建设项目，建立社会主义工业化的初步基础；进行农业、手工业与资本主义工商业的社会主义改造，建立社会主义公有制经济。"一五"计划最突出的特征是推进工业化，特别是展开重工业化。由于信息不充分、不准确，"一五"计划的特点之一是多变性；由于实施之后的第三年才正式公布计划文本，"一五"计划的特点之二是滞后性。①

"二五"计划的中心任务是：继续以重工业为中心的工业化建设；继续完成社会主义改造，建立与巩固公有制；进一步发展工业、农业和手工业，相应发展运输业与商业。因此，"二五"计划的一个特点是片面发展重工业，特别是片面强调钢产量的快速增长。"二五"计划的另一个特点是追求快速发展，制定的各项主要指标是"一五"时期的几倍。"二五"计划是五年计划（规划）中指标变化最多、变化幅度最大、实施效果最差、主要经济指标负增长、人民生活水平下降最严重的一个五年计划。②

"二五"计划后期，中国经济发展出现挫折。1963—1965年，国家开始调整国民经济，作为"二五"计划向"三五"计划的过渡阶段，指导方针是以农业为基础、工业为主导。

"三五"计划制订的前期，编制计划目标考虑最多的是民生问题，提出了"三五"时期的基本任务是大力发展农业，基本上解决人民的吃穿用问题；适当加强国防建设，努力突破尖端技术；加强基础工业，提高产品质量，增加品种、产量。但是，由于国际形势突变，中国面临严重的战争威胁，"三五"计划指导思想改为以战备为中心，提出必须立足于战争，把国防建设放在第一位，加快"三线建设"。因此，"三五"计划

① 刘国光主编：《中国十个五年计划研究报告》，人民出版社2006年版，第110页。
② 同上书，第235页。

的最大特点是：指导思想由"解决吃穿用"转变为"以战备为中心"，强调发展重工业。这标志着中国经济建设的重大战略转变，其指导方针一直影响到 20 世纪 70 年代"四五"计划、"五五"计划的制订。

"四五"计划的指导思想，仍然强调以"战备"和"三线建设"为中心，以军事工业的发展带动整个国家的工业化。"四五"计划要求集中力量建设大三线战略后方，建立不同水平、各有特点、大力协同的经济协作，初步建成我国独立的、比较完整的工业体系和国民经济体系。提出改变战略布局，改革经济管理体制。在工业建设上，强调高速度地发展钢铁工业，大力发展地方"五小"工业。强调农业要以粮为纲。"四五"计划的创新性工作是：把人口计划纳入国民经济发展计划，将农村教育问题写入经济计划，将环保纳入计划工作的范围。[①]

"五五"计划的特色是跨越了改革开放前后两个时期。"五五"计划前期制定的指标受到"急躁冒进""大干快上"的影响，如提出建成比较独立完整的工业体系与国民经济体系，稳固农业基础，建立丰富多彩的轻工业，建立强大的重工业，建立交通通信网络，建立完善的商业网，建立发达的科学教育文化卫生事业。1979 年中共中央出台"调整、改革、整顿、提高"的新八字方针后，开始调整后两年的年度计划。"五五"计划的发展思路也逐步转向了全面发展观。

三 转向市场经济体制背景下七个五年计划（规划）的特点

从"六五"计划到"十五"计划，中国逐渐从计划经济体制转向社会主义市场经济体制。总体上看，"六五"计划到"七五"计划的理念是搞好综合平衡，处理好经济与社会各方面的关系。"八五"计划到"十五"计划的理念是解决人民的温饱问题，实现强国与富民的统一。"六五"计划到"九五"计划，中国的改革开放走向深入，力争使工农业的年总产值翻两番，提前实现现代化战略第二步目标。"十五"计划的指导方针坚持把发展作为主题，把经济结构调整作为主线，把改革开

---

① 刘国光主编：《中国十个五年计划研究报告》，人民出版社 2006 年版，第 357—359 页。

放和科技进步作为动力，把提高人民生活作为根本出发点，并坚持经济和社会的协调发展。转向社会主义市场经济体制下的"六五"计划到"十五"计划，也各具特色。

"六五"计划针对当时的现实问题，确定的基本方针是：在保持一定增长速度的前提下，努力提高经济效益，使国民经济按比例稳定发展。在战略重点上，突出经济结构的调整，突出增加农产品、轻纺产品和日用工业品，加强科技成果的推广和应用，对企业进行技术改造。"六五"计划关注急需解决的社会问题，增加了人民生活改善、劳动就业、环境保护等社会发展方面的内容，并将"国民经济计划"改变为"国民经济和社会计划"。"六五"计划是中国制订五年计划（规划）制度的转折。此后，中国的五年计划（规划）从单一经济发展计划，扩展到了社会发展计划，包括控制人口增长、保障人民的生活、保护环境等内容，从而使国家五年发展计划（规划）更加全面。"六五"计划的特点是：其一，强调经济与社会共同协调发展，改变了以往只注重经济发展，单纯追求高速度和高指标，忽视人与社会发展的倾向；其二，经济发展战略开始向以提高经济效益为中心转变。

"七五"计划针对"六五"期间经济增长中出现的问题，将总供给和总需求的基本平衡作为计划的重点，提出平衡的关键在于加强基础产业（能源、交通、通信和原材料）的建设，克服经济发展中的"瓶颈"障碍，为经济发展提供后续动力。"七五"计划提出，关系全局的经济活动实行指令性计划，大量经济活动实行指导性计划，部分经济活动完全由市场自发调节。"七五"计划的目标是：继续推进经济发展战略和经济管理体制由旧模式向新模式转变，加强精神文明建设。"七五"计划的特点是：其一，提出了比较完整的计划目标体系，内容涵盖生产、建设、科教文卫、人口等发展目标，充分重视产业结构、地区布局、投资结构、对外关系以及经济体制改革等重大战略性问题，重视发展生产和改善人民生活、数量和速度的增长与提高质量和效益等问题，重视发展生产方面的关系；其二，从"七五"计划开始，中共中央开始制定五年计划的建议；其三，"七五"计划新增了国民生产总值指标和三次产业划分，是五年计划编制工作的又一大转变；其四，"七五"计划是五年计划（规划）编制史上第一个在五年计划开局之年就编制完成的五年计划。

"八五"计划提出 1991—2000 年的总体目标是：实现我国社会主义建设的第二步战略目标，人民生活从温饱达到小康，把国民经济的整体素质提高到一个新的水平。"八五"计划提出了企业体制、市场体制、财政税收体制、金融体制、工资制度、住房和社会保障制度、计划和投资体制、宏观调控体系综合改革的初步设想。"八五"计划在经济发展方面强调坚持总量平衡，防止出现经济过热。由于"八五"计划编制前期时值"七五"计划后期经济的治理整顿，计划指标较为保守。邓小平"南方谈话"发表后，"八五"计划调高了原来的计划指标。"八五"计划是改革开放后唯一在进行中调整主要指标的五年计划。计划指标调整后，"八五"计划提出了加快改革开放、加快经济发展的"双加快"方针。"八五"计划有六个特点：一是"八五"计划是五年计划中酝酿时间最长、征求意见最广泛的一个五年计划；二是"八五"计划及十年发展规划贯彻改革开放与经济发展有机结合的方针，以改革开放推动经济发展；三是"八五"计划把农业放到了应有的位置，加大了对农业的投入；四是"八五"计划把基础工业和基础设施建设放在优先发展的地位上；五是在固定资产投资中，"八五"计划特别强调了技术改造；六是提出经济要转轨到"持续、稳定、协调"发展的良性循环上来。[1]

"九五"计划确立了全面完成现代化建设的第二步战略部署目标，提出了"抓住机遇、深化改革、扩大开放、促进发展、保持稳定"的基本方针；强调要正确处理改革、发展、稳定三者的关系，重点解决关系全局的重大问题。"九五"计划最显著的特点是：首次明确提出经济与社会协调发展、可持续发展的理念；提出促进国民经济持续、快速、健康发展；提出经济体制从传统的计划经济体制向社会主义市场经济体制转变、经济增长方式从粗放型向集约型转变，两个根本性转变具有全局意义。"九五"计划的其他特色有：第二步战略目标与第三步战略目标相衔接；经济体制转变与经济增长方式转变相结合；市场机制与宏观

---

[1] 孙尚清的观点，见《中国农业银行长春管理干部学院学报》1991 年第 12 期。

调控相统一；产业发展任务与总体战略部署相配套；地区经济发展与全国经济发展相呼应；对外开放与国内改革、开放相激励；科教兴国战略与可持续发展战略相比翼；经济发展与社会发展相协调；经济建设与国防建设相联系；物质文明建设与精神文明建设相促进。①

"十五"计划面对全球化与现代化两大任务，在发展重点上突出三个方面：一是应对加入 WTO 和知识经济的发展，提出加速发展信息产业，大力推进信息化，用信息化带动工业化；二是深化区域协调发展的战略，提出实施西部大开发的战略；三是实施城镇化战略，促进城乡共同进步。"十五"计划的编制与施行总结和深化了以往五年计划的经验。在计划制订前期加强对重大问题的研究，规范了编制方法和程序，注重社会的参与。②"十五"计划中，指令性计划开始退场，市场配置资源的作用凸显。"十五"计划更具战略性、前瞻性和国际视野，更加注重协调发展，更加注重以人为本，更加重视生态建设、环保、经济与社会可持续发展，更加重视教育、文化、医疗卫生、体育事业。"十五"计划有以下特点：一是"十五"计划具有明显的战略性、宏观性和政策指导性，是粗线条的计划，强调对全社会经济活动起导向性作用，增加了反映结构变化的预期指标，减少了实物指标。二是政府不再是资源配置的主角，政府通过经济政策等手段引导市场主体，政府配置资源的重点转向基础设施、科技、教育、生态环境、社会保障、公共服务等领域。三是"十五"计划以经济结构的战略性调整作为主线，主要任务是优化产业结构，全面提高农业、工业、服务业的水平和效益；合理调整生产力布局，促进地区经济协调发展；逐步推进城镇化，努力实现城乡经济良性互动等。四是把可持续发展作为国家基本发展战略，突出了生态建设和环境保护发展理念，着力改善基础设施和生态环境。③

总体而言，"六五"计划到"十五"计划的五个五年计划，指导方针越来越理性务实，五年计划的制订更立足于解决发展中的实际问题。

---

① 宁吉喆：《九五计划与2010年远景目标纲要的主要特点》，《经济与信息》1996年第7期。
② 宫佐：《"十五"计划〈纲要〉的特点》，《中国党政干部论坛》2001年第4期。
③ 曹文炼、张力炜：《"九五""十五"计划的编制、实施过程及主要成就》，《全球化》2018年第10期。

　　"十一五"规划提出建设社会主义新农村，推进工业结构优化升级，加快发展服务业，建设资源节约型、环境友好型社会，推进社会主义和谐社会建设等战略构想。"十二五"规划强调以科学发展观统领经济社会发展全局，指出全面建设小康社会的目标不只是经济领域的发展，而是各个领域的多元发展、共同发展、互补发展，把转变经济发展方式、提升国家软实力提高到战略高度。"十三五"规划时期是全面建成小康社会的决胜阶段，提出了新发展理念，提出了必须遵循人民主体地位、科学发展、深化改革、依法治国、统筹国内国际两个大局、坚持党的领导六项原则。可见，21世纪三个五年规划的规划理念，从科学发展观演变为"创新、协调、绿色、开放、共享"新发展理念。

　　"十一五"规划纲要提出转变经济增长方式要坚持"六个立足"，实现六个"转变"。第一，立足扩大国内需求推动发展，把扩大国内需求，特别是将消费需求作为基本出发点，促进经济增长，由主要依靠投资和出口拉动向消费与投资、内需与外需协调拉动转变。第二，立足优化产业结构推动发展，把调整经济结构作为主线，促使经济增长由主要依靠工业带动和数量扩张带动，向三次产业协同带动和结构优化带动转变。第三，立足节约资源、保护环境推动发展。把促进增长方式转变作为着力点。促使经济增长由主要依靠增加资源投入带动向主要依靠提高资源利用率带动转变。第四，立足增强自主创新能力推动发展，把增强自主创新能力作为国家战略，促使经济增长由主要依靠资金和物质要素投入带动，向主要依靠科技进步和人力资本带动转变。第五，立足深化改革开放推动发展，把改革开放作为动力，促使经济增长由某些领域相当程度上依靠行政干预推动，向在国家宏观调控下更大程度发挥市场配置资源基础性作用转变。第六，立足以人为本推动发展，把提高人民生活水平作为根本出发点和落脚点，促使发展由偏重于增加物质财富向更加注重促进人的全面发展和经济社会的协调发展转变。①

　　"十一五"规划的特点是：其一，首次把"五年计划"改称"五年规划"，把发展指标分为预期性和约束性两类，更重视人文的、社会

① 马凯：《"六个立足"与"六个转变"》，《中国发展观察》2006年第4期。

的、环境的指标。界定了政府与市场的边界与功能，预期性指标依靠市场自主行为实现，约束性指标由行政力量确保实现。其二，把建设社会主义新农村摆在各项战略任务的首位。其三，明确提出工业发展的主要任务不是扩大规模，而是结构升级，以促进中国工业由大变强。其四，首次把服务业放在突出位置上。其五，在区域发展战略上，进一步明确了优先开发、重点开发、限制开发和禁止开发四类功能区的定位和政策导向。其六，在人与自然的关系上，把节约资源和保护环境这两个基本国策写入了纲要，提出了建设资源节约型社会和环境友好型社会的战略任务和具体措施。其七，把自主创新和培养高素质人才放在了突出的位置。其八，明确"十一五"规划既是发展的规划，也是改革的规划。其九，从经济建设、政治建设、文化建设和社会建设"四位一体"的总体发展思路出发，突出强调以人为本和解决关系群众切身利益的一些重大问题。其十，首次委托第三方进行评估。①

　　"十二五"规划建议以科学发展为主题，以加快转变经济发展方式为主线，坚持把改革开放作为加快转变经济发展方式的强大动力，坚持扩大内需战略，保持经济平稳较快发展；推进农业现代化，加快社会主义新农村建设；加强社会建设，建立健全基本公共服务体系；推动文化大发展大繁荣，提升国家文化软实力；推进行政体制改革，逐步转变政府职能。②"十二五"规划的特点是：明确提出以科学发展为主题；明确提出以加快转变经济发展方式为主线；明确加快科技进步和创新的步伐；坚持保障和改善民生；坚持建设资源节约型、环境友好型社会。

四　新时代的"十三五"规划的特点

　　"十三五"时期处于全面建成小康社会的决胜阶段。它既是中国实现全面建成小康社会目标的"冲刺"关键期，又是拉开全面综合改革

① 吴敬琏：《"十一五"规划的三大特点》，《今日中国论坛》2006年第6期；另参见中国社会科学院经济学部课题组《"十一五"规划实施前三年分析报告及对"十二五"的政策建议》，《经济管理》2009年第11期。

② 许经勇：《"十二五"规划建议的新亮点、新精神》，《学习论坛》2011年第1期。

新纪元帷幕的新起点。[①]

"十三五"规划面临着经济发展进入新常态后出现的诸多问题，承载着全面建成小康社会的历史使命，明确提出了全面建成小康社会的具体目标要求，作出了"四个全面"和"六大建设"的战略布局，促进人的全面发展。[②]

"十三五"规划的特点是：第一，明确定位"十三五"时期是全面建成小康社会决胜阶段。第二，首次推出创新、协调、绿色、开放和共享五大新发展理念，以五大理念推动经济社会转型升级。第三，突出强调解决新常态下的发展动力问题，突出强调转变经济发展方式，调整经济发展战略，由要素驱动型经济向科技创新驱动型战略转变。第四，从偏重单一经济发展目标向多元化目标演化，即由单纯追求 GDP 的数量向提高 GDP 的质量方向转变。第五，关注贸易保护主义强化、逆全球化异动倾向，以及科技革命蓄势待发、全球治理体系深刻变革的重大历史机遇，提出保持战略定力，保持积极进取的方针。第六，注重以约束性指标促进政府职能转变，进一步强化公共服务、社会治理、资源环境等方面的目标和指标，特别是突出就业增加、收入提高与经济增长同步等民生改善方面的目标和指标。第七，强调"一带一路"、长江经济带、京津冀协同发展。第八，强调规划编制中多规融合与"三规合一"，如国民经济和社会发展规划、城乡规划、土地利用规划、生态环境保护规划融合与统一。第九，强调构建全方位对外开放新格局。第十，首次将制度建设作为五年规划的主要目标之一。[③]

第三节 "五年规划"制定实施应把握的基本关系

已编制与实施的十三个五年计划（规划），留下许多宝贵的经验，也留下不少深刻的教训。这些经验教训对制定与实施第十四个五年规划

---

① 许正中：《"十三五"规划的新理念和新部署》，《中国经济报告》2016 年第 3 期。
② 胡鞍钢：《"十三五"规划的核心理念是促进人的全面发展》，《红旗文稿》2015 年第 23 期。
③ 中国社会科学院经济研究所课题组：《中国"五年规划"的历史经验与"十四五"规划的指导思想研究》，《经济学动态》2020 年第 4 期。

有重要的启示。概括而言，编制与实施五年规划，应该把握好以下关系：规划愿景与国情国力的关系、规划周期与政府届期的关系、规划延续性与变革性的关系、规划资源配置与市场资源配置的关系、国家重大生产力布局与企业创新发展的关系、国家规划与地方规划的关系、国家整体规划与部门专业规划的关系、规划制定与规划实施的关系。

一 规划愿景与国情国力的关系

制订计划（规划）的基础是当时的国情国力，只有正确认识与综合考虑当时的国情国力，客观预测发展趋势，编制出的五年计划（规划）才不至于脱离实际。在已经编制与完成的十二个五年计划（规划）中，有的五年计划（规划）发展目标定得太高，脱离中国国情国力，实施效果并不理想。

计划经济时期的五个五年计划，除"一五"计划比较符合当时中国"一穷二白"、生产力水平低下的国情外，"二五"计划到"五五"计划都有很大的主观随意性，盲目追求高速度。"二五"计划片面强调发展重工业，制定的主要指标过高，严重脱离了人口多、耕地少、矿产资源不足的基本国情。"三五"计划和"四五"计划仍是强调重工业优先发展，以备战为中心，与首先要解决吃饭、穿衣问题的民生要求背道而驰。"四五"计划急于求成，盲目追求高指标、高速度。"五五"计划仍带有急于求成的愿望，导致经济发展大起大落。

但也有的计划（规划）指标定得偏低，也不能很好地指导经济与社会的发展。如，"三五"计划、"八五"计划指标定得都比较低，事实证明比较保守，失去指导作用。

二 规划周期与政府届期的关系

五年计划的实施周期为五年。制订五年计划（规划）的基础工作需要提前进行。一般在五年计划执行的中期，下一个五年计划（规划）已开始准备。"一五"计划到"六五"计划，都是下一个五年计划开局之年已到，但还未编制好五年计划。"七五"计划之后，在新的五年计划（规划）准备实施时，计划（规划）纲要已经就绪。

五年计划（规划）编制与实施的周期与中国政府届期不一致。中国共产党和各级政府领导干部实行任期制，五年一换届。地方党政领导干部的任期常常与地方五年计划（规划）的编制与实施时间出现错位。新一任地方主要领导干部到任后，在是否执行已制订的地方五年计划（规划）方面有很大的决策权，有人将已定的计划（规划）弃之不用，而另起炉灶，影响到五年计划（规划）的权威性与连续性。特别是如果地方领导人热衷于追求政绩，喜欢快速发展，主观性随意性很强，常常扭曲五年计划（规划）的实施。

制订与实施五年计划（规划）的经验表明，必须处理好规划周期与政府届期的关系，以保证科学、合理、切实可行的五年计划（规划）持续实施，不因主要领导人更换而中断或执行走样。

三　规划的延续性与变革性的关系

一方面，制订新的五年计划（规划），既需要考虑设立新的发展目标，又需要考虑历史发展的延续性。特别是国家长期持之以恒的建设目标，更需要实施连续多个五年计划（规划），不能中断。① 另一方面，制订新的五年计划（规划），又要根据新的国情、国力与国际环境状况，提出新的建设目标，要有变革性。制定与实施五年计划（规划）的历史经验表明，必须平衡好前后连续几个五年计划（规划）的延续性与变革性。

中国已实施完成的十二个五年计划（规划）中，在工业化目标上，延续性与变革性比较协调。从"一五"计划到"五五"计划，经过持续推动，实现了经济发展从农业主导向工业主导的跨越。"六五"计划开始转向以消费需求为主导的工业化，到"九五"计划末完成了工业化初级阶段的任务。"十五"计划、"十一五"规划、"十二五"规划提

---

① 汪彬认为，要注重规划的连贯性与延续性。参见汪彬《"十三五"规划编制的重要转变》，《前线》2015 年第 11 期。

出走新型工业化道路，中国终于成为世界制造业大国。在建立与完善社会主义市场经济体制目标上，延续性与变革性也比较统一。从"八五"计划开始，直到"十三五"规划，五年计划（规划）都将完善社会主义市场经济体制作为重要目标，促进了中国社会主义市场经济体制日臻完善。

欲使做好五年计划（规划）保持延续性与变革性，就需要深入了解前一个五年计划（规划）实施情况。"二五"计划的评估曾出现偏差。当时，初次评估以为"二五"计划已提前两年完成了计划指标，但实际情况是三年之后仍未全面完成计划指标。对五年计划实施结果估价的失误，直接影响下一个五年计划（规划）的科学决策。

四　规划资源配置与市场资源配置的关系

"一五"计划与"五五"计划的编制与实施，政府以五年计划与年度计划为指导，以行政手段资源配置，只有政府的作用，没有市场的地位。

社会主义市场经济体制改革目标确立后，市场在资源配置中的作用越来越大，逐渐发挥决定性作用，但政府也在发挥重要作用。因此，能否协调好政府与市场的矛盾关系，能否协调好规划配置资源与市场配置资源的关系，将直接影响五年计划（规划）的制定与实施。

中国已完成实施的五年计划（规划）证明，政府配置资源存在效率不高、浪费严重等问题。而改革开放以来，在医疗、教育、住房等民生领域，市场配置资源占据过多的比重，也导致了新的问题。因此，五年计划（规划）的制订与实施，必须平衡规划配置资源与市场配置资源的关系，市场配置资源起决定性作用，但政府规划配置资源也不能缺位。

五　国家重大生产力布局与企业创新发展的关系

五年计划（规划）要考虑国家重大生产力布局平衡，即产业布局与区域经济发展平衡问题。

中国已实施完成的十二个五年计划（规划）中，在平衡沿海与内地经济发展的矛盾方面有过深刻的教训。有的五年计划（规划）生产力布局过度向内地倾斜，特别是向西部偏远地区倾斜，如以备战为中心的"三五"计划、"四五"计划，生产力布局集中于三线地区，客观上制约了沿海地区的发展。转向社会主义市场经济体制后的五年计划（规划），在生产力布局方面，有的计划（规划）又存在忽视内地特别是西部发展的倾向，加剧了区域经济的不平衡性。

生产力布局与企业创新发展的矛盾，体现在五年计划（规划）安排新建项目与企业更新改造投资方面的冲突，存在重基建、轻技改的倾向。为了调整重大生产力布局，大规模新建企业是必要的。但在资源有限的情况下，有的五年计划（规划）不重视企业的技术改造与企业创新的需求，造成企业更新改造缺乏动力，拉大了中国企业技术水平与世界先进水平的差距。[1]

六 国家规划与地方规划的关系

国家发展总体规划处于规划体系的最上层，是地方规划的总遵循，地方规划要以国家总体规划为依据。国家规划要与地方规划相统一。[2]

中央集权与地方分权多次博弈，很难找到二者的平衡点。在制订与实施五年计划（规划）的历史上，中央与地方的矛盾一直贯穿其中。比如，在投资、产业力布局、资源开发、财税关系等方面，中央与地方政府存在矛盾。

计划经济时期，在编制五年计划（规划）时，中央计划机构采用平衡法，而地方和基层计划机构多采取"加减法"。地方和企业没法做到平衡计划，因为最终的平衡权并不在他们手中。而且，平衡法要求的信息也比加减法多得多，需要了解左邻右舍的情况和上级的计划，这对

---

① 刘国光主编：《中国十个五年计划研究报告》，人民出版社 2006 年版，第 3 页。
② 汪彬认为，中央与地方战略要相结合，参见汪彬《"十三五"规划编制的重要转变》，《前线》2015 年第 11 期。

于地方和企业的计划工作人员来说，很难做到。① 例如，从 1954 年开始，各地在编制农业计划时，实行"两本账"，即除国家计委制订的计划数字外，地方还有一套自己的计划数字，第一套为必成计划，第二套为地方努力的目标。结果，许多地方形成层层叠加，计划指标是由上而下越来越大。

从第一个五年计划到第十个五年计划的实施结果看，除了"二五"计划的前期实行了中央和地方计划的两本账，其他时期地方制订的计划指标一般都高于中央计划的经济增长指标。从"六五"计划开始，几乎每次制订五年计划时中央都要抑制地方的发展冲动。发达地区希望利用优势加快发展，欠发达地区希望迎头赶上。例如，编制"十五"计划时，部分县市规划编制方法不规范，编制前的研究论证不够，地方规划增长目标在国家目标基础上层层加码，各地相互攀比，盲目竞争，重复建设。② 制定"十一五"规划时，全国增长指标定为 7.5%，而定为 8.5%的省市自治区有 1 个，定为 9%的有 7 个，定为 10%的有 10 个，定为 11%的有 3 个，定为 12%的有 3 个，定为 13%的有 1 个，平均在 10%以上。③

七 国家整体规划与部门专业规划的关系

国家整体规划与部门专业规划也会出现不一致的问题。

计划经济时期，农业计划是部门计划中编制难度最大的计划，也是国家国民经济综合计划中带有基础性、决定性的部门计划。农业部门的专业计划常常迫使国家调整整体计划。"二五"计划编制过程中，国家整体计划与部门专业计划的冲突表现得淋漓尽致。当时兴起高指标风，各部门纷纷要求修改计划，提高指标，国家计委原先拟订的"二五"计划草案的轮廓被突破，最终导致"二五"计划没能正式颁布。

计划经济时期，中央各部门从部门利益出发，都力图自给自足，自成系统，而不考虑国家的整体计划安排。如六机部、交通部在上海扩建

---

① 刘国光主编：《中国十个五年计划研究报告》，人民出版社 2006 年版，第 54 页。

② 杨伟民：《中国发展规划 70 年》，人民出版社 2019 年版，第 252 页。

③ 武力：《新中国实施十一个五年计划（规划）的历史经验》，《前线》2010 年第 4 期。

和改建的江南、沪东、上海等船厂，它们的多余铸锻能力达 75% ，铸钢多余能力达 90% ，铸造多余能力达 75% 。[①]

改革开放后，国家规划与部门规划在编制五年计划（规划）上虽然采用同样的方法，但因为存在利益差异，仍然有不一致现象。如，编制"十五"计划时，一些部门的规划与国家总体规划衔接不够，目标、任务相互不匹配。[②]

八 规划制定与规划实施的关系

五年计划（规划）最终都要付诸实施。规划编制与执行也是矛盾关系。一是规划指标是否合理，合理的应该认真执行，不合理的需要动态调整。二是执行规划的监督机制如何实施。如果没有监督，规划就会流于形式；如果过于注重考核规划指标，有可能迫使地方造假，或者产生强迫命令。三是五年规划的科学性与前瞻性并不完美，经济运行会遇到多种不确定性，实施五年计划（规划）需要一定的灵活性。但灵活执行规划也有一定的限度，如果各行其是，五年计划（规划）就是废纸。这些都是五年计划（规划）编制与实施留下的经验教训。

一个典型事例是"七五"计划。计划执行同计划制订存在某种脱节问题。生产、分配、流通、消费四者之间的辩证关系没有处理好，往往脱离生产基础，孤立地搞分配、交通和消费。体制改革同经济发展不协调，出现了体制改革孤立进行的倾向。经济建设要求稳步发展而重大经济决策多变，是国家计划执行中的一个突出矛盾。迅速变化的需求结构同缓慢调整的供给结构产生矛盾。

在"十五"计划执行中，地方政府在五年规划的编制与实施方面问题更多，重编制，轻实施，甚至编制完成就束之高阁。[③]

（执笔人：赵学军、隋福民）

---

① 刘国光主编：《中国十个五年计划研究报告》，人民出版社 2006 年版，第 452 页。

② 杨伟民：《中国发展规划 70 年》，人民出版社 2019 年版，第 252 页。

③ 同上。

第十七章　改革开放以来宏观调控的历史脉络

　　改革开放40多年来，中国已成长为世界第二大经济体，中国在经济建设上取得的成就举世瞩目。中国特色社会主义经济建设的伟大实践，也为经济学理论的创新和发展提供了丰厚的土壤。而改革开放以来，中国宏观调控政策的演变以及宏观经济思想的发展，无疑是中国特色社会主义政治经济学的重要组成部分。本章拟从经济思想史和经济史相结合的角度入手，以时间为序，对改革开放以来中国宏观调控理论与政策的发展脉络进行梳理、归纳和总结。

　　我国改革开放以来的宏观调控思想和实践，大致可分为如下四个时期①：（1）1978—1992年，这一时期是中国经济转型期，宏观经济思想完成了从"综合平衡"到"宏观调控"范式转换；（2）1993—1997年，这一时期，我国社会主义市场经济体制基本确立，宏观调控思想基本形成并成功运用；（3）1998—2012年，这一时期的主题是应对两次外部冲击，中国特色宏观调控政策充分展现；（4）2013年至今，这一阶段仍在进行中，突出特征是我国经济发展进入新常态，供给侧结构性改革成为宏观调控的新亮点。以下按这样的时期划分，分别论述。

---

　　① 做这样的划分，主要是为了便于论述宏观经济政策的发展和演变，并不意味着笔者认为改革开放以来应当如此划分阶段。

第一节　经济转型期的宏观经济思想和
实践(1978—1992 年)

一　传统体制下的综合平衡

自 1978 年党的十一届三中全会开始，到 1992 年党的十四大，这一时期是中国经济体制转型的第一阶段。[①] 在这一时期，中国已经迈上市场化的改革道路，但是传统的计划体制仍然具有较强的影响力。与此同时，中国的经济学研究正在摆脱苏联政治经济学范式的束缚，向现代经济学范式转化，宏观经济理论也初步完成了从"综合平衡"到"宏观调控"的范式转换。

传统计划经济的特征，是由政府部门直接在各个国有生产单位（所谓的"企业"）之间配置资源，决定它们生产什么、生产多少和为谁生产。因此，并不存在微观经济与宏观经济的区别，可以说，所有经济问题都是"宏观经济问题"。[②] 不过，在传统计划经济体制下，宏观层面的经济管理一般称作"计划管理"，而微观层面的管理一般称作"经济管理体制"。其中，"计划管理"的核心任务便是"综合平衡"。综合平衡的内容，通常包括财政平衡、信贷平衡、物资平衡以及国际收支平衡。[③]

从经济学研究文献来看，改革开放初期即 1978 年至 1984 年，关于"国民经济综合平衡"出现了大量研究成果，且充满了各种争论。例如，关于综合平衡的任务，大多数人认为，"国民经济综合平衡的基本任务，在于解决社会生产和社会需要之间的矛盾"；有人认为，"综合

---

① 改革开放的阶段划分，目前尚无官方标准，学界则有不同看法。关于改革开放的第一阶段，本章参照李铁映的观点，参见李铁映《中国的改革——纪念改革开放 30 周年》，载邹东涛等《中国经济体制改革基本经验》，中国人民大学出版社 2008 年版，第 2—3 页。此外，也有人认为第一阶段应为 1978 年党的十一届三中全会到 1984 年党的十二届三中全会，第二阶段为 1984 年党的十二届三中全会到 1992 年的党的十四大。

② 吴敬琏：《当代中国经济改革教程》，上海远东出版社 2010 年版，第 331 页。

③ 薛暮桥：《中国社会主义经济问题研究》，人民出版社 1979 年版，第 168—173 页。

平衡的任务不仅是求得平衡，并且是求得最大的经济效果"；而乌家培认为"把社会生产过程中的各种比例关系，说成是社会生产和社会需要的矛盾的具体体现，而后拿社会生产和社会需要的矛盾作为国民经济平衡理论的研究对象，这是不妥当的"。刘国光提出，"如何把社会经济内部的平衡同人类社会与自然环境之间的平衡结合起来，妥善处理，这是国民经济计划平衡的一个新的课题，需要大力展开研究"。[①] 可以看出，这些争论涉及的问题是，综合平衡仅指总量平衡还是包括总量平衡和比例合理？综合平衡仅指宏观平衡，还是包括宏观平衡和微观效率？而刘国光的观点，则更多地带有资源和生态平衡的超前理念。又如，关于平衡和不平衡，有人强调不平衡，认为"不平衡是经常的，并且，不平衡是推动国民经济进一步发展的动力"；而强调平衡的人认为，"绝不能以不平衡的绝对性作为依据，来否定保持相对平衡的重要性，……更不能把由于扩大主观能动性，违反了有计划按比例发展规律而造成的不平衡，当作是客观事物发展的不平衡"。而孙冶方尖锐地批评了所谓"平衡是相对的，不平衡是绝对的"这一观点，指出过去的做法是"以'平衡是相对的'这句哲学格言代替了客观经济规律，否定了搞经济计划必须遵守的综合平衡原则。……把不平衡搞成平衡，这是计划工作的起码要求，可是唯意志论者却只迷信权力，不懂得这点起码的常识，结果给国民经济带来反复的破坏，……把国民经济拖到了崩溃的边缘"。[②] 关于平衡与不平衡争论的核心，其实是经济增长速度和宏观经济均衡之间的关系。再如，关于综合平衡的依据，孙冶方一贯主张以价值规律为依据，他说："国民经济的有计划按比例发展必须是建立在价值规律的基础上才能实现"，"过去有人主张综合平衡是使用价值的平衡，这就是说，发一度电要消耗多少煤，炼一吨铁要消耗多少焦炭……以及建立在各种技术定额基础上的煤、电、钢铁、机械等生产部门之间的实物比例"，"这是地地道道的技术经济学"。并且指出："价格不平衡，综合平衡就是一句空话"，就是"实际上取消了综合平衡"。

---

① 《经济研究》编辑部编：《建国以来社会主义经济理论问题争鸣（1949—1984）》（上），中国财政经济出版社1985年版，第626—628页。

② 同上书，第631—634页。

董辅礽也认为，"价值的平衡虽然要以实物的平衡为基础，而价值的平衡又有其独立的意义。价值的平衡是实现实物的平衡的保证。"有些人则强调价值规律和有计划按比例规律同样重要，如杨圣明提出，"在国民经济综合平衡中，必须充分尊重价值规律，把价值规律的要求与国民经济有计划按比例发展规律的要求统一起来"。① 此外，关于综合平衡与经济结构、经济效果、经济体制的关系，关于综合平衡与经济发展速度的关系，关于综合平衡的出发点和归宿点等问题，也都出现了不少研究成果。尤其值得一提的是，董辅礽较早地意识到综合平衡与经济结构的关系，他认为，"过去，我们对于国民经济平衡问题很少从经济结构的角度来考虑，而是较多地离开经济结构而着眼于一些物质生产部门之间、一些产品的供求之间、财政收支之间等等方面的平衡。……如果经济结构是不合理的，失调的，那么，这种种方面的平衡就很难长期保持。我们目前面临的许多经济上的严重不平衡，归根到底都同国民经济结构的不合理分不开"。②

若以事后诸葛亮的眼光来回顾，当年关于综合平衡的研究和争论，似乎更多的是在纠缠概念甚至咬文嚼字，且显得十分落伍。然而，这样的看法是不正确的。因为即便是在市场经济条件下，也存在如何实现总需求和总供给平衡、财政收支平衡、国际收支平衡等问题。所以说，综合平衡之于计划经济，就如同宏观调控之于市场经济。至于实践中综合平衡能否实现，则取决于计划经济体制本身是否可行，而不取决于综合平衡这一理念正确与否。正如薛暮桥所说："综合平衡是我们计划工作的首要任务。……综合平衡的根本任务，是正确安排国家建设和人民生活（积累的消费）的关系，反映这种关系的农业、轻工业、重工业之间的关系，以及这些部门内部的比例关系。"③ 应当说，在改革开放初期的几年里，即便是较早主张发挥市场作用的经济学家，在如何实现综合平衡方面或许有不同意见，但总体上

① 《经济研究》编辑部编：《建国以来社会主义经济理论问题争鸣（1949—1984）》（上），中国财政经济出版社 1985 年版，第 641—644 页。

② 董辅礽：《国民经济平衡的几个问题》，载刘国光主编《国民经济综合平衡的若干理论问题》，中国社会科学出版社 1981 年版，第 40 页。

③ 薛暮桥：《中国社会主义经济问题研究》，人民出版社 1979 年版，第 168 页。

仍然赞同综合平衡这一理念。① 因此，只要在传统计划经济框架内，综合平衡就是必然的选择。②

二 宏观经济思想的范式转换

关键的转折点出现在 1984 年党的十二届三中全会。这次会议通过的《中共中央关于经济体制改革的决定》提出，"社会主义计划经济必须自觉依据和运用价值规律，是在公有制基础上的有计划的商品经济。"社会主义商品经济地位的确立，距离市场经济只有一步之遥了。自此之后，企业改革、价格改革、宏观经济管理体制改革等便迅速铺开。当然，社会主义商品经济论的提出，也经历了复杂而曲折的过程。③

社会主义商品经济地位的确立，自然就要求宏观经济管理体制进行相应的变革。这既是改革开放初期（1978—1984 年）经济理论探索的结果，也是迫于解决现实经济问题的需要。从党的十一届三中全会的会议公报来看，形成的最大共识当然是"全党工作的着重点转移到社会主义现代化建设上来"，而在经济体制改革方面形成的共识则是"放权"，即扩大企业经营管理自主权。1978—1984 年的改革实践，主要表现为两方面：民间自发先行、官方逐步确认的农村经济体制改革即家庭承包制，另外就是以"放权让利"为主要内容的企业经营权下放。在这一时期，宏观经济出现了 1979—1980 年、1984 年年底两次"过热"。这里面固然有经济学家所谓的"新跃进"或"洋跃进"（指 1979—1980 年的"过热"）因素④，但其中更深层次的原因在于，在传统计划经济框架下，"放权"和"综合平衡"是无法同时实现的。如果采取行政手段强行干预经济，以丧失经济活力为代价，综合平衡当然可以实

① 刘国光、赵人伟：《关于社会主义经济中计划与市场的关系问题》，载刘国光主编《国民经济管理体制改革的若干理论问题》，中国社会科学出版社 1980 年版，第 37—40 页。

② 张曙光：《宏观经济理论》，载张卓元主编《论争与发展：中国经济理论 50 年》，云南人民出版社 1999 年版，第 307—309 页。

③ 张卓元等：《新中国经济学史纲（1949—2011）》，中国社会科学出版社 2012 年版，第 170—172 页。

④ 吴敬琏：《当代中国经济改革教程》，上海远东出版社 2010 年版，第 338 页。

现，但这就等于"收权"而不是"放权"；而一旦真正"放权"，就不可能实现综合平衡。这正是所谓"一放就乱、一统就死"的根源所在。正如邹至庄指出，这一时期由货币供给增加导致的通货膨胀，并非"有意的政策"，而是"放权"的自然后果。①

在这样的背景下，如何改革宏观经济管理体制，成为一个重要的问题。时值此际，对我国宏观经济管理体制改革具有深远影响的"宏观经济管理国际讨论会"，即"巴山轮会议"于 1985 年 9 月召开。这次会议形成的最大共识是，宏观经济管理应从直接管理为主转变为间接管理为主。② 从参会经济学家的发言记录和会议综述来看，"巴山轮会议"讨论的内容非常丰富，既有对宏观经济理论的介绍和讨论，也有对各国改革经验以及宏观经济政策的介绍。从对我国后来改革方向和政策的影响来看，亚诺什·科尔奈在会上提出的四种协调机制，即直接行政协调（ⅠA）、间接行政协调（ⅠB）、没有宏观控制的市场协调（ⅡA）和有宏观控制的市场协调（ⅡB），很大程度上影响了我国改革目标模式的选择，即"有宏观控制的市场协调"。③ 诺贝尔经济学奖得主詹姆斯·托宾在会上介绍了"需求管理政策"的主要内容，即财政政策和货币政策的混合使用，并建议中国在中央银行制度尚未完善之前，不要以货币总量作为总需求管理的指标，而应直接控制利率和信贷规模来实现投资和储蓄的平衡。④ 托宾讲的这些内容，对当时走向开放不久的中国经济学家和经济工作者来说，有耳目一新之感。因此，"巴山轮会议"不仅对中国宏观调控思想的发展、宏观调控政策的形成具有深远的影响，而且标志着中国宏观经济学研究范式的转换——从苏联政治经济学范式转向现代经济学范式。

---

① ［美］邹至庄：《中国经济转型》（第 3 版），徐晓云等译，电子工业出版社 2017 年版，第 129—130 页。

② 张卓元主编：《中国经济学 30 年（1978—2008）》，中国社会科学出版社 2008 年版，第 165 页。

③ 赵人伟：《1985 年"巴山轮"会议的回顾与思考》，《经济研究》2008 年第 12 期。

④ ［美］詹姆斯·托宾：《略论非集中型经济的宏观控制》，载中国经济体制改革研究会编《宏观经济的管理和改革——宏观经济管理国际讨论会言论选编》，经济日报出版社 1985 年版，第 149—158 页。

三 "价格闯关"与"硬着陆"

20 世纪 80 年代末，我国出现了改革开放以来的第三次经济过热，即 1987—1989 年的经济过热。从消费价格指数（CPI）来看，1987 年就达到了 7.3%，1988 年则进一步上升至 18.8%，在当时成为改革开放后乃至中华人民共和国成立以来最严重的一次通货膨胀，1989 年的通货膨胀率仍高达 18%，至 1990 年降到 3.1%，这一轮经济过热才结束。[①] 1987—1989 年经济过热的主要起因，仍然是投资需求和消费需求的膨胀，以及与之相伴的货币供给量的上升。但这一次与前两次即 1979—1980 年、1984 年的"过热"相比，还增加了一个新的因素——通货膨胀预期。1988 年 6 月，决策层决定进行物价—工资改革即"价格闯关"，由此引发了强烈的通货膨胀预期。原本已经过热的经济，再加上通胀预期，结果导致了 1988 年的"抢购风潮"。由于预期价格放开后物价将全面上涨，人们纷纷抢购一切能够抢购的商品，并且不惜将银行存款取出，购买商品进行囤积，由此进一步引发了挤兑银行存款现象。[②] 面对这种现象，1988 年下半年，国务院发出《关于当前做好物价工作和稳定市场的紧急通知》，实际上叫停了价格闯关改革。同时，采取了一系列紧缩性政策来治理严重的通货膨胀，包括压缩固定资产投资规模、控制信贷规模、提高存款利率等。经过 1988 年、1989 年两年的"治理整顿"，至 1990 年，严重的通货膨胀已经得到控制。但这一轮紧缩性政策的代价也是很大的，经济增长率从 1988 年的 11.3%，骤然下降到 1989 年的 4.1%，1990 年进一步降到 3.8%，这两年也成为改革开放以来经济增速最低的两年。控制通货膨胀的同时，导致了经济增速的大幅下降，因此这一轮紧缩性政策也被称之为经济"硬着陆"。

应当说，1987—1989 年的经济过热，固然有经济转型期"一放就

---

① 文中引用的数据，除注明出处的之外，一律来自国家统计局网站：http://www.stats.gov.cn/tjsj/.

② 彭森、陈立等：《中国经济体制改革重大事件》，中国人民大学出版社 2008 年版，第 311—319 页。

乱、一统就死"的典型特征，但经济政策上的失误也是造成严重通货膨胀的原因之一。这指的是，在 1987 年已经开始经济过热的情况下，进行"价格闯关"其实并不恰当。① 关于这一问题，当时经济学家之间曾有过激烈的争论，但主张以高通胀为代价进行"价格闯关"的观点最终得到了决策层的认可。② 1988 年上半年，薛暮桥在国家计委的一次座谈会上提出了"釜底抽薪"的观点，即用三年的时间压缩基建投资，降低货币发行量，停止通货膨胀并逐步消化积存下来的隐性通胀，在此基础上再逐步理顺价格；他认为，不能靠通货膨胀来维持不正常的高速度，在通货膨胀下也不可能理顺价格、深化改革。③ 而就在决策层决定进行"价格闯关"之前，也有多位经济学家表达了不同的意见。例如，刘国光认为，由于连续几年以通货膨胀支持增长，当前居民的通胀预期正在形成，如果立即进行价格改革，势必促成通胀预期全面形成和爆发全面的抢购风潮。所以应当用一两年的时间治理好经济环境，再进行价格改革。吴敬琏也表达了类似的观点，认为"先通胀、后治理"需要以居民存在货币幻觉为前提，而 1988 年上半年已经出现了零星的抢购现象，说明货币幻觉正在消失，通胀预期正在加速形成；在这种宏观形势下实施激进的价格改革方案，可能会出现银行挤提和恐慌抢购。张卓元也提出，深化改革需要有稳定经济的措施相配套，要治理通货膨胀，校正宏观经济政策。④

此外，"价格闯关"前后，经济学界关于我国经济转型期通货膨胀的研究也出现了一批较深入的研究成果。如杨仲伟等提出，当前的通货膨胀既有政策操作上的原因，又有体制上的根源。从体制上来说，旧体制下经济增长计划在各个行政层次上的多主体扩张，迫使贷款规模不断扩大，是通货膨胀的深层根源。因此总需求方面，出现消费需求和投资需求双膨胀；总供给方面，由于价格信号失真，导致资源配置扭曲和经济结构失衡，造成有效供给不足。供需缺口一旦遇到政府为保持高增长

---

① 陈晓伟：《价格理论研究与价格改革规律性探索》，载张卓元等《新中国经济学史纲（1949—2011）》，中国社会科学出版社 2012 年版，第 336—356 页。

② 吴敬琏：《当代中国经济改革教程》（第 2 版），上海远东出版社 2016 年版，第 406 页。

③ 彭森、陈立等：《中国经济体制改革重大事件》，中国人民大学出版社 2008 年版，第 315 页。

④ 同上书，第 315—318 页。

而大量增发货币，便导致通货膨胀进一步加剧。① 戴根有也认为，1984年以来，我国经济一直发展过热，投资和消费需求双膨胀是这一时期的主要问题。而造成这一局面的原因之一，是改革和建设中存在急于求成的思想，同时宏观调控的机制不健全，突出表现为中央银行的力量太弱，无法独立进行必要的逆向调节。②

"价格闯关"的教训表明，深化改革必须要与相应的宏观调控手段相配合，而宏观调控机制本身也需要进一步改革，否则不仅会造成严重的宏观经济问题，而且"单项突进"式的改革也无法取得成功。1992年，党的十四大明确提出"我国经济体制改革的目标是建立社会主义市场经济体制"，并指出"要使市场在社会主义国家宏观调控下对资源配置起基础性作用……同时也要看到市场有其自身的弱点和消极方面，必须加强和改善国家对经济的宏观调控"。至此，我国宏观经济思想完成了从"综合平衡"到"宏观调控"的转变。

第二节　宏观调控思想基本形成和政策运用(1993—1997年)

党的十四大确立了社会主义市场经济的改革目标之后，1993年党的十四届三中全会通过的《中共中央关于建立社会主义市场经济体制若干问题的决定》则进一步提出"宏观调控主要采取经济办法，近期要在财税、金融、投资和计划体制的改革方面迈出重大步伐，建立计划、金融、财政之间相互配合和制约的机制"。随后开展的一系列改革措施，基本上是按照党的十四届三中全会《决定》提出的任务进行的，而我国的宏观调控思想和机制，也在这一时期基本形成。

一　以分税制为核心的财税体制改革

20世纪90年代，宏观经济体制改革方面最重要的改革措施之一，

---

① 杨仲伟、张曙光、王诚、韩制能：《我国通货膨胀的治理》，《经济研究》1988年第6期。
② 戴根有：《1988年通货膨胀成因及治理建议》，《中国金融》1989年第5期。

就是 1994 年开始的以分税制为核心的财税体制改革。分税制改革最直接的动因，是 20 世纪 80 年代"分灶吃饭"的财政包干制导致的中央政府财力不断弱化的局面。① 从改革开放之初到 20 世纪 90 年代上半期，我国财政收入占 GDP 的比重一路下降，从 1978 年的 31.2%，降至 1985 年的 22.2%、1990 年的 15.7%、1993 年的 12.3%；中央财政收入占全国财政收入的比重，在经历了改革初期的上升之后，也开始步入下降过程，这一比重从 1978 年的 15.5% 连续升至 1984 年的最高点 40.5% 之后开始下降，至 1993 年降为 22%。从某种意义上讲，财政收入占 GDP 比重下降、中央财政收入占全国财政收入比重下降，是 20 世纪 80 年代"放权让利"改革不得不付出的代价。② 然而，财政收入的下降特别是中央政府财力的弱化，导致政府事实上无法实施有力的财政政策来进行宏观调控，进而稳定宏观经济。③ 而且，分税制改革前的财政承包制，特别是政府与国有企业之间的税收承包制，实际上具有更强的顺周期特征。原因在于，如果实行企业所得税制，那么在经济扩张时期，政府的税收收入也会增加，从而可以发挥反周期的"自动稳定器"作用；但是税收承包制特别是实际操作中将全部税金统统包死的做法，导致政府在经济繁荣期也无法增加税收收入。也就是说，相对于经济的扩张程度，政府的税收收入反而较少；因而分税制改革前的税制，实际上是顺周期的。财政政策工具的缺乏，意味着政府在治理经济过热时，不得不主要依靠货币政策。1993 年 5 月，世界银行驻中国代表处撰写的一份宏观经济报告，敏锐地指出了这一困境。④ 此外，原有财政包干制还导致企业之间面临不公平的税费、地方保护主义凸显从而妨碍国内统一市场形成、中央与地方关系缺乏规范性等不适应社会主义市场经济体制要求的种种弊端。⑤ 分税制改革，为我国运用税收工具对国民经济进行管

---

① 吴敬琏：《当代中国经济改革教程》，上海远东出版社 2010 年版，第 236—237 页。

② 高培勇：《奔向公共化的中国财税改革——中国财税体制改革 30 年的回顾与展望》，《财贸经济》2008 年第 11 期。

③ ［美］巴里·诺顿：《中国经济：转型与增长》，安佳译，上海人民出版社 2010 年版，第 388—389 页。

④ 华而诚：《中国经济的软着陆：1992—1997》，中国财政经济出版社 1997 年版，第 34—39 页。

⑤ 贾康、赵全厚编著：《中国经济改革 30 年——财政税收卷》，重庆大学出版社 2008 年版，第 66—69 页。

理、为中央政府加强宏观调控能力，发挥了重要的作用。①

从理论和实践两方面来看，1994 年的财税体制改革并非从一开始就是明确的，而是经历了一个过程。一方面，面对 20 世纪 80 年代中后期以来财政收支日益困难的局面，解决的思路无非两条：第一条是增加收入，第二条是削减支出。20 世纪 90 年代初，无论是学术界还是实践层面，最初倾向于采取第二条思路即削减支出规模来缓解财政压力。而这一思路也恰好与典型市场经济国家财政职能范围相对较窄的特征相吻合。② 另一方面，面对财政收入占 GDP 比重不断下降的事实，有人从"国家能力"的角度入手，认为从财政收入占比来看，中国的政府已成为世界上最弱的政府，中国的中央政府也是最弱的中央政府；一旦形成弱中央、强地方的诸侯经济格局，中国甚至将面临国家分裂的风险。对这种危言耸听的观点，有人针锋相对地指出，这种论调的实质是国家万能论和政府高明论。凡此种种争论，都反映了当时学界对社会主义市场经济框架下财政职能乃至政府职能的认识仍然存在着分歧甚至对立的看法。③

财政收入占 GDP 比重下降，不仅关系到政府是否有足够的财力通过财政政策进行宏观调控，也不仅仅是一个"大政府"还是"小政府"的理论问题；更重要的是，如果政府在经济转型过程中必须承担最低限度的甚至是具有一定刚性的改革成本和公共服务支出，那么财政收入下降本身就会导致严重的宏观经济后果。对这一问题，余永定从宏观经济各部门资金流量的关系出发，进行了透彻的分析。他指出，在其他条件不变的情况下，财政收入的下降必然导致政府向银行透支的增加或公债发行量的增加；而且，在财政收入减少的情况下，政府为减少财政赤字而减少原来由财政支出的项目，就迫使企业相应增加了向银行的借款。而银行多发的这部分贷款实际上是财政赤字的转移，即"准财政赤字"。银行贷款的增加，直接导致经济中的货币量增加，进而导致通货

① 高培勇、杨志勇：《20 世纪 90 年代以后中国财政转型与公共财政理论的形成脉络》，载张卓元等《新中国经济学史纲（1949—2011）》，中国社会科学出版社 2012 年版，第 357—372 页。
② 同上。
③ 张曙光：《宏观经济理论》，载张卓元主编《论争与发展：中国经济理论 50 年》，云南人民出版社 1999 年版，第 292—374 页。

膨胀。① 余永定的分析表明，财政收入下降本身就是导致宏观经济不稳定的原因之一。

二　通过深化改革治理经济过热

从 1992 年年初邓小平发表著名的"南方谈话"，到同年 10 月党的十四大明确提出"我国经济体制改革的目标是建立社会主义市场经济体制"，最高决策层释放出的强烈的市场化改革信号，直接促成了新一轮经济活动的高涨。而经济高速增长的同时，也导致了改革开放以来最后一次严重的经济过热，突出表现为通货膨胀率的急速上升。从国内生产总值（GDP）增速来看，1992 年为 14.2%，1993 年为 13.9%，1994 年为 13%，1995 年为 11%；从消费者价格指数（CPI）来看，1992 年为 6.4%，1993 年上升到 14.7%，1994 年进一步攀升至 24.1%；1995 年开始回落到 17.1%，1996 年继续下降到 8.3%。因此，仅从经济增速和通货膨胀率两个指标来判断，也不难发现当时已经属于典型的"经济过热"状态。事后来看，1994 年也成为改革开放 40 多年当中通货膨胀率最高的一年。

1993 年 6 月，中共中央和国务院发出《关于当前经济情况和加强宏观调控的意见》，提出了严格控制货币发行、稳定金融形势等十六条措施来为过热的经济降温。② 从内容上来看，这十六条宏观调控措施包含了货币、金融、投资、财政、外汇等多方面的举措，但其核心是货币金融政策。这些措施推出后，当年第三季度就取得了初步成效，经济中货币量（M1）的增长率（比上年同期）从 1993 年 6 月的 34.2% 降到了 9 月的 20.4%；国有部门投资增速（比上年同期）从 6 月的 73.7% 降到了 9 月的 56.5%。③ 进入 1994 年之后，M1 的增幅下降至 26.2%，1995 年进一步降至 16.8%。④ 值得一提的是，尽管 1993 年出台的十六

---

① 余永定：《国民收入分配、金融结构与宏观经济稳定》，《经济研究》1996 年第 12 期。

② 关于十六条措施的具体内容，不少专著中都有罗列，如吴敬琏《当代中国经济改革教程》（第 2 版），上海远东出版社 2016 年版，第 408—409 页。

③ 华而诚：《中国经济的软着陆：1992—1997》，中国财政经济出版社 1997 年版，第 69—71 页。

④ ［美］邹至庄：《中国经济转型》（第 3 版），徐晓云等译，电子工业出版社 2017 年版，第 238—239 页。

条宏观调控措施主要着眼于短期内稳定宏观经济，但同时也是为了进一步深化改革创造比较稳定的宏观经济环境。这一点，可以从《意见》的表述中看出当前经济中出现的矛盾和问题，从根本上讲在于原有体制的弊端没有消除，社会主义市场经济体制尚未形成，那种盲目扩张投资、竞相攀比速度、缺乏有效约束机制等问题没有得到根本解决。在这种情况下，解决当前的问题必须采用新思路、新办法，从加快新旧体制转换中找出路，把改进和加强宏观调控、解决经济中的突出问题，变成加快改革、建立社会主义市场经济体制的动力。因此，1993 年出台的《意见》所体现出的宏观调控思想，已经与 20 世纪 80 年代经济转型期的几次调控有所不同；尽管仍不得不诉诸必要的行政手段，但总体上更多地采取经济手段、经济政策特别是货币政策。更重要的是，这次调控明确传递要通过进一步深化改革来改进和加强宏观调控的信号，表明决策层希望从制度上彻底摆脱 80 年代那种"一放就乱、一统就死"的经济循环怪圈。

关于 1993—1994 年的经济过热以及宏观调控问题，当时经济学界也出现了一大批研究成果。尤其是，关于这一轮通货膨胀的认识提出了新的见解。如果说，20 世纪 80 年代的几次通货膨胀主要是由于"消费投资双膨胀"即需求拉动型，那么 90 年代初的通货膨胀则主要是由于成本推动或价格冲击。唐杰、宋雷磊认为，我国的渐进式改革是影响宏观经济稳定的深层原因，因为渐进式改革首先放开供给价格弹性较高的产品，而对农产品、基础原材料等供给价格弹性较低的产品继续保持控制，这样就把原有价格体系调整产生的冲击分解为多次，从而造成价格水平长期上升的压力。[1] 郭树清也提出："过去是一种硬的通货膨胀，现在是一种软的通货膨胀。过去有总体上的商品供求缺口，这是硬的约束，现在主要是少数部门不能满足需求；过去没有资产通货膨胀，现在资产价格影响很大；过去价格上涨的传导机制比较简单、直接，现在传导机制比较间接，影响范围也明显扩大。"[2] 此外，由于 1994 年汇率并

---

[1] 唐杰、宋雷磊：《渐进式改革过程中的价格冲击与宏观经济稳定》，《经济研究》1995 年第 2 期。

[2] 郭树清：《当前经济形势和加强宏观调控问题》，《经济研究》1995 年第 6 期。

轨导致的外汇占款增加，进而导致基础货币供给被动增加，也成为造成通货膨胀新的因素。[1]

1993 年 11 月，党的十四届三中全会通过的《中共中央关于建立社会主义市场经济体制若干问题的决定》，是对党的十四大报告提出"改革的目标是建立社会主义市场经济体制"的细化和展开。十四届三中全会《决定》中，第一次明确提出"整体推进与重点突破相结合"的改革战略，这与之前增量改革时期总是选择一两项改革作为"突破口"的做法已有根本区别。[2] 关于宏观调控，《决定》中的要求是"转变政府管理经济的职能，建立以间接手段为主的完善的宏观调控体系，保证国民经济的健康运行"，这与其他几项要求即"建立现代企业制度""建立全国统一开放的市场体系""建立以按劳分配为主体，效率优先、兼顾公平的收入分配制度""建立多层次的社会保障制度"一道，被称为社会主义市场经济的"五大支柱"。[3] 十四届三中全会《决定》，以及紧随其后推出的一系列单项改革方案，奠定了我国社会主义市场经济制度的基本框架，在改革开放历史进程中具有里程碑的意义。

三 金融体制改革与宏观调控体系的基本形成

除财税领域的分税制改革外，1993 年年底、1994 年年初，《国务院关于金融体制改革的决定》《国务院关于进一步深化对外贸易体制改革的决定》等单项改革方案密集出台，正式拉开了"整体推进、重点突破"的新一轮改革大幕。从这些改革措施对宏观经济的影响来看，除财税领域的分税制改革外，对外开放领域的外汇管理体制改革同样意义重大。1993 年 12 月 28 日，中国人民银行发布了《关于进一步改革外汇管理体制的公告》，宣布自 1994 年 1 月 1 日起，取消官定汇率，实行"以市场汇率为基础的、单一的、有管理的人民币浮动汇率制"，这便

---

[1] 张曙光：《宏观经济理论》，载张卓元主编《论争与发展：中国经济理论 50 年》，云南人民出版社 1999 年版，第 339—342 页。

[2] 吴敬琏：《中国经济改革进程》，中国大百科全书出版社 2018 年版，第 133—134 页。

[3] 张卓元等：《新中国经济学史纲（1949—2011）》，中国社会科学出版社 2012 年版，第 224—225 页。

是以"汇率并轨"为核心的 1994 年外汇体制改革。[①] 1994 年外汇体制
改革前，我国实行的是汇率双轨制，即官方汇率和市场（调剂）汇率
并存；虽然官方汇率一再下调，但一直高于市场汇率。[②] 而且，外汇调
剂市场成交额占比不断上升，至 1993 年末已达 80%。[③] 在这种情况下，
继续坚持汇率双轨制已无实际意义。外汇改革后，人民币对美元的汇率
从之前的官定汇率 5.8 元人民币/美元，降至 1994 年 1 月 1 日的 8.7 元
人民币/美元，并且在此后长达十年的时间里，人民币汇率基本保持稳
定，直到 2006 年开始缓慢升值。1994 年的外汇改革，为我国全面实行
出口导向战略，以外部需求弥补国内需求不足、进而拉动经济增长，起
到了有力的促进作用。

　　如果说，以分税制改革为主要特征的财税体制改革奠定了中央政府
运用财政政策进行宏观调控的基础，那么，始于 1993 年年底并延续到
20 世纪 90 年代末的一系列金融体制改革措施，则意味着中国逐步具备
了在市场经济条件下运用货币政策进行宏观调控的能力。这方面改革最
突出的内容，是中央银行地位的真正确立以及与之相伴随的货币政策目
标、货币政策工具和中介目标的改革。1993 年年底国务院发布的《关
于金融体制改革的决定》，提出"深化金融体制改革，首要的任务是把
中国人民银行办成真正的中央银行"。应当说，这一提法是有针对性
的。早在改革开放初期的 1983 年，中国政府就明确了中国人民银行的
中央银行地位；在此前后，四大国有专业银行也陆续恢复建立。此外，
20 世纪 80 年代中期之后，股份制商业银行、保险公司等非银行金融机
构也开始陆续建立。从形式上看，中国的金融体系已经类似于市场经济
国家，但实质上仍有很大差别。其中最突出的一点，是中央银行既缺乏
独立性，又缺乏清晰的政策目标，而且政策工具的运用也并不合理。中
央银行缺乏独立性，表现在两方面：一是中国人民银行按行政区划设置
的分支机构受到地方政府的影响，全国统一的货币政策难以施行；二是

---

① 彭森、陈立等：《中国经济体制改革重大事件》，中国人民大学出版社 2008 年版，第 469 页。

② 王广谦主编：《中国经济改革 30 年——金融改革卷》，重庆大学出版社 2008 年版，第
107—108 页。

③ 吴敬琏：《中国经济改革进程》，中国大百科全书出版社 2018 年版，第 172—173 页。

中国人民银行与其他专业银行和其他金融机构的关系，更像是上下级的行政关系。此外，直到 90 年代上半期，中国人民银行仍然承担着多重政策目标。根据 1986 年颁布的《中华人民共和国银行管理暂行条例》，"中央银行、专业银行和其他金融机构，都应当认真贯彻执行国家的金融方针政策；其金融业务活动，都应当以发展经济、稳定货币、提高社会经济效益为目标"。在实际操作中，当各种政策目标相互冲突时，往往以牺牲"稳定货币"为代价而追求"发展经济"。因此，90 年代的金融体制改革特别是对中央银行及其货币政策目标、政策工具的改革，就显得十分必要且及时。1995 年年初通过的《中华人民共和国中国人民银行法》规定"货币政策目标是保持货币币值的稳定，并以此促进经济增长"，从法律上明确了中央银行货币政策目标从多重目标转变为单一目标。

与此同时，货币政策中介目标也开始由"贷款额度"转变为"货币供应量"。从以下两方面来看，这一转变都是十分必要的。一方面，《国务院关于金融体制改革的决定》除了提出"要把中国人民银行办成真正的中央银行"之外，还提出"把国家专业银行办成真正的商业银行"，也就是说，要对体制内专业银行进行企业化改革。在这种趋势下，继续对商业银行进行"信贷额度控制"并不恰当。另一方面，从20 世纪 90 年代初开始，股票市场、证券公司、保险公司等非银行金融机构逐渐发展起来，通过银行体系间接融资的比重不断下降，直接融资的比重不断上升，仅对银行体系的"信贷规模"进行控制就越来越不够了。1998 年，中国人民银行取消了对国有商业银行的贷款规模的控制，标志着中央银行的调控方式由直接调控转变为间接调控、由行政手段转变为经济手段。

从 1993 年出台十六条宏观调控措施算起，到 1994 年各项改革方案的全面铺开，至 1996 年上半年中国已经成功实现了经济"软着陆"。

① 吴敬琏：《当代中国经济改革教程》，上海远东出版社 2010 年版，第 194—196 页。
② 王广谦主编：《中国经济改革 30 年——金融改革卷》，重庆大学出版社 2008 年版，第 204—205 页。
③ 李志辉：《中国银行业改革与发展：回顾、总结与展望》，格致出版社 2018 年版，第 66—69 页。

从通货膨胀率来看，1995 年为 17.1%，1996 年已降为 8.3%，1997 年进一步降为 2.8%；从经济增长率来看，1995 年为 11%，1996 年仍达 9.9%。以"高增长低通胀"为主要特征的国民经济"软着陆"的实现，标志着这一轮宏观调控对总需求的控制取得了成功。[①]

如果说 1993—1996 年的宏观调控是紧缩性政策的成功运用，那么始于 1998 年的"扩大内需"政策就是扩张性调控政策的全面运用。之所以说"全面"，是因为在 1998 年下半年开始的"扩大内需"政策当中，政府几乎动用了所有可以动用的手段来拉动经济增长，包括财政政策、货币政策、区域政策、产业政策等。

党的十四届三中全会之后，以财税体制改革为突破口而全面展开的金融体制改革、外汇管理体制改革、投资体制改革、社会保障制度改革等，逐步奠定了我国宏观调控体系的基本框架。而在具体政策运用上，无论是 1997 年亚洲金融危机之前以反通胀为主的紧缩政策，还是 1998 年开始的"积极的财政政策"与"稳健的货币政策"，都表明中国已经开始尝试以需求管理政策来实现对经济的间接调控。尽管这一时期紧缩的货币政策仍然通过行政手段控制信贷额度和直接的利率管制来实现。[②]

第三节 中国特色宏观调控政策的充分展现(1998—2012 年)

就在 1996 年中国经济成功实现"软着陆"后不久，1997 年 7 月爆发的亚洲金融危机，从外部对中国经济造成了严重的拖累。前已述及，1994 年的外汇改革对于增加出口起到了重要的促进作用。从净出口数据来看，1994 年为 634.1 亿元，1995 年为 998.6 亿元，1996 年为 1459.1 亿元，1997 年为 3550.0 亿元，不仅连续增长，且呈加速增长的态势。然而到了 1998 年，净出口仅为 3629.3 亿元，1999 年则下降到

---

① 华而诚：《中国经济的软着陆：1992—1997》，中国财政经济出版社 1997 年版，第 229—233 页。

② ［美］邹至庄：《中国经济转型》（第 3 版），徐晓云等译，电子工业出版社 2017 年版，第 131—132 页。

2536.6 亿元，2000 年进一步下降到 2383.0 亿元。直到 2004 年，净出口才超过 1997 年、1998 年的水平，达到了 4235.6 亿元。而从净出口对经济增长的贡献率来看，1999 年到 2004 年的五年间，除 2002 年仅有微弱的 4.6% 的增长之外，其余年份全部为负。当然，净出口对需求拉动作用的下降，很大程度上是由于中国政府在亚洲金融危机期间坚持人民币不贬值所致。而中国经济之所以在亚洲金融危机中未受到严重的冲击，应归功于 1998 年开始实施的"扩大内需"政策。

一　从"软着陆"到"扩大内需"

就"扩大内需"政策的背景而言，如果说 1997 年的亚洲金融危机是外部因素的话，那么，国内总需求结构的变化就是重要的内部因素。从改革开放伊始，直到 20 世纪 90 年代中期，我国基本上一直处于"短缺经济"的状态；计划经济时期长期受到压制的消费需求一旦释放出来，便成为拉动经济增长的强劲动力。当然，旺盛的消费需求与货币供给量增加相叠加，就表现为通货膨胀率的大幅上升。这一点，正是 1985 年、1988—1989 年、1993—1995 年三次严重通货膨胀时期的共同特征。然而到 20 世纪末、21 世纪初之时，我国已基本告别"短缺经济"状态，消费率的变化也说明了这一点。

如图 17-1 所示，最终消费率即最终消费（包括居民消费和政府消费）占 GDP 的比重，1997 年为 59.9%，1998 年为 60.7%，1999 年为 62.9%，至 2000 年达到最高点 63.9%，随后便出现连续十年的下降，至 2010 年降至最低水平 49.3%，2011 年开始缓慢上升，至 2018 年为 55.3%，仍低于 1997 年的水平。而居民消费率同样在 2000 年达到最高点，为 47%，随后连续下降，同样在 2010 年降至最低点 34.6%，2011 年后开始缓慢回升，至 2018 年为 38.7%。居民消费率在 1997—2018 年的变化轨迹，也与最终消费率类似。因此，在凯恩斯式总需求管理的政策框架内，如果消费、出口都不足恃，那么就只有依赖投资和政府支出。因此，20 世纪末我国基本告别"短缺经济"、消费对总需求的拉动开始乏力，是 1998 年"扩大内需"政策出台的重要内部因素。而且，由于前一阶段紧缩性宏观调控的政策惯性，1994—1998 年货币供给量（M2）的增长率一直逐年下降，1994 年为 34.5%，1995 年为 29.5%，1996 年为 25.3%，1997 年为 17.3%，1998 年为 14.8%。消费需求增速放缓、外部需求下降、货币供给量增速下降，这些因素共同导致了 1998 年、1999 年的通货紧缩（通胀率分别为 −0.8% 和 −1.4%）。

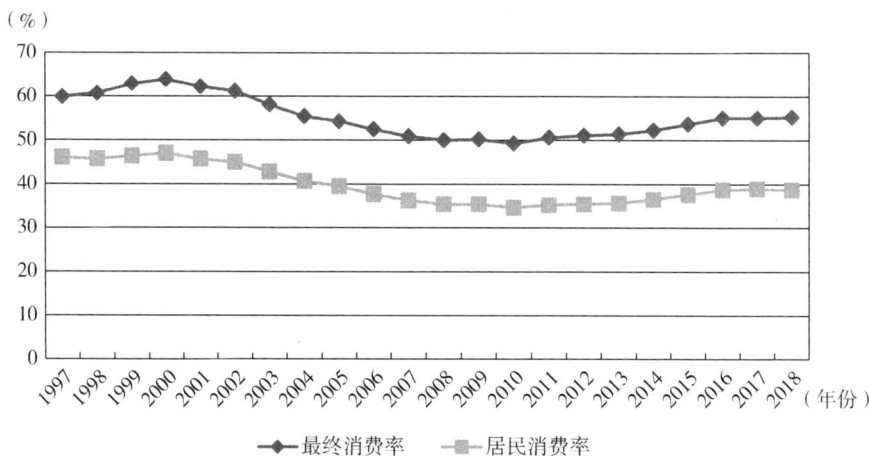

图 17 − 1　1997—2018 年中国最终消费率、居民消费率

资料来源：国家统计局网站，居民消费率为作者计算所得。

在这样的背景下，1998 年下半年我国推出了被称为"扩大内需"的全面扩张性宏观经济政策。其中，名为"积极的财政政策"以发行国债为主要内容，1998—2001 年共发行国债约 5100 亿元，主要用于投资基础设施建设；名为"稳健的货币政策"以降低利率为主要手段，几年间连续七次下调存款利率，以此来促进消费和投资。① 除需求管理的"标准工具"财政政策和货币政策外，其他各种政策也纷纷出台以拉动内需。例如，实行延长法定节假日的消费政策，每年设三个 7 天长假即"黄金周"，鼓励民众旅游、消费；再如，1999 年高校开始进行扩招，一方面增加了消费，另一方面延缓了青年学生进入劳动力市场；又如，区域政策方面，2000 年开始实施"西部大开发"战略，通过投资

---

① 吴敬琏：《当代中国经济改革教程》（第 2 版），上海远东出版社 2016 年版，第 414—415 页。

于基础设施建设来拉动需求。① 此外，1999 年起全国范围内彻底结束福利分房制度，全面开启了商品住房时代，这一政策直接导致了房地产投资长达 20 年的繁荣期（仅有极个别年份有所回落），并一直延续至今。

1998 年开始实施的"扩大内需"政策，是改革开放以来我国综合运用凯恩斯式需求管理政策拉动经济增长的第一次总演练。从其拉动经济增长的实际效果来看，"扩大内需"政策无疑是非常成功的。1998—2002 年，中国经济在外部需求疲弱的情况下，仍然保持了较高的经济增长率，平均增长率达到了 8.24%，同时平均通货膨胀率几乎为零，其中三年（1998 年、1999 年、2002 年）甚至为通货紧缩状态。

二 中国特色宏观调控的利与弊

从这次扩张性宏观调控的实践也可以看出，中国的"宏观调控"这一概念，在内涵上远远大于宏观经济学中的"需求管理政策"。除财政政策和货币政策之外，区域政策、产业政策、土地政策等，也都被纳入"宏观调控"的范畴当中。可以说，这是"中国式宏观调控"最典型的特征。究其根源，在于政府部门仍直接掌握着大量的经济资源，并且拥有对经济进行直接干预的巨大权力。例如，我国的城乡二元土地制度，使得各级地方政府事实上成为"城市国有土地"的唯一所有者；也就是说，土地这种生产要素几乎完全掌握在政府手中，政府几乎可以完全根据自己的发展思路增加或减少土地供给，决定谁将得到土地、得到多少。再如，我国长期存在的户籍制度以及附着于户籍之上的各种利益（如就医、子女入学等），导致非户籍人口的实际工资被人为压低，从而妨碍了劳动力这一生产要素的最优配置。又如，政府对整个商业银行系统或明或暗的各种控制和影响，以及长期存在的对银行存款、贷款利率的管制，在我国以间接金融为主的金融体系下，严重扭曲了资金这一生产要素的配置效率。

政府对各种生产要素的干预甚至管制，严格来讲并不属于宏观调控

---

① 彭森、陈立等：《中国经济体制改革重大事件》，中国人民大学出版社 2008 年版，第 630—630 页。

的范畴，而属于对微观经济层面的干预；然而，这些微观层面的干预和管制，又确实会造成宏观经济后果。因此，"中国式宏观调控"可谓利弊并存。有利的一面在于，当面临外部冲击时，政府可以动用一切能够动用的政策工具，将外部冲击导致的总需求下滑迅速调整到经济的潜在增长率水平，甚至超过潜在增长率水平。而不利的一面在于，以牺牲各种生产要素的配置效率为代价，来换取经济的长期增长，是不可持续的。正如吴敬琏指出的："从短期的观点看，只要有足够的需求，就能支持一个国家的经济高速度地增长。但是，从长期的观点看，情况却不是这样。宏观经济的短期均衡是受制于经济的长期发展的，而经济的长期发展最终取决于各种生产要素是否具备和能否被有效率地使用。"①

由于 1998 年开始的"扩大内需"政策的持续推进，进入 21 世纪特别是 2001 年中国加入 WTO 以来，中国经济开始了新一轮的高速增长期。从 2003 年到 2008 年国际金融危机爆发，中国的经济增长率连续五年保持在 10% 以上；2010 年，中国超过德国成为世界第一出口大国，同年名义 GDP 超过日本成为世界第二经济大国。

2003 年党的十六届三中全会通过的《中共中央关于完善社会主义市场经济体制若干问题的决定》提出了"加快推进改革，进一步解放和发展生产力，为经济发展和社会全面进步注入强大动力。"关于宏观调控，《决定》中的表述是"进一步健全国家计划和财政政策、货币政策等相互配合的宏观调控体系……财政政策要在促进经济增长、优化结构和调节收入方面发挥重要功能……货币政策要在保持币值稳定和总量平衡方面发挥重要作用。"从这些表述可以看出，"促增长"仍是这一时期的经济政策基调。

21 世纪第一个十年的中国宏观经济，突出表现为高投资、高出口、高资产价格，而消费占总需求的比重则不断下降。而且，与 20 世纪八九十年代的几次"过热"不同的是，经济中货币量的大幅增加并未导致严重的通货膨胀，而是催生了以房地产价格为代表的资产价格的急剧上升。这一时期宏观经济政策的基调是"促增长、保就业"。从财政政

---

① 吴敬琏：《当代中国经济改革教程》（第 2 版），上海远东出版社 2016 年版，第 425 页。

策来看，除政府直接主导的基础设施建设投资之外，还包括以"出口退税"等税收工具为出口行业提供补贴的支持出口政策等。此外，各级地方政府在"招商引资"过程中，利用自身在土地市场上的双边垄断地位，即一面垄断农村集体土地的征地环节、另一面垄断城市国有土地的供地环节，以低地价甚至零地价为企业提供工业用地，同时以"招拍挂"高价提供商住用地，事实上为工业企业提供了补贴。因此，如果把"土地财政"也包括在广义的财政政策内，那么这一时期财政政策的扩张性就更强了。而从货币政策来看，在 2008 年国际金融危机之前，由于外贸盈余迅速上升导致的外汇储备增加，使得外汇占款即中央银行为收购外汇投放的基础货币大幅增加；而在国际金融危机爆发后，虽然外汇占款增长有所放缓，但信贷规模却大幅增加。[①] 也就是说，事实上的货币政策也是宽松的。

始于 1998 年的"扩大内需"政策当中，"积极的财政政策"到 2004 年开始逐步减弱，然而货币政策却并未出现收紧的迹象。2004—2008 年，货币供给量（M2）年均增长率仍达 16.74%。2007 年，宏观经济形势已经出现过热的苗头，全年通货膨胀率为 4.8%；2007—2008 年，中国股市经历了暴涨暴跌，上证指数从 2007 年年初的 2728.19 一路上涨，2007 年 10 月达最高点 6124.04，之后开始下跌，不到一年的时间里跌幅高达 70% 以上。2008 年 2 月，消费者价格指数（CPI）达到了 8.2%，已经属于较严重的通货膨胀。然而，就在政府准备采取紧缩性宏观经济政策治理经济过热时，一场突如其来的国际金融危机打断了这一过程。2008 年年底，国务院出台了著名的 4 万亿元投资计划，即在 2009—2010 年投资 4 万亿元，以应对国际金融危机带来的外部冲击。

第四节　新时代宏观调控的新亮点（2013 年至今）

为应对 2008 年国际金融危机带来的外部冲击，中国实施了"扩内需、保增长"的 4 万亿元投资计划，强力阻止了经济增速的下滑。从经

---

① 彭文生：《渐行渐近的金融周期》，中信出版社 2017 年版，第 74—79 页。

济增速来看，2007 年我国经济增长率为 14.2%，2008 年急速下降到 9.7%，而由于强刺激政策的作用，2009 年经济增速仍达 9.4%，2010 年再次超过 10%，达到了 10.6%。当然，完整的刺激计划，还应当包括信贷规模，2009 年全年新增信贷 9.59 万亿元，比 2008 年的 4.9 万亿元激增 95.7%，因此人们也将 4 万亿元投资计划称作"4 万亿加 10 万亿"。从这一反周期政策的实际效果来看，拉动经济增长、防止经济衰退无疑是成功的，但这一计划引发的"后遗症"却在接下来的几年逐步显现出来，如资产价格继续上升、产能过剩进一步加剧、地方政府债务问题凸显等。最关键的是，这种凯恩斯式的需求管理政策，如果不是进一步恶化，至少也是掩盖了我国长期存在的经济结构不合理的问题。

其实，这种扩张性的需求刺激政策，特别是通过增加投资来拉动经济增长的做法，对中国来说并不陌生。改革开放以来的历次"经济过热"，背后几乎都可以看到投资驱动的影子。依靠扩张性的需求刺激政策来拉动经济增长，本质上仍属于粗放型的经济发展方式。长期以来，这样的政策尽管对中国经济总量的扩张发挥了重要的作用，但其副作用也十分明显。其一，需求刺激政策即便有效，往往也只能导致经济实现"量"的膨胀而非"质"的提升，也就是说导致低水平的经济增长。其二，经济学理论表明，如果没有技术进步，资本的边际收益必然是递减的，也就是说，投资驱动经济增长的效果必然越来越差；而凯恩斯式的需求管理政策，本质上并不包含任何技术创新的内容。据测算，中国每创造 1 亿元的 GDP 所需的固定资产投资额在"六五"时期为 1.8 亿元，"七五"时期为 2.15 亿元，"十五"期间则上升到了 4.99 亿元。[①] 因此，理论和实践都表明，依靠需求刺激政策推动经济增长是不可持续的。

自 2012 年起，我国经济增速一直保持在 7% 左右，2015 年以来则一直在 7% 以下，这与国际金融危机爆发前中国经济连续数年保持两位数的高增长速度形成了鲜明对比（2003—2007 年中国经济年均增速为 11.6%）。关于中国经济长期增长速度的下降，经济学界给出的一种较有影响力的解释是"结构性减速"观点。所谓"结构性减速"，是指随

---

① 肖林：《新供给经济学：供给侧结构性改革与持续增长》，格致出版社 2016 年版，第 136 页。

着工业化向城市化发展，产业结构发生由第二产业主导向第三产业主导的变化，由于服务业劳动生产率增长速度低于工业劳动生产率增长速度，从而导致经济整体潜在增长率呈下降趋势。① 因此，中国的宏观经济政策和制度机制选择，也就必须在"结构性减速"的背景下展开。② 当然，并非所有人都认同中国长期增长速度下降是由于"结构性减速"，例如有人就提出三次产业全要素生产率对经济增长的贡献率同时下降，才是中国经济增长速度放缓的真正原因。③ 但无论如何，自 2012 年以来的中国经济增速放缓并非仅仅是周期性的经济衰退，而是长期潜在经济增长率的下降，基本上成为中国经济学界的共识。

如果说需求管理政策和经济增长速度主要关系到中国经济的总量问题，那么更加严峻的则是中国经济发展中的结构问题。我国的经济结构问题由来已久，早在计划经济时期就多次遇到"农业、轻工业、重工业"的比例问题，而改革开放以来，历届中央委员会和中央政府几乎都会强调"优化经济结构""调整产业结构"，等等。然而这一问题长久以来并未得到真正解决，"调结构"一旦遇到"促增长"，几乎总要让步于后者。包括产业结构、收入分配结构、需求结构、产品结构等在内的经济结构问题，其根源在于市场机制尤其是生产要素市场机制的不健全，也就是说，各种体制机制障碍导致了生产要素市场无法有效配置经济资源，从而造成经济结构的扭曲。此外，扩张性的需求刺激政策往往使得长期存在的结构问题更加恶化。

因此，后危机时代的中国宏观经济政策，就必须在经济增长换挡期、结构调整阵痛期、需求刺激政策消化期"三期叠加"的背景下展开。而经济发展中的结构性问题无疑是关键所在。

改革开放以来，第一次将"调结构"摆在首位的，是 2013 年党的十八届三中全会通过的《中共中央关于全面深化改革若干重大问题的

---

① 袁富华：《长期增长过程的"结构性加速"与"结构性减速"：一种解释》，《经济研究》2012 年第 3 期。

② 张平：《"结构性"减速下的中国宏观政策和制度机制选择》，《经济学动态》2012 年第 10 期。

③ 杨天宇、曹志楠：《中国经济增长速度放缓的原因是"结构性减速"吗?》，《中国人民大学学报》2015 年第 4 期。

决定》。在这一《决定》中，第一次提出了"使市场在资源配置中起决定性作用"。关于宏观调控，十八届三中全会《决定》中的表述是"宏观调控的主要任务是保持经济总量平衡，促进重大经济结构协调和生产率布局优化，减缓经济周期波动影响，防范区域性、系统性风险，稳定市场预期，实现经济持续健康发展"。可以看出，"促增长"已经不是宏观调控的首要任务，而"经济结构协调优化"则被放在了更重要的位置。

党的十八届三中全会以来，我国宏观调控思想的发展经历了一个在探索中逐步清晰的过程。2014 年，中共中央总书记习近平第一次提出了"新常态"的概念；2015 年年底的中央经济工作会议，又提出"稳定经济增长，要更加注重供给侧结构性改革"。若以"新常态"最显著的标志即经济增长速度从高速转向中高速来看，则中国从 2010 年开始，就进入了新常态。[①] 除了经济增速换挡之外，新常态还有其他几个特点：一是发展方式从规模速度型转向质量效率型，二是经济结构调整从增量扩能为主转向调整存量、做优增量并举，三是发展动力从主要依靠资源和低成本劳动力等要素转向创新驱动。[②] 可以说，新常态是供给侧结构性改革的背景，供给侧结构性改革是引领经济发展新常态的政策选择。[③]

供给侧结构性改革，在当前主要体现为"三去一降一补"政策，即去产能、去库存、去杠杆、降成本、补短板。但供给侧结构性改革的政策含义并不仅限于此。供给侧结构性改革不同于西方经济学中的供给学派，其内涵要比供给学派最核心的"减税"主张丰富得多。供给侧结构性改革，是要用改革的办法推进结构调整，减少无效和低端供给，扩大有效和中高端供给，增强供给结构对需求变化的适应性和灵活性，提高全要素生产率。[④] 不难看出，供给侧结构性改革并非"应急"之策，而是具有长期性，重在解决结构问题，这是供给侧管理的特点。与之相对，需求侧管理则具有短期性，重在解决总量问题。供给侧管理和需求侧管理，二者是互补而非替代的关系。

---

① 冯俏彬：《透视供给侧结构性改革》，北京出版社 2017 年版，第 11—14 页。
② 参见《习近平谈治国理政》（第二卷），外文出版社 2017 年版，第 245 页。
③ 金碚：《供给侧结构性改革论纲》，广东经济出版社 2016 年版，第 18—19 页。
④ 参见《习近平谈治国理政》（第二卷），外文出版社 2017 年版，第 252 页。

应当说，"供给侧结构性改革"的提出，标志着我国宏观经济思想发展到了一个新的阶段。

改革开放 40 多年来，我国宏观经济思想的发展经历了从改革初期的"综合平衡"到"宏观调控"的转变，到通过财税体制改革、金融体制改革、投资体制改革建立起与社会主义市场经济相适应的宏观调控体系，再到财政政策和货币政策配合运用的宏观需求管理，直到目前需求管理和供给管理并重的供给侧结构性改革。这一历程具有鲜明的实践特征，即从改革开放的伟大实践当中，不断探索适合中国经济发展的宏观调控理论和政策。从开始学习、吸收、模仿西方经济学中的宏观经济理论和政策，到跳出西方经济学"宏观需求管理"的窠臼，最终形成了中国特色的宏观经济思想。

（执笔人：张琦）

第十八章　新中国政府与市场关系的历史考察

政府与市场关系构成了新中国成立以来中国经济体制形成、发展与改革的核心所在。新中国实行了社会主义制度，学习了当时的社会主义样板苏联模式，苏联模式以高度集中的计划经济为特点，"一五"时期在苏联帮助下，中国也初步建立起了带有类似特点的计划经济体制。从政府与市场关系角度来讲，苏联模式基本上完全排斥了市场的作用，而由计划机关进行资源配置和发展生产。中国在"一五"计划之后计划经济体制则与苏联模式开始分道扬镳，改革开放后，扬弃了原有的计划经济体制，逐步建立了社会主义市场经济体制，市场的功能发挥着越来越重要的作用，政府与市场关系也进入了一个全新的发展阶段。

新中国成立以来，政府与市场关系的演变具有显著的中国特色。与西方市场经济体制的发展过程不同，西方市场经济从亚当·斯密时代以来，一直到大萧条之前，崇尚自由放任的市场经济模式，政府的作用被限定在维护市场秩序和提供必要的公共物品上，欧洲少数国家政府也提供了一些社会福利，但在关于市场本身运行上，当时主流地位的古典经济学将政府的职能降低到守夜人的角色。凯恩斯创立宏观经济学以后，政府的职能开始强化，并主要集中在宏观领域，利用财政和货币政策对市场进行总需求管理，并进行市场监管和提供社会福利。20世纪80年代后新自由主义开始盛行，强调减少政府干预。总的来说西方市场经济在政府与市场的关系上是先有市场，政府的功能作用和对市场的影响是逐步加强的。而中国则是计划经济体制向市场经济体制转轨，是先有政府，市场从无到有发展起来。在市场的基础上发展政府职能，与在市场基础上发展市场职能，显然前者更容易，原因之一，政府是国家统治机关，发展市场意味着原来几乎无所不包的政府职能的转变，这意味着容易受到政府本身的利益干扰和阻碍。原因之二，市场运行需要政府对市场秩序的维护和弥补市场机制的失灵，西方市场经济在早期，政府维护市场秩序的最基本职能就已具备，弥补市场失灵职能则随着市场经济的发展而不断完善，这是相对熟知的过程。而对于从计划经济体制转向市场经济的中国，受到既有计划经济体制影响，政府在维护市场秩序、弥补市场失灵上会受到政府职能转型的影响，政府转型过程对政府维护市场秩序、弥补市场失灵的具体措施产生体制性影响。从无所不包无所不管的政府到建立适应市场经济体制的政府职能，是一个政府改革与职能转换的过程，这个过程显然会受到政府自身利益格局的影响。新中国成立以来政府与市场关系的演变历史过程，就是政府如何有动力，以及以何种方式推动市场出现，并且调整自身职能定位的过程。

在计划经济体制政府职能无所不包的情况下推动市场发展，需要政府具有恰当的激励和路径才能做到。苏联在 20 世纪 90 年代的经济转型，采用了休克疗法，导致了一场灾难，尽管这与休克疗法的政策措施直接相关，但从政府与市场关系角度而言，休克疗法和快速私有化后政府既缺乏意愿，也缺乏能力建立市场支持性制度，对企业伸出帮助之手[1]，使市场经济难以稳步发展，是导致俄罗斯休克疗法后经济迟迟无法恢复的主要原因。相比之下中国的改革开放，政府既有合适的激励，也有合适的路径，在渐进改革过程中逐步推动和支持市场的出现和市场经济的发展。政府主动成为市场经济的推动者之一，这是中国改革开放以来政府与市场关系上的最大成就和最显著的中国特色。而能实现这一点，与中国在计划经济时期尽管学习了苏联式计划经济体制，但在中国传统国家治理经验和中国共产党领导的新民主主义革命时期革命根据地建设经验的历史路径影响下，计划经济体制在"一五"时期后开始明显偏离了苏联计划经济体制的模式，这为中国改革开放后政府与市场关系

---

① 安德烈·施莱弗、罗伯特·维什尼：《掠夺之手——政府病及其治疗》，赵红军译，中信出版社 2004 年版，第 2 页。

的演变打下了基础，也为政府推动市场化改革提供了线索。

第一节　改革开放前政府与市场关系的历史探索

新中国成立初期，在完成社会主义改造后，如何进一步建设社会主义，尽快发展生产力和实现工业化，成为当时党中央首要考虑的问题。鉴于苏联在当时社会主义阵营中的领导地位，学习苏联工业化经验和与之配套的计划经济体制成为自然选择①。苏联模式的基本特征是中央高度集权的计划经济体制，计划机关集中在中央，包括国家计划委员会和相关产业的中央专业部委，中央计划机关主管着全国的企业，地方政府对企业事务主要起的是辅助作用。苏联模式反映的是垂直管理的特点，中国在"一五"时期学习苏联模式，初步建立了类似的中央计划部委，包括计委和各专业部门，集中了相关资源配置权力，在部委领导下推进了以 156 项重点工程为代表的工业建设项目，这就是俗称"条条"的垂直专业部委管理体制。另一方面，各级地方政府统辖本地区经济事务的属地管理体制，即俗称的"块块"则是中国有着悠久历史传统的行政管理体制。中国自秦以来，中央按属地设置地方行政机构管辖地方事务的做法就一直延续下来，形成鲜明的中国特色；此外，革命时期，中国共产党领导的武装斗争的主要方式是创建各个革命根据地，这些革命根据地政权因为地理分割的原因，党中央必然采取属地管理的做法，根据地在党中央的战略决策下各自为政，负责根据地革命事业的发展。新中国成立后，属地管理的传统延续了下来，"一五"时期学习苏联经验，中国的行政管理体制采取了"条块结合，条条为主"的做法，即苏联式的专业部委垂直管理方式，中央部委不仅直接管理中央直属国营企业，地方对地方企业的人财物调配，也要到中央部委报批，这使地方政府的自主性受到很大削弱。

"一五"时期取得了以 156 项重点项目为代表的工业建设成就，但也暴露了中央管得过多过死、地方积极性不足的问题。1956 年毛泽东

---

① 董志凯、武力：《中华人民共和国经济史：1953—1957》，社会科学文献出版社 2011 年版，第 474 页。

在《论十大关系》中指出要辩证看待中央与地方关系，要求发挥中央和地方的两个积极性。随后的中央权力下放使属地管理体制具有了更大的影响力，地方政府作为辖区所有经济事务的总包揽者，对当地企业运行也有更大的自主性和影响力①。计划经济体制从条块关系而言，苏联式计划经济体制偏向于以条为主，而中国"一五"时期后的变化则变成以块为主，这使得中国的计划经济体制实际上变成了更加地区分权的体制，或者说变成钱颖一和许成钢所说的 M 型体制，而苏联模式被称为 U 型体制，从而使当时中国的计划经济体制开始显著偏离苏联模式的正统②。除了少数保留的中央国企外，地方政府成为辖区经济发展事务的总负责人，上级政府做决策，地方执行并具有较大的相机斟酌的自由裁量权，上级随时保留干预和问责的权力，以及人事安排权力，构成了中国"政治集权、行政分权"的地区分权体制的特色③。在地方分权体制下，除了中央保留的之外，中国的计划经济类似于被分割为地方型的小的计划经济，每个地方政府都有一定的自主权调配物质和劳动力，管理辖区内的企业。在中国的分权体制中，由于政府职责同构，即所谓"上下一般粗"，地方政府可以具有全能型的管理职责，计划管理就这样分散到地方政府手里。

总的来看，新中国成立初期学习了苏联高度集中计划经济模式，从1956 年中国开始改变这点，尝试了地方分权试验，这种计划经济体制具有两个特点。第一，相对苏联模式它是分散型的，中央较少地承担着计划功能，这与苏联形成了鲜明对比；第二，地方政府在本地区经济事务上是管理负责人，这为地方政府强力主导干预本辖区企业提供了可能。分散型的计划经济体制相比苏联模式，计划的集中统一管理带来的规模经济效益相对就要小得多，但在分散型的计划经济体制下，地方政府成为相对各自经济利益独立的经济体，各地的产业相互之间较少依

---

①　董志凯、武力：《中华人民共和国经济史：1953—1957》，社会科学文献出版社 2011 年版，第 491 页。

②　Yingyi Qian, Chenggang Xu, "Why China's Economic Reforms Differ: the M-form Hierarchy and Entry/Expansion of the Non-State Sector", *Economics of Transition*, Vol. 1, No. 2, 1993, pp. 135 – 170.

③　Chenggang Xu, "The Fundamental Institutions of China's Reforms and Development", *Journal of Economic Literature*, Vol. 49, No. 4, 2011, pp. 1076 – 1151.

存。分散型计划经济体制的这种特点为后来的政府推动的市场出现埋下了伏笔，这是因为在分散型计划经济体制下，地方政府按照属地管理划分，存在着实际的竞争的可能，不管是体制内为了晋升利益，还是体制外谋求地区发展带来的物质利益，都使地方政府可能为了某项目标而竞争，市场经济最重要的本质是竞争，中国的分散型计划经济体制内在包含的地方竞争使之具有通往后来的社会主义市场经济的内在要素。而且，地方之间的经济联系，相比苏联模式下中央部委高度计划控制下的各产业联系，要松散得多，这有利于地方的局部改革实验①，这也具备了市场局部自发实验的性质，也构成了向后来的社会主义市场经济转型的一座桥梁。

在政府与市场关系方面，中国分散型的计划经济体制尽管与苏联模式已经有了很大不同，在排斥市场上却没有什么区别。不可否认当时无论在苏联还是在中国，小范围的灰色的类似市场的交易活动还是存在的，苏联除了生活资料的黑市外，企业之间在生产资料上，因为计划分配的不周全和不及时，也存在某些互惠式交易。中国除了存在过农村的小范围农产品交易外，当时社队企业在计划范围之外，也存在一些市场交易行为。但总的来说，在当时排斥市场的情况下，地方分权在计划经济框架内没有起太大的推动市场发展作用，但地方分权为改革开放后的政府与市场关系奠定了体制基础。事实上，除了地方政府方面的作用，奠定了体制基础的还有一个重要事例是计划经济时代的灰色市场主体，改革开放前就存在的社队企业之间的类市场交易在改革开放后合法化而得到了迅速发展，中国很多乡镇企业在改革开放前就已经存在了，其前身就是这些社队企业②。在中国分散型计划经济体制下，乡镇政府作为政府层级的最底层，不可能在这么小的辖区范围内都搞计划调拨，社队企业需要的机器设备物资，甚至技术很多都依靠市场的方法从外部获取。某种程度而言，乡镇企业不是改革开放后的新事物，改革开放前就有了基础。这也再次说明改革开放后的政府与市场关系的体制基因在改

---

① Yingyi Qian, Chenggang Xu, "Why China's Economic Reforms Differ: the M-form Hierarchy and Entry/Expansion of the Non-State Sector", *Economics of Transition*, Vol. 1, No. 2, 1993, pp. 135–170.

② 潘维：《农民与市场：中国基层政权与乡镇企业》，商务印书馆 2003 年版，第 62 页。

革开放前分散型计划经济体制中就存在，待国家允许市场出现的政策东
风一吹，这些潜在的市场力量就会喷薄而出。

第二节　改革开放后政府与市场关系的中国特色

改革开放后，中国经济体制中的政府与市场关系进入了新的阶段。
如上文所述，在原来几乎无所不包的政府管理体制下要让市场出现，需
要有合适的政府激励与路径走向。正是在改革开放前形成的分散型计划
经济体制的基础上，中国在改革开放后找到了市场化的政府激励与路径
走向，从而既避免了苏联模式下中央集权计划经济难以导向市场体制的
问题，又保留和在新形势下充分发挥了政府在推动工业化和经济发展上
的强势作用。中国的改革开放具有渐进的性质，是社会主义制度的自我
完善，原有计划经济时代强政府的一面并没有像苏联和东欧国家经济转
型时期那样一下被否定，而是实现了新的转换。在历史传统延续基础
上，改革开放后政府与市场关系也并不是完全像西方所通常讨论的政府
与市场关系定位那样，而是政府通过掌握在手中的资源推动经济发展，
政府在推动经济发展上起了巨大作用。这是中国政府与市场关系中强政
府的一面，是西方政府与市场关系理念所无法直接套用的。

在中国经济市场化的路径走向上，原来形成的地方分权属地管理体
制导致的地方间竞争的可能，在改革开放后在国家允许市场出现的大环
境下，推动了市场的形成，这是中国改革开放后市场经济发展的最显著
的特点①。地方竞争在改革开放前分散型计划经济体制下就存在，像
"大跃进"时期的大炼钢铁竞赛等就是如此，而改革开放前后地方竞争
效果之所以截然不同，在于改革开放前后的地方竞争的原动力的不同。
改革开放前的地方政府间竞争，像"大跃进"这样的竞争，是自上而
下发动的政治挂帅的竞争，在上级排斥市场的情况下，地方间竞争是为
了满足上级事先规定的某方面的指标而竞赛。改革开放后的地方政府间
竞争则是自下而上的竞争，地方政府在某种程度上并不是事先为了争夺

①　Chenggang Xu, "The Fundamental Institutions of China's Reforms and Development", *Journal of Economic Literature*, Vol. 49, No. 4, 2011, pp. 1076 – 1151.

某项指标，而是为了地区发展利益而竞争，这种竞争因地区利益自然而发，也因地区利益在地区间可以存在交易和合作行为。经济发展的一个重要表现是分工的扩展和深化，地方政府间竞争既因为不同地区地方政府之间不存在直接的上下级关系，而只能以交易的方式进行互动，也因为地方的发展利益不但不排斥地区间合作，相反合作是个正和游戏，对大家彼此有利，这样，地方政府间竞争就为市场的出现打开了空间。在地方分权的基础上，改革开放后地方政府竞争推动了市场经济的发展，形成了中国从计划经济体制转向社会主义市场经济体制的主要路径。相比苏联和东欧社会主义国家的经济转型，这种转向更加顺利且卓有成效。

地方政府间竞争促进市场形成的最初和最有首创精神的是县及其以下的低层级政府，尤其是乡镇政府和村集体组织。乡镇政府受其管辖所限，要发展本地企业，一开始就不可能靠搞计划经济来发展。正如前述，大量乡镇政府发展的乡镇企业前身就是改革开放前已存在的社队企业，在乡镇级别范围内，企业要发展主要依靠市场的交易方式来获取物资和销售产品。改革开放前国家政策排斥了市场，社队企业尽管已具有了市场交易的潜质，但受限于政策，市场是灰色也是有限的。改革开放后政策的放宽使乡镇企业雨后春笋般发展起来，乡镇企业的交易行为促成了市场的形成，反过来市场的形成和扩大使乡镇企业更加如鱼得水，乡镇企业的发展和市场的发展形成了互相促进的良性循环。乡镇企业的崛起作为改革开放初期市场化进程最大的突破口，也与中国当时的发展国情有关。改革开放前中国的计划经济体制为中国打下了较完整的独立自主的工业基础，不过在劳动力分布上，农业劳动力仍占劳动力的大多数。农村存在大量富余劳动力需要转到其他产业，这些农村人口在当时城乡分割体制下，相比城市国有部门可谓是体制外的劳动力，这些劳动力进入乡镇企业并不存在体制内外的转换成本和福利损失，也为乡镇企业提供了充沛的劳动力。中国市场化改革的最初增量来自农村，而农村既有待工业化，又相对受到计划经济的影响较小，乡镇政府管辖的地区正是这广大农村的基层，乡镇企业的快速发展正是依托于中国农村的发展潜力和市场经济的发展动力。

乡镇企业创造了改革开放初期一大奇迹，奇迹在于乡镇企业发展是如此之迅猛，这就不仅仅是乡镇企业自身的原因，乡镇政府也在其中发挥了重要作用。这些企业大部分作为集体企业由各地乡镇政府所办，这就是政府在工业化中起推动作用的重要体现。由于传统计划体制的影响，中国当时想以市场方式实现工业化，这个市场所需的支持性制度安排也是不存在的，特别是融资安排和市场销售渠道，这些对企业而言都是基本的、必要的前提。在当时，政府是唯一能够进行这些安排的主体。例如，当时农民普遍一穷二白，即使集资也只能解决企业融资的一小部分，大部分需要靠乡镇的集体积累，以及乡镇政府为之担保的信贷融资。在销售上，乡镇政府才具有必要的销售渠道，特别是打进国有供销体系和与其他地区往来更是如此。还有，企业的创办与管理需要相应的组织与管理才能，当时是在乡镇政府工作的人员接受过组织与管理的锻炼，也具有组织与管理的权威。而且从人员上说，中国的干部体制所具有的科层化特点保证了这些干部走上工作岗位都经历过一定的遴选程序，这保证了干部的知识和阅历上的素质。当他们成为企业家时，相应的素质等于提前得到了筛选，这对乡镇企业的发展十分重要。此外，政府间的制度化交流体系具有学习和传播效应。例如新的产品和项目一出现就会在各个乡镇之间竞相举办起来，这一地区会形成产业集群外部性，这对企业又是有利的。

至于县级、地级及其以上地方政府，如果说乡镇企业作为非国有企业的崛起为市场经济的发展提供了增量，这些地方政府则构成了国有企业所在辖区的主要部分。地方政府的属地管理体制也决定了地方政府间竞争仍然存在，国有部门的改革从双轨制的过渡开始，国有企业在完成计划任务后可以自主组织生产，以交易的方式购进原料和出售产品，双轨制的市场轨使这些国有企业也开始进入市场，因为这些国有企业在地方分权下属于地方政府管辖，地方政府间竞争与国有企业竞争是一致的。双轨制改革尽管存在计划轨与市场轨之间的冲突，但保证了经济改革的平稳进行，也是原有体制下地方政府推动市场出现的一种方式。市场竞争的出现意味着国有部门开始面临以乡镇企业为代表的非国有部门在轻工业领域的激烈竞争，到 20 世纪 90 年代中期，在日益激烈的竞争压力下，加上 1994 年开始的以增值税为主体的分税制改革使地方政府在之前财政包干时代形成的兴办企业、利用产权关系分享企业经营收入的做法失去意义，地方政府改变了对企业的态度，改成"不求所有，但求所在"，地方政府开始对地方国有企业进行改制和战略性重组，轻工领域竞争性行业的地方国企比重开始下降①。地方政府间竞争此时就开始转变为招商引资的竞争，在资本流动背景下，地方政府为了招商引资，必然要采取对企业友好的行为。地方政府是与企业打交道的直接关系者，地方政府在招商引资活动中为企业提供的产权保护、合约履行保障、政策优惠、市场设施配套等市场支持性制度，即地方政府对不再是自己所有的企业提供市场化服务，伸出政府的帮助之手，积极为企业提供服务，是中国特色的政府与市场关系的重要体现，形成了有中国特色的政府推动市场形成与发展的路径。而且，地方政府间竞争的形势演化与中国经济市场化进程的演化也是互为补充的，在乡镇企业与国有企业竞争时期，推动的是产品原材料市场的形成，这是产品市场的竞争；到了地方政府招商引资竞争，对资本市场的发展则起到了推动作用，市场的发展深度拓展到了要素市场。

地方政府对企业的服务是中国特色的政府与市场关系的一方面，另一方面，计划经济时代遗留下来的地方政府强政府的特点依然得以保持，并在特定领域形成了与市场的互补，例如中国经济发展中的一大特色是地方政府保持了对基础设施的高强度投资，这对于招商引资无疑是十分有利的，地方政府能做到这点，与地方政府在土地、财政、金融等资源上具有强大的掌控力密切相关。此外，地方政府在引导产业和一些企业的发展方向上还拥有巨大的影响力，这种密切的政商关系与西方典型市场经济国家相比存在显著差异，地方政府的政商关系的出发点是支持企业的发展，但也可能会导致相关寻租和腐败问题，以及政策的过度袒护。但总的来说，过去招商引资带来的地方政府间竞争推动了经济的快速发展，密切的政商关系也推动了企业的快速扩张。

地方政府通过政府间竞争推动了市场的形成，地方政府对企业伸出的是帮助之手而非掠夺之手，这种做法的激励在于政府间竞争是以经济

---

① 陶然、陆曦、苏福兵、汪晖：《地区竞争格局演变下的中国转轨：财政激励和发展模式反思》，《经济研究》2009 年第 7 期。

发展为导向。GDP 的发展首先给地方带来财政收入水平的提高，在国家政策允许市场化的环境下，地方政府必然要利用市场来发展经济。地方政府财政收入增速与本地 GDP 发展速度密切相关，这是改革开放后地方实行财政包干制度的结果，给予了地方发展经济的强大激励①。分税制改革后，地方在税收划拨后的财政收入增长与 GDP 增长的相关性也未曾改变②，更何况地方还有土地财政收入这一与 GDP 增长直接联系又完全归地方自主使用的收入。在政府的激励上，财政激励是一个非常直接的激励，在大的市场环境下使地方政府某种程度上像一个公司一样成为利润中心，这个"公司"通过市场化发展和参与竞争，得以核算"利润"，地方政府因此与市场经济的发展互相促进③。改革开放后，到20 世纪 90 年代以 GDP 的相对发展速度为重要考核指标的官员晋升制度得到完善，地方官员围绕 GDP 发展展开了激烈的晋升锦标赛④。由于市场经济的发展对 GDP 的增长速度所具有的重要性，地方政府也必然要对企业伸出援助之手，进而推动 GDP 的增长。地方政府的财政激励加上晋升激励，这些激励都促使地方政府重视本地经济发展，而经济发展手段是推进市场化的进程，加快招商引资促进企业落地；反过来，市场化进程的深入也促使地方政府扩大非国有经济的准入，并推进国有企业改革和重组。中国改革开放后政府与市场关系的演进，其中最重要的一面是政府主动推动市场化进程，而不是由上级发号施令具体规定何时何地应如何去做，地方政府的主动性需要正确的激励引导，而地方政府的财政激励与晋升激励激发了地方政府的主动性和创造性。

中国在改革开放后所塑造的政府与市场关系演变进程与西方典型市场经济国家的政府与市场关系演变进程形成了鲜明对比，这主要体现在政府推动经济发展结构升级的作用上。就政府提供的公共服务而言，西

---

①　Gabriella Montinola, Yingyi Qian, Barry R Weingast, "Federalism, chinese style: the political basis for economic success in china", *World Politics*, Vol. 48, No. 1, 1995, pp. 50 – 81.

②　傅勇：《财政分权改革提高了地方财政激励强度吗?》，《财贸经济》2008 年第 7 期。

③　Jean Oi, "Fiscal Reform and the Economic Foundations of Local State Corporatism in China", *World Politics*, Vol. 45, No. 1, 1992, pp. 99 – 126.

④　周黎安：《中国地方官员的晋升锦标赛模式研究》，《经济研究》2007 年第 7 期。

方也有分权化的做法，但在经济发展上，中国地方政府发挥作用的中国特色最为明显。西方是在国家承担守夜人职责下，随着市场经济的发展要求，政府的作用逐步提高，涉及的领域逐步拓广，而中国是在原来计划经济体制下政府职能几乎无所不包的情况下，市场的功能逐步发展和深化。两者的不同轨迹反映了各自的制度条件和历史路径，但这并不意味着两者在政府与市场关系上的演变道路会殊途同归。在西方典型市场经济的发展道路上，就其发挥的功能而言市场一直是定位明确、运转清晰、形态完整的，政府是在市场暴露出失灵的领域逐步发挥弥补和矫正的功能。因此西方关于政府与市场关系的探讨使用政府与市场的两分法，政府矫正市场失灵，以及围绕政府也可能失灵的争论，政府与市场的运转逻辑及政府与市场边界都是清楚的。但对于中国，政府与市场关系的两分法这点并不适用，政府承担了推动经济发展的广泛职责，并拥有强大的资源，政府为了发展经济主动推动市场化进程，这都意味着中国的政府与市场是交织在一起的，很难像西方那样严格区分政府与市场二者间因为对方缺陷而出现的"矫正"关系。政府推动市场化来实现推动经济发展的目的，在这个过程中实现政府适应市场化职能的相应转变，这是一个主动的过程，政府的功能、掌握的资源和在经济发展中的角色定位都会比西方式的政府定位强很多。更重要的是，这种强政府在适当的政府激励与改革路径下与市场是相互共存的，政府促进市场发展，市场又促进政府职能转变，这很难说政府与市场之间有清晰的边界。西方的政府与市场关系理论主要着眼一国范围内的政府与市场关系，政府层级间职能划分的主要依据是提供公共服务的信息要求和外部性范围的考量，这种职能划分是政府作用内部的划分，与市场没有直接关系。中国政府与市场没有清晰的边界，则在于中国政治集权、地方分权的行政体制，在于地方政府承担的经济发展职能，没有清晰边界是地方政府与市场没有清晰边界，地方政府促成了市场，并在相对地方辖区更大范围内的市场内活动，由这个更大范围市场推动地方政府职能转变，就像资本流动背景下地方政府为了招商引资而推动职能转变所表现的那样，这是中国政府与市场交织在一起的具体体现。

第三节　中央对政府与市场关系定位的历史回顾

改革开放后中国政府与市场关系的演变，市场化进程的发展，很大程度上是地方政府主动推动的结果，但这并不意味着中央就不起作用，中国的行政体制除了地方分权，还有政治集权的一面。地方的改革及时得到中央的批准，或至少是默认，并得以将成功经验推广，中央与地方在改革上呈现了良好的契合局面。在中央层面，由于原来计划经济意识形态的影响，对政府与市场关系认识是一个逐步深化的过程。

政府与市场关系的认识是中国特色社会主义理论体系中闪耀着智慧光芒的成分之一。1978 年党的十一届三中全会提出的"按经济规律办事，重视价值规律的作用"，在当时还是计划经济体制占主导地位的情况下，通过对价值规律的探索，反映了当时我们党非凡的理论创新勇气。党的十二大报告提出"计划经济为主、市场调节为辅"，该提法开始为市场的作用正名，随后开始提出价格改革和企业改革；1984 年党的十二届三中全会《中共中央关于经济体制改革的决定》提出"有计划的商品经济"，表明计划是对尊重价值规律和市场调节作用的商品经济的引导和管理。党的十三大把有计划的商品经济界定为计划与市场内在统一的体制，"国家调节市场，市场引导企业"，把计划与市场不再看成对立的，计划和市场的作用范围都是覆盖全社会的。党的十四大确定"社会主义市场经济"改革方向，计划与市场都是资源配置的手段，不是社会主义的本质，社会主义性质转而体现在政府的作用，包括政府职能和公有制地位上，这是当时中国特色社会主义理论关于经济体制的最为重大的理论突破。从党的十四大开始，市场在资源配置中起基础性作用一直是标准的论述，党的十五大提出"使市场在国家宏观调控下对资源配置起基础性作用"。党的十六大提出"在更大程度上发挥市场在资源配置中的基础性作用"，党的十七大提出"从制度上更好发挥市场在资源配置中的基础性作用"，党的十八大提出"更大程度更广范围发挥市场在资源配置中的基础性作用"，这些提法每一次都对市场作用的认识有新的提高。同时，社会主义市场经济也强调政府的作用，社会主义市场经济本质是政府主导和推动下的市场经济，政府的作用和市场的作用不是截然对立的，问题在于如何更好地发挥政府的引导作用。由于社会主义的传统，政府的作用就一直被强调，对市场作用的认识有个不断发展的过程，对政府与市场关系的论述也就有一个不断发展的过程，从党的十二大的"计划为主，市场为辅"，到党的十三大的有计划商品经济，计划在市场前，同时开始提出逐步健全以间接管理为主的宏观经济调节体系，再到党的十四大报告提出社会主义市场经济，明确市场经济的基础作用，但也强调"市场在社会主义国家宏观调控下对资源配置起基础性作用"，"也要看到市场有其自身的弱点和消极方面，必须加强和改善国家对经济的宏观调控"，阐述了政府的作用。政府要发挥作用，也要加快政府职能转变，报告提出"转变的根本途径是政企分开"。政府的职能，主要是统筹规划，掌握政策，信息引导，组织协调，提供服务和检查监督。在此之后，1993 年进行了政府机构改革，减少、压缩乃至撤销原来计划体制的专业经济部门，强化了宏观调控等部门。党的十四届三中全会通过的《中共中央关于建立社会主义市场经济体制若干问题的决定》指出："政府管理经济的职能，主要是制定和执行宏观调控政策，搞好基础设施建设，创造良好的经济发展环境。同时，要培育市场体系、监督市场运行和维护公平竞争、调节社会分配和组织社会保障"。这对政府职能的作用和范围做了与社会主义市场经济相对称的规定，政府是用经济手段、法律手段和必要的行政手段管理国民经济，而不再是直接干预企业的生产经营活动。党的十五大报告提出，"要按照社会主义市场经济的要求，转变政府职能，实现政企分开，把企业生产经营管理的权力切实交给企业，根据精简、统一、效能的原则进行机构改革"，"把综合经济部门改组为宏观调控部门，调整和减少专业经济部门，加强执法监管部门，培育和发展社会中介组织"。这表明，政府的管理作用应从过去微观管理转到宏观调控，减少行政干预企业的现象。按此要求，1998 年进行了新的一轮机构改革，调整和撤销那些直接管理经济的专业部门，加强宏观调控和执法监管部门。经过这些改革，与社会主义市场经济相适应的政府机构与职能的设立都得到了初步的实现。党的十六大报告将政府职能定位为"经济调节，市场监管，社会管理和公共服务"四项职能，"政府要建立统一、开放、竞争、有序的现代市场体系"，如果说之前政府职能转换是出于消除计划经济体制下政府职能未能转换到符合市场经济需要，防止政府干预企业经营是主要考虑的话，则党的十六大报告的有关提法已开始注意政府规范和监管市场、调节收入分配、保证社会公正、提供公共产品和服务这些现代市场经济中政府基本的作用，这表明我们党不仅对市场作用的认识不断提高，对市场经济下政府职能作用的认识也不断提高。党的十七大提出"加快行政管理体制改革、建设服务型政府"的任务，政府职能要强化社会管理和公共服务。服务型政府的核心理念是政府提供服务，最大限度地满足人民群众的需要，提供各类公共服务，政府的职能从传统的管理型转向服务型，相对于之前四项职能的划分，党的十七大报告着重强调了社会管理和公共服务的职能，反映了我们党对政府职能定位的一大进步。党的十八大报告指出："经济体制改革的核心问题是处理好政府和市场的关系，必须更加尊重市场规律，更好发挥政府作用。"报告提出了"深入推进政企分开、政资分开、政事分开、政社分开，建设职能科学、结构优化、廉洁高效、人民满意的服务型政府"，进一步强化了对政府社会管理和公共服务职能的要求。

第四节　在政府职能转变中塑造政府与市场关系

改革开放以来，地方政府推动了市场的形成和发展，地方政府与市场是交织在一起的①，地方政府处于全国性市场乃至国际市场的环绕之中②。与地方政府不同，中央政府则处于全国市场之上，既然市场经济已经出现并不断发展，中央政府与市场的关系在一定程度上则可以参照西方对政府与市场关系划分的两分法，政府在弥补不断新出现的市场失灵上发挥作用。不过，中国的行政体制是中央和地方政府的多层级的体制，由于国内市场地方政府也是其中的参与者，中央政府与市场的关系也不可能与西方国家的政府弥补市场失灵完全对应上，因为有部分的市

---

① 张五常：《中国的经济制度》，中信出版社 2009 年版，第 141 页。
② 周黎安：《转型中的地方政府：官员激励与治理》，格致出版社 2017 年版，第 199 页。

场失灵与地方政府行为密切相关。这与西方的情况很不一样，在处理市场失灵上，中国的政府与市场关系也包含了中央政府对地方政府的管理和调控。因此，讨论中国特色的政府与市场关系，必须嵌入中国地方分权体制下的中央与地方关系来进行。

地方政府在经济发展上，政府间竞争导致了地方政府转变职能，为了顺利开展招商引资，地方政府必然会强化为企业服务、加强产权保护、合约履行、维护市场秩序等措施。但同时也要注意到，地方政府的这些做法是为地方政府间的竞争服务的，以实现地方经济发展的目的。除了以上这些做法，地方政府还会采取地方保护主义的措施，维护本地企业利益，防止本地市场需求外溢，以及为本地产业提供保护①。地方政府这种重商主义的做法从自身来说并不奇怪，但地方政府间竞争会使各个地方政府都会竞相树立起地方的保护主义，而这对国内统一市场的建设无疑是场灾难。维护国内统一市场，消除地方保护主义壁垒的责任需要由中央政府来承担，由中央政府利用政治集权的特性明令禁止地方政府的保护主义措施。

市场经济存在波动，而地方政府竞争和介入市场甚至还可能放大这种波动。地方政府围绕 GDP 增长展开竞争，而 GDP 增长最重要也是最快见效的拉动手段是投资，地方因此都会具有投资的冲动，各地尽可能以最快的速度上马投资项目。这种集中在一起的潮涌效应很容易导致经济过热，甚至通货膨胀，这就放大了经济加剧波动的危险②。而过度投资之后又会形成产能过剩，恶化债务结构。中央进行宏观调控，包括用全国统一的货币和信贷政策，以及相应的财政政策这些在全国范围产生影响的全局性政策，影响市场经济变量，改变地方政府行为面临的参数，也包括中央直接调控地方政府的行为。例如，中央通过审批地方投资项目，包括用地指标的权限，在经济过热时收紧审批，控制地方的投资冲动，反之在经济过冷需要启动时放宽审批，加之放宽财政、货币和信贷政策，促发地方的投资热情。从 1992 年正式提出社会主义市场经

---

① 保建云：《区域发展差距、地方保护主义与市场一体化发展——基于区域非均衡发展转型大国的理论模型与实证分析》，《财贸经济》2008 年第 8 期。

② 刘霞辉：《为什么中国经济不是过冷就是过热？》，《经济研究》2004 年第 11 期。

济的改革方向，中央政府的宏观调控就成为社会主义市场经济的重要组成部分，财政货币政策归属中央，这是与世界通行的，而对地方投资项目的审批显然与中国计划经济体制的转型有密切关联。

地方政府本质上是一个多任务代理主体，对于多任务委托代理关系，由于多项任务中每项任务的测量难易程度不同，在政府工作总的精力有限的情况下，如果对容易测量的任务设立了强激励，那些不容易测量的任务往往会被忽略。改革开放后，中国地方政府的激励包括了财政激励与晋升激励，这些都与 GDP 的增长直接挂钩，属于强激励，而且 GDP 指标是数字指标，十分清楚也容易评估，地方政府自然会把工作重心放在追求 GDP 增长上，改革开放以来中国 GDP 的高速增长证明了地方政府在这方面的努力卓有成效。但对于那些不容易衡量的工作，如环境保护、社会发展等，地方政府就不会花费多少精力。更严重的是，哪怕像环境保护这样随着技术进步变得更加可衡量的工作，但其与 GDP 增长会直接产生利益冲突，地方政府的财政强激励也会使其更加偏重 GDP 增长而忽略环境保护，袒护为降低成本违规排放的企业，其他的像安全生产、产品质量监督等也是如此，地方政府的唯 GDP 增长导向，加上地方政府为推动本地经济发展而容易出现的紧密的政商关系，都使其不会太关注这方面的工作[①]。中央政府就需要在环境保护、安全生产、产品质量监督等领域承担起监管职能，以环境保护为例，中央制定明确的环保标准和奖惩措施，这些都属于中央承担的政府职能。事实上，环境保护由于污染的跨区外溢性，按照治理外部性的规则，也理应是中央政府的职责，而中国的特色在于除了这方面的原因外，地方推动 GDP 增长与环境保护的冲突也是造成环境保护监管需要中央承担的原因，甚至是更重要的原因。

同样，地方政府唯 GDP 增长导向与教育、医疗、文化、社保等民生投入和公共服务也会产生冲突，这不仅是民生投入的工作成果相对更难衡量，也在于民生投入会挤占地方政府在基础设施上的投资，而基础设施投资对于地方政府的招商引资是十分重要的，这使得地方政府的财

[①]　聂辉华、蒋敏杰：《政企合谋与矿难：来自中国省级面板数据的证据》，《经济研究》2011年第6期。

政支出结构更偏向于基础设施支出，而较少关注民生支出①。而且，腐败的存在会使政府的财政支出更将偏向基础设施支出而在民生支出上偏小，这是由于基础设施支出更容易存在贪污受贿的机会②。进一步而言，地方政府追求 GDP 增长，为了招商引资竞争，也会使地方政府采取种种亲资本的措施。这会导致过度的税收减免、过度放松监管等，或者说导致趋向底线的竞赛（race to the bottom）。地方政府为了维持对资本的吸引力，对劳动者权益保护也不会着力，也不会关心收入分配水平差距的拉大。以上这些都需要中央政府的强力干预，打击腐败，规定地方政府的财政支出结构以倾向民生投入，以及防止趋向底线的竞赛恶化和保护劳动者权益，等等。市场经济本身会带来收入分配的马太效应，而在中国，这点因加入地方政府因素而更复杂，调节收入分配、抑制资本力量无原则扩张的任务只能由中央政府来承担。

中国从计划经济体制转型到社会主义市场经济体制，政府职能最大的转变是政府从计划经济时代直接介入企业的微观经济运行，转向了宏观调控和政策引导，但这并不意味着政府职能转变的结束。中国从以往偏重 GDP 增长，到注重和谐社会构建，关注民生，政府也从侧重经济增长型政府转向建设公共服务型政府，强化市场监管和公共服务领域的政府职能，特别是加强中央政府在这些方面的监督管理，是政府职能转换的新的工作重心。

第五节　新时代政府与市场关系定位的新突破

一　新时代中央对政府与市场关系的新提法

社会主义市场经济也强调政府的作用，社会主义市场经济本质是政府主导和推动下的市场经济，政府的作用和市场的作用不是截然对立

---

① 傅勇、张晏：《中国式分权与财政支出结构偏向：为增长而竞争的代价》，《管理世界》2007 年第 3 期。

② Vito Tanzi, Hammid R Davoodi, "Corruption, Public Investment, and Growth", *IMF Working Paper*, No. 97/139, 1997.

的，问题在于如何更好地发挥政府引导作用。在政策文件上，2013 年党的十八届三中全会《中共中央关于全面深化改革若干重大问题的决定》把市场作用改为"起决定性作用"，这个提法是一个新的突破，标志着对市场作用的认识达到了一个新的高度。此外，全会公报还提出加快完善现代市场体系的具体规定。市场配置资源是市场经济的本质规定，社会主义市场经济也不例外，供给侧结构性改革和创新驱动的着眼点还在于以企业为主体，经济增长更多地源于要素配置的重新优化，以市场的方式推动企业进行经济结构转换和创新。党的十九届四中全会《中共中央关于坚持和完善中国特色社会主义制度　推进国家治理体系和治理能力现代化若干重大问题的决定》进一步要求加快完善社会主义市场经济体制，强化竞争政策基础地位，落实公平竞争审查制度，加强和改进反垄断和反不正当竞争执法。健全以公平为原则的产权保护制度，建立知识产权侵权惩罚性赔偿制度，加强企业商业秘密保护。推进要素市场制度建设，实现要素价格市场决定、流动自主有序、配置高效公平。强化消费者权益保护，探索建立集体诉讼制度。加强资本市场基础制度建设，健全具有高度适应性、竞争力、普惠性的现代金融体系，有效防范化解金融风险。

在政府作用上，党的十八届三中全会《决定》提出：大幅度减少政府对资源的直接配置，推动资源配置依据市场规则、市场价格、市场竞争实现效益最大化和效率最优化。政府的职责和作用主要是保持宏观经济稳定，加强和优化公共服务，保障公平竞争，加强市场监管，维护市场秩序，推动可持续发展，促进共同富裕，弥补市场失灵，对政府作用做了全面的科学定位，而对于政府职能转换，《决定》也提出要转变政府职能，深化行政体制改革，创新行政管理方式，增强政府公信力和执行力，建设法治政府和服务型政府。通过这些阐述，这次全会提出了建设什么样的政府的方向。党的十九大报告进一步明确了全面实施市场准入负面清单制度，清理废除妨碍统一市场和公平竞争的各种规定和做法，相比之前党代会报告中较为笼统的提法，报告首次以负面清单的形式规定了政府干预的范围。政府干预市场准入的范围不仅得到规定，政府作用侧重点也转为强调"打破行政性垄断""完善市场监管体制"等服务职能。此外，报告还强调了政府在宏观调控和发展规划上战略导向的作用，"健全财政、货币、产业、区域等经济政策协调机制"，"培育若干世界级先进制造业集群"，政府与市场的关系实现了辩证法意义上的对立统一：市场在资源配置中起决定性作用的同时，政府作用也应得到更好发挥。党的十九届四中全会《决定》则把更好地发挥政府作用提到了新的高度，指出：国家制度和国家治理体系具有多方面的显著优势，其中包括了调动各方面积极性，集中力量办大事的显著优势。为此，在提高科技和创新水平上，要强化国家战略科技力量，健全国家实验室体系，构建社会主义市场经济条件下关键核心技术攻关新型举国体制，这些都是更有效发挥政府作用的指导原则。

二　以顶层设计推动新时代政府与市场关系的演变

党的十八大以来，中国特色社会主义进入了新时代，新时代的经济发展开始由过去的追求高速增长转为实现高质量发展，推动高质量发展成为新时代塑造政府与市场关系的出发点。高质量发展是以创新为主导，以全要素生产率的增长为核心的经济发展，新时代以来政府与市场关系的新定位也是围绕这点而展开的。过去中国通过地方分权，地方政府间竞争促进了市场的形成，地方政府与市场交织在一起，这在招商引资引进技术资金的时代效果非凡，但在以创新推动增长，以及更加注重以内需推动增长的时代，需要对政府与市场关系有新的定位。同样，高质量发展是要解决我国发展的不平衡和不充分问题，这包括要保持宏观增长的稳定、区域发展的协调、绿色发展的持续和发展的公平正义，实现以人民为中心的发展。上一节总结了地方分权体制下政府与市场关系存在的一些问题，这些问题在新时代高质量发展的要求下，都需要中央政府层级来主导政府与市场关系，使之适应高质量发展的要求。以创新来推动增长，要求市场要发挥比以往更大的作用。市场对创新具有显著的促进作用，市场规模越大，创新的市场空间就越大，创新的研发及其他成本也越容易得到摊销，市场规模越大，也有利于有创新力和竞争优势的企业扩大规模。此外，与以往不同，中国经济结构也发展到了服务业比重超过制造业的阶段，服务业由于可贸易水平更低，更容易受到市场扭曲问题的困扰，市场扭曲对经济发展的影响也更大①。如何塑造一个全国更统一、更规范、更有效的市场，这已经不是地方政府力所能及，而且前述地方政府与市场关系上也存在的诸多问题，使地方政府难以主导新时代的政府与市场关系改革，地方政府也不具有在全国层面以法治化推动市场化整体建设的能力。在新时代，中央政府在这方面将发挥更大的作用，这就要求强调政府与市场关系塑造中的顶层设计，形成整体透明可预期的市场环境。强调顶层设计也是新时代以来整体推动改革开放的侧重点，政府与市场关系的顶层设计也是其中一部分，与新时代之前主要是地方政府在推动市场化进程不同，新时代中央政府推动的顶层设计将起到主导作用。这个主导作用包括两方面：一是通过中央政府以法治化方式在全国范围颁布政策法规，例如维护公平竞争等政策，总体推动更加统一、规范、有效市场的形成；二是通过中央政府推行反腐、加强民生投入、实施区域协调发展、推动绿色发展、促进发展的公平正义等措施促使地方政府在政策偏好上消除以往存在的缺陷。可见，在新时代，政府与市场关系具有了不同于以往的新内涵，在维护地方政府间竞争带来的好的一面的情况下，强化中央的顶层设计，整体性推动政府与市场关系的良性发展，成为新时代塑造政府与市场关系新的着重点。

从全国整体市场角度看待，政府首先是要充分尊重市场规律，充分使市场发挥作用，在市场能起作用的地方，减少政府政策对市场的扭曲②。这意味着中央政府要矫正前文提到的地方政府竞争带来的偏差，包括维护国内统一市场秩序，强化市场监管，维护司法统一，进行宏观调控和维护经济稳定，以及加强环境保护，强化民生投入，调节收入分配差距及地区发展差距，等等。党的十八大以来，中央加强反腐倡廉，塑造新型亲清政商关系，进行"放管服"改革和改善营商环境，进行

---

① 陆江源、张平、袁富华、傅春杨：《结构演进、诱致失灵与效率补偿》，《经济研究》2018年第9期。

② 张晓晶、李成、李育：《扭曲、赶超与可持续增长——对政府与市场关系的重新审视》，《经济研究》2018年第1期。

国有企业和垄断行业改革，推动绿色发展，进行供给侧结构性改革化解过剩产能，推动创新驱动，推动地区和城乡协调发展等，从政府与市场的关系角度看，都是通过中央的顶层设计使市场的支持性制度更加有效，同时弥补了市场经济的缺陷。中央政府塑造政府与市场关系的手段包括两个方面：一是中央政府职能范围内的市场监管，稳定经济，推动科技研发和提供公共服务等措施；二是利用政治集权、经济分权的体制加强对地方政府的监督管理，扭转地方政府唯 GDP 论的做法，为地方的环境保护、民生投入等以往被忽略之处设立强制性的工作标准，并纳入官员晋升考核机制，例如环保标准的一票否决等，通过对地方政府激励机制的这些改变，中央在推动地方政府重视环保和民生等以往被忽略的领域上取得了重大进展，使市场经济的发展更加和谐。

由中央推动的扩大对外开放也是建立统一、规范、有效市场的重大举措。包括全面实行国内外一致的准入前国民待遇加负面清单管理制度，加强知识产权保护，加强投资促进与投资保护，进一步提升投资环境法治化、国际化、便利化水平等政策，让中国市场更加透明、更加规范。在对外开放政策的推动下，中国建立与国际接轨的营商环境，包括全面取消非行政许可审批，削减行政审批事项和核准企业投资项目，全面改革工商登记、注册资本等商事制度，全面推行注册资本认缴登记制，工商登记前置审批事项得到了大幅压缩，企业开办时间大为缩短，优化营商环境改革卓有成效。中国推进的这些使国内外市场规则一致的制度改革，切实增强了中国市场的公正、公开、公平和透明性，减轻企业负担，为企业建立了良好的投资预期。而这些改革是中央以法治化的方式推进的，这为推进更高水平的统一、规范和有效的市场提供了根本保障。

新时代，创新驱动的增长成为重要的增长方式。推动创新，除了强化市场的作用，政府也在其中起到重要作用。中国提出了从"中国制造"走向"中国创造"，实施创新驱动战略，就是发挥政府作用的一个重要体现。创新的研发投资具有外溢效果，单靠市场机制可能存在不足，需要政府进行研发补助。更重要的是，新时代要推动高质量发展，进行产业结构升级，就要借此推动重大技术的自主攻关，进行战略性自主可控技术研发，推动中国制造转型和产业技术进步，将产业向微笑曲线两端发展，摆脱对低端制造业的依赖。在发挥政府作用上，社会主义制度有集中力量办大事的传统，建立新型科技攻关的举国体制，政府承担重大科技攻关及产业化的相关资金要求和过程风险，而这些资金要求和过程风险，以及相应的基础设施建设是依靠市场机制难以自发应对的。创新驱动需要国家推动，包括实施重大科学创新计划，是新时代政府与市场关系中政府发挥更积极的重要作用的一个重要例证。

（执笔人：陈健）

第十九章　新中国扶贫开发的历史考察

贫困与落后顽固地存在于富裕与发达之中，是困扰现代社会的重大问题之一。消除绝对贫困、实现共同富裕，是社会主义的本质要求，是实现中华民族伟大复兴的题中应有之义，也是中国共产党人的使命所在。新中国成立后，中国共产党领导全国人民进行社会主义建设，消灭了极端贫困现象，铲除了社会出现两极分化的经济根源。改革开放40多年来，随着经济高速发展和社会深度转型，中国农村有7亿人口摆脱贫困，中国的扶贫开发事业取得了举世瞩目的伟大成就。特别是党的十八大以来，以习近平同志为核心的党中央把脱贫攻坚摆到治国理政的重要位置，全党全国以前所未有的力度奋力攻坚，贫困人口从2012年年底的9899万人减到2019年年底的551万人，贫困发生率由10.2%降至0.6%，区域性整体贫困基本得到解决。虽然受到新冠肺炎疫情等各种复杂的国内外宏观经济形势的影响，但2020年现行标准下的农村贫困人口全部如期脱贫依然可以计日程功。中国扶贫开发事业也是人类减贫史上的奇迹。据联合国《千年发展目标2015年报告》，中国对全球减贫的贡献率超过70%。2017年年初，联合国秘书长古特雷斯高度评价中国的减贫事业："我们不应忘记，过去十年，中国是为全球减贫做出最大贡献的国家。"[1] 2020年实现脱贫攻坚后，中国将提前10年实现联合国2030年可持续发展议程的减贫目标。

实现脱贫攻坚决战决胜并非意味着一劳永逸地解决了贫困问题。习近平总记在2020年3月6日出席"决战决胜脱贫攻坚座谈会"时发

---

[1]　新华社：《"中国式减贫"：世界减贫史上最大贡献》（2017年6月14日），http://www. gov. cn/xinwen/2017 – 06/14/content_ 5202589. htm.

表重要讲话，指出："脱贫摘帽不是终点，而是新生活、新奋斗的起点。要针对主要矛盾的变化，理清工作思路，推动减贫战略和工作体系平稳转型，统筹纳入乡村振兴战略，建立长短结合、标本兼治的体制机制。"① 要激发欠发达地区和农村低收入人口发展的内生动力、实施精准帮扶、逐步实现共同富裕，仍需要积极总结新中国扶贫开发的经验规律，促进从脱贫攻坚到乡村振兴的有机衔接，推进中国农业、农村现代化。事实上，通过短期内集中各种优势资源、高强度奋战以迅速取得局部阶段性胜利，并系统总结经验以推进新工作任务的开展，正是我党领导全国人民进行社会主义建设、改革的宝贵经验之一。正因如此，从历史视角审视新中国的扶贫开发事业，更加清晰地认识打赢脱贫攻坚战、实现乡村振兴的形势与挑战，具有重要的理论价值和现实意义。

第一节　新中国扶贫开发的历史阶段划分

新中国扶贫开发历史阶段的划分，是总结中国扶贫开发历史和经验的出发点和基础。新中国成立后，中国政府一直致力于发展生产、消除贫困的工作。但真正严格意义上的扶贫，是在改革开放以后提出并大规模实施的。② 20 世纪 80 年代中期以来，中国政府开始有组织、有计划、大规模地开展农村扶贫开发。③ 如果以政府主导这一主要特征为依据，就应将 1986 年 5 月 16 日国务院贫困地区经济开发领导小组的成立作为中国扶贫开发事业的正式起点。但是，中国扶贫开发的内涵远超出某种专项工作，在此前的农村各项工作（尤其是与民生相关的工作）中都体现着扶贫开发的精神。1949 年新中国成立至 1978 年，中国社会经济结构发生了巨大的变化，20 世纪 50 年代中期开始确立了社会主义制度，以毛泽东为核心的第一代中国共产党人致力于农村土地改革、农业技术推广、

---

① 习近平：《在决战决胜脱贫攻坚座谈会上的讲话》（2020 年 3 月 6 日），http：//www. xinhuanet. com/politics/leaders/2020－03/06/c_ 1125674682. htm.

② 《中国的农村扶贫开发（白皮书）》（2001 年 10 月），http：//www. china. com. cn/ch-book/fupinkafa/f1. htm.

③ 《中国农村扶贫开发的新进展（白皮书）》（2011 年 11 月），http：//www. china. com. cn/ch-book/node_ 7142324. htm.

教育和医疗卫生改革等，不仅积累了丰富的扶贫实践经验，而且形成了宝贵的扶贫思想。要理解中国的扶贫开发成就和问题，不可能完全撇开体制转型和发展的大背景，因此，从历史的视角总结新中国扶贫开发的历程，不应该忽视改革开放前30年的积极探索。

关于新中国扶贫开发阶段的讨论，主要集中在新中国成立60周年和70周年这两个时点。由于党的十八大以来脱贫攻坚是全面建成小康社会的重要内容。因此，最近几年相关研究成果最为丰富。

张磊根据中国宏观经济形势的变化和扶贫战略的调整，将中国农村扶贫开发分为六个阶段：1949—1957年社会主义改造时期，1958—1978年"大跃进"及人民公社时期，1979—1985年农村改革推动扶贫阶段，1986—1993年大规模开发式扶贫阶段，1994—2000年"八七"扶贫攻坚计划阶段，2000年以来的新时期中国农村扶贫阶段。[①] 胡鞍钢将新中国反贫困领域的制度建设分为三个时期，即三次"解放农民革命"。第一次为1949—1978年的"解放农民、保护农民、限制农民"。这一阶段，土地改革使绝大多数贫困农民直接受益，从而缓解了农村贫困；农村集体化、基本社会保障体系的建立则防止了赤贫的产生。但是农村公社的"大锅饭"束缚了农民的生产积极性，重工业优先的发展战略以及城乡二元体制实际上造成对农业农村的掠夺。第二次为1979—2000年的"解放农民、转移农民、富裕农民"。这一阶段，农村土地家庭联产承包责任制、乡镇企业的发展以及有限放开农民进城务工，大大促进了贫困人口减少，但毛泽东时代低成本、广覆盖的农村医疗体系、社会保障体系也急剧退化。第三次为2000—2020年的"解放农民、投资农民、服务农民、转移农民、富裕农民"。这一阶段，聚焦于消除体制性障碍，加快城镇化进程，加快农业劳动力转移，推进城乡公共服务均等化。[②] 在胡鞍钢的这一研究中，尤其值得关注他对毛泽东时代为消除贫困奠定重要基础的论述。曾任国务院扶贫办主任的范小建总结新中

---

① 张磊主编：《中国扶贫开发历程（1949—2005年）》，中国财政经济出版社2005年版，"摘要"，第4页。

② 胡鞍钢：《中国减贫之路：从贫困大国到小康社会（1949—2020年）》，载胡鞍钢主编《国情报告（第11卷·2008年）》，社会科学文献出版社2012年版，第379—385页。

国 60 年消除贫困、实现总体小康攻坚战的历史，分为 1949—1978 年、1978—1993 年、1994—2000 年、2001—2006 年、2007 年以来这 5 个阶段。① 刘娟则认为：1949—1978 年为小规模的救济式扶贫阶段，1978—1985 年为农村经济体制改革推动下的发展型缓贫阶段，1986—1993 年为以贫困县为重点的区域型扶贫开发阶段，1994—2000 年为以特殊困难区域为重点的攻坚型扶贫开发阶段，2001 年以来为以农村小康社会建设为目标的综合性扶贫开发阶段。她认为新中国成立初期，广大农村面临着普遍的生存性贫困问题，这一时期主要利用民政救济系统开展小规模救济式扶贫。② 朱小玲、陈俊对历史阶段的划分与刘娟相同，而对不同阶段的概括则略有不同：1949—1978 年为小规模的救济式扶贫，1978—1985 年为体制改革委主导的农村扶贫，1986—1993 年为以"输血"为主的农村扶贫，1994—2000 年为以"造血"为主的农村扶贫，2001 年以来为综合性农村扶贫。③

黄承伟从中国扶贫开发战略及政策演变的角度，将中国扶贫开发分为五个时期：1949—1978 年实施计划经济体制下的广义扶贫战略，1978—1985 年实施农村经济体制变革推动减贫的战略，1986—1993 年实施区域开发扶贫战略，1994—2000 年实施综合性扶贫攻坚战略，2001—2012 年实施整村推进与"两轮驱动"扶贫战略，2013 年以来实施精准扶贫精准脱贫方略。④ 汪三贵等将中国农村扶贫进程置于体制改革和发展转型的大背景之下，也分为 5 个阶段。1949—1978 年为收入分配和社会发展减贫阶段，1979—1985 年为体制改革主导的农村扶贫阶段，1986—2000 年为解决温饱的开发式扶贫阶段，2001—2010 年为巩固温饱的全面扶贫阶段，2011 年至今为全面小康的精准扶贫。⑤ 韩喜平采用《中国

---

① 范小建：《60 年：扶贫开发的攻坚战》，《求是》2009 年第 20 期。
② 刘娟：《我们农村扶贫开发的回顾、成效与创新》，《探索》2009 年第 4 期。
③ 朱小玲、陈俊：《建国以来我国农村扶贫开发的历史回顾与现实启示》，《生产力研究》2012 年第 5 期。
④ 黄承伟：《中国扶贫开发道路研究：评述与展望》，《中国农业大学学报》（社会科学版）2016 年第 5 期。
⑤ 汪三贵、殷浩栋、王瑜：《中国扶贫开发的实践、挑战与政策展望》，《华南师范大学学报》（社会科学版）2017 年第 4 期。又见汪三贵《中国 40 年大规模减贫：推动力量与制度基础》，《中国人民大学学报》2018 年第 6 期；曾小溪、汪三贵《中国大规模减贫的经验：基于扶贫战略和政策的历史考察》，《西北师大学报》（社会科学版）2017 年第 6 期。

的农村扶贫开发（白皮书）》的论述，认为第一阶段是 1949 年至 20 世纪 80 年代中期，这一时期扶贫事业具有计划经济的特征。此后三个阶段即体制改革推动扶贫阶段（1978—1985 年），大规模开发式扶贫阶段（1986—1993 年）和扶贫攻坚阶段（1994—2012 年），是白皮书中的官方标准。[①] 第五阶段为新时代精准扶贫阶段（2012—2021 年），时间下限为全面建成小康社会目标的时间。[②] 李小云等回顾新中国成立 70 年反贫困历程，采取了简明扼要的划分方式："新中国成立 70 年以来中国减贫实践经历了三个阶段，即从建国初期开始的社会主义建设的广义性减贫实践，到改革开放以来的发展性扶贫实践，再到 2013 年以来精准脱贫攻坚的扶贫新实践。"他认为："改革开放前的社会主义实践为改革开放后的经济增长和反贫困创造了非常有利的初始条件；改革开放以来，农业增长、工业化和城市化以及政府主导的开发式扶贫构成中国发展性减贫实践的核心；2013 年的精准扶贫战略则是在强调社会公平与经济发展并重下的保障与开发有机结合的扶贫新实践。三个阶段相互衔接，减贫机制各有不同，共同构成了完整的中国减贫故事"。[③]

此外，也有学者与以上的主流看法稍有不同。刘超等认为新中国成立 65 年的农村扶贫开发工作，"自初始注重经济增长型减贫，经由专项性扶贫到综合性扶贫，再到当今注重经济与社会、环境与生态全面协调发展"，可以分为：1949—1985 年以制度变革减缓农村贫困程度，这一阶段减贫的制度逻辑，"核心在于通过全面、综合性的制度变革调整社会生产关系，……以经济增长缓解全社会的贫困问题；重点在于更大范围减轻和缓和全社会贫困的程度"。1986—2000 年以专项扶贫措施减少贫困人口，这一阶段开始在政府专门扶贫开发机构的领导下，以贫困地区、贫困县为重点，以开发式扶贫、开放式扶贫为手段，依靠专项性扶贫政策措施，有计划、有步骤地集中解决贫困地区和贫困人口的温饱问

　　① 《中国的农村扶贫开发（白皮书）》（2001 年 10 月），http：//www.china.com.cn/ch-book/fupinkafa/f1.htm.
　　② 韩喜平：《中国农村扶贫开发 70 年的历程、经验与展望》，《学术交流》2019 年第 10 期。
　　③ 李小云、于乐荣、唐丽霞：《新中国成立后 70 年的反贫困历程及减贫机制》，《中国农村经济》2019 年第 10 期。

题。2001—2010 年以综合性发展措施减少贫困人口，这一阶段的制度特征，不仅扶贫目标由解决贫困人口温饱问题转变为破解贫困地区发展问题，进而为实现小康创造条件，而且政策较专项扶贫更为全面、综合，涉及基础设施、产业发展、医疗卫生、文化教育等各个方面，通过综合性措施减少贫困人口，提升贫困人口的自我发展能力。2011 年以后全面深入扶贫开发以根除贫困，努力构建大扶贫格局，促进贫困地区经济和产业快速发展，实现全国同步建成全面小康社会为目标。[①] 欧阳德君则将 1986—2007 年作为"有组织、有计划、大规模开发式扶贫"阶段，2007—2012 年作为"开发扶贫和社会救助两轮驱动式扶贫"阶段，2012 年以后作为"新时代精准扶贫精准脱贫的脱贫攻坚"阶段。[②]

综合上文可知，首先，将 1949—1978 年纳入中国扶贫开发史，是官方和绝大多数学者的基本共识。其次，对改革开放以后阶段的划分，主要以 1986 年国务院贫困地区经济开发领导小组成立以及三次扶贫规划[《国家八七扶贫攻坚计划》（以下简称《八七计划》）、《中国农村扶贫开发纲要（2001—2010 年）》（以下简称《纲要（2001—2010 年）》）、《中国农村扶贫开发纲要（2011—2020 年）》（以下简称《纲要（2010—2020年）》）] 的颁布为分期时点。[③] 再次，对于我国政治生活中，政府规划与党政换届的迟滞关系，一些学者在阶段划分上可能更重视扶贫开发政策实际发生效力的时间。最后，由于研究视角的不同，即便采取相同的分期，对于历史阶段的内涵也往往具有不同的阐述；相对于具体的分期，更应该着眼于学者对整个扶贫开发历程的一致性解释框架。

新中国扶贫开发与西方反贫困有着显著区别。西方反贫困实践大致可以归纳为自由市场机制和社会保障制度两种方案，而中国扶贫实践则表现为政府主导的、有计划、有组织的扶贫进程。在社会经济转型发展的大背景下，聚焦党和政府扶贫开发战略和政策的演变以及成效，进行

---

① 刘超、朱满德、王秀峰：《中国农村扶贫开发的制度变迁：历史轨迹及对贵州的启示》，《山地农业生物学报》2015 年第 1 期。

② 欧阳德君：《中国特色社会主义反贫困理论研究》，博士学位论文，贵州师范大学，2019 年。

③ 专业扶贫机构的成立，标志着农村反贫困步入规范化、机构化、制度化的轨道。《八七计划》基本解决了贫困人口的温饱问题，《纲要（2001—2010 年）》与《纲要（2010—2020 年）》则标志着我国进入综合扶贫开发阶段。

阶段划分，可能比较合适。因此，本章认为，新中国扶贫开发可以分为以下五个阶段：（一）计划经济体制与极端贫困状况的消失（1949—1978 年），（二）经济体制改革与人民基本生活水平的改善（1979—1985 年），（三）大规模扶贫开发战略的实施（1986—2000 年），（四）综合性扶贫治理机制的推进（2001—2011 年），（五）精准扶贫精准脱贫与全面实现小康社会（2012 年至今）。

第二节　新中国扶贫开发的实践历程

一　计划经济体制与极端贫困状况的消失（1949—1978 年）

新中国成立后，以毛泽东同志为核心的第一代中央领导集体积极探索农业合作化和工业现代化的富强之路。1955 年，毛泽东在《关于农业合作化问题》一文中指出："全国大多数农民，为了摆脱贫困，改善生活，为了抵御灾荒，只有联合起来，向社会主义大道前进，才能达到目的"，"在逐步地实现社会主义工业化和逐步地实现对于手工业、对于资本主义工商业的社会主义改造的同时，逐步地实现对于整个农业的社会主义的改造，即实行合作化，在农村中消灭富农经济制度和个体经济制度，使全体农村人民共同富裕起来"。[1] 新中国成立后到改革开放前，中国的扶贫实践主要可以总结为三个方面：第一，经济发展与基础建设为此后的扶贫工作打下了坚实的基础。全国范围内开展大规模的基础设施建设，进行农田水利建设，改善农村灌溉设施和交通条件，建立农村科技服务网络，建立全国性的农村合作信用体系。第二，社会主义制度的确立消除了农村不平等的社会结构。如 1950 年颁布的《中华人民共和国土地改革法》废除地主阶级土地所有制，使广大贫农拥有了生产资料，并建立土地国有和集体所有的制度，减缓了贫富分化。第三，初步建立了农村社保、医疗和教育体系，包括农村小学校和乡村卫生所的建设、免费教育和乡村合作医疗、赤脚医生、"五保"制度和农村特困人口救济

---

① 《毛泽东文集》第 6 卷，人民出版社 1999 年版，第 429、437 页。

为主的社会基本保障体系等建设。这一时期，中国减贫行动的逻辑在于：通过综合性的制度变革调整社会生产关系，发展农业生产和农村经济，以平等的收入分配、普惠的基本公共服务和基本的社会保障缓解全社会的极端贫困问题，在低水平上保障农民的基本生存需要。然而，由于经济体制的不合理导致了严重的激励问题，加上为了工业化牺牲人民的基本生活，使基本消费品生产严重不足，未能形成大规模减贫的物质条件，因而没有从根本上改变农村和农民的贫困状况。[1] 1978 年，全国农村人均纯收入仅 134 元，恩格尔系数高达 67.7%，属于绝对贫困状态。

二　经济体制改革与人民基本生活水平的改善（1979—1985 年）

由于计划经济体制的低效率，以及统购统销和压低农产品价格对农民生产积极性的严重挫伤，农民生活水平普遍低下。改革开放以来，邓小平等国家领导人一直高度重视农村工作。邓小平指出："农村人口占我国人口的百分之八十，农村不稳定，整个政治局势就不稳定，农民没有摆脱贫困，就是我国没有摆脱贫困。"[2] 他提出了"贫穷不是社会主义"的著名论断，认为社会主义最大的优越性就是共同富裕。这一时期，农村经济体制变革成为减贫的主要动力。首先，实施以农村家庭联产承包责任制为基础、统分相结合的双层经营体制为主要内容的土地制度改革。其次，实施提高农村产品价格，[3] 发展农村商品经济等配套改革，[4] 改革农村金融政策，改革农村剩余劳动力转移政策，极大地解放了农村的生产力。再次，实施专

---

① 汪三贵、殷浩栋、王瑜：《中国扶贫开发的实践、挑战与政策展望》，《华南师范大学学报》（社会科学版）2017 年第 4 期。

② 《邓小平文选》第 3 卷，人民出版社 1993 年版，第 237 页。

③ 1979 年，国家进行了自 1952 年以来品种最多、幅度最大、范围最广的一次农产品收购价格调整，大幅提高了粮、油、棉、麻、猪、牛、羊、鱼、蛋等 18 种主要农产品收购价格，并放宽了对农产品的购销价格；与此同时，国家努力稳定农用生产资料价格和农村工业品销售价格。1978—1985 年，农民从农产品的提价中受益 2494.2 亿元，扣除因农用生产资料涨价多支出的 1236.8 亿元，农民实际得到好处为 1257.4 亿元，占该时期农民实际增收总额的 15.5%。参见谢国力《1979 年以来农产品价格变化趋势评述》，《农村经济文摘》1988 年第 1 期。

④ 1983 年 1 月，中共中央印发《当前农村经济政策的若干问题》，撤销了农副产品外运由归口单位审批的规定，允许农产品进程，允许农民进行长途贩运，扩大农副产品的销售范围。1983 年 2 月，国家经济体制改革委员会、商业部制定《关于改革农村商品流通体制若干问题的试行规定》。

项反贫困政策，如专项扶贫基金、专项扶贫贷款，实施"三西"农业建设计划，集中力量解决连片贫困地区的贫困问题等。[1] 国家还通过发展农村教育事业提高农村人口的思想素质和科学文化水平，出台了一系列促进农村教育发展的政策，为农村返贫事业探索了"扶智"的路径。经济体制改革促进了农村经济的快速增长，农民人均纯收入由 1978 年的 134 元上升到 1985 年的 397.6 元。改革所释放的巨大红利使这一时期成为中国历史上减贫效果最显著的阶段：农民绝对贫困人口从 2.5 亿人下降到 1.25 亿人，贫困发生率从 30.7% 减少到 14.8%。[2]

此阶段虽然没有全国范围内制度化、专门化的贫困治理措施，但农村经济体制改革的基本方向和政策仍值得重视，尤其是在稳定农业生产资料价格的基础上提高农产品价格，恢复农村商业流通，打破城乡二元体制，激发了劳动者脱贫致富的积极性。[3] 在新时代精准扶贫精准脱贫的时代，应该以前所未有的气魄鼓足深化改革的干劲，因地制宜充分激活了农业生产要素的价值，特别是在土地要素上做好文章。

三 大规模扶贫开发战略的实施（1986—2000 年）

农村经济体制改革调动了农民生产积极性，农村经济得到较快增

---

[1] 《纲要（2010—2020 年）》就沿用了"连片贫困地区"的概念，并明确为"集中力量解决连片贫困地区的贫困问题"。

[2] 黄承伟：《中国扶贫开发道路研究：评述与展望》，《中国农业大学学报》（社会科学版）2016 年第 5 期。

[3] 比如，1984 年 9 月 29 日，中共中央、国务院发布《关于帮助贫困地区尽快改变面貌的通知》，要求各级党委和政府必须高度重视"农村经济还存在发展不平衡的状态，特别是还有几千万人口的地区仍未摆脱贫困，群众的温饱问题尚未完全解决"，"采取十分积极的态度和切实可行的措施，帮助这些地区的人民首先摆脱贫困，进而改善生产条件，提高生产能力，发展商品生产，赶上全国经济发展的步伐"。除通过依靠当地人民自己的力量这一根本途径外，主要的政策措施包括：第一，对贫困地区要进一步放宽政策，给贫困地区农牧民以更大的经营主动权；第二，减轻农业税、所得税等负担，改变农产品统购统销的政策，改为自由购销，对严重困难户消费给予优惠；第三，解决由县通到乡的道路问题，搞活商品流通，加速商品周转；第四，重视贫困地区的教育，增加智力投资。为此，该通知要求有关各省、市、自治区成立贫困山区工作领导小组，负责检查督促各项措施的落实；国家有关部门都指定专人负责，分别作出帮助贫困地区改变落后面貌的具体部署。通知强调，改变贫困地区面貌关键是加强领导，提高党员干部为人民服务的自觉性，重视科技，尊重群众，尊重实践，勇于从实际出发，力戒形式主义、摆花架子等不良作风。参见王振川主编《中国改革开放新时期年鉴》，中国民主法治出版社 2015 年版，第 729—731 页。

长，农民生活水平不断提高，但革命老区、少数民族地区、边远地区和欠发达地区仍有相当一部分人的经济收入不能维持基本生活生存需要。为了加强对贫困地区经济开发工作的指导，尽快改变贫困地区的落后面貌，1986 年 5 月 16 日，国家成立国务院贫困地区经济开发领导小组（1993 年 12 月 28 日改称"国务院扶贫开发领导小组"，名称沿用至今），负责组织调查研究，拟定贫困地区经济开发的方针、政策和规划，协调解决开发建设中的重要问题，督促、检查和总结交流经验。①随后，相关各级地方政府也成立了相应的组织机构。中国在扶贫开发方面，逐渐建立了分级负责、以省为主的行政领导扶贫工作责任制。中国政府有计划、大规模、有组织的开发式扶贫行动在全国范围内展开。

这一时期，随着 1984 年《中共中央关于经济体制改革的决定》开启城市改革的进程，城市企业逐步推行承包制，城市经济获得较快发展，而工农业产品"剪刀差"问题甚至呈现扩大的趋势。农村区域发展不平衡问题也开始凸显，贫困人口呈现区域集中特点。1987 年 10 月，国务院发布《关于加强贫困地区经济开发工作的通知》，正式确定了以促进区域增长为主要目标的扶贫开发战略。到 1992 年年底，全国农村没有解决温饱的贫困人口，由 1978 年的 2.5 亿人减少到 8000 万人，这部分贫困人口主要集中在国家重点扶持的 592 个贫困县。为了进一步解决农村贫困问题、缩小地区差距，1994 年 4 月 15 日国务院颁布《八七规划》。这是新中国历史上第一次有明确目标、明确对象、明确措施和明确期限的扶贫开发行动纲领，决定从 1994 年到 2000 年，集中人力、物力、财力，动员社会各界力量，力争用 7 年左右的时间，基本解决全国农村 8000 万贫困人口的温饱问题。国务院强调指出，要继续坚持开发式扶贫的方针，鼓励贫困地区广大干部、群众发扬自力更生、艰苦奋斗的精神，在国家的扶持下，以市场需求为导向，依靠科技进步，开发利用当地资源，发展商品生产，解决温饱进而脱贫致富。《八七计划》明确提出要以贫困村为基本单位，以贫困户为主要工作对象，以扶持贫困户创造稳定解决温饱的条件发展种养业为重点，坚持多渠道增加扶贫投入。国家

---

① 《国务院办公厅关于成立国务院贫困地区经济开发领导小组的通知》，http://www.gov.cn/xxgk/pub/govpublic/mrlm/201207/t20120724_ 65387. html.

也大幅增加了扶贫资金，利用国家财政专项扶贫资金、以工代赈资金和扶贫贴息贷款为贫困地区提供支持（参见表 19 - 1）。1994—2000 年，国家投入资金 1561 亿元，开展了浩大的造血扶贫的世纪工程。到 2000 年年底，《八七计划》目标基本实现，农村尚未解决温饱问题的贫困人口减少到 3000 万人，贫困发生率下降到 3% 左右。[①]

表 19 - 1　　　　　1986—2000 年中央专项扶贫资金　　　单位：亿元，%

年份	专项扶贫贷款	以工代赈	财政发展资金	以工代赈和财政发展资金合计	以工代赈和财政发展资金占中央财政支出的比重
1986	23	9	10	19	2.28
1987	23	9	10	19	2.24
1988	30.5	0	10	10	1.19
1989	30.5	1	10	11	1.24
1990	30.5	6	11	17	1.69
1991	35.5	18	23.8	41.8	3.83
1992	41	16	26	42	3.59
1993	35	30	28.4	58.4	4.45
1994	45.5	40	29.2	69.2	3.95
1995	45.5	40	28.3	68.2	3.42
1996	55	40	16	56	2.60
1997	85	40	54	94	3.72
1998	100	50	52	102	3.27
1999	150	60	47	107	2.58
2000	150	60	55	115	2.09
累计	880.0	419.0	410.2	829.2	2.84

注：1998 年，以工代赈资金包括 40 亿元财政以工代赈资金和 10 亿元国债以工代赈资金，1998 年以后，后者增加到 20 亿。

资料来源：根据张磊主编《中国扶贫开发历程（1949—2005 年）》，中国财政经济出版社 2007 年版，第 59、77 页相关表格绘制。

————————

① 参见百度词条："国家八七扶贫攻坚计划"。

中国扶贫开发从社会救助事业中脱离出来，成为相对独立、有组织、有计划的社会工程，扶贫组织体系建立并不断完善，从中央到地方都建立了完善的扶贫开发领导小组办公室。以省为主的扶贫工作责任制也基本确立并沿用至今，资金、权利、任务和责任"四到省"，实行扶贫工作党政"一把手"负责制，强化资金和项目的管理。见图 19 – 1 所示。扶贫工作的性质也由人道主义的"扶危济困"转变为有计划、有组织的国家政策。

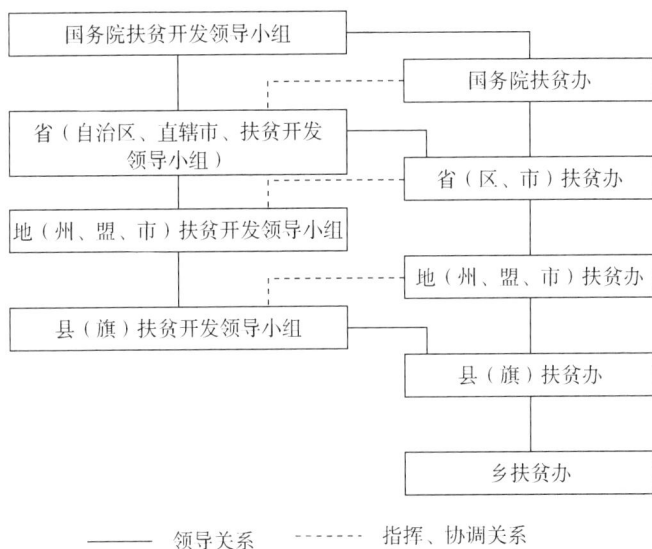

图 19 – 1　中国农村扶贫开发组织体系

资料来源：张磊主编：《中国扶贫开发历程（1949—2005 年）》，第 54 页。

四　综合性扶贫治理机制的推进（2001—2011 年）

进入 21 世纪，中国农村贫困问题发生了从区域性贫困到区域与阶层性贫困并重的转变，扶贫方式日趋制度化，扶贫工作也进入解决绝对贫困与相对贫困并重、城乡统筹发展的阶段。2001 年 6 月 13 日，国务院颁布《纲要（2001—2010 年）》，决定从 2001 年到 2010 年，集中力量，加快贫困地区脱贫致富的进程，把中国扶贫开发事业推向一个新的阶段。它提出扶贫开发总的奋斗目标是：尽快解决少数贫困人口温饱问题，进一步改善贫困地区的基本生产生活条件，巩固温饱成果，提高贫困人口的生活质量和综合素质，加强贫困乡村的基础设施建设，改善生态环境，逐步改变贫困地区经济、社会、文化的落后状况，为达到小康水平创造条件。基本方针包括：坚持开发式扶贫方针；坚持综合开发、全面发展；坚持可持续发展；坚持自力更生、艰苦奋斗；坚持政府主导、全社会共同参与。① 以此为标志，中国扶贫开发工作逐渐形成了一个多部门、多政策综合参与的"大扶贫"格局。

在扶贫工作机制方面，《纲要（2001—2010 年）》首次提出在扶贫治理过程中要坚持政府主导、全社会共同参与。各级党委和政府要加强对扶贫开发工作的领导。落实扶贫工作责任制。坚持省负总责，县抓落实，工作到村，扶贫到户。扶贫开发工作责任在省，关键在县。在扶贫瞄准方面，从瞄准县转变为瞄准村，政策覆盖更多的贫困人口。这一阶段的主要工作包括：第一，整村推进，在尊重贫困户主体性的基础上追求整体发展。第二，劳动力培训转移，增加农村劳动力技能以促进其转移与就业。第三，产业化扶贫，《纲要（2001—2010 年）》首次正式提出积极推进农业产业化经营，形成有特色的区域性主导产业。除了这些重点扶贫政策外，具体的扶贫政策诸如以工代赈、异地搬迁、教育扶贫、生态扶贫等系统化、专业化的政策体系也逐渐形成。除了以市场为基础的开发式扶贫手段外，各项基于权利的保护式扶贫政策也开始逐渐完善，如新型合作医疗、农村低保等。②

这一时期的扶贫开发工作，在很大程度上受到国家对"三农"问题系列政策的影响，贫困问题与三农问题是密切联系的。20 世纪 80 年代上半期是农村发展的"黄金时期"，此后城乡差距逐渐拉大，农村贫富分化也越来越严重，农民负担日益沉重。为此，新世纪伊始，国家出台了大量惠民亲民的政策措施，如农村税费改革和取消农业税，大量资源和资

---

① 《国务院关于印发中国农村扶贫开发纲要（2001—2010 年）的通知》，http：//www. gov. cn/zhengce/content/2016 – 09/23/content_ 5111138. htm.

② 许汉泽：《政府主导型扶贫治理研究：以武陵山区茶乡精准扶贫实践为例》，博士学位论文，中国农业大学，2018 年。

金反哺农业农村等。2007 年 7 月，国务院发布《关于在全国建立农村最低生活保障制度的通知》，国家全面实施农村最低生活保障制度，标志着中国的反贫困开始进入开发扶贫和社会救助"两轮驱动"的新阶段。①

2010 年，中国贫困人口已经减少到 2688 万人，贫困发生率下降到 2.8％。新型农村合作医疗制度、农村最低生活保障制度已经普遍建立，扶贫开发取得的成就不仅使大多数贫困群体的温饱问题得以解决，同时也对国民经济持续健康发展和缓解区域、城乡差距扩大趋势发挥了十分重要的作用。

但是，贫困人口分布日益呈现分散化与碎片化的特征，加之经济发展"涓滴效应"递减，减贫成本逐渐提高。贫困问题已经由原来普遍的经济落后造成的贫困演化成了以相对的资产和福利剥夺为主要特点的贫困，由原来的长期性贫困为主向暂时性贫困为主转变，由原来的自愿型贫困向能力型贫困转变，由外部性因素致贫为主向内生性致贫为主转变。② 2011 年 11 月，中共中央、国务院印发了《纲要（2011—2020 年）》，对接下来十年的扶贫治理做出了战略性指导。《纲要（2011—2020 年）》提出总体目标：到 2020 年，稳定实现扶贫对象不愁吃、不愁穿，保障其义务教育、基本医疗和住房。贫困地区农民人均纯收入增长幅度高于全国平均水平，基本公共服务主要领域指标接近全国平均水平，扭转发展差距扩大趋势。为此，《纲要（2011—2020 年）》制定了包括基本农田和农田水利、特色优势产业、饮水安全、生产生活用电、交通、农村危房改造、教育、医疗卫生、公共文化、社会保障、人口和计划生育、林业和生态 12 个方面的具体的主要任务。③《纲要（2010—2020 年）》表明，扶贫开发进入全新的阶段。首先，大幅度提高农村贫困线，与国际通行贫困标准持平，虽然因此导致贫困人口从 2688 万人增至 1.66 亿人，但显然有利于实现全面小康；其次，调整扶贫开发主战场，对集中连片特殊贫困地区全面实施扶贫攻坚；再次，调整扶贫开发

---

① 《中国扶贫开发年鉴 2010》，中国财政经济出版社 2010 年版，第 22 页。

② 曾小溪、汪三贵：《中国大规模减贫的经验：基于扶贫战略和政策的历史考察》，《西北师范大学学报》（社会科学版）2017 年第 6 期。

③ 《中国农村扶贫开发纲要（2011—2020 年）》，http：//www.gov.cn/gongbao/content/2011/content_ 2020905.htm.

的目标和方式，更加注重保障义务教育、基本医疗和住房，更加注重解决经济发展方式，更加注重基本公共服务均等化。

五 精准扶贫精准脱贫与全面实现小康社会（2012 年至今）

党的十八大以来，以习近平总书记为核心的党中央把扶贫开发作为全面建成小康社会的重中之重，面对更复杂的环境和更严峻的挑战，提出了一系列扶贫开发的新思想新观点新部署新要求，形成了中国新时期扶贫开发战略思想。在加大资金投入、创新扶贫方式等方面，中央出台了一系列政策措施，脱贫攻坚力度之大、规模之大、影响之深都是前所未有的。习近平总书记在党的十九大报告中指出："让贫困人口和贫困地区同全国一道进入全面小康社会是我们党的庄严承诺。"[1]

2013 年 12 月 18 日，中共中央办公厅、国务院办公厅要求"建立精准扶贫工作机制"，2015 年党和政府又做出"打赢脱贫攻坚战"的决定，明确"到 2020 年现行标准下贫困人口全部脱贫，贫困县全部摘帽，解决区域性整体贫困"的目标，全面实施精准扶贫精准脱贫方略。"精准扶贫"从政策步骤上分为精准识别、精准帮扶、精准管理和精准考核四个环节，核心内容即"六个精准"：扶贫对象精准、因村派人精准、项目审批精准、资金使用精准、措施到位精准以及脱贫成效精准。真正解决了"帮扶谁""谁来扶""怎么扶""如何退"的问题。2015年习近平总书记又明确提出"五个一批"的精准脱贫措施："发展生产脱贫一批""异地搬迁脱贫一批""生态补偿脱贫一批""发展教育脱贫一批"和"社会保障兜底一批"。在组织保障方面，加强党的领导，层层落实责任，严格考核机制，落实约束机制，规范退出机制。在脱贫政策实施方面，除了中办、国办出台具体文件，各部门也就产业扶贫、异地扶贫搬迁、金融扶贫、农村危房改造等出台政策文件或实施方案。在资金管理方面，扶贫项目资金的审批管理权限下放到县，县级政府在扶贫治理中的权力增大，更有利于扶贫项目和资金的精准分配和使用。在

---

[1] 《党的十九大报告辅导读本》，人民出版社 2017 年版，第 47 页。

帮扶机制，实施东西结对帮扶，加强中央单位定点帮扶，广泛动员全社会力量，支持和鼓励全社会采取灵活多样的形式参与扶贫。

现行标准下农村贫困人口从 2012 年的 9899 万人减少到 2018 年年底的 1660 万人，贫困发生率从 10.2% 下降到 1.7%；2019 年全年减少贫困人口超过 1000 万人。截至 2019 年年底，95% 以上的贫困人口可以脱贫，90% 以上的贫困县可以摘帽。全国 12.8 万个贫困村中，10.2 万个已经脱贫；832 个贫困县中，436 个已经宣布脱贫。中国共产党人对中国乃至对世界的庄严承诺，即将全面兑现（参见表 19 - 2）。

表 19 - 2　　　　　　　现行农村贫困标准测量的农村贫困状况

年份	全国农村贫困人口（万人）	贫困发生率（%）	农村居民家庭恩格尔系数（%）	贫困地区农村居民人均可支配收入（元）
2010	16567	17.2	41.1	3272.8
2011	12238	12.7	40.4	—
2012	9899	10.2	39.3	4732.0
2013	8249	8.5	37.7	6079.0
2014	7017	7.2	37.9	6852.0
2015	5575	5.7	37.1	7652.0
2016	4335	4.5	32.2	8452.0
2017	3046	3.1	—	9377.0
2018	1660	1.7	30.1	10371.0
2019	551	0.6	30.0	11567.0

资料来源：据《中国农村贫困监测报告　2019》等资料编制。

新时代的扶贫开发不仅具有经济意义，更有着社会意义和政治意义。扶贫不再局限于脱贫领域，而是要实现全面小康。扶贫的方式也呈现出在政府主导的基本格局下不断增强市场经济机制作用的特点。扶贫目标从以往的"保生存"向"保生态、促发展、惠民生"转变，扶贫政策由过去的"保基本"逐步走向"促发展"，重视经济发展与社会公平、环境保护等方面的关系。精准扶贫促进了国家治理体系与治理能力现代化的提升。首先，扶贫成为一项重要的政治任务，"五级书记挂帅",打破了行政科层体制条块分割的界限,有效地动员了政府人力物力财力投入到精准扶贫工作之中。其次,加强了党和国家对基层社会的控制力,强化了基层组织,加强了党的领导能力。① 再次,除了动员政府资源外,大扶贫格局也充分动员全社会的力量参与扶贫,一方面政府为市场经营主体创造良好的经营环境和各种优惠补贴,另一方面也建立市场主体与贫困户的利益关联机制。

第三节 新中国扶贫开发的基本特征

一 新中国扶贫开发的基本特点

新中国70多年的扶贫开发历程充分证明,中国的扶贫开发事业成功走出了一条中国特色的道路。它的基本特点是:

第一,扶贫开发战略作为国家改革和发展大局中的重要内容。首先,新中国成立以来,历届党和政府都十分重视扶贫工作,不同时期先后制定的"救济式扶贫""开发式扶贫""扶贫攻坚""精准脱贫"等战略政策,都是紧紧围绕国家的重大战略部署开展的。其次,扶贫开发事业立足国情,与经济社会发展实际和发展水平相匹配,既充分考虑到国家的综合实力量力而行,又及时兼顾到发展成果全社会共享的公平性。最后,扶贫开发与贫困的转变阶段相适应。针对贫困的不同成因和特点,坚持科学发展理念,动态调整扶贫目标、贫困标准,采取了由县到村到户、由专项到综合、由扶贫到扶智、由治标到治本,从侧重扶贫开发到扶贫开发与基本保障并重,再到后脱贫时代的基本公共服务均等化的发展历程,实行全方位、立体化的综合扶贫政策。总之,国家扶贫开发战略呈现出明显的阶段性和继承性,面对新情况新问题,始终保持在经济高速发展进程中实现减贫脱贫的显著成效。

第二,扶贫开发机制坚持政府主导,鼓励多元主体的广泛参与。首先,党和政府始终把扶贫开发、共同富裕作为神圣职责,政府始终是扶

---

① 这一点在2020年1月以来全国抗击新冠肺炎疫情中有充分的体现,从某种意义上可以说,精准扶贫极大地培养和锻炼了干部素质作风和组织协调能力。

贫开发工作的主要承担者。加强党和政府的领导，明确扶贫开发的责任主体，有利于保障扶贫政策的顺利开展。正如习近平总书记所指出的：坚持党的领导，强化组织领导。脱贫攻坚，加强领导是根本。必须坚持发挥各级党委总览全局、协调各方的作用，落实脱贫攻坚一把手负责机制，省市县乡村五级书记一起抓，为脱贫攻坚提供坚强政治保证。[①] 政府主导主要表现在：建立健全从中央到地方的扶贫工作领导机构和工作机构，实行各级政府扶贫工作首长制的工作责任制；制定规划，把扶贫开发作为国民经济和社会发展中长期规划的重要内容；根据国民经济发展水平和国家财力状况适时调整国家扶贫的重点区域，使扶贫工作重心从贫困地区下沉到重点县和贫困村；中央和各级地方政府不断加大扶贫投入。其次，鼓励多元主体的广泛参与。摆脱贫困是全社会的共同责任。通过各种形式提高全社会对贫困地区和贫困人口的了解，在全社会营造扶贫济困的舆论氛围，引导社会关心和参与贫困事业；通过开发资源、兴办企业、培训人才、发展贸易等方式促进贫困地区的经济发展和教育、卫生、文化等社会事业的进步。在政府的倡导下，希望工程、幸福工程、光彩事业、文化扶贫、春蕾计划、青年志愿者支教扶贫行动计划等全社会参与的扶贫行动在全国各地蓬勃展开。社会合力的大扶贫格局构建起"政府—社会—贫困群众"的有序良性互动平台，汇聚成扶贫开发的巨大力量。

第三，扶贫开发坚持人民的主体性，注重提升贫困人口的自我发展能力。《纲要（2011—2020年）》强调更加注重增强扶贫对象自我发展能力。政府将贫困人口的能力发展作为扶贫的重点，蕴涵着将贫困人口置于扶贫主体地位的思想，在其能力发展过程中也必将带来扶贫效果的持续性。这主要体现在财政经济扶贫与科技教育扶贫相结合。从经济手段切入贫困人口的基本生活是各级政府首要的关注点。财政专项扶贫资金的投入、以工代赈资金的划拨、专项扶贫贷款的发放、各项税收政策的减免等，都是经济手段介入扶贫工作的直接反映。与此同时，扶贫开发也重视智力开发，提高劳动者素质，全面发展贫困地区的教育、科技、文化、卫生等各项社会事业，提高贫困人口的自我发展能力。扶贫开发

---

① 参见《习近平扶贫论述摘编》，中央文献出版社2018年版，第50页。

与资源保护、生态建设、移民开发结合起来，实现资源、环境、人口的良性互动，提高贫困地区的可持续发展能力。尤其值得指出的是，发展教育事业不仅是扶贫开发需要重点加强的工作环节，而且也能够提高贫困群众的人力资本，发展贫困地区教育是有效打破贫困代际传递的关键环节。

第四，扶贫开发结合实践经验与理论研究，不断探索创新扶贫体制机制与模式。首先，创新扶贫体制机制，从中央到地方都成立各级政府跨部门的扶贫领导机构，形成一系列的工作机制，充分调动了各级干部开展扶贫开发的积极性与主动性。其次，政府在推动扶贫开发过程中，不断探索扶贫新模式，如劳动力转移培训扶贫、异地搬迁扶贫、东西协作扶贫、定点扶贫、产业扶贫、教育扶贫、科技扶贫、生态扶贫、电商扶贫等。最后，时代不断发展，科技不断进步，经济社会结构不断呈现新的变化，扶贫模式也随之不断创新，这是中国扶贫开发实践的重要特点。

第五，扶贫开发坚持开发式扶贫与基本保障的有效衔接。开发式扶贫与救济式扶贫相对应，前者侧重扶贫的"输血"政策，主要应对先天因素造成的贫困人口；后者强调通过专项扶贫、产业扶贫、教育扶贫等政策，激发有劳动能力的贫困人口的内生动力与致富潜力。一方面，从1986年首次提出开发式扶贫思想到党的十八大以来实施精准扶贫战略，贫困地区先后通过发展乡镇企业、鼓励农民进城务工、发展特色产业、实施脱贫攻坚计划和乡村振兴等方式，提高贫困人口脱贫的可能性。另一方面，2007年以来建立的农村最低生活保障制度，为农村因丧失劳动能力或遭受意外而陷入极端贫困的人口提供最后的生活保障。随着国家财政实力的不断增强，保障性扶贫的惠民政策越来越多，如代缴养老保险、将贫困人口纳入城乡居民基本医疗、大病保险、医疗救助等保障范围，通过异地搬迁扶贫和农村危房改造解决贫困群众的住房问题。低保制度与扶贫开发政策的有效衔接提高了扶贫的覆盖面和有效性。如果说收入的不平等可能导致教育和健康的相对不平等，那么教育和健康的差距会造成收入的绝对不平等。

总之，中国的扶贫开发历程是一个使社会最底层民众不断分享经济、社会发展成果的过程，扶贫战略和政策随着社会、经济环境和扶贫对象本身的变化而变化。由政府主导扶贫资源的分配和传递，社会力量广泛参与，充分激发贫困群体的主动性、创造性，集区域政策、行业政策和社会政策于一体，制定更有效、更包容和更富有弹性的政策措施。

二　历史的几点启示

通过总结新中国扶贫开发的历史，可以得到对后脱贫攻坚时代防止返贫与实施乡村振兴战略有益的几点启示：

第一，关于政府主导向市场机制过渡的问题。扶贫开发应该建立以各个利益相关者共同参与的模式来替代政府独立扶贫模式。在脱贫攻坚阶段，社会力量和贫困群体都缺乏相应的组织与资金力量，政府主导模式势在必行，只有政府才具有协调各项政策以形成扶贫合理的能力，也只有政府才能高效地完成高强度的工作任务。但是，进入乡村振兴时期，市场化机制似乎应该发挥更重要的作用。对政府来说，更为重要的职责是提供公正透明的制度和环境。

第二，关于贫困人口的自我发展能力。形成贫困人口自身可持续发展能力是建立健全农村扶贫开发的长效机制。从宏观形势而言，我国"三农"问题的解决，不外乎在农业劳动力、农产品价格和农村土地这三个要素上做文章。虽然根本途径在于稳定农业生产资料价格的同时提高农产品价格，但是这条政策路径缺乏现实可行性。而在农村人口红利逐渐衰减的背景下，需要更加重视农村土地改革可能释放出的政策红利。具体到贫困地区和贫困人口，劳动力要素的开发往往事倍功半，设计公平合理的制度使他们分享土地资产的收益已经变得至关重要。特别是，一些深度贫困地区往往具有丰富的生态资源，这些资源也应该视为广义的土地资产，健全生态保护移民、生态补偿机制、创新利益机制使贫困人口分享资产性收益对提升其自我能力有积极意义。

第三，关于产业扶贫的问题。习近平总书记指出："贫困地区发展要靠内生动力，如果凭空救济出一个新村，简单改变村容村貌，内在活力不行，劳动力不能回流，没有经济上的持续来源，这个地方下一步发展还是有问题。一个地方必须有产业，有劳动力，内外结合才能发展。"① 产业扶贫在开发式扶贫中占据重要地位，是贫困人口脱贫增收、带动贫困村整体发展的重要措施。但是，产品扶贫的固有属性是市场主义逻辑，要求经济资源的市场配置和经济效益最大化，容易产生马太效应，使得扶贫资源落地过程中乡村精英受益更大。另外，当前产业扶贫主要采取"项目制"的运作方式。项目化的产业精准扶贫在项目资金、具体用途和使用方式上有规可循，能有效防止产业发展资金滥用或挪用；虽然能在短期内实现"真扶贫""扶真贫"，却容易使贫困地区陷入条块化、碎片化的治理困局，无法与贫困地区的长远规划、区域协调发展形成有效衔接。产业扶贫切实有效促进脱贫的关键在于各方利益机制的设计，而难点在于建立透明的监督机制。

第四，关于基本公共服务均等化。我国城乡二元化的发展格局在一定意义上决定了城乡基本公共服务的非均等化。作为对人力资本起决定作用的基本公共服务的相对以及绝对缺失，是农村致贫和返贫的重要原因。将贫困人口纳入基本公共服务均等化的战略体系，将基本公共服务均等化作为中国扶贫开发战略的重要手段，是农村贫困人口在起点上获得公平的发展机会与权利的保障。中国扶贫开发应该重视以基本服务均等化为切入点，逐步实现城乡间、区域间基本公共服务体系一体化的建设，在专项扶贫、行业扶贫与社会扶贫等扶贫措施中加大基本公共服务的供给。

第四节　保障脱贫攻坚战决战决胜

脱贫攻坚战的决战决胜，将为消除中华民族千百年来的绝对贫困问题打下坚实基础，为全球减贫事业贡献中国智慧和中国方案，为实现经济持续健康发展与大规模减贫同步、有效避免陷入中等收入陷阱做出贡献，从而彰显中国共产党领导的政治优势和社会主义制度优势。2020年是中国扶贫开发工作最具有决定意义的一年，也是工作任务最为艰巨的一年。越往后，老弱病残等特殊贫困群体的比例将会越高，深度贫困

① 刘永富：《以习近平总书记扶贫开发战略思想为指导坚决打赢脱贫攻坚战》，《精准扶贫精准脱贫——打赢脱贫攻坚战辅导读本》，党建读物出版社2016年版，第59页。

问题也会越来越难以解决。诚如国务院扶贫办公室所指出的："从目前看，全国如期完成脱贫攻坚目标任务可以实现。但成绩不能高估，困难不能低估，问题不能回避。"①

自2020年年初以来，新冠肺炎疫情给脱贫攻坚工作造成了"两轮冲击"：第一轮"国内封闭冲击"（2020年1月至3月底），政府为应对新冠肺炎疫情扩散，果断采取全民动员、联防联控的封闭措施，贫困人口外出务工受阻，扶贫产品销售和产业扶贫困难加大，扶贫项目被迫停工，春耕生产和农资供应一度紧张，各项扶贫工作进度也受到影响。党中央对此有非常充分认识，3月6日召开了"决战决胜脱贫攻坚座谈会"，对克服新冠肺炎疫情影响做出了全面部署，疫情防控措施对脱贫攻坚的影响也得到了很大程度的缓和。第二轮"外部不确定性冲击"（3月底以来），世界新冠肺炎疫情形势变得极其严峻，对中国与外贸加工生产相关的经济活动产生了巨大影响，这又增加了对中国脱贫攻坚影响的不确定性（参见表19-3）。虽然如此，全社会对于打赢脱贫攻坚战的信心还是非常坚定的。

表19-3　　　　　　　　贫困户收入结构及受新冠肺炎疫情的影响

贫困户收入构成	主要收入来源	占家庭总收入的比重（%）		对贫困户的意义	新冠肺炎疫情影响
		贫困户	脱贫户		
经营性收入	农产品种养殖收入	14	23	由于缺乏技能、资金、市场等条件，经营性收入所占比重较小	受"两轮冲击"影响较大。消费扶贫政策短期效果很好，可持续性差
工资性收入	劳务收入	45	52	外出务工是贫困户增收的主要渠道。扶贫开发的目标之一就是增强贫困户自我发展的动力和能力，务工收入是重要指标	在第一轮冲击中已逐渐恢复，但第二轮冲击造成外贸订单减少等因素可能造成严重后续影响。在外出务工暂时受限时，需要拓展本地务工渠道

---

① 刘永富：《以习近平总书记扶贫重要论述为指导　坚决打赢脱贫攻坚战》，《行政管理改革》2019年第5期。

续表

贫困户收入构成	主要收入来源	占家庭总收入的比重（%）		对贫困户的意义	新冠肺炎疫情影响
		贫困户	脱贫户		
资产性收入	土地经营权转让租金收入	2	2	贫困户资产性收入几乎为零。从成本收益角度看，贫困户劳动力要素的开发虽为根本之策，但往往事倍功半	所占比重小，两轮冲击影响较少。创新土地、生态等资产性收益机制值得探索
转移性收入	财政或支农政策收入	38	23	转移性收入兼具"发展"和"救济"双重重任，是贫困户收入的重要部分	"两轮冲击"主要影响资金精准投放和利用

注：1. 抽样调研数据，仅供参考。
　　2. 表中数据经过四舍五入处理，合计数可能不等于100%。

　　新冠肺炎疫情严重影响贫困户收入水平的提高，特别是对约占贫困户家庭收入 1/2 的工资性收入冲击较大。它还使已脱贫人口存在返贫、致贫风险。因此，政府除了关注未脱贫户外，还需提高贫困动态监测系统的灵敏性，对已脱贫户与边缘农户保持密切关注。当前为保障脱贫攻坚采取的主要措施，如"适当增加公共消费"，开展"消费扶贫"，"增加专项扶贫资金规模"，"复工复产中优先使用贫困地区劳动力"等，不失为新冠肺炎疫情冲击下的权宜治标之策，但与实现贫困家庭收入的稳定与可持续增长、激发贫困户内生性的自我发展能力的扶贫开发政策初衷仍有一定的差距。

　　如何建立长短结合、标本兼治的体制机制，创新产业扶贫的长效机制，是当前脱贫攻坚领域的一个重要命题。创新产业扶贫的长效机制，关键在于构建扶贫产业"益贫性"与"效益性"双赢的协同发展生态，促进政府主导下的扶贫开发模式从主动参与向提供服务以保障市场机制运行转变。在保障完成脱贫攻坚决战决胜的前提下，积极探索从脱贫攻坚向乡村振兴战略过渡的途径，主要建议包括以下四个方面：

　　第一，提升扶贫产业选择水平。对贫困地区尤其是深度贫困地区，依据资源禀赋和产业基础，精准选择扶贫产业至关重要。首先，政府应正确把握产业扶贫与产业发展的关系，产业扶贫首要任务是"扶贫"，防止产业扶贫变质为单一的产业扶持，保证产业发展能够真正实现脱贫功能。其次，构建程序公正、规范透明的扶贫产业精准识别体系，综合考虑地区的资源、环境、产业、贫困户特点等因素。最后，在突出特色上做文章，依托自然人文资源选择有竞争力的特色产品，提升产品质量，延伸产品的价值链，注重结合产业集聚的园区经济模式、互联网经营模式与小农经济的灵活性模式。

第二，优化产业扶贫资金使用。由于产业扶贫项目抗风险能力差、贫困地区金融基础设施建设落后，需要推进扶贫资金供给侧结构性改革。首先，通过产品创新满足贫困家庭多样化的信贷需求，如发展型信贷产品、可流转土地抵押与林权抵押贷款、子女高等教育助学贷款、留守妇女手工业小额贷款等。其次，开拓"亲贫性"信贷业务，加大特色资源创业担保信贷、技能培训信贷等供给力度。最后，健全农村贫困户金融服务网络，加强对贫困地区和贫困户的金融知识教育。

第三，明确政府定位，提升扶贫产业治理水平。政府在扶贫产业中的主要目标应该是构建良好的产业环境，提供快捷的市场信息服务，协调产业内部的利益分配机制。政府一方面要弱化自上而下的产业项目投放制度，另一方面要强化产业扶贫中的监督机制，保障多主体间的公正有效的沟通协调和公开透明的利益分享。此外，政府应做好产业扶贫的服务性工作，如获取市场信息、采购技术设备、产品市场开拓、产学研合作等，保障产业扶贫的顺利发展。

第四，创建"共赢"式的发展体系。首先，借力国家脱贫攻坚政策和应对新冠肺炎疫情冲击扩大公共投资的机遇，加快补齐贫困地区基础设施和公共服务设施的短板，尤其重视完善发展电商产业的相关配套设施。其次，政府通过整合生产资源和要素，坚持"利益共享，风险共担"的原则，建立产业主体和贫困户可持续的利益合作关系和良性互动机制。最后，完善产业主体的利益保障机制，激发企业发挥社会公益性责任的积极性。①

---

① 参见顾天翊《产业扶贫的减贫实现：理论、现实与经验证据》，博士学位论文，吉林大学，2019 年。

在全国上下攻坚克难之际，还应该增强以下的认识：第一，将脱贫攻坚局部与国家发展全局联系起来。脱贫攻坚既是党和政府履行全心全意为人民服务的宗旨和践行"先富带后富"的承诺，同时也是开展"不忘初心，牢记使命"的鲜活现场。改革开放 40 多年来，国家承平日久，"由俭入奢易，由奢入俭难"，人心难免虚浮不实，官民隔阂、阶层分化日趋严重。扶贫开发事业是返归醇厚诚朴的催化剂，脱贫攻坚提供了全社会共同直面和克服贫困、了解中国基本国情的机会，能够在最大程度上打通隔阂、凝聚人心、振奋精神，贫困现场更是各级党员干部密切联系群众的最好的教育基地。不能仅仅将如期全面脱贫视为中国共产党的德政、惠政，而应该作为全党在新形势下为国家转化人心、固本培元的重大战略。

第二，将眼前消灭绝对贫困与长远处理相对贫困联系起来。2019年 4 月，习近平总书记在重庆考察期间主持召开"解决'两不愁三保障'突出问题座谈会"，会议指出：打赢脱贫攻坚战只是完成了阶段性工作，相对贫困会长期存在，需要分阶段地逐步解决。相对贫困不仅涉及区域发展差距的相对性，而且涉及脱贫标准的相对性。随着乡村振兴、城乡融合发展进程的加快和原有绝对贫困人口的城镇化搬迁安置所带来的转型贫困、流动性贫困和水涨船高的高水平需求无法满足的发展性贫困等新型贫困也都使得相对贫困问题更加明显。在某种程度上可以说，扶贫工作从绝对贫困转向相对贫困，必然要求打破城乡二元结构，实现基础公共服务均等化，这将会对国家治理体系和治理能力现代化带来更大更多挑战。

第三，将脱贫攻坚的理论总结与实践经验联系起来。围绕精准扶贫精准脱贫，全国各地创新扶贫体制机制，建立了中国特色的脱贫攻坚制度体系，如责任体系、政策体系、投入体系、工作体系、监督体系、考核体系。值得注意的是，这些体系并非一劳永逸的，而是在实践中不断发现问题和进行理论总结而动态调整的。党的十八大以来，社会实践层面所涌现的新案例、新现象，需要更深入地扎根实地、蹲守调研。

（执笔人：常旭）

第二十章　坚持完善社会主义基本经济制度

马克思主义认为，物质生活的生产方式制约着整个社会生活、政治生活和精神生活的过程，生产力和生产关系、经济基础和上层建筑的矛盾运动支配着整个社会的发展进程。"一切社会变迁和政治变革的终极原因，不应当到人们的头脑中，到人们对永恒的真理和正义的日益增进的认识中去寻找，而应当到生产方式和交换方式的变更中去寻找；不应当到有关时代的哲学中去寻找，而应当到有关时代的经济中去寻找。"①同一定生产力水平相适应的经济制度，不仅决定了一个社会的基本性质和发展方向，而且是推动经济发展的重要因素，而基本经济制度作为经济制度中最具全局性、长期性和稳定性的核心部分，更是起着根本的决定性作用。改革开放以来，我国立足于社会主义初级阶段的基本国情，坚持马克思主义基本原理同我国具体实际相结合，不断结合生产力发展水平调整生产关系，推动了社会主义经济制度的发展完善，并及时把经济制度中经过实践检验、具有全局性和根本性影响的具体制度和体制机制上升为基本制度，推动社会主义基本经济制度不断趋于成熟和定型。

党的十九届四中全会审议通过的《中共中央关于坚持和完善中国特色社会主义制度、推进国家治理体系和治理能力现代化若干重大问题的决定》（以下简称《决定》），对改革开放以来、特别是党的十八大以来的理论创新、实践创新和制度创新进行了系统的提升和总结，明确提出"公有制为主体、多种所有制经济共同发展，按劳分配为主体、多

---

① 《马克思恩格斯文集》第 9 卷，人民出版社 2009 年版，第 284 页。

种分配方式并存，社会主义市场经济体制等社会主义基本经济制度，既体现了社会主义制度优越性，又同我国社会主义初级阶段社会生产力发展水平相适应，是党和人民的伟大创造。"① 这是对社会主义基本经济制度的新概括，是中国特色社会主义的重大理论创新、实践创新和制度创新，不仅为我国社会经济发展提供了重要的制度保障，而且推动了马克思主义的创新发展。按照马克思主义基本原理，生产力和生产关系、经济基础和上层建筑的矛盾运动是一个动态过程，我们必须结合我国经济发展的新情况、新特点，尤其是立足于新时代中国特色社会主义新的历史方位，继续坚持和完善社会主义基本经济制度，推动社会主义基本经济制度更加定型、更加完善。

第一节　马克思主义视角下的经济发展与制度变迁

"一个国家选择什么样的国家制度和国家治理体系，是由这个国家的历史文化、社会性质、经济发展水平决定的。中国特色社会主义制度和国家治理体系不是从天上掉下来的，而是在中国的社会土壤中生长起来的，是经过革命、建设、改革长期实践形成的，是马克思主义基本原理同中国具体实际相结合的产物，是理论创新、实践创新、制度创新相统一的成果，凝结着党和人民的智慧，具有深刻的历史逻辑、理论逻辑、实践逻辑。"② 社会主义基本经济制度是中国特色社会主义制度的重要组成部分，它同样是马克思主义基本原理同中国具体实际相结合的产物，有必要在马克思主义的理论框架下，简要梳理其内在的理论逻辑，以进一步深化我们对社会主义基本经济制度的理解。

一　经济发展的动力机制：从亚当·斯密到卡尔·马克思

现代经济发展以及相应的理论经济学体系，在某种程度上与工业革

---

① 《中共中央关于坚持和完善中国特色社会主义制度、推进国家治理体系和治理能力现代化若干重大问题的决定》，人民出版社 2019 年版，第 18 页。

② 习近平：《坚持和完善中国特色社会主义制度　推进国家治理体系和治理能力现代化》，《求是》2020 年第 1 期。

命有关。传统农业社会的典型特征是围绕数量相对有限、位置相对固定的土地资源，形成某种具有等级化和人格化特征的制度性框架，以维持某种相对稳定的政治法律秩序和社会经济结构。在这种相对稳定的社会结构中，经济利益并不是人们追求的唯一目标，甚至不是主要目标，土地、劳动等生产要素不仅缺乏流动性，而且不同市场主体缺乏相对平等的市场地位，人们难以完全凭借自身努力改变自身境遇，从而也难以产生较为持续的经济发展和制度变迁，亦无法产生现代意义上的经济理论和理论经济学体系。18 世纪中叶以来，发轫于英国的工业革命则深深地改变了这一切：它不仅极大地提高了劳动生产率，促进了经济发展，而且深刻地改变了整个社会的组织方式和运行模式。这是完全不同于传统农业社会的经济发展路径，也是重塑现代社会秩序的制度变迁过程，同时也为理论经济学的产生和发展提供了丰厚的土壤。

斯密和马克思分别生活在英国工业革命发轫之初和接近尾声之际，前者充分认识到了资本积累和劳动分工对于提高劳动生产率、促进经济发展的巨大作用，同时也为消除特权与垄断、促进要素自由流动的现代市场经济的构建，提供了统一的理论说明和整体性的分析框架，开辟了理论经济学的古典时代；后者则借助于英国工业革命的充分展开，注意到了工业化进程和自由市场经济中劳动相对于资本的弱势地位及其引发的严重社会经济后果，不仅在批判继承古典经济学的基础上创立了马克思主义政治经济学说，而且利用其开创的辩证唯物主义和历史唯物主义哲学成果，构建了一个从经济发展到人的发展的更为综合的分析框架，创立了对人类社会产生深远影响的马克思主义学说。按照马克思的总结，马克思主义的基本分析框架"可以简要地表述如下：人们在自己生活的社会生产中发生一定的、必然的、不以他们的意志为转移的关系，即同他们的物质生产力的一定发展阶段相适合的生产关系。这些生产关系的总和构成社会的经济结构，即有法律的和政治的上层建筑竖立其上并有一定的社会意识形式与之相适应的现实基础。物质生活的生产方式制约着整个社会生活、政治生活和精神生活的过程。"① 其核心结

---

① 《马克思恩格斯文集》第 2 卷，人民出版社 2009 年版，第 591 页。

论包括：其一，生产力决定生产关系、经济基础决定上层建筑，生产关系一定要适合生产力状况、上层建筑一定要适合经济基础状况，生产力是最终起决定性作用的因素；其二，生产力和生产关系、经济基础与上层建筑相互作用、相互制约，它们之间的矛盾运动支配着整个社会的发展进程；其三，经济发展的目的是人，是为了更好地满足人的需要，最终实现人自由而全面的发展。

马克思主义是一种高度重视实践的学说，而现实世界总是普遍性和特殊性的统一，这也决定了马克思主义本质上是一种不断创新发展的学说。就马克思主义政治经济学而言，马克思本人主要对以英国为典型的资本主义生产方式进行了深入分析，发现资本主义生产方式的私人占有和社会化生产之间存在着无法克服的矛盾，进而得出了共产主义必然取代资本主义的理论推论。在马克思看来，共产主义代替资本主义具有双重属性：其一，能够进一步解放生产力，更好地促进经济发展；其二，能够更好地促进人的发展。同时，共产主义从来就不是一种静止的理想形态，而是以资本主义高度发达的生产力为物质基础的现实运动："共产主义对我们来说不是应当确立的状况，不是现实应当与之相适应的理想。我们所称为共产主义的是那种消灭现存状况的现实的运动。这个运动的条件是由现有的前提产生的。"① 由此，马克思主义不仅提供了一种整体性分析框架，而且为我们在社会主义实践探索中的实践创新、理论创新和制度创新提供了广阔的空间。

二 社会主义的经济发展机制：社会主义传统模式下的初步探索

"理论在一个国家实现的程度，总是取决于理论满足这个国家的需要的程度。"② 苏联在生产力相对落后、长期处于两大阵营对抗的特殊国情下进行社会主义革命和建设，推动了马克思主义在社会主义社会的创新发展，但同时也对马克思主义基本原理存在诸多教条式理解，主

① 《马克思恩格斯文集》第1卷，人民出版社2009年版，第539页。
② 同上书，第12页。

要表现为：其一，长期否定社会主义社会存在生产力和生产关系的基本矛盾，认为"苏联的社会主义国民经济是生产关系完全适合生产力性质的例子，这里的生产资料的公有制同生产过程的社会性完全适合，因此在苏联没有经济危机，也没有生产力破坏的情形"①，这就从理论上排除了通过制度变革推动经济发展的可能，导致经济制度和体制机制存在明显的僵化特征。其二，认为"社会主义和共产主义是同一个共产主义社会经济形态的两个阶段。社会主义是共产主义形态的低级阶段，共产主义则是这个形态的更成熟的高级阶段。"② 这就为社会主义实践探索中混淆社会主义和共产主义的区别、高估社会主义阶段的生产力水平以及与之适应的生产关系埋下了伏笔，使得苏联的经济制度和经济政策几乎自始至终存在着某种"左"倾冒进倾向。

我国的社会主义革命和建设，较多地借鉴了苏联经验，但几乎始终对苏联模式中的教条主义有所察觉，并在社会主义实践探索中、在马克思主义基本原理和我国具体国情的结合中，大大推进了马克思主义的创新发展。例如：其一，认为马克思关于生产力和生产关系、经济基础和上层建筑之间的矛盾运动规律，同样适用于社会主义社会："在社会主义社会中，基本的矛盾仍然是生产关系和生产力之间的矛盾，上层建筑和经济基础之间的矛盾"③，这就为我国社会主义建设时期的适应性调整和改革开放以后的制度变迁提供了理论空间。其二，结合我国国情，提出了社会主要矛盾及其运动规律、社会矛盾的主要方面和次要方面的相互转化等一系列理论创新，指出"在复杂的事物的发展过程中，有许多的矛盾存在，其中必有一种是主要的矛盾，由于它的存在和发展规定或影响着其他矛盾的存在和发展"④，同时，"一切矛盾着的东西，互相联系着，不但在一定条件之下共处于一个统一体中，而且在一定条件之下互相转化"⑤，这就为我国依据社会主要矛盾的转化推进制度变革提供了理论依据。

----

① 《斯大林选集》（下），人民出版社 1979 年版，第 445 页。
② 苏联科学院经济研究所：《政治经济学教科书》下册，人民出版社 1960 年版，第 93 页。
③ 《毛泽东文集》第 7 卷，人民出版社 1999 年版，第 214 页。
④ 《毛泽东选集》第 1 卷，人民出版社 1991 年版，第 320 页。
⑤ 同上书，第 330 页。

正如恩格斯指出的，"只要问题一关系到描述某个历史时期，即关系到实际的应用，那情况就不同了"。① 现实社会是普遍性与特殊性、必然性和偶然性的统一，一定历史条件下的偶然性会为必然性开辟道路。在生产力和生产关系、经济基础和上层建筑的矛盾运动中，生产力决定生产关系、经济基础决定上层建筑，但一定历史条件下生产关系和上层建筑的反作用亦有可能产生决定性影响，包括苏联和我国在内的社会主义国家，正是利用这种反作用力在生产力相对落后的国家率先实现了社会主义革命、确立了社会主义制度，并极大地发展了马克思主义学说。不过，生产关系和上层建筑会在一定历史条件下产生决定性的影响，但它又不能完全脱离生产力水平，后者最终仍然起着决定性作用。也就是说，生产关系对生产力、上层建筑对经济基础的适应程度以及反作用力的大小、程度、范围和条件，只能结合各国具体实际在社会主义实践探索中逐渐摸索，其间既有成功的经验亦不乏惨痛的教训。

三　社会主义初级阶段的经济发展与制度变迁

"改革开放是我们党的历史上一次伟大觉醒，正是这个伟大觉醒孕育了新时期从理论到实践的伟大创造。"② 1978 年 12 月召开的党的十一届三中全会作出了实行改革开放的历史性决策，成功开辟了中国特色社会主义道路，确立了中国特色社会主义制度，不仅创造了经济快速发展和社会长期稳定的双重奇迹，而且极大地推进了马克思主义的创新发展。按照马克思主义基本原理，"物质生产力是全部社会生活的物质前提，同生产力发展一定阶段相适应的生产关系的总和构成社会经济基础。生产力是推动社会进步的最活跃、最革命的要素，生产力发展是衡量社会发展的带有根本性的标准。"③ 改革开放以来的首要问题，是如

---

① 《马克思恩格斯文集》第 10 卷，人民出版社 2009 年版，第 593 页。
② 习近平：《论坚持全面深化改革》，中央文献出版社 2018 年版，第 1 页。
③ 习近平：《坚持历史唯物主义　不断开辟当代中国马克思主义发展新境界》，《求是》2020年第 2 期。

何准确把握我国生产力发展水平和经济发展阶段，或如党的十三大报告所言："正确认识我国社会现在所处的历史阶段，是建设有中国特色的社会主义的首要问题，是我们制定和执行正确的路线和政策的根本依据。"① 其次，按照生产关系一定要适应生产力水平的马克思主义基本原理，"社会主义生产关系的发展并不存在一套固定的模式，我们的任务是要根据我国生产力发展的要求，在每一个阶段上创造出与之相适应和便于继续前进的生产关系的具体形式。"②

正是基于马克思主义基本原理和我国具体国情，改革开放以来我们取得了一系列理论创新成果，大大推进了马克思主义的创新发展。例如：（1）对我国生产力水平有了更为准确的认识，创造性地提出了社会主义初级阶段理论，认为我国正处于并将长期处于社会主义初级阶段，进而为我国经济发展和制度变迁提供了总的理论依据；（2）结合社会主义初级阶段生产力和生产关系的矛盾运动，对社会主义的性质和任务有了更准确的把握，明确提出了"社会主义的本质，是解放生产力，发展生产力，消灭剥削，消除两极分化，最终达到共同富裕"；③（3）依据生产力和生产关系、经济基础和上层建筑的矛盾运动，创造性地提出了"改革也是解放生产力"的论断。正如邓小平指出的："社会主义基本制度确立以后，还要从根本上改变束缚生产力发展的经济体制，建立起充满生机和活力的社会主义经济体制，促进生产力的发展，这是改革，所以改革也是解放生产力。"④ 改革是社会主义的自我完善，是为了适应生产力发展水平而对生产关系的适应性调整，是推动经济发展的重要动力机制。党的十八大以来，我国根据生产力水平和经济发展的新变化，更加注重改革的系统性和整体性，更加注重通过全面深化改革，推动中国特色社会主义制度更加成熟更加完善。《决定》对包括社会主义基本经济制度在内的中国特色社会主义制度的最新阐述，就是这一过程的重要制度化成果，同时也是马克思主义的最新发展。正是在这

---

① 《改革开放三十年重要文献选编》（上），中央文献出版社 2008 年版，第 474 页。
② 同上书，第 213 页。
③ 《邓小平文选》第 3 卷，人民出版社 1993 年版，第 373 页。
④ 同上书，第 370 页。

个意义上，习近平总书记指出，《决定》"是一篇马克思主义的纲领性文献，也是一篇马克思主义的政治宣言书。"①

第二节 社会主义基本经济制度的理论逻辑与历史生成

"新中国成立以来特别是改革开放以来，在不到 70 年的时间内，我们党带领人民坚定不移解放和发展社会生产力，走完了西方几百年的发展历程，推动我国快速成为世界第二大经济体。"② 社会主义基本经济制度就是我国在解放和发展社会生产力的过程中，通过理论创新、实践创新和制度创新形成的制度化成果。

一 社会主义建设时期的实践探索与社会主义传统模式下的经济制度

1949 年新中国成立后，我国在迅速医治战争创伤、恢复国民经济的基础上，于 1953 年确立了社会主义过渡时期的总路线和总任务，明确提出"要在一个相当长的时期内，逐步实现国家的社会主义工业化，并逐步实现国家对农业、对手工业和对资本主义工商业的社会主义改造。"③ 1956 年年底，我国基本完成了社会主义改造，确立了社会主义基本制度，正式进入社会主义建设时期。在经济制度和体制机制方面，我们更多地借鉴了苏联经验或社会主义传统模式，突出表现为生产资料所有制的单一公有制、高度集中的计划经济体制和高度集权的行政管理体制。客观地讲，马克思探讨的重点是人类社会发展的普遍规律和资本主义运行的特殊规律，苏联在社会主义实践探索中对社会主义建设规律、对社会主义经济制度的探索，可以说是马克思主义的重大发展，但

---

① 习近平：《坚持和完善中国特色社会主义制度 推进国家治理体系和治理能力现代化》，《求是》2020 年第 1 期。
② 习近平：《在纪念马克思诞辰 200 周年大会上的讲话》，人民出版社 2018 年版，第 18 页。
③ 《毛泽东文集》第 6 卷，人民出版社 1999 年版，第 316 页。

这种发展因主观与客观、内部与外部的条件限制，存在着明显的不足，尤其是对马克思主义基本原理有着不少教条式的理解。

苏联在社会主义建设过程中形成的传统模式，在经济制度方面的不足表现在：（1）片面地、孤立地、僵化地看待生产资料所有制形式。按照马克思主义基本原理，生产力决定生产关系，生产关系一定要适应生产力水平。生产资料所有制无疑是生产关系中最重要、最具决定性作用的组成部分，但它毕竟属于生产关系范畴：尽管它对生产力具有反作用力，但不能完全脱离生产力水平孤立地发挥作用。苏联在社会主义建设时期形成的经济制度，不仅把生产资料所有制作为社会主义性质的决定性因素甚至唯一因素，而且试图通过单纯的所有制变革实现向共产主义的过渡，显然是对马克思主义基本原理的教条式理解。（2）苏联的社会主义革命和建设，自始至终面临着生产力更为发达的资本主义国家的外部压力，这就使得它在经济发展和制度变迁过程中，经常有意或无意地把资本主义与社会主义进行对比，并把人类社会发展规律中某些一般性的、二者可以共同拥有的东西，尤其是更多与生产力而非生产关系有关的东西，因其存在于资本主义社会而视为社会主义的对立面，如列宁曾指出，"只要还存在着市场经济，只要还保持着货币权力和资本力量，世界上任何法律都无法消灭不平等和剥削。只有建立起大规模的社会化的计划经济，一切土地、工厂、工具都转归工人阶级所有，才可能消灭一切剥削。"① 这就排除了社会主义实行市场经济的可能性。此后，随着苏联模式的形成、计划经济体制的确立以及社会主义与资本主义两大阵营的对抗，人们甚至普遍把市场经济等同于资本主义、把计划经济等同于社会主义。

我国在社会主义建设过程中，对苏联模式的教条主义和僵化体制始终有所警觉，如毛泽东曾回顾说："解放后，三年恢复时期，对搞建设，我们是懵懵懂懂的。接着搞第一个五年计划，对建设还是懵懵懂懂的，只能基本上照抄苏联的办法，但总觉得不满意，心情不舒畅。"② 大致而言，我国在生产资料所有制和计划经济体制方面，并没有苏联时

---

① 《列宁全集》第13卷，人民出版社1987年版，第124页。
② 《毛泽东文集》第8卷，人民出版社1999年版，第117页。

期那么僵化，不同时期曾有多次调整，经济发展表现出了一定韧性和弹性，但对社会主义建设规律的认识和整个制度框架的设计仍然延续了苏联模式，甚至一度把按劳分配批判为资产阶级法权思想、一度强调思想上层建筑的决定性作用，使得社会主义建设一度遭遇严重挫折。整体而言，这是我国启动工业化的时期，也是社会主义建设的艰辛探索时期，在经济发展和制度建设方面取得了正反两方面的经验教训，主要包括：（1）快速地推进了工业化，初步建立起了相对完整的工业体系和国民经济体系；（2）运用计划经济手段和集中行政体制推进工业化，尽管有助于集中一切资源解决主要矛盾，但同时也造成了资源配置和产业结构的极大扭曲，第二产业的发展在某种程度上是以第一、第三产业的不平衡发展为代价的；（3）居民消费和社会发展受到了抑制，人们的收入水平和生活水平并没有随着经济发展同步提高，经济发展挤压了社会发展和人的发展。再加上特殊历史时期的特殊国际局势，我们在经济发展中难以充分利用国际市场和国际技术创新成果，我们与发达国家的差距其实是进一步拉大了。

二　改革开放与社会主义基本经济制度的创新发展

正如党的十三大报告指出的，"在中国这样落后的东方大国中建设社会主义，是马克思主义发展史上的新课题。我们面对的情况，既不是马克思主义创始人设想的在资本主义高度发展的基础上建设社会主义，也不完全相同于其他社会主义国家。照搬书本不行，照搬外国也不行，必须从国情出发，把马克思主义基本原理同中国实际结合起来，在实践中开辟有中国特色的社会主义道路。在这个问题上，我们党作过有益探索，取得过重要成就，也经历过多次曲折，付出了巨大代价。"① 我国早期的社会主义实践探索之所以会经历多次波折，在很大程度上与社会主义传统模式下相对僵化的经济制度和体制机制有关；而社会主义传统模式之所以会形成这种相对僵化的体制和制度，又与我们对马克思主义

---

① 《改革开放三十年重要文献选编》（上），中央文献出版社 2008 年版，第 475 页。

基本原理的教条式理解有关。正是由于这种教条式理解，我们高估了社会主义初级阶段的生产力发展水平、高估了生产关系对于生产力的反作用力。改革开放以来，我们通过解放思想、实事求是，坚持马克思主义基本原理与我国具体国情相结合，创造性地提出了社会主义初级阶段理论，并依据生产力决定生产关系、二者之间的矛盾运动推动社会经济发展的马克思主义基本原理，立足于"解放和发展生产力"，并依据生产力发展水平不断调整生产关系，推动了我国经济制度的发展完善。

党的十三大正式提出并系统阐述了社会主义初级阶段理论，指出我国正处于并将长期处于社会主义的初级阶段："我国从五十年代生产资料私有制的社会主义改造基本完成，到社会主义现代化的基本实现，至少需要上百年时间，都属于社会主义初级阶段。"[①] 并明确表示"我们必须从这个实际出发，而不能超越这个阶段。在近代中国的具体历史条件下，不承认中国人民可以不经过资本主义充分发展阶段而走上社会主义道路，是革命发展问题上的机械论，是右倾错误的重要认识根源；以为不经过生产力的巨大发展就可以越过社会主义初级阶段，是革命发展问题上的空想论，是'左'倾错误的重要认识根源"[②]。社会主义初级阶段的根本任务是解放和发展生产力，而随着经济发展和生产力水平的提高，与之适应的各种生产关系以及由生产力和生产关系的矛盾运动所组成的经济基础乃至上层建筑，也将处于一个动态调整的过程。改革是社会主义的自我完善，是为了适应生产力发展水平而对生产关系的适应性调整，同时也是一个持续的经济发展和制度变迁过程。在改革开放、经济发展和制度变迁过程中，在生产力和生产关系、经济基础和上层建筑的矛盾运动中，我们对经济制度的认识也会不断深化，逐渐将那些经过实践检验的具体经济制度上升为更具长期性、稳定性的基本经济制度，并由此推动社会主义基本经济制度的逐渐定型、趋于完善。

"改革开放是一场深刻而全面的社会变革，既包括经济体制又包括政治体制、文化体制、社会体制、生态体制，既涉及生产力又涉及生产

①　《改革开放三十年重要文献选编》（上），中央文献出版社 2008 年版，第 476 页。
②　同上书，第 474 页。

关系，既涉及经济基础又涉及上层建筑，每一项改革都会对其他改革产生重要影响，每一项改革又都需要其他改革协同配合。"① 党的十三大系统阐述的社会主义初级阶段理论、党的十四大确立的社会主义市场经济体制改革目标，极大地促进了我国经济制度和体制机制的创新发展，党的十五大系统阐述了建设中国特色社会主义经济的基本内容，即"坚持和完善社会主义公有制为主体、多种所有制经济共同发展的基本经济制度；坚持和完善社会主义市场经济体制，使市场在国家宏观调控下对资源配置起基础性作用；坚持和完善按劳分配为主体的多种分配方式"②，等等，并率先把"公有制为主体、多种所有制经济共同发展"由一种具体经济制度上升为"一项基本经济制度"。党的十八以来，我国更加注重改革的系统性和整体性、更加注重通过全面深化改革发展和完善中国特色社会主义制度体系，党的十八届三中全会明确提出了"全面深化改革的总目标是完善和发展中国特色社会主义制度，推进国家治理体系和治理能力现代化"③，并要求到 2020 年"形成系统完备、科学规范、运行有效的制度体系，使各方面制度更加成熟更加定型"④。习近平总书记进一步指出："摆在我们面前的一项重大历史任务，就是推动中国特色社会主义制度更加成熟更加定型，为党和国家事业发展、为人民幸福安康、为社会和谐稳定、为国家长治久安提供一整套更完备、更稳定、更管用的制度体系。"⑤ 党的十九届四中全会通过的《决定》，系统阐述了中国特色社会主义制度，并对社会主义基本经济制度作出了新概括，标志着社会主义基本经济制度更加成熟、更加定型。

第三节　新时代坚持和完善社会主义
基本经济制度的基本遵循

公有制为主体、多种所有制经济共同发展，按劳分配为主体、多种

---

① 习近平：《论坚持全面深化改革》，中央文献出版社 2018 年版，第 7—8 页。
② 《改革开放三十年重要文献选编》（下），中央文献出版社 2008 年版，第 899 页。
③ 《中共中央关于全面深化改革若干重大问题的决定》，人民出版社 2013 年版，第 3 页。
④ 同上书，第 7 页。
⑤ 《习近平谈治国理政》，外文出版社 2014 年版，第 104—105 页。

分配方式并存，社会主义市场经济体制等社会主义基本经济制度，是马克思主义基本原理与我国具体实际相结合的产物，是理论创新、实践创新、制度创新相统一的成果。我们必须立足新时代中国特色社会主义的新的历史方位，在社会主义现代化建设的实践探索中继续坚持和完善社会主义基本经济制度。

一　坚持和完善社会主义基本经济制度必须坚持马克思主义基本原理同我国具体实际相结合

马克思主义从来不是封闭僵化的教条，"马克思一再告诫人们，马克思主义理论不是教条，而是行动指南，必须随着实践的变化而发展。一部马克思主义发展史就是马克思、恩格斯以及他们的后继者们不断根据时代、实践、认识发展而发展的历史，是不断吸收人类历史上一切优秀思想文化成果丰富自己的历史。"[①] 公有制为主体、多种所有制经济共同发展，按劳分配为主体、多种分配方式并存，社会主义市场经济体制等社会主义基本经济制度，就是我们立足社会主义初级阶段的基本国情，通过理论创新、实践创新取得的重要制度创新成果。正如习近平总书记强调指出的，"今天，时代变化和我国发展的广度和深度远远超出了马克思主义经典作家当时的想象。"[②] 马克思对资本主义生产方式的考察主要以自由竞争时期的英国为背景，此后西方发达资本主义国家的生产力和生产关系发生了诸多变化，如工会组织的兴起和集体议价能力的提升、选举权的扩大和政治权利的变迁、现代财政税收制度的确立和收入再分配机制的完善、政府对教育医疗社会保障等领域更全面的介入，等等，使得资本主义生产方式中的劳动和资本之间有了更多中间环节。我国社会主义基本制度更是与自由竞争时代的资本主义存在本质的不同，确保人民当家作主的人民代表大会制度的根本政治制度、代表全体人民共同利益的党的全面领导制度、基本政治制度、基本经济制度以及建立在根本制度和基本制度之上的各种重

---

① 习近平：《在纪念马克思诞辰 200 周年大会上的讲话》，人民出版社 2018 年版，第 9 页。
② 习近平：《在庆祝中国共产党成立 95 周年大会上的讲话》，人民出版社 2016 年版，第 9 页。

要制度、具体制度等，都为保证我国的社会主义性质提供了坚实的制度基础和根本的制度保障，而不仅仅是经典作家着重考察的生产资料所有制形式。

也就是说，不论是生产力发展水平，还是与一定生产力相适应的生产关系和经济制度，当今世界已与经典作家分析的自由竞争的资本主义社会发生了很大变化。我们要坚持马克思主义的立场、观点和方法，坚持马克思主义基本原理与我国具体实际相结合，而不是教条式地固守马克思针对自由竞争时代资本主义生产方式的具体论断以及由此形成的关于未来社会的初步设想。"对待马克思主义，不能采取教条主义的态度，也不能采取实用主义的态度。如果不顾历史条件和现实情况变化，拘泥于马克思主义经典作家在特定历史条件下、针对具体情况作出的某些个别论断和具体行动纲领，我们就会因为思想脱离实际而不能顺利前进，甚至发生失误。什么都用马克思主义经典作家的语录来说话，马克思主义经典作家没有说过的就不能说，这不是马克思主义的态度。"[1]不论是按照马克思主义基本原理还是结合我国具体实际，我们都不能够孤立地看待包括生产资料所有制在内的某种制度的单独的作用，而必须把中国特色社会主义制度视为一个多层次、多领域的制度体系和有机统一体。社会主义基本经济制度是马克思主义基本原理同我国具体实际相结合的产物，新时代坚持和完善社会主义基本经济制度，同样也必须坚持马克思主义基本原理同我国具体实际相结合。

二　坚持和完善社会主义基本经济制度必须立足新时代的历史方位

社会主义的本质是解放和发展生产力、实现共同富裕，社会主义的生产目的是满足人民需要，而不是单纯地满足资本对利润的追求。也就是说，社会主义经济发展的目的是"人"，而经济发展则是最重要的物质手段，必然要求与生产力发展水平相适应的生产关系和经济

---

① 习近平：《在哲学社会科学工作座谈会上的讲话》，人民出版社 2016 年版，第 13—14 页。

制度。同时，事物的性质取决于社会主要矛盾及其主要方面，社会主要矛盾的转化规定了经济发展和制度创新的历史方位。党的十八以来，中国特色社会主义表现出了新的阶段性特征，"中国特色社会主义进入了新时代，这是我国发展新的历史方位"，[①] 同时也是我们坚持和完善社会主义基本经济制度的新的历史方位。新时代仍然属于社会主义初级阶段，但社会的主要矛盾发生了转化：一方面，"我国社会主要矛盾的变化，没有改变我们对我国社会主义所处历史阶段的判断，我国仍处于并将长期处于社会主义初级阶段的基本国情没有变，我国是世界上最大发展中国家的国际地位没有变。全党要牢牢把握社会主义初级阶段这个基本国情，牢牢立足社会主义初级阶段这个最大实际"[②]，解放和发展生产力仍然是新时代的根本任务，这就要求我们继续坚持"公有制为主体、多种所有制经济共同发展，按劳分配为主体、多种分配方式并存，社会主义市场经济体制"等社会主义基本经济制度；另一方面，我国社会主要矛盾由"人民日益增长的物质文化需要同落后的社会生产之间的矛盾"转化为"人民日益增长的美好生活需要和不平衡不充分的发展之间的矛盾"，意味着我国经济发展进入了一个新的阶段，我们必须在社会主义基本经济制度的框架内，探讨不同所有制经济、不同分配方式在社会主义市场经济中的有效实现形式，进一步完善构成基本经济制度基础的各类具体制度和体制机制，以更好地解决不平衡不充分的发展对满足人民日益增长的多层次个性化美好生活需要的制约。

人民的美好生活需要，不仅比"物质文化需要"有着更为丰富的内容，如"更好的教育、更稳定的工作、更满意的收入、更可靠的社会保障、更高水平的医疗卫生服务、更舒适的居住条件、更优美的环境"[③]，等等，而且呈现出多层次、多样性、个性化和不断升级的特征，这就要求：一方面，必须通过供给侧结构性改革推动高质量发展，"减

---

① 习近平：《决胜全面建成小康社会 夺取新时代中国特色社会主义伟大胜利》，人民出版社 2017 年版，第 10 页。

② 同上书，第 12 页。

③ 《习近平关于社会主义经济建设论述摘编》，中央文献出版社 2017 年版，第 19 页。

少无效和低端供给，扩大有效和中高端供给，增强供给结构对需要变化的适应性和灵活性……使我国供给能力更好满足广大人民日益增长、不断升级和个性化的物质文化和生态环境需要"①；另一方面，必须坚持以人民为中心的发展，进一步完善初次分配、再分配和第三次分配的体制机制，使发展成果更多更公平地惠及全体人民，不断促进人的全面发展和全体人民的共同富裕。不论是不断升级的多层次、个性化的美好生活需要，还是通过供给侧结构性改革推动高质量发展、建设现代化经济体系，都要求我们进一步完善社会主义市场经济体制，探索不同所有制经济、不同分配方式在社会主义市场经济体制中的有效实现形式，其核心是充分发挥市场在资源配置中的决定性作用和更好发挥政府作用。

正如习近平总书记指出的，"新时代改革开放具有许多新的内涵和特点，其中很重要的一点就是制度建设分量更重，改革更多面对的是深层次体制机制问题，对改革顶层设计的要求更高，对改革的系统性、整体性、协同性要求更强，相应地建章立制、构建体系的任务更重。新时代谋划全面深化改革，必须以坚持和完善中国特色社会主义制度、推进国家治理体系和治理能力现代化为主轴，深刻把握我国发展要求和时代潮流，把制度建设和治理能力建设摆到更加突出的位置，继续深化各领域各方面体制机制改革，推动各方面制度更加成熟更加定型，推进国家治理体系和治理能力现代化。"② 中国特色社会主义经济制度同样是一个多层次、多领域的制度体系，经过实践检验并关乎全局和根本的"公有制为主体、多种所有制经济共同发展，按劳分配为主体、多种分配方式并存，社会主义市场经济体制等"社会主义基本经济制度具有长期性和稳定性，而各方面各领域的具体制度和体制机制则必须结合我国发展每一阶段的新情况、新特点不断发展完善。在这个过程中，必须坚持马克思主义基本原理和我国

①　习近平：《在省部级主要领导干部学习贯彻党的十八届五中全会精神专题研讨班上的讲话》，人民出版社 2016 年版，第 29—30 页。
②　习近平：《关于〈中共中央关于坚持和完善中国特色社会主义制度　推进国家治理体系和治理能力现代化若干重大问题的决定〉的说明》，《人民日报》2019 年 11 月 6 日第 4 版。

具体实际相结合，充分认识到"制度更加成熟更加定型是一个动态过程，治理能力现代化也是一个动态过程，不可能一蹴而就，也不可能一劳永逸。我们提出的国家制度和国家治理体系建设的目标必须随着实践发展而与时俱进，既不能过于理想化、急于求成，也不能盲目自满、故步自封。"①

（执笔人：胡怀国）

---

① 习近平：《坚持和完善中国特色社会主义制度　推进国家治理体系和治理能力现代化》，《求是》2020 年第 1 期。

后　记

　　《中国经济报告（2020）》是中国社会科学院经济研究所集体撰写的第一本年度中国经济发展报告。中国社会科学院经济研究所是一个具有 90 年辉煌历史的经济学国家研究机构，一直以来，经济研究所按照马克思主义经济学的坚强阵地、中国经济学的最高学术殿堂、党中央国务院的经济问题研究智库这三大定位要求，着力优化学科布局，积极开展一系列重大经济问题的研究，产生了众多有影响力的成果，可谓硕果累累、成就斐然。经济研究所研究领域广泛，覆盖了政治经济学、《资本论》研究、宏观经济学、微观经济学、发展经济学、公共经济学、中国经济史、中国现代经济史、中国经济思想史、外国经济思想史等各个经济学学科，还针对经济增长、经济体制改革、人工智能经济、收入分配等重大前沿性、现实性问题设立研究室进行专门研究。也正是由于经济研究所研究领域全面，研究问题不容易聚焦，因此集全所之力撰写一本既覆盖全所研究范围、又针对某方面现实重大问题进行集中论述的经济发展报告，并非易事，这次是首次尝试。我们计划将《中国经济报告》作为一个年度连续出版报告，每年选择某方面现实重大问题作为主题，集全所之力从历史、现实的不同研究视角进行研究，这既有助于对这些重大问题进行全方位深入研究，也有利于锻炼经济研究所的协同攻关的研究能力。

　　《中国经济报告（2020）》的主题是中国经济高质量发展，并将该问题置于百年未有之大变局下进行思考研究，尤其是聚焦"十四五"时期中国经济发展。2020 年是中国全面建成小康社会和"十三五"规划收官之年，也是谋划第十四个五年规划，承前启后推进中国特色社会主义建设实践、实现"两个一百年"奋斗目标的关键之年。"十四五"时期，是世界百年未有之大变局的深刻演变期，是中国全面开启现代化强国新征程的攻坚期，是中国经济由高速增长转向高质量发展的关键期，也是新冠疫情冲击后经济恢复发展的后疫情时期。因此，"十四五"时期要胸怀两个大局——世界百年未有之大变局和中华民族伟大复兴的战略全局，思考和规划中国经济社会发展问题，也就是深入研究思考如何在大变局中实现中国经济高质量发展，进而实现中华民族伟大复兴。

本报告共有四部分，包括总论与上中下三篇，分别围绕中国经济高质量发展，从趋势与结构、问题与政策、历史与制度进行了深入分析。总论——后疫情时期中国经济高质量发展，其核心内容已经在《经济研究》2020 年第 8 期发表。

本报告得到了中国社会科学院谢伏瞻院长的大力支持，他在百忙之中欣然应允，慷慨赐文代为序言，这给予了我们极大鼓舞。这里要对谢伏瞻院长表达衷心的谢意！另外，本报告的出版得到了中国社会科学出版社的大力支持，尤其是赵剑英社长对本书的出版和发布给予了热情帮助，王曦编辑为本书出版付出了艰辛的工作，这里一并感谢！

由于本报告是首次编写，还存在着这样那样的问题，例如各章质量水平会有差异，与报告主题的结合程度也会不同，这里诚恳欢迎读者批评指正，以利于我们在接下来的报告撰写出版过程中不断完善。

黄群慧

2020 年 9 月 28 日